21 世纪普通高等教育“十四五”规划教材 · 市场营销系列

消费者行为学

（第二版）

江　林　主　编
李志兰　副主编

上海财经大学出版社

图书在版编目(CIP)数据

消费者行为学/江林主编．—2版．—上海：上海财经大学出版社，2022.7
(21世纪普通高等教育“十四五”规划教材·市场营销系列)
ISBN 978-7-5642-3863-6/F·3863

Ⅰ.①消… Ⅱ.①江… Ⅲ.①消费者行为论-高等学校-教材
Ⅳ.①F713.55

中国版本图书馆CIP数据核字(2021)第178244号

□ 特约编辑 徐贝贝
□ 责任编辑 袁 敏
□ 封面设计 张克瑶

消费者行为学
(第二版)
江 林 主 编
李志兰 副主编

上海财经大学出版社出版发行
(上海市中山北一路369号 邮编200083)
网 址：http://www.sufep.com
电子邮箱：webmaster@sufep.com
全国新华书店经销
上海景条印刷有限公司印刷装订
2022年7月第2版 2022年7月第1次印刷

787mm×1092mm 1/16 22印张 563千字
印数：7 001—10 000 定价：52.00元

21世纪普通高等教育“十四五”规划教材

21 SHIJI PUTONG GAODENG JIAOYU "SHISIWU" GUIHUA JIAOCAI

编委会

BIAN WEI HUI

目　录

第二版前言

当前，营销环境正在发生翻天覆地的变化，全球化向纵深发展，新科技和移动互联网迅速普及，新媒体和大数据时代快速崛起。这些变化在改变消费生活的同时，也深刻影响着营销实践的发展。然而，无论怎样变化，消费者依然是商业运营的决定因素。对消费者心理与行为特点及其发展趋向的及时了解和洞察，成为企业开展营销活动并得以在竞争中胜出的关键。

从21世纪开始，消费者的行为呈现出前所未有的复杂性和灵活性，他们拥有更复杂的价值评判标准和更广泛的消费选择机会。对此，营销学者必须保持高度的敏感性，紧跟时代步伐，研究不断涌现的新的消费心理与行为，并将前沿的消费者行为理论应用到最新的营销实践中。正是基于这一考虑，我们对《消费者行为学》一书进行了修订和更新。本次修订中，在保持原有教材体系系统性和体例严谨性的同时，对相关内容进行了更新和补充，这有助于读者在有限的时间内尽可能全面、完整地了解学科内容和最新的发展趋势。总体而言，本次修订具有以下几个特色：

第一，在结构上更为合理。修订后，全书分为上下两篇，共15章。首先，考虑到教学规律以及“消费者购买决策过程”这一章在全书中的重要作用，将第一版中的第七章“消费者购买决策过程”调整到第二章的位置。其次，在本书上篇部分，从第三到第十一章分别围绕影响消费者行为决策的内部因素和外部因素来组织。其中，第四到第八章关注个体消费者行为的心理活动基础，全面介绍了消费者知觉、学习、情绪、个性、生活方式、消费态度、满意和忠诚等内在心理要素及其作用方式，有助于读者更深刻地把握影响消费者心理活动的特征及其规律。第九到第十一章详细介绍了对消费行为产生重要且持久影响的社会与文化因素，包括消费者群体、参照群体、社会阶层、家庭、社会文化及亚文化等。最后，在本书下篇的第十二到第十五章，依然着重探讨消费者研究领域中的一些重要专题，强调一系列新的消费理念、消费方式对消费者心理、行为和营销模式所产生的变革性影响，包括品牌、体验、绿色消费和网络消费等主题。

第二，追踪消费者行为的研究前沿。本教材力求体现消费者行为理论与实践的重要发展和研究前沿，增加了一些全新的内容。首先，增加了第五章“消费者的情绪”，这也是本书内容变动最大的地方。这样修订是因为当前越来越多的学者开始注意到情绪对消费者态度、行为意向、判断和决策的重要作用。而事实上，消费者决策既可以基于理性认知系统形成，也可以基于情绪和情感系统形成，且与前者相比，基于情绪和情感系统的决策判断更依赖于具体的情境，形成速度快，也更为全面。并且，在大量的营销实践中，越来越多的商家也在设法通过激发消费者的各种情绪来达到其营销目标。其次，我们还增加了“注意力的碎片化与品牌营销传播”的新内容，这也非常符合数字化经济时代人们的注意力特征。再次，将第一版的“网络消费行为”的第四节“大数据挖掘与营销”重新编写为“大数据与消费者洞察”，及时将最新的理论研究成果纳入本书的知识体系当中。

第三，注重中国特色和信息及案例的时效性。本教材特别强调关注当前中国消费者的心理与行为特点和发展趋势，在正文中有多处是结合中国情境下消费者心理与行为的新现象和新问题来阐释相关的理论概念。例如，我们适当增加了自20世纪90年代以来，关于研究内容的变化和扩展，如消费情绪和情感、在线消费分享、感官营销、快思维和慢思维、中国消费市场趋势、消费者关于转基因食品的知情权与选择权、绿色发展思维方式与行为、新消费时代新青年的消费观察等内容。又如，我们非常注意相关数据的时效性，根据国家统计局、中国互联网络信息中心、民政局、学术期刊以及各互联网门户网站发布的最新信息，对原书中的所有数据类内容进行了全部更新。在营销实践案例选择方面，本次修订非常重视案例的时效性和本土化。我们搜集了近几年国内涌现的最新企业案例，力求反映近年来在营销和消费领域出现的新理念和新模式，力求反映中国消费者行为及营销实践的最新发展。相关案例包括：巴奴毛肚火锅传递的价值信号、新时代上汽名爵旗舰店里的购车故事、泡泡玛特的盲盒玩具、李佳琦的直播间、亚朵酒店：体验经济下的新住宿时代、生态理念铸就"苏氏制造"等。

第四，本书在编写体例上继续沿用了第一版的做法，非常贴近读者。首先，在每章起始明确了学习目标，并根据各章主题编撰了导入案例，引导读者在目标导向和对现实问题的主动思考中开始学习。其次，在正文中以"研究前沿""延伸阅读"等方式添加了许多理论和实践的新知识，从而大大补充和丰富了学习内容。此外，在每章结尾增加了"本章小结"和"关键词"，帮助读者巩固和强化知识点的学习与应用。

本书是在第一版的基础上修订的。本次修订工作由中国人民大学商学院江林教授和河南财经政法大学工商管理学院李志兰副教授共同负责。河南财经政法大学张亚佩和张娜老师对修订体例提出了有价值的建议，并完成了"大数据与消费者洞察"(第十五章第四节)的编写工作。河南财经政法大学尹雨乐搜集了大量的本土化案例，为本书案例更新做出了贡献。另外，汪莹莹和刘芝彤也为案例搜集提供了一些帮助。由于时间和水平所限，书中不足之处在所难免，故敬请国内同行不吝赐教，以便今后不断完善。同时，本书如能对相关专业的教学与理论研究工作者、学生、企业管理和营销人员有所裨益，我们将深感欣慰。

作者于中国人民大学明德楼
2022年5月

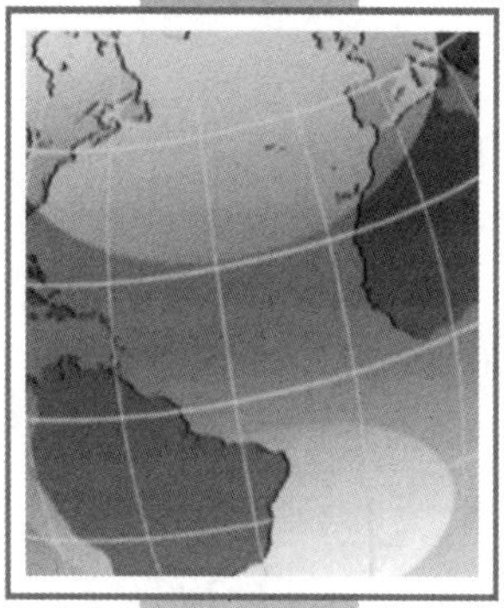

上篇　消费者行为学原理

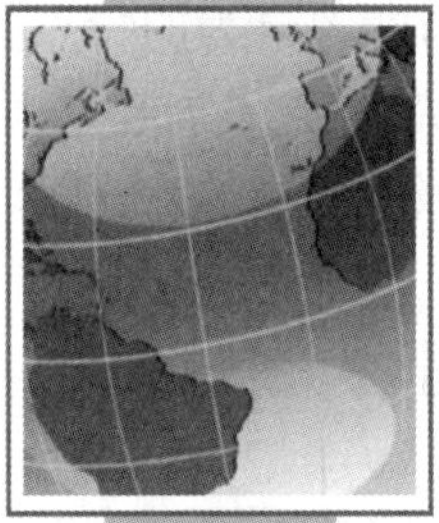

第一章 消费者行为学概述

学习目标

通过本章的学习，应理解市场中的消费者及消费者行为，掌握消费者行为学的研究内容及消费者行为的特征，了解消费者行为学的学科性质、特点及研究方法，了解消费者行为学的演进及在中国的发展。

案例导引

珍妮是一位生长在美国的年轻人。早晨起床时，她睁开眼睛后的第一件事就是从床边抓起智能手机，看看公司有没有发来新的电子邮件。邮件倒是没有，但她发现手机的即时通信软件多了一条群组信息。那是她几个小姐妹发来的，相约当晚一起去市中心新开的酒吧，里面还附上了交互式地图。然而直觉告诉她，似乎有哪里不太对劲儿。

她揉了揉眼，想起就在几天前，她在 Zagat 餐饮评论网上看到过人们对这家酒吧的评价，食物、音乐、气氛确实都拿到五颗星，但最重要的酒水饮料似乎令人失望。珍妮决定把这个消息告诉姐妹们。然后她起床洗漱，换上运动装，戴上耐克的记录表，并把一个小巧的传感器放在跑步鞋里。接下来的一小时，珍妮沿着社区旁的公园慢跑，享受清晨的阳光。回到家，记录表自动将她今天跑步的里程、时间还有消耗的能量等信息输入系统。她看了看耐克社群里朋友们发布的数据，发现自己比其他人提前达到了默认目标。几秒后就有人来留言，恭喜她达到本周的运动目标。她开心地将这一结果分享在 Facebook 上，顺便瞄了一眼朋友们的生活记录，看看他们最近都在忙些什么。

吃过早餐后到公司，珍妮在电脑上打开了好几个网页，边看全球经济新闻，边检视职业社交平台 LinkedIn 里的产业信息。此时 Skype（网络电话）突然响起，是客户打来的，急着跟她说某些产品出现了问题。她立刻从共享网络硬盘 Dropbox 的商务信箱里下载对方早已上传的十多个 PDF 文档，准备先研究一下再呈报给主管。

好不容易熬到中午休息时间，珍妮松了口气，拿着从 Groupon（团购网站）买来的团购券来到附近一家墨西哥餐厅。走进餐厅，她想起要在 Foursquare（一家基于用户地理位置信息的手机服务网站）打卡，便开启了智能手机的地理位置追踪功能，令她大吃一惊的是，她领到了经常光顾这家餐厅的荣誉勋章，这使她相当开心。然后，珍妮坐了下来，手中拿着亚马逊的 Kindle（电子阅读器），一边阅读最近火爆的奇幻小说，一边咀嚼着鸡肉卷饼。午休过后，她调整好心情回到了工作岗位上。

上述情景在你眼中是熟悉的还是陌生的？互联网已经成为人们消费生活的日常写照，无论你在世界的哪个角落，都与互联网紧密相关。面对互联网在现实生活和消费中的广泛应用，企业应该如何开展营销活动呢？想要回答这一问题，首先我们要了解像珍妮一样的消费群体。

准确把握消费者的心理、行为特征及其发展变化规律，这是在21世纪取得商业成功的一个必要组成部分。本书将为大家提供一个系统框架来帮助理解和剖析类似珍妮的生活与消费方式，关注他们如何购买、使用、评价和处置相关产品与服务。为深入研究消费者行为的特点及其规律，本章将概括性地介绍和说明消费者行为学领域的一些基本概念、研究内容、发展趋向、研究方法及研究意义等，并以此为基础，勾勒出消费者行为学研究的内容体系及其内在的系统性。

第一节　消费者行为学的研究对象和内容

消费者行为是客观存在的社会现象，是商品经济条件下影响市场运行的基本因素。现阶段，加强消费者行为研究，对于我国发展社会主义市场经济和企业开展营销活动都具有极为重要的理论与现实意义。

一、消费者与消费者行为

(一)消费者

消费者行为学研究的主体是消费者。消费者的概念有广义和狭义之分。广义的消费者是指购买、使用各种产品或服务的个人或组织，在这种意义上，社会上的每个人和组织都是消费者。狭义的消费者是从市场需求的角度进行界定的，主要指购买、使用某种产品或服务的个人或家庭。狭义的消费者又可分为现实消费者和潜在消费者。现实消费者指对某种商品或服务有现实需要，并实际从事商品购买或使用活动的消费者；潜在消费者指当前尚未购买、使用或需要某种商品，但在未来可能产生需求并购买及使用某种商品的消费者。对企业来说，有实际意义的是狭义的消费者。因为没有任何一个企业能够面对等同于全人类的所有消费者，满足其全部消费需求，所以只能从中选取对本企业特定产品及服务有现实或潜在需求的消费者，通过不断向市场提供适销对路的商品来满足其现实需求，并促进潜在需求向现实需求转化，从而求得自身的生存和发展。本书主要从狭义的消费者角度来讨论消费者行为。①

消费者在一生中要消费各种各样的有形产品或无形产品。有形产品是指消费者看得见、摸得着的实实在在的具体产品，如服装、手机、食品等。无形产品则是抽象的、不可见的或不具备物质形态的消费对象，如法律咨询、信息服务、娱乐、旅游等。消费者在消费有形或无形产品的过程中，不仅是产品的购买者或使用者，还可能是倡议者、决策者和影响者，这些角色可能是同一个人，也可能由不同的人来承担，因而人们会根据自己当时所处的特定“剧情”及扮演的角色来改变其消费决策，他们在一个“角色”中用以评价产品和服务的标准可能与另一个角色中的标准大相径庭。消费者行为学的研究对象不仅局限于产品的购买者和使用者，还包括参与到消费者购买和使用过程中的所有人。

(二)消费者行为

1. 消费者行为的定义

自20世纪80年代以来，西方学术界围绕消费者行为定义问题展开了较长时间的争论，至今仍未有一个统一的、被普遍接受的定义。

对消费者行为的定义有不同的立论角度，视角不同，定义强调的重点就存在差异。“决策过程论”把消费者行为定义为消费者购买、消费和处置的决策过程。“体验论”认为消费者行为

① 因而本书不涉及作为社会组织的企业、单位或政府的购买行为。

是消费者的体验过程，往往是一种感性的行为——消费者是在体验中购买、在体验中消费、在体验中处置。“刺激—反应论”认为消费者行为是消费者对刺激的反应，从消费者与刺激的关系中去研究消费者行为。“平衡协调论”认为消费者行为是消费者与营销者之间的交换互动行为，是双方均衡的结果。目前，较常用的有恩格尔、莫温、所罗门和美国市场营销协会等对消费者行为所做的定义。

恩格尔(Engel)等人把消费者行为定义为：“为获取、使用、处置消费物品所采取的各种行动，以及先于且决定这些行动的决策过程。”这个定义强调了购买决策的心理过程，以及获取、使用、处置商品的行为过程。

莫温(Mowen)从消费者行为学的角度界定了消费者行为。他认为，消费者行为是购买单位(包括个人和团体)在获取、消费和处置商品时发生的交换过程。这个定义强调了消费者行为学的研究对象、购买单位及其发生的交换过程。

所罗门(Solomon)也从消费者行为学的角度进行了定义。他认为，消费者行为“是对一系列过程的研究，而这一系列过程是个人或团体在选择、购买、使用或处置商品、服务、计划和体验以满足其需求和欲望时所引起的”。这个定义强调了消费者行为的目的是满足其需求和欲望。

美国市场营销协会把消费者行为定义为：“感知、认知、行为以及环境因素的动态互动过程，是人类履行生活中交易职能的行为基础。”这一定义中至少包含了三层含义：(1)消费者行为是动态的；(2)它涉及感知、认知、行为以及环境因素的互动作用；(3)它涉及交易的过程。[①]

在上述定义中，美国市场营销协会的定义较为全面地体现了消费者行为这一概念的丰富内涵。首先，消费者行为是动态的，这表明随着社会历史的变迁和经济的发展变化，个体消费者和群体消费者的消费行为也会随之发生变化；其次，消费者行为不仅是一个活动过程，还包括消费者心理(感知、认知)、行为(信息搜集、评价选择、购买时间和方式等)与外部环境刺激因素(社会文化、社会阶层等)之间的交互作用；再次，消费者行为是一个涉及交易的行为，交易是两个或两个以上的组织或个人付出和取得某种价值的过程，是营销中不可缺少的重要环节，对交易行为的强调使得消费者行为概念与市场营销概念取得了一致。尽管交易仍是所有消费者行为中的重要部分，但广义的观点还是强调了消费的全过程，包括购买前、购买中和购买后影响消费者的所有问题。图 1—1 说明了消费过程各阶段的一些问题。

2. 消费者行为的特点

消费者行为有很多特点，归纳起来有以下几点：

(1)消费者行为的多样性和复杂性。多样性表现在消费者在需求、偏好以及选择产品的方式等方面各有侧重、互不相同，涉及消费者为什么、何时、何地、如何购买、使用或处置某一提供物，以及购买、使用或处置的数量、频率、时长。同一消费者在不同时期、不同环境、不同产品的选择上，其行为呈现出很大的差异性。即使在相同时期、相同环境、相同产品的选择上，不同的消费者表现出的行为也有差异性。同时，消费行为的复杂性还体现在它受很多内外部因素的影响，其中很多因素非常复杂，难以识别和把握。此外，消费者所处的社会、文化环境不同以及收入水平的差异，也使得消费行为呈现出多样性和复杂性。

(2)消费者行为的易变性和发展性。易变性表现在消费者需求具有求新求变的特性。21世纪是追求个性化的时代，消费者对个性化的追求越来越强烈，这种个性化的追求随着时代潮

① 王曼，白玉苓，王智勇. 消费者行为学[M]. 北京：机械工业出版社，2007.

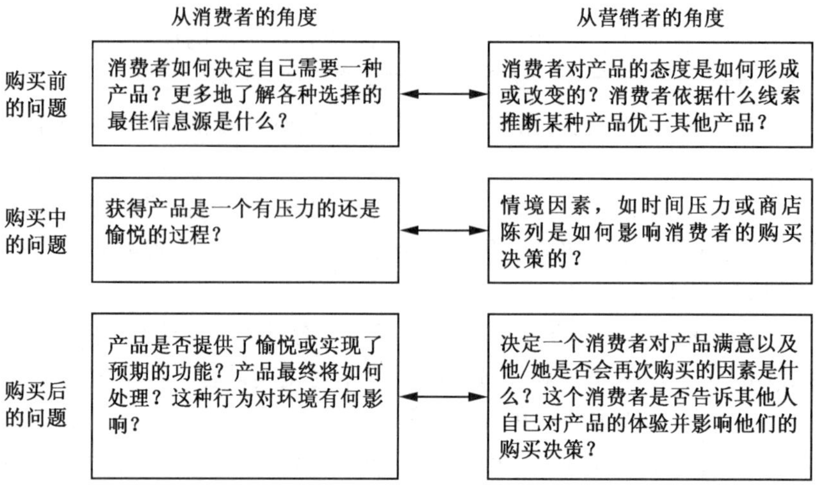

资料来源：迈克尔·R. 所罗门. 消费者行为学(第6版)[M]. 卢泰宏译. 北京：电子工业出版社，2006.

图1－1 消费过程各阶段发生的一些问题

流的发展还在不断变化。发展性表现为消费者从追求物质需求发展到注重精神需求上，需求的层次在不断提高，消费行为也越来越时尚和前卫。消费者行为的易变性和发展性与消费者行为的动态性是一致的。易变性在于说明变化的偶然性和短暂性，发展性则表明变化的必然性和长期性。

(3)消费者行为的可诱导性。消费者有时对自己的需求以及如何满足自己的需求并不十分清楚。除了一些本能的需求，大部分需求是在外界的刺激诱导下产生的，与此同时，消费者的行为会随之发生变化。例如，宏观环境的变动，企业营销活动的影响，社会交往、人际沟通的启发，以及政府的政策导向等，都可使消费者需求和消费行为发生变化和转移。潜在需求可变为现实需求，微弱的欲望可形成强烈的欲望，不良需求和嗜好可得到控制。可见，消费者购买行为是可诱导和可调节的。

二、消费者行为学的研究对象

消费者行为学是一门综合性学科，它涉及人类学、社会学、心理学等，许多不同学科的观点共同塑造了这一研究领域，很难想象还有哪个领域比它更具跨学科性，因而它的研究对象也比较复杂，涉及消费者个体的心理特性、行为方式、群体心理与行为、社会文化环境和营销刺激等诸多方面。

西方学者主要从广义和狭义两个方面来分析和论证什么是消费者行为学。广义的消费者行为学理论是按生态学的观点，即从整个环境资源的角度来分析和研究人类的消费行为，如1981年美国W. A. 伍兹(W. A. Woods)教授所著的《消费者行为》一书就是这类论著。按照广义论者的观点，消费者行为学就是一门分析和研究人类利用环境资源时的心理和行为的规律性学科，所有利用环境资源(不论是物质还是能量)的人都可被称为消费者，因此，人的行为就是消费者行为。①

① 司金銮. 消费者行为：定义分歧与本质界定[J]. 浙江学刊，2001(6)：77－78.

狭义的消费者行为学则是按市场经营学的观点，即从市场销售或推销人员的角度来分析研究消费者行为。例如，迈克尔·R. 所罗门和卢泰宏认为，消费者行为学是研究个体或群体为满足需要与欲望而挑选、购买、使用或处置产品、服务、观念或经验所涉及的过程。霍金斯、贝斯特和科尼提出，消费者行为学是研究个体、群体和组织为满足其需要而选择、获取、使用、处置产品、服务、体验和想法，以及由此对消费者和社会产生的影响。

国内学者主要是从狭义的方面论述消费者行为学。荣晓华和孙喜林认为，消费者行为学是研究消费者为满足其需要和欲望而选择、获取、使用和处置产品、服务的活动过程，以及影响这一活动和过程的各种因素。王曼、白玉苓和王智勇指出，消费者行为学是借鉴不同学科的多种研究方法，通过对消费者心理活动及其行为过程的观察、记述、分析和预测，探索和把握消费者行为的规律性，以便适应、引导、改善和优化消费者行为，为政府部门制定宏观经济政策、为工商企业制定营销战略和策略提供依据和经验。①

结合上述几种定义，我们认为消费者行为学是以心理学、行为学、社会学、人类文化学等相关学科理论为基础，以消费者在消费活动中的心理和行为现象为研究对象，系统分析和研究消费者在消费过程中的心理、行为活动过程以及影响和决定消费者行为的个人与心理因素、外部因素，从中找出消费者行为的规律性，以便为政府部门制定相关政策和企业制定营销决策提供依据。

三、消费者行为学的研究内容

消费者行为学研究对象所涉及的具体研究内容可分为以下几个方面：

（一）消费者行为学概述

包括若干基本概念，如消费与消费者、消费者行为，还包括消费者行为学产生和发展的过程、研究消费者行为学的意义、消费者行为学的研究对象和特点以及研究的一些基本方法。这部分内容在第一章中进行介绍。

（二）消费者的购买行为与决策机制

消费者的购买行为是消费者内在心理活动的集中体现，也是消费活动中最有意义的部分。购买行为是由一系列环节、要素构成的完整过程，包括产生认知需求、驱动购买动机、搜寻有关信息、进行比较选择、制定购买决策、实际从事购买、实施购后评价等若干阶段。在这一过程中，购买决策居于核心地位，决策的正确与否直接决定购买行为的发生方式、指向及效用大小。这一部分内容在第二章中进行论述。

（三）消费者行为的动机

消费者为什么购买某种产品和服务，为什么对特定营销刺激会产生这样而不是那样的行为反应，在很大程度上与消费者的需要和购买动机密切相关。需要和动机是特定消费者行为产生的原点。现实生活中，任何消费活动的产生与发展都源自个体内在生理或心理的需要，这些需要一经唤醒，就可以促使消费者为消除匮乏感和不平衡状态而去追求需要的满足，进而使其形成消费动机和发生消费行为。不同的消费购买动机驱使消费者表现出形形色色的行为，通过对消费者需要和动机的研究，了解特定购买行为的原因，有助于从根本上把握消费者行为发生和发展的规律。这部分内容在第三章中进行论述。

（四）消费者行为的心理活动基础

内在心理活动基础是消费者赖以从事消费活动的基本心理要素及其作用方式，具体包括

① 王曼，白玉苓，王智勇. 消费者行为学[M]. 北京：机械工业出版社，2007.

消费者的感知、消费者的学习和记忆、消费者的情绪和情感、个性心理和生活方式、态度的形成和改变、消费者满意和忠诚等。通过对消费者内在心理活动过程中各种心理要素及其作用方式的分析，我们可以更深刻地把握消费者行为的内在本质特征，揭示消费者心理活动的一般规律。这一部分内容在第四章至第八章中进行论述。

(五)消费者决策的外部社会环境影响因素

消费者购买行为决策不是在真空中做出的，而是要受到一系列因素的影响。这些影响因素除了个体内在心理要素，还包括外部社会环境因素，比如消费群体、参照群体、社会阶层、家庭、社会文化及亚文化等。社会文化和环境因素对消费者行为的影响常常是长期性的和持续性的，具体分析这些因素对消费者心理及行为的影响和作用方式，有助于进一步了解消费者心理和行为活动的成因。这一部分内容在第九章至第十一章中进行论述。

(六)市场营销与消费者行为理论进展

随着消费时代的变迁和营销环境的变化，消费者的消费观念、心理特点和消费行为倾向也在不断发生改变和进步，并呈现出一系列新的消费理念、消费领域和营销模式，包括品牌消费心理的流行、体验消费时代的兴起、绿色消费理念的觉醒以及消费行为的网络化等。如何根据这些新的消费心理和行为特点来改进营销方式、提高营销效果，以及考察特定市场情境条件下消费者如何对各种营销活动做出反应，是消费者行为学研究的主要对象和内容之一，也是其研究目的和任务所在。这一部分内容在第十二章至第十五章中进行论述。

第二节　消费者行为学的学科性质与特点

一、消费者行为学的学科性质

学科性质决定该学科的发展方向。对消费者行为学的学科性质，可以从不同角度进行诠释。消费者行为学是在普通心理学基础上形成和发展起来的，是一门涉及多门学科的边缘学科，如心理学、人类学和经济学等。作为一门独立学科的消费者行为学，它从其他学科中吸取了大量营养，从而促进了自身的成长与发展。消费者行为学的理论来源于上述诸学科，消费者行为学的学科性质是上述诸学科的综合。

(一)心理学理论

心理学的理论体系包括心理过程、心理特征(包括个性心理、角色心理、群体心理)、心理倾向、习惯养成理论、认知协调理论等。这些理论为消费者行为研究提供了极为重要的理论基础和方法指导。比如，心理活动过程实际上是消费者购买决策过程的基础；心理特征和心理倾向的研究成果可以用来解释许多消费心理和行为现象，可以作为市场细分的一些描述变量；马斯洛的需求层次理论划分了人类的基本需要以及它们之间的相互关系，为我们研究消费行为产生和发展变化的规律提供了基本线索。

社会心理学是心理学的一个分支，它研究特定社会文化情景中个体和他人、群体和社会的相互作用及其心理活动的发生、发展和变化规律，是介于社会学与心理学之间的一门学科。[①] 与心理学研究个体的心理活动不同，社会心理学研究的是个体在与他人、群体互动过程中产生的特有心理和行为现象。社会心理学家在参与消费者行为的研究中，主要关注的是哪些因素

① 俞国良．社会心理学[M]．北京：北京师范大学出版社，2007．

会影响消费者个体的行为，这些影响因素又是如何相互作用、相互影响的。

(二)经济学理论

许多消费经济学的研究成果与心理学密不可分，但经济学更强调其经济意义。边际效用价值、需求的价格弹性、各种收入假定、消费者均衡、恩格尔定律等，对消费者的消费倾向、消费结构、具体购买数量的确定和变化有很好的解释和预测功能。

(三)社会学、人类学的研究成果

消费问题既是经济问题，也是社会问题。社会学，特别是人类学有更广泛的研究领域，这些学科的研究成果有的可以作为一种资料直接充实消费者行为学的内容，有的可以作为一种方法帮助研究消费者行为。社会学的独特研究角度和对文化、年龄、性别、婚姻、家庭、民族、城市化等的研究成果，可以为消费者行为研究提供许多方法和资料。

(四)市场营销学

消费者行为学主要是为企业的营销活动服务的，因此市场营销学中所关注的一些重点和热点问题，就成为消费者行为学的主要研究内容，比如企业特别重视的品牌营销、绿色营销、体验营销和网络营销等活动。只是消费者行为研究角度都是基于消费者的心理基础和行为特点，关注相关营销活动对消费者的心理和行为的影响与作用。同时，市场营销学中较为成熟的理论，如市场细分理论与方法，也是分析影响消费者行为因素的依据和方法。

二、消费者行为学的学科特点

作为现代经营管理学科体系的一个重要组成部分，消费者行为学在学科性质上具有综合性、发展性、经济性和应用性特点。[①]

(一)综合性

现实生活中，消费者的心理和行为现象纷繁复杂且变化多端，其影响因素更是多种多样。如果仅从单一角度，运用单一学科的知识进行研究，很难完整、准确地把握其中的全部特点和规律。因此，长期以来，有关学者和专家不断尝试从多角度、运用多门学科的理论和方法来对消费者心理与行为进行综合性研究。消费者行为学的综合性表现在它是一门涉及多门学科的边缘学科，如心理学、社会学、人类学和经济学等。特别显示其综合性学科特点的是根据研究者兴趣的不同，一个特定的消费现象能够以不同的方式，在不同的层次进行研究。表1－1说明了消费者行为学跨学科研究的焦点。

表1－1　　消费者行为学跨学科研究的焦点

学　科	学科焦点
实验心理学	产品在感知、学习和记忆过程中的作用
临床心理学	产品在心理调节中的作用
微观经济学/人类生态学	产品在个人或家庭资源分配中的作用
社会心理学	产品对个人作为社会群体成员时的行为的影响作用
社会学	产品在社会制度和群体关系中的作用
宏观经济学	产品在消费者与市场关系中的作用

① 江林. 消费者行为学[M]. 北京：科学出版社，2007.

续表

学　科	学科焦点
符号学/文艺评论	产品在语言和视觉传播意义中的作用
人口学	产品在人口可测量特性中的作用
历史学	产品在社会变迁中的作用
文化人类学	产品在社会信仰和实践中的作用

资料来源：迈克尔·R. 所罗门. 消费者行为学(第6版)[M]. 卢泰宏译. 北京：电子工业出版社，2006.

(二)发展性

消费者行为学作为一个新兴的发展中的学科领域，虽然有了长足发展，但在体系设置、理论构造、内容方法等方面仍有待完善，尤其对消费者心理与行为规律的探索远远未达到穷尽的地步。随着各相关学科自身的发展，该学科赖以存在和借鉴的某些理论、观点被补充和修正，甚至被替代和否定。某些新的理论、观点被不断充实到原有的研究体系中。这一状况的继续，使得消费者行为学的研究对象、范围和内容也处于不断更新、扩大和发展之中。因为消费者行为学的理论部分来自其他学科，每一门学科所涉及的消费者行为方面的问题是不同的，所以每一门学科研究消费者行为问题的层次也有差异。随着各相关学科的发展，消费者行为学研究的问题也在发展，图1—2清楚地概述了消费者行为学的发展性。

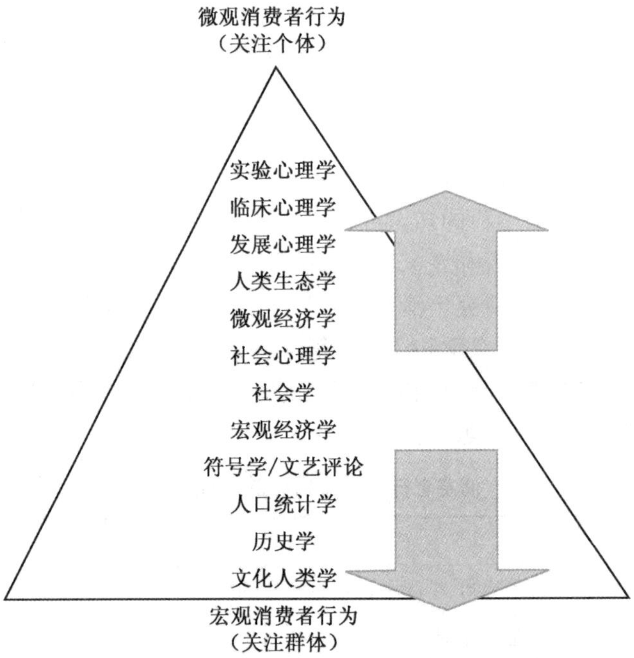

资料来源：迈克尔·R. 所罗门. 消费者行为学(第6版)[M]. 卢泰宏译. 北京：电子工业出版社，2006.

图1—2　消费者行为学金字塔

(三)经济性

消费者行为学是一门有自己独立研究范围的学科，就其性质来说属于经营管理学的范畴。

该学科主要从社会经济运行的角度出发，把人作为市场活动的主要参与者和消费活动的主体加以研究，目的在于从消费心理及行为的层面揭示社会再生产过程中消费活动的内在规律，从而引导和促进生产、流通与消费的协调发展。

现代经济科学是一个极其广泛的研究领域。随着生产力的迅速发展和人类知识水平的提高，该领域的学科不断趋于细分，并出现了宏观经济学、微观经济学、管理学、经营学、市场学等一系列分支学科。其中对消费活动的专门研究分两个领域：一是侧重于从宏观角度探讨消费在社会再生产过程中的地位与作用、消费的总量与构成、消费方式以及发展趋势等，而对消费活动的主体——消费者自身很少进行深入分析；二是专门以消费者自身为研究对象，剖析消费者的心理与行为。经济学研究通常集中于前一领域。从这个意义上说，消费者行为学弥补了经济科学对消费研究的不足，并因此在现代经济科学的庞大学科体系中占有一席重要位置，成为其中不可或缺的组成部分。

(四)应用性

消费者行为学的研究目的在于帮助商品生产者和经营者掌握消费者的心理与行为特点及一般规律，并运用这一规律预测消费变化趋势，及时采取最佳营销手段，激发消费者的购买欲望，促成有效购买，在满足消费者需要的基础上提高企业的经济效益。因而，消费者行为学的有关理论与方法必须具有实用性，即能够给商品生产者和经营者以实际的指导和帮助。为此，消费者行为学特别注重具体方法、措施和手段的研究。例如，采取何种方法激发消费者的购买欲望；如何运用各种促销手段促成消费者的购买行为；等等。

消费者行为是一个非常复杂的现象，它隐含了心理、社会、经济、文化等多个层面的含义，具有多维度、多层次的特点。由于各门学科研究的视角、目的和方法各有不同，尤其在一个消费者时常扮演“发起者、影响者、决策者、购买者和使用者”中的一个或几个角色，担负着不同的职责和任务，而各门学科往往侧重于研究消费者扮演的一个或几个角色的前提下，注定任何一门学科都无法圆满解释复杂的消费者行为现象。只有学科间进行借鉴、沟通、联系和整合，实现多学科视野的交融，才能增加消费者行为理论的时代感和解释力。

研究前沿 1—1

具身认知

具身认知(embodied cognition)也译作“涉身认知”，其含义是指身体在认知过程中发挥着关键作用，认知是通过身体的体验及其活动方式而形成的。换言之，认知是包括大脑在内的身体的认知，身体的解剖学结构、身体的活动方式、身体的感觉和运动体验决定了我们怎样认识和看待世界，我们的认知是被身体及其活动方式塑造出来的，它不是一个运行在“身体硬件”之上并可以指挥身体的“心理程序软件”。具身认知的研究纲领强调的是身体在有机体认知过程中所扮演的角色，它同传统认知主义视身体仅为刺激的感受器和行为的效应器的观点截然不同，它赋予身体在认知的塑造中一种枢轴的作用和决定性的意义，在认知的解释中提高身体及其活动的重要性。

当前，许多认知心理学家已经开始从具身的角度看待认知过程，许多实验也支持了具身认知的基础假设。

早在 1980 年，社会心理学家 Wells 和 Petty(1980)就报告了这样一个实验：作为课程学习的一部分，Wells 和 Petty 要求学生参加一个测试耳机舒适度的实验。实验者告诉学生，这种耳机已经在各种条件下，如走路、跳舞、听课等条件下进行了测试，现在要测试的是在平行移动头部(摇头)和垂直移动头部(点头)的条件下耳机声音的质量。接下来，73 名学生被随机分成

3组,分别为头部平行移动组、垂直移动组和对照组。对照组不需要移动头部,只要简单地听和打分就可以。在随后的测试中,被试先听到一段音乐,然后是广告商对这款耳机的推荐。最后被试需要完成一份简单的问卷。问卷的第一项内容是给这款耳机打分,第二项内容是回答是否同意广告商的观点。统计结果表明,头部垂直移动(点头)组无论是在给这款耳机的打分还是赞同广告商的观点方面,分值都大大高于另外两组,而头部平行移动(摇头)组在两个项目的分值上远远低于其他两组。点头的身体运动增强了积极的态度,而摇头的身体运动强化了消极的态度,实验结果同具身认知的基本假设是一致的。

心理学家Stepper和Strack做了这样一个实验:被试是大学本科生,实验中,被试被告知是一个工效学的实验,研究各种身体姿态对完成某种任务的影响。每次实验有6个被试参加,实验情境分为两种:在一种情境下,被试被要求采纳一种所谓的"工效学姿势",低头、耸肩、弯腰,给人一种垂头丧气的感觉;在另一种情境下,被试采纳的姿态是腰背笔直、昂头挺胸,给人一种趾高气扬的印象。为了防止被试之间情绪的相互影响,被试之间是隔离起来的,相互看不到。接下来,被试根据实验者的要求完成一项复杂的任务。任务完成之后,被试被告知他们出色地完成了任务,可以获得实验者的酬劳。在实验的最后阶段,被试要完成一份问卷,询问他们此时此刻的心情、是否为他们出色地完成了任务感到骄傲等。结果发现,在前一种情境下,体验到骄傲情感的被试的平均数是3.25,而在后一种情境下,体验到骄傲情感的被试的平均数是5.58。实验结果说明情绪是具身的,认知并不是情绪形成的唯一因素,身体及其活动方式对情绪与情感的形成有着重要作用。

资料来源:叶浩生. 具身认知:认知心理学的新取向[J]. 心理科学进展,2010,18(5):705—710.

三、消费者行为学研究的意义

(一)有利于政府制定相关政策,改善宏观调控效果,促进社会和谐发展

在社会主义市场经济条件下,市场作为经济运行的中枢系统,是国民经济发展的晴雨表。处于买方地位的消费者,不仅对市场的稳定运行,还对国民经济的协调发展具有非常重要的作用。消费者心理与行为的变化会直接引起市场供求状况的变化,从而对整个国民经济产生连锁式影响,不但影响市场商品流通和货币流通的规模、速度及储备状况,而且对生产规模、生产周期、产品结构以及劳动就业、交通运输、对外贸易、财政金融、旅游乃至社会安定等各方面都会造成重大影响。

与此同时,随着经济的发展和各种损害消费者权益的商业行为的不断增多,消费者权益保护正在成为全社会关注的话题。消费者作为社会的一员,拥有自由选择产品与服务、获得安全保障、获取正确信息等一系列权利。消费者的这些权利也是市场经济的构成基础。政府有责任和义务禁止欺诈、垄断、违背诚信等损害消费者权益的行为发生,也有责任通过宣传、教育等手段提高消费者自我保护的意识和能力。

(二)有助于企业制定正确的营销决策,增强企业的竞争力

市场是由消费者、购买欲望和购买能力组成的,成千上万个消费倾向、消费需求、消费偏好不相同的消费者和消费群体是市场的主力军。所以,先研究消费者、再研发产品是现代企业营销的成功法则。研究消费者行为可以指导企业设计新产品和改进现有产品。任何科学的企业管理,在开发新产品或在生产周期的起始阶段,必须明确该产品将服务于什么对象,即满足哪些消费者的哪些方面的需求。同时,研究消费者行为可以有效地制定市场策略,包括市场细

分、广告、包装、商标、价格、销售渠道等。企业在消费者行为学的理论与方法指导下，能够加快销售，降低成本，实现更好的经济效益，增强企业的竞争力。

（三）有助于消费者理性消费，做出合理的消费决策

消费就其形式来说，是以消费者个人为主体进行的经济活动。消费者在消费过程中如果了解基本的消费知识，就会理智选择购买产品。在产品极其丰富的当今时代，企业热衷于各种宣传促销活动。消费者面对品种繁多、差异极小的产品如何做出合理的消费决策，有赖于消费者能否更好地洞悉企业行为的动机、消费者自身的购买动机以及社会环境的影响等。因此，从消费者角度而言，加强消费者行为理论的学习和研究也是十分必要的。通过传播和普及有关消费者行为的理论知识，可以帮助消费者正确认识自身的心理特点和行为规律，掌握科学消费的方法，提高消费决策水平，使消费活动更加合理化。

（四）有助于推动企业不断开拓国际市场，增强企业和产品的国际竞争力

目前，开发、合作已成为社会发展的主旋律。随着社会主义市场经济的发展和经济全球化趋势的加强，越来越多的中国企业将直接进入国际市场，加入与国外企业竞争的行列。为使我国产品顺利进入和占领国际市场，相关企业必须研究和了解其他国家、地区、民族的消费者在消费需求、习惯、偏好、禁忌以及道德观念、文化传统、风俗民情等方面的特点和差异，对世界消费潮流的动向及变化趋势进行分析与预测，并在此基础上确定国际市场营销策略，使产品在质量、性能、款式、包装、价格和广告宣传等方面更符合目标国市场消费者的需求特点。唯有如此，国内企业和产品才能在激烈的国际竞争中立于不败之地。反之，如果忽略不同社会文化条件下的心理差异，往往会遇到意想不到的销售障碍，甚至引起目标国消费者的反感和抵制。因而，加强消费者心理与行为的研究，对我国进一步开拓国际市场，增强企业及产品的国际竞争力具有十分重要的现实意义。

延伸阅读 1—1

物美价廉就能打动消费者吗？

很多人觉得一款好的产品就一定会成功，比如一种好喝的饮料自然就有销量，一款性能优越的汽车自然就有人愿意买。真的是这样吗？事实上，虽然完善产品和降低成本是通向成功的重要环节，但是仅仅做到物美价廉并不足以吸引消费者购买。

营销史上有一个有名的案例，就是百事可乐和可口可乐的对决。消费者在没有看到商标的情况下品尝百事可乐和可口可乐，然后判断哪种可乐更好喝。大多数消费者认为百事可乐更好喝。但是当消费者看到商标之后再分别喝两种可乐，然后进行判断，大多数人会觉得可口可乐更好喝。因此，即使百事可乐更好喝，但可口可乐才是更加获得人心和赢得市场份额的饮料。如果你不懂怎样获得人心，那么质量再好的产品也可能会落败。物美不一定就能够获得人心。

即使你花了大力气提高质量，消费者也不一定能够感知到质量的提升。比如洗洁精，消费者如何判断一款洗洁精是否能够洗得干净呢？研究发现是通过气味。柠檬或者薄荷味道的洗洁精会让消费者觉得洗完的餐具更加干净，但其实气味与洗得是否干净并没有关系。其他很多产品也是如此，例如汽车，研究发现，消费者判断汽车质量的一个重要标准就是关车门的声音，虽然关车门的声音实际上和汽车的质量没有太大关系。也就是说，如果消费者感受不到提高的质量，那么提高质量并不会为你的产品加分。因此，你需要在消费者能够感受到的地方下功夫。例如，有一种薯片就专注改善被咀嚼时消费者所听到的声音，因为咀嚼薯片时发出的声音是消费者判断薯片是否好吃的重要因素。你只有更加深刻地了解消费者的感知,才能在重要方面改善你的产品。

有时候你会发现,一些很好用的产品,消费者却不愿意购买。例如,当纸尿裤刚刚进入中国市场的时候,虽然它比传统尿布好用很多并帮妈妈节省了不少时间和精力,前期的纸尿裤广告也在强调这款产品省时、省力的特点,但结果发现市场的接受程度并不高,销量很低。后来研究者做了消费者心理研究,才发现这是因为妈妈们的愧疚心理。妈妈们会认为,使用纸尿裤是为了给自己省力,从而产生了愧疚感。了解到这一点之后,纸尿裤就改变了宣传方式,营销人员开始宣传纸尿裤对婴儿的好处——透气、干燥等,果然很快提升了销量。这个案例说明,即使有一款优越的产品,你也需要了解消费者心理才能把它卖得更好。

物美不总是能转换成销量,那么价廉呢?降低成本和价格是不是就能刺激购买呢?想想"双11"时的疯狂购买,你会觉得价廉是制胜法宝。但是你要知道,降低价格的作用也是有局限性的。我们来看看以下这些例子。

价廉不一定能刺激购买,有些时候甚至会减少购买。如果现在要为你新出生的宝宝选购一款奶粉,你会不会走到商场里面,买一款最便宜的奶粉或者打折力度最大的奶粉呢?事实上,只要经济能力还可以,你就不太会给宝宝买便宜的奶粉。很多中产阶层甚至还会不顾自己的经济承受能力选取最贵的奶粉,因为价格贵的奶粉让父母觉得更安心。这种现象叫作价格质量推理(price-quality-inference),即消费者会根据价格来判断质量,相信一分价钱一分货,便宜的东西好不到哪里去,贵的东西也差不到哪里去,这种观念根深蒂固。如果奶粉的价格太低,你会认为这款奶粉的质量不值得信任。在这种质量难以判断且又非常重要的产品上,消费者的这种心理最为明显,例如律师、医生、药物等。如果将接受一台重要手术,你不会选择一个收费很低的医生;如果要打一场重要的官司,你不愿意雇用一个收费很低的律师。在这样的产品种类中,价廉不见得是好事。

价格高也可以让人心甘情愿地买单。例如,在一个经典的研究中,研究者发现,同样的一双鞋子定价为 39 美元的时候,比定价 35 美元要卖得更好。因为消费者觉得 39 美元这个价格更像是折扣价格。另外一种情况,如果你要卖一座房子,你是定价 200 万元,还是定一个更高的价格 217 万元呢?有研究发现,第二种定价虽然更高但可能卖得更好。因为数字越精确,人们越容易为这个价格买单。研究者分析了 2.7 万个房产交易样本后发现:当价格更精确时,买房的消费者还价更高,最终成交价也更高,精确的价格反而会让消费者感觉这个价格比较便宜。

消费者感知到的价格很容易被操纵。生活中很多商品的价格都以 9 结尾,因为以 9 结尾会让消费者感觉价格很低。199 就比 200 这个价格看起来低很多。但是沃尔玛的标价很多是以 7 结尾,这是因为沃尔玛想让你觉得它们的价格比其他商店的价格更低。当其他商店以 9 结尾的时候,沃尔玛以 7 结尾就产生了一种更低价的印象。还有一些时候,你根本就不需要改变大多数商品的价格就能让消费者觉得你家的商品真的很便宜。怎么做呢?可以借鉴美国一家食品超市 Trader Joes 的做法。这家超市卖的商品大多数是私有品牌,即该商店里面的商品品牌在其他超市都没有。因此,消费者完全不清楚这家超市的商品到底是便宜还是贵,品牌不一样就很难对比。但是这个超市用了一个小招数就打造了廉价的形象。在超市门口,陈设最显眼的产品就是矿泉水,它的矿泉水只要 39 美分一瓶,比其他超市的矿泉水要便宜很多。这样一来,消费者只要看到这些矿泉水的价格就会觉得整个商店的商品肯定都很低价。就像你走进一家以前没去过的超市,发现农夫山泉只要 0.5 元一瓶,你会顿时觉得这家超市非常实惠。

总而言之，虽然提高商品质量和降低成本是我们必须要做的事情，但是不见得一定是制胜的法宝。要做出一款赢得消费者人心的产品，制定出一个充满诱惑力的价格，首先需要了解消费者的心理和行为规律。

资料来源：周欣悦. 消费者行为学[M]. 北京：机械工业出版社，2020.

第三节　消费者行为学的演进和发展

在人类社会中，自古以来就有精明善断的商人注意到了买卖活动中顾客的某些心理现象和行为表现。我国春秋后期的计然提出了“旱则资舟，水则资车，物之理也”的经营思想；计然的弟子范蠡师承这一理论，提出“夏则资皮，冬则资絺”的经营思想；荀子提出生产要“养人之欲，给人以求”，讲的就是满足人们的消费需要。

古希腊哲学家亚里士多德十分关注人们各种形式的“闲暇”消费，以及由此对个体和社会产生的影响；英国古典经济学家强调节制消费；经济学之父亚当·斯密所信奉的“看不见的手”的原理，也是建立在他对个体消费者行为的观察和某些假设之上的。

对消费者行为的专门研究，始于19世纪末20世纪初，它在20世纪50年代至60年代以一门独立学科的形式从营销中分离出来，距今只有几十年的历史。我们按照历史发展的顺序，将消费者行为学赖以产生、发展和创新的历程大致划分为以下几个阶段：

一、萌芽与初创时期

从19世纪末到20世纪30年代，有关研究消费者心理与行为的理论开始出现并得到了初步的发展。

最早从事这方面研究的是美国社会学家托斯丹·邦德·凡勃伦，他出版的《有闲阶级论》(1899)提出了炫耀性消费及其广义的消费概念。他认为过度的消费是在一种希望炫耀的心理下被激发的。以他为代表的消费心理研究引起了心理学家和社会学家的兴趣，也受到了企业的密切关注。炫耀性消费实际上是对传统经济学关于消费者是“经济人”“理性人”假设的某种否定；同时，他又提出了从非经济层面研究消费者行为的必要性。1900年，美国学者哈洛·盖尔在多年广泛调查研究的基础上写成《广告心理学》一书，系统论述了在商品广告中如何应用心理学原理提升广告的宣传效果，引起了消费者的兴趣。1901年，美国著名社会心理学家斯科特首次提出在广告宣传上应用心理学理论。1912年，德国心理学家雨果·闵斯特伯格出版了《工业心理学》一书，阐述了在商品销售中，橱窗陈列和广告对消费者心理上的影响。1923年，科普兰提出将消费物品分为便利品、选购品和专门品的分类方法部分建立在对上述消费者行为的分析之上。

另外，在一些市场学、管理学的论著中也介绍了有关消费心理和行为的问题，比较有影响的是“行为主义”心理学之父约翰·华生的刺激—反应理论，即S-R理论。这一理论因为揭示了消费者接收广告刺激物与行为反应之间的关系而被广泛应用于消费者行为研究中。不过，这一时期还是消费者行为与心理研究的初始阶段，研究的核心在于促进产品销售，而非满足消费者的需求。另外，这种研究也仅限于理论层面，没有应用到企业营销活动中，因此，尚未引起社会大范围的重视。

二、应用与发展时期

20 世纪 30—60 年代，消费者行为研究被广泛应用于营销活动并迅速发展起来。

1929—1933 年的资本主义经济危机，使生产严重过剩，商品积压，销售非常困难。针对这种供过于求的市场状况，各个企业都在思考产品销路的问题。而“二战”后的美国，由于军需品需求下降，转而生产民用消费品，导致市场骤然膨胀，消费者的需求和欲望也随之变化。这一切使得企业的营销思路发生了重大转变。商品生产者和销售者开始重视市场调研，重视消费者。而这一时期，市场学、推销学等在市场营销中得到了广泛应用并收到显著效果。这为完善消费者行为学创造了有利条件，并使其成为一门独立的学科，为产品销售服务。从 20 世纪 50 年代开始，企业越来越关注对消费者心理与行为的了解，更多的心理学家、经济学家、社会学家也对这一领域进行研究，相继提出了许多理论。其中最著名的是美国心理学家亚伯拉罕·马斯洛的需求层次理论。美国另外一名心理学家梅森·海尔找到了消费者潜在的或隐藏的购买动机理论。美国的经济学家科普兰提出了消费者的购买动机可分为感情动机和理智动机，这在当今还有很大的意义。

20 世纪 60 年代是消费者行为研究的一个高峰。1960 年，美国心理学会成立了消费者心理学分会，这是消费者行为学开始确立其学科地位的前奏。与此同时，美国的一些大学和研究生院的心理学系、社会学系、经营管理系开设并讲授了消费者行为学课程，对消费心理研究的人员逐渐增多，研究质量大为提高。美国密歇根大学研究小组提出的期望与消费者态度的理论、哥伦比亚大学提出的《人格的影响》有关理论、哈佛大学对于知觉风险的研究、中间范围理论、低参与过程与高参与过程的理论、群体问题的研究等，发展和完善了消费者行为学。1960 年，哈佛大学鲍尔的一篇论文对改变假定消费者的理性程度比较低的观念起到了重要的作用。他认为，消费者的任何行动都将产生他不能完全肯定的结果。

三、变革与完善时期

20 世纪 70 年代至今，消费者行为学的研究成果逐渐趋于系统化，独立的消费者行为学科开始形成。

1968—1972 年间发表的研究成果，比 1968 年以前所出版的全部研究成果都要多。这一时期有关消费者心理与行为的各种研究不但在文字数量上激增，而且质量也越来越高，研究方法越来越科学。更多的新兴学科如计算机、经济数学、行为科学等被应用到消费者行为学研究中，而且有关消费者研究的内容也有了重大突破。1968 年，第一部消费者行为学教材《消费者行为学》由俄亥俄州立大学的恩格尔、科拉特和布莱克维尔合作出版。1969 年，美国的消费者研究协会（Association for Consumer Research）正式成立。1974 年，《消费者研究杂志》（JCR）创刊。埃弗雷特·罗杰斯进行关于创新采用与扩散的研究，提出了创新扩散理论。此外，拉维吉和斯坦勒进行关于广告效果的研究；费希本等人从事关于组织行为的研究；谢恩等人开展了关于组织购买行为以及有关消费者权益保护问题的研究。

20 世纪 80 年代中期之后，我国有关消费者行为学的研究逐渐产生。在此之前，我国在该领域的研究基本上处于空白状态。不但很少有人从心理学角度研究消费和消费者，而且连消费心理、消费行为等词也鲜为人知。改革开放后，随着市场经济体制的逐步确立，我国消费品市场迅速发展，20 世纪 90 年代中期基本形成以消费者为主体的“买方市场”。与此同时，消费者的消费水平、消费结构发生了巨大的变化，逐渐由贫困型向温饱型、小康型转化；消费方式由单一化、被动式向多样化、选择式转化。从20世纪90年代起,消费者心理与行为问题已经引起学者的关注。特别是中国香港和台湾地区的学者,他们率先对中国消费者行为特征开展了研究,其中既包括对消费者生活方式的研究,也包括对中国消费者研究方法的研究等。此外,中国消费者的本土化研究也日益受到关注,其核心是摆脱西方消费者行为研究的理论和方法套路,寻求适合于中国消费者社会和文化心理的理论与方法,研究中国消费者特有的行为模式。

从20世纪90年代起,消费者行为研究开始强调消费所带来的符号意义以及消费者的主观感受,认为消费者价值与意义源于特定或共享的社会文化体验。并且,消费者不再是消极的反应者,而是具有心理前摄能力,具备对消费环境诠释与建构意义的能力。符号价值理论是这个时期非常重要的理论,该理论认为消费品通过提升自我认同的自我符号价值,以及提高社会认同感的社会符号价值来产生符号价值,而消费者充当着创造与维持消费者个人与社会环境意义与价值联络者的角色。

四、消费者行为学新发展

进入21世纪之后,消费者自身的主体意识和成熟程度远远高于以往任何时期,他们在社会经济生活中扮演着日益重要的角色。学者和企业对于消费者心理与行为的关注也达到一个新高度,并日趋重视消费体验、情绪和情感、情境等因素对消费决策所产生的重要作用,以及在线消费、消费后分享行为等新消费现象。而这些研究内容的扩展,也使得消费者行为分析变得更加富有现实意义和实践意义。当前,有关消费者心理与行为的研究不断发展、深化,门类也越来越多,如商业心理学、广告心理学等。从创新和发展趋势上看,消费者行为学的变革和创新有以下四大特点。

(一)研究角度趋向多元化

即不再仅从商品生产者或经营者的单一视角研究消费者行为,而是将消费者心理与行为同更广泛的经济社会问题相联系,生态消费、文化消费、消费信用、消费价值、消费社会、消费者权益保护、消费决策模式、消费信息处理等,统统纳入消费者行为分析的视野。例如,政府部门在制定经济决策时如何以消费者心理与行为作为重要参考,消费需求升级如何驱动供给侧的高质量发展等。

21世纪以来,随着互联网、大数据、人工智能等新技术的发展,消费渠道、场景、互动沟通等发生了巨大变化,消费新商品不断涌现、消费新时尚不断形成。消费者生活方式也呈现出与传统时代截然不同的新特征,如消费在线化、消费智能化、消费数字化和消费体验化。而围绕在线信息搜索、在线评价、品牌社区互动、顾客共创价值、顾客独创价值、直播购物等主题展开的探索,为消费者行为开辟了更新颖、更广阔的研究角度和领域。

(二)研究参数趋向多样化

在最初的研究中,人们主要利用心理学的理论对消费者行为学中涉及的行为进行一般性描述,后来加入了经济学、社会学的有关概念作为参数变量。例如,以心理因素、文化、历史、地域、民族、传统、价值观念、信息化程度等一系列变量来分析和解释各种消费心理与行为的差异。新变量的加入为消费者心理与行为精细化研究提供了可能性,同时也使参数变量在数量和内容上更加丰富多样。而这一现象正是消费者行为学多学科、综合性趋势进一步加强的反映。

(三)研究方法趋向于定量化

过去对消费者行为学的研究仅局限于对各种简单现象的一般描述,各种新变量的加入使各参数间的相互关系更加复杂，单纯对某一消费现象进行事实性描述和定性分析显然是不够的。为此，更多的学者倾向于运用统计分析技术、信息处理技术以及运筹学、动态分析等现代科学方法和技术手段来揭示各变量之间的联系。定量分析的结果，使得建立更加精确的消费行为模式成为可能。而各种精确模型的建立，又进一步推动了对消费现象的质的分析，从而把消费者行为学的研究提高到了一个新的水平。

(四)研究空间跨国化

传统上，由于美国一直是消费者行为研究的中心，绝大多数研究在美国本土进行，并以美国消费者作为分析样本，因此，消费者行为研究带有浓厚的美国色彩。随着经济全球化进程的加快和全球市场的逐步形成，在消费者行为研究领域，各种跨文化的比较研究也逐步增多，各国学者的交流、合作日益频繁。可以预料，消费者行为研究的国际化趋势，必将随着全球文化、经济的进一步融合而不断向纵深方向发展。

研究前沿 1—2

体感技术在营销中的运用

迪士尼在"第四届北京鸟巢欢乐冰雪季"中采用 3D 体感试衣技术，让小朋友在体感试衣镜前演绎不同的白雪公主造型，圆了自己的公主梦；快时尚品牌 UR 服饰，将体感形象搭配系统应用在上海国际品牌服饰展览会上，让消费者领略未来的服饰购物趋势；奥康集团在展览会及终端店铺使用体感互动技术，让消费者在科技时尚的体感设备前轻松搭配不同款式的产品，享受互动的购物乐趣……以上这些广告案例，都是体感技术在营销广告中的具体应用。

体感技术强调使用人体动作取代传统的鼠标或触屏操作方式来管理电脑和其他设备，使人们无须使用任何复杂的控制设备而仅仅靠肢体动作就可以身临其境地与周边的装置或环境互动。体感技术最初只是应用于微软、任天堂等游戏巨头的游戏娱乐。现在，体感技术在电视、笔记本电脑、智能手机、平板电脑等数码产品上被越来越广泛地应用。

早在 2010 年微软推出 Xbox 360 体感游戏的时候，一些嗅觉敏锐的广告商就预测体感技术在数字营销行业拥有广阔的应用空间，经常一起探讨如何将体感技术与数字营销结合，通过体感技术加强与消费者之间的互动，让消费者在互动体验过程中增强对产品和品牌的认知与了解。例如：消费者可以通过肢体动作，操控广场上或商场上的大屏幕，与屏幕中的内容进行互动，调动现场的气氛；候车的乘客可以通过肢体动作操控候车厅的广告屏，参与品牌的促销活动；消费者在 3D 体感试衣镜前就可以进行各种服饰的搭配，而无须排队进入试衣间；等等。事实上，体感技术在数字广告中的应用速度比预料中快得多。在视频网站上，可以看到日产汽车、蒙牛、平安银行、金龙鱼、可口可乐等大型企业已经运用体感技术创作互动有趣的广告，然后通过体感设备让消费者参与互动，消费者反应非常热烈。

广州新节奏是国内最早投入体感技术研发的企业，也是最早将体感技术融入广告创意和营销的企业。公司总经理陈勇杰认为，体感技术是革命性的人机交互技术，要用全新的思维去思考如何通过体感技术提升受众的互动体验，增强受众的关注度和记忆，从而达到预期的宣传效果。一个优秀的体感广告，应该是创意与体感技术、商业应用的完美结合，而非简单地利用体感技术代替鼠标和键盘的点击操作。该公司开发的"体感互动广告系统"和"体感商场导购系统"，除了具有传统广告机的所有功能，还能嵌入个性定制的体感互动广告或者植入式体感游戏，增强受众对品牌的记忆。同时，还有精准的数据监测和数据分析功能，能够精确到每天的客流量、客户操作使用的时间、客户对哪部分内容最感兴趣等，甚至是客户在某个页面停留的时间，都能精准记录，为品牌的营销推广和 CRM 管理提供数据支持。

资料来源：体感广告：数字营销新利器[EB/OL]．艾瑞网，http://a.iresearch.cn/new/20130905/211282.shtml，2013-09-05.

第四节　消费者行为学的研究方法

一、消费者行为学研究的两种基本方法

消费者行为学的研究方法涉及多门学科范畴，是典型的跨学科研究。总的来说，消费者行为学的研究方法有实证主义（positivism）和阐释主义（interpretation）两种基本方法。

实证主义研究方法源于自然科学，由实验、调查技术和观察组成，强调科学的客观性，并视消费者为理性决策者。在实证主义方法论指导下，研究者把消费者视为可解剖操纵的客观系统，运用模拟实验的手段或抽样调查的方法，得到大量关于消费者反应的定量数据，并通过统计分析得到一般结论，以预测总体消费群的行为。这种解剖分析方法论的基本思想是，消费者的行为是有限几个因子变量作用的结果（大多数理论假设为线性关系），研究方向在于利用可控实验或调查把消费者的心理"黑箱"变为"白箱"系统。认知心理学、行为主义心理学以及个性特质论等流派的学者进行消费者行为研究所用的方法，就是这种实证主义方法论。

阐释学方法（阐释主义）强调消费者个人经验的主观主义，认为任何行为都是受多种原因而不是单一原因支配的，并认为并不存在一个单一的客观实体，消费是个人的独特经验行为，研究者与被访者的相互作用会影响研究结果，因此，个别研究结论不能一般化推广到更大的群体。为此，研究者只能试图理解消费者心理动机，对其行为进行主观的阐释，而不能做逻辑分析，即根据抽象的规律预测未来行为变化。①

消费者行为学中实证主义与阐释主义这两种研究方法的区别，可从表1－2中得到体现。

表1－2　　消费者行为学中实证主义与阐释主义方法

假　设	实证主义	阐释主义
现实的本质	客观的、实在的、唯一的	社会构建的、复合的
目标	预测	理解
产生的知识	不受时间限制，不依赖背景	受时间限制，依赖背景
对因果关系的看法	存在真实的原因	复合的、同时发生的具有形成条件的事件
研究关系	研究者与被研究者互相独立	研究者是所研究现象的一部分，与被研究者互相影响、互相协作

资料来源：改编自 Laurel A. Hudson, Julie L. Ozanne. "Alternative Way of Seeking Knowledge in Consumer Research". *Journal of Consumer Research*, 1998(3): 508－521.

二、消费者行为学研究方法的基本内容

消费者行为学作为一门带有跨学科性质的独立学科，在具体研究过程中应按以下程序进行：

（一）研究设计

研究设计是开展消费者行为研究项目时所要遵循的一个框架或计划，它详细描述了获取

① 罗纪宁．消费者行为研究进展评述：方法论和理论范式[J]．山东大学学报，2004(4)：98.

研究问题所需要的数据资料的必要程序。具体来说，消费者行为研究设计的内容有：(1)确定研究目标，拟定研究项目；(2)确定收集资料的范围和方式；(3)设计调查表和抽样方式；(4)制订调查计划；(5)收集并分析数据资料；(6)撰写并提交最终研究报告。

(二)数据资料的具体收集方法

无论是进行定性分析还是定量分析，都离不开市场调查。进行调查、收集资料的方法很多，基本上可以分为两大类：收集第一手资料和收集第二手资料。收集第一手资料的主要方法有观察法、焦点小组访谈法、调查法、行为数据法、实验法等。减少成本、尽可能把真实情况调查出来，仍然是在收集第一手资料时要注意的问题。根据消费者行为学的特殊研究对象，以下方法应该经常使用：

1. 观察法

观察法是调查员凭借自己的感官和各种记录工具，深入调查现场，在被调查者未察觉的情况下，直接观察和记录被调查者行为，以收集市场信息的一种方法。

2. 实验法

实验法是指市场调研者有目的、有意识地改变一个或几个影响因素，来观察市场现象在这些因素影响下的变动情况，以认识市场现象的本质特征和发展规律。企业在经营活动中经常运用这种方法，如开展一些小规模的包装实验、价格实验、广告实验、新产品销售实验等来测验消费者的反应，以实现对市场总体的推断。

3. 询问法

询问法是由访问者向被访问者提出问题，通过被访问者的口头回答或填写调查表等形式来收集市场信息资料的一种方法。询问法是收集第一手资料最重要的方法，它既可以独立使用，也可以与观察法结合应用。

4. 问卷法

问卷法是研究消费者行为常用的方法。问卷法是研究者事先设计调查问卷，然后向被调查者提出问题，并由其予以回答，从中了解被调查者心理与行为的方法。根据操作方式，问卷法可以分为邮寄问卷法、入户问卷法、拦截问卷法和集体问卷法。

5. 内省(反思)法

内省(反思)法是研究调查者通过对自己的消费行为和心理活动进行审视与解剖，来了解消费者特殊或一般行为现象及其心理原因的一种调查方法。应用内省法的理论依据是：个体之间具有一般共性、群体共性和角色共性，可以由此及彼地进行推测；如果人们之间存在差异，也可以通过角色转换的方式加以推测。

6. 体验法

体验法是参与观察的方法，指观察者参加到被观察对象所在的群体和组织中，作为其中的一员，参与日常活动的一种观察法。有许多消费活动需要通过参与观察的方法，才能了解、体验到一些细微、深层的东西，如娱乐健身活动、旅游活动、奢侈品消费活动等。

7. 投射测验法

投射测验法是通过一些无结构性的，或经过精心设计的测验，引出被试的反应，从中考察被试所投射的人格心理特征的心理测验方法，主要用于探究消费者内心深处的真实想法、真实动机。有两个基本原因需要使用投射测验法：消费者不愿意正面回答、真实回答的一些问题；消费者难以回答的一些问题。正确使用投射测验法的关键，是要能克服被试的心理障碍，让其能真实、自由地表达出来，或是采用旁敲侧击的方法把被试难以表达的问题投射出来。

案例分析

巴奴毛肚火锅传递的价值信号

在餐饮界，海底捞和巴奴是两座大山，但从价值感知设计来看，海底捞的顾客感知价值集中在服务上，将服务包装成一个额外具有价值感的商品出售；巴奴则从多方面、多层次设计顾客感知接触点，以产品为媒介传递“价值信号”，从顾客的第一印象“感觉”开始，进一步加强整体感知，让顾客心甘情愿为价值感买单。

(1)产品命名：名字即认知

名字是人们感官“听”的第一印象，名字即认知。对于产品来说，好名字应能做到简化顾客感知。这就意味着要做到两点：①建立在顾客已有认知之上；②为已有认知赋予价值感。人们对巴奴的每一道菜品都有其固有认知，越是经常接触的食材，越是无感。那么巴奴产品主义要做的就是在已有的认知上赋予价值感。我们来看巴奴的畅销产品菜单，厚切牛肉在前面加了“厚切”二字、笨菠菜的“笨”字、井水黄豆芽的“井水”、锡盟羔羊的“锡盟”、黑豆腐的“黑”、茴香小油条的“茴香”等，这些产品从原料、产地、培育、工艺多个方面为原本平常的原材料赋予了听觉感官上的差异。

深入分析，厚切牛肉的“厚”字相较于“薄”本身有更高的价值感，感官自然能联想到大口吃肉的快感；笨菠菜的“笨”反映的是生长慢，种植周期长，种植需要付出更多的成本；井水黄豆芽的“井水”传达的是一种干净卫生的感知；新西兰牛肚和锡盟羔羊两个产品是用原产地赋予产品真材实料的认知，同时也为后续讲供应链的故事做好了铺垫。

巴奴以名字为切入口，用不经意的“暗示”让顾客在点菜的过程中形成对品牌的印象。

(2)产品呈现形态：出场即惊艳

出场即惊艳。视觉是“看”的第一印象，同样的食材，在巴奴的呈现方式中总会让人感觉品质更优、更绿色健康。以招牌毛肚为例，切工整齐、切片大、盘内垫上冰块增高，将边角料放在了夹缝里。与市场同品类的呈现形态形成的差异决定了顾客价值感知。绣球菌由于跟银耳神似，价值高却难以体现出“价值感”，巴奴为了将绣球菌与银耳形成认知区隔，使用了“玻璃瓶 ＋ 软木塞”的呈现形态，还在瓶身上打上“绣球菌”三个字加深顾客记忆，将原本并不起眼且形状松散的绣球菌体现出了“价值感”。井水黄豆芽要用竹筐盛放，虾滑用到了竹筒，黑豆腐的切割是用勺子手工挖出来的形态，并非机器切割，这一切的呈现方式都突出了绿色、生态等观感。

人们不想获取更多的信息，他们通过眼睛选择他们想看到的信息。产品呈现形态是无声的语言，传达给消费者最直接的内容。

(3)改变供应链：供应链即壁垒

供应链是巴奴的护城河。“产品命名”和“产品呈现形态”从顾客第一感官来打造产品的价值感，容易被抄袭，真正成为巴奴护城河的是供应链。

采购环节选择好食材并非难事，难的是保证持续稳定的供应链。在巴奴之前，毛肚产业的安全问题触目惊心。在工业烧碱、过氧化氢甚至福尔马林的发制下，毛肚迅速膨胀变大、变白、变水灵。形成的产业链是要么形态好看但不安全，要么不好看且口感也不好，而大部分顾客会选择前者。为了做出安全、高品质的毛肚，巴奴与西南大学深度合作，成功研发出针对冰鲜毛肚的“木瓜蛋白酶技术”，并在“绿色王国”新西兰签下了一条冰鲜毛肚生产线，从源头保证产品的品质、安全。

原先整个鲜鸭血的市场环境是没有国家生产标准，生产品质难以得到保证。市场上的鸭血以鸭血粉为主，因为鸭血粉可以常温运输和保存。巴奴的做法是帮供应商建立卫生标准，推动工厂申请当地的食品安全标准，拿到生产许可证，并通过冷链和中央厨房来实现中心仓储，最终做出了符合国家质量检验标准的鲜鸭血。

巴奴上市过一款季节限量笨菠菜，非大棚种植的笨菠菜被巴奴挖掘出了“小时候的味道”“口感香甜”“铁元素丰富”等价值点，但是难点是种植节奏要和销售节奏一致。为了保证笨菠菜的品质，巴奴从源头进行把控，与菜农合作定向种植。为了让顾客吃上最新鲜的笨菠菜，种植基地将菜地进行了分区、分批次种植，这样，不同时期采摘的笨菠菜成熟度恰到好处，保证巴奴全国所有门店都能供应。

(4)简化点单流程

减少顾客在时间、精力方面的支出，也能增加感知价值。点菜是一门技术活，而如今菜单上的选项却种类繁多，让人眼花缭乱。巴奴的做法则是简化决策流程，辅助用户做出恰当的选择。

其他火锅品牌店在做100多个SKU的时候，巴奴则把销售增长率与市场占有率双低型的产品全部砍掉，精简为30多个SKU，并将产品以组合的方式打包给用户，重点突出了优质单品毛肚和“十二大护法”产品。事实证明巴奴的简化决策流程策略起到了效果，毛肚和“十二大护法”产品的点单率几乎为100%，而这些品类恰恰是最具高附加值的产品。

再以配料为例，常见的DIY调料方式增加了体验感，但是也出现了一些问题，如自主调配味道欠佳、浪费严重。巴奴在这一环节同样运用简化决策流程的方式设计出了DIY配方料，优化了用户体验。选项太多，反倒带来了副作用。好的做法是给出恰当数量的选项，并为用户提供必要的参考信息，帮助他们决策。这一观点丹尼尔·卡尼曼在《思考，快与慢》里提出过，当你可以帮助人们避免调用大量的脑力来完成一件事时，就能让用户沉浸在使用体验里，进而感受到愉悦。

(5)故事思维：故事即传播

不是所有的价值感都体现在感觉上，故事思维则将价值感提升到了知觉上。上面提到的四点：产品命名、产品呈现形态、改变供应链、简化点单流程，都被巴奴转化成了一个个为产品用心的故事。一个有意义的故事能激发人们对你的信任，说一个好故事，就像将你所看到的事物制作成迷你纪录片，展示给听众，这样他们也能感同身受。

巴奴的故事不仅是开产品发布会，或通过大众媒体讲出去，还变成了巴奴餐厅的体验内容。既然说自己的菌汤好，那就将菌汤的产地、原料、熬煮等各个环节展示出来；既然说自己的牛油好，那就把出品的各个环节向顾客展示。这就是最好的内容体验，让顾客在进入店面的时候就沉浸在了巴奴所讲的故事中、场景里。

总结：一切围绕价值感。在评定产品价值时，顾客对组成产品各种要素的认知能力是有限的，大多数顾客并不认真考虑价格与收益，而是依赖于社会或企业通过营销制造的氛围，其“不经意”地形成了自己对价值的印象。解析巴奴“产品主义”的五个关键点围绕“价值感”展开，产品命名是听出来的价值感；产品呈现形态是看得到的价值感；改变供应链是尝出来的价值感；简化点单流程是意识化的价值感；故事思维是体验出的价值感。从顾客走进店面的那一刻起，听到、看到、尝到、嗅到、感受到的一切皆能感知到价值感。这才是巴奴的产品主义能够成功的原因，因为“价值感”一定是从顾客的感知价值思考问题，而不是从老板、采购、供应链等其他角度。只有从顾客感知价值出发，产品主义才能走在正确的道路上。

资料来源：刘馨忆. 产品主义，没有“价值感”也白搭[J]. 销售与市场(管理版)，2020(9)：83－85.

思考与讨论

1. 巴奴有哪些成功的经验？
2. 巴奴是如何把握、利用消费者心理的？
3. 通过巴奴加强顾客感知价值的营销策略，谈谈你对感知价值的理解。

本章小结

消费者行为是客观存在的社会现象，是商品经济条件下影响市场运行的基本因素。加强对消费者行为的研究，把握消费者心理和行为的基本特点和变化规律，具有极其重要的现实意义，它不仅有利于政府制定相关政策，改善宏观调控效果，促进社会协调发展；还有助于企业制定正确的营销决策，增强企业的竞争力；有助于消费者理性消费，做出合理的消费决策；有助于推动企业不断开拓国际市场，增强企业和产品的国际竞争力。

消费者行为学研究的主体是消费者。消费者是指那些购买、使用某种产品或服务的个人或家庭。消费者行为是一个感知、认知、行为以及环境因素的动态互动过程，是消费者履行生活中交易职能的行为基础。消费者行为有很多特点，包括多样性和复杂性、易变性和发展性、可诱导性。

消费者行为学是一门综合性学科，它以心理学、行为学、社会学、人类文化学、市场营销学等相关学科理论为基础，以消费者在消费活动中的心理和行为现象作为研究对象，通过系统分析和研究消费者在消费过程中的心理、行为活动过程以及影响和决定消费者行为的个人与心理因素、外部因素，从中找出消费者行为的规律性，以便为政府部门制定相关政策和企业制定营销决策提供依据。消费者行为学的学科性质具有综合性、经济性、发展性和应用性等特点。

消费者行为的专门研究始于19世纪末20世纪初。从19世纪末到20世纪30年代，有关消费者行为的理论研究开始出现并得到了初步的发展；20世纪30—60年代，消费者行为研究被广泛应用于营销活动并迅速发展起来，消费者行为学开始成为一门独立的学科；20世纪70—90年代，消费者行为学研究呈现飞速发展的局面，有关消费者行为的各种研究无论在数量、质量、内容和研究方法上都有了较大的提升和突破；从21世纪开始，消费者行为研究不断地发展和深化，呈现出四大特点，即研究角度趋向多元化、研究参数趋向多样化、研究方法趋向定量化、研究空间趋向跨国化。消费者行为学研究在20世纪80年代中期从西方引入我国，目前已由介绍、传播阶段进入普及和应用阶段。

消费者行为学的研究方法有实证主义和阐释主义两种基本方法。实证主义研究方法强调科学的客观性，并视消费者为理性决策者；阐释学方法（阐释主义）强调消费者个人经验的主观主义，认为任何行为都是受多种原因而不是单一原因支配的，消费是个人的独特经验行为。

关键词与复习题

关键词

消费者（consumer）
消费者心理（consumer psychology）
消费者行为（consumer behavior）
消费者研究（consumer research）
实证主义（positivism）
阐释主义（interpretation）

复习题

1. 什么是消费者行为？它有哪些特点？
2. 消费者行为学的理论来源是什么？其学科特点有哪些？
3. 消费者行为研究的发展趋势有哪些？
4. 试述消费者行为研究的意义。
5. 消费者行为的基本研究方法有哪些？
6. “消费者行为学不是基于经济学的一种简单现象描述，而是一门跨多学科的科学。”讨论这句话，并试举两个消费实例来论证这句话。

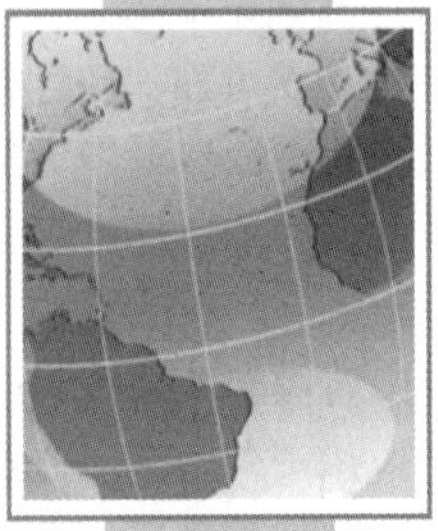

第二章 消费者购买决策过程

学习目标

通过本章的学习，学生应当了解消费者购买决策的基本模式和过程；系统掌握消费者购买决策中信息搜集渠道、分类和涉入度对消费者购买决策的影响；深入理解购买评价与选择过程，掌握消费者购买后行为的类型和口碑传播的作用及管理。

案例导引

马上要到圣诞节了，王蛟想给自己的一位很要好的女同学买个圣诞礼物。在他看来，这位女同学对一些简单的东西，比如毛毛熊、暖手宝和苹果，或者高价格但无新意的礼物，比如首饰、套装巧克力，都不会喜欢。如果送给她这些东西，只会给她留下一个老套、没品位的印象。送她礼物，最重要的是要送出自己的心意，这些东西是能够暖人心的，不是要她挂出来做样子用的。

为了找到合意的礼物，王蛟首先向班里一些女孩子询问，什么样的礼物能让她们看一眼就被深深地吸引，同时能够明白作为一个朋友的良苦用心。他得到了很多建设性意见，比如女生们一致认为：只要对的，不要贵的；接着，王蛟又到学校附近所有的礼品店和格子铺了解，同时询问服务人员何种礼物今年销量最好。据此了解到现今最流行的颜色，并结合自己要好女同学的气质归纳出要送的礼物的颜色。然后，王蛟又在学生经常上的网站征求网友的意见，如校内网、贴吧、论坛等，网友也给出了很多好的意见，比如DIY(自己动手做的)。至此，王蛟心里面基本对自己的礼物有了一个大致的构想：礼物如果想要非常独特、有新意，只有DIY。

那么，做什么呢？王蛟想到的是将开心果装在一个设计独特的包装盒中，并附上希望对方永远快乐的语句。有了主意后，王蛟马上付诸行动。他首先买了一个包装盒，颜色为大方的黑色，并搭配了很恰当的图案。包装盒分为上下两层。在上面一层，放了一个很大的棒棒糖(当时电影《功夫》正流行)，同时零散地放了几颗开心果；在包装盒下面一层，用他自己PS过(乳白色纸上全是该女同学喜欢的迷你熊)的一张卡分成81个小方格(结合开心果的大小)。其次，挑选出81颗最好的开心果，在果壳上亲手刻上一首自己写的小诗，并将它们细心地装在一个个小格子中。他觉得虽然诗的水平不高，但表达了自己的心意。

资料来源：根据一位网友的亲身购物经历编写。原始资料来源于百度知道，http://zhidao.baidu.com/link?url=FfjVtnjod0AfDQ3hGukZntSmmOKV7GKbiG9beYovZ56ZECcwNH-M3WUZTPkG9d9RsODtHxMnrKhvKjfNwQPCnq.

消费者的购买行为是由一系列环节、要素构成的完整过程。在这一过程中，购买决策居于核心地位；决策的正确与否直接决定购买行为的发生方式、指向及效用大小。市场营销人员必须了解消费者在制定购买决策过程中的程序、原则、决策类型以及决策实施方式，以便全面把握消费者购买决策与购买行为的特点与规律。

第一节　消费者购买行为模式

消费者购买行为广泛存在于社会当中，但受地域、年龄、性别等多种因素的影响，不同消费者的购买行为又千差万别。为了研究消费者的购买行为各个环节之间的关系以及有针对性地制定营销决策，有必要对纷繁复杂的消费者行为进行归纳、总结，从而发现其中的基本规律。

西方学者在深入研究的基础上，以模型的方式加以总结描述，揭示了消费者行为的一些共性。

一、消费者刺激—反应模式(S-R 模式)

所有的消费者行为都是由刺激引起的，这种刺激既源于外界环境的影响，也可能由消费者内部心理与生理因素引起。在各种刺激因素的作用下，消费者产生了一系列复杂的心理过程，这种心理过程在消费者内部自我完成，是不能够被观察、了解和剖析的，因而也称为消费者黑箱。在消费者黑箱之后，则会产生看得见的行为，这种过程就叫作消费者刺激—反应模式，如图 2—1 所示。

资料来源：江林. 消费者行为学[M]. 北京：科学出版社，2007.

图 2—1　刺激—反应模式(一)

对企业而言，只有分析和研究消费者黑箱中发生的情况，了解刺激是如何转化为行为的，才能对消费者进行适当的消费刺激，使其产生购买行为。

经研究表明，消费者黑箱分为以下两个部分：

(1)购买者的特征。它影响购买者对于刺激的认识和反应。

(2)购买者的决策过程。它直接影响购买结果。而消费刺激也可以分解为营销刺激和其他方面的刺激，也就是企业的刺激和外界的刺激。

由此，消费者刺激—反应模式可以展开为较完整的模式，如图 2—2 所示。

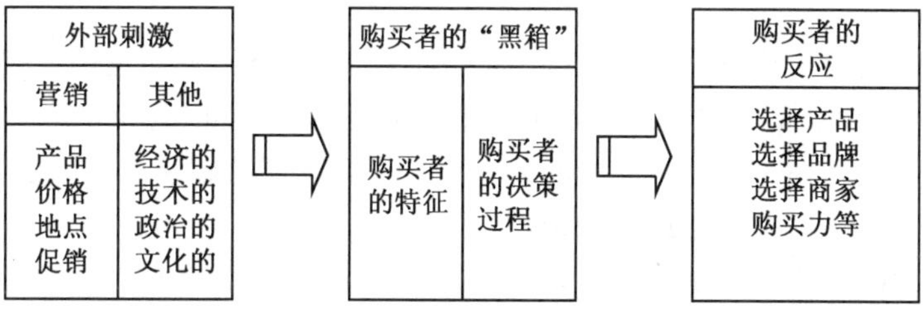

资料来源：江林. 消费者行为学[M]. 北京：科学出版社，2007.

图 2—2　消费者刺激—反应模式(二)

二、投入—产出模式

投入—产出模式分为三个部分：投入、加工过程和产出（见图 2—3）。投入是指消费者进行决策时来自外部的信息刺激，投入既来自公司的营销努力，也与社会文化环境相关。加工过程则包括认识需求、信息搜寻和评估选择等环节。这个阶段主要是对搜集的信息进行分析、评价，选择合适的购买方案。而产出部分则包括了购买行为以及消费者对产品使用后形成的购后评价。

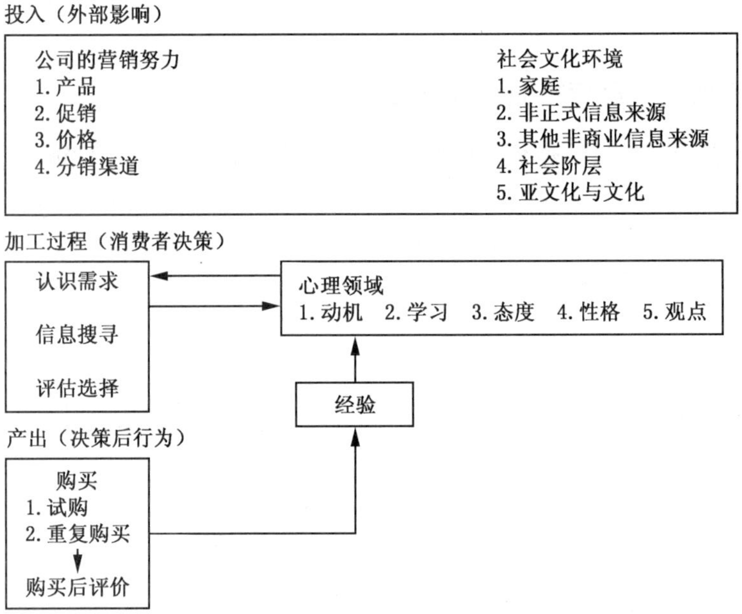

资料来源：江林. 消费者行为学[M]. 北京：首都经济贸易大学出版社，2009.

图 2—3　投入—产出模式

该模式清晰、简单，加工过程与产出部分组成了一个完整的消费者决策过程，研究人员可以依次对消费者决策过程进行分析。

三、恩格尔—克拉特—布莱克维尔模式

恩格尔—克拉特—布莱克维尔模式（简称 EKB 模式，见图 2—4）是由恩格尔、克拉特和布莱克维尔三人于 1968 年提出，并于 1984 年修正而形成的理论框架。该模式重点强调了消费者进行购买的决策过程，过程始于问题的确定，终止于问题的解决。整个模式分为四部分：(1)中枢控制系统，即消费者的心理活动过程；(2)信息处理；(3)决策过程；(4)环境因素。

EKB 模式主要是指外界信息在有形和无形因素的作用下，输入中枢控制系统，大脑即对引起发现、注意、理解、记忆的信息以及存储于大脑的个人经验、评价标准、态度、个性等进行过滤加工，完成信息处理程序，在内心进行研究并选择评估即外部探索，最终形成决策方案。整个决策过程受到环境因素如收入、文化、家庭、社会阶层等影响。最后，消费者进入购买阶段，并对购买的商品进行消费体验，得出满意与否的结论。此结论通过反馈又进入中枢控制系统，形成信息与经验，影响未来的购买行为。

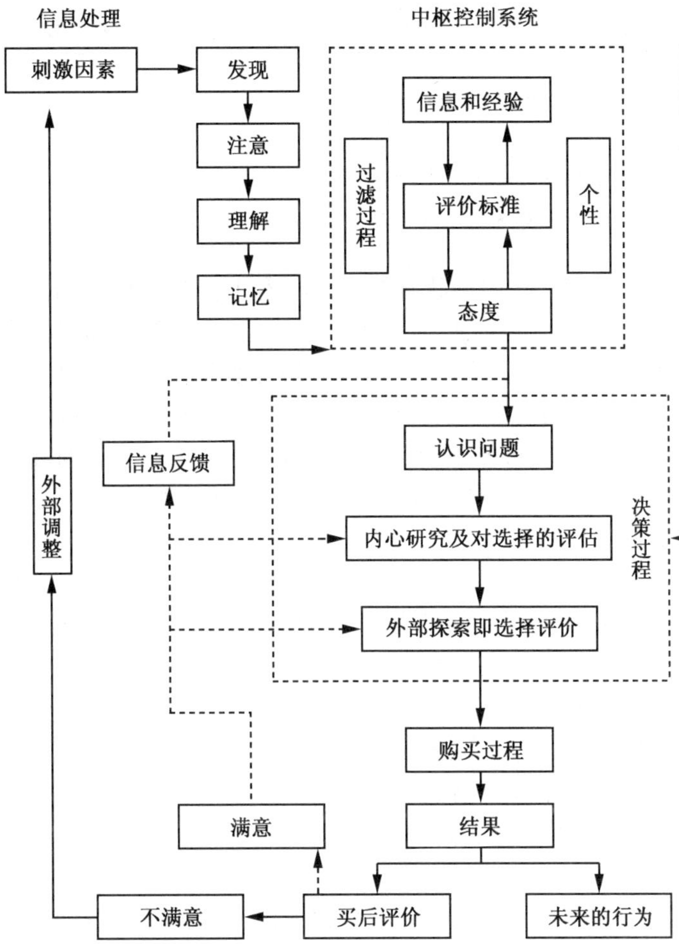

资料来源:江林. 消费者行为学[M]. 北京:科学出版社,2007.

图 2—4 恩格尔—克拉特—布莱克维尔购买行为模式

第二节 消费者购买过程与类型

一、消费者购买过程

购买决策过程是一个以特定目标为中心的解决问题的过程,消费者在这一过程中产生需要并得到满足。消费者购买决策过程与按照程序解决问题的过程相似。一般意义上解决问题的过程包括五个阶段:发现问题→分析问题并提出解决方案→评价选择方案→解决问题→评估。消费者购买决策过程也分为五个阶段:认知需求→信息搜寻→评价选择→购买决策→购后评价。其中,购后评价属于决策后行为,它为消费者积累经验,并对未来的购买决策发生影响。具体如图 2—5 所示。

(一)认知需求

认知需求是指消费者接收到某种刺激后对消费对象产生消费需求。这种需求可能来源于消费者内在的生理或心理需要,也可能来自外部环境的刺激。需求的认知产生于消费者期望

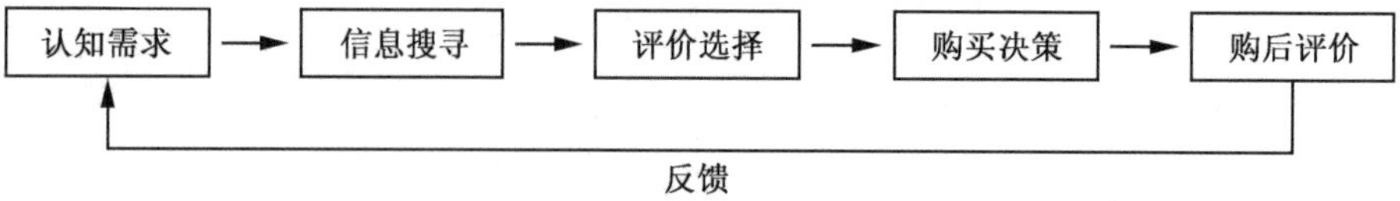

资料来源：江林. 消费者行为学[M]. 北京：科学出版社，2007.

图 2—5 消费者购买过程

状态与实际状态的差距。当消费者的期望状态与实际状态平衡时，消费者的需求是潜在的。而状态之间发生变化时，就会产生一种刺激，使消费者发现潜在需求，进而寻求满足此种需求的方法。实际状态的感受会受到众多因素的影响，可能是物理因素引起的，比如某种产品用完了、不好用或者过时了，或者意外的需要，比如感冒了需要购买药品。外部刺激也同样影响实际状态的感知，比如闻到食物的香气可能想到自己该去进餐。而期望状态的改变可以通过商业途径，比如广告的引导、营销人员的宣传。非商业途径，比如参考群体的购买、个人升职加薪等也可以使期望状态改变。

（二）信息搜寻

产生需求的消费者，受到满足需要的动机驱使，开始寻求问题的解决方案。为了使方案充分、可靠，消费者必须通过不同渠道广泛搜集有关信息。消费者可以从多个来源搜集信息，如：

（1）个人来源：家人、朋友、同事、邻居等。

（2）商业来源：广告、营销人员、经销商、包装等。

（3）公共来源：大众媒体、消费者团体、信誉机构等。

（4）经验来源：接触、检查及使用某产品。

（三）评价选择

消费者在收集到的信息的基础上，根据一定的评价方法，对商品的内容进行评估，从各个可行方案中选择最合适的购买方案。具体的评价标准因消费者价值观的不同而异，比如有人以价格为衡量尺度，有人追求个性化、崇尚时尚，也有人拥有从众心理，趋同于所属群体。同一消费者在购买不同商品时评价标准有所不同。

（四）购买决策

消费者购买决策是指以消费者为决策主体，为满足某种需求，在购买过程中进行的评价、判断、决策等一系列活动。一般有三种购买情况：

（1）试购。消费者在购买一种新产品或新品牌产品时，为了减少风险，往往会进行尝试性购买，购买少量商品试用。试购可以减轻消费者的疑虑，促使购买决策的发生，并可以为下一次的购买决策做参考。试购的商品不适用于耐用消费品，第二次购买时间与第一次间隔很长，则会失去参考价值。

（2）重复购买。消费者对于以前购买且产生良好体验的商品会进行重复购买。这种决策行为会减少因决策不当而带来的购买风险，消费者也会增加对产品的忠诚度。

（3）模仿购买。当消费者对自身决策缺乏信心时，有可能会采取从众行为，模仿他人或大多数人的购买选择，从而减轻心理压力。同时，通过他人经验了解产品，可以降低购买风险。

（五）购后评价

消费者在购买和使用产品后，通过比较商品效用与原有期望的一致程度，得出满意与否的结论，由此形成购后评价。根据满意度不同，消费者的购后评价会出现购后协调与购后不协调两种情况。购后协调是指消费者对产品的真实效用与期望相符或者大于期望。在这种情况下，消费者不仅会重复购买，加强对品牌的忠诚度，还会对购买的商品进行积极宣传。与购后协调相反，消费者对于商品的体验没有达到期望的水平，不能使其对自己的购买决策满意，则属于购后不协调的情况。消费者在购后不协调的情况下，不仅不会重复购买，还会发泄其不满情绪，竭力阻止他人购买。由此可见，购后评价可以作为经验反馈到购买活动的初始阶段，影响消费者以后的购买行为。

二、购买决策的角色

无论手机、服装、手表等个人使用的产品，还是住房、电冰箱等共同使用的产品，这些产品的购买决策在很多情况下并不是由消费者单独做出的，而是一种群体决策过程，有其他成员的参与。因此，企业的营销人员需要了解、分析是谁做出的购买决策，他们在购买决策中分别扮演着什么角色。一般而言，在购买决策中，有五种主要角色：

(1)倡议者。首先提议或先有意向购买某种商品和服务的人。

(2)影响者。其意见或建议对最终购买决策有一定影响的人。

(3)决策者。对部分或整个购买决策(如是否买、买什么、何处买、何时买、如何买)做出最后决定的人。

(4)购买者。执行具体购买的人，其会对产品的价格、质量、购买地点进行比较选择，并同卖主进行谈判和成交。

(5)使用者。实际使用商品或服务的人，其对于商品或服务的满意程度会影响购买后的行为和再次购买的决策。

每一个购买角色，在购买过程中都会发挥各自的作用，都是企业营销的对象。但是，并不是每一种购买决策都由五个人担任相应的角色，在实际购买决策中，有些角色可以由同一人担任。如男性在购买剃须刀时，可以一人担任五种角色。而在家庭消费中，若要购买一台电脑，倡议者可能是孩子，他认为电脑有助于查找信息资料，提高学习效率；影响者可能是爷爷，他表示赞成；决策者可能是母亲，她认为孩子确实需要，家庭也有购买能力，在权衡利弊之后决定购买；购买者则可能是父亲，他到商店去选购、付款；使用者主要是孩子。

鉴于不同角色在购买决策中的重要作用，对企业的产品设计、广告宣传、营销活动都有一定的影响。营销人员应分析、研究每一个购买角色的特点，有的放矢地采取各种诱导措施。

三、消费者购买行为的类型

在购买活动中，不同消费者的购买决策及购买行为存在诸多差异，从而使购买行为的研究趋于复杂，因此有必要按照不同的标准对消费者的购买行为进行分类。有关购买行为的分类方法有很多，每一种分类方法都可以从不同侧面反映消费者行为的特点。

(一)按照消费者购买涉入程度分类

购买涉入程度是指消费者由特定需要而产生的对购买决策过程关心或感兴趣的程度。因此，购买涉入是某个消费者或某个家庭的一种暂时状态，它受个人与产品及情境特征的交互作用的影响。当消费者的购买涉入程度由低到高变化时，决策过程也随之复杂化。涉入程度由低到高，我们用名义型决策、有限型决策、扩展型决策来描述不同类型的购买决策过程。

1. 名义型决策

名义型决策，也称习惯型购买决策。一个问题产生后，消费者经内部的记忆搜索，浮现出一个偏爱的品牌，该品牌就会被选择和购买。只有当被选产品未能像预期那样表现时，购后评价才会产生。名义型决策往往发生在对购买的涉入程度很低的情况下。一个纯粹的名义型决策甚至不考虑选择其他品牌。比如你发现家里的舒肤佳牌香皂快用完了，于是决定下次逛商店时再买同一品牌，而根本没想到用别的品牌来代替它。在商店里，你浏览货架寻找舒肤佳，对其他品牌的香皂和它们的价格或促销等相关因素则没有考虑。名义型决策通常分为品牌忠诚型决策和习惯型购买决策。

2. 有限型决策

有限型决策是介于名义型决策和扩展型决策之间的一种决策。当购买涉入程度最低时，它与名义型决策相似。有限型决策通常有两种情况：一种是消费者犹豫是否该购买此商品，而不会考虑其他品牌。比如，你在超市里看到某牌子的饼干，可能很久没买过或者突然想吃，于是就买了两袋。还有一种情况是消费者可能遵循某一决策规则，比如选择最便宜的商品或者包装最好看的产品。常见的情况是，当家里的酱油用完时，你可能在商店查看一下各种酱油的价格，挑选一个最便宜的牌子购买。

有限型决策也可能会因情感性需要或环境性需要而产生。总之，有限型决策是对一个有着有限几种选择方案的问题的认知。信息的搜集主要来自内部，但搜集的信息比较有限，备选产品不多，运用简单的选择规则对相对较少的几个层面进行评价。除非产品在使用过程中出现问题或售后服务不尽如人意，否则，事后很少对产品的购买与使用进行评价。

3. 扩展型决策

发生在购买涉入程度很高的情况下的决策类型是扩展型决策。这种类型的决策需要进行广泛的内、外部信息搜集，并对多种备选品进行复杂的比较和评价。消费者在购买产品之后，很容易对购买决策的正确性产生怀疑，从而引发对购买的全面评价。相对来说，达到如此复杂程度的决策并不多。然而，在诸如房屋、个人电脑及多功能休闲性商品（如背包、帐篷）等产品的购买上，扩展型决策比较常见。即使带有强烈情感色彩的决策也可能涉及相当程度的认知努力。

（二）按照消费者的购买态度与性格分类

1. 习惯型购买

习惯型购买行为是由信任动机产生的，消费者依照过去的购买经验和消费习惯采取购买行为，对某些品牌或企业产生信任感，并长期忠于此品牌。这类消费者通常有非常固定的消费习惯，购买时目标明确。

2. 理智型购买

理智型的消费者在做出购买决策前会经过仔细的观察、分析与比较。在购买前，他们广泛收集所需要的商品信息，了解市场行情，经过慎重比较后才做出购买决策。这类消费者在购买过程中不受他人以及商品促销宣传的影响，以理智支配自己的行动。

3. 经济型购买

这类消费者是价格敏感型消费者，对同类商品价格的差异极为敏感，价格低则认为经济合算，促销商品对此类消费者有极强的吸引力。购买到物美价廉的商品可以使消费者得到心理上的满足。

4. 冲动型购买

冲动型消费者易受情绪及外界刺激影响而引发购买行为，心理反应十分活跃。他们往往受产品外观、广告宣传、销售人员推销以及他人购买等的影响，不对产品进行深入分析，凭直觉行事。同样，这类消费者也容易动摇和反悔。新产品、时尚商品是他们购买选择的对象。

5. 感情型购买

这类消费者富于情感，有丰富的想象力，心理活动复杂，在购买产品时容易受情感支配，也容易受外界环境感染。比如，某产品的广告代言人是消费者喜欢的偶像，可能本身并没有购买此产品的需求，但因感情因素而产生购买行为。

6. 疑虑型购买

这类消费者性格较为内向，做事谨慎，易多疑多虑，购买前经常犹豫不定，很难做出购买决策。购买后还会疑虑产品是否符合自己的需要，担心是不是购买到了最合适的产品。

7. 随意型购买

这类消费者往往没有明确的购买目标，或缺少购买经验、缺少独立决策能力，在选购时随意浏览，易受环境影响，希望营销人员提供帮助和提示，没有形成固定偏好。

(三)按照消费者购买目标的选定程度分类

1. 全确定型购买

这类消费者在购买之前，已有非常明确的购买目标，对所要购买商品的种类、品牌、价格等均有具体的要求，一旦看重的商品符合标准，就会毫不犹豫地购买。此类型的消费者在购买过程中不需要听取他人的意见和提示，不会被营销人员、广告宣传等影响，但在实际的营销活动中这类消费者为数不多。

2. 半确定型购买

这类消费者在购买之前已有大致的购买意向和目标，但这一目标并不完全具体、明确。直到进入商店后，经过对同类商品的反复比较和选择，才能确定具体的购买对象。这类消费者易受他人观点的影响，成交时间长，需要他人的帮助和提示，营销人员可以借机宣传产品，坚定消费者的购买决心。此类消费者在消费者中占大多数，是营销人员服务的重点对象。

3. 不确定型购买

这类消费者在购买前没有任何明确的购买目标，可能只是漫无目的地观光浏览。偶然见到某商品或者某商品信息都可能引发消费者的需要，唤起其购买欲望。一旦产生明确的购买目标，消费者可能就会发生购买行为，也可能在下次购物时产生购买行为。对营销人员来说，此类消费者是潜在的顾客，应该热情服务，努力激发其购买兴趣，引起他们的购买欲望。

延伸阅读 2—1

消费者决策过程中的快思维和慢思维

以色列人丹尼尔·卡尼曼在《思考，快与慢》一书中，将人的思维分为两个系统：系统 1 的运行是无意识且快速的，不怎么费脑力，没有感觉，完全处于自主控制状态，可以称为快思维；系统 2 将注意力转移到需要费脑力的大脑活动上来，例如复杂的运算，可以称为慢思维。比如，当你在为客户撰写一个解决方案的时候，常常需要深度思考，此时你用到的思维是慢思维；而当你走进一家便利店想随便买瓶饮料喝的时候，看到你喜欢的明星使用某款产品而促使你为这个产品下单的时候，用的一定是快思维。人每天都会做很多决策，这些决策大部分用到的是快思维。广告、营销的作用就是让你在做决策时更多地使用快思维而非慢思维。

理查德·塞勒在《助推》一书中，将两种思维的理论运用到实践中，提出以“助推”的方式让受众做出布局者希望做出的决策。具体而言，就是通过各种方式来激活受众的快思维，让受众在不知不觉中就做出了利于自己的决策。这种方式在广告、营销领域已经被大量应用。比如利用从众效应的一句广告语“几亿人都在用的×××”，比如互联网为了发展会员常用的免费送会员，下月自动续费等。

举一个常见的购物场景的例子：某个女孩需要一双鞋，然后来到商场，在挑到一双鞋后，顺便逛了逛其他地方，等到她出商场大门的时候，发现手里提了好几件商品，这时候如果她回忆一下逛商场的初衷，可能会出现这样一个疑问：我明明只想买一双鞋，怎么最后买了这么多东西？仔细回忆一下会发现，很多商品她只是有一点兴趣，觉得还不错，但在营业员的讲解和助推下，她最终下了单。

大部分用户在淘宝上买东西时是带有目的性的，因此他的搜索非常重要，此时，消费者常常会启动慢思维。在慢思维的消费行为下，消费者往往由需求激发购买欲望，也就是说，其消费的起始点是理性的。当消费者产生这样的欲望后，就会在淘宝上搜索相关商品，然后通过选择、比价等一系列行为下单。在这里具体选择时，消费者的快思维也会发挥作用，比如图片好的、包邮费的等因素更有可能快速激发消费者下单。

大部分用户在抖音、快手是先看内容，看到好东西激发了他的快思维，形成所谓“种草”，然后迅速下单。这就是快思维在起作用。在快思维的行为下，消费者本身没有消费的需求，但当其在抖音、快手上看到某条内容时，一些元素，如时尚性、知名人物推荐、优惠等会激发他的快思维，产生他的“种草”行为。

当前，直播电商的发展最大化激活了消费者的快思维，其效率来得比广告还快。直播电商的快思维方式则是利用直播时直观的产品展示，限时的优惠、赠品，主播的个人魅力等，促使消费者在短时间内做出决策并下单。它的转化路径更短，转化时间常常以分甚至以秒来计。当一个用户在抖音中刷到直播时，他的快思维会被直播中主播声情并茂的讲解、现场使用的良好画面、优惠的价格、商品附带的赠品等激活，这时候他不会花太多时间去多家比价，而是觉得总体不错直接就下单了。

从广告诞生以来，广告、营销就想方设法利用消费者的快思维来进行决策，互联网运营的出现加快了这一进程，内容电商尤其是直播电商，在很大程度上挖掘了人类的快思维，让人类的消费决策快速而感性。可以说广告、营销、运营的发展史就是发掘人类快思维的历史。

资料来源：寻空的世界. 内容电商VS货架电商，消费者是如何进行消费决策的？[EB/OL]. https://www.jiemian.com/article/5214076.html，2020-11-03.

第三节 信息获取与决策涉入度

一、消费者的信息获取

消费者接受刺激，产生购物需要时，就会有目的地广泛搜寻与该产品有关的信息，辅助自己做出决策。消费者搜寻信息的目的主要有三种：一是寻找在哪些商品之中做出购买决策；二是搜寻挑选品牌的标准；三是搜寻被挑选品牌的特征表现。消费者在搜寻信息的过程中，会利用多种信息渠道，采取不同的方法和手段。

（一）信息渠道

1. 内部搜寻

消费者进行的信息搜寻渠道可以来源于外部和内部。内部搜寻是指当某一个问题被认知时，消费者会利用长时记忆中的相关信息来寻找解决现存问题的相关办法，包括比较各种解决办法的特点、优劣等。当消费者对某种商品产生需求时，可以从记忆中的消费经验获得信息即进行内部搜寻。

2. 外部搜寻

消费者通过内部搜寻若未能找出合适的解决办法，则通过外部得到信息完成搜集过程，这就是外部搜寻。外部信息的来源可以分为商业来源和非商业来源。商业来源的信息通常是企业和营销人员为宣传产品而传达的，消费者往往对其持怀疑的态度。商业来源的信息主要包括广告、促销、人员推销、产品包装等。非商业来源的信息是与商业企图无关的信息，可能来自亲戚朋友的口碑宣传，也可能是通过政府部门、消费者商场体验等渠道获得。

(二)外部搜寻信息量及成本与收益分析

1. 外部搜寻信息量

企业营销人员非常关注消费者的外部信息搜集，因为可以通过这样的方式直接与消费者接触。然而，在实际购买行为中，消费者往往并没有进行大量的外部信息搜集。因为大多数的购买是名义型决策或有限型决策，所以在购买之前只涉及很少或几乎没有外部信息搜集。低价便利品的购买涉及更少的外部信息搜集。因此，消费者主要在大件商品如电器、住房、汽车等的购买上大量搜集外部信息。

衡量外部信息搜集情况的方法很多，主要有被访商店的数量、被考虑的选择方案的数量、所使用的个人信息来源的数量等。每一种方法评价购买行为的一个不同方面，然而，它们均支持同一种观察现象，即由于大多数消费者在购买前很少进行信息搜集，因而外部信息搜集接近于一种有限搜集。调查显示，大多数耐用消费品的购买是在消费者仅去了一家商店之后做出的决策。

根据总的外部信息搜集情况可以将消费者分成三类：(1)不搜集信息者；(2)有限信息搜集者；(3)大量信息搜集者。

2. 外部信息搜寻的收益与成本

消费者很少搜集外部信息的原因部分在于购买者对特定购买情形下信息搜寻的收益和成本在感知上存在差异。在成本与收益分析或估计的基础上，大多数消费者能决定是否进行外部信息搜寻和在多大程度上搜寻外部信息。外部信息搜寻的利益可以是有形的，如更好的产品质量、更好看的样式或更高的性价比。当然，这种利益也可能是无形的，如降低风险、增加购买信息，或者是平添了乐趣。但是，消费者对这些利益的认识会随消费者的市场经验、媒体使用习惯、消费者与他人相互影响的程度或所属的参考群体的不同而存在差别。在一些消费者购买行为中，很少或只进行有限的外部信息搜寻，原因可能是他们没有感觉到广泛的信息搜寻会带来很大的利益。

另一方面，外部信息的获取需要成本，消费者进行有限的外部信息搜寻可能是因为搜寻成本超过预期收益。搜寻成本分为货币成本和非货币成本。货币成本包括与搜寻活动相关的支出，如交通费；与时间有关的成本，包括损失的工资、机会成本；等等。非货币成本相比之下不太明显，但可能产生比货币成本更大的影响。几乎每一种外部搜寻活动都损耗体力和精力。除疲劳之外，搜寻中的挫折、搜寻活动与其他事情之间的冲突也可能削弱搜寻努力。

因此，大多数消费者在多数购买行为下只进行有限的信息搜寻，而只有少部分消费者在少数购买行为下进行广泛的信息搜寻。

(三)信息搜寻的分类

消费者信息搜寻的努力程度与消费者愿意为其购买决策投入精力的大小有关，也同决策本身的重要程度、商品价值量大小、消费者对商品知识掌握多少等有关。由此，可以将信息搜寻分为零信息搜寻、有限信息搜寻和广泛的信息搜寻三个层次。

对于某种商品的购买来说，消费者掌握的信息量小，对商品了解的知识有限，但该问题通过运用消费者过去储存的信息就能得到解决。例如，消费者能回忆起唯一且令人满意的解决方案(某品牌或商店)，进一步信息搜集可能就不会发生。在这种情况下一般是习惯性的购买决策，相应的信息搜寻过程就是零信息搜寻。比如，某个消费者想起999牌感冒灵曾缓解过他感冒的类似症状，于是可能在没有做进一步信息搜寻或评价的基础上，再次购买999牌感冒灵。此过程是通过内部搜寻来完成的。

如果消费者已经掌握的商品信息量比较多，但重视购买决策，愿意投入大量的精力进行选择，这个过程则是有限的信息搜寻过程。比如，消费者可能会被商店里陈列的某个新产品所吸引，在读了该产品的性能说明后，联想到它能解决过去未能解决的某个问题，此时，消费者在没有进一步搜寻信息的基础上就可能做出购买决定。有限型决策也主要涉及内部信息搜寻。如果上例中的消费者还要寻找具有同样功能的其他品牌，或为比较价格而去了其他商店，此时就是同时运用内部和外部信息的有限型搜寻过程。

如果对于某个购买决策，消费者愿意投入大量精力搜寻信息，并且本身掌握的商品信息十分有限，那么他就会进行广泛的信息搜寻。广泛的信息搜寻主要依靠外部信息搜寻。

延伸阅读 2—2

性别差异对消费者信息选择及决策方式的影响

以往研究发现，消费者个体特征的差异会导致他们对相同事物的认知大相径庭；性别差异是消费者个体差异的主要表现之一，男性消费者和女性消费者在决策心理、信息搜寻行为等诸多方面存在巨大差异。例如，男性消费者在进行信息搜寻时比女性消费者更没有耐心，不愿意多付出时间和精力来处理信息。

从20世纪70年代开始，以Meyers-Levy为代表的学者们就开始研究性别对消费者信息选择和决策方式的影响。Meyers-Levy通过详尽的文献综述和实证分析发现，男性和女性左右脑结构(男性左右脑不对称，女性左右脑对称)不同，男性消费者在决策时更多地采取选择性的、启发式的信息处理策略，容易忽略细微的信息，通过筛选部分显著的线索信息(尤其是与个人目标相关的细节信息)，形成对认知目标的整体印象；但是女性偏好采取全面的处理策略，综合联系多方面细节，能注意到细微的信息，对于关联信息更加敏感，而且她们的想象力更丰富，能通过细节信息进行联想使信息丰满，最终形成整体判断。

关于性别差异对消费决策的影响，前期的研究认为，男性通常出于个人因素考虑选择外界信息，通过筛选部分显著的线索信息(尤其是与个人目标相关的细节信息)，形成对认知目标的整体印象，而女性通常更关注社会的公共利益，通过综合各方面信息(包括与他人相关的信息)，形成整体判断；男性更擅长处理空间、非语言类及以图表形式呈现的信息，女性更擅长处理语言类信息；男性对广告上的视觉因素反应敏感，女性对广告上的听觉因素反应敏感；男性偏好客观类的信息(包括事实信息/具有特定的标准和可见的产品特征)，女性会综合考虑客观类和主观类信息；男性倾向于把功能属性置于优先地位，女性倾向于把价值属性置于优先地位。比如，在评价一辆SUV时，男性侧重于关注汽车的动力、耗油量、最高速度等能够以客观数据反映的信息，而女性侧重于关注旁人的主观评价，如“这辆汽车很宽敞，很适合野外出行”。

后期研究对先前的论点进行了一定的补充，认为男性并不绝对选择性地处理信息，如果外界环境或决策任务需要男性同女性一样全面地处理信息时，男性也会相对全面地处理信息。同时，女性并不绝对偏好主观信息，在低风险的水平上，女性确实会较多地接受外界的主观信息，但在高风险的水平上，女性同男性一样关注客观信息。

消费者常常对不同品牌的产品或服务信息进行比较。而这些信息可以归结为两类：一类是匹配属性信息，即这些品牌同时具有相同属性，只是在这个属性上有大小、多少等量的差异；另一类是非匹配属性信息，每个品牌所具有的独特、差异化的属性。孙瑾和王永贵(2016)发现，不同性别消费者的对比决策过程截然不同。具体来说，男性消费者在对比决策时比女性消费者更多地关注可以直接比较的属性信息，这种性别差异在高购买自信水平(和低购买自信水平相比)的情况下更为显著。同时，女性消费者在对比决策时比男性消费者更多地关注独特的差异化属性信息，这种性别差异在低购买自信水平（与高购买自信水平相比）的情况下更为显著。

资料来源：孙瑾，王永贵. 是“只见树木”还是“整片森林”——性别对消费者比较信息处理过程的调节作用[J]. 南开管理评论，2016，19(3)：89－97.

二、消费者购买决策涉入度

消费者由某一特定购买需要而产生的对决策过程关心或感兴趣的程度称为购买决策涉入度。消费者对不同产品或同一产品在不同情形下的购买涉入度不同。在某种产品的购买过程中，消费者愿意投入很多努力如感情、时间、精力等。他们会耐心地了解产品的专业知识，不断搜寻信息后才做出购买决策，即属于高涉入度的决策。而在低涉入度的决策中，消费者不愿意投入很多努力，几乎在没有品牌信息的情况下做出购买决策，在购买后会评估或不评估对产品的满意程度。

在高涉入度决策的过程中，消费者会首先进行思考，然后形成感受，最后采取行动，即遵循思考—感受—行动的顺序。其中，由于消费者在购买决策前积极地进行品牌评估，因而态度决定最后的行动。然而，正如营销学家克鲁格曼指出的，在低涉入度的产品购买中，不断重复的广告信息虽然能使消费者被动地回忆和保存信息，但只获得了一种基本的熟悉感，并不会形成一种强烈的态度；如果消费者真的产生强烈的态度，则是在使用过产品之后。① 因此，研究人员发展了低涉入度的替代性决策过程。这一过程遵循的是思考—行动—感受的顺序，即消费者在决策前很少进行思考，通常依靠基本的熟悉感直接进行选择，而评估则发生在使用阶段之后，如图 2－6 所示。

(一)高涉入度的决策

1. 高涉入度决策的特征

高涉入度的购买是指消费者对一些昂贵的、购买次数很少的、冒一定风险和能够高度自我表现的产品的购买。高涉入度的消费者是信息的搜集者，并会在搜寻阶段积极处理信息。广告对于高涉入度的消费者来说起着积极的作用，但是其能产生的影响很弱。在评价与选择阶段，高涉入度的消费者会评估品牌，寻求最大预期满意的选择，并会在比较品牌多重属性后才进行购买。相关群体可能影响高涉入度的消费者，而个性与生活方式特征也与其购买行为有关。

① 韦恩·D. 霍依尔，德波拉·J. 麦克依尼斯. 消费者行为学[M]. 刘伟译. 北京：中国市场出版社，2008.

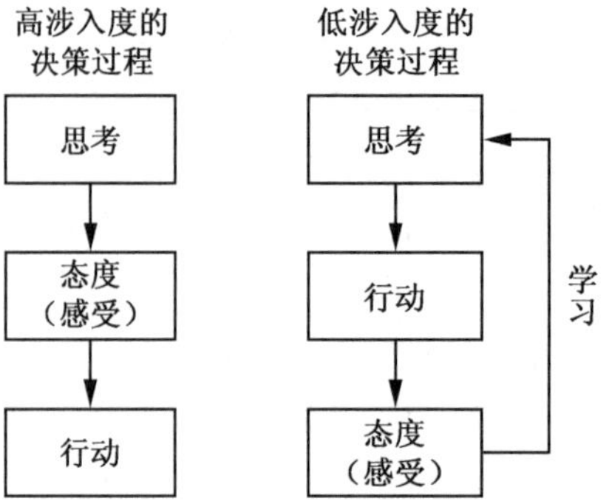

资料来源：韦恩·D. 霍依尔，德波拉·J. 麦克依尼斯. 消费者行为学[M]. 刘伟译. 北京：中国市场出版社，2008.

图 2—6　高涉入度与低涉入度的决策过程

2. 高涉入度决策的营销策略

(1)品牌间差异大的策略。对于消费者来说，当品牌之间差异较大时，消费者倾向于选择符合自身特点的产品。因此，营销人员在进行营销沟通时应针对消费者的需求，使其相信购买的产品是最适合自己的。营销人员也要帮助消费者了解产品的相关信息，介绍产品的重要属性，然后向其介绍公司品牌的相关信息，这样可以使消费者将学到的信息反馈在选择评价过程中。当公司品牌与产品信息结合起来向消费者介绍时，可以使消费者对该公司的产品产生信任感。此外，还可以结合销量排行、质量验证等方法增强消费者对产品的认可度。同时，可以开展体验营销，让消费者体验产品带来的优良感受，通过自我说服引发购买行为。

(2)品牌间差异小的策略。因为不同公司品牌产品差异不明显，消费者可能不会花很多精力收集不同品牌之间的信息来进行比较，而可能将注意力集中在品牌价格、购买时间、地点等方面。相应地，由于信息获取不充分，消费者容易在购后产生不协调感，比如得到了其他产品的信息。对于营销人员来说，应该向消费者提供能够在购买后产生心理安慰的信息与评价，或者将商品购买中的某种优势介绍给消费者，以抵消其购后不协调心理，比如购买时间的节省、购买价格的优惠等。

(二)低涉入度的决策

1. 低涉入度决策的特征

低涉入度的消费者也是信息的收集者，但是他们对信息的学习是随机的。广告对低涉入度的消费者影响有限，因为他们不会将广告和从前的经验联系起来。广告只能使观看者被动地储存记忆，保存信息，在下次购买时，可能会影响其购买决策。如果经使用后，消费者对产品进行品牌评估并比较满意，则很容易对其产生品牌忠诚。因此，虽然消费者是广告的消极观众，但广告对其影响较大。对品牌的熟悉程度也是低涉入度的消费者选购产品的关键。低涉入度的决策往往不受相关群体的影响，也与消费者个性和生活特征无关。

2. 低涉入度决策的营销策略

(1)品牌间差异大的策略。因为同类产品之间有显著的品牌差异，消费者可能会经常转换品牌，要求购买的多样性。当消费者没有做出很多的品牌评价就购买了某品牌的产品时，在购买后会形成品牌评估，而下次购买时很可能会厌倦上次的选择。因此，企业应该占有有利的货架空间，准备充足的货源，也可以发展不同的子品牌产品，扩大生产线。如宝洁的多品牌营销策略，使竞争延伸到公司内部。当企业不占据市场领先地位时，可以通过提供较低的价格、折扣、优惠券等促销方式吸引消费者，或者致力于开发新产品，引导消费者新的购买选择。

(2)品牌间差异小的策略。对于低涉入度且不同品牌间差异小的产品来说，终端零售是厂商竞争的重要阵地。因为消费者在购买此类产品时，可能并不是出于品牌忠诚，而是购买习惯。常见的情况是，当消费者在购买时，随手拿到就购买了。因此，对于企业来说，应当尽量使自己品牌的产品广泛地进行分销。出于习惯的购买也可能因为其他品牌的价格和促销而发生改变，因此，企业应该通过定价和促销策略使消费者将习惯转移到自己的品牌上。低涉入度的产品在进行广告宣传时，持续时间应该短暂，保持信息重复以确保品牌熟悉度。最后，营销人员可以将企业的低涉入度产品加入一些与高涉入度产品相关的特性，比如云南白药牙膏有预防牙龈出血的功能，这可以与牙齿保健联系起来，从而促使更多的消费者购买，并使其产生品牌忠诚，而不仅仅是简单地依赖购买习惯。

延伸阅读 2—3

低涉入度产品

营销人员在推销低涉入度产品时，总是假定消费者在寻求最低的价格。然而，这并不一定正确。最精确的表达应该是消费者的接受区间，即为消费者心目中产品对应的合适价格区间。如果产品价格在这一区间，消费者就会考虑购买。当此产品的价格高于或低于这一接受区间时，消费者就会放弃对产品的购买。消费者可能以价格的高低来判断产品的质量，因此，一味追求低价则可能会引起消费者怀疑，如猜测产品质量是否有问题、食品是否即将超过保质期等，消费者反而会放弃对超低价产品的购买。

资料来源：韦恩·D. 霍依尔，德波拉·J. 麦克依尼斯. 消费者行为学[M]. 刘伟译. 北京：中国市场出版社，2008.

第四节　购买评价与选择

一、购买决策原则

消费者在制定购买决策的过程中，总是按照一定的标准对各种购买方案进行评价并做出选择。而选择标准的制定又是依据一定的决策原则，这些原则指导着消费者决策活动的进行。购买决策原则通常包括以下几种：

(一)最大满意原则

消费者在购买过程中详细地列出评价商品的标准，并对各项决策方案逐一进行综合比较，选择其最满意的商品，从而最大限度地满足自身需求。按照这一指导思想进行的决策，即为最大满意原则。遵循最大满意原则，消费者将不惜代价追求全面的决策方案，直至达到令其满意的目标。

在实际中，贯彻最大满意原则有很多局限性，如需要详尽全面地了解信息；对各种备选方案进行准确、公平的评价比较，精准预测各种实施方案的后果。而对于消费者来说，受资源和环境的限制，很难全部具备上述条件，而且是否达到最大满意，有赖于消费者的主观感受和评价。而受心理因素和环境变化等影响，消费者主观感受会产生变化，购买时认定的最佳方案，在购买使用后可能会产生不好的评价。因此，最大满意原则只是作为一种理想化的原则。在现实中，人们往往用其他原则替代。

对于企业来说，营销人员应该充分了解消费者决策方案的标准和内容，如对价格、品牌的要求等，有针对性地提供本企业产品的相关信息，并说服消费者相信所选择的产品就是最佳选择，提醒消费者可以节约购买时间和精力等。这需要企业在销售产品前进行市场调查，深入了解消费者。

(二)相对满意原则

相对满意原则认为消费者在制定购买决策时，只要做出相对合理的选择，达到相对满意即可。因为在现代社会，消费者面对各种各样的商品和瞬息万变的市场信息，不可能花费大量的时间和精力去搜寻全部商品的信息，而且制定最佳决策所付出的成本要远远大于收益。相对满意原则放宽了选择商品的条件，节约了消费者的时间和精力，使消费者可以花费较小的代价取得较大的利益和效用。

由于任何决策都不会使消费者绝对满意，营销人员可以将产品的比较优势突显出来，如优质低价等，使消费者对产品的某一特性达到绝对满意；或者企业可以提供质量保证和售后承诺，降低消费者的购买风险，使其消除疑虑，做出决策。

(三)遗憾最小原则

当消费者因为不能花费很多时间、精力、金钱去寻求最大满意的决策时，则每个决策都可能存在不同程度的遗憾。因此，消费者可能采取逆向思维，以遗憾最小作为决策的基本原则。消费者运用此原则需要评估各种方案所产生的不良后果，比较其严重程度，选择缺陷最小的方案作为最终决策。遗憾最小原则可以减少风险损失，缓解消费者因不满意而造成的心理失衡。

企业营销人员在推销过程中应先倾听消费者对商品选择的顾虑，并劝说消费者使其信服购买该商品是遗憾最小的，比如价格低廉可以使消费者的风险损失降到最低。此外，营销人员可以描述其他产品可能产生更大的购买遗憾，从而促成消费者购买。

(四)预期—满意原则

消费者在制定购买决策之前，可能已经形成对商品某些价值如价格、质量、款式等的心理预期，因此，经常以是否达到预期标准作为选择依据。如果选不到符合预期标准的商品，则会选择与预期相差最小的商品。对备选方案进行选择比较时，只是与个人心理预期进行比较，与预期吻合度最高的则为最终的决策方案。运用预期—满意原则可以缩小消费者的选择范围，快速、准确地拟订方案，加快决策过程，也可以避免消费者因方案过多而犹豫不决。

对于企业来说，消费者的预期如果与企业提供的商品不符，营销人员可以引导消费者，给消费者提供更多的选择标准，更新消费者的购物期望，使其选择该企业的产品。

二、购买评价与选择过程

(一)购买评价与选择过程模型

图 2—7 描述了消费者在备选产品之间进行评价和选择的过程。首先，消费者要制定出购买产品的评价标准；其次，消费者根据评价标准判断产品功效的能力；再次，基于某产品的评价标准，消费者在备选产品之间进行评价；最后，制定决策规则后，消费者做出选择。

然而，许多购买决策是很少或没有涉及对多个对象的评价比较的习惯性购买，所以消费者并不需要评价任何替代品，而总是进行重复购买。有限决策型购买可能涉及在一两个方面对少量几个品牌(小的选择域)进行比较，如在购买牙膏时，消费者可能只是考虑是购买高露洁还是佳洁士牌牙膏。而基于情感原因购买的产品，可能更多涉及对购买或使用某产品所带来的

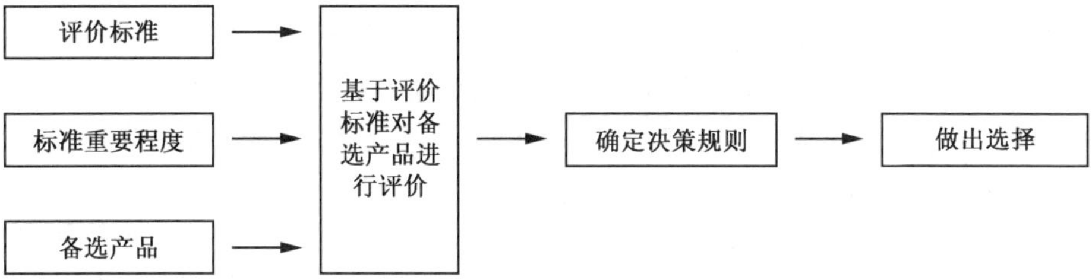

资料来源：德尔·霍金斯.消费者行为学[M].付国群译.北京：机械工业出版社，2007.

图2—7　购买评价与选择过程

感觉预期，而不是注重于对产品属性的分析。因此，在这些情况下购买的产品，其购买评价过程是不同于上述标准的。

(二)评价标准

评价标准是消费者针对某一特定类型问题而寻求的一些特性或利益考虑的各个方面。由于消费者是按各产品基于所持评价标准的表现来进行选择，所以评价标准十分重要。消费者在购买过程中评价的标准可能很多，不同产品可能采用截然不同的评价标准。重要的是消费者赋予每一个评价的重要性。

典型的评价标准经常与消费者期望获得利益的产品特征相关，也可能与付出的成本代价有关。比如，价格作为评价标准与成本的某一层面是同一的，消费者如以价格作为评价标准，则低价格可以使其付出较少的成本而达到评价标准。

评价标准在类型、数量和重要性上存在差异。某一消费者在一次购买决定中采用的评价标准类型可能很多，比如价格、样式、品牌形象等。即使对同一个消费者来说，评价标准的重要性也会因环境或情景的不同而不同。例如，某一消费者在大多数情况下把食品的价格看成最重要的标准，但在赶时间的情况下，服务速度和购买的便利性会变得更重要。企业营销人员需要了解消费者可能用来评价产品的评价标准，因为这些标准可以帮助企业开发出最适合消费者的产品。同时，营销人员也可以影响消费者的评价标准。

(三)评价标准的衡量

营销人员如果想准备采用一个可靠的策略去影响顾客选择，他必须了解：(1)消费者使用了什么评价标准；(2)在每一评价标准上，消费者如何看待不同的备选品；(3)每一评价标准的相对重要性。

消费者有时不会说出他对某一产品的评价标准，让他们表达在某一特定的购买选择中所采用的标准往往是很困难的。在涉及情感或情绪因素时，情况尤其如此。同样，要了解消费者赋予每种标准以何种重要尺度也十分困难。

(四)选择规则

消费者罗列出对产品选择的评价标准，并认定每个属性的重要性，为不同品牌产品属性进行评分后，如何在不同品牌中选出合适的商品，则取决于消费者在最终决策时选择的方案。

(1)可补偿性规则。可补偿性规则是指消费者对多种备选方案进行抉择时，选择正面特征最多的品牌。该规则认为，某一特征的负面评估可以从其他正面特征中得到补偿。比如，人们虽然知道麦当劳等快餐食品不够健康，但会因其便利、味道独特、品牌形象好等原因而继续购买。

(2)不可补偿性规则。与可补偿性规则相反,不可补偿性规则认为,备选方案只要在某一个或几个方面有缺陷,其他方面的特征是无法进行弥补的,因而消费者不会对其进行选择。

在不可补偿性规则中,消费者往往运用几个关键的特征属性来评估品牌,然后剔除某一特征上不符合要求的品牌。这种方法相对简单易用。不可补偿性规则还可以分为:①标准淘汰规则;②标准优选规则;③逐项排序规则。

(3)综合性规则。消费者在做实际的购买决策时,一般不会严格遵循上述某种方法,而可能使用两种规则的组合。比如,在选择项很多时,消费者可能先用不可补偿性规则减少选项数量,通过设定最低标准,将不好的选项排除。接着用可补偿性规则来评估其余的选项。这样,既可以简化选择过程,也可以保留消费者对某些方案特征的偏好。

上述选择决策规则多数应用在高涉入度的决策之中;而在低涉入度的决策中,消费者购买商品的决策规则可能只关注一个产品特征,比如购买时的便利性、品牌或者价格。

延伸阅读 2—4

消费就是一场心理战

1. 价格比较

无论是在网店还是实体店,这种利用价格比较做出的心理暗示,经常令消费者购买"超出预算"的商品。

货架上摆着两款书包,一款要价 200 元,另外一款 400 元,这时 400 元款的可能不太好卖。但如果再放上一款标价 500 元、质量样式都比 400 元款略好一点的书包,400 元款的销量就立刻大增。500 元的那个书包只需要摆着,就能让消费者感觉"400 元的其实也不贵,还是挺划算的"。

当然,上面说的只是初级版。现在网店的促销手段丰富,"价格比较"也以更多的形式出现。举例来说,你原本只想买下 400 元的书包,谁知眼睛一扫就看到了下面的"套餐推荐":一个书包加上文具盒的"套餐"438 元,要比"市场价"优惠 22 元。这时你会做出什么决定? 大部分人会购买"套餐"吧,谁会去仔细琢磨 38 元的文具盒到底是否真的便宜呢?

2. 拥有效应

当人们花钱买下一件商品,真正拥有并使用之后,往往会更加喜爱它,这就是消费心理学研究的"拥有效应"。很多商家设置的"无理由退换货"正是利用这一点心理上的小招数,让消费者买了之后即使不满意,也不再动手退换。

目前网站购物相当广泛地利用"拥有效应",一方面,人们在网购时,还未购买就很容易感觉已经部分拥有该商品,从而提高了购买的可能性。另一方面,当购买的物品真的送到你家时,由于自我说服陷阱,即使不十分满意你也倾向于不退货,更何况退货通常还要承担快递费用。

"我经常买到不适合自己的东西,但我从不退货。"2012 年,陈铭在淘宝花了 3 万多元,其中一半的消费是购买衣服鞋子。"有些号码不对的就送给了亲朋好友,还有的我自己留着,总想着如果哪一天我突然瘦了就能穿了。"

3. 快餐店里的"亮色"布置

对消费心理最巧妙的一种利用,无疑是通过环境布置的色彩、音乐等,让顾客在不知不觉中做出商家所期望的选择。

想想你周围的快餐店、比萨店等,这些地方的标准用色往往是暖色调的红色和黄色,这样的色彩组合有两个功能：其一，可以增进人的食欲。其二，长时间在大面积的红、黄色氛围中会让人血液循环、心跳加速，人会变得急躁，不愿在此久留。再加上较硬的座椅、明亮的灯光和快节奏的音乐，实现了餐厅与客户在时间上的“双赢”，即消费者快速地吃完汉堡，餐厅得以获得更高的换座率。

4.“即时享乐”的长效陷阱

你现在用的手机是签约的吗？是不是那种“捆绑两年话费”的合约机呢？

如果是，那么你的购买心态正适用于消费心理中“即时享乐”的小陷阱。商家说：以非常低廉的价格甚至免费为你提供一部手机，话费还有大幅度优惠——只有一个条件，你的使用必须捆绑两年或者更长时间，或是每月必须消费多少钱。

于是你同意了。“免费”和“低价”激发了消费心理中即时享乐的天性。你签约的时候并没有仔细考虑一下，实际上两年的时间对于通信行业来说相当漫长，因为下一个月竞争对手就可能推出更加优惠的套餐，但你已经被捆绑在“合约”中，无法享受了。

商家忽悠你办的各种会员卡、预付费储值卡也是差不多的道理。很多人第一次在美发厅里办卡，就是为了享受当时那个“洗剪吹6折”的优惠价。

5. 试衣镜为啥斜着放？

很多人有过这样的经历：在商场试穿了一套衣服，照镜子的时候被自己“惊艳”到了：这套衣服把身材修饰得特别好，于是果断买下。可等回到家再穿就没有当初的效果了，这是为什么？

奥秘在于试衣镜的摆放方式，还有试衣间的灯光调试。很多女装店的试衣镜是高度1.3米左右、宽0.3米左右，与地面呈斜角摆放。这样，顾客在试穿衣服的时候就能很“舒服”地看到镜子里自己的装扮，商家利用光学原理让顾客感觉自己看起来更修长。此外，越是高档的试衣区，试衣镜就越清晰，灯光越明亮——这样的布置能使镜子反射的失真更小，镜中人看起来更加有型，衣服也显得特别光鲜亮丽。

有趣的是，男装店里的镜子倒不一定是斜着摆放了。这也许是因为多数男人并不希望自己看起来更瘦削吧。

6. 小零食放在收银台旁

在很多超市甚至商场的收银台边有固定的货架，摆放着巧克力、小饼干、口香糖和膨化食品等零食。这可不是随意之举，而是增加“最后一站销量”的“杀手锏”。

举例来说，在结账通道排队等待的时候，很多顾客会感觉无所事事，因此格外关注手边还有些什么能选购的商品；很多女性带着孩子购物，往往会在这个通道拿点什么来“安抚”烦躁不安的宝宝。据说有个统计数据：同样的商品，放在收银台旁边的销量，要比在常规货架上高出25%左右。

超市的商品摆放不仅这一种学问，你一定注意到了，超市入口的地方经常陈列着相对便宜的杂货、饮料等，打折促销的堆头也集中在这一处。例如，在中秋节前，超市入口会摆着许多“买四赠一”“大减价”的月饼礼盒，这就是利用了心理学上的“晕轮效应”，即利用顾客的最初印象做出“这家超市商品便宜”的心理暗示，来增加购物欲望。

资料来源：窦媛媛. 消费就是一场心理战[N]. 北京晚报，2013-07-23.

第五节 消费者购后行为

一、消费者购后行为类型

购买后行为是消费者决策过程的最后一个阶段。在该阶段，消费者根据他们是否满意来决定他们在购买产品之后采取的行动，包括在产品使用后可能产生的心理活动以及典型行为。再次购买的动机是大多数营销人员所关心的，营销人员不仅希望消费者能再次购买同一产品，或同一厂商生产的各种有关的产品，或同一商店所经营的各种有关的产品，还希望消费者能向他们参考团体的成员推荐这些产品。因此，消费者在完成了购买行为之后还会发生一系列的重要过程。这些过程以再次购买动机的产生而告终，而这一动机对大多数营销管理人员来说是至关重要的。

如图 2—8 所示，消费者在做出购买决策之后，会伴随着产品的使用、评价过程，而在这一过程中，会出现购买后冲突、产品处置、顾客忠诚、重复购买、增加使用、品牌转换和不再使用等现象。

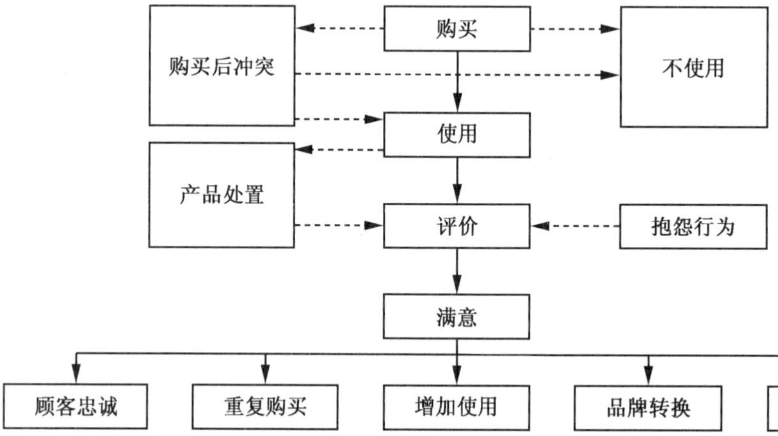

资料来源：德尔·霍金斯. 消费者行为学[M]. 付国群译. 北京：机械工业出版社，2007.

图 2—8 消费者购后行为

(一)购买后冲突

购买后有一种称为购买后冲突的现象，这种现象发生于顾客对购买行为的明智性产生怀疑时。购后冲突或不和谐之所以发生，是因为选择某一产品，是以放弃对另外产品的选择或放弃其他产品所具有的诱人特点为代价的。消费者产生购后冲突的可能性及其激烈程度由以下因素决定：

(1)忠诚度或决定不可改变的程度。决定越容易改变，购后的不和谐就越不易发生。

(2)决定对消费者的重要程度。决定越重要，越有可能产生购后冲突。

(3)在备选品中进行选择的难度。越难做出选择，就越有可能产生冲突且冲突激烈程度越高。决策难度大小取决于被选品的数量、与每一备选品相联系的相关属性的数目以及各备选品提供的独特属性。

(4)个人体验焦虑的倾向。有些人更易感到焦虑，而越易于感到焦虑的人就越有可能产生购后冲突。

由于大多数购买介入度高的决策涉及一个或多个引发购后冲突的因素，因此，这些决策常伴随着购买后冲突。而且由于冲突令人不快，消费者会设法减少冲突。消费者常用的减少购后冲突的方法包括增加对所购品牌的欲求感、减少对未选品的欲求感、降低购买决策的重要性和改变购买决策（在使用前退回产品）等。

（二）产品处置

产品处置是在产品购买后，消费者对产品所进行的保存和处理行为。消费者在购买某种产品后，有些产品被消费者使用，有些产品则不被使用，即顾客将产品退还或保存而不加以使用。对大多数购买者来说，即使存在购后冲突或不和谐，仍会使用产品。使用产品通常涉及包装和产品本身的处置，具体的处置方式如图 2—9 所示。

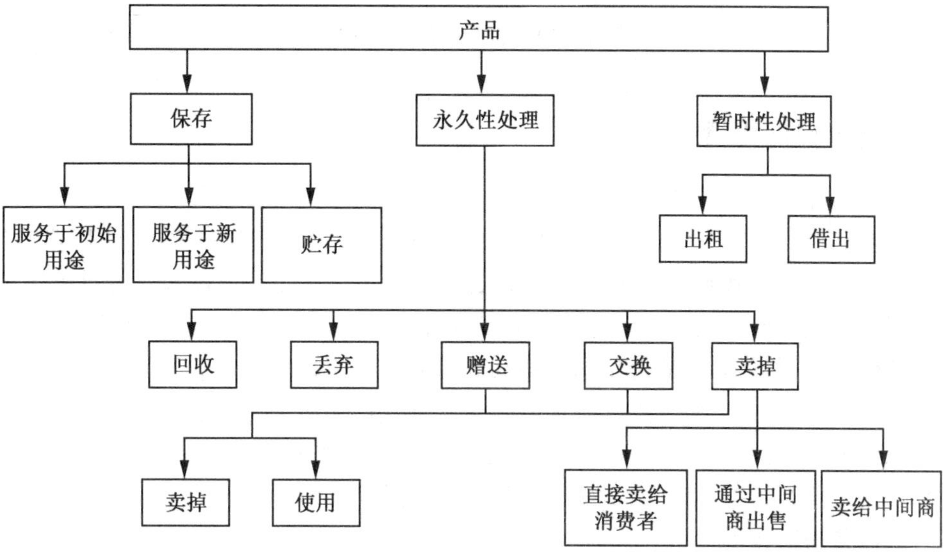

资料来源：Jacoby，J.，Berning，C. K.，and Dietvorst，T. F. "What about Disposition?". *Journal of Marketing*，1977，41(2)：22—28.

图 2—9　消费者产品处置

（三）购买评价和满意

在使用过程中和使用后，消费者会对购买过程和产品等各方面进行评价，如信息的可获得性、产品质量、性能、价格、零售店服务和环境等。消费者的购买行为、购后冲突、产品使用和产品处置等过程都可能会对其评价产生影响。

消费者对一项购买的整体满意既包括对购买过程的满意，如决策信息可获得性和实际的购买体验，也包括对所购服务、产品本身的满意。

不满意的评价会使顾客产生抱怨，而厂商做出的恰当反应会减少顾客的不满情绪。购后的满意与不满意，要么导致顾客的重复购买与忠诚，要么导致转换品牌或不再使用此类产品。消费者购买后的感觉和行为如图 2—10 所示。

鉴于顾客满意和忠诚、品牌转换等已在其他章节详细论述，我们将主要分析消费者在使用产品后的口碑传播。

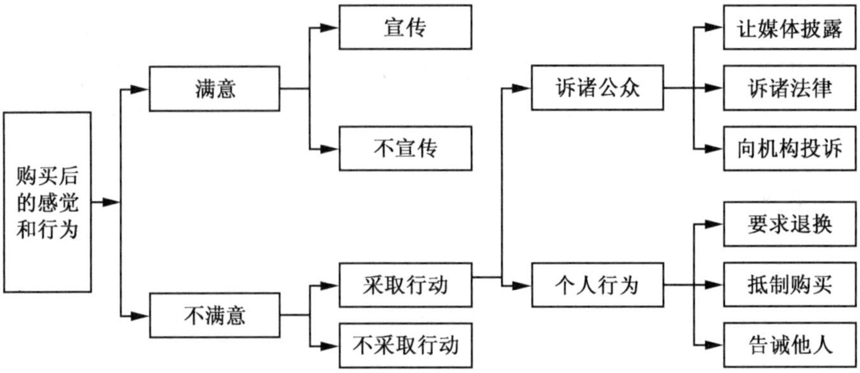

资料来源：叶敏，张波．消费者行为学[M]．北京：北京邮电大学出版社，2007.

图 2－10　购后的感觉和行为

二、消费者口碑传播

（一）口碑传播的概念

“口碑传播”（word of mouth）一词来源于传播学，在研究消费者口碑传播时，我们将其定义为个体之间关于产品和服务看法的非正式人际传播，包括正面的观点和负面的观点，但不同于向公司提出正式的抱怨或赞赏。这是对消费者行为影响力很大的一种信息源。

大多数研究表明，口碑传播是市场中强大的控制力之一。其影响作用表现为消费者在评判、选择商品的过程中，常常受到周围熟识的朋友、同事、邻居、家庭成员等对商品的知识、经验、态度、意见的影响。这些意见和看法有时会直接左右消费者的购买决策。由于在影响消费者态度和行为中所起的重要作用，口碑被誉为“零号媒介”。

（二）口碑传播的作用①

美国学者阿恩特曾经研究口碑传播信息对新产品普及的作用。他发现：

第一，购买新产品的人常常对别人议论这种新产品。如表 2－1 所示，购买者有 62%、非购买者有 32%由口碑传播得到新产品的信息。

表 2－1　购入产品与口碑传播信息的关系

口碑传播	购入商品者	非购入商品者
谈过话	62%	32%
未谈过话	38%	68%

资料来源：Johan Arndt. “Role of Product-Related Conversations in the Diffusion of a New Product”. *Journal of Marketing Research*，1967，4(3)：291－295.

第二，购买者明显受到了善意的口碑传播的影响。由表 2－2 可以看出，想要购买新产品的人，根据口碑传播信息，做出了购买决策。另有学者对流入大城市的流动消费者利用何种信息源购买商品进行了调查，其结果证实了同样的结论。有研究机构对消费者选择商品并决定购买时的信息源所起的作用进行比较后发现，在被调查的 147 个家庭中，绝大多数人除选择超

① 江林．消费者行为学[M]．北京：中国人民大学出版社，2007.

市外，其余各项选择都是通过口碑传播得到信息的。

表 2—2　　购入商品与口碑传播的影响

口碑信息的影响	购入商品者	非购入商品者
善意的影响	26%	17%
无影响	10%	11%
非善意的影响	1%	4%
没谈过话	63%	68%

资料来源：Johan Arndt. "Role of Product-Related Conversations in the Diffusion of a New Product". *Journal of Marketing Research*，1967，4(3)：291—295.

(三)有效的口碑传播管理

口碑传播不同于一般意义上的人际交往。整合营销理论强调口碑传播不是一个被动的人际传播过程，其传播信息的活动对于企业形象和消费者认知与行为具有直接影响。因此，进行有效的口碑传播管理具有重要意义。

1. 实施有效的主动口碑传播

实施的方式可以像 DELL 公司那样，注重"顾客体验"。所谓顾客体验，就是顾客与企业产品、人员和流程互动的过程。在体验中，要让顾客置身于生产制造的全过程，或者让顾客切身享受消费的乐趣，从而形成"以自己希望的价格，在自己希望的时间，以自己希望的方式，得到自己想要的东西"的强烈消费欲望。体验式消费所带来的感受越是深刻难忘，形成的口碑传播越是生动形象，其感染力也会越强烈。实际上，这是 IT 时代迎合定制化营销和关系营销的一种趋势。

运用典型故事或事件树立正面口碑也是主动口碑传播的重要途径。故事或事件的传播带有情感，因而是传播口碑的有效工具。在许多情形下，消费决策做出的瞬间，往往是情感性的或已形成潜意识的信息捕捉，而非大量的费力的理性分析。

2. 进行有效的负面口碑传播管理

整合传播理念认为，保持顾客比发展顾客更有意义(富有效率和效益)。有研究显示，只有4%的不满意顾客会对厂商提出他们的抱怨，但 80%的不满意顾客会对周围的人谈起自己不愉快的经历。在所有表达抱怨的顾客中，如果其抱怨得到了解决，有 54%—70%的顾客会再次与企业发生商业关系。因此，只有建立完整的顾客档案和有效的反馈机制才是消除负面口碑传播的关键。

事实上，"将顾客投诉视为资本"的观点是有效口碑管理的"最佳实践"。其作用包括：首先，顾客投诉可使企业及时发现并修正产品或服务的失误，并获取创新的信息，因此，有人将此看成是"免费的咨询"；其次，顾客投诉使企业有了再次赢得顾客的可能，提供的是终身价值，而不是一次性交易；再次，顾客投诉可为企业提供建立和巩固良好企业形象的素材。满意的顾客才是真正的广告。

实施有效的口碑管理，要消除顾客投诉的阻碍因素。这些因素通常包括：没有合适的投诉渠道；顾客存有疑虑，如担心公司不理睬、处理不公、进行报复；等等。要扫除这些障碍，公司应当做到：鼓励顾客投诉，如采用奖励和补偿方式；培训顾客投诉(如何投诉和获得解决方案)；建立顾客投诉方便网络；建立有效的投诉处理小组。

(四)基于质量提升的思考

将口碑传播作为营销方法来研究,可以丰富既有的营销理论。就营销研究领域而言,口碑传播概念模型大多从顾客(即传播者)满意结果的角度来建立,而顾客满意源自顾客感知质量与顾客预期质量之间的比较。

正面的口碑传播在影响消费者购买决策的同时,也提高了消费者对该产品及服务的预期。然而,公司过分地沉溺于褒扬之中,忽视了消费者预期的变化,未对产品、服务进行及时更新、改进,令消费者大失所望,最终使正面的口碑传播变成了负面的宣传。为了使顾客持续满意,企业必须通过不断创新来提升产品和服务质量,以满足顾客不断提高的消费预期。

延伸阅读 2—5

消费者口碑的力量

没有人敢走进一家陌生餐厅,除非先看大众点评的消费者评价。

在互联网之前,消费者可相信的东西并不多,广告可以夸大,可以选择性告知,名人代言可以花钱解决。大众只能相信名人,更有权威性的媒体。在私人空间相信身边熟悉的人,而一个人的熟人范围也是有限的,并不是所有商品都被熟人消费过。可以说,在前互联网时代,消费者口碑看不见,被局限在熟人社交圈,信息不对等。

在当下成熟的互联网环境下,情况发生了巨大变化,消费者开始被看见,消费者的评价越来越重要。而当所有消费者评价都被看见时,品牌的生死真正掌握在消费者手中。过去人们相信熟人,而现在,人们相信毫不相干的陌生人。

在移动互联网环境下,大众的消费路径是:看见—搜索评价—行动。

"看见"是广告营销,在电视、电梯间、公交牌、线上广告、KOL 推荐等任何地方看见某一产品的广告。所有营销层面的策略,都是"看见"的部分,极尽所能地曝光给目标用户。在此之前,比如看见央视的权威广告,基本就是下单决策标准。但现在不行,中间多了个步骤——搜索评价。

搜索评价,当代年轻人不可或缺的一步。去百度、知乎、小红书、淘宝、大众点评等平台,找这件商品的用户评价。不管前面广告讲的是什么,此刻普通用户的评价是关键参考标准。如果用户评价满意,多半可直接下单,如果用户评价欠缺,大概要考虑一下。最直观的例子就是大众点评,一定挑用户评价多且分数高的餐厅,连点餐也要看着大众点评的人气排行点。还有美妆行业,一款口红色号正不正,要看已经购买的用户的反馈。

在这个消费路径中,看得见的步骤营销人员可以搞定,通过不同的策略方法,可以控制。但用户评价,营销人员不可控制,他们不能帮用户写评价,更不能强迫用户好评,也正因为不可控才更显可贵、才更有价值。

一个新产品或新品牌,在没有任何口碑与群众基础时,直接向大众曝光,是一件危险的事情。当给所有人消费的权利时,也给了所有人批评的权利。创新品牌的一个有效生长路径,是先成为优秀的小众品牌,在小圈层打磨好产品,再进入大众视野。

互联网时代,能定义品牌的,不是明星、不是 KOL、不是品牌宣言,而是消费者评价,是大众共识。可以说,当普通用户拥有话语权之后,他们的正向评价逐渐成为最重要的品牌资产。

资料来源:Social 编辑部. 塑造大众共识 重赢消费者口碑[EB/OL]. 摩报广告精选, https://baijiahao.baidu.com/s?id=1668626703634744946&wfr=spider&for=pc,2020-06-05.

案例分析

新时代上汽名爵旗舰店里的购车故事

疫情对汽车产业影响巨大，2020 年第一季度国内新车销量同比下滑 42.4%，直面消费者的汽车 4S 店面临前所未有的压力。线上营销、无接触服务、直播带货等新方式促使汽车从业者加速转型。连日来，海岸君走访多个品牌 4S 店发现，保养车、看车、购车的需求被慢慢释放，汽车消费有回暖迹象。上周末，海岸君来到自主品牌上汽名爵的旗舰店，跟着金牌销售员体验了一次卖车签单的全过程。

1. 疫情激发需求，线上看车、全款下单

上汽名爵旗舰店位于嘉定区安驰路，距离主机厂上汽乘用车分公司不到 3 公里。周日，阴雨天气，并不是逛店看车的好时间。为了看上去更像汽车销售，海岸君还特意穿了一身职业西装。没想到，一进店发现大家全穿着卫衣。“名爵主打年轻化运动风，所以我们的工装就是卫衣。”在金牌销售奚晨杰的带领下，海岸君迅速换上卫衣、戴上口罩、做好测温消毒，进入工作模式。

上午 10 时，店里来了第一批客人，“请问您预约过吗？麻烦填写一下信息。”奚晨杰边问边递出名片。“对哪款车型感兴趣？还是我们先看看展厅，给您介绍下？”

消费者王先生和父亲一起来看车。王先生刚工作，本不打算买车。但受疫情影响，家人觉得有车出行更安全，催促他尽快买车。他对车没有太多研究，就挑了离家最近的 4S 店逛逛看。

因为没有明确的目标，奚晨杰向父子俩详细介绍了车型：运动轿跑名爵 6、紧凑型 SUV 名爵 HS、小型 SUV 名爵 ZS，以及纯电动名爵 EZS 和插电混动 eHS。根据客户特征，重点推荐了热销车型名爵 6 以及购车优惠，还带着客户全方位逛了展厅：改装车库、电竞游戏区、咖啡厅、亲子空间……“今后来保养车，您也不会无聊，我们这里可看可玩的东西很多。现磨咖啡也很不错，您可以体验下。”奚晨杰坦言，现在来的客户个个都是宝，销售要使出浑身解数让客户在店里多看看、多待一会儿。

“像王先生这样因为疫情中的通勤安全考虑想买车的确实不少。我还有个苏州的客户，疫情最严重时，直接线上看车、全款下单。我们用视频方式为车辆做了售前检测。附近的高速口一开放，他就到店里提车了。”奚晨杰笑言，那次提车过程也很难忘。“我先用视频手把手教他用手机上的‘斑马智行’App 控制车辆。他到店在停车区就把车开走了，我们再把车钥匙快递给他，全程无接触。”

2. 申领新能源车牌照更方便了

整个上午，这家 4S 店共接待了 8 组客户。“超出了我的预期。从 4 月开始，到店率已经明显提升，此前我们预测下半年市场才会回暖。”

下午 1 时，一对年轻夫妇到店里看 eHS 车型。这对客户对车型很了解，他们最关心的是上牌政策。“现在流程上快很多了，最快半个月牌照额度就能申请下来。”奚晨杰耐心解释，过去付完定金，查征信就需要 1 个月，接着是落实充电桩安装，再申请沪牌额度。整个环节需要 3 个月。现在重点环节可以“并步走”，上牌和登记时间压缩了 50%以上。

“您方便的话，下载上海人社 App 和上海交管 App，只要在上海交金满 2 年、没有 5 次及以上违章记录，征信就没问题。”奚晨杰进一步推销：“现在国家已出台政策，新能源汽车购置补贴和免征购置税政策延长两年，加上各项补贴，还是很划算的。”

见小两口有点动心，奚晨杰马上安排了试乘试驾专员，沿着 5 公里固定路线让客户亲身体验。“我们主张不试不卖。即便在疫情严重门店还没开门时，只要客户有需求，我们都会安排做好安全防护的专业人员，将已消毒的车辆送上门，让消费者体验。”

海岸君环顾四周，发现店里销售几乎都“有活干”。哪怕是在咖啡区，也有人陪着客户“闲聊”。

3. 从进店到下单 2 小时谈妥

奚晨杰介绍：“尽管这家店地处郊区，但由于是旗舰店，面积大、体验多，吸引了很多年轻人以及江苏的客户。我们店的实际成交量一直很不错。”

但跟着金牌销售已工作了三四个小时，第一单啥时候来？“现在观望心态比较普遍，不少消费者认为接下来还会出台刺激汽车消费的一些政策，入手时机是他们反复考虑的问题。到店的客户多，说明需求正逐渐被释放。早买晚买，总归要买的。今天我们已经交了好几部车，都是最近下的单。”

下午一点半，秦先生到店直接联系了销售员柳有芬。他有置换需求，春节前打算入手一辆中型 SUV，在各类汽车测评网站已做足“功课”，名爵 HS 也在备选之列。这是他第一次到店看车。

受疫情影响，秦先生觉得家中现金吃紧，购车需求从名爵 HS 调到了名爵 ZS，价格相差七八万元。“不用介绍车子，我们直接谈价吧。”秦先生直截了当，小柳迅速领他到洽谈区，拿出合同，一项项谈。

这属于意向明确、四处询问过价格的客户，也是小柳认为“不好攻克”的客户。“名爵所有车型都有 2 年免息贷款，这对现金紧张的客户很有吸引力。装潢和保养能送的送，服务费能免的免，非常优惠。”小柳层层铺垫，秦先生仔细询问。

两人谈了 2 小时，秦先生下单签了合同。“本来是打算让老婆看过后再定的，但价格挺不错，销售员说一周内就能提车，我就果断订了。毕竟是我们上海造的车，对名爵的品质有信心。”

送走秦先生，柳有芬连喝几杯水。“现在客户都很精明，比过价，心里很清楚。看好了，首次来店就下单的情况多了。疫情后，选择贷款买车的顾客也更多了。”

4. 销售员当“主播”，8 场直播带货忙

海岸君全程跟随销售员接待消费者，不少消费者会问同一个问题。“店里为啥有几个摄像机？”摄像机摆在一辆十分抢眼的 MG-TD 老爷车旁。

奚晨杰不好意思地说：“上汽的高管都出来直播带货了，我们也要紧跟形势、抓紧转型啊。”

就在这家店，疫情期间奚晨杰做了 8 场直播。“第一场直播时，我一直在留意直播间的人数。心里很紧张，就知道介绍每款车的配置，手脚都有点不知道怎么放，也没什么人跟我互动。”直到有网友提问，镜头里的老爷车是什么年代的、这辆车是怎么改装的……他才进入状态，并越来越适应这种销售新方式。

在很多人的固有思维中，买车这样的大事似乎一直与线下 4S 店、线下车展、团购会这样的模式分不开，但其实随着汽车市场用户群不断变化，年轻化的线上购车方式正越来越受到欢迎。一场疫情又加速了这一进程。

“当初上汽打造这家旗舰店时，就是重在让消费者体验汽车文化，更深层次了解名爵如何从英国诞生、走向世界，以及漂洋过海进入中国的故事。没想到线上直播反倒促进了线下销售，直播成了我们展现名爵品牌文化的一个绝佳阵地。”

疫情加快了汽车厂商线上渠道拓展的速度，新零售或将成为汽车行业未来不可或缺的销售模式。在线 VR 看车、销售直播、社交媒体视频讲解等网络方式在汽车销售圈竞相绽放。从各大 4S 店销售顾问到车企老总，都在尝试线上卖车模式，争当车界“李佳琦”。特斯拉最近也开出天猫旗舰店，首批上架的商品主要为特斯拉在售车型的定制化配件。人人羡慕李佳琦的带货能力，但是网红们是否真能带动汽车这样大件的消费品？各大车企将面临新挑战。

毋庸置疑的是，伴随着电动化、智能化、网联化、共享化趋势不断深入，不仅是汽车自身的定义和功能发生转变，汽车营销的方式也处于快速转变期。

资料来源：叶薇. 视频看车无钥匙提车，一个苏州车主上海“云买车”故事[EB/OL]. https://baijiahao.baidu.com/s?id=1664746843348071671&wfr=spider&for=pc，新民晚报，2020-04-23.

思考与讨论

1. 影响消费者购车决策的因素有哪些？
2. 新时代消费者的购车方式发生了哪些变化？
3. 谈谈你对案例中各种汽车营销方法的认识和理解。

本章小结

消费者的购买行为是由一系列环节、要素构成的完整过程。在这一过程中，购买决策居于核心地位；决策的正确与否直接决定购买行为的发生方式、指向及效用大小。消费者购买行为广泛存在于社会当中，但由于受地域、年龄、性别等多种因素影响，不同消费者的购买行为千差万别。现有描述消费者购买行为的模式包括消费者刺激—反应模式、投入—产出模式和恩格尔—克拉特—布莱克维尔模式等。

消费者购买过程一般分为五个阶段：认知需求→信息搜寻→评价选择→购买决策→购后评价。而在购买决策过程中，消费者常扮演倡议者、影响者、决策者、购买者和使用者五种角色；消费者购买行为的类型众多，有关购买行为的分类方法很多，如按照消费者购买涉入程度分类、按照消费者的购买态度与性格分类和按照消费者购买目标的选定程度分类等，每一种分类方法都可以从不同侧面反映消费者行为的特点。

消费者接受刺激、产生购物需要时，就会有目的地广泛搜寻与该产品有关的信息，辅助自己做出决策。消费者搜寻信息的目的主要有三种：一是寻找在哪些商品之中做出购买决策；二是搜寻挑选品牌的标准；三是搜寻被挑选品牌的特征表现。消费者在搜寻信息过程中，会运用多种信息渠道，采取不同的方法和手段。消费者由某一特定购买需要而产生的对决策过程关心或感兴趣的程度称为购买决策的涉入度。消费者对不同产品或同一产品在不同情形下的购买涉入度不同。

在消费者选择评价阶段，首先，消费者要制定出购买产品的评价标准；其次，消费者根据评价标准判断产品功效；再次，基于某产品的评价标准，消费者在备选产品之间进行评价；最后，制定决策规则后，消费者做出最后的选择。消费者在评价过程中，总是按照一定的标准对各种购买方案进行评价并做出选择。而选择标准的制定又是依据一定的决策原则，这些原则指导着消费者决策活动的进行。决策原则通常包括最大满意原则、相对满意原则、遗憾最小原则和预期—满意原则等。

消费者购后行为是消费者决策过程的最后一个阶段。在该阶段，消费者根据他们是否满意来决定他们在购买产品之后采取的行动，包括在产品使用后可能产生的心理活动以及典型行为。消费者在做出购买决策之后，会伴随着产品的使用、评价过程，而在这一过程中，会出现购买后冲突、产品处置、顾客忠诚、重复购买、增加使用、品牌转换和不再使用等现象。另外，消费者口碑传播是企业管理消费者购后行为的重点。

关键词与复习题

关键词

购买行为模式(buying behavior model)
购买行为程序(buying behavior procedure)
认知需求(demand recognition)
信息搜寻(information searching)
评价选择(evaluation and selection)
购买决策(purchase decision)
购后评价(post-purchase behavior)
信息渠道(information channel)
涉入度(involvement degree)
口碑传播(word-of-mouth)

复习题

1. 简述消费者的购买决策过程以及每个步骤的意义。
2. 随着购买涉入程度的增加，消费者的购买决策有何不同？
3. 高涉入度决策与低涉入度决策有哪些不同？请分别论述针对高涉入度决策和低涉入度决策的营销策略。
4. 简述你在某一次购买决策过程中的评价与选择过程。
5. 简述消费者购后行为的类型。
6. 简述口碑传播的作用，企业应该如何管理口碑传播？

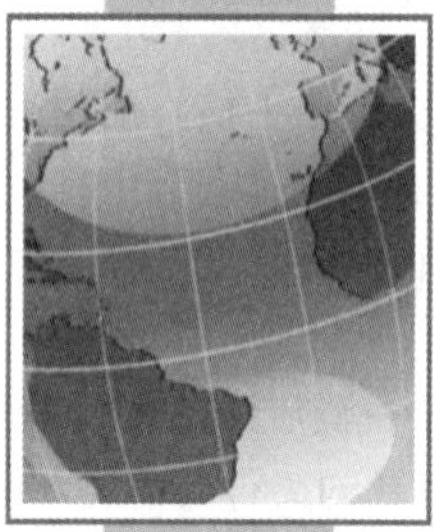

第三章
消费者的需要与购买动机

学习目标

通过本章的学习，应了解消费者需要的特性和分类，掌握消费者需要的基本形态和发展趋势，进而明确消费者需要是如何影响消费者购买行为的；应理解购买动机的形成和特性，掌握消费者购买动机的不同类型，并根据相关知识分析企业应如何在营销实践中通过分析消费者的不同需求制定适当的营销策略。

案例导引

泡泡玛特的盲盒玩具

Molly 是泡泡玛特最早推出的一款盲盒玩具的 IP 人偶，也是目前为止最受欢迎的一款人偶。据说，2019 年，仅 Molly 一种玩具就卖出了 4.56 亿元人民币。购买 Molly 的主要是“95 后”“00 后”的年轻人，正是广大少女将泡泡玛特买成了一家市值千亿元的潮玩公司。因为大约四分之三是女孩子，可能剩下的四分之一男孩子也是买来送女性朋友或女友的，也可能有很多男孩子追求这种“集齐龙珠召唤神龙”的爱好，一旦入坑就无法跳出了。

据报道，2018 年 4 月，泡泡玛特在上海举办一场新玩偶展览会，有上千人提前 4 天 4 夜在会场外面排队，等待开场后第一时间买到心仪的手办。

Molly 是香港的知名设计师 Kenny Wong 的作品，原型是一个傲娇又才华横溢的小画家。在和泡泡玛特达成合作之前，Molly 已经是一个形象百变的知名玩偶了，但 Molly 始终不变的就是她那撅起的小嘴和冷酷的表情。

在 Molly 的设计师看来，这些面无表情的设计，是 Molly 最打动人心之处。因为这样不悲不喜，所以也没有相应的个人故事以及其他情绪、性格和价值观，这就使得拥有独立审美和判断力的年轻人可以将自己的情感寄托在 Molly 身上，把情感和想象的空间留给用户。也有人分析，Molly 的表情正是代表了这群 20 多岁已经“累觉不爱”的年轻人，他们往往面无表情但内心感情丰富，喜欢简单直接的社交关系和生活方式，但又没有太多精力和勇气把自己交付给其他人，而一款符合个人形象的搪胶玩偶可能才是床头最忠实的陪伴。

但能够让 Molly 价值连城、让泡泡玛特日进斗金的根本原因还是其采用“盲盒玩法”所制造的“惊喜”体验。泡泡玛特为 Molly 设计了普通款和隐藏款（也就是稀有款），人们购买盲盒带有一定的随机性和趣味性，在打开前提高了心理期待并一直处于比较兴奋的状态。根据心理学的研究，人们会对不确定性的刺激充满兴趣，并且会重复决策这一行为，最终让人们上瘾。

泡泡玛特的发财秘诀就是设计了一系列的普通款和极少的隐藏款，消费者为抽中隐藏款需要重复购买，才能增加中奖概率，而这一行为也使得消费者完全沦陷到收集稀有款的“无限游戏”当中。

本案例改编自：脑极体．泡泡玛特市值千亿背后，我们为什么会为盲盒买单？[EB/OL]. https://baijiahao.baidu.com/s?id=1686501744109881091&wfr=spider&for=pc,2020-12-19.

任何消费行为都是在需要和动机的直接驱动下产生的，需要是购买行为的最初原动机，动机则是购买行为的直接驱动力。消费者为什么购买某种产品和服务，为什么对企业的营销刺激有着这样而非那样的反应，在很大程度上是与消费需要和动机紧密联系在一起的。本章深入探讨了消费者需要与动机的具体内容、特性，以及它们对消费行为的影响和作用，这有助于我们更好地把握消费者心理与购买行为之间的内在联系。

第一节　消费者需要的特性和分类

一、需要的含义和特性

心理学意义的需要，是指个体由于缺乏某种生理或心理因素而产生内心紧张，从而形成与周围环境之间的某种不平衡状态。需要是一种心理活动，其实质是个体为延续和发展生命，以一定方式适应环境而对客观事物需求的反应。例如，为维持生存，人们对衣食住行等物质生活资料产生需要；出于对情感的渴求，人们会产生进行社会交往以排除孤单寂寞的需要。消费者需要包含在人类一般需要之中，它反映了消费者某种生理或心理体验的缺乏状态，并直接表现出消费者对获取以商品或服务形式存在的消费对象的要求和欲望。① 消费者的需要是无限发展的，当一种需要被满足后，消费者往往会产生新的需要。

虽然需要是人类行为的原动力，但消费者并不能随时都感知到自己的需要，只有当需要被激发或唤醒时，消费者才会采取购买行为。有时消费者并未感受到心理或生理的匮乏，而是受到了外部刺激或消费诱因而产生对某种商品的需要。

消费需要不是固定不变的。现实中，消费者的需要丰富多彩，并随着社会经济和时代的发展而不断丰富、发展和变化。尽管如此，消费者的需要仍存在着共同的特性，具体表现为以下几方面：

（一）多样性和差异性

多样性和差异性是消费者需要最基本的特征，它既表现在不同消费者之间多种需要的差异上，也体现在同一消费者多样化的需要内容中。

多样性表现在两个方面：其一是对同一类商品的多种需要。消费者在购买某一商品时，不仅要求其具备某种基本功能，还要求其兼有其他附属功能。例如，消费者购买羽绒服主要是为了御寒保暖，但与此同时对其款式、颜色、面料等的要求也越来越高。其二是对不同商品的多种需要。随着生活水平的提高和价值观念的变化，消费者需要的对象种类越来越多，层次越来越高，如智能手机、电脑等高科技产品已成为消费者需要的必备用品。

消费者自身的主观状况和所处消费环境的差异决定了消费需要存在差异性。各个消费者的年龄、性别、民族传统、收入水平、文化程度等存在诸多差异，由此形成多种多样的消费需要。每个消费者都会按照自身的需要选择、评价和购买商品，比如有人追求商品的品牌以及美观，有人以经济实用作为标准，从而显示出需要的差异性。

① 江林．消费者行为学[M]．北京：中国人民大学出版社，2007.

(二)层次性和发展性

消费者的消费需要是有层次的,并按照由低层次向高层次逐级延伸发展的路径。通常情况下,消费者首先关注低层次的需要,而当低层次需要被满足时,则会转向高层次的需要。例如,充饥、御寒属于较低层次的需要;受人尊重、实现自我属于高层次的需要。人们只有在满足生存、安全需要的基础上,才会追求受人尊重、自我实现等高层次的需要。

消费需要是一个由低级向高级、由简单向复杂不断发展的过程,因此,消费者需要并非一成不变,而是具有发展性。随着社会经济的发展和人民生活水平的提高,消费者对商品的需要在数量和质量上都不断提升。消费需要的发展可以促进社会经济的发展,而随着社会经济的发展,消费需要也在不断地发展变化。

(三)周期性

消费者的某些需要在获得满足后,一定时期内不再产生,但随着时间的推移还会重新出现,呈现出明显的周期性。重新出现的需要不是原有需要的简单重复,而是在内容、形式上有所变化和更新。这种需要的周期性特点主要由消费者的生理运行机制及某些心理特性引起,并受到自然环境变化周期、商品生命周期等的影响。例如,许多季节性商品、节日礼品的需要就具有明显的周期性。

(四)可诱导性

消费者的需要不是一成不变的,任何层次的需要都会因环境的变化而发生改变。环境的改变或外部诱因的刺激、引导,都可以诱发消费者的需要发生变化和转移。企业可以利用消费需要的可诱导性,通过广告宣传、促销策略等适当的营销活动来激发和诱导消费者某种需要的形成,并促成购买行为。

二、消费者需要的分类

长期以来,各国心理学家按照不同标准对需要进行了多种分类,并且随着探讨的由浅入深,对需要的分类也越来越细。现将几种具有代表性的分类观点进行归纳,见表3—1。

表3—1　　不同学者对需要的分类

划分方法	代表者	分类标准	分　类
两分法	传统的观点	按照需要的起源	生理需要、社会需要
		按照需要的对象	物质需要、精神需要
三分法	恩格斯	按照需要的形式	生存需要、享受需要、发展需要
	戴维·麦克利兰	按照需要的社会性	成就需要、亲和需要和权力需要
五分法	马斯洛	按照需要的层次	生理需要、安全需要、爱和归属的需要、尊重的需要、自我实现的需要
七分法	贾尼丝·汉纳	按照需要的性质	自然安全的需要、物质保障的需要、物质舒适的需要、被他人接受的需要、他人认可的需要、影响他人的需要、个人成长的需要
十二分法	麦克高尔	按照需要的内容	和谐的需要、归因的需要、归类的需要、线索的需要、独立的需要、好奇的需要、自我表达的需要、自我防卫的需要、自我标榜的需要、自我强化的需要、归属的需要、模仿的需要

续表

划分方法	代表者	分类标准	分　类
二十分法	亨利·默里	按照需要的表现方式	贬抑需要、成就需要、交往需要、攻击需要、自主需要、对抗需要、防御需要、恭敬需要、支配需要、表现需要、躲避伤害需要、躲避羞辱需要、培育需要、秩序需要、游戏需要、抵制需要、感觉需要、性需要、救援需要、了解需要

资料来源:根据相关资料整理。

(一)按照需要的起源划分

按照需要的起源划分,可以分为自然需要、社会需要。

自然需要是指消费者为维持生命和延续后代而产生的需要,具体表现为对衣、食、住、行、健康、安全等基本生存资料的需要。这种需要是人与生俱来的,因此,又称生理需要。

社会需要是人们在后天的社会生活中形成的、带有人类社会特点的需要,如社交、荣誉、友情、尊重、表现自我等需要。这些需要是基于消费者的心理特性产生的,因此,也称心理需要。

(二)按照需要的对象划分

按照需要的对象划分,可以分为物质需要和精神需要。

物质需要是指消费者对以物质形态存在的、具体有形商品的需要。这种需要反映了消费者在生物属性上的欲求。消费者的物质需要也可以进一步区分为低级和高级。低级的物质需要指向维持生命所必需的基本对象;高级的物质需要是指人们对高级生活用品如汽车、奢侈品等的需要。

精神需要是指消费者对于意识观念的对象或精神产品的需要。这种需要反映了消费者在社会属性上的欲求,是因心理上的匮乏感而产生的,主要表现在对认知、审美、追求真理、满足兴趣爱好,以及友情、亲情等需要上。

(三)按照需要的形式划分

恩格斯按照需要的形式划分,将需要分为生存需要、享受需要、发展需要。

生存需要包括对基本的物质生活资料、休息、健康、安全的需要。满足生存需要的目的在于使消费者的生命得以维持和延续。

享受需要是在满足基础需要之后,对物质有更高级的需要,比如要求吃好、穿美、用得奢华、住得舒适,有丰富的娱乐活动。消费者可以通过满足享受的需要来获得生理和心理上的享受。

发展需要体现为要求学习文化知识、增进智力和体力、提高个人修养、掌握专业技能、在某一领域取得成就等。这类需要的满足可以使消费者的潜能得到充分发挥。

(四)按照需要的层次划分

按照需要的层次划分,可以将需要分为生理需要、安全需要、爱和归属的需要、尊重的需要、自我实现的需要。

美国人本主义心理学家马斯洛将人类需要按由低级到高级的顺序分成五个基本层次,依次为生理需要、安全需要、爱和归属的需要、尊重的需要和自我实现的需要。这五种需要之间相互联系,并依照从低级到高级的层次组织起来,只有当较低层次的需要得到满足后,才会出现较高层次的需要,最后达到自我实现的顶峰。

其中,生理需要是个体为维持生存和发展而产生的对基本生活资料的需要,如对食物、空气、水、睡眠等的需要。这是各类需要中必须首先满足的最基本需要,唯有生理需要获得满足后,人们才有可能产生新的其他方面的需要。

安全需要是人们希望保护自己的肌体和精神不受危害的欲望,以及获得保护、照顾和安全感的需要。安全需要既包括生理方面也包括心理方面,可以体现在要求社会环境的安全、职业的稳定、有良好的医疗条件、养老有保障等。

爱和归属的需要主要表现为人们作为社会中的成员,希望获得友情、亲情和爱情,与他人保持密切的交往,同时归属于某一社会群体,得到群体的关心和帮助。这种需要的第一要义是希望他人认识到自我的存在,可以使自己感受到关注和关心。

尊重的需要包括自我尊重和受人尊重两方面,具体表现为渴望实力、成就、独立与自由,渴望名誉和声望,受到他人的赏识和高度评价等。

自我实现的需要,指人们希望发挥自己的特长和潜能,实现对理想、信念、抱负的追求,自我实现是人类最高级的需要,它涉及求知、审美、创造、成就等内容。

(五)按照需要的社会性划分

美国哈佛大学教授戴维·麦克利兰通过对人的需求和动机进行研究,于 20 世纪 50 年代提出成就需要理论,又称"三种需要理论",即成就需要、亲和需要和权力需要。在生存需要基本得到满足的前提下,人最主要的需要有成就需要、亲和需要、权力需要三种平行的需要。成就需要指追求优越感的驱动力,或者参照某种标准去追求成就感、寻求成功的欲望;权力需要指促使别人顺从自己意志的欲望;亲和需要是指寻求与别人建立友善且亲近的人际关系的欲望。这三种需要在人们的需要结构中有主次之分,人们的主需要在满足了以后往往会追求更多的需要,也就是说,拥有权力者更追求权力、拥有亲情者更追求亲情、而拥有成就者更追求成就。同时,由于麦克利兰认为在三种需要中成就需要的高低对人的成长和发展起到特别重要的作用,所以称其理论为成就需要理论。

延伸阅读 3—1

雅克·内维尔公司

让·克劳德·内维尔(Jean Claude Nerille)是位于法国某小镇的自行车制造公司雅克·内维尔公司(Jacques Nerille Inc.)的首席执行官。内维尔自行车被认为是世界上最好的自行车,内维尔公司产品的价格从 2 000 美元到 10 000 美元不等。最近,让·克劳德开始考虑进入美国市场。资料显示,美国人不像他们的父辈那样热衷于加入高尔夫或乡村俱乐部,而是选择加入自行车俱乐部,他发现美国"婴儿潮"时期出生的那一代人更是如此。

因为内维尔公司长期以来迎合的是那些爱好体育的自行车手,并且作为一名经常参与竞赛的自行车手,让·克劳德非常了解参赛的自行车手购买自行车的动机和诉求,可他并不了解人们参加自行车俱乐部的需要与动机——为什么自行车俱乐部在美国越来越受欢迎?

当让·克劳德苦苦思考上述问题时,突然想起了大学时期学过的一个理论——马斯洛需要层次理论。根据这个理论,人的需要才分为生理需要、安全需要、爱和归属的需要、尊重的需要和自我实现的需要,只有未被满足的需要才会对人有激励作用,任何时候人都存在着某种层次的需要,只有在较低层次的需要得到满足后,较高层次的需要才会有足够的活力驱动行为。

让·克劳德随即与一家市场调研公司合作,调查研究美国"婴儿潮"时期出生的人和美国的自行车俱乐部。他们以俱乐部成员加入所属俱乐部的需要与动机为主要内容,对自行车俱乐部成员进行了焦点小组访谈。两周后,让·克劳德收到了焦点小组访谈的文字记录,当他开始阅读的时候嘴角露出了笑容——事实上，在记录的第一页他就给五种不同层次的需要找到了相应的例子。

以下回答均是针对“你为什么加入这家自行车俱乐部?”这个问题的答案：

玛雅：“我发觉在俱乐部里可以从他人身上学到很多东西，对我而言，在生活的方方面面不断地成长和学习非常重要——包括骑车。”

查克：“前几年我得了心脏病，医生告诉我需要加强锻炼——我的生命就靠俱乐部了。”

埃里克：“我骑车已经很长时间了，技术非常好，我希望可以和那些能够欣赏我技术水平的人聚在一起。”

卡洛琳：“我听说过这家俱乐部，觉得这是接触他人的好办法。”

丹尼斯：“我以前经常骑车，但我经历了太多次死里逃生，司机常常因没有看到我而差点把我撞飞，因此，我认为加入俱乐部是更明智的做法，这样我就能和一大群人一起骑车，也更容易被人看见。”

看完整个记录，让·克劳德觉得自己已经完全准备好开始探索美国“婴儿潮”时期出生的人加入自行车俱乐部的各种原因了。

资料来源：朱迪·格雷厄姆．消费者行为学案例与练习[M]．江林译．北京：中国人民大学出版社，2011：56—57.

第二节　消费者需要的形态与发展趋势

一、消费者需要的基本形态

现实生活中，消费者需要不但在内容上千差万别，而且在表现形态上也存在着不同层次。从消费者需要与市场购买行为关系的角度分析，消费者需要具有以下基本存在形态。①

(一)现实需要

现实需要是指消费者已经具备对某种商品的实际需要，且具有足够的货币支付能力，而市场上也具备充足的商品，因而消费者的需要随时可以转化为现实的购买行为。这种需要是市场营销的直接对象。

(二)潜在需要

潜在需要是指尚未显现或明确提出，但未来可能形成的需要。这种需要通常由于某种消费条件不具备所致，如市场上缺乏能满足需要的商品；消费者的货币支付能力不足；缺乏充分的商品信息；消费意识不明确；需求强度低弱；等等。当上述条件具备时，潜在需要可以立即转化为现实需要。

(三)不规则需要

不规则需要又称不均衡需要或被动需要，是指消费者对某类商品的需要在数量和时间上呈现不均衡波动状态。如许多季节性商品、节日礼品以及对旅游、交通运输的需要就有明显的不规则性。这种波动也可能随着社会的发展或者环境的变化而变化。

(四)退却需要

退却需要是指消费者对某种商品的需要逐步减少，并趋向于进一步衰退。导致需要衰退

① 江林．消费者行为学[M]．北京：科学出版社，2007.

的原因，通常是由于时尚流行趋势的变化，消费者兴趣转移；新产品上市，对老产品形成替代；消费者对经济形势、价格变动、投资收益的心理预期变化；等等。

（五）充分需要

充分需要又称饱和需要，是指消费者对某种商品的需求总量及时间与市场商品供求量及时间基本一致，供求之间大体趋向平衡，这是一种市场供求的理想状态。但是，由于消费需要受多种因素的影响，任何因素发生变化，如新产品问世、消费时尚改变等，都会引起需要的相应变化。因此，供求平衡的状态只能是暂时的、相对的，任何充分需要都不可能永远存在下去。

（六）过度需要

过度需要又称超饱和需要，是指消费者的需要超过了市场商品供应量，呈现供不应求的状况。这类需要通常由外部刺激和社会心理因素引起，如多数人的抢购行为、对未来经济形势不乐观的心理预期等。

（七）否定需要

否定需要是指消费者对某类特定商品持否定、拒绝态度，因而抑制其需要。之所以如此，可能是因为商品本身不适合其需要，也可能因为消费者缺乏对商品性能的正确认识，或者是旧的消费观念束缚和错误信息所致。

（八）无益需要

无益需要是指消费者对某些危害社会利益或有损于自身利益的商品或劳务的需要。如对香烟、烈酒、毒品等的需要，这对消费者个人和整个社会都是有害无益的。

（九）无需要

无需要又称零需要，是指消费者对某类商品缺乏兴趣或漠不关心，不产生任何需求。无需要的商品可能不具备消费者需要的效用，或消费者对商品缺乏了解和认识，没有和自身的利益结合起来。

从上述关于消费需要的形态分析中可见，并非任何需要都可以直接激发消费者的购买动机，进而产生购买行为。在现实生活中，一些需要如潜在需要、无需要、否定需要、退却需要等，只有企业给予明确的诱因和强烈的刺激加以诱导，才可能使消费者产生购买行为。因此，当消费者对一些商品的需要不够主动时，企业应加强营销推广的力度。此外，并不是所有的需要都可以导致正确、有益的消费行为，如过度需要和无益需要就不适宜进行诱导和满足，而需要加以抵制。基于以上需要形态的性质差异，作为消费者，应该从可能性和必要性两方面考虑满足需要的方式和程度；对于企业而言，则要强调正确引导和满足消费者的消费需要。

二、现代消费者需要的发展趋势

随着时代的变迁和社会环境的发展，消费者需要的内容、形式、层次也在不断改变和进步，并呈现一系列新的消费需要发展趋势。

（一）感性化趋势

消费者在进行消费时除了追求满足生活外，更加渴望能够得到情感上的共鸣。例如：有的产品用现代的内涵加上了复古的外形，让消费者在使用的时候感受到过往的淳朴；有的产品注重它的附加服务和情感指数，让消费者的情感需求在消费过程中得到满足。① 这种感性消费是基于消费者个人的情绪情感体验而产生的消费行为，它以个人的喜好作为购买决策标准，以

---

① 尚扬媒介. 2013年中国消费趋势前瞻[R]. 北京，2012.

个人心理满足、个性实现、精神愉悦为主要消费目标，注重购物时的情感体验和人际沟通，对商品“情绪价值”的重视胜过对“机能价值”的重视。因此，营销传播与沟通的重点是消费者的价值体验，具体包括身份或阶层的象征、美的感受、时尚与先锋、好玩与趣味性、潮流或流行性等。例如，麦当劳的广告语“我就喜欢”就充分迎合了消费感性化这一趋向。

对于企业来说，可以通过产品及品牌传递情感型和自我表达型两种价值来满足消费者的感性需求。情感型价值是使消费者在购买使用某品牌的过程中获得情感的满足，品牌的情感性利益可以为消费者带来美好的情感体验。例如，戴比尔斯的经典广告语“钻石恒久远，一颗永留传”，不仅传递了产品的概念，也传递了对消费者爱情、婚姻的美好祝愿。自我表达型价值是指通过产品可以体现出消费者的财富、身份地位、价值观与审美品位，品牌所代表的意义与他本人希望传递给他人的期望相符。例如，沃尔沃不仅意味着“最安全的车”，还代表着“含而不露的知识精英阶层”。

（二）高级化消费趋势

随着人均收入和消费水平的提高，消费者的需求结构将逐步趋于高级化。这一趋势在处于高速增长阶段的发展中国家表现得尤为明显。改革开放后，我国经济持续快速增长，与此相适应，我国居民的消费水平也在不断提高。根据《2019 中国统计年鉴》，在整体消费水平持续增长的基础上，我国居民消费水平持续提高，与 2018 年相比，2019 年居民人均消费支出从 19 853 元升高到 21 559 元，提高了 8.6%；与此同时，居民消费结构也得到进一步改善，在城乡家庭消费支出中，作为家庭生活水平基本标志的恩格尔系数（家庭食品支出占消费总支出的比例）不断降低，生存型消费（包括食品和衣着类）的比重约占到消费总支出的 34.4%，发展型消费（包括居住、交通、通信、文教、娱乐用品、医疗保健、旅游等）的比重占到消费总支出的 65.6%以上[①]，发展型消费支出比例已经大大超过了生存型消费支出比例，这标志着我国的消费结构已经在总体上完成了从生存型向发展型的过渡，进入了大众消费阶段。

可以预见，随着消费水平的提高，人们的消费观念、方式、内容以及消费市场供求关系都将发生重大变化，基础性消费在总消费中的比重将进一步下降，发展型消费支出将大幅度增加。此外，随着经济全球化以及各国文化的相互渗透，居民消费国际化的趋势也开始显现。

（三）绿色消费趋势

这一趋势是指消费者要求自身的消费活动要有利于保护人类赖以生存的自然环境，维护生态平衡，减少和避免对自然资源的过度消耗与浪费，实现永续消费。

自 20 世纪以来，人类社会面临着自然资源日益匮乏和环境过度破坏的严重困扰。随着环境问题压力的与日俱增和世界环保运动的兴起，现代消费者的环保意识日益增强。越来越多的消费者开始认识到地球资源的有限性，过度消费不仅会带来成堆的垃圾，也会对环境造成破坏，从而导致人类的自我毁灭。为此，他们把保护自然资源和生态环境视为己任，将消费与全球环境及社会经济发展联系起来，自觉地把个人消费需求和消费行为纳入环境保护的规范之中，提出“做一个绿色消费者”的口号，根据自己的实际需要购买需要的物品，并尽可能做到商品的循环使用。

绿色消费意识在发展中国家也逐渐产生较大影响。许多发展中国家的消费者意识到，不应重蹈发达国家在推进工业化进程中无节制地消耗资源和严重污染环境的覆辙。为了保护自

① 中华人民共和国 2019 年国民经济和社会发展统计公报．国家统计局 http://www.stats.qov.cn/tjsi/zxfb/202002/t20200228_1728913.html.

身健康并获得一个安全、洁净的生存环境，他们从现在起就把“绿色消费”作为消费需求的重要内容，要求购买无公害、无污染、不含添加剂、使用易处理包装的绿色商品，并自动发起和支持抵制吸烟、禁止放射性污染等保护消费者的运动。由此，保护环境已成为现代消费者的基本共识和全球性的消费发展趋势。

（四）共创型消费趋势

进入21世纪，现代高消费社会中将呈现全新的消费倾向，即消费者与企业经营者共同创造新的生活价值观和生活方式的生活共感、共创、共生型趋势。生活在21世纪的消费者，具有高收入、高学历、高信息、高生活能力等特性。与此相应，他们的消费需求也将呈现五大新特点：(1)美学性，即美的意识和艺术性；(2)知识性，即教养性和科学性；(3)身体性，即体感性；(4)脑感性，即官能性；(5)心因性，即精神性和宗教性。具有上述新的需求的消费者，其生活价值观将发生根本性变化，消费生活方式也将改变。消费和生活意识的中心将由物质转移到精神，健康、教育、娱乐、文化及信息将成为新的消费增长领域。

现代消费者不再安于被动地接受企业经营者单方面的诱导和操纵，从生产厂商设计和提供的有限种类、式样中选购商品，而是要求作为参与者，与企业一起按照消费者新的生活意识和消费需求，开发能与他们产生共鸣的“生活共感型”商品。在这一过程中，消费者将充分发挥自身的想象力和创造性，积极主动地参与商品的设计、制作和再加工，包括精神产品和物质产品，通过创造性消费来展示独特的个性，体现自身价值，获得成就感和满足感。

总之，随着时代的发展和社会环境的变化，现代消费者的需求结构、内容和性质也在不断发生变化。企业只有及时分析和了解消费者需求的变化趋势，才能从整体上把握消费者心理与行为发展的脉络。

延伸阅读3—2

2020年中国消费市场趋势

趋势1：消费者的购买趋于近场化、数字化

消费者购买行为发生了很大变化，除了消费者海外购物和赠礼的减少，在大卖场的购买也受到更为严重的冲击。而疫情成为近场化和数字化零售的加速器。今年上半年，以盒马鲜生为代表的新零售类通路整体同比增长161%，电商增长35%，小型超市也有12%的增长。这样的变化既是过去趋势的延续，又代表了未来中国零售的走向。

疫情也使得中国不同消费人群购买力产生一些明显的变化。受疫情比较小的基本上是年轻人，无论是小镇青年还是都市“Z世代”，仍然愿意为愉悦享受买单。但相比之下，都市蓝领和都市银发族的消费力则受到比较明显的影响。

趋势2：消费者价值观变化，给品牌带来新机会

在有效疫苗没有正式问世之前，我们都处于一个充满脆弱感、焦虑感和不确定性的“社交距离”时代，必须要学会和病毒长期共存。而在这个充满不确定性的时代里，怎么样抓住确定性，实现品牌的增长是我们今天需要反思的。

疫情之下，中国消费者价值观在发生变化，他们希望回归家庭，花更多时间关爱家人。中国消费者也愿意去学习更多新的技能，在过去6个月里很多人开始使用手机购物、开展视频会议甚至学会了开直播。此外，74%的消费者希望寻求生活中的快乐和乐趣。这样积极生活的态度会给品牌带来很多新的机会。凯度消费者指数最新的Who Cares Who Does全球研究也指出，中国环保支持者在消费者中的比例于2020年达到了53%，比去年提高了13个百分点，

显示了消费者对于可持续发展的关注。在未来收入不确定的情况下，消费者对于花钱也显得更加理性，63%的受访者认同未来会控制或减少不必要的花费。

消费者的健康观并不只是买一个好品质的东西。他们的消费选择会更加基于由内而外、身心合一的理念。天然有机的牛奶和植物基的饮料在2020年受到欢迎。防疫对于肌肤护理也产生不小的影响，今年上半年有1 300万女性开始选择肌肤修复型的产品。

虽然今年朋友圈少了很多诗和远方，但安心在家仍然可以充满幸福感。大家在小红书、B站和其他社交媒体平台展示自己的居家生活。家里的味道让大家很安心。即使在第二季度，在家做饭仍然成为一种常态，调味品在疫情常态化后仍然保持稳定增长趋势，上半年同比增长了14%。营造健康家庭生活的清洁类产品也有较大增长，很多洗护产品，如多芬和喜茶联名的芝芝桃桃沐浴露，也在打造一个宠爱自己和家人、在家疗愈的生活氛围。

趋势3：消费分级将更明显，体验和高性价比诉求共存

消费分级的概念在两年前已经提出来了，而今年消费分级会更加明显。很多高端产品和大众化产品呈现很好的增长态势，而价格定位居中的产品则销售停滞不前，受到挤压。这反映了高品质轻奢型消费品仍然有旺盛的需求，但与此同时，消费者在产品购买上也更趋理性，追求性价比。就像喜茶和蜜雪冰城可以同时繁荣，极致体验和货比三家可以共存。中国市场的广度和宽度可以给这些竞争商家提供足够的空间，但夹在中间的品牌的生存空间则在萎缩。

疫情给中国品牌特别是新锐品牌带来了非常好的机会。很多品牌非常敏捷地抓住了变化中快速成长的细分市场，精确切入消费者的新需求。今年上半年，尽管美妆产业受到很大的冲击，但在销量有增长的美妆品牌中，70%是中国本土的平价品牌。这些品牌迅速抓住了疫情中消费者的新需求，推出适合口罩脸的产品和口罩妆，赢得了增长的机会。消费者焦虑不安的状态也使感官刺激的满足更加重要。李子柒和好欢螺等螺蛳粉品牌在天猫平台的火爆销售，以及钟薛高雪糕的走红，都说明了感官刺激和极致体验并重的中国新锐品牌在这场疫情中逆势增长的秘诀。

资料来源：CTR：2020中国消费市场趋势，新浪科技新闻，https://tech.sina.com.cn/roll/2020-09-08/doc-iivhuipp3071398.shtml.

第三节　购买动机的特性与类型

一、动机的概念与形成

动机(motivation)一词，源自拉丁文movere，即推动的意思。心理学将动机定义为引发和维持个体行为并导向一定目标的心理动力。① 人们从事任何活动都是由一定的动机所引发的。引起动机的条件有内外两种——内在条件是需要，外在条件是刺激诱因。

首先，动机源于需要。当个体感受到对某种生存或发展条件的需要，并达到足够强度时，才有可能产生采取行动以获取这些条件的动机。例如，三国时期曹操曾利用一个虚拟的梅林让口渴的士兵口中生津、望梅止渴，但不是所有的动机都需要由这种内部驱动力产生。其次，动机的形成还需要相应的刺激条件。当个体受到某种刺激时，其内在需求会被激活，使内心产生某种不安情绪，形成紧张状态。这种不安情绪和紧张状态会衍化为一种动力，由此形成动

① 江林. 消费者行为学[M]. 北京：首都经济贸易大学出版社，2009.

机。消费者行为学把这种能够引起动机的外部刺激称作刺激诱因。刺激诱因按照性质可分为两类:消费者因趋向或接受某种刺激而获得满足的称为正诱因;消费者因逃避某种刺激而获得满足的称为负诱因。最后,需要产生之后,还必须有满足需要的对象和条件,才能形成动机。

在消费者动机的形成过程中,上述三方面条件缺一不可,而外部刺激更为重要。因为通常情况下,消费者的需要处于潜伏或抑制的状态,只有通过这种外部刺激加以激活,才能将需要转化为动机。外部刺激越强烈,需要转化为动机的可能性就越大;否则,需要则维持原状。因此,推动消费者购买动机的形成从而实现购买行为的关键是如何给消费者以更多的外部刺激。

二、消费动机的特征

与需要相比,消费动机的目的性更强,但同时也具有更复杂的特征。具体表现在以下方面。

(一)组合性

消费者在购买某一种或某一件商品时,可能是出于一种动机,也可能出于多种不同的动机,这种现象被称为动机的组合性。换言之,动机和消费行为之间并非完全一一对应,两者的关系如图3—1所示。例如,求美的动机可以推动消费者采取购买服装、化妆品、时装杂志等多种行动。而消费者的购车行为可能出于改善出行条件、显示自身地位、与他人攀比等多种动机。针对动机的组合性特点,营销人员在进行产品宣传时,应注重产品效用的多样性,强调满足消费者的多种动机,如求廉动机、求便动机、求美动机等。

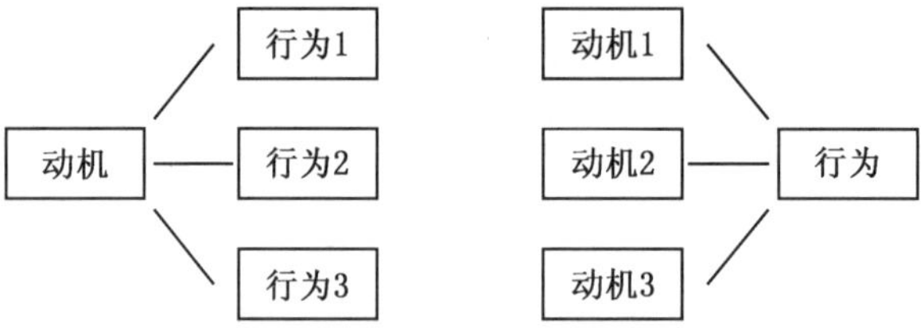

图3—1　动机与行为的关系

(二)内隐性

现实生活中,消费者的动机并不总是容易被捕捉和觉察的,其真实的动机经常处于内隐状态,难以从外部直接观察到。事实上,消费者经常出于某种原因而不愿意让他人知道自己的真实动机。除此之外,动机的内隐性还可能是因为消费者对自己的真实动机缺乏明确的意识,即动机处于潜意识状态。

消费者的动机无法直接从外部观察,只能通过购买行为加以推断。因此,企业在判断消费者的购买动机时,往往难以准确把握。以购买名牌产品的行为为例,消费者可能出于显示身份、地位的动机而购买名牌,也可能是出于避免或减少购买风险的考虑。又如,消费者在购买隐形眼镜时,可能是出于方便、保护眼睛的动机,但也可能是为了满足美观要求的隐性动机。显然,上述动机所适应的营销诉求是完全不同的。为此,企业必须准确把握消费者的真实动机,才能有针对性地制定营销策略。

(三)主导性

现实生活中,每一个消费者同时具有多种动机。这些多样复杂的动机之间按照一定的方式相互联系,构成完整的动机体系。在动机体系中,各种动机所处的地位以及作用互不相同,表现强烈、持久的动机处于支配地位，属于主导性动机；而有些动机表现微弱且不稳定，处于从属地位，属于非主导性动机。

一般情况下，主导性动机决定着人们的行为，尤其当多种动机之间发生矛盾、冲突时，主导性动机往往对行为起支配作用。例如，吃要营养、穿要漂亮、用要高档，是多数消费者共有的购买动机。但受经济条件所限，当上述购买动机不能同时实现时，讲究穿着打扮的消费者，宁可省吃俭用也要满足穿着的漂亮；注重饮食营养、身体保健的消费者，会把大多数收入用于购买食品和营养品，这些都是消费者的主导动机不同而导致的在消费行为方面的差异。企业的营销人员应深入了解消费者购买产品的主导动机，并将产品特点与满足这一主导动机结合起来，以利于产品销售。

(四)可转移性

可转移性是指消费者在购买过程中，由于新的消费刺激出现而发生动机的转移，原来的非主导性动机由潜在状态上升为主导性动机的特性。现实生活中，消费者在购买前可能制订过购买计划，然而在实际购买过程中可能会临时购买某种商品，这种行为的变化就是动机发生转移的结果。

例如，消费者本来要购买牛奶，但在购买现场得知酸奶降价销售，降价刺激了消费者求廉的潜在动机，使其上升为主导性动机，导致消费者最终转而购买酸奶。有时，动机的改变可能是由于原有动机在实现过程中受到了阻碍，例如，售货员的服务态度恶劣，使消费者自尊心受到伤害，此时，维护个人自尊的非主导性动机转而占据主导地位，导致了购买行为的终止。

三、消费者动机的基本类型

消费者的购买动机多种多样，通常可以划分如下。

(一)追求实用的购买动机

这是以追求商品或劳务的使用价值为主要目的的购买动机。追求实用动机的消费者在购买商品时，一方面注重商品的功用和质量，要求商品具有明确的实用价值，讲求经济实惠、经久耐用；另一方面则重视购买的商品是否能给使用者带来更多的实际利益，如便利性、省时、省力等。持此类动机的消费者不会过多地强调商品的品牌、包装或者新颖程度等，如果商品的使用价值不明确，则不会购买。

产生实用性购买动机的原因主要有两个：一是受经济条件的制约；二是受传统消费观念的影响，崇尚勤俭节约，鄙视奢华浪费。一般而言，消费者购买基本生活资料时，对商品的实用性要求较高；而购买享受型资料时，追求实用的动机则可能不突出。按照消费者的年龄和收入水平划分，多数年长的或收入水平较低的消费者购物时常追求实用的购买动机。例如，农村消费者对产品的实用性要求高且对价格敏感，企业针对农村市场开发产品时，应注重突出其实用性。

(二)追求新奇的购买动机

这是以追求商品的新颖、奇特为主要目的的购买动机。具有这种动机的消费者往往富有想象力、渴望变化、喜欢创新、有强烈的好奇心。他们常凭一时的兴趣进行冲动性购买，是时装、新式家具等各种时尚产品的主要消费者和消费带头人。企业若希望吸引这部分消费者，则需要使自己的产品具有新奇的特点。例如，2012 年春，雀巢公司的泰国冷饮开发团队设计出了一款奇特的冰棍，这款产品外形颇似香蕉，剥开用果冻制成的可食用黄色外皮后，里面就出现了带有香草味的雪糕。雀巢公司根据它的外形和英文发音，起名为“笨 NANA”。除了本身的味道不错，它的名字更是活泼可爱到极点，这款剥着吃的冰棍因为满足了消费者追求新奇的心理而广受好评，迅速在泰国、马来西亚、中国等国家和地区热销。①

（三）追求美感的购买动机

这是指消费者以追求商品的欣赏价值和艺术价值为主要倾向的购买动机。具有求美动机的消费者，在挑选商品时重视商品自身美的价值，如外观造型、色彩等。同时，他们也希望通过商品能为自身创造出美感，如美化个人形象的高档化妆品、装饰家的工艺艺术品等。求美动机在受教育程度较高的群体以及从事文化、教育等工作的人群中比较常见。同时，求美动机在现实购买选择中占有主导性地位。一项对近400名消费者的调查发现，购买活动中首先考虑商品的美观和具有艺术性的人占被调查总人数的41.2%，居第一位。②

（四）追求廉价的购买动机

这是以注重商品价格低廉，希望以较少的支出获得较多利益为特征的购买动机。出于这种动机的消费者，选购商品时会仔细比较商品的价格，对价格的变化格外敏感，喜欢选购优惠商品、折扣商品等。在这种动机的驱使下，消费者会花更多的精力，多方面了解和比较产品价格的差异，选择价格低廉的产品。这种购买动机与消费者的经济收入相对较低有关，但对于大多数消费者来说，通过较少的支出获取较大的利益是一种普遍的购买动机。

（五）追求便利的购买动机

这是指消费者以追求商品购买的便利性和使用过程中的省时而形成的购买动机。受这一动机的驱使，消费者可能趋向于购买可以减少家务劳动强度的商品和服务，如洗衣机、微波炉等。这类消费者对时间、效率尤为重视，看重购买选择的便利性和商品使用的方便性。随着现代生活节奏的逐渐加快，追求便利的动机日趋强烈。企业销售产品时，应提高销售效率，减少消费者的等候时间，同时应该便于消费者使用和维修，购买渠道简单方便。

（六）追求名望的购买动机

这是指消费者以追求产品品牌或企业名望而产生的购买动机。具有这种动机的消费者试图以商品的名望来显示或提高自己的身份和地位，在购买前可能已经预先将名牌商品确定为购买目标，因为这些名牌商品的产品质量精良、知名度高、市场竞争力强。这种求名的动机不仅能够满足消费者追求名望的心理需要，还能够降低购买风险，缩短购买时间。

（七）自我表现的购买动机

这是一种以显示地位、身份、名望与财富为主要特征的购买动机。具有这种动机的消费者在选购商品时，重视商品所代表的社会象征意义，如购买一些名贵的商品、稀有的商品或者具有特殊艺术价值的商品，也可以选择特殊的消费形式，如入住豪华的总统套房、品尝珍奇美味的食品、选择奢华昂贵的休闲方式等。通过消费显示自身财富和身份地位，达到宣扬自我、炫耀自我的目的。

（八）攀比好胜的购买动机

这是一种因好胜心引起的，与他人攀比而形成的购买动机。这类消费者购买商品主要是为求得心理上的平衡和满足，而不是出于实际需要。这种购买动机具有偶然性和浓厚的情绪化色彩，购买行为带有一定的冲动性和盲目性。在生活水平迅速提高、贫富差距拉大的社会转型时期，攀比的购买动机表现得较为强烈。

（九）满足嗜好的购买动机

这是以满足个人偏好为目的的购买动机。许多消费者拥有自己的专长、兴趣和个人嗜好，因

---

① 王辰越. 消费者晒微博，雀巢笨NANA火了[J]. 中国经济周刊，2012(20)：64.

② 唐赤华，戴克商. 消费者心理与行为[M]. 北京：清华大学出版社，北京大学出版社，2007.

此特别偏爱某一类商品，如集邮、摄影、古玩字画等。消费者往往有非常明确的购买对象，因此购买指向也比较稳定和集中，具有持续性和重复性的特点，选择商品也比较理智，不轻易盲从。

（十）惠顾性购买动机

这是一种因产生好感、信任而购买商品的购买动机。消费者对待特定的商店或商品品牌产生信任偏好，从而习惯性地重复光顾某一商店，或习惯性地购买同一品牌的商品。持有惠顾性购买动机的消费者是企业最忠实的顾客，他们不仅可以为企业带来稳定的销售收入，还可以对其他消费者进行积极的口碑宣传。企业应当在经营过程中努力培育消费者的惠顾动机，使其形成顾客忠诚，进而拥有更多忠诚的消费群体。企业可以为具有惠顾性购买动机的消费者提供更优质的服务或优惠政策，从而保住企业最重要的顾客资源。

延伸阅读 3—3

消费者购买仿冒奢侈品的原因剖析

消费经济时代，购买仿冒奢侈品成为比较常见的消费现象，从日常用品、影视用品到电脑软件，大多存在仿冒奢侈品。Grossman 和 Shapiro(1988)指出，并非所有仿冒品交易都是在消费者被误导的情况下进行的。仿冒有两种类型：欺骗性仿冒和非欺骗性仿冒。两者的差别在于消费者在购买时主观上是否认为所购产品是真品，前者消费者期待购买到的是真品，而后者是为了满足个人需求。

非欺骗性购买仿冒奢侈品的行为成因复杂。史瑷宁等(2009)解释了亚洲购买仿冒奢侈品行为盛行的主要原因。消费者认为奢侈品能给自己带来身份和地位方面的提升；相对于正品的价格，消费者更倾向于低价的仿冒奢侈品。仿冒奢侈品与正品相似，使消费者以较低的价格满足其对奢侈品的各种功能的需求。具体而言，以下三个原因导致了消费者购买仿冒奢侈品行为。

1. 追求时尚与有限消费能力的矛盾

奢侈品的购买可以体现消费者的收入状况和文化品位，是显示财富的重要方式。奢侈品品牌存在明星现象，即消费者想模仿明星购买和使用某个品牌奢侈品的行为。很多研究表明，当仿冒奢侈品有明显的品牌标识时，个人和团体的购买意愿就会增强，但是当仿冒品缺乏明显标识时，对购买意愿的影响不显著。因此，越是流行和受欢迎的奢侈品品牌，其仿制品越可能成为消费者购买的对象，显著的品牌标识成为追求时尚的动因。但是，由于部分消费者的消费能力有限，在价格高昂的奢侈品面前心有余而力不足，因此，将注意力转而投向仿冒奢侈品市场。

2. 低价格与较高质量的矛盾

Vigneron 和 Johnson(1999)指出，奢侈品品牌具备五个特征：炫耀性、独特性、质量、自我展示和享乐性。奢侈品的高价源于产品的高质量、华丽的包装、专门店的位置、较高的零售利润、昂贵的促销、广告活动、品牌名称等。公司大量投资使奢侈品被识别和熟悉，事实上，如果奢侈品没有高定价，它们就失去了稀有性和排他性的特点。但是，随着技术的进步，仿冒奢侈品越来越接近正品的外观和品质。个人通过购买仿冒品可以达到炫耀其社会地位的预期(凡勃伦效应)，从而弱化了奢侈品品牌自身价值。因此，正品奢侈品面临着低价格但是高质量的仿冒品的竞争。Nia 和 Zaichkowsky(2000)的研究表明，与仿冒奢侈品的拥有者相比，正品的拥有者认为自己更有地位。相反，那些拥有仿冒产品的，仍然认为自己拥有正面形象，不相信这些仿冒品低劣。

3. 融入社交圈子与道德风险的矛盾

一些消费者购买奢侈品，是为了融入特定社交圈子、满足面子的需要，他们相信逼真的仿冒奢侈品能满足自己社会角色定位的需求，并体现出文化品位。如果消费者购买仿冒奢侈品没有被其所归属的社会群体发现和排斥，他们购买或推荐他人购买仿冒奢侈品的可能性就会增加。Yoo 和 Lee 的实证研究也表明了过去购买仿冒奢侈品的行为存在正效应。如果参照群体拒绝购买奢侈品，消费者也会保持自身形象，减少购买和使用仿冒品的可能性，承受的购买风险变大。消费者购买仿冒品的意愿会受到道德风险的干扰，当消费者个人或其所在团体有较高的道德信念时，购买仿冒品的意愿较低；反之亦然。

资料来源：周锦，顾江．仿冒奢侈品消费现象剖析[J]．商业时代，2011(34)：27—28.

第四节 购买动机的测量

消费者的购买动机是产生购买行为的直接原因，但动机本身具有内隐性，难以从外部直接观察到，因此，需要研究购买动机的测量方法。消费者的购买动机一般可以用两个指标来衡量，即动机的方向和动机的强度。动机的方向是指消费者选择了哪一种行为方式以及选择这种行为方式的理由，而消费者行为背后期望达成的目标是影响购买动机方向的主要原因。动机的强度是指个体在满足某一特定需要上意愿的强度。动机的强度与消费者需要的重要性和不满足程度正相关，一个人的需要越重要、不满足程度越高，他的动机就越强。常用的购买动机测量方法主要有以下几种：

一、直接询问法

企业的营销人员可以直接通过调查问卷或者访谈的方式来了解消费者选择、购买以及使用某种商品的原因，进而了解消费者的购买动机。[①] 但对于隐性动机，即消费者没有意识到或不愿承认的动机，则无法通过这一方法直接获得。一般来说，与社会主流价值观相一致的动机更容易被消费者意识和承认。

二、投射法

对于那些隐藏在消费者内心深处的真实动机，很难通过直接询问反映出来，此时，可以采用投射法。投射法是通过一些无结构性的，或经过精心设计的测验，引出被试者的反应，从中考察被试者所投射的人格心理特征的心理测验方法。正确使用投射测验法的关键，是要能克服被试者的心理障碍，让其能真实、自由地表达自己的想法，或是采用旁敲侧击的方式把被试者难以表达的问题投射出来。比较常用的方法包括以下几种：

(1)词语联想。词语联想是给消费者出示一系列意义无关的文字表，然后要求其把所联想到的词语记录下来。通过对消费者的反应及反应延迟时间的分析，可以了解被试者对刺激文字的印象、态度和需求。

(2)语句完成或故事完成。这种方法是让消费者完成一个不完整的语句或未叙述完的故事，通过分析其回答的内容来确定其内心的真实想法。

(3)第三人称技术。这种方法是通过让消费者描述他人对某种商品和服务的消费动机、态度，从而间接揭示其自身真实的动机和态度。例如，被试者的朋友购买了一台电脑，则让被试

---

① 江林．消费者行为学[M]．北京：中国人民大学出版社，2007.

者对这位朋友的购买行为进行评论。通过这一评论，可以看出被试者自身对电脑的印象以及需求意向，从而达到了解被试者购买动机的目的。

案例分析

是谁撑起了泡泡玛特的市场份额

2020 年 12 月 11 日，中国最大潮流玩具公司泡泡玛特（9992. HK）在香港上市，发行价为 38.5 港元。上市一周后，泡泡玛特股价上涨到 73.65 港元，总市值达 1 032.53 亿港元。弗若斯特沙利文报告显示，以 2019 年零售市场份额来看，泡泡玛特是中国最大、增长最快的潮玩公司。招股书显示，截至 2020 年 6 月 30 日，泡泡玛特共有 93 个 IP 和 360 万名注册会员。2019 年，泡泡玛特总收益为 16.834 亿元，截至 2020 年 9 月 30 日，9 个月的总收益为 15.441 亿元，公司的毛利率很高且比较稳定，其毛利率为 64.0%。

弗若斯特沙利文报告显示，中国潮玩市场处于早期阶段，2015 年至 2019 年，复合年增长率为 34.6%。2019 年，中国潮玩零售市场规模为 207 亿元，市场较为分散且充满竞争，预期到 2024 年，市场规模将达到 763 亿元。2019 年，潮玩行业前五大运营商占市场份额分别为 8.5%、7.7%、3.3%、1.7%及 1.6%，其中第一名就是泡泡玛特。

卖盲盒在一定程度上成了一门比卖房还要挣钱的生意。“如果你看到它的物理实质就是一堆塑料的话，的确是这样。但是除了这些，很多产品会带来心理溢价。”创始人王宁解释盲盒的高溢价，它是“集邮一样的满足感”和“精神层面的陪伴需求”，“如果 Molly 的头部拔下来是一个 U 盘，就不会有很多人买它了”。

是谁撑起了泡泡玛特的市场份额？是谁在为“低成本，高利润”的盲盒买单？是年轻人。

年轻人几乎已不再需要解释什么是盲盒了。它的魅力之一在于，你只知道可能拿到哪个系列的潮流玩具，却并不确定。电影《阿甘正传》里有一句话：“人生就像一盒巧克力，你永远不知道下一个吃到的是什么味道。”未知和不确定性，往往是最吸引人的，这也是盲盒的魅力所在。

“确实不仅是因为 Molly 本身就已经能吸引我，还有打开盲盒的那种紧张刺激也具备足够的吸引力。”盲盒收藏爱好者小陈对《华夏时报》的记者说道。如果没有买到隐藏款（这是很大概率的事），失落的情绪会诱发再次购买，于是消费者渐渐入坑。

“抽盲盒，只有一次和无数次。”多多仔细地把一块提示牌放在盲盒柜上，牌子标明“不要动我的娃娃，以免赔得倾家荡产”。入盲盒坑半年多，为了柜子里的 180 个盲盒，她花了超过 1 万元。她常听说有人为了抽到心仪款，直接“端箱”，一次花费便超过 8 000 元，“第一次听到感觉像做梦，后来就习以为常了”。在盲盒爱好者的圈子里，花钱上万的人很多，有人刚入坑 3 天，就花了 3 000 元，有人计算后才发现，砸在盲盒上的钱已足够买一辆中等价位的汽车。

弗若斯特沙利文咨询公司的报告显示，泡泡玛特的消费者年龄在 15 岁至 40 岁之间，是受过良好文化教育的年轻一代，对重复购买潮流玩具表现出很高的忠诚度，且能够接受较高的零售价。王宁在一次活动中强调，泡泡玛特 75%的客户是女生，泡泡玛特能够“破圈”，女性消费群体起了很大作用。整体来看，购买盲盒的人又以所谓“Z 世代”的“95 后”居多。盲盒的价格比干脆面贵很多。但对于“Z 世代”来说，这个价格可以接受，年轻一代的消费习惯已经改变。华安证券研报显示，目前，我国“Z 世代”人口数约为 2.6 亿，约占人口总数的 19%。“Z 世代”成长的时代，我国居民人均可支配收入由 2 363 元增长至 3.07 万元，2018 年，“Z 世代”每月可支配收入为 3 501 元，高于全国居民平均收入水平。“Z 世代”在消费时更关注商品带来的情感体验或社交资本，因此，“非必需品”的消费增加，消费行为表现出“重娱乐”特征。

王宁发现，年轻人愿意为了“感性消费”买单。“理性的消费，人们会精打细算，但感性的消费就是另外一回事了，更重要的是物和人之间的情感链接，而非实用性。”

前两年，盲盒还只能算是小众爱好，但是如今，盲盒已成为一种新的时尚，为了长久留住消费者，泡泡玛特专门给一些盲盒爱好者搭建了一个展示、炫耀、交流的社区，不仅可以参与抽号，还有专门的盲盒改造展示区，形成了一种社交属性。

泡泡玛特微信公众号有240余万名粉丝，随便打开一条公众号推文看留言，都能感受到泡泡玛特的粉丝黏性有多强。盲盒不仅承载着一种未知的惊喜，还是一种生活中的"小确幸"，牢牢把握住了消费者的心理需求，因此，泡泡玛特能在短短几年内扭亏为盈、逆势崛起。

思考与讨论

1. 请根据需要与动机相关理论，谈谈消费者为什么要购买泡泡玛特的盲盒玩具？
2. "如果 Molly 的头部拔下来是一个 U 盘，就不会有很多人买它了"，谈谈你对这句话的理解。
3. 泡泡玛特的成功，是暂时的？还是能够长久的？请谈谈你的观点及理由。

本章小结

需要是个体由于缺乏某种生理或心理因素而产生的内心紧张，从而形成与周围环境之间的某种不平衡状态。消费者需要包含在人类一般需要之中，它反映了消费者某种生理或心理体验的缺乏状态，并直接表现出消费者对获取以商品或服务形式存在的消费对象的要求和欲望。它具有多样性、层次性、发展性、周期性和可诱导性等特点。

需要根据不同标准可以进行不同分类。按照需要的起源划分，可以分为自然需要、社会需要；按照需要的对象划分，可以分为物质需要和精神需要；按照需要的形式划分，可以分为生存需要、享受需要、发展需要；按照需要的层次划分，可以分为生理需要、安全需要、爱和归属需要、尊重需要、自我实现需要；按照需要的社会性划分，可以分为成就需要、亲和需要和权力需要。

现实生活中，消费者需要不但在内容上千差万别，而且在表现形态上也存在着不同层次。从消费需要与市场购买行为的关系角度分析，消费者需要具有现实需要、潜在需要、不规则需要、退却需要、充分需要、过度需要、否定需要、无益需要、无需要等基本存在形态。并且，随着时代的变迁和社会环境的发展，消费者需要的内容、形式、层次也在不断改变和进步，呈现出一系列新的消费需要发展趋势。

动机是指引发和维持个体行为并导向一定目标的心理动力。人们从事任何活动都是由一定的动机所引发的。引起动机的条件有两种——内在条件是需要；外在条件是刺激诱因。消费动机具有组合性、内隐性、主导性、可转移性等特征。消费者购买动机多种多样，主要有追求实用、追求新奇、追求美感、追求廉价、追求便利、追求名望、自我表现、攀比好胜、满足嗜好和惠顾性等购买动机。购买动机可通过直接询问法、投射法等方法进行测量。

关键词与复习题

关键词

需要(need)　　动机(motivation)
马斯洛需要层次(Maslow' need hierarchy)　　消费者购买动机(purchase motivation of consumer)
投射(project)

复习题

1. 什么是消费者需要？它主要有哪些特性？
2. 在市场环境中，消费者的需要存在哪些形态？其对应的营销策略是什么？
3. 企业应如何应对消费者需要的趋势变化？
4. 消费者的购买动机有哪些表现形式？怎样激发消费者的购买动机？

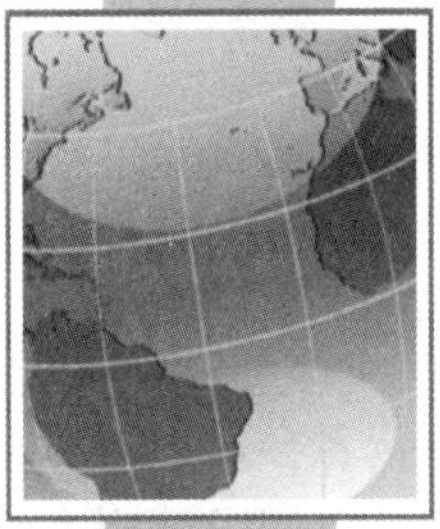

第四章 消费者的感知、学习和记忆

学习目标

通过本章的学习，应当掌握消费者的感知、学习和记忆的基本概念、构成及分类；应理解消费者的感觉、知觉、注意、记忆、学习等心理活动的基本特征以及它们是如何影响消费者行为的；应能够运用相关知识和理论分析解释现实中的营销实践活动；应能够运用相关知识为企业提出有效的营销策略。

案例导引

与消费者五感相关的记忆被唤醒

唐恩都乐咖啡为我们提供了一个成功的案例，作为美国的一家知名咖啡连锁品牌，唐恩都乐在亚洲国家的销量并不可观。为了改变这一现状，品牌方将咖啡广告与人们的嗅觉记忆相结合。他们在韩国首尔的公交车内设置了配合咖啡广告的喷气装置。当公交车开始播放唐恩都乐的咖啡广告，熟悉的广告音乐响起时，喷气装置就会在同一时间散发出咖啡的香气。在广告结束的下一站就有一家唐恩都乐的咖啡店，如果乘客碰巧在这一站下车，进入门店消费的可能性也就随之增加了。这一营销活动成功地为咖啡店提高了超过30%的销售额。同时，对于咖啡的嗅觉记忆会唤醒消费者对咖啡味道本身的记忆，从而增强其对唐恩都乐咖啡品牌的记忆。

无独有偶。劳斯莱斯曾经巧妙地运用“新车味”增加了消费者的体验感。1965年推出的劳斯莱斯银云遭到了不少负面评价，不少消费者认为新款车的驾驶体验不如上一代好。经研究，劳斯莱斯发现其中的区别在于“气味”。技术的进步使得塑料等新材料替代了原本的羊毛、皮革等传统内饰材料，也就失去了原本的气味。而消费者在长期的汽车消费中早就将“新车味”与“崭新”“高档”等词相联系，并深深地植入了他们的潜意识之中。自此之后，劳斯莱斯每辆新车在出厂前都会经过特殊的气味处理，使得每辆新车都具有“新车味”。这就是五感记忆的奇妙之处，我们虽然没有特意去记忆一种味道、一种气味或是一种感觉，但是我们将与之相联系的记忆深深地植入了脑海之中。

资料来源：钛媒体App.“记忆力争夺战”走向尾声，“潜意识记忆营销”将成破局利器[EB/OL]. https://baijiahao.baidu.com/s?id=1634136473210288776&wfr=spider&for=pc,2019-05-21.

心理活动是消费者行为的基础，是诸多行为影响因素中的首要因素。消费者在寻找、购买和使用商品与劳务的过程中，无时无刻不受到各种心理机能或心理因素的支配。其中某些带有共性的心理机能或因素相互联系、相互制约，共同作用于消费者行为活动的始终，由此构成一个统一的消费心理过程。消费心理过程的实质是客观事物在消费者头脑中的动态反映，其中包括感觉、知觉、注意、记忆、学习、联想等，是把握消费者心理活动过程中共性和规律的基础。

第一节　消费者的感觉和知觉

一、消费者的感觉

（一）感觉的概念

消费者对产品的认识往往是从了解该产品的一些简单属性开始的。消费者会通过眼、耳、鼻、舌、肤等感觉器官来感受商品的属性。例如，对于一块奶油面包，消费者可以用眼睛观察颜色和形状，可以用鼻子闻奶油清香，可以用嘴品尝一下面包的味道，这些颜色、形状和味道就构成这块奶油面包的个别属性。消费者通过感觉器官反映并认识了这些属性，从而形成成对奶油面包的感觉。因此，感觉可以定义为：人脑对作用于感觉器官的客观事物个别属性的反映。

感觉主要包括视觉、听觉、嗅觉、味觉、触觉五种作用形式，合称为“五大感觉”。商品作为消费对象，就是通过刺激消费者的眼、耳、鼻、舌、肤五大感觉器官来引起他们的关注和兴趣，进而促成购买行为。例如，当消费者路过蛋糕店时，看到橱窗里摆放的赏心悦目的蛋糕，闻到诱人的蛋糕香味，由此激发了购买欲望。蛋糕店则把奶油蛋糕的气味通过排风扇直接吹到外面的马路上，以刺激消费者的嗅觉，吸引更多的过路消费者购买。

除感觉器官接受的刺激之外，美籍德裔著名心理学家卡夫卡（Koffka）还把刺激分成远近两种。① 远刺激是指来自客观对象本身的刺激，如光线、震动波等；近刺激是直接作用于感觉器官的刺激，如声音刺激耳膜形成的声响。远刺激来自客观对象，不会因人而异；近刺激则是感觉器官直接接受的刺激，因人因时而有所不同。了解远刺激和近刺激的区分对研究消费者的感觉有重要意义。例如，红绿色弱的消费者往往会混淆红色和绿色的衣服；对于同样的食品，不同的消费者会有完全不同的口感评价。这些都是远近刺激的差异所造成的。

总之，感觉是认识过程乃至全部心理活动的基础和起点。没有感觉，一切高级的情感过程和意志过程都不会发生。同样，没有感觉，消费者就不会产生购买意愿，从而购买决策及消费行为也就不会发生。

（二）感觉的基本特征

1. 感觉的阈限

消费者只对一定范围内的刺激做出反应，也只有在这个范围内的刺激才能引起消费者的感觉。这个刺激范围及相应的消费者的感觉能力，就称为感觉阈限和感受性。

感觉阈限又分为绝对阈限和差异阈限。绝对阈限是指一种刚刚能够引起感觉的最小刺激量。消费者的感觉器官觉察这种微弱刺激的能力，即绝对感受性。差异阈限是指刚刚能引起差别感觉的刺激物间的最小差异量或最小可觉差。消费者对这一最小差异量的感觉能力，即差别感受性。

2. 感觉的适应性

感觉的适应性是指感觉器官因接受刺激太久，敏锐程度暂时发生改变的现象。感觉的适应性具有两方面表现：一是因为刺激过久而变得迟钝；二是因为刺激缺乏而变得敏锐。例如，长期在黑暗中的人，对一丝亮光都格外敏感。又如，常吃川菜的人对辣的感觉会变得迟钝，而

① 彭聃龄．普通心理学[M]．北京：北京师范大学出版社，2001.

从来没有尝过辣味的人则会非常敏感。

3. 阈下刺激的感觉效应

根据感觉阈限的定义，如果刺激强度低于或者置于感觉阈限之外，消费者会感觉不到这种刺激。但阈下刺激是否仍会对消费者的感觉产生影响，人们对此存在争议。有证据表明阈下刺激对人是有影响的，如威尔森(1979)的两耳分听实验，就表明了阈下刺激对人的感觉能够产生潜移默化的影响。

延伸阅读 4—1

阈下广告实验

多年以前，一个“阈下广告实验”曾经轰动一时。实验是在美国新泽西州的电影院进行的。在电影中，每隔5秒钟就有一个以1/3 000秒的速度闪现的“吃爆米花！喝可口可乐！”的广告，这些广告词呈现得非常短暂，一闪而过，低于正常感觉阈限，因此，观众是意识不到的。但是，这种广告连续放映6星期后，商家声称，爆米花和可口可乐的销售量分别提高了57%和18%。这一实验结果一经公布，便引起了人们的惊恐，美国一些州迅速通过有关法案，禁止使用“不可见广告”来控制人的行为。

其实，这种阈下广告并没有那么可怕。当时就有心理学家指出，这一实验的结论存在严重的问题，因为该实验并没有控制可以增加销售的其他条件，比如，天气气温的变化、季节、放映的电影内容和观众类型等条件作用都没有提及；同时，街头快餐招牌和其他形式的广告也同样有着宣传作用。几年后，阈下广告的内幕终于真相大白。报道者承认，他们的报告从头到尾都是编造的，目的是夸大自己广告的影响作用，同时使人们加深对“吃爆米花！喝可口可乐！”的印象。后来，研究者们做过多次实验，证明所谓“阈下广告”基本上是无效的。

资料来源：库恩．心理学导论：思想与行为的认识之路(第9版)[M]．北京：中国轻工业出版社，2004.

总之，控制完好的实验结果证明，阈下感觉是存在的，同时也证明了阈下刺激都是很弱的刺激，因此，其效果是有限的。但是，一些广告制作者仍然在使用阈下信息，甚至一些人将这种想法用于“阈下录音带”和电脑软件。实际上，这种做法是没有科学依据的。在广告研究中，没有证据表明阈下信息可以影响消费者。因此，广告最好还是使用清晰的和最能吸引注意的强刺激。①

二、消费者的知觉

(一)知觉的概念

感觉所反映的是事物的个别属性，而人们把事物的个别属性加以综合，就产生了对事物的全面反映，这就是知觉。知觉是人脑对直接作用于感觉器官的事物整体的反映，是对感觉信息的组织和解释过程。消费者在认知过程中也需要对商品的各种属性加以整体反映，从而形成对该商品的知觉意识。

通常，消费者很少意识到孤立的感觉，因为人们总是倾向于把对事物的各种感觉信息综合起来，并根据自己的经验加以解释。也就是说，人们通常是以知觉的形式来反映事物。例如，我们看到的红色，不是脱离具体事物的红色，而是红旗的红色，或红花、红衣、红车等的红色。

① 库恩．心理学导论：思想与行为的认识之路(第9版)[M]．北京：中国轻工业出版社，2004.

知觉的形成往往意味着消费者对商品的各种属性的综合了解，这对于消费者是否购买该商品具有重要影响。因此，知觉在很大程度上直接影响着消费者的购买行为。

(二)知觉的基本特征

1. 知觉的相对性

知觉是个体根据感觉所获得的资料而做出的心理反应，该反应代表了个体以其已有经验为基础对环境事物的主观解释。因此，“知觉”一词也常称为知觉经验。知觉经验不是绝对的，而是相对的。我们看到一个商品存在，通常不能孤立地以该商品作为引起知觉的刺激，而必须同时看到商品周围存在的其他刺激，才能对该商品做出清晰、准确的知觉反应。例如，一件连衣裙穿在模特身上和穿在普通人身上的效果通常会有差异，这就是知觉经验的不同所致。知觉的相对性有以下两种表现形式：

(1)形象与背景。形象与背景是知觉相对性最明显的例子。形象是指视觉所见的具体刺激物；背景是指与具体刺激物相关联的其他刺激物。通常，形象和背景是主副关系，即形象是主题，背景是衬托。例如，在4S店展示的豪华轿车是主题，而富丽堂皇的展厅是背景。

(2)知觉对比。知觉对比是指两种具有相对性质的刺激同时出现或者相继出现时，由于两者的彼此影响而引起的知觉上的差异特别明显的现象。例如，将黑白两种布料并排陈列，在知觉上就会觉得黑的越黑、白的越白。同样，将两个质量差异较大的同类产品并排陈放，会使消费者对产品质量的印象更加深刻。

2. 知觉的选择性

消费者在通过感觉器官收集信息时，并非对环境中所接触到的一切刺激悉数接收，而是带有一定的选择性。知觉的选择性在心理反应上的表现主要有以下两种方式：

(1)对同一知觉刺激，由于消费者观察的角度不同，可以产生完全不同的知觉经验。例如，对于一台电视机，有的消费者关注音响视频效果及享乐功能，而有的消费者关注实用性。

(2)即使对同一知觉刺激，如果消费者所选取的焦点不同，也可以产生不同的知觉经验。例如，对于一盆兰花，行家更多地聚焦于其收藏价值，普通的消费者可能只是关注兰花的观赏价值。

3. 知觉的整体性

所谓知觉的整体性，是指超越部分刺激相加之和所产生的一种整体知觉经验。例如，在星巴克，消费者所品味的不仅是咖啡本身，还包括对这里别具一格的服务、音乐、设施以及氛围所产生的整体感受。

4. 知觉的恒常性

当消费者在不同角度、距离、明暗程度的情景下，观察某一熟知的商品时，虽然该商品的物理特征(大小、形状、亮度、颜色等)因环境影响而有所改变，但消费者所获得的知觉经验倾向于保持不变，这种心理倾向作用称为知觉的恒常性。通常，知觉的恒常性主要包括亮度恒常性、大小恒常性、形状恒常性以及颜色恒常性等。例如，我们会以商品的颜色恒常性作为分类依据把家电分为白色家电和黑色家电。白色家电包括冰箱、洗衣机等；黑色家电包括电视机、音响设备等。当然，企业也会反其道而行，把电视机颜色改为白色或彩色，而把冰箱改为黑色，以吸引求新求奇的消费者购买。

(三)错觉

虽然知觉经验是由环境刺激所引起的，但知觉经验对客观刺激物做出的主观性解释，可能与其真实面目有很大距离。知觉心理学把完全不符合刺激本身特征的失真或扭曲事实的知觉经验，称为错觉。

错觉的种类很多，常见的有大小错觉、形状和方向错觉、轻重错觉、时间错觉等。而大小错觉、方向错觉和形状错觉有时统称为几何图形错觉。企业或者商家可以利用消费者容易出现的错觉来增进销售，提高客户满意度。例如，小店面的餐厅或者商店往往把店内的墙壁装上镜面，由此使消费者产生店面宽大的错觉。

延伸阅读 4—2

感官营销

感知产品，是产品销售的第一步。一家企业的产品，如果不能在感官上吸引消费者，就很难从内在打动消费者，实现“从商品到货币”这惊险的一跳。而好的感知，需要综合运用多种方法，协调消费者感官，强化产品认知，我们姑且称为“感官营销”。

1. 什么是感官营销

它其实是一种全方位体验，就是通过品牌、产品包装、功能、促销、服务等诸多因素刺激个体的视觉、听觉、嗅觉、触觉、味觉等感官，吸引消费者注意，增进消费者的了解，进而促成产品售卖的营销方式。为什么要运用感官营销？有两点重要原因：一是人是感性动物，会根据自己的感知、对比和思索，做出自己的判断与决策，从而趋利避害，选购符合自己需要的产品。二是通过感官营销，可以在消费者头脑中给产品“画像”，从而深化消费者头脑中对产品的记忆，让其在时下或以后需要时，能够想起购买企业的产品。

感官营销的核心是可感知和认知，而可感知的切入点是给品牌或产品构建鲜明的特色。实际上，也就是独特销售主张 USP(Unique Selling Proposition)，即产品卖点，这些卖点决定了消费者买不买你的产品，而产品特色如果能符合消费者的需求和认知，则可加速消费者购买的意愿，从而先入为主，最大化地实现销售的目的。

调研数据表明，一个人接触信息的介质，87% 靠视觉，7% 靠听觉，3.5% 靠嗅觉，1.5% 靠触觉，还有 1%靠味觉。企业市场部门在设计产品时，要更多地通过视觉和听觉并结合嗅觉、触觉和味觉，尽可能做到全方位运用，增强消费者的可感知及认知，最终使产品更多、更好地被售卖。

做好感官营销，企业可以“设计前置”，即想让产品被消费者感知，必须在产品研发、设计环节就提前谋划，这是感官营销能够成功运行的前提与保障。

2. 如何开展感官营销

从市场实操的角度来看，感官营销可以从以下方面开展和实施。

(1)视觉：更突出、更美好

这也就是如何让产品看起来更具美感、与消费者更“对眼”，能够留下更深刻、更难忘的印象。法国有一句经商谚语：“即使是水果蔬菜，也要像一幅静物写生画那样艺术性地排列。”因为商品的美感能激发消费者的购买欲望。企业市场部门要从产品外观，即内外包装设计、售卖场所的终端陈列与生动化布置、产品色调、灯光、装饰物、助销品等方面，来尽可能地“凸显”产品，让产品有脱俗的气质，能从同类品牌中脱颖而出。比如，可口可乐的红色包装，当年健力宝爆果汽的黑色瓶子，联合利华把终端陈列布置成铁塔、花篮、船坊、城堡、双子塔等形状，金星啤酒把啤酒罐做成坦克型，碧生源把产品做成中国地图、荷兰风车、向日葵、后母戊鼎、二龙戏珠等形态展示，这些都极大地强化了产品的视觉效果，更好地吸引消费者前来围观，让消费者过目不忘。

(2)听觉:更入心、更悦耳

美国营销大师爱玛·赫伊拉曾说过:"不要卖牛排 ,要卖滋滋声。"与其卖牛排,不如让消费者听听煎牛排时的"滋滋"声。这个时候,也许营销人员还没开口,消费者就已经忍耐不住准备下单了。营销人员不但要讲清楚产品,而且要让消费者自己来听一听,感受那个让人心动的"精灵",甚至让消费者想象消费产品时的情形,促使消费者更快地下决定购买。市场营销人员可以通过打招呼,让消费者感受到热情与真诚;可以通过面对面的销售沟通,做到百拿不厌、百问不烦;可以通过地面终端 POP 视频展播或演示,让产品信息映射在消费者的眼睛里,进而深驻在消费者的脑海里;可以通过在终端场所播放应景音乐,或舒缓,或悠扬,或怀旧,调动消费者的情绪,寻找心灵的共鸣,让消费者能够有更多时间了解和咨询产品。

(3)嗅觉:更诱人、更迷惑

这是指通过终端环境及产品本身的气味,带给消费者一种穿透感,进而增加消费者对产品的认知,促使消费者进一步接触和体验。很难想象一家凌乱不堪、气味刺鼻的零售终端能让消费者留下来并购买产品。这里有两点需要注意:一是清洁的售卖场所氛围,最起码不能有异味,营销人员可以运用空气清新剂或多通风等,改善空气质量,让消费者愿意更长时间地停留。二是让产品本身的气味散发出来,而这种气味最好是消费者习惯并喜欢的、能够刺激消费者购买欲望的。曾经流行一时的"馋嘴鸭",就是根据《十药神书》记载的禽鸭对于人体疾病的辅助治疗作用,配以几十种纯中草药,运用独创的烹制技术及核心秘制配料,在制作过程中散发浓浓香气,十里飘香,极具热销的氛围,以至于出现门店每天都有大量消费者排队等候的壮观售卖场景,这就是典型的利用嗅觉的引导作用来吸引消费者的案例。

(4)触觉:更具质感、更易互动

从人性好奇心的角度,也可以让消费者多接触产品、体验产品,进而全面洞悉、熟知产品。企业可以通过设立旅游工业园、参观长廊或开放操作间,让消费者感受产品生产过程,甚至让消费者参与进来,通过免费制作及试用,让消费者相信产品,进而购买产品。一些食品品牌在带领消费者参观企业旅游园时,最后一个项目往往是让消费者现场动手制作,并拍照留影,将影像资料悬挂在制作间,让消费者珍惜和流连,也给后来的消费者做示范。

业界流传着这样一句话:"告诉我,我会忘记;给我看,我会记住;让我参与,我会理解。"在营销的整个过程中,如果消费者自己参与了,也就意味着会对企业与产品有更深入的洞察,能够提升购买决策的效率。卖床的家居企业让消费者试坐试躺、卖厨电的企业让消费者现场烹饪、卖白酒的企业邀请消费者参加品鉴会并在现场操作勾兑等,都是运用触觉加深产品印记,让消费者有一种参与感——"产品是我自己做的"。

台北一家老牌饼屋就是让游客参观之后,在师傅的指导下,用原料、磨具等在操作间亲自制作,然后烤制。此举吸引了大量游客参与并购买,商场一层的消费者络绎不绝。

(5)味觉:更可口、更悠长

此项主要针对食品企业。

免费品尝,是低成本市场推广的方式。台湾某著名休闲食品企业的营销总监曾在培训后说:"对于食品公司来讲,最好的营销方式,就是免费品尝,因为好产品自己会说话。"这家企业在推广时就大量运用了免费派发的方式,通过调派大量营销人员在大卖场、商场、繁华十字路口、社区门口免费派发小包装试尝品,让很多消费者切身感受到产品的美味。后来,这些消费者就到处寻找和购买,产品很快打开了销路,这是不用广告也可以成功推广的好路径。

某啤酒企业,每年都会在各地举办"啤酒节"活动,通过免费试饮、文艺节目,尤其是喝啤酒大赛，让消费者现场观看并参与比赛，或在一些夜市大排档举行“限期不限量免费喝”活动，宣传与售卖的效果都非常好。

蒙牛特仑苏为什么能够打开销路，与产品的可感知有很大的关系。它的广告语是“不是所有牛奶都叫特仑苏”。蒙牛一位高管说明了这一产品诉求的缘由：企业有一牧场在内蒙古阴山脚下，那里蓝天白云、山峦叠翠。在茫茫的大草原上，一群奶牛沐浴着阳光，在缕缕清风与花香里，喝着山泉水，听着优美的音乐，悠闲地漫步、吃草……“天苍苍，野茫茫，风吹草低见牛羊”，如此快乐的心境，如此美好的景致，处于此情此景下的奶牛自然产好奶了。企业就是通过场景化的描绘，让消费者在想象中看、听、嗅、触、品，给消费者展现了一幅美丽的风景画，而在此条件下，消费者对产品自然而然就有了不同寻常的认知。

麦当劳是什么？是美味可口的汉堡、炸鸡、可乐，但麦当劳也是服务员带领儿童一起玩耍的儿童乐园、是孩童庆祝生日的集聚地、是清爽洁净的就餐环境……企业通过一切可以运用的感官、感知手段，增进消费者的印象与好感，从而让其更频繁地光顾麦当劳，成为忠诚消费者。

消费者购买产品，就是购买一种感觉，企业只有尽可能激发消费者的感官神经末梢，才能引导消费者从感知到认知，从感性到理性，从理解到信赖，进而购买，更进一步地达到营销的终极目的。

资料来源：崔自三. 当然，也逃不过这些感官刺激［J］. 销售与市场(营销版)，2020(9)：28—31.

第二节　消费者的注意

一、注意的概念

注意是人的心理活动或意识对一定对象的指向与集中。当消费者在选购商品时，其心理活动或者意识会集中于一件中意的商品上，对其他商品就可能视而不见，或者无暇顾及。同时，注意的对象又是在变化的，而且在多数情况下，消费者可以有意识地控制这种变化。

二、注意的特点

注意有两个特点：指向性和集中性。注意的指向性是指个体在某一瞬间的心理活动或意识选择了某个对象，而忽略了另外一些对象。当个体的心理活动或者意识指向某个对象的时候，他们会在这个对象上集中起来，即全神贯注起来，这就是注意的集中性。例如，消费者一旦被某件商品所吸引，其注意就会集中到该商品上，其他商品就会在意识之外。如果说，注意的指向性是指心理活动或意识朝向哪个对象，那么集中性就是指心理活动或者意识在一定方向上活动的强度或紧张度。心理活动或意识的强度越大，紧张度就越高，注意也就越集中。

人在高度集中自己的注意时，注意指向的范围就会缩小。此时，他对周围的一切可能“视而不见，听而不闻”。从这个意义上说，注意的指向性和集中性是密不可分的。

三、注意的类型

消费者对商品的注意，有时是自然而然发生的，不需要任何意志的努力；有时是有目的性的，需要付出意志的努力来维持。根据有无预定目的和所付出意志努力的程度，可以将注意分为不随意注意、随意注意和随意后注意三种类型。

(一)不随意注意

不随意注意是指事先没有目的、也不需要意志努力的注意。例如,消费者无意中路过一个真人模特展示服装的展台,不由自主地把目光朝向模特及其展示的服装,从而产生对这款时装的注意。在这一状况下,消费者对注意的对象并没有预定目的,也没有明确的认知任务,注意的引起与维持不是依靠意志的努力,而是取决于刺激物本身的性质和特征。因此,不随意注意是一种消极被动的注意,注意发生时消费者的积极性水平较低。

不随意注意既可帮助消费者对新异事物进行注意,使他们获得对事物的清晰认识,也能使消费者从当前进行的活动中被动地离开,干扰他们正在进行的活动,因而具有积极和消极两方面的作用。

(二)随意注意

随意注意是指有预定目的、需要一定意志努力的注意。当消费者在选购商品时,是否能不受其他事物的干扰,而把注意集中到所进行的选购行为上,即表现为随意注意。它是一种积极、主动的注意形式。

(三)随意后注意

随意后注意是注意的一种特殊形式。从特征上来说,它同时具有不随意注意和随意注意的某些特征。例如,某消费者一直有购买一副偏光眼镜的打算,在一次逛街中偶然看到一处促销推广的偏光眼镜品牌正好是自己想要的那款,从而就会对该促销产生注意。此时,消费者的注意是从随意注意的基础上发展而来的,但这种注意不需要付出意志努力,而是偶遇的推广促销活动引发了消费者的关注。只要驻足片刻,消费者就能够获得必要的信息,甚至可能立即购买。

随意后注意既服从于当前的活动目的与任务,又能节省意志努力,因而对完成长期、持续的任务特别有利。培养消费者的随意后注意,关键在于发展其对活动本身的直接兴趣。当消费者需要完成各种较复杂的智力活动或动作技能时,要设法增进他们对活动的了解,使之逐渐喜爱并沉浸在该活动中,这样才能在随意后注意的状态下使活动取得更大成效。

延伸阅读 4—3

注意中断对购物的影响

在购物过程中,消费者往往会被某件事情打断或终止。例如,某消费者正在把注意力全部放在一次网上采购行为时,突然电话铃声响了,这时消费者不得不中断购物去接电话。如果电话持续 10 分钟,且谈话内容与购物无关,当挂了电话后,该消费者把注意再转回到购物当中时,是否会对其购物行为有影响呢?

Wendy Liu 对此问题进行了研究。他的研究主要关注消费者注意中断的现象对购买行为的影响。具体来说,当消费者在选择购买时,如果合意性和可行性发生冲突,消费者的注意打断以后再回到购物中来时,会出现什么结果? Wendy Liu 假设消费者的注意被中断后再回来时,消费信息加工过程可能会从自下而上、数据驱动变为自上而下、目的驱动的模式,从而会影响消费者的偏好。

通过四个研究,Wendy Liu 发现,购物过程中注意被打断后,消费者会更喜欢较高的合意性选择而不是可行性选择的消费,即可能选择高风险、高回报选项,或者是高质量、高价格的选项。这个发现非常有意思,也就是说,销售人员如果打断消费者正在注意的购物过程,那么消费者最后可能购买的是质量和价格更高的商品,由此可以提高销售绩效。

资料来源：Wendy Liu. "Focusing on Desirability: The Effect of Decision Interruption and Suspension on Preferences". *Journal of Consumer Research*, 2008, 35(4): 640—652.

四、注意的功能

注意的功能主要表现为以下三个方面：

(一)选择功能

注意的基本功能是对信息进行选择。周围环境给消费者提供了大量刺激，这些刺激有的对消费者很重要，有的不重要，有的则毫无意义，甚至会干扰当前正在进行的活动。消费者要准确高效地获取适当信息，就必须有选择地接收重要信息，排除无关刺激的干扰，这是注意的基本功能。注意对信息的选择受到许多因素的影响，如刺激的物理特性，个体的需要、兴趣、情感、过去的知识经验等。

(二)保持功能

注意的保持功能是指人们可以将选取的刺激信息在意识中加以保持，以便在随后的心理活动中对该信息进行加工，完成相应的任务。假如选择的注意对象转瞬即逝，消费者就无法保存注意的信息，相应的信息接收、加工、整理等心理活动就无法展开，也就无从进行选择和购买。

(三)调节监督功能

注意的调节监督功能是指在注意集中的情况下，减少失误、提高注意的准确性和速度。在调节监督功能中，注意的分配和转移可以使个体适应变化多端的环境，从而保证活动的顺利进行。消费者在购物时如果能够保持对所选商品的注意，就能减少时间、精力和成本，提高购物效率。

延伸阅读 4—4

消费者注意的测量

爆发式增长的信息和有限注意之间的矛盾，使得吸引和抓住消费者注意成为企业取得竞争优势的必然要求。那么，如何来测量消费者的注意程度呢？

消费者注意具有明确的外部表现，例如，听到声音时会将身体或头部转向声音发出的方向。因此，通过观察消费者身体朝向可以简单了解消费者注意所在。消费者对某一产品的注意常表现为注目凝视，研究人员借助眼动追踪(eye-tracking)技术可以精确记录消费者眼动轨迹，从而了解其注意情况。因此，眼动追踪技术成为消费者注意研究的常用方法。消费者注意研究常用的眼动指标包括注视点个数、注视次数、总注视时间等。已有研究发现，消费者对产品或广告注视越多、注视时间越长，对其的注意就越多。

除此之外，反应时法、鼠标测量法、自我报告法等方法也被用于消费者注意研究。例如，Unnava 和 Burnkrant(1991)在研究中使用双任务范式考察被试对广告的注意情况，通过记录被试对次要任务的反应时间来推断其对主要任务的注意程度。实验中被试的主要任务是观看广告，次要任务是在听到某一音调时按下按钮。由于注意资源有限，被试对主要任务的关注占用了大部分注意资源，降低了对次要任务的反应能力。因此，次要任务反应时间增加表明被试对主要任务的注意程度增加。Johnson 等(2012)通过分析视觉扫描路径和鼠标移动轨迹之间的关系，证明视觉注意和鼠标移动轨迹之间存在高度相关性，对某一区域注意越多，鼠标在该区域停留的时间就越长。之后，Shen 和 Sengupta(2014)采用自我报告法测量被试对产品的注意情况，要求被试在李克特7级量表上对自己的注意情况进行评分（－3代表很少，＋3代表很多），据此考察了视觉和听觉交互作用对消费者注意的影响以及消费者注意对产品偏好的影响。此外，Venkatraman等(2015)还指出通过记录被试的脑电波、心率以及神经激活情况也可以了解被试的注意情况。

总之，眼动研究法是目前消费者注意研究中最直接、应用最广泛的方法，眼动追踪技术的发展为消费者注意研究提供了重要支持。但是，由于不同眼动设备之间存在性能特征等方面的差异，还需要根据具体研究情境和实验设计选择合适的眼动仪。例如，无线头盔式眼动仪和眼镜式眼动仪等穿戴式视线追踪系统，对被试头部及身体活动限制较小，能够将实际场景与眼动数据结合起来，确保眼动数据自然、精确，可用于在商场、超市等场所进行的现场实验研究。需要注意的是，头盔或眼镜等设备的佩戴，也会对被试产生干扰，影响被试体验。而桌面式眼动仪、屏幕式眼动仪等非穿戴式视线追踪系统，通常连接或内置于电脑显示器，通过红外摄像系统捕捉并记录被试眼动数据，因此，无须被试佩戴任何测试仪器，实验结果较为真实可信，可在实验室中针对广告、网页等进行研究。此外，反应时法等其他测量方法作为消费者注意测量方法的有效补充也具有重要意义。

资料来源：杜建刚，李丹惠，李晓楠．消费者注意研究综述与展望[J]．外国经济与管理，2019，41(1)：114－126.

五、注意力的碎片化与品牌营销传播

当前，庞大的媒体数量和多元的媒体类型，每时每刻都在生产数量极为庞大的信息，人们的时间被这些粉尘状的信息切割成碎片，注意力也越来越分散。人们在习惯用短小的内容去填补碎片化的时间之后，变得没有耐心在单一内容上花费更多的时间和精力，相应地，追求速度的浅表化和泛娱乐化成了当前信息消费的主旋律。人们在某一固定媒介上停留的时间越来越短，而且人们不停地在不同的媒介和渠道之间跳进跳出，注意力频繁转移，不稳定性越来越强。在这种情况下，消费者对各种品牌营销刺激变得越来越不耐烦，不再有耐心通过付出正常的认知成本去获得全面深入的信息了。也许是一眼、一个标题、一秒钟，品牌产品和服务的命运已经被决定。但是，这样的关系又不太长久，因为下一眼、下一个标题、下一秒钟，消费者也许又被另一个品牌给说服了。这种关系对于品牌营销传播而言无疑是痛苦的，因为品牌想要在受众的时间中占有绝对稳固的地位不再可能。

那么，品牌在营销传播中应该如何去制定应对碎片化的传播策略呢？① 还是要从内容上找生路。内容生产必须符合用户需要，“被需要”已经成为内容的第一个价值标准。但要保持用户对品牌的持续关注，内容的“黏度”至关重要，这是内容的第二个价值标准。信息丰富的碎片化时代，消费者并不缺优质内容，他们最需要的是降低判断、遴选信息的成本，能够快速便捷地获得满足自己需要的内容。在这个过程中，信任将发挥巨大的作用，要想吸引消费者，让他们持续关注内容，必须要建立起信任感。可以说，信任是碎片化时代最可贵的价值属性，它相当于碎片化时代的黏合剂。那么，如何建立起消费者的信任感呢？

首先，保持传播内容的垂直化，即要专注于做同一个领域的内容传播。持续的优质内容，能够让品牌精准“吸粉”，将目标消费者从碎片化的注意力中吸引过来，形成强需求和强关联关

① 重要参考资料：谷争．碎片化时代品牌营销传播新法则——注意力碎片化，体验完整化[J]．声屏世界·广告人，2015(11)：54－56；刘思聪．注意力碎片化时代，传统媒体要如何生存[J]．新闻传播，2017(14)：24－25.

系，达到聚拢人群的目的。而消费者面对垂直化和精准性的内容，能够在需求得到满足的同时建立起信任感。这种信任，将会让他们在再次产生同类需求的时候主动寻找品牌的信息，愿意对品牌的每一次内容发布消耗宝贵的注意力。另外，内容垂直化也可以让品牌获得更多的推荐。

其次，注重品牌传播的IP化。垂直化的内容满足了特定人群的特定需求，但要让消费者在每次需要你的时候都能顺利找到你，品牌传播内容必须IP化。IP化的自我经营是内容生产者吸引注意力、在消费者心智空间中占有一席之地的有效途径。IP化后的内容便于粉丝注意和跟随，也能适应跨屏、跨渠道传播，从而从更多媒介采集新的消费者人群，并且实现流量在不同渠道、线上和线下之间的导流。当然，品牌内容在多平台、多渠道分发时，要根据不同平台、渠道、媒介的特性，进行各有侧重的加工。比如，侧重深度阅读的长报道放在微信公众号，侧重阅读体验的图文呈现和互动性的融合报道放在移动客户端。

再次，灵活借势。借势的好处是，在一个特定时间段最大限度排除其他噪音赢得用户的关注。借势除了可以是借热点，也可以通过跨类合作达到双赢。借势营销可行性的3个重要判定标准是：(1)该事件或人是否具有足够的关注度和影响力；(2)是否对品牌有正面影响而无潜在负面争议；(3)跟品牌的链接点是否独特并符合品牌价值。以曜能量这个新生代能量饮料为例，它比起能量饮料红牛，有清晰的品牌理念和目标受众：为年轻人提供源源不断的、能让其享受生活乐趣的能量，保持较高的兴奋度。为了隆重登场表明自己的能量主张，曜能量选择一上市就与漫威电影《复仇者联盟2》合作。电影上映前，消费者在各种媒体上率先看到了结合电影预告片的曜能量限量版产品的高强度广告，借由英雄的“高颜值”获得高关注。

最后，设法让消费者参与其中。人们的需求不仅是产品或服务的消费需求，可能还有获得认同感、参与感等精神需求。因此，与消费者的互动不能止步于内容的生产和发布，要精准把握消费者细微、多变的需求，鼓励其参与内容生产和品牌活动。还以曜能量与电影《复仇者联盟2》合作为例。在电影首映前，曜能量与Uber合作展开了轰轰烈烈的英雄车战役，通过召唤复联英雄、传递英雄能量的方式，让整个广州、深圳的消费者出其不意地“high”了一把。五款88辆英雄车通过精美的车身装饰完美结合了角色特点，载着钢铁侠、美国队长、黑寡妇、浩克、雷神和复联人物限量版的曜能量穿梭在广州、深圳的街头，接送上下班的年轻人，并且邀请他们和曜能量一起看首映。神出鬼没的曜能量英雄以及特别新颖的活动方式刷爆了朋友圈，甚至影响了其他城市，让消费者迅速记住了这个刚刚上市的品牌，也为其他品牌做了成功的营销示范。由此可见，“参与”是排除其他噪音、获得消费者深度关注最有力的手段。

延伸阅读4—5

从专注到多任务，信息接收质量下降

新技术让人们心不在焉，一边看电视，一边刷着朋友圈，一边还可以听音乐。这样的多任务操作模式带来了什么样的结果呢？斯坦福大学的神经科学家拉斯·波德瑞克(Russ Poldrack)在实验中发现，人们在做多项任务时所吸收的新信息会被储存到错误的脑区。比如，边看电视边学习，学业上的信息会被储存到大脑的纹状体，而不是通常的海马体。前者主要负责记忆人的行动技巧，后者才是记忆事实和想法的脑区。记忆在海马体中的信息更容易被回忆起来。你可能会问，科学告诉我们多任务工作是不可能的，但我们分明又在每个工作日都完成了自己的工作，这是如何做到的呢？马克后来在实验室里设置了类似办公室的环境，尝试用实验来回答这个问题。她和同事发现人们为了应对各种干扰，以更快的速度工作，以便在

更短的时间内完成相同的工作量。但这样做是有代价的。一方面，它会让人的压力增加，有更强的挫败感，并且付出更多的努力；另一方面，有些时候人们是以牺牲工作质量为代价的。也就是说，你的消费者正以牺牲与你的沟通质量为代价，而获取更多信息。

资料来源：谷争．碎片化时代品牌营销传播新法则——注意力碎片化，体验完整化[J].声屏世界·广告人，2015(11)：54－56.

第三节 消费者的学习过程

一、学习的本质

学习是消费过程中不可或缺的一个重要环节，它是指消费者在一定情景下由于反复的经验而产生的行为或行为潜能的比较持久的变化。人们的态度、价值观、品味、行为偏好、象征意义和感受力等绝大部分是通过学习获得的。通过学校、家庭、社会组织、文化与阶层等，消费者可以获得学习体验，这些体验极大地影响着消费者所追求的生活方式和所消费的商品。①

理解学习的概念，需要明确其中的三个含义。

(一)行为或行为潜能改变

学习是消费者获得新的行为经验的过程。通过学习，消费者的行为将发生某些可观察的变化，他们甚至可以完成一些以前无法完成的事情。

例如，消费者购买一件全新的商品时，可能根本不会操作和使用，但通过销售人员的精心指导和认真学习使用说明书，消费者就会对该商品的使用变得得心应手，即行为发生了变化。行为的改变有时是明显的、外在的，而有时是隐性的、潜在的，后者就是所谓“行为潜能”的改变。

(二)学习引起的行为变化是相对持久的

无论是外显的行为变化还是行为潜能的变化，只有行为改变的持续时间足够长，才可以称为学习。例如，学会了使用电脑的消费者，其使用电脑的行为会一直持续下去。通常，消费者学习了某种商品的使用方法，就会持续很长时间，这对企业来讲具有双重作用：一方面有利于商品的重复购买，因为消费者形成使用习惯后，会对商品形成依赖；另一方面可能影响商品的升级换代，因为消费者可能会不习惯甚至拒绝新产品的购买与使用。

(三)学习是由练习或经验引起的

经验有两个含义，既可以指消费者通过活动直接作用于客观现实的过程，也可以指在这一过程中所得到的结果，比如消费者学会的知识、技能和形成的人生观等。学习是在消费者与环境的交互作用中发生的，消费者必须通过练习或经验才能使行为形成或改变。有些消费行为的形成需要较长的时间，需要反复练习或体验。

例如，对于电子游戏产品，消费者可能会花费很多时间和精力，经过反复操作，才能学会如何通关升级。所以，电子游戏企业会在市场推广期提供玩家免费使用期限，有的电子游戏可以试玩一个月。

---

① 德尔·霍金斯等. 消费者行为学(第9版)[M]. 北京：机械工业出版社，2003.

二、消费者的学习过程

学习可以发生在高介入或者低介入状态下。[①] 高介入状态的学习是消费者有目的、主动地处理和学习信息。例如，打算购买笔记本电脑的消费者，会主动从网站、电视广告、媒体杂志、亲朋好友等处收集大量相关信息，认真研究和比较，从中选择理想的品牌和型号。低介入状态下学习的消费者主动处理和学习信息的动力极低。例如，对于普通食品的广告和宣传资料，消费者往往一眼掠过，不会积极去学习。

介入程度高的学习过程包括操作性条件反射、替代式学习与模仿、推理等方式，而经典的条件反射、机械学习等则发生在低介入状态下。

（一）刺激—反应式学习过程

刺激—反应式学习是指建立在刺激（信息）和反应（行为或感觉）联系基础上的学习，其理论的代表人物主要有巴甫洛夫与斯金纳等。

1. 经典条件反射

巴甫洛夫以狗为研究对象，在研究中发现，当助手给狗食物时，狗吃到食物会分泌很多唾液；经过一段时间的刺激之后，他发现狗只要看到食物，就开始分泌唾液；再后来，只要听到助手的脚步声，狗似乎知道马上就可以吃到食物，唾液的分泌也开始增加。由此，巴甫洛夫提出了“条件反射”的概念，后人称为“经典条件反射作用”，即运用刺激和反应之间某种既定的关系，使人学会对不同刺激做出相同反应的过程和现象。

经典条件反射多在低介入状态下发生，即消费者在多次的刺激—反应过程中对商品广告信息进行学习。例如，“脑白金”通过不断重复“送礼就送脑白金”的广告词，帮助消费者在脑白金产品和送礼之间建立了强烈的联系。这种学习并非消费者主动的，而是典型的低介入的刺激—反应式学习过程。此外，在广告中，人们经常会看到名人代言商品。当名人与商品同时出现的画面多次重复以后，就会使消费者建立起刺激—反应的学习模式，即消费者看到代言人就会想起该商品，从而使商品的知名度和美誉度迅速提升。例如，三星手机借助韩剧《来自星星的你》火热之势邀请“都教授”做代言人，在很大程度上赢得了“都教授”粉丝的追捧。

2. 操作性条件反射

20 世纪 30 年代后期，行为主义心理学家斯金纳提出存在两种类型的学习：一类由刺激情景引发的反应，斯金纳称为应答性反应，与经典条件反射作用类似；另一类是操作性条件反应，它不是由刺激情境引发的，而是个体的自发行为。在日常生活中，人的绝大多数行为是操作性行为。影响行为巩固或再次出现的关键因素是行为后所得到的结果，即强化。他认为强化有两种：正强化与负强化。当环境中某种刺激增加而行为反应出现的概率也增加时，这种刺激就是正强化；当环境中某种刺激减少而行为反应出现的概率增加时，这种刺激就是负强化，负强化通常是一种厌恶刺激，是个体力图回避的。需要注意的是，无论是正强化还是负强化，其结果都是增加行为再次出现的概率，促进行为的发生。

通常，企业推出新产品或者开拓新市场时，会为消费者提供免费试用的样品。这样做的目的就是让消费者在试用过程中体会到该商品的好处，得到正强化。当消费者对商品产生好感后，就会试图寻找并购买它，由此，消费者就完成了一次操作性刺激—反应式学习过程。

例如，宝洁公司进入中国市场初期，就曾大范围地进行样品派发，使消费者通过试用而对

① 德尔·霍金斯等. 消费者行为学(第 9 版)[M]. 北京：机械工业出版社，2003.

宝洁产品形成认知并产生好感。企业也可以通过负强化来改变消费者的购买行为。实践中，为了加快产品更新换代，企业往往对仍使用旧产品的消费者进行“惩罚”，如不再提供必要的服务，或收取较高价格的服务费用等。消费者感受到这种负强化后，就会停止使用旧产品，从而实现企业淘汰旧产品的目的。

（二）认知学习

认知心理学认为，在研究人类的复杂行为时，除了要关心个体可观察到的行为反应，更要关心刺激—反应的中间过程，即刺激引起反应和学习行为的内在机制。下面介绍两种具有代表性的认知学习理论。

1. 格式塔的学习理论——顿悟学习

格式塔理论强调知觉的整体性，知觉不是个别感觉简单叠加的结果。同样，学习也是一个完整的过程，它是通过学习者对情景的重新组织实现的。

苛勒在 1913 年到 1917 年间，对猩猩解决问题的行为进行了研究，其中“取香蕉”实验最为著名。苛勒发现猩猩的学习过程不是刺激—反应的模式，而是突然发现了事物之间的联系从而解决问题的。苛勒把这种学习叫作顿悟学习。

同样，消费者在学习商品知识的过程中也会采取顿悟的学习方式。在顿悟学习中，消费者学到的东西不是刺激和反应间的特定联系，而是手段和目的之间的一种认知关系。消费者对商品的使用，往往并不一定是企业最初设定的使用方法和标准，这构成了消费者自己对商品的特殊理解，并开拓出新的用途。例如，可口可乐公司一开始并没有意识到可口可乐还可以在冬天加入姜片加热来饮用，这是中国消费者的构想，也可以说是某个人的突发奇想，冬天喝热的姜汁可乐由此诞生。这直接导致了可口可乐冬天销量的提升，可口可乐公司也由此开发出姜汁可乐的新产品。因此，企业如果理解并意识到消费者在使用商品的过程中会产生顿悟学习，将会发现更多的商机。

2. 建构主义的学习理论

近年来，有学者提出了一种新的学习理论——建构主义。建构主义与客观主义相对立，它强调事物的感觉刺激（信息）本身并没有意义，意义不是独立于我们而存在的，而是由人构建起来的，它不仅取决于事物本身，也取决于我们已有的知识经验。不同的人由于已有的经验不同，对同一事物的理解会存在差异。

基于建构主义理论，消费者在选购新产品时，会根据已有经验和新的商品知识形成对商品全新的认识，然后对该商品做出评价，进而决定是否购买该商品。

三、消费知识的学习方式

无论基于何种学习理论，消费者都是通过一定的学习方式来获得消费知识。学习消费知识的方式有很多，主要包括模仿式学习、试错式学习、反应式学习和认知式学习等。

（一）模仿式学习

在消费者学习消费知识的过程中，模仿是非常重要的学习方式。通常，消费群体中的意见领袖或时尚领导者的消费行为会引起群体内成员自觉或不自觉的模仿。事实上，模仿对象不仅限于群体中的意见领袖，明星、广告、亲朋好友、普通大众等都可以成为消费者模仿的对象。例如，当消费者看到某人的衣服非常时尚时，自己就会有意去寻找和购买。

（二）试错式学习

即使有很详细的使用说明书，消费者在使用商品时也会遇到一些问题。比如电子游戏，不是每一个玩家都能一帆风顺地把游戏玩到底，玩家需要不断地尝试，不断在犯错中总结学习才能达到该游戏的最高境界。试错式学习对于消费者积累消费知识是非常有用的，但是也有负面作用。例如，试错可能导致消费活动的失败，进而引起消费者的不满。

(三)反应式学习

反应式学习即消费者通过接触外界信息或事物的刺激，从而形成相应的心理反应，并通过感观和体验逐步加以接受。随着新事物的重复刺激，消费者不断学习并形成新的消费知识，进而为新的购买行为奠定基础。例如，个人电脑的核心处理器(CPU)更新换代非常快，从奔腾系列到迅驰，再到双核、四核等，其更迭的过程都伴随着消费者的反应式学习过程。

(四)认知式学习

消费者可以在对前人消费经验和知识总结的基础上，结合复杂的思维过程训练，从而形成分析与解决问题的能力。运用相应的知识和辨别能力，消费者对接收到的消费信息加以分析、判断、选择和比较，从而制订出购买决策的最佳方案。在网络如此发达的今天，消费者可以更加方便快捷地获取大量的消费知识信息。例如，某品牌汽车的车友俱乐部成员在网络论坛上广泛发布信息，对该品牌汽车的购买、使用、保养、维修、服务等所有细节加以公布和讨论，希望购买该品牌汽车的消费者通过此论坛就可以对汽车了如指掌，并获得支持购买决策的充分依据。

延伸阅读 4—6

消费者学习模式主导下的体验营销

从理论上说，学习的过程包含着一种体验，通过体验而获得某种经验，此种经验因后天体验而得，体验结果引起个人知识结构和行为的改变。而消费者的学习，又是一个什么样的体验过程？在消费者购买行为的研究中可发现，在第一次购买某种商品的基础上，消费者可能会产生重复购买行为，也可能在一次购买之后即行消失。这种重复或消失的购买行为，即消费者学习，这是消费者在购买和使用商品的体验活动中逐步获得认识、积累经验，并据以调整购买行为的过程。消费者的学习模式如下图所示：

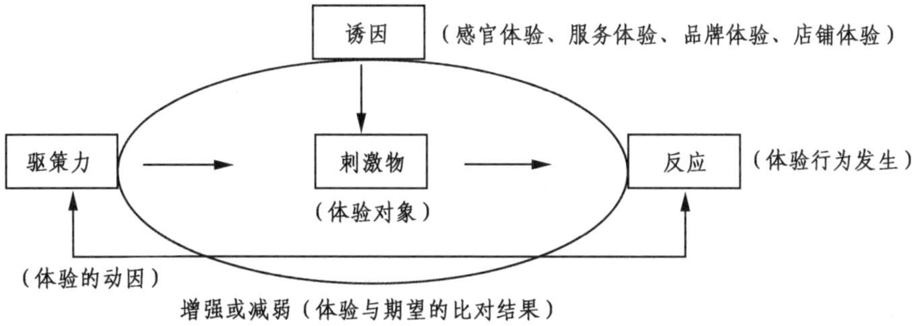

由上图可见，消费者习得的行为是通过驱策力、环境中的刺激物、诱因和反应之间的联结而逐步建立起来的，最终促进新行为发展的增强和减弱，而体验又是如何贯穿于消费者的整个学习过程的呢？

首先，驱策力驱使人们产生行动，当消费者内在驱策力得不到满足时，就会情绪紧张，只有相应的刺激物(即满足消费者内在需要的物品)可使之恢复平静，若驱策力达到足够强度并发生作用，则成为动机，于是，消费者开始寻找刺激物。在体验经济中，体验是消费者心理的反应过程。

其次，在动机支配下，消费者将做出购买刺激物的反应，但在何时、何地及怎样做出反应，常常受到其他诱因的影响。其中，诱因又分为正诱因和负诱因，正诱因是吸引消费者购买的因素，负诱因是引起消费者反感的因素。所有营销因素均可成为诱因，如刺激物的品种、性能、质量、包装、价格、销售渠道、广告、人员推销、服务等。体验作为一种心理反应，以上这些诱因往往影响消费者在感官、服务、品牌、店铺等方面的体验效果，从而决定消费者是否发生反射行为，即是否购买。

最后，消费者在经过购买、使用某品牌产品的体验之后，如果感到满意，就会加以肯定并正向强化对它的反应，从而在同一刺激物上重复或在类似的刺激物上扩大自己的行为；如果感到不满意，就会加以否定并反向强化对它的反应，以后对相同诱因不再有反应，停止或不再重复自己的购买行为。

因此，我们可以发现，体验贯穿于消费者的整个学习过程。可以说，体验是消费者学习模式的本质，消费者的学习模式是一种消费信息加工过程，这种信息来自其后天体验及其通过体验带来的经验。

资料来源：李红．消费者学习模式主导下的体验营销运作[J]．中国商贸，2011(15)：32—33.

第四节　消费者的记忆和联想

一、记忆的概念

记忆是人们在头脑中积累和保存个体经验的心理过程，用信息加工的术语来说，就是人脑对外界输入的信息进行编码、储存和提取的过程。消费者感知过的事情、思考过的问题、体验过的情感，或是经历的购买、消费活动，都会在头脑中留下不同程度的印象，其中有一部分作为经验能保留相当长的时间，在一定条件下还能恢复，这就是记忆。例如，在游乐场坐过山车的经历，可能会让人记忆犹新，当有人再提到过山车时，人们的脑海中就会浮现出当时的情景和心理感受。

二、消费者记忆的分类与作用

从不同的角度，记忆可以被分为不同的类型，下面我们介绍三种常见的分类。

（一）消费者的瞬时记忆、短时记忆和长时记忆

瞬时记忆也称感觉记忆，是在客观刺激停止作用后，感觉信息在一个极短的时间内保存下来而形成的记忆。它是记忆系统的开始阶段。感觉记忆的储存时间一般为 0.25 秒到 2 秒。例如，当我们在逛街或者购物的时候，往往是边看边走，许多商品会掠过眼帘，而在脑海中仅仅留下瞬时的记忆。瞬时记忆是短时记忆和长时记忆的基础。正因为瞬时记忆中输入了大量的消费信息，才使消费者有机会从中提炼出感兴趣的信息，进行进一步加工处理。

短时记忆是瞬时记忆和长时记忆的中间阶段，保持时间为 5 秒到 1 分钟。短时记忆包括两部分：一部分是直接记忆，即输入的信息没有经过进一步加工，它的容量相当有限，一般为 7±2 个单位，编码方式以语言视觉形式为主，也存在视觉和语义的编码；另一部分是工作记忆，即输入信息经过再编码，使记忆的容量扩大。短时记忆可以帮助消费者在比较商品时从记忆中提取必要的信息。

长时记忆是指信息经过充分和一定深度的加工后，在头脑中长时间保留下来的记忆。长时记忆是一种永久性的储存，它的保存时间长，从1分钟到许多年甚至终生，容量没有限度，信息来源大部分是对短时记忆内容的加工，也有由于印象深刻而一次性获得的。当购物结束后，消费者可能保留下来与该商品或购买过程有关的信息，并保留很长时间，形成长时记忆。

（二）消费者的情景记忆和语义记忆

图尔文将长时记忆分为两类[①]：情景记忆和语义记忆。

情景记忆是指人们根据时空关系对某个事件的记忆。这种记忆是与个人的亲身经历分不开的，如参加过的会议或游览过的名胜。由于情景记忆受时间和空间的限制，信息的储存容易受到各种因素的干扰，因此记忆不够稳定，也不够准确。服务型企业通常希望消费者形成良好的情景记忆，这是因为对美好服务情景的深刻记忆更容易使消费者重复购买。例如，如果消费者对在星巴克咖啡厅享受过的良好服务记忆深刻，当再次看到星巴克时就会很容易回忆起当时的美好情景而产生消费欲望。

语义记忆是指人们对一般知识和规律的记忆，与特殊的地点、时间无关，它表现在单词、符号、公式、规则、概念这样的形式中，如记住化学公式、乘法规则、一年有四季等。语义记忆受一般规则、知识、概念和词的制约，很少受到外界因素的干扰，因而比较稳定。利用语义记忆传递消费信息，可以加强消费者对语义的理解和记忆。例如，山西杏花村的汾酒在广告中加入了“借问酒家何处有，牧童遥指杏花村”的千古佳句；红豆服饰借“红豆生南国，春来发几枝。愿君多采撷，此物最相思”的诗句孕育红豆品牌文化。这些诗句构成的语义蕴涵了中国传统文化的精华，能够引起消费者的心理共鸣和深刻记忆。

（三）消费者的显性记忆和隐性记忆

在20多年的记忆研究中，一个非常引人注目的成就是把显性记忆与隐性记忆分离开。消费者运用传统记忆方法所进行的记忆，称为显性记忆，它是对我们经历过的事件有意识地重新编排。与记住(remembering)不同，了解(knowing)运用的是隐性记忆，是包括对以前遇到的刺激的下意识的回忆。隐性记忆是一种熟悉的感觉、一种感受，或者是一系列我们不能准确说出如何得来的信念。[②] 消费者对商品品牌的印象大多以隐性记忆的形式储存于大脑中。例如，在消费者的记忆中，奥迪、沃尔沃是高档汽车品牌，但高档究竟体现在哪些方面，消费者可能并没有清晰的概念或无法准确描述。这里的“高档”就是以隐性记忆的方式存在于消费者的头脑中。这些隐性记忆会对消费者的评价选择和购买决策产生重要影响，所以企业应先让消费者熟悉商品品牌，在形成隐性记忆的基础上逐步确立显性记忆。

延伸阅读4—7

2019年引爆记忆的广告语

益普索(Ipsos)发布的《2019年中国国内流行广告语受众调研报告》中的数据显示：朗朗上口、能引发共鸣且具有生活参与性的广告语更容易占据消费者心智。通过分析消费者对各种类型流行广告语的记忆渠道发现，有吸引力的广告文案，且能与受众高频接触的广告流行语，通过电梯媒体、互联网及电视等进行传播，更容易被人们记住。

碎片化时代品牌建设越来越难，但并不阻碍拥有广泛影响力的国民性品牌的诞生。过去

① 彭聃龄. 普通心理学[M]. 北京：北京师范大学出版社，2001.
② 德尔·霍金斯等. 消费者行为学(第9版)[M]. 北京：机械工业出版社，2003.

一年，抖音“记录美好生活”、瓜子二手车“没有中间商赚差价”、飞鹤“更适合中国宝宝体质”三大品牌广告语高度契合消费者的核心需求和痛点，获得回忆度最高的“2019 年热门广告语 Top 10”前三名。在被访者回忆里，Top 10 广告语首先是在电梯广告中看到，其次是电视。

在消费升级的大背景下，消费者对生活品质的不断追求，为创意产品、健康食品、生活服务等类别的产品提供了潜在的市场机会。老品牌不断焕新，新品牌也不断涌现。报告显示，“2019 年口碑广告语 Top 10”的前三名分别为西贝莜面村“闭着眼睛点，道道都好吃”、易车“价格全知道，买车不吃亏”和妙可蓝多“妙可蓝多奶酪棒，高钙又营养，陪伴我成长，真美味”。益普索报告调研显示，前十大口碑广告语的传播首先以电梯媒体为主，其次是互联网媒体。

广告语最重要的作用就是对品牌的精准定位。Keep“怕就对了”、洽洽“掌握关键保鲜技术、每日坚果认准洽洽小黄袋”、好慷“超级会做饭，就是做饭家”跻身“2019 年凸显品牌独特性广告语 Top 10”前三名。

亚伯拉罕·林肯曾说过：公众的情感与观点，拥有了它战无不胜；失去了它，必败无疑。当品牌与消费者沟通的时候，如何在较短的时间内让人们记住，给消费者一个选择你而不选择其他品牌的理由，除了情感上的链接，直接点出产品功能卖点，也是与消费者有效沟通的方式之一。

根据被访者对过去一年不同类型流行广告语的回忆，前十大广告语的主要记忆渠道来源于电梯媒体(81%)、电视(50%)和互联网(54%)。益普索调查显示：现在，消费者花费较多的时间在手机和互联网资讯平台上浏览资讯，主要以观看内容和资讯为主。碎片化时代，怎样抓住消费者的注意力很重要。电梯媒体作为线下媒体，处在城市主流人群每天必经的公寓楼、写字楼等生活空间。在低干扰的电梯场景中，广告对用户构成了高频且强制的触达，从而使每天至少乘坐 4—6 次电梯的用户对电梯媒体反复播放的广告语记忆更为深刻。由于电梯媒体是城市消费主力高频接触广告语的主流媒体平台，其近距离的高频洗脑，快速刷新消费者的记忆，从而具有较高的广告记忆度。瓜子二手车“没有中间商赚差价”、飞鹤“更适合中国宝宝体质”、西贝莜面村“闭着眼睛点，道道都好吃”等耳熟能详的广告语，都在电梯媒体上进行了投放。

资料来源：新浪财经. 益普索(Ipsos)：2019 年引爆记忆广告语盘点[EB/OL]. https://baijiahao.baidu.com/s?id=1663585165264205207&wfr=spider&for=pc,2020-04-10.

三、消费者的联想

(一)联想的概念

联想是由一个事物(或概念)想到其他事物(或概念)的心理过程。在营销中，广告就经常采用启发消费者联想的手段。例如，某品牌的洗涤用品在广告中加入故事情节，体现父母做饭及洗碗的情景和游子回家体验温馨的感觉。虽然家的温馨与洗涤产品本没有必然联系，但通过广告情节的渲染，消费者再看到该品牌洗涤产品时，很容易会联想起家的温馨和亲人的关爱。另外，科学研究发现，联想是记忆的基础。例如，目前流行的星火单词记忆法，就是采用了联想的原理，把许多原本意义不相干的英文单词联系起来，便于学生记忆。

(二)联想的基本类型

联想的类型包括自由联想和控制联想两种。

1. 自由联想

自由联想是一种无计划、无指导和变化无常的联想。通常，人们天马行空的胡思乱想就是自由联想。当精神完全放松时,人们往往会进入这种联想状态。自由联想的内容表达了人们内心的深层次愿望,而这些愿望平时往往不被人们清晰地意识到。研究表明,自由联想的基本规律有近似、对比、接近和意义四种。通过分析消费者自由联想的内容,企业可以了解顾客潜在的需求和欲望。

2. 控制联想

控制联想是由某种欲望和计划所调节的观念系列联想。比如前面提到的某品牌洗涤产品广告,由于消费者对广告内容印象深刻,在看到该商品时就联想起家的温馨,这种联想就属于控制联想。它是企业有计划地调节了消费者观念中的相关内容,从而使之产生的联想。

(三)联想的基本规律

联想的基本规律包括:

1. 接近律

如果两个刺激在人的经验中曾经接近(时空接近),那么,当遇到其中一个时人们往往能够回忆起另一个。与该规律相对应的就是接近联想。例如,在南方黑芝麻糊的广告中,主人公喝着南方黑芝麻糊就想起了儿时的往事、邻里乡情。

2. 类似律

由一个事物联想到另一个与之相似的事物。与该规律相对应的就是类似联想。例如,蛇与绳很相似,从而让人看到绳子就很容易联想起蛇,"一朝被蛇咬,十年怕井绳"就是这个道理。

3. 对比律

由事物的一个侧面去联想另外一个侧面,进行对比,是成对出现的联想。如正面和反面、前面和后面、宏观和微观等。与该规律相对应的联想就是对比联想。这种联想会为企业创造出许多新的机会,开发出满足消费者相互对立的需求的商品。例如,可以设计出大包装和小包装、大人用商品和小孩用商品、黑色商品和白色商品等。

4. 因果律

如果两个事物存在一定的因果关系,那么人们很容易由其中的一事物联想到另一事物。与因果律相对应的联想就被称为因果联想。

例如,有企业宣布其商品全线降低价格,这时消费者就会对降价的举动产生联想:是否商品供大于求,或者是质量下降了,或者是原料价格降低了,或者是竞争加剧了等。消费者的这种因果联想经常影响企业营销策略的实施效果,因而要特别关注。

案例分析

最小可觉差战略

最小可觉差(Just Noticeable Difference,JND)是可被觉察到的最小数量变化值。以声音为例,分贝水平从 60 分贝变化到 62 分贝是觉察不到的,而分贝水平从 60 分贝变化到 63 分贝则可被觉察,因而我们知道对于 60 分贝的初始刺激,3 分贝的变化是最小可觉差。

在 100 多年前,有个叫恩斯特·韦伯(Ernst Weber)的心理学家发现,达到被辨认水平所需的变化量并不是一个绝对值,而是与初始的刺激强度有关。例如,一件原价为 50 美元的衬衫降价 5 美元,可能不会被消费者感知为一种有意义的价格变化,但是一件原价为 25 美元的衬衫降价 5 美元则会起到这种效果。因此,最小可觉差有时会用比例来描述。服装零售商发现,对一件衣服的降价幅度低于 20%通常并不会被消费者感知为一种有意义的价格变化,但是降价 20%通常会被顾客感知为一种有意义的价格变化。因此,若想要通过一种变化来影响消费者的行为，那么这种变化不仅必须被注意到，还必须被感知为有意义的变化。严格来说，最小可觉差的概念意味着为影响消费者的行为，你不必超过最小可觉差的范围，也能被消费者感知为有意义的变化。换句话说，如果最小可觉差是5%，那么你只需要改变刺激5%，就可以影响消费者的行为；改变刺激超过这个数量就不值得。在产品降价的这个例子中，如果营销者降价的幅度显著超过了最小可觉差所要求的幅度，那么商家就是没必要地多降价了。只需达到最小可觉差的要求，就已经足够让消费者感知到价格发生了一个有意义的变化，根据该理论，这将影响他们的行为。

那么，假设你在一家大型的健康食品营销公司工作，负责的是谷物产品线，其中的一种产品是20盎司一盒的麦片，目前的零售价是5美元。近来这种产品的原材料成本有了显著增长，这导致你们的利润缩水。你的首席营销官现在告诉你，除非明年把这种产品的零售价从每盎司25美分提高到每盎司30美分，否则她将慎重考虑把这种产品从公司的产品组合中去掉。

考虑到这个产品类别的价格竞争水平，你知道要是把你的麦片价格从5美元提高到6美元，消费者绝对会注意到价格的增加，并把这当作有意义的变化。事实上，你的研究告诉你，你的目标消费者对这个类别食品的最小可觉差是12%。你需要按照你的首席营销官所要求的去做，于是你做出了价格调整，把20盎司一盒的麦片的零售价从5美元增加到6美元，你计划在下月开始执行新价格。

资料来源：朱迪·格雷厄姆著. 消费者行为学案例与练习[M]. 江林译. 北京：中国人民大学出版社，2011：24—26.

思考与讨论

1. 预测此次的价格调整对消费者行为的影响。

2. 试想一下，你有没有别的替代方案呢？

3. 假设该麦片的顾客中有忠诚顾客和非忠诚顾客，其中忠诚顾客对价格的敏感度低于非忠诚顾客，前者的最小可觉差感受度会高于后者，那么，针对这两类不同的顾客，进行价格调整时应该注意哪些因素？是否仍可采用共同的价格调整策略？

4. 最小可觉差在消费者行为领域的其他应用有哪些？

本章小结

感觉是个体对作用于感觉器官的刺激经过神经系统进行信息加工所产生的对该刺激物个别属性的反映，它主要包括视觉、听觉、嗅觉、味觉、触觉五种作用形式。消费者的感觉有阈限、适应性和阈下刺激的感觉效应等基本特征。知觉是人脑对直接作用于感觉器官事物的整体反映，是对感觉信息的组织和解释过程，它有相对性、选择性、整体性和恒常性等基本特征。错觉是消费者知觉的一种特殊形式。

注意是人的心理活动或意识对一定对象的指向与集中，指向性和集中性是它的两个特点。注意的类型有不随意注意、随意注意和随意后注意三种。注意有选择、保持和调节监督等功能。消费者的注意呈现出碎片化的特征。

消费者的学习是指消费者在一定情景下由于反复的经验而产生的行为或行为潜能的比较持久的变化。消费者的学习过程可能在高介入或低介入的状态下进行，主要有刺激—反应式学习过程和认知学习两类，而消费者的学习方式包括模仿式学习、试错式学习、反应式学习和认知式学习这四种。

消费者的记忆是消费者在头脑中积累和保存个体经验的心理过程，用信息加工的术语来说，就是人脑对外界输入的信息进行编码、储存和提取的过程。消费者的记忆可以分为瞬时记忆、短时记忆和长时记忆，也可以分为情景记忆和语义记忆，还可以分为显性记忆和隐性记忆。消费者的联想是由一个事物（或概念）想到其他事物（或概念）的心理过程，主要包括自由联想和控制联想两种类型。联想的规律包括接近律、类似律、对比律和因果律。

关键词与复习题

关键词

感觉(feeling)　知觉(perception)　错觉(illusion)　注意(attention)
认知(cognition)　模仿式学习(imitation learning)　试错式学习(trial and error learning)
反应式学习(reflective learning)　认知式学习(cognitive learning)
记忆(memory)　联想(association)　瞬时记忆(transient memory)
短时记忆(short-term memory)　长时记忆(long-term memory)
情景记忆(episodic memory)　语义记忆(semantic memory)
显性记忆(explicit memory)　隐性记忆(implicit memory)
最小可觉差(Just Noticeable Difference,JND)

复习题

1. 简要论述消费者的感觉和知觉的概念及基本特征。
2. 什么是消费者的注意？简要说明它的特征、类型及功能。
3. 你是如何理解消费者学习的？
4. 消费者的记忆有哪些类型？它有哪些作用？
5. 消费者联想的类型和规律分别有哪些？

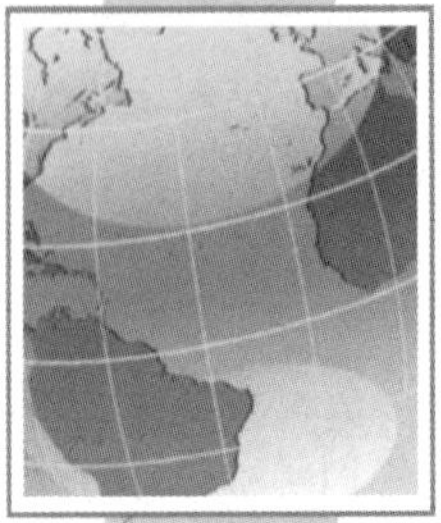

第五章
消费者的情绪

学习目标

通过本章的学习，应理解情绪的含义和功能；了解感情、情感和情绪之间的联系和区别；了解情绪的分类方法和测量方法；掌握情绪在消费者行为方面的体现和影响，并真正理解它在市场营销中的重要作用。

案例导引

浅盏咖啡于2020年8月获得数百万种子轮融资，并于11月21日在淘宝和天猫平台正式上线，同日开展直播销售，半个小时即实现业绩过万，一时在咖啡圈引起轰动。正如浅盏广告语所说的“一杯有情绪的咖啡”一样，它成功地调起了消费者和投资者的巨大“情绪”，于是在短时间内崛起并成为“网红”。

浅盏咖啡将人群定位于20—35岁之间的新型消费人群。在品牌标识设计上，浅盏将咖啡豆和咖啡杯结合起来，设计出一款“小盏”情绪包。根据烘焙度的不同，研发出6种不同的口味，每一种口味都搭配一个表情，并且进行情绪化命名，如口味A号叫心悦，B号叫怡然……正如广告语强调的是“一杯有情绪的咖啡”。浅盏表示，该品牌的6种咖啡，均选用精品阿拉比卡咖啡豆，经过不同程度的烘焙，带来不同的口感，在咖啡因的刺激下会让人兴奋并有不同的情绪体验。在外包装设计上，浅盏采用的是迷你咖啡小罐，正面用英文字母加以区分，背面覆盖“拼萌”的情绪包，能够让整个小罐立刻生动起来，摆在柜台不失为一件漂亮的艺术品。

消费者的生活充满着情绪，有时欣喜、有时焦虑、有时孤独、有时恐惧、有时愤怒、有时悲伤、有时愉悦等。情绪最能表达消费者的内心状态，可以说它是消费者心理状态的晴雨计。而情绪的多样性，说明它是一个极其复杂的心理现象，有独特的心理过程，包括生理唤醒、主观体验和外部表现等。从心理学的角度看，情绪是人脑的高级功能，是人类生存适应的第一心理工具。它具有组织、调节和动机的功能，与认知活动既有联系又有区别。当前，越来越多的学者开始注意情绪对消费者态度、行为意向、判断和决策的重要作用。有学者指出，消费者决策既可以基于理性认知系统形成（通过评估、权衡和综合属性信息从而进行全面评价），也可以基于情绪和情感系统形成（对特定选择项的暂时感觉或情感），但与前者相比，基于情绪和情感系统的决策判断更依赖于具体的情境，形成速度快，也更为全面（Chang & Pham，2013）。在大量的营销实践中，越来越多的商家也在设法通过激发消费者的各种情绪来达到其营销目标。

第一节　消费者情绪及其功能

一、情绪的概念

情绪会影响人们的消费选择。也正因为如此，商店会布置欢快的装饰，播放开心的音乐，希望你有愉快的心情，以便你更可能买东西。电视广告试着把他们的产品和高兴的场景联系起来，特别是在做像可乐饮料等广告的时候。

那么，什么是情绪呢？情绪是指个体受到某种刺激所产生的一种身心激动的状态，是人对客观事物的态度体验及相应的行为反应。消费情绪是一种以消费者的愿望和需要为中介的心理活动。当客观事物或情境符合主体的需要和愿望时，就能引起积极的、肯定的情绪和情感，如渴求知识的人买到一本好书会感到满意；人们在生活中遇到知己会感到欣慰；等等。当客观事物或情境不符合主体的需要和愿望时，就会产生消极、否定的情绪和情感，如失去亲人会引起悲痛；消费者在接受服务中遭到服务人员的冷遇会产生愤怒；等等。由此可见，情绪是由个体与环境间某种关系的维持或改变而引起的。①

情绪是多成分的复合过程，情绪成分包括主观体验、外显表情和生理激活三种。(1)主观体验。认识过程是平淡而无情的，情绪则带有独特的主观体验色彩，具有愉快、享乐、忧愁或悲伤等多种色调。每种具体情绪的主观体验色调都不相同，给人以不同的感受。主观体验是脑的一种状态，它所负载的过程就是情绪作为心理实体的具体过程。情绪过程的体验感受方面给行为提供动机，对认知和行为起着组织或瓦解的作用。(2)情绪有特殊的外显表现，而每种具体情绪的表现，特别是面部表情，是特异化的。这些特异化的面部运动模式是各种具体情绪的客观标志。通过情绪的外显表情，情绪的通信传递作用才成为可能。人的主观体验与外部表现存在着固定的关系，即某种主观体验是和相应的表情模式联系在一起的，如愉快的情绪体验必然伴随着欢快的面容或手舞足蹈的外显行为。(3)情绪发生在一定的生理激活水平上。不同情绪、情感的生理反应模式是不同的，如满意、愉快时心跳节律正常；恐惧或暴怒时心跳加速、血压升高、呼吸频率增加，甚至出现间歇或停顿；痛苦时血管容积缩小；等等。神经系统一定部位的激活为情绪的发生和活动提供能量。从延髓到脑干部位的网状结构上行激活系统经过边缘系统通向高级中枢，直到大脑皮层传送的弥散性冲动支持着脑的一般激活水平和状态，即情绪状态。网状结构的下行神经纤维又把信息输送回来，协调着脑的激活水平和情绪状态，提示各种具体情绪之间的性质差别，并支配着行为。

延伸阅读 5—1

情绪与消费者的行为决策

购买和销售的决策也依赖于情绪。有这样一个试验，要求你估计某个物品的价格，如一套荧光笔，你可能估计为 70 元。现在，我们把笔给你，然后询问你是否愿意以 70 元的价格把笔卖给我们。大多数心情愉快的人拒绝了，说他们宁愿留着这些笔也不会卖。伤心的人倾向于卖，而感到厌恶的人估价更低，并且他们不在乎是得到钱还是得到东西，好像他们两个都不想要。他们只是在闹情绪，想把所有东西都撕碎、拒绝，尽可能地抛弃。

---

① 彭聃龄．普通心理学[M]．北京：北京师范大学出版社，2001．

根据躯体标记假说，在决策时具有更强情绪反应的人，即便得到相同的信息，也会做出不一样的决定。比如在一项研究中，研究者问被试，如果他们想到有一定的可能性染上"疯牛病"，他们会减少多少牛肉的消费。研究者又问另一些被试，如果他们想到有一定的可能性染上牛海绵状脑病，他们会减少多少牛肉的消费。前一组被试表现出了更强烈的回避，尽管这些受过良好教育的被试很清楚这两种病是一样的。"疯牛病"听起来更可怕，因此导致了更多的回避。

资料来源：(美)施塔(Shiota，M. N.)，(美)卡拉特(Kalat，J. W.). 情绪心理学(第2版)[M]. 周仁来等译. 北京：中国轻工业出版社，2015：323－324.

二、情绪、情感和感情

情绪和情感既是在物种进化过程中产生的，又是人类社会历史发展的产物。对于这样一种在漫长的演化过程中发生的多层次质变现象，想用一个术语来表示是困难的。因为，当人们用情绪、情感这类术语来表示这一心理现象时，人们心目中的内涵常常是不同的。例如，有时人们把同生物需要相联系而产生的感情反应称为情绪，而把受社会规范制约的感情状态称为情感；另一些时候，人们又在表示感情形式时采用情绪，而在表示感情内容时采用情感。由于日常用语或文字描述对概念的使用发生影响，这类用法通常符合习俗和习惯，然而并非科学用语。因此，把术语规范化是必要的。

综览有关情绪的文献，可以发现，把区别于认识活动、有特定主观体验和外显表现，并同人的特定需要相联系的感性反应统称为感情(affect)；感情是这一感情性状态和反应的普遍概念。它一般包含情绪和情感的综合过程，既有情绪的含义，也有情感的含义。无论情绪、情感或感情，指的都是同一过程和同一现象；在不同的场合使用情绪或情感术语时，指的是这同一过程、同一现象所侧重的不同方面。

情绪(emotion)代表着感情性反应的过程。也就是说，感情性反应作为心理活动的过程，用情绪这一术语来表示。无论是动物还是人类，当感情性反应发生时，都是脑的活动过程。从这个意义上说，情绪术语既用于人类，也用于动物。然而把情绪概念限定为它只同有机体的生物需要相联系，恐怕就不正确了。因为人类的生物需要也是受社会历史影响的；人类在高度发展的社会规范下，其生物需要含有丰富的社会内容，不可与动物的需要相等同。

而情感则是同人类的社会性需要相联系的主观体验，经常被用来描述社会性高级感情，也是人类所特有的心理现象之一。比如对祖国的热爱、对美的欣赏等。人类高级的社会情感主要有道德感、理智感和美感等。

(1)道德感。道德感是根据一定的道德标准在评价人的思想、意图和行为时所产生的主观体验。道德属于社会历史范畴，不同时代、不同民族、不同阶级有着不同的道德评价标准。爱祖国、爱人民是每位公民的基本道德准则。如果一个人的言行符合这一标准，就会产生幸福感、自豪感和自慰感。在营销实践中，许多企业注重开发民族品牌以激发消费者的爱国情感，取得了较好的效果。例如，蒙牛在创业初期宣称要做"中国牛"，非常可乐也打出"中国人自己的可乐"的口号。这些具有强烈民族自豪感的广告语，激发了消费者的爱国热情和民族认同感，进而促进了消费者对民族品牌的接纳和认同。

(2)理智感。理智感是在智力活动过程中，人们在认识和评价事物时所产生的情感体验。例如，人们在探索未知的事件时表现出的求知欲望、认识兴趣和好奇心，在解决问题过程中出现的迟疑、惊讶、焦躁以及问题解决后的喜悦、快感，在评价事物时坚持自己见解的热情，为真理献身时感到的幸福与自豪，由于违背和歪曲了事实真相而感到羞愧等，都属于理智感。有人认为，消费者越不理智，企业越容易推销自己的商品。但是应当认识到，理智感往往会主导消费者的满意程度。当消费者在非理智的情况下购买了某种本不需要的商品，事后冷静下来时，会感到严重的不满。这种不满会导致消费者对商品甚至企业产生负面印象，从而影响消费者的重复购买意愿。所以，对企业而言，赢得顾客忠诚的关键是真正为顾客着想，促使其在理智的状态下做出合理的购买选择。

(3)美感。美感是根据一定的审美标准评价事物时所产生的情感体验。人的审美标准既反映了事物的客观属性，又受到个人思想观点和价值观念的影响。因此，在不同的文化背景下，人们对美的评价既有共同之处，也有不同之处。例如，人们普遍认为天鹅的形象是美的，而鳄鱼的形象是丑的；但某些人基于特定的文化和个人经验，可能对它们做出不同的审美评价。每位消费者在内心深处都有对“美”的憧憬和追求，深刻的、动人的美感能够打动消费者，使之乐意额外支付，如优美的芭蕾舞剧《天鹅湖》、风景如画的旅游景区九寨沟等，对人们的吸引力经久不衰。因此，提供具有美感的商品和服务也是企业追求的理想目标。

三、情绪的功能

情绪的功能主要包括适应功能、动机功能、组织功能和社会信号功能。

(一)适应功能

情绪直接反映着消费者的生存状况，是消费者心理活动的晴雨计，如通过愉快可以表示处境良好，通过痛苦可以表示面临困难；人们还通过情绪进行社会适应，如用微笑表示友好，通过移情维护人际关系，通过察言观色了解对方的情绪状况，进而采取相应的措施或对策等。情绪是消费者适应生存和发展的一种重要方式，与基本适应行为有关，包括攻击行为、躲避行为、寻求舒适、帮助别人等。这些行为有助于其更好地生存、发展并成功地适应周围环境。当然，情绪有时也有负面作用，如一些球迷会因为输球闹情绪而在赛场闹事、斗殴、破坏公共财产。

(二)动机功能

情绪是动机的源泉之一，是动机系统的一个基本成分。它能激励人的活动，提高人的活动效率。适度的情绪兴奋，可以使身心处于活动的最佳状态，推动人们有效地完成任务。研究表明，适度的紧张和焦虑能促使人积极地思考和解决问题。同时，情绪对于生理内驱力也具有放大信号的作用，成为驱使人们行为的强大动力。研究者发现，当人们非常高兴的时候，可能会产生购物的欲望和冲动，购买一些平时不会购买的东西。因此，商家会抓住节假日商机大力推销商品，因为家人团聚、兴高采烈的时候，往往会导致消费者较高的购物欲望。而企业的产品或服务出现失败时，可能会激发消费者的不满甚至愤怒情绪，此时，消费者的购买意愿或重复购买的可能性会大幅度降低。此外，性别差异也会影响消费者的情绪性购买行为，例如，女性常会在不开心的时候疯狂购物，男性则在情绪低落时到酒吧饮酒。

延伸阅读 5－2

广告要善于调动消费者的情绪

明尼苏达州大学市场营销学教授 Jane Ebert 做的一项新研究发现，调动消费者不同的情绪能产生不同的结果。在其中一个实验中，首先让参与者想象当一件事发生后自己的感受，如：“今天要是红袜队(美国一支棒球队)输了，我会感到难过。”然后预测随着时间的推移，这种感受会如何变化，如：“再过几天是我的生日，那时我可能会感觉好点。”之后，研究者让实验者反过来思考,即先想着过几天过生日,会很开心,然后再让其预测今天看到球队输掉比赛后的感受。结果发现,多数人会觉得输了比赛也不会对自己产生太大影响。所以,要想使消费者对广告印象深刻,不妨去尝试调动他们的情绪。比如,在寒冷的冬季向消费者播出一则到加勒比海旅行的广告,如果仅仅吹捧这个旅游目的地的好处,就难以让消费者产生共鸣;但广告中如果加入可以调动其情绪的广告语,如:"冬天使你情绪低落了吧?到阳光充裕的热带休个假如何?马上来订票吧!"让消费者先思考冬天的坏处,再预测一下出去游玩会对自己情绪产生的影响,成功地调动了消费者的情绪,消费者更容易产生订票行为。

资料来源:佚名.广告要善于调动消费者情绪[J].广告主:市场观察,2009(4):16—16.

(三)组织功能

情绪的组织作用是指情绪对其他心理过程的影响。情绪心理学家认为,情绪作为脑内的一个检测系统,对其他心理活动具有组织的作用。这种作用表现为积极情绪的协调作用和消极情绪的破坏、瓦解作用。中等强度的愉快情绪有利于提高认知活动的效果,而消极情绪如恐惧、痛苦等会对消费行为产生负面影响。比如,当个体处于积极乐观的情绪状态时,就容易注意到事物好的一面,购物时不会钻牛角尖,不会在产品属性之间做各种权衡,做决策往往会非常快,很容易达成交易,这也正是为什么商城中总是播放欢快类型音乐的原因;而当个体处于消极、悲观的情绪状态时,则容易失望、灰心丧气,对周围的人和事物也会变得冷漠,没有心思去消费或购物,并且可能会因为一些小的服务失误和失败而勃然大怒。研究还表明,情绪状态可以影响学习、记忆、社会判断和创造力。人们在加工和提取信息时,那些和当前情绪一致的内容表现出选择性的敏感化,这些内容容易受到注意,得到深入加工、并建立更为细致的联系。

(四)社会信号功能

情绪在人际间具有传递信息、沟通思想的功能。这种功能是通过情绪的外部表现,即表情来实现的。表情是思想的信号,如用微笑表示赞赏、用点头表示默认等。表情也是言语交流的重要补充,如手势、语调等能使言语信息表达得更加明确或确定。表情的信号功能在营销中的使用非常普遍。无论是在街头巷尾的广告牌,还是在实际的消费环境中,广告代言人或者服务人员总是以亲切的微笑示人,这是因为微笑具有强大的社会力量,它能够通过许多方式对人际关系和判断产生积极的影响。在时装秀中,模特们常常保持着冷漠的表情,研究表明,这种冷漠的表情往往显示着品牌的高贵感。

第二节　消费者情绪分类与测量

一、消费者情绪的分类

(一)积极情绪和消极情绪

基本情绪可以分为两类:一类是积极情绪;另一类是消极情绪。积极情绪是与接近行为相伴随产生的情绪,而消极情绪是与回避行为相伴随产生的情绪。

(1)积极情绪。消费者的积极情绪与某种需要的满足相联系,通常伴随愉悦的主观体验,并能提高人的积极性和活动能力。积极情绪包括开心、愉快、兴趣、满足和爱等。一般认为,积极情绪有三个重要的适应功能,即支持应对、缓解压力、恢复被压力消耗的资源。弗瑞迪克森(Fredrickson)认为,积极情绪能拓宽注意范围、提高行动效能,有助于机体获得身体、智力和社会资源。积极情绪还能明显影响思维过程,促进高效率地思考和解决问题,也就是说,积极情绪对认知有组织功能。另外，积极情绪还对人的社会行为有积极作用，如改善人际关系和社会关系等。

(2)消极情绪。消极情绪是指生活事件对人的心理所造成的负面影响，如痛苦、悲伤、愤怒、焦虑、愧疚和恐惧等。适度的消极情绪有时是有益的。如在适度的焦虑情绪下，大脑和神经系统的张力增加，思考能力亢进，反应速度加快，因而能提高工作效率和学习效果。相反，过于强烈和持久性的消极情绪则对人的健康和社会适应有害。它能抑制大脑皮层的高级心智活动，如推理、辨别，使人的认识范围缩小，不能正确评价自己行动的意义及后果，自制力降低；引起正常行为的瓦解，并使工作和学习效率降低。如果消极情绪长期存在，而个人的心理适应力又差，不能及时疏导、缓解，还会引起相应的心理疾病。

(二)基于不同维度的分类

很多学者认为，将情绪分为积极情绪和消极情绪两大类别过于简单，因为即使都是积极情绪，比如快乐和狂喜，它们在强度上也有明显的差异。

1980 年罗素(Russell)提出了情绪分类的环形模式。他认为情绪可以划分为两个维度：愉快度和强度。愉快度又可以分为愉快与不愉快；强度又可以分为中等强度和高等强度。由此可以组成四个类型：愉快—高等强度，包括兴奋、欣快、欢乐、高兴等；愉快—中等强度，包括满足、平和、自在、放松等；不愉快—中等强度，包括痛苦、抑郁、悲伤、闷闷不乐等；不愉快—高等强度，包括害怕、愤怒、紧张、忧虑等。具体见图 5—1。

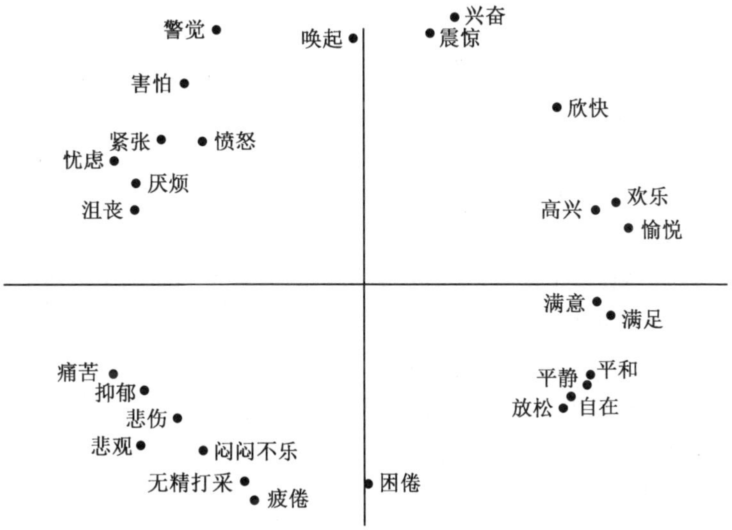

资料来源：Russell，J. A.“A Circumplex Model of Affect”. *Journal of Personality and Social Psychology*，1980，39(6)：1161—1178.

图 5—1　情绪分类的环形模式

普拉切克(Plutchik)提出，情绪具有强度、相似性和两极性三个维度，并用一个倒锥体来说明三个维度之间的关系。锥体截面划分为 8 种原始情绪，相邻的情绪是相似的，对角位置的情绪是对立的。锥体自下而上表明情绪由弱到强的变化，比如厌烦、厌恶和憎恨，它们是相似的一类情绪，但是强度是由弱变强的。具体如图 5—2 所示。

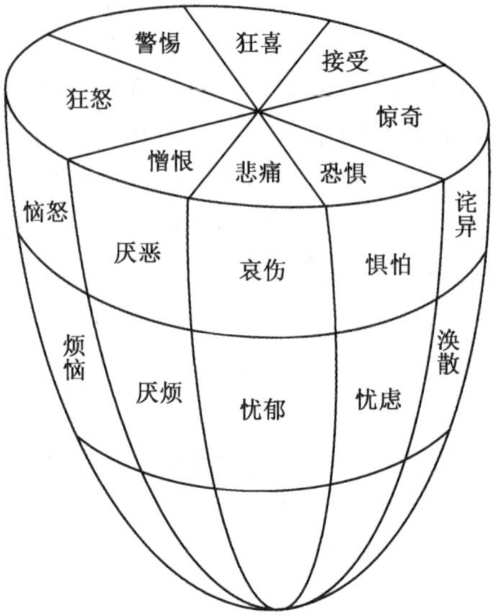

资料来源:彭聃龄. 普通心理学[M]. 北京:北京师范大学出版社,2012:412—413.

图 5—2　普拉切克的情绪三维模式

二、情绪状态及其分类

情绪状态是指在某种事件或情境的影响下,在一定时间内所产生的某种情绪,其中较典型的情绪状态有心境、激情和应激三种。

(一)心境

心境(mood)是指人比较平静而持久的情绪状态。心境具有弥漫性,它不是关于某一事物的特定体验,而是以同样的态度体验对待一切事物。心境持续时间有很大差别。某些心境可能持续几个小时,另一些心境可能持续几周、几个月甚至更长的时间。一种心境的持续时间依赖于引起心境的客观刺激的性质,如失去亲人往往使人产生较长时间的郁闷心境。一个人取得了重大的成就(如高考被录取、升职等),在一段时期内会使人处于积极、愉快的心境中。人格特征也能影响心境的持续时间,性格开朗的人往往事过境迁不再考虑,而性格内向的人则容易耿耿于怀。心境对消费者的生活有很大的影响。积极向上、乐观的心境可以提高消费活动效率,而消极悲观的心境则会降低认知活动效率,甚至丧失消费意愿。

(二)激情

激情(intense emotion)是一种强烈的、爆发性的、为时短促的情绪状态。这种情绪状态通常是由对个人有重大意义的事件引起的。重大成功之后的狂喜、突如其来的危险所带来的异常恐惧等,都是激情状态。激情往往伴随着生理变化和明显的外部行为表现,例如,盛怒时全身肌肉紧张、双目怒视、咬牙切齿、紧握双拳等;狂喜时眉开眼笑、手舞足蹈。激情状态下人往往会出现“意识狭窄”现象,即认识活动的范围缩小、理智分析能力受到抑制、自我控制能力减弱,进而使人的行为失去控制,甚至做出一些鲁莽的行为或动作。比如,一些冲动性的消费行为,往往是受到了激情的影响。

(三)应激

应激(stress)是指人对某种意外的环境刺激所做出的适应性反应。例如,人们遇到某种意外危险或面临某种突发事变时，必须集中自己的智慧和经验，动员自己的全部力量，迅速做出选择、采取有效行动，此时人的身心处于高度紧张状态，就是应激状态。而在这些情况下人们所产生的一种特殊紧张的情绪体验，就是应激情绪状态。应激状态的产生与人面临的情景及人对自己能力的估计有关。当情景对一个人提出了要求，而他意识到自己无力应付当前情境的过高要求时，就会感到紧张而处于应激状态。比如2020年新冠肺炎疫情突发阶段，有很多人出现了恐慌、焦虑等应激情绪状态，而这种情绪状态进一步导致了一些保护性的消费行为，比如囤积性的购物行为、节俭或压缩性消费决策等。

三、情绪的测量

对情绪的研究通常需要进行各种测量。如果情绪是存在的，我们应该能够对其进行测量。情绪研究者主要依靠以下几种方法。①

（一）自我报告

自我报告是指被试对自我情绪感受的描述，也可以报告自己的认知、行为以及情绪的其他方面。自我报告数据的收集很简单，不需要解释。在这个方法中，研究者只是要求人们描述他们当前的、过去的或常见的情绪。例如，被试可能会在这样的一个量表上评估他们的紧张、快乐和其他情绪的水平：

一点也不紧张			有些紧张			非常紧张
1	2	3	4	5	6	7

（二）生理测量

生理测量包括对血压、心率、出汗以及其他随情绪唤醒而波动的变量的测量。研究者们也关注大脑活动和激素变化。

其中一个测量技术就是脑电法（EEG）：将电极粘贴在被试的头皮上，以测量情绪活动中大脑活动的瞬时变化。脑电法相对便宜，且能提供每个电极附近脑区细胞活动的毫秒级信息。尤其当关注情绪体验的精确时间时，测量脑电的方法更加实用。在受到一种愉快或不愉快的刺激后，脑电反应可以瞬间被探测到，而测量主观感受的瞬时变化则是不可能的。

功能性磁共振成像（FMRI）也流行起来，这种方法根据耗氧量的变化来测量大脑活动。脑区活动增加时会需要更多的氧，因此，邻近血管中的血红蛋白分子就会释放氧，携带氧的血红蛋白分子与不携带氧的血红蛋白分子对磁场产生的反应不同，环绕头部的FMRI扫描仪能够监测到这种不同。FMRI能够监测到大脑活动1秒内的微小变化，同时，它可以将变化的位置精确到大脑表层之下2—3毫米。

（三）行为反应

行为反应是指可观测的行动，包括面部和声音表达、逃跑或攻击。当人们见到蜘蛛就跳起来并尖叫时，可以推测他们是被吓着了；当人们握紧拳头、发出吼叫时，可以推测他们愤怒了。研究者通过观测行为来对自我报告进行补充，因为人们经常不能或者不愿意准确报告自己的情绪。研究者往往对面部特定肌肉群的收缩特别感兴趣，因为它们能产生表情。比如，当人们愤怒时经常眉毛降低并皱拢在一起、眯着眼睛、紧闭嘴唇。运用FACS行为编码系统，研究者能够记录面部哪些肌肉收缩了、持续了多长时间以及收缩的强度。

---

① （美）施塔（Shiota，M. N.），（美）卡拉特（Kalat，J. W.）. 情绪心理学（第2版）[M]. 周仁来等译. 北京：中国轻工业出版社，2015：8－13.

延伸阅读 5—3

恐惧情绪与营销活动

当今社会，生活节奏越来越快，个体对体验性消费的需求日增，“花钱买刺激”或“花钱买罪受”已经成为一种消费时尚，包含恐惧情绪的消费活动及产品受到个体的青睐，例如，蹦极、跳伞、穿越大峡谷的空中玻璃走廊、真人鬼屋密室逃脱、去恐怖主题餐厅就餐、购买恐怖物品（如女巫手指饼干、恐怖蛋糕、僵尸鬼脸面具等恐惧食品）等。一般而言，追求正面情绪、规避负面情绪是个体的本能，那为何消费者会对让自身感到害怕的情绪活动入迷呢？

（1）后果模型。Solomon & Corbit 的后果模型认为，有些个体愿意忍受负面情绪体验是因为不愉快的刺激一旦结束，他们就能感受到更多的放松和快乐。随后的快乐源自刺激消失和剩余唤醒的结合作用。这种观点认为在两种极端的情感体验时，个体会在潜意识里对二者进行比较，一种情感的消除伴随着其对立情感的产生。有研究表明，当跳伞和看恐怖电影时，个体经历了紧张和害怕等恐惧情绪，结束后会产生更多的放松感和愉快感等正面情绪。后果模型同时涉及了适应性，指出随着暴露刺激频率的增加和时间的推移，个体慢慢适应和接受了初始的恐惧心理，恐惧情绪也会降低，不但能产生更多的愉快感，而且能持续更长的时间。

（2）共激活模型。Andrade & Cohen 提出的共激活模型认为，个体正面情绪的增加并不以负面情绪的消减为代价，无论是否经常接受负面情绪刺激体验的个体，感知到的负面情绪都是一样的，个体的正面情绪和负面情绪不是先后被激活，而是同时被激活。那些起初因害怕不愿意体验恐惧经历的人感受到更多的正面情绪。被试者能同时体会到两种相反的情绪，并且负面情绪越多，越能激发出个体的愉快感。因此，某些时候，一件特定事件最令人恐惧的时刻也是最令人愉快的时刻。Apter 提出了保护性框架模型用来解释什么时候个体愿意参加极限运动。保护性框架包含安全域框架、分离框架和自信框架。其中安全域框架指个体在所处环境中受到恐惧刺激，但知道自己是安全的，一般通过空间距离实现（例如，笼子里的狮子让人害怕，但个体知道隔着铁栅栏自己是安全的；远远站在悬崖边的人感到既害怕又刺激愉快）；分离框架指个体观察事件但不并真正参与其中，个体处理的只是恐惧情绪的抽象代表，而不是真实的恐惧刺激（例如，观看恐怖电影）；自信框架指虽然身处危险区域，但是个体认为自己有能力抵御负面情绪刺激（例如，在极限运动中，新手往往感觉紧张和害怕，但熟练者会从中体验到更多放松和愉快）。共激活作用和保护性框架在特定水平的不确定性给个体带来了一种全新的、事后更加愉快的体验，这种体验远比纯粹已知的愉快体验让人更快乐。因此，在正面情绪和负面情绪交互作用下体验到的即时性快乐显著增加了愉快感，也就是说，在保护框架范围内的恐惧情绪体验让人更开心。

（3）唤醒、好奇与恐惧情绪趋近。唤醒是增强好奇心、引起感情动机的能量因素。它包括生理变量、心理变量和新奇性变量（新异性、不确定性、不一致性、复杂性）等冲突。在参加活动前，个体会因为即将面临情景的不确定性产生生理上的情绪波动。同时新异性刺激引起情绪唤醒，当唤醒达到一定的程度时，就会激发好奇心和探究动机，即新异性刺激的不一致性和不确定性与原有内部模式不相容，这时就会产生概念间冲突。不管是电影还是极限运动，都是在相对安全的环境中引入恐怖体验，激发个体同时感知强烈的恐惧情绪和正面情绪，最终产生快感。有研究发现，一个人喜欢刺激的程度与他的基础生理激活水平有关，即这个人的大脑一般的清醒与活动水平。如果一个人的大脑比较容易兴奋，他不会喜欢太强烈的刺激，否则，大脑活动反应过强不会产生快感；而大脑迟钝的人则喜欢强烈一点的刺激。

日常生活中有很多常见的恐惧体验消费，如看恐怖电影，参加蹦极、跳伞等极限运动，走悬空玻璃栈道等。个体之所以愿意参加这类体验消费，是因为在整个消费过程中，个体的正面情绪和负面情绪同时被激活，并引入了保护性框架模型来解释什么时候个体愿意参加这些活动。为了产生正面情绪，个体必须构建一个心理框架用来说服自己相信当下所面临的威胁/恐惧不是真实的。类似于把个体嵌入保护性框架中，个体可以根据经验避免自己受伤害。自我构建保护性框架的规避者，比没有保护性框架的趋向者，在感受负面情绪时能感知到更强烈的正面情绪。个体在经历恐惧后感受到的正面情绪，比直接让人体验正面情绪印象更深刻。现在市面上各种各样的恐惧产品也日益畅销。如手指饼干、血浆饮料、昆虫寿司等恐惧食品，还有骷髅光感应服装、僵尸鬼脸面具、穿指钉等恐惧玩具，个体之所以想要尝试消费这些恐惧产品，是因为当个体看到诸如此类的恐惧食品时，因为未知而引起唤醒产生想要探究的动机，进而产生消费。在消费过程中发现这些食品只是外表恐怖后，不仅是味觉上的享受，还战胜了自我恐惧心理，心理上会有一种成就感和愉悦感。感觉寻求理论认为，每个人的最优刺激水平是各不相同的。当个体趋向更优的唤醒水平时，就会体验到更多的正面情绪。这也可以解释为什么个体有时甚至愿意选择由负面情绪事件唤醒的体验。

资料来源：杜建刚，李晓楠，李丹惠．恐惧情绪消费机制述评及应用[J]．未来与发展，2018，42(9)：69—74.

第三节　消费者情绪影响及应用

情绪不仅影响着消费者的信息加工、注意力分配、记忆效果等认知过程，也影响着消费者的行为动机、购买意愿和决策，在一系列与产品、销售、沟通等相关的营销情境中，它都起着重要作用。因此，企业也面临着如何准确把握和调动消费者积极情绪的挑战。

一、影响消费者情绪和情感的因素

(一)购物环境的影响

人的情绪很容易受到环境的影响。购物场所的气温、照明、光线的色彩、空间的大小，以及人员拥挤状况等，这些物理性的因素对情绪的影响很大。如果购物环境优雅舒适、生机盎然会使消费者产生愉快、喜爱的积极情绪。反之，则会使消费者厌烦、失望的消极情绪。因此，商业企业一般很重视店堂和门面的装修以及商场内温度的控制、色彩的搭配、灯光的明暗、商品的摆放等，营造一种舒适、和谐的气氛以吸引更多的顾客。

延伸阅读 5—4

色彩、情绪与消费行为

色彩会影响消费者的情绪唤醒。歌德在 1810 年的著作《论色彩学》中以直觉为基础，推测了色彩感知对情感体验的影响，并根据对人情绪造成的正负面影响将色彩分为“加色”和“减色”。其中“加色”代表有红色、黄色，给人带来活力、激励和温暖的积极感觉；“减色”代表有蓝色，给人带来躁动、焦虑和寒冷的负面感觉。精神科领域医生发展了上述认知，提出色彩感知显著影响人的情绪、认知焦点和行为。长波长色彩(红色、橙色)是振奋人心的，能够引起高度唤醒，而短波长色彩(绿色、蓝色)会带来放松和平静。

色彩对人的生理、心理和行为产生的影响在很大程度上是色相的作用。不同的波长形成不同的色相，现有文献对色相的研究主要集中在两类色彩，即红色和蓝色，这两类色彩会给消费者带来不同的情感反应和认知方式。红色会吸引更多注意、导致更高的唤醒水平，起到提高吸引力和竞争表现的正向作用，但也可能引发消费者的冲动、紧张、攻击性等负面情绪。而蓝色则会更多地使消费者感到放松、平静。在线上购物环境中，网页背景色彩的红色、蓝色会影响消费者的支付意愿，在竞价拍卖情境中红色背景比蓝色背景使消费者加价更多，但在讨价还价情境中，红色背景则会让消费者出价更低。另外，红色更容易启动人的回避动机，使人在细节导向任务上有更好的表现，而蓝色环境会启动人的趋近动机，使人在创新导向任务上有更好的表现。蓝色（相对于红色）背景会激发个体的关系加工模式，因此，当市场推出新产品时，蓝色背景会让消费者更加偏好中度不一致（相对于一致）的新产品。

红色会引发消费者较高的唤醒水平，提高消费者的兴奋和活跃程度，但高唤醒也会增强人的消极情绪，如使人产生冲动、紧张等主观情感反应，激发人的攻击性等。而蓝色会引起较低的唤醒水平，更多地使人感到放松、平静。因此，在线下终端环境中，消费者更加喜欢冷色系（相对于暖色系）的商店，因为冷色（如蓝色）会带来放松感和愉悦感，而且带来放松感的色相会使消费者产生更强的兴趣去浏览商品、增加模拟购买、减少购买延迟。另外，冷暖色系可以在零售环境的不同位置有策略地使用，如在收银区不宜使用暖色，因为暖色会增强消费者的唤醒、焦虑，使其对结账时间有负面评价；但是只要结账过程加快，暖色就会降低自我控制，增加消费者对结账台附近商品的冲动购买。

广告使用明亮度高的背景色会给消费者带来更放松的心情，进而正向影响对广告的态度。零售环境中灯光色彩明亮程度的不同也会影响消费者的心理和行为，在较为明亮的灯光下展示的商品能够获得消费者更长时间的观看和更强的触摸意愿。不仅如此，明亮度较高的灯光还会提高消费者的人际导向，而昏暗的灯光则有利于降低消费者的警觉性，降低消费者对周围环境的防备，使其更容易被说服。

资料来源：黄静，王正荣，杨德春等．色彩营销研究：回顾与展望[J]．外国经济与管理，2018，40(10)：40—53.

（二）商品的影响

商品是影响消费者情绪情感变化的主要因素，因为消费者进入商场就是为了购买商品。因此，商品的质量、数量、价格、广告、造型、包装以及消费者认为商品符合其需要的程度等，都会引起消费者的情绪和情感的变化。式样别致的新商品，价格具有优势且符合顾客消费需要的商品（价格适中、价格低廉，或价格极为昂贵等，对不同的顾客来说都有各自的优势），或商品出现新的包装，商品摆放在比较引人注意的位置，商品的POP广告比较突出且醒目等，这些因素都容易引发顾客兴奋的积极情绪，从而在不同程度上影响消费者对某种商品或某家商场的喜好程度和购买意愿。

（三）服务品质的影响

首先，服务人员的表情对顾客的影响最为重要。在商业服务中，有一条极为平常也极为重要的服务原则，就是要求售货员（包括在其他消费场所提供服务的人员）在接待顾客时要礼貌，以饱满的情绪和微笑的表情面对各种各样的顾客。因为如果服务人员主动热情、耐心周到地为顾客服务，顾客就会产生一种受到尊重的感觉，心情非常舒畅。反之，如果服务人员态度冷淡、举止粗鲁，则会让顾客不舒服并留下恶劣的印象。

延伸阅读 5—5

海底捞的情绪营销

(1)家的感觉,朋友似的问候

当消费者到达海底捞电梯的时候,就会有一位服务员面带微笑并热情地说:“欢迎来到海底捞。”随后帮你按动电梯按钮。服务员表情自然,让你感觉好像朋友之间见面时自然的问候。而且服务员并没有说“欢迎光临”,不会让你有一种压迫感。

(2)让等待变得不再枯燥和厌烦

当你进入就餐大厅之后,排队往往是在所难免的。这时候消费者需要做的首先是去取号,然后呢?服务人员会引导你去等候区。尽管等待往往带给大家的是不愉悦感,但是在海底捞,等待永远不会让你不开心、不耐烦。在等待过程中,海底捞提供了充足的水果、零食和各种茶水;同时,各种娱乐设施应有尽有,甚至还提供了亲子活动的场所和设施;另外,美甲服务、擦鞋服务更是让消费者心情大好。这些大大削弱了等待的不愉悦情绪,消费者在这些服务中非常享受和开心。

(3)把一切可能的负面情绪扼杀在摇篮中

如果你是一个人就餐,你是否会觉得孤独呢?在海底捞你不会有这种孤独感。如果你一个人点餐,服务员会拿一只玩具熊放在你对面,好像你在和它一起用餐,所以你不会觉得孤独。大家都知道吃火锅是会状况不断的。衣服上、眼镜上、手机沾上了油渍,正准备吃,头发却总是找不到合适的位置等。为了避免各种尴尬,在就餐开始之前,海底捞的服务人员会给你提供围裙、皮筋、眼镜布、手机套。

就餐人数少,点多了吃不完,点少了感觉又会让人觉得自己很抠门。这怎么办?海底捞完全考虑到你的顾虑和你的“难以启齿”。服务人员把菜单递给你的时候,首先会建议你最好点半份,这样既不浪费,还可以多品尝几样。

吃完之后,当顾客要买单的时候,服务人员拿来的不仅是账单,还有薄荷糖、口香糖。让你避免吃完火锅后一说话满口火锅味的尴尬。

(4)具有感染力的招牌式微笑

在海底捞就餐的过程中,所有的服务人员都面带微笑,这种微笑是发自内心的,而且这种微笑是具有感染力的。

(5)各种惊喜不断

海底捞的服务有些是固定动作,但是即使如此,也会带给你惊喜。我们把这种惊喜叫作固定惊喜。同时,海底捞基于消费者的需求会提供随机性惊喜,我们称为定制化惊喜。

①固定惊喜

惊喜1:当你点了一份拉面的时候,你可能认为服务员会给你端上一碗面。错了,这时候会有一位服务员当场给你“拉面”。服务员会在“拉面”过程中做出各种姿势,引来在场其他顾客的各种尖叫。

惊喜2:在结账的时候,海底捞的服务员会帮你随机免掉一个不是太贵的菜,并告诉你这是他送给你的,让你对他产生好感。

②定制化惊喜

惊喜1:服务员倒错了汤后竟主动送上涂有“对不起”字样的玉米饼致歉。

惊喜2:曾经有位网友说,有次在海底捞吃完饭,要赶火车却打不到出租车。门口的服务人员看到他带着行李箱，问明情况后转身走了，紧接着海底捞的店长把自己的 SUV 开出来说："赶紧上车吧，时间不多了。"

惊喜 3：微博上有网友称："我在海底捞吃饭，忘带钱了。领班说，'没关系，下次补'，又掏出 50 块钱说，'这个您拿着打车'。"

总体来说，海底捞在运营过程中充分认识到了消费者情绪的重要性，他们在努力地调动消费者的积极情绪，将可能的负面情绪扼杀在摇篮中。同时，通过口碑传播使消费者感受到海底捞能带来积极情绪。

资料来源：周欣悦．消费者行为学[M]．北京：机械工业出版社，2020：117—118.

（四）顾客的心理准备

顾客的心理准备状态对于情绪有直接的激发作用，被激发而兴奋起来的情绪又反过来影响原来的心理准备，两者合一推动购买行为的进行。顾客的需要水平越高，购买的动机就越强烈，一般情绪的兴奋程度越高，购买动机转变为购买行为的可能性也越大。个别消费者的心理准备还会出现其他复杂情况，如原来的需要水平很高，而商品的特点与顾客所期望的水平相差太远，顾客的情绪就会产生较大反差，由兴奋变为失望。售货员在遇到这类顾客时，应该理解他们的心情，努力做好调整工作。

二、情绪和情感营销

现代营销中，随着消费者需求的感性化、情绪化倾向增强，企业越来越重视情绪营销或情感营销。

（一）加强品牌的情绪或情感诉求

了解消费者的情绪和情感有助于企业发现市场机会，有针对性地推出迎合消费者情绪和情感需求的商品或服务。营销实践中，许多企业以情绪和情感作为品牌诉求的核心利益，如维维豆奶的"维维豆奶，欢乐开怀"等。这些广告通过向消费者传递积极的情绪和情感来促进商品价值的实现。

此外，有些商品以消除消费者的不愉快情绪和情感为诉求。很少有人喜欢悲哀、无助、羞辱、紧张之类的感受。为此，许多产品的定位就是可以防止或缓解不愉快情绪。比如，减肥产品和其他有助于自我完善的产品常常根据其可以缓解内疚感、无助感、耻辱感或厌恶感等进行定位，个人清洁护理产品也常以缓解焦躁和忧虑作为其主要功能来定位。一些旅游服务也以可以帮助消费者发泄不良情绪来定位，比如有旅游景点推出"为都市人减压"的广告主题，吸引城市上班族通过旅游来减缓紧张、低落的情绪。

（二）以激发情绪和情感作为广告主题

情绪在广告中可以起到很多作用。广告中的情绪性内容可以增强广告的关注度、吸引力和持久性。广告中情绪和情感的运用已经成为现代企业提升品牌内涵和品牌形象的主要手段，也是商品定位的重要方式，许多企业以激发消费者特定的情绪和情感作为广告宣传的主题。例如，李宁推出的"一切皆有可能"的广告主题，体现出了励志、奋斗和满满的正能量；欧派厨具的"有家有爱有欧派"系列广告等。又如，每逢节假日，许多企业会制作节日广告来表达喜气洋洋、开心快乐的节日气氛。一般而言，能激发积极和正面情绪的情感性广告更受人喜爱。有研究表明，比起中性广告，那些能激发欢乐温馨或怀疑情感反应的广告，更能引起人们的注意，也更容易让人们记住。当前，随着企业对消费者情绪和情感的重视不断加强，情感性广告已经在世界范围内成为广告诉求的主流趋势。情感诉求不仅使营销活动更具吸引力、加强人们的记忆，也可以使品牌更人性化、更具社会情感。

延伸阅读 5—6

怀旧情绪与营销

2019 年 3 月 21 日 19:03，青岛啤酒 1903 复古装潮品发布会在上海复古潮流地百乐门举行。当天，神秘嘉宾——知名演员陈数着一身旗袍惊喜亮相，演绎青岛啤酒百年国潮的"前世今生"，青岛啤酒经典 1903 复古装也"穿越"百年而来。作为曾经风行上海滩的时尚饮品，青岛啤酒 1903 复古装不仅复刻了百年前青岛啤酒的经典商标画面，也将现代时尚潮流元素注入罐身。在产品包装上，经典 1903 复古装罐身上中国字"青岛啤酒"和"好"，完全取材于青岛啤酒经典 1903 系列历史瓶标上的原版字样。历史瓶标上的酿造原料大麦与啤酒花形象，也在经典 1903 复古装原版再现，传达着青岛啤酒对百年酿造工艺的传承从未改变。这不是青岛啤酒第一次玩转国潮。2019 年 2 月，青岛啤酒就携手天猫国潮行动，以"百年国潮"为主题，在美国纽约时装周上大放异彩，时装周 T 台复古同款卫衣、挎包，深受大众喜爱，将青岛国潮的印记带向了国际舞台，也向全球展现了中国百年潮牌的文化自信。

青岛啤酒潮流与复古的碰撞，让人们仿佛回到过去时光，重温青葱岁月。近几年来，一股复古热在中国方兴未艾。从北冰洋到回力、黑芝麻糊再到百雀龄、青岛啤酒 1903，不少品牌都搭上了怀旧营销快车，借机让老产品重出江湖或者推出复古包装，唤醒中老年消费者的青春回忆。

(1)80%的人有怀旧心理，怀旧营销正当时

怀旧、复古是近两年来的热门词汇。一项针对"80 后"的调查显示，43.7%的人表示自己有时怀旧，37.5%的人经常怀旧，从不怀旧的人只有 1.5%。所谓怀旧营销，就是在营销活动中给予消费者一定的怀旧元素刺激，激发消费者的怀旧情怀，勾起他们记忆深处的共同记忆符号，以此来激发购买欲望。

当前，整个社会处于快速转型期，为缓解急剧变化所带来的适应新环境的心理压力，寻求心理平衡，怀旧成为人们一种常用的心理自卫方法。对企业而言，拥有老品牌、老字号的企业，就要承载回忆，抓紧人们的怀旧心理，主动挖掘自己的产品、品牌中潜在的怀旧元素，或者将自己的产品、品牌与具有时代意义的场景、人物联系在一起进行点化，唤醒、激发消费者的怀旧心理，并在此基础上进行销售和宣传，往往可以成为打造一个新品牌或是拯救老品牌的有力手段，能取得非常好的效果。可以说，贩卖精神层面最深处、最柔软、最宝贵的回忆无疑是一个全新的有效情感沟通的营销方式。

"老国货，新风尚"(回力)、"30 年国民品牌"(大宝)、"东方之美看我的"(百雀羚)和"小时候，一听见芝麻糊的叫卖声，我就再也坐不住了"(黑芝麻糊)等一大批"国货老字号"凭借独具特色的怀旧营销，重回大众视线，让企业看到了怀旧营销的巨大商业价值。

还有那些怀旧金曲、儿时零食，更多的时候我们怀念的不单单是物件，只有那些承载着记忆与感情的物件，才会引起人们强烈的共鸣。

今天，我们不再盲目效仿西方文化，而是在建构自己的民族文化。怀旧，本身也是文化建构的方式。如今穿耐克、吃薯条、看韩剧，不代表新潮；读经典、穿回力、看京剧，或许才是真时尚，在中国消费者文化越发自信的背景下，怀旧经济就有了丰沃的土壤。搭乘怀旧的列车，你可以让你的品牌成为经典，也可以让经典成为时尚。

(2)如何开展怀旧营销，创造品牌第二春？

当前有三大营销挑战摆在企业的面前：一是产品同质化严重、竞争激烈；二是消费者对广告越来越免疫、营销更难做；三是渠道碎片化、信息难触达。当前，许多地方、不少企业拥有悠久的传统文化与历史文化资源，那么这些拥有众多老品牌的企业如何借助怀旧营销，焕发企业的品牌生命力，创造品牌第二春，展开怀旧营销呢？

①精确营销定位，寻找共性回忆

怀旧营销首先要精确定位，精准地选定目标消费者，抓住目标消费群体的心理感受，这样才能创造出怀旧营销的效果，否则，很可能会因为“对牛弹琴”而功亏一篑。最容易怀旧的大多为中老年人，容易怀旧的中年人一般具有极强的购买力，是家庭消费的决策者，向来是厂家重点营销的对象，但这并不是全部。上海家化为重塑百年护肤品牌“双妹”，专门对“80 后”和“90 后”的消费者进行了研究，发现“80 后”和“90 后”并没有那么崇洋媚外，他们追求的是个性化的产品，“双妹”的传统和海派文化就是它的个性，他们喜欢既带有旧上海印记，又是全新的品类。于是上海家化选择复活“双妹”老品牌，而非创立新品牌，将诞生于 1898 年(清光绪年间)的中国化妆品品牌“双妹”打造成中国化妆品行业的奢侈品牌，一时引起了人们的热议，并在市场热卖。百年前的“双妹”品牌复活，为消费者揭开了一段尘封的记忆、讲述了一段久远的故事，其做法、经验对国内本土品牌如何借用、放大地方文化，并用国际流行商业元素进行包装，从而获得高额的市场回报具有示范意义。因此，怀旧营销要注意产品本身的独特和适用性问题，要把握好尺度、精确度，避免盲目跟风和复制。

②适当的怀旧包装，返璞归真给予历史厚重感

所谓怀旧包装或是复古包装是指设计者利用人们热爱大自然返璞归真、怀念过去的心理，人为地创造“旧式”或“原始”包装的形式。这类包装多采用天然材料，装潢粗糙简朴，但风格独特和谐。泸州老窖的封坛年份酒就采用古朴的紫砂瓶子包装，瓶子形状是传统的椭圆形，在接近瓶口处有传统的古代雕花，给人一种历史的厚重感，标志着其陈藏年份久远、醇香独特。再如，我国四川花园豆瓣厂生产的特色产品“郫县豆瓣”采用的包装是手工编制的小篾篓，无任何装饰，顶口以一层红封盖与酱紫色的小篓相配，显得非常古朴又富有中国特色。在法国，调味品、酱料、渍菜等食品，也多是用粗加工的木片盒、木罐、木筒、木丝编织盒包装，顶面只贴上一张印刷的报纸，上面印有几行说明文字，看起来像是几个世纪前的产品，以唤起人们对遥远年代的记忆。

③制作精确的复古广告，提升联想，深化内涵，强化对品牌的认同

所谓怀旧广告就是“叫过去的好、卖现在的座”，怀旧广告通过唤起现代人对故人、故情的怀念，来延续消费者对品牌的记忆，利用过去影响现在、利用过去打动现在。所以，怀旧广告追求的实际上是两个情——情景与情感。情景用来加深记忆、强化联想、深化内涵；情感重在引起共鸣，催生对往事的回忆、对旧情的怀念，从而增加对产品的好感、强化对品牌的认同。百雀羚曾经沉寂很长时间，2013 年，百雀羚一款护肤礼盒成为国人追捧的对象，让官网流量突增、销量翻倍，甚至还成为传递友谊的国礼，掀起了一股老品牌追忆潮。百雀羚是如何崛起的？把产品定位为“草本护肤”的百雀羚，以“传承与创新中草药(汉方)国粹”为推手。最吸睛的就是广告复古的内容——以穿旗袍的美女对白“我的任务就是与时间作对”，掀起人们对时间流逝的感叹和对留住青春的美好愿望，最大限度地吸引了“80 后”“90 后”年轻消费群体的关注。

④善于进行怀旧的整合营销

有不少策划者单纯认为怀旧就是倒退，其实怀旧与创新是相辅相成的关系，将多种创新的怀旧加以整合会给怀旧增添一份别样的风采，提升胜率。大众汽车基于怀旧的整合营销

“FANWAGEN”大众汽车，为了解决其 Facebook 上粉丝过少的问题，发起了一个名为“FANWAGEN”的活动。第一阶段将20世纪20年代的两款明星车型推至社交网络，号召粉丝对两款汽车进行投票、定制改装以及作品分享。第二阶段大众决定将粉丝的定制版虚拟大众汽车实施改装生产，摇身一变成了粉丝想要的经典新车，最终作为忠实粉丝奖品送给了参与这次定制活动的资深粉丝。整个活动以怀旧为切入点，从线上的话题讨论、粉丝的定制化参与到线下执行创造热点，最终通过网络以新闻热点的形式再次传播，贯穿全程。

⑤新品牌应善于“翻旧”，达到更丰富的情感价值目的

对大多数人来说，怀旧营销好像是“老品牌”的专属，因为似乎只有老品牌才有“旧”可怀。国外有学者对1 000个以上的商业广告样本进行内容分析，发现大多数广告主题蕴含着怀旧元素，其中使用怀旧的平均时间占广告总时间的10%以上，这充分说明了，怀旧是营销中的常用手段，企业值得一试。

新品牌利用怀旧营销的难度相对较大。不过，新品牌可以借助怀旧营销增加自身的情感价值，依旧能靠怀旧进行市场突围。“江小白”早期的文案通过对青春的怀旧，成功打造了“青春小酒”的形象，使自己的产品获得了更丰富的情感价值。有一家饭店叫“公社食堂”，走进店门就仿佛回到了革命年代，摆放的物件都是红色年代的象征物品，店面装修也是风格一致。服务员穿着20世纪60年代的通用装，大堂经理则是村干部打扮，不仅让消费者产生极大兴趣，也引发了媒体的争相报道，饭店因此一炮而红。

资料来源：宣春霞．基于消费者怀旧情绪的苏州老字号营销策略分析[J]．市场周刊，2019(12)：79－80.

案例分析

软饮料瓶体广告激发受众共鸣

软饮料指酒精含量低于0.5%(质量比)的天然的或人工配制的饮料。又称清凉饮料、无醇饮料。随着我国改革开放后经济迅速发展，市场上软饮料品牌逐渐增多、产量逐渐增大，国家统计局数据显示，2017年1—7月中国软饮料产量为11 632万吨，同比增长7.3%。随着生活水平的日益提高，消费者不仅追求饮料美味的口感，也开始追求饮料所标榜的个性。尤其是作为软饮料消费主力军的“90后”，深受网络文化影响，情绪变化较快，更加标榜个性。因此，瓶体广告情绪营销在软饮料领域流行开来。瓶装饮料借用瓶体广告，对消费者进行感性诉求，在瓶体广告设计中加入“唤醒度”，实现物体言语传播的情绪表达，借瓶体广告表达消费者自身高兴、恐惧、厌恶、愤怒等心理状态，让饮料的竞争从瓶内扩展到瓶体。

1. 瓶体广告情绪营销的作用机制

情绪是主观认知的表达，是需求的外化，情绪营销是指销售者在产品宣传中充分满足消费者的情感需要，抓住与消费者心情共通的意义空间，让消费者在购买产品的同时充分抒发内心的情感，并能让消费者的情绪在内向传播、人际传播、群体传播等不同传播类型中实现交流，从而加强个体认知与群体归属感。

(1)内向传播：瓶体广告标语带来自我互动与觉醒

内向传播指的是个人接收外部信息并在人体内部进行信息处理的活动，人能够在此过程中进行自我互动，作为意愿和行为主体的“主我”与作为他人社会评价与社会期待价值代表的“客我”进行信息交流和相互对话。

当消费者看到瓶体广告时，对广告产生选择性理解，直击人心的广告语使他们产生自我互动与内省式思考。瓶体广告用无声的语言和消费者对话，既有提醒消费者多喝果汁补充维生素的温馨提示来满足消费者对健康生活的理性诉求，又有用直击人心的歌词、台词、评论来满足其感性诉求。

(2)人际传播:消费者借用瓶体广告向他人表达情感

人际传播是人与人之间的信息传播活动,也是由两个个体系统相互连接组成的新的信息传播系统。是社会生活中最直观、最常见、最丰富的传播现象。

消费者可用瓶体广告向他人潜移默化地传递情感,表达对爱的执着、对共同兴趣的分享、温馨的激励与关怀等。也可用瓶体广告语向他人展示自己对生活的某种态度,挑选写有符合自己个性的瓶装饮料在朋友圈晒照,让他人更好地了解自己的状态。在人际交流中借助瓶体广告的物体言语传播方式,架起人与人沟通的桥梁。

(3)群体传播:激发互动赋予消费者群体归属感

群体指的是具有特定的共同目标和共同归属感、存在着互动关系的复数个人的集合体。群体传播就是将共同目标和协作意愿加以连接和实现的过程。群体传播是人际传播的演化,当瓶体广告与互联网和线下活动结合时,消费者可在网络评论或线下交流活动中找到和自己相似的个体,通过激发共鸣来连成拥有共同归属感的群体,比如网易云音乐与农夫山泉合作推出的"乐瓶",参与者扫描二维码参与相关歌曲讨论便可找到和自己有相似感受的人,满足消费者对认同感和归属感的需求。

2. 瓶体广告表达情感的种类与作用

(1)从理由瓶到拼字瓶:让产品与消费者对话

味全每日C的瓶体广告自2015年产品包装大规模革新以来,将原有产品标志换成"你要喝果汁",在标语中体现关怀理念,以"因为爱自己,你要喝果汁"为主题,不同口味果汁对应不同工作生活场景,潜移默化地告诉消费者"爱自己的人都要喝果汁"。

如果说2015年6月味全每日C推出的"理由瓶"是给消费者关注果汁一个理由,那么2016年推出的"拼字瓶"就是让消费者自行创造关注理由。冬天往往是冷藏果汁的销售淡季,为提升冬季销售量,2016年推出的"拼字瓶"在瓶体上印有不同汉字,每个字下都配有一段话,共42款不同汉字包装,不同的字摆在一起能组成不同句子,表达不同含义,消费者常常将不同的字摆在一起创造新含义,激发消费者想象与创造的能动性,唤醒消费者心中对健康生活的向往,也让"新鲜、健康、优质"的企业文化在广告中传播。

瓶体上的广告语还会根据热播电视剧等热门话题进行调整,据味全统计,2016年每日C果汁每个月的销售额同比都有40%的增长,市场占有率从7月到10月都是国内100%纯果汁品类的第一名。

(2)密语瓶:引领人际交互表达

相比味全让产品与消费者的单向对话,可口可乐用密语瓶架起消费者之间交流的桥梁,将网民创造的网络热词登上瓶体,使瓶体广告由PGC变成UGC,让用户生产内容,真正实现瓶体广告的人际传播。

可口可乐视频广告也助力可乐瓶人际交流的功能,用写有不同"密语"的可乐瓶表示情侣相处不同的状态,表白时羞涩地递上"在一起",热恋出游时摇摆的"一起嗨",争吵、和好、甜蜜时可乐瓶体的"521"表达了深藏于心的爱意。广告视频中的这些场景提示消费者瓶体广告在人际传播中发挥的多种意义。

推出密语瓶时正值夏季,消费者常常借此时间出游、聊天,交流时间增多,正如其"可口可乐密语瓶,让夏天更有聊"的广告语,瓶体上的流行词总能为交流带来更多话题,网民也可在社交平台晒照片,用瓶体标语直观表达当前的心情。可口可乐瓶体广告成功将产品与消费者的对话拓展为消费者之间的对话,为人际交流带来新的表达方式,并用微信小程序进行线上实时统计,更加量化不同词语的营销数量,其中排名前三位的标语分别是"LH7"(2017年可口可乐代言人鹿晗的简称)、"今天星期五"和"比心",全部是表达喜悦心情的词,高兴作为唤醒度较高的情绪之一,消费者更倾向于购买含有正能量密语的可乐,分享喜悦的情绪。

(3)连接心灵孤岛,解锁私人定制新玩法

随着城市化发展,越来越多的人远离家乡一个人打拼,难免会感到孤独,渴望寻求认同,迫切希望找到和自己相似的人,倾听和讲述自己的故事,一些瓶装饮料便将消费者原创的瓶体广告投入营销推广活动中。

2017年8月7日,消费者购买瓶装水旺季,农夫山泉与网易云音乐合作,精选网友30条点赞数较高的歌曲乐评,印在4亿瓶农夫山泉饮用天然水瓶体,制成"乐瓶",在全国69个城市和京东超市销售。扫描瓶体的黑胶唱片图案即可看到随机乐评。

乐瓶的广告词"创造宇宙生命的,不仅是水,还有故事。有水的星球不孤独,有故事的星球才完整",抓住水流动的特性，将故事、水和音乐充分联系起来。《老子》中曾说"上善若水，水利万物而不争"，把水放到不同的容器中就能变成不同的形态。在中国，水常常被赋予包容的含义，容纳不同个性，该策划赋予水一个倾听者的角色，倾听每一个人的故事，戳中消费者隐匿于心的情感，说出那些一直想说又难以说出口的话。抓住了用户渴望表达的感性需求，制造话题热度，激发消费者参与评论的热情。以迪克牛仔的《有多少爱可以重来》为例，共收获 10 188 条评论，以点赞率最高的网易云音乐用户"北风神 75"的评论——"人这辈子，最害怕突然把某一首歌听懂了"为例，就收获了 23 483 个赞。每一首歌都有情怀、有共鸣，每一句乐评都有态度、有故事。人遇到挫折时，往往会感到孤独，但能在乐瓶中找到喜欢同一首歌、有同样经历的人，相互陪伴、获得温暖，又会给人无限的力量和幸福感。

(4)"丧文化"的情绪引流

受互联网影响的年轻人倾向于用自嘲排解压力，2017 年市场上出现没希望酸奶、哀茶、丧茶等宣泄消费者负面情绪的广告推广策略。不难发现"丧文化"广告的瓶装饮料多为奶茶、咖啡等人们经常选择在晚上饮用的产品。夜晚时分、万物入眠，消费者结束一天的工作，常常会思考人生、感慨过往，夜晚正好是消费者产生情绪较高的时期，广告抓住消费者陷入焦虑情绪时渴望被聆听与认可的需求，以一些自黑的话作为标语，如丧茶："反正你都够胖了，少喝一杯也不会变轻的"；没希望酸奶："导购说，对不起，这已经是最大码了"。甚至没希望酸奶还设计了社交媒体推广二维码，扫码可以进入各种没希望群——"买房没希望""脱单没希望"等，以此方式帮助用户宣泄不开心的情感。人感到沮丧时不免感到孤独，此举也能让消费者找到和自己一样的人，用反作用的方式刺激消费者情绪，提升消费者关注度。尽管一些"丧文化"广告语让消费者"扎心"，但仍能提升话题感，当大家对一个问题有看法时才会有讨论，才能形成热点。

3. 瓶体广告情感营销策略

(1)广告策略与产品市场定位相结合

瓶体广告的创新确实能为产品提升关注度，但消费者购买产品仍以产品质量为先决条件，产品质量精益求精才是一切的关键。在产品宣传中首先要有明确的市场定位，分析自身特点，力求广告要与产品自身特性相结合，比如味全果汁发掘果汁天然绿色、维生素含量高的特性，在广告中努力引导消费者把补充维生素看作保持健康的必要条件，偏向健康、营养等实体概念；可口可乐味道酸甜属于碳酸饮料，购买者多注意口感，所以广告立足于快感、活力等抽象概念；农夫山泉作为饮用水相较前两者口味辨识度不高，所以其广告一方面以"大自然的搬运工"来强调产品来自大自然，有纯天然的特性，另一方面做"乐瓶"突出情怀概念。

市场状况在不同时期会不断变化，广告人也需抓住不同时期的特点调整宣传策略，比如在冬天冷藏饮料销售淡季，味全瓶体广告的温馨提示提醒消费者保持健康习惯，给消费者带来温暖；夏天是聚会、交流旺季，可口可乐推出密语瓶，融合不同场景，让人们可以用瓶体流行词表达情感。

(2)满足个性化需求激发创造活力

全球战略思想家普拉哈拉德曾在其《消费者王朝》中提到，企业应与消费者共同创造价值。随着消费群体年轻化，更加追求个性表达，企业可尝试把产品化作与消费者共同完成的艺术品，让用户获得更多参与感。既可以用既定广告标语激发消费者参与赋予新意义，如消费者用味全拼字瓶组成不同含义的语句，用可口可乐密语瓶表达情感，也可以像农夫山泉一样将消费者原创的广告语投入宣传，解锁私人定制新玩法。

(3)激发群体共鸣把握话题感

从味全在广告中写"我要喝果汁"激发消费者购买动力到可口可乐用密语瓶在人际交流中表达情感再到网易云音乐将产品与互联网结合，让消费者在音乐中找到共鸣，瓶体广告激发的话题热度不断提高。瓶装饮料文案设想也应不断结合当下热点，满足年轻消费者彰显个性的需求，通过网络大数据统计等手段探索最具共鸣的宣传策略。

(4)"丧文化"广告难以长期立足，亟须正确引导

继没希望酸奶、丧茶之后，市场上模仿这种反向营销思维产生多种自黑类型的产品，尽管恐惧、厌恶或愤怒等情绪唤醒度较高，但容易让人产生消极逃避的想法，人们往往会把此类情绪隐藏起来，不愿拿出来分享。因此，带有"丧文化"色彩的产品多为短期营销，难以长期立足。

"丧文化"背后是年轻人对经济发展带来的压力的自嘲和宣泄，心中仍有着突破困难的渴望。广告设计

者可加入一些引导消费者走出沮丧情绪的措施。比如可仿照“江小白”一年一度的“约酒大会”,努力打通线上线下,让不同年龄段的网民走出网络聚会,体会现实中的社交,拒绝“低头族”,引导粉丝走出大城市的孤独,拉近品牌与人群的距离。

瓶装饮料推广方式正逐渐从自我说明转向消费者主动赋予意义创新,从唤醒个体认知到人际交流表达再到群体共鸣,共鸣范围从一个人到一群人,带来更多话题感与参与感。期待瓶装饮料企业不断在变革中发展,准确把握发展变化着的消费者诉求,拉近与消费者的距离,扩大自己的有效人群。

资料来源:朱红羽,张笑．情绪营销:软饮料瓶体广告如何激发受众共鸣? [J]. 销售与市场(管理版),2018(7):78－81.

思考与讨论

1. 谈谈你对瓶体广告情绪营销作用机制的认识和理解。
2. 请结合案例,分析瓶体广告是如何激发消费者的情感共鸣的?
3. 对于“带有‘丧文化’色彩的产品多为短期营销,难以长期立足”这句话,你的观点是什么? 为什么?

本章小结

情绪是指个体受到某种刺激所产生的一种身心激动的状态,是人对客观事物的态度体验及相应的行为反应。消费情绪是一种以消费者的愿望和需要为中介的心理活动,也是多种成分的复合过程,包括主观体验、外显表情和生理激活三种。

感情是区别于认识活动、有特定主观体验和外显表现并同人的特定需要相联系的感性反应,它一般包含情绪和情感的综合过程。情绪代表着感情性反应的过程,该术语既用于人类,也用于动物。而情感则是同人类的社会性需要相联系的主观体验,高级社会情感主要包括道德感、理智感和美感等。

情绪的功能主要包括适应功能、动机功能、组织功能和社会信号功能。情绪的适应功能有助于个体更好地生存、发展及成功地适应周围环境。情绪是动机的源泉之一,能激励人的活动,并提高效率。情绪对其他心理活动的组织作用,表现为积极情绪的协调作用和消极情绪的破坏、瓦解作用。情绪通过其外部表现,即表情来实现传递信息、沟通思想的功能。

基本情绪可以分为积极情绪和消极情绪两类。不同学者还从不同维度对情绪进行分类,如罗素根据愉快度和强度两个维度将情绪分为 4 种类型,普拉切克根据强度、相似性和两极性三个维度对情绪进行了分类。情绪状态是指在某种事件或情境的影响下,在一定时间内所产生的某种情绪。较典型的情绪状态有 3 种,即心境、激情和应激。心境是指人比较平静而持久的情绪状态。激情是一种强烈的、爆发性的、为时短促的情绪状态。应激是指人对某种意外的环境刺激所做出的适应性反应。

情绪测量方法包括自我报告法、生理测量法和行为反应观测法。自我报告是指被试对自我情绪感受的描述。生理测量包括对血压、心率、出汗以及其他随情绪唤醒而波动的变量的测量,常用技术包括脑电测量技术和功能性磁共振成像技术。行为反应包括面部和声音表达、逃跑或攻击等行为,通过观测行为可以对自我报告进行补充。

情绪和情感的影响因素包括购物环境、商品、服务品质以及消费者自身的心理准备状态。营销实践中,许多企业以情绪和情感作为品牌诉求的核心利益。广告中的情绪性内容可增强广告的关注度、吸引力和持久性。

关键词与复习题

关键词

情绪(emotion)　主观体验(subjective experience)　表情(emotional expression)
生理唤醒(physical arousal)　感情(affect)　积极情绪(positive emotion)

消极情绪（negative emotion）　心境（mood）　激情（intense emotion）　应激（stress）

复习题

1. 什么是情绪？它主要包括哪些成分？具有什么功能？
2. 感情、情感和情绪之间的联系和区别是什么？
3. 情绪有哪些分类方法？
4. 什么是情绪状态？典型的情绪状态有哪些？
5. 情绪的测量方法有哪些？
6. 消费者情绪对市场营销的启示是什么？

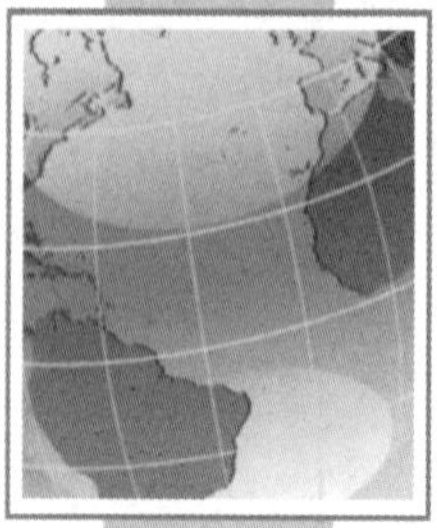

第六章
消费者的个性、自我概念与生活方式

学习目标

通过本章的学习，应了解个性的内涵和自我概念之间的联系，掌握能力、气质和性格的不同类型及其在消费者身上的体现；掌握自我概念在消费者行为方面的影响和作用；了解生活方式的含义、特征和测量方法，从而真正理解消费者的生活方式对消费者行为的影响。

案例导引

如果茅台、汾酒、江小白放一起，你会选择哪个品牌？消费者所选择的品牌，在很大程度上能够体现其地位和性格。

茅台是走高档路线的，也是酱香型白酒的代表，它给人的感觉是一种很有档次的稳重感。因此，会选择茅台的人自然也是有这种气质的，比如一些公司的管理人员，或者是一些事业成功的人士，或者是一些比较喜欢品酒的老人等。选择它的人经济实力较雄厚、性格比较稳健、人生经历多，这样才能真正品鉴出茅台的醇厚回甘的味道。

清香型的汾酒常常是性情和脾气比较温和的人的选项。因为汾酒的味道就是柔和清爽的，很适合淡然轻松的心情。另外，汾酒的文化底蕴雄厚，所以喜欢汾酒的一般都是比较文艺、有才华，中产阶级的人。

江小白看准的是年轻人这个市场。年轻气盛的小伙伴是“人生无愁强说愁”，社会经历不多，但总以为自己历经了人生苦难，性格有些桀骜不驯。足够劲爽却不会刺激的口感是江小白最大的魅力，还有小小的瓶子，以及上面那些戳中人心的心灵鸡汤，对于经济条件有限的年轻人具有较大的诱惑力。

资料来源：腾讯新闻．茅台、汾酒、江小白放一起，看选酒就能看出你的地位和性格[EB/OL]. https://new.qq.com/omn/20200121/20200121A0H2UF00.html.

第一节　消费者的个性

一、消费者个性概述

（一）个性的含义

个性(personality)，心理学中称为人格。个性是一个综合性概念，它包括兴趣、爱好、能力、气质、性格等许多心理特性，因此，心理学家对它的定义也不尽相同。此处引用希夫曼和卡纽克的定义：个性是指决定和反映个人如何适应环境的内在心理特征，包括使某一个体与其他个体相区别的具体特质、属性、特征、因素和态度等多个方面的内容。①

个性首先建立在个人的生理基础之上，因而个性具有生理属性。生理素质通过遗传获得，是个性产生的物质基础。此外，个性是个体在后天社会实践活动中逐渐形成的心理因素，这是个性的社会属性，主要表现在人生观、兴趣、爱好、能力、性格等方面。个人所处社会环境、生活经历、家庭影响等方面的因素，对个性的形成、发展和转变具有决定性作用。正是因为个性的生理属性和社会属性的不同，消费者的个性才会产生差异。②

（二）个性的特点

个性具有三个典型特点，即差异性、稳定性和可塑性。

1. 差异性

世界上没有两片相同的树叶，也没有两个个性完全相同的人。每个人都有独特的个性。但许多人可能在某个个性特征上相似。例如，在领导力这一心理维度上，一些天生具有号召力、喜欢成为团队领导者的人被归类为胆汁质人群，而乐于旁观、很容易被他人所领导的人则被归类为黏液质人群。正是因为人们在某个或某几个心理特征上表现出相似性，营销研究学者和从业人员才能根据消费者的个性特征对其进行分类。

2. 稳定性

稳定性是指消费者经常表现出来的、表明其个人精神面貌的心理倾向和心理特点。偶尔的心理现象不能成为主体的个性特征。鉴于个性稳定性的特点，营销者想要通过改变消费者的个性来适应产品的想法是不现实的，但是了解个性的哪些特点会怎样制约消费者的反应是有意义的和可能的。

3. 可塑性

可塑性是指个性心理特征会随着主体的经历而发生不同程度的变化，从而在每一阶段都呈现出不同的特征。造成个性改变的原因可能是个人遭遇的重大生活事件，比如孩子出生、亲人离去、职业变动等；也可能是随着时间的推移个人谋求自我潜能充分实现而做出的努力。正是由于个性具有可塑性这一特点，才使消费者的个性具有发展的可能性和动力。

二、个性与消费者行为的关系

从20世纪50年代至今，学者们对个性进行了深入的研究。个性的研究大量用于预测消费者对品牌的选择、购买决策、新产品的采用等。而随着个性在消费行为领域量表的发展及研究方法的改进，学者们开始着力研究个性对新的营销实践的影响，比如个性对在线购买行为、网上银行使用及跨文化消费等的影响。不过，相关研究虽然发现了个性与产品选择和使用之间存在相关关系的证据，但个性所能解释的变动量是很小的。迄今为止，即使是颇具结论性的研究，个性所能解释的变动量也不超过10%。个性对行为只有较小的预测力，实际上并不奇怪，因为它只是影响消费者行为众多因素中的一个因素而已。即使个性特征是行为或购买意向的有效预示器，能否据此细分市场还取决于许多条件。虽然如此，个性对解释不同购买决策阶段上的行为还是有帮助的。

（一）个性与购买前的信息收集阶段

消费者在购买产品之前要收集有关产品的信息，不同性格的消费者在收集信息方面表现

① 利昂·G. 希夫曼，莱斯利·L. 卡纽克. 消费者行为学[M]. 江林译. 北京：中国人民大学出版社，2007.
② 江林，李志兰. 消费者行为学[M]. 北京：首都经济贸易大学出版社，2012.

出差异性。认知欲望高的消费者，即爱思考的消费者，比认知欲望低的消费者更注意信息的质量。研究发现，认知欲望高的消费者更多地受广告的内容与陈述的质量影响，而认知欲望低的消费者更多地被广告的边缘刺激如陈述者的吸引力所影响。

（二）个性与商店的选择

在消费者决定购物时，个性影响着消费者对商店的选择。研究人员发现，新型的零售形式与传统的零售形式相比更容易吸引较自信的消费者。例如，在自信方面得分高的妇女更喜欢把廉价的折扣店作为购买衣服的场所，而自信心低的购买者往往喜欢更为传统的专卖店 。

（三）个性与喜爱售货员的类型

消费者的个性会影响他们喜欢哪种类型的售货员为其服务。"依赖性"较强的消费者喜欢能提出建议和采取主动攻击型的售货员；而"独立性"较强的消费者喜欢在购物时不被人打扰，必要时才需要售货员的服务，因而他们不喜欢主动出击的售货员。

凡恩和舒曼发现，消费者与销售人员的自我掌控特质存在着交互影响。当双方自我掌控水平不同时，互动效果更加正面和积极。自我掌控理论是由辛德于 1974 年创立，它是指人们通过控制自己的行为给别人留下好的印象来得到别人的认可。自我掌控强的个体，善于调整自己适应不同环境，容易受到外界的影响。自我掌控弱的个体对自身内在的感受、信念和态度特别敏感，在不同的环境下，表现出一致性的个性特征。

（四）消费者的个性与品牌选择

美国广告大师大卫·奥格威在一次演说中说过，厂商如果能致力于运用广告为他们的品牌建立最有利的形象、塑造最清晰的个性，长此下去必能获取市场最大的占有率，进而产生最高利润。人们应该记住的是品牌的整体个性而不是琐碎的产品差别，这决定了它在市场上的最终地位。

品牌个性理论自 20 世纪 60 年代提出以来，有关它的研究在理论与实践上都取得了较大的进展。詹妮弗·阿克把品牌个性定义为有关品牌的人格特质的组合，它提供了象征性意义及自我表达的功能。品牌个性的象征性价值与自我表达功能源于消费者会把品牌的个性看作符合消费者自己的个性特质，通过品牌的象征性意义来塑造自己的形象或表现自己的个性。品牌的个性是在与消费者直接或间接接触的基础上形成的，它通过品牌使用者、品牌生产者和品牌推荐者的形象用品牌的商标、包装等来表现。

研究表明，消费者会倾向于购买和他们个性相一致的产品，或者是那些使他们感到能让自己的某些个性弱点得到弥补的产品。百事可乐品牌在创建活动中所展示出来的个性——活力、年轻、特立独行和自我张扬迷倒了新一代年轻人，他们饮用百事可乐不仅是喝饮料，还是认可、接受百事可乐的品牌个性，把百事可乐看作他们的朋友、他们的精神寄托甚至是他们自己的化身。他们通过百事可乐来展示他们与上一辈（他们喝可口可乐）不一样的个性。在众多广告的反复宣扬下，许多产品留给消费者特定的个性形象，比如万宝路被认为是男性化的象征，苹果电脑被认为是年轻的象征。

在品牌个性的构成方面，美国著名学者詹妮弗·阿克（1997）第一次根据人格理论的"大五"模型，以个性心理学维度的研究方法为基础，以西方著名品牌为研究对象，发展了一个系统的品牌个性维度量表（Brand Dimensions Scales，BDS），如图 6－1 所示。该量表是迄今为止对品牌个性所做的最系统、最有影响的测量量表，据说可以解释西方 93％的品牌个性的差异。

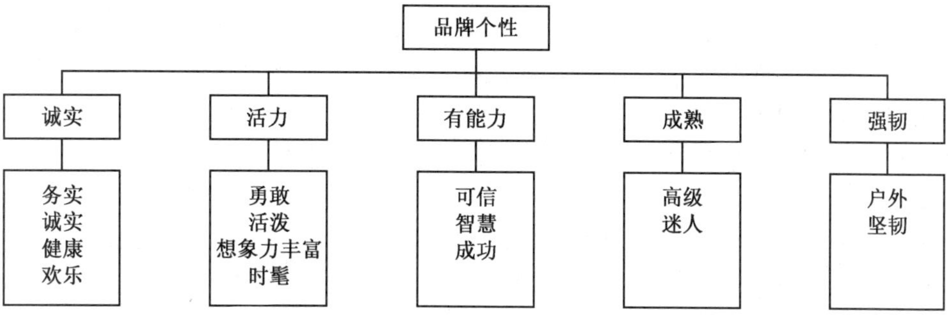

资料来源：Jennifer L. Aaker. "Dimension of Brand Personality". *Journal of Marketing Research*, 35, August 1997: 352.

图 6—1　品牌个性结构

研究前沿 6—1

品牌个性性别维度量表

尽管性别特征是与品牌相联系的人格特征，他们的测量和对品牌理论与实践的贡献并没有被检验。有学者建立了一个两维度的测量品牌性别特征的量表，该量表与现有的考察品牌性别个性维度量表不同。量表发现：

(1)广告中的代言人形象有助于塑造有关品牌的性别特征的感知。

(2)品牌性别的特征与消费者的性别意识能够影响与品牌相关的消费者在情感、态度和行为方面的回应。

(3)男性和女性的品牌个性本身适合在品牌延伸方面创造新的品牌，而这又导致更多对延伸品牌的积极评价和购买意愿的加强。

资料来源：Bianca Grohmann. "Gender Dimensions of Brand Personality". *Journal of Marketing Research*, 2009(2): 105—119.

延伸阅读 6—1

品牌个性塑造方式探析

一、品牌个性的直接塑造

品牌个性的直接塑造方式，可分为产品及服务的差异化、包装及视觉风格、产品代言人。

1. 产品及服务的差异化

产品及服务的差异化是最有效的手段，如中国老字号中药品牌云南白药，围绕止血这一核心功能，进行了一系列产品创新，开发出云南白药气雾剂等众多止血类衍生产品，塑造出老品牌、新技术的产品形象，而品牌个性也由此演化为"经典的、创新的"。

最典型的例子莫过于丰田的奢侈高档车——雷克萨斯。为了在奢侈车市场中占有一席之地，丰田全力推出雷克萨斯品牌，在其制造与技术略逊欧美车的情况下，丰田以高档的服务水平赢得顾客：它的销售人员恭敬、谦卑，为了达到使顾客最满意的服务水平，雷克萨斯还专门派人去美国进行"何谓最高档服务"的研修。通过差异化的服务，雷克萨斯确立了其独特的品牌个性，并使其在北美市场的销售量后来居上，排名第一。

2. 包装及视觉风格

包装被称为无声的推销员，它是消费者在终端所见到的最直接的广告，是产品在货架上的“形象代言人”。如柯达与富士的包装，一个以鲜艳夺目的黄、一个以温暖清新的绿为标准色，前者展现了品牌的温馨个性，后者体现了活力与热情的个性。而屈臣氏为其蒸馏水设计出了绿色的弧形包装瓶，其流线型的弧形设计，不仅给顾客以视觉上的美感，还与其商品流动的水相呼应，通体的绿色，也隐含了绿色环保的理念，容易唤起新生代消费者的内心共鸣。

3. 产品代言人

产品代言人的选择必须慎重，要考虑代言人本身的个性与形象是否与品牌要传达的个性相符。如耐克选择篮球运动员“空中飞人”乔丹作为其品牌的代言人，使其品牌与运动紧密联系在一起，NBA 的运动员几乎以耐克为专用球鞋。

二、品牌个性塑造的间接方式

品牌个性也会通过与产品相关的一些细节要素来间接地让消费者感知，如广告方式、公关赞助等，看似不相关，却在不经意间塑造了消费者对品牌特性的认知。

1. 广告风格

品牌的推广离不开广告宣传，不管是平面广告还是立体广告，不管是通过杂志、电视还是广播电台、报纸等渠道，成功的品牌都会选择统一的与自身品牌形象相符的广告风格，并一直坚持遵守这种风格，使品牌形象清晰不被混淆。如宝洁坚持其广告以“客观、理性、科学、诚实”为基础，其旗下的品牌高露洁、潘婷、海飞丝等均以对产品效能与质量的客观描述为主，给消费者留下“权威的、创新的、诚实的、健康的”品牌个性的印象。

2. 公关赞助

一些国际品牌的公关赞助，会非常有针对性和连续性，以建立某种一致的个性，如耐克对美国 NBA 持续数十年的赞助，使消费者已经习惯于将两者联系在一起。即使 F1 赛事要耗费巨大财力、物力，丰田也没有放弃对它的赞助，世界顶级运动的 F1 赛事多少改变了丰田在欧美消费者心目中的大众平民形象。

品牌个性的塑造是整个品牌打造最难的一环，只有坚持品牌个性的一致性，从各个细节来塑造品牌个性，才能将清新鲜明的特征传达给消费者，才能获得消费者内心的共鸣，使消费者成为最忠实的顾客。

资料来源：唐涛. 品牌个性塑造方式探析[J]. 经营管理者，2011(9)：191.

第二节　消费者的自我概念

每个人内心深处都有关于自我形象或自我概念的看法。而这些自我概念会深刻影响消费者的购买决策和购买行为。消费者在购买商品时不仅受到商品功能性价值的影响，商品所蕴含的象征性价值也是影响消费者购买的关键因素。消费者倾向于购买能够加强自我概念的商品，回避与自我概念不一致的商品。

一、自我概念概述

（一）自我概念的内涵和影响因素

美国心理学家詹姆斯最早于 1890 年提出：自我概念是由纯粹的自我和经验的自我构成的个人自我意识。英国理论家库利则从自我和社会之间的关系上理解自我概念，认为自我概念是他人判断的反应，强调我对自己的看法，反映着他人对我的看法。西尔则把自我概念定义为与个人的自我认识有关的内容，是个人自我知觉的组织系统和看待自己的方式。

从以上学者对自我概念的理解中可以看出，个体的自我概念实际上是在综合自身、他人或社会评价的基础上形成和发展起来的。自我概念也称为自我形象，是指个人对自己的能力、气质、性格等个性特征的感知、态度和自我评价，即个体如何看待自身。

消费者的自我概念受到了诸多因素的影响。

1. 以自己对自身的推断为基础，形成自我概念

消费者会通过自我评价来判断自己的行为是否符合社会所接受的标准，并予以归类，通过对自身行为的不断观察和验证，消费者就形成了自我概念。

2. 根据他人对自己的评价，形成自我概念

人们在交往过程中，彼此之间进行认识和评价。这些评价影响到自己的自我评价，从而形成自我概念。通常，评价者的权威性越大，与自我评价的一致性越高，对自我概念形成的影响程度也就越大。

3. 通过社会比较，形成自我概念

消费者对自身的评价和他人的评价相比，超过或逊于他人，都会在一定程度上改变个体的自我评价，并驱动他们采取措施修正自我形象。

（二）自我概念的构成

过去，人们一般认为消费者只有一个单一的自我（a single self），而且仅对能满足这个单一自我的产品和服务感兴趣。然而，研究发现，消费者不仅有一个自我概念，还在不同的场合、环境下拥有实际的、理想的、期待的、社会的、环境的、延伸的、可能的、联系的等多重自我（multiple selves）。例如，年轻的经理早上去上班，他自然而然地穿上阿玛尼西装，因为他认为该品牌符合他的身份；而到晚上与朋友在一起时，他则想给人一种不同的形象，便穿上了李维斯牛仔裤和 Polo 衬衫。

实际的自我指个人对自己主观的认知，也就是我觉得自己是怎样一个人。理想的自我指个人所希望达成的圆满形象，也就是我希望自己成为怎样一个人。期待的自我，即消费者期望在将来某一特定时间如何看待自己，它介于实际的自我概念与理想的自我概念之间。社会的自我指他人对自己的看法，也就是我觉得别人认为我是怎样一个人。理想的社会自我是指期望别人如何看待自己。其中，理想的自我概念是实际的自我概念的参考点，当两者存在差距时，人们将努力实现理想状态。因此，理想的自我是影响消费者行为的动机。环境的自我描述一个人在不同环境下的自我形象。延伸的自我是指拥有物品对自我概念的影响。可能的自我是指人们愿意成为什么样的人、可能成为什么样的人，或者惧怕成为什么样的人。最后，联系的自我描述人们定义自己与所属群体的联系程度。各种类型的自我概念如表 6—1 所示。

表 6—1　各种类型的自我概念

实际的自我：消费者实际上如何看待自己。 理想的自我：消费者希望自己如何看待自己。 社会的自我：消费者认为他人如何看待自己。 理想的社会自我：消费者希望他人如何看待自己。 期待的自我：消费者期望在将来某一特定时间如何看待自己，它介于实际的自我概念与理想的自我概念之间。 环境的自我：人们在特定情境下的自我形象。 延伸的自我：包括消费者拥有的物品对其自我形象的影响。 可能的自我：一个人想成为什么样的人、可能成为什么样的人，或者惧怕成为什么样的人。 联系的自我：一个人定义他与其他群体或个人之间关联的程度。

资料来源：莫温·迈纳. 消费者行为学简明教程[M]. 北京：清华大学出版社，2004.

二、自我概念的理论模型

1959 年莱维根据早期的研究结果指出，消费者的消费行为很少真正受到产品功能性价值的影响，更多受到与消费者自我概念相联系的产品形象的影响。众多西方学者从心理学、社会学两个视角对自我概念在消费者行为学或者消费心理学等领域进行了长达半个世纪的研究，在理论上深入探讨了自我概念的作用及其在消费者行为学中的地位。

用来描述、解释和预测消费者自我概念在消费者行为中具体作用的相关理论包括自我强化理论、环境自我概念理论和自我形象/产品形象一致理论。

(一)自我强化理论

自我强化理论认为，自我概念对个体有价值、个体行为趋向于维护和强化自我概念，人们可以通过商品的购买、展示和使用，向个体或其他人传递象征意义，个体的消费行为趋向于通过消费具有象征意义的商品来强化自我概念。这一理论的优点在于它把商品消费和消费者的自我概念联系起来，但没有说明消费者自我概念的形成及其特征。

(二)环境自我概念理论

环境自我概念是个体在特定环境下希望他人如何看待自己，包括与自己相联系的态度、知觉和情感。个体选择表达自我的哪个方面取决于特定的环境。一旦个体选择了在一定社会环境下要表达的自我方面，他(她)就会寻找表达这一自我方面的方式。

例如，消费者在一个社交环境下想要表现热情开朗的自我形象，他(她)可能会选择鲜艳带有夸张图案的服饰；而在商业环境下想表现出独立好强的自我形象，则可能选择严肃的职业套装。环境自我概念理论认为，消费者的自我概念是行为导向的，且自我概念有多个侧面，它取代了现实自我形象和理想自我形象等静态的概念，表明自我概念是一个动态的过程。

例如，消费者在购买日常生活用品如洗发水时，可能更容易受到实际自我的影响；而在购买显示或加强社会地位的产品如汽车时，可能受到社会自我的指导；而购买一些所谓的神奇产品的时候，则可能是在理想自我形象或理想社会自我形象的指导下做出抉择。七匹狼的广告语“男人不只有一面，今天你要秀哪一面?”就抓住了人们在不同环境下想要表达不同的自我概念这一心理特征，起到了非常好的营销效果。

(三)自我形象/产品形象一致理论

这一理论认为，包含形象意义的产品通常会激发包含同样形象的自我概念。研究符号学的学者指出：他人可见性物品往往被看作一种符号，观察者通过解释这些符号在特定环境中的意义来获得信息。如果某一种产品拥有了一个被社会所共同接受的意义，那么消费者将会用它来实现交流的作用。

研究者认为，消费者购买产品不仅是为了产品的功能，也是为了它们的象征价值，商品作为一种象征符号起到了与他人沟通的作用。根据这个观点，消费者使用的产品在某种程度上体现了消费者的个性。

事实上，我们所拥有的物品是自我延伸的一部分。消费者使用的产品与一个人的自我形象之间存在着某种联系。比如，穿上耐克运动鞋的年轻人，会觉得自己更加动感、时尚，更加吸引人。拥有奔驰、奥迪等高级轿车，戴劳力士手表的人会觉得自己更成功、更优秀。

识别产品象征性的过程如图 6－2 所示。图中三个方块分别代表消费者的自我概念、参照群体和象征产品。第一阶段，消费者购买能够向参照群体表达自我概念的物品；第二阶段，消费者希望参照群体能理解产品的象征意义；第三阶段，消费者希望参照群体将产品的形象性价值看作消费者自身人格或者自我的一部分。

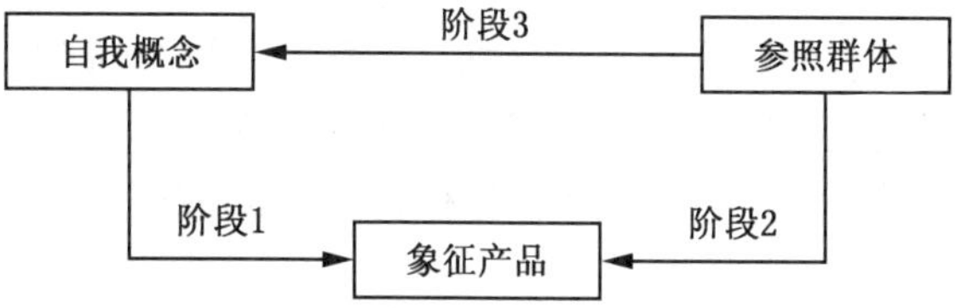

资料来源：莫温·迈纳. 消费者行为学简明教程[M]. 北京：清华大学出版社，2004.

图 6－2　象征产品在自我与他人之间的沟通作用

能够表达自我、具有象征性意义的产品一般具有以下三个特征：

(1)商品应具有直观性，它的购买、消费和处理都让大家一目了然。

(2)商品应该具有差异性，一些人可以买，另一些人因为缺乏时间或者金钱等资源不能购买。

(3)商品要具有拟人性，能够反映使用者的原型意象。显然，汽车、珠宝这一类商品具有直观性、差异性和拟人性等特点。

自我形象/产品形象一致理论的重要意义在于，一个产品形象的价值或意义并不是无中生有，它是由所激发的自我形象维度决定的。

延伸阅读 6－2

男用香水

现今已有越来越多的男士开始注重服装以外的形象包装。洒香水正被更多的男士接受和喜爱。男性选用香水往往比女性更注重品牌和内涵，他们一方面担心廉价香水太脂粉气惹人笑话，另一方面坚信名牌香水的高雅乃是一种身份和品位的象征。以下是几种国际市场上经久不衰的男用香水品牌：

切维浓：亦称城市猎人，是来自法国的前卫男用香水系列，具有清新敏感的芳香和不可思议的男性魅力。它浪漫、潇洒不拘，传达出代表五六十年代美国式梦想和精神，更有一种追求悠闲年代的生活品位。

哈利：它不仅是好莱坞明星、流行歌手们最喜欢的香水，也是企业家、社会名流、上层社会男士常备的香水，这种香水象征着他们的成就与权力。

兰堡 No. 6：火辣辣、芬芳的香型是男用香水生气勃勃的标志，其配方多采用柠檬、橙花油及迷迭香，1752 年出品的兰堡 No. 6 是其代表，它是美国第一任总统乔治·华盛顿最喜爱的香水。

兰德尔：随着男用香水渐渐普及，其香型也由清新提神的作用转为表现性感魅力。这种香水除了有熏衣草油外，还有一定比例的橙花油和檀香。

凯热 No. 10：这种香水推出时，打着为知识男性服务的口号。他的征服者包括指挥大师赫伯特·冯·卡拉扬。

蒂芙尼：优雅的欧洲绅士风格，以玫瑰香型为主，混合森林环保基调。

小马车：爱马仕的招牌香水，其男用品系独有男性气质和阳刚之美。

资料来源：改编自江林，李志兰．消费者行为学[M]．北京：首都经济贸易大学出版社，2012.

三、自我概念的营销启示

根据这三个理论，消费者的购买行为会受到自我概念的影响，消费者倾向于购买那些能够强化他们自我概念、实现他们在特定环境下想要表达的自我形象，并利用其象征意义与他人进行沟通的产品。由此，自我概念对市场营销者有着重要的战略意义，主要表现在以下两个方面：

(一)新产品开发

营销者可以根据拥有相似自我概念和形象的消费者对市场进行细分，并针对产品类型和消费者的自我概念设计出既满足消费需要又符合其自我概念的产品，这将有助于企业的产品走向市场。

(二)广告策略

由于消费者的自我概念与消费者行为之间的联系，营销人员在制定广告策略时可以使广告信息与广告说服对象的自我概念相吻合，以此促进广告的说服效果。夏威特和布洛克曾经做过一项实验，在实验中广告信息被分为自我信息、产品信息和操作信息三类。他们先让 94 名美国妇女看 7 部广告片，然后要求这些人评价所看到的广告，并指出对广告产品的购买意向。研究结果表明，由于广告中的自我信息和消费者自身因素密切相关，容易引起消费者的自我介入，因而会产生良好的说服效果。①

例如，劲霸男装“给你这样的男人”的系列广告中分别是妻子的好丈夫、孩子的好父亲、朋友的好兄弟的积极上进、阳光自信的男人形象。广告中的男人形象代表了消费者心中的理想自我形象，由于广告信息与消费者的理想自我概念相一致，从而起到了很好的说服效果。

四、自我概念的测量

要根据消费者的自我概念制定营销策略，因此要求营销人员对消费者的自我概念和消费者认为产品所代表的形象进行测量和评估。美国学者马赫塔设计了一种既可以测量自我概念，又可以衡量产品形象的语义差别量表，见表 6－2。

---

① Shavitt, S., Brock, T. C. "Self-Relevant Responses in Commercial Persuasion: Field and Experimental Tests". in *Advertising and Consumer Psychology*, eds. Jerry C. Olson and Keith Sentis. New York: Praeger, 1986.

表 6—2　　测量自我概念和产品形象的马赫塔量表

1 粗糙的	___|___|___|___|___|___|___	精致的
2 兴奋的	___|___|___|___|___|___|___	平静的
3 不舒适的	___|___|___|___|___|___|___	舒适的
4 支配的	___|___|___|___|___|___|___	顺从的
5 节制的	___|___|___|___|___|___|___	放纵的
6 喜悦的	___|___|___|___|___|___|___	不喜悦的
7 入时的	___|___|___|___|___|___|___	过时的
8 有组织的	___|___|___|___|___|___|___	无组织的
9 理智的	___|___|___|___|___|___|___	情感的
10 幼稚的	___|___|___|___|___|___|___	成熟的
11 正式的	___|___|___|___|___|___|___	非正式的
12 正统的	___|___|___|___|___|___|___	随便的
13 复杂的	___|___|___|___|___|___|___	简单的
14 无色彩的	___|___|___|___|___|___|___	有色彩的
15 谦虚的	___|___|___|___|___|___|___	自负的

资料来源：N. K. Malhotra. “A Scale to Measure Self-concepts，Person-concepts，and Product-concepts”. *Journal of Market Research*，1981(16)：456—464.

该量表是由 15 对双极形容词组成的一个语义区分量表。测验时，要求消费者在量表上评估其自我概念，然后在同一量表上评价一个或多个品牌，品牌的反应模式与自我概念匹配程度最大的就是消费者所偏爱的品牌。用该量表调查消费者，不仅可以获得消费者所期望的产品形象方面的信息，也可以了解消费者对现有产品的评价，从而找出产品形象改进的方向，更好地满足消费者需求。

最近发展的一个方法是要求被试者回答什么样的人使用产品×。在调查中，先让被试者在头脑中想象这个人，然后用一个或多个形容词如经典、性感、老的、时尚等词来形容这个人，完成后要求被试者回答这个产品×与使用他的消费者如何看待与自己是否一致。这个方法已经被证明在预测品牌偏好、品牌态度以及消费者满意度方面是有效的。

第三节　消费者的生活方式

20 世纪 50 年代以前，营销者主要利用人口统计数据来研究消费者行为，但是仅用人口统计数据来研究消费者是不够的，它只能为了解消费者提供有限的信息，而要理解消费者想买什么、为什么买等，人口统计信息是远远不够的。20 世纪 50 年代以后，人们开始对个性与消费者行为的关系进行研究。然而，应用个性特点解释消费者行为的方法还存在一些不足。因为个性是一个比较稳定的概念，个性理论主要描述的是一种比较长久的行为模式，而且在很多情况下，个性研究的焦点集中在那些异常的、非典型的行为上。而消费者的行为更多是普通的日常事务，因而研究人员试图通过研究消费者如何生活、消费与娱乐来研究人们的消费行为，并对其进行细分。20 世纪 50 年代，生活方式研究被引入营销领域，成为理解市场动态和消费者行为差异化、制定消费决策的重要手段。

一、生活方式的含义和特征

生活方式(life style)是由马克斯・韦伯首创的术语，简单定义为人们如何生活。拉泽最早研究了生活方式与营销的关系。他认为生活方式是整个社会或社会中群体的独特生活模式。所罗门认为“生活方式是一个人分配时间和金钱的方式”①。他指出，人们会根据自己喜欢做的事情、如何打发时间、如何花销可支配收入等，将自己归入一个特定的群体。菲利普・科特勒将生活方式定义为“人们以活动、兴趣和观点的形式表现出来的在世界上的生活模式”②。

从社会心理学的角度，Feldman 和 Thielbar 概括了生活方式的四个特点：

(1)生活方式是一种群体现象。一个人的生活方式受到他所在的社会群体以及与其他人之间的关系的影响。

(2)生活方式覆盖了生活的各个方面。一个人的生活方式使他在行为上表现出连贯性。所以，当我们知道一个人在生活中的一个方面的行为方式时，就可以推断他在其他方面的行为方式。

(3)生活方式反映了一个人的核心生活利益。许多核心利益塑造了一个人的生活方式，比如家庭、工作、休闲和宗教等。

(4)生活方式在不同人口统计变量上表现出差异。包括年龄、性别、民族、社会阶层、宗教和其他决定因素。另外，社会变迁也会导致生活方式的改变。

二、生活方式的测量

对消费者生活方式的主要测量方法有 AIO 测量法和 VALS 测量法。

(一)AIO 测量法

AIO 测量法属于心理描述法，它是目前用来测度生活方式的最常用的一种方法。其基本思想是通过让消费者回答一系列的问题来识别消费者的活动(activity)、兴趣(interest)和观点(opinion)，从而描述消费者的生活方式。

活动是指一种具体的行动，如购物、与朋友进行产品信息的交流等。通过向消费者询问有

---

① Michael R. Solomon. *Consumer Behavior*. New Jersey: Prentice Hall, 1999.

② 菲利普・科特勒. 市场营销管理(第 11 版)[M]. 北京：清华大学出版社，2007.

关活动的问题，得知消费者日常参与哪些活动，如何分配时间与金钱。比如，你经常去购物吗？你经常听流行音乐吗？

兴趣是指人们对某些事或主题的兴奋程度，可使人们产生特殊且持续性的注意。兴趣的问题集中在消费者的偏好、优先考虑的问题上。比如，你愿意周末待在家里还是出去玩？对你来说，尝试新事物是一件很重要的事情吗？

观点是指个人对外界刺激所引起的问题给予口头上或书面的表达，有关观点的问题可用于描述人们对事件的解释、期望和评价，反映了人们如何看待他们自己和他们周围的世界。比如，你赞成女性外出工作吗？你认为金钱是最重要的吗？

活动、兴趣、观点三个方面如表 6—3 所示。

表 6—3　　AIO 清单的主要构成要素

活 动	兴 趣	观 点
工作	家庭	他们自己
嗜好	家务	社会问题
社会事务	工作	政治
假期	社区	经济
娱乐	时尚	商业
俱乐部会员	食物	教育
社区活动	媒体	产品
购物	成就	未来
体育运动	休闲	文化

资料来源：William D. Wells, Douglas J. Tigert. "Activities, Interests and Opinions". *Journal of Advertising Research*, 1998(8): 27—35.

AIO 调查表是一种陈述性量表，包括关于消费者的活动、兴趣与观点的一系列问题，要求被调查者在量表上（通常采用利克特的 5 级量表）表明对每个问题"同意"或"不同意"的态度，如表 6—4 所示。

表 6—4　　生活方式量表举例

请阅读以下每一条陈述，在最符合您同意或不同意程度的方格内打上一个"√"					
项　目	非常同意	同意	不一定	不同意	非常不同意
我总是到能省时的地方购物					
本地物价与其他城镇不一致					
我喜欢到大购物中心去					
我喜欢购物中心，胜过城里购物区					
我购买许多便宜货					
购物时讨价还价会省钱					
只要看上去产品好，就买下它					
我喜欢做新鲜事					

要编制一份 AIO 调查表，研究人员首先要了解现有的市场研究资料，这有助于分离出有

效的心理描述变量，针对这些变量，研究者形成各种类型的陈述，以反映研究者想评价的消费者的活动、兴趣和观点。这些陈述可能是一般性的，即并不针对任何具体的产品，也可能是非常特殊的、对具体产品的陈述，旨在弄清某种特定产品的购买者或潜在购买者的心理特征。例如，一位研究者想要研究消费者对雅克这种糖果的看法，他可能列出这样的问题：

我发现雅克很难嚼。

雅克让我想到户外运动。

当我吃雅克的时候，它让我感觉自己很健康。

通常，针对具体产品设计的 AIO 量表，都会含有一般性的陈述。比如，研究者可能让消费者回答这样的问题：

我很喜欢户外运动。

我希望世界和平。

当然，研究者问特殊性或一般性的问题有不同的目的。一般的陈述强调了较广的知觉、偏爱或"生活方式"；特殊问题能够帮助研究者识别消费者对产品的认知，了解产品如何与消费者联系起来，通过评价这些信息可以帮助企业进一步改进产品，寻找最能够打动消费者的卖点。

通过 AIO 调查表获得相关数据之后，要进行心理描述分析。进行心理描述分析的第一步是确定哪一种生活方式产生了对某种特别产品的需求；第二步是找出谁（具有某种生活方式的消费者）在使用这种产品，然后区分出重度、中度和轻度的使用者，企业的主要营销目标是那些重度的使用者；第三步是在辨认出重度使用者之后，考虑如何将自己的品牌与他们建立联系。

（二）VALS 测量法

SRI 调查公司基于对大约 1 600 户美国家庭的调查研究，设计出称为 VALS（Value Attitude & Life Styles）的模型，被美国公司广泛用来细分市场，并为开发广告和产品策略提供指导。

VALS 模型主要包括横轴和纵轴两个维度。纵轴维度称为资源维度，其测量的不仅包括年龄、教育、收入，还考虑了自信、新奇感、创新性、领导力、冲动性等个人特征在资源维度上发挥的作用。横轴维度称为基本动机维度，测量消费者通过购买产品、服务，寻求实现自我特定偏好、对生活满意感等体验。VALS 模型中市场细分维度的框架是消费者动机与拥有的资源。通常，消费者购买商品、服务和寻求体验来满足他们性格的偏好与生活需求。一个人的主要动机决定了影响他的行为的核心因素。一般而言，消费者被以下三种动机所影响：

（1）理想：受理想动机影响的人们会受到知识和原则的指引，而不是依情感、事件或获得认可的愿望而做出取舍。

（2）成就：受成就动机影响的消费者寻求能够向同伴证明自己成功的产品与服务。

（3）自我表达：这些人渴望社交或体能性活动，喜欢多样化和勇于承担风险。

上述三种主要动机决定了个人所追求的目标和行为的种类。

VALS 测量的第二个层面是资源，其涉及心理、体能、人口统计因素和物质手段等各个方面，不同的资源能够增强或限制消费者表达他的主要动机。以主要动机与资源为基础，VALS 根据人们对量表的回答情况将美国成年人划分为八大消费群体，并在西方国家得到了广泛应用（见图 6—3）。

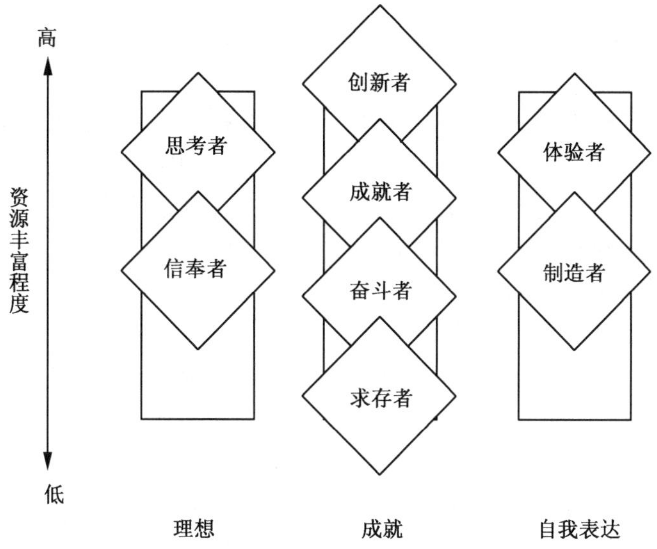

资料来源:http://www.sric-bi.com/VALS/types.shtml.

图 6—3 VALS 生活方式系统

1. 成就动机的消费者

他们在社交场合或所处的社会环境下拥有或寻求安全场所,努力提高自身地位,以使自己跻身于地位更高的群体。在地位取向方面根据资源丰富情况分为创新者、成就者、奋斗者和求存者四类。

(1)创新者。这类消费者资源丰富且关注原则和行为,具有较高的自尊,追求成功。通常积极地、不受控制地表达品位、独立性和个性。喜欢"精美的东西",接受新产品、新技术。怀疑广告,经常广泛地阅读一系列出版物,看电视较少,相当看重自己的形象。

(2)成就者。喜欢控制自己的生活,喜欢预测,不喜欢冒险和自我发现。他们尊重权威和身份。非常注意形象,他们喜欢成功的、有影响力的品牌,不喜欢其他品牌。他们的生活围绕着家庭和职业旋转。看电视的程度超过平均水平,喜欢阅读有关商业、新闻的出版物。

(3)奋斗者。资源缺乏且关注身份,以身份为导向。在乎其他人的认可并注意自己的形象。尽管他们想努力赶上他们奋斗的目标,但他们那时缺少达到目标的资源。冲动且具有时尚意识,钱主要用于服装和个人护理,金钱对他们意味着成功。喜欢看电视甚于读书。

(4)求存者。贫穷并且没有良好的教育,没什么资源,没有社会福利,必须时刻为生存而挣扎,并时常与社会问题联系到一起,如食物和健康。他们是十分谨慎的消费者,并寻找安全感,容易形成品牌忠诚。相信广告,经常看电视。

2. 理想动机的消费者

这一类消费者所制定的购买决策建立在他们自己的信念和原则的基础上,而不考虑别人怎么想。主要表现为两类:

(1)思考者。成熟、安逸、满足和富于思考。他们崇尚秩序、知识和责任,受过良好教育,从事专业性工作,对职业、家庭和生活状态均感满意,闲暇活动以家庭为中心。

(2)信奉者。他们比较保守,过着不变的生活方式,改变习惯很慢,与家庭的联系紧密。他们的信念建立在宗教、社会、家庭和国家的基础上。忠实于本国产品,生活超过平均水平。

3. 自我表达动机的消费者

这些消费者通过购买产品来影响他们的环境，依据对行为、多样性和风险的渴望来做决策。主要表现为两类：

(1)体验者。年轻热情、生机勃勃、冲动且具有反叛精神。他们寻求丰富多彩和刺激，崇尚时新，敢于冒险。他们将大部分收入花在服装、快餐、音乐、电影上。

(2)制造者。资源缺乏，注重自足，生活在家庭中，保守且现实，对外面的世界较少关心。采购是为了舒适、耐用和有价值，不关注豪华奢侈的产品。

(三)E-ICP 法和 China VALS 方法

我国学者与研究机构根据中国复杂的市场环境研究中国消费者的生活方式，开发出了新的模型和生活方式量表，并以此来划分中国的消费群体。这些研究中既有理论基础，又能提供广泛应用性的社会分层结构范式的是东方 E-ICP 量表和 China VALS 量表。

1. E-ICP 量表

台湾东方广告公司 2000 年设计开发了 E-ICP(Eastern Integrated Consumer Profile)量表。E-ICP 量表包含的范围非常广泛，内容包括消费者行为理论与营销管理的范畴：(1)个人因素。人格、价值观、态度、偏好。(2)决策影响者。人口统计变量、家庭变量、媒体接触类型和频率。(3)产品变量。决策属性变量、消费与使用情境。E-ICP 的研究者们从中国台湾地区消费者营销数据库中抽取 1 200 位 20—64 岁的消费者为样本，以因子分析与聚类分析归纳他们的生活方式与消费习惯，整理出 2000 年台湾成年人的六种生活方式群体：台湾牛——规律守份族；逍遥马——逍遥自在族；水獭——认真生活族；无尾熊族——沉默顺从族；花蝴蝶——积极活跃族；云豹——自主反动族。这六大类台湾成年消费者形态，各有不同的消费习惯、金钱观与资源量。2001 年研究者重新抽取样本进行了研究，并将 2001 年各个群体与 2000 年进行比较，其生活方式大致相符，但显示年轻一代人群的生活态度有所转变，2000 年曾有的水獭——认真生活族已不复存在，取而代之的是态度消极、生活随性的黑熊族，如表 6—5 所示。

表 6—5　　E-ICP 消费者分群结果

别　称	百分比	生活方式群体	特点描述
台湾牛	14%	规律守份族	以家为中心、规律守份
逍遥马	26%	逍遥自在族	中庸、无个人特色
水　獭	17%	认真生活族	追求自我、崇尚生活
无尾熊	13%	沉默顺从族	传统、没有活力
花蝴蝶	17%	积极活跃族	讲究品位、追求时尚
云　豹	12%	自主反动族	追求独立自我

资料来源：别莲蒂．东方 E-ICP 生活形态调查报告[R]．台湾东方广告公司，2001.

2. China VALS 量表

零点研究咨询集团的吴垠以中国消费者的生活方式研究为中心，借鉴西方研究成果，就消费者的分群、价值观、生活方式及社会分层等市场细分理论及应用进行了探讨，建立了具有一定的实用价值的 China VALS 模型(见图 6—4)。

China VALS 模型推出具有理论基础和较强应用性的中国消费者生活方式量表，构建了研究中国消费者生活方式的独特的系统范式，提出了五项新的理论性观点，即中国消费者十四

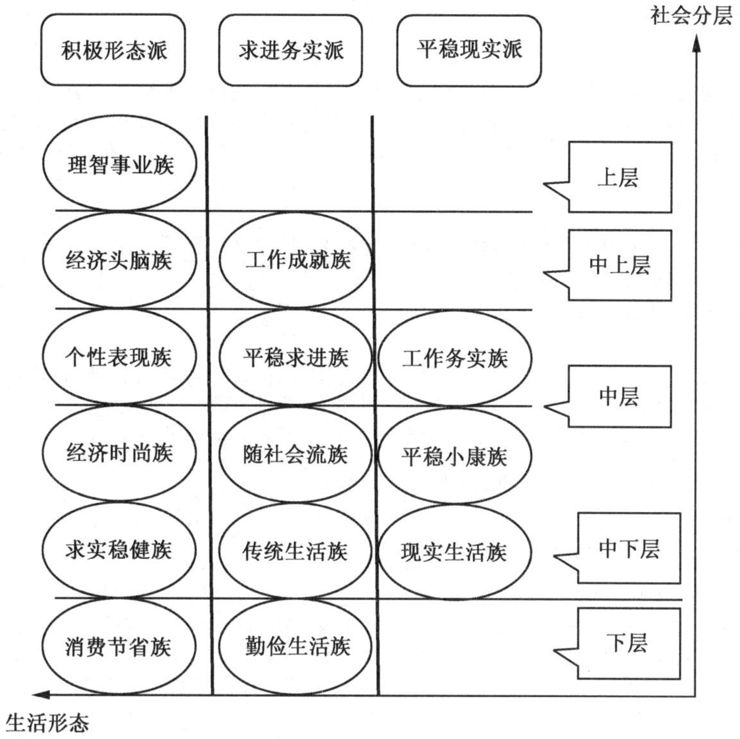

资料来源:吴垠. 关于消费者分群范式的研究[J]. 南开管理评论,2005(2).

图 6—4　消费者的分群与社会分层结构

大族群、七点文化元素、中国社会心理结构的三层结论、China VALS 模型和应用性价值观。

三、生活方式的营销启示

生活方式研究在营销中的直接应用就是利用 AIO 或者 VALS 数据,探索社会变化趋势、勾勒市场细分图、提取产品定位概念,以及激发广告创意。

(一)生活方式与市场细分

生活方式是一个进行市场细分的有效依据,它使营销者能够超越简单的人口统计数据和产品使用描述的限制,把消费者的价值观、人口统计特征和生活的其他方面结合起来对市场进行细分,更符合市场的真实性,对顾客的分类和目标市场的描述也会更加精确、生动、丰富。在激烈的竞争下,企业想拥有所有类型的消费者是不可能的,选准目标市场才有可能取得成功。利用 AIO 或者 VALS 方法,营销人员可以分析出哪些消费者是目标群体。

例如,面对日益繁荣的中国寿险市场,中国学者借鉴 China VALS 模型对寿险市场进行细分,结合消费者的个人背景,将中国寿险消费者划分为六个群类,分别是稳健传统型、现实生活型、积极前卫型、求进务实型、经济生活型和时尚进取型,并针对每个群类提供了相应的营销建议(见表 6—6)。

表 6—6　　中国寿险市场细分群体及营销建议

群　组	特　点	营销建议
稳健传统型	工作稳定，收入一般，有一定的文化程度，人已中年，对风险比较厌恶，希望生活可以一帆风顺，对广告有一定的兴趣，不轻易尝试新鲜事物	可以通过多种媒体对其进行营销宣传，先使其对寿险形成完整的概念，消除陌生感，重点推荐保障型寿险，如养老险、健康险等，成功之后再尝试其他险种的营销
现实生活型	工作收入、文化程度都很一般，不轻易接受新鲜事物，对健康、家庭、广告、理财等缺少关注，生活平实，无太多变化	这部分人群一般不列为重点客户，但考虑其有一定的市场，可以尝试一些储蓄型寿险的营销，关键在于安全性，其后可以进一步销售其他险种
积极前卫型	年轻时尚，文化程度高，思想开放且活跃，易接受新鲜事物，关注健康、家庭、广告等，渴望成功，希望有合理的理财计划来规避风险	以保障型寿险为基础，着重进行理财型寿险的营销，在保障其家庭有足够保障的同时，更重要的是能够使其财富增值，以满足其理财需求
求进务实型	渴望成功，关注家庭和健康，但理财意识相对薄弱，对新鲜事物不轻易接受，对广告媒体等兴趣不大，文化程度较低，收入也不高	以保障型寿险为重点，同时附加一些能够使财富增值的理财型险种
经济生活型	关注经济理财，希望有安全的财务规划，但由于年龄已大，不轻易冒险，同时由于在机关事业单位工作，社保比较完整，对风险认知不是很高，文化程度较低	在社会保险的基础上，重点进行养老险的营销，在其尚有经济收入的时候为其设计合理的理财规划，营销年金险等在老年时获益较大的险种，使其晚年生活有充分的保障
时尚进取型	乐于接受新鲜事物，渴望成功，大多刚组建家庭，关注家庭，文化程度较高，但理财意识低	采取保障型寿险和理财型寿险并重的营销策略，保障其家庭经济基础稳定，同时为其设计合理的理财计划，使财富有一定的增值

资料来源：李桂华，卢宏亮，李肖欢．基于 China VALS 模型的中国寿险市场细分研究[J]．山西财经大学学报，2011，33(5)：32—41.

(二)生活方式与品牌策略

品牌不但代表了商品的价值，而且是一种身份和地位的象征。例如，星巴克产品不仅是咖啡，还为人们创造出了除生活的两大场所(家、公司)之外的第三生活空间；耐克的品牌价值也不仅在于鞋子，还在于运动，鞋子代表的是产品本身，而运动则代表着生活方式；麦当劳、肯德基之所以能在中国迅速发展，深受人们喜爱，不仅因为它们适应大城市较快的生活节奏，还因为它们所倡导的“快乐的生活”与“美好时刻共同分享”的生活方式符合中国人重视家庭的文化传统。

(三)生活方式与广告策略

拥有不同生活方式的消费者的兴趣、爱好都有很大差别。营销人员利用 AIO 与 VALS 方法，能够选择适合目标市场的宣传媒体，寻找符合目标消费者形象的代言人，策划能有效激发目标消费者购买意愿的广告。

比如，Timex 公司的目标市场是成功者和满足者。根据 VALS 方法划分的八类不同人群，成就者和思考者一般不花费很多时间看电视，而求存者看电视的时间很多；创新者一般怀疑广告，体验者则更注重群体的口碑宣传。于是该公司大量使用了印刷广告，将其介绍性宣传活动设计在早间新闻和晚间新闻时间，而没有选择在黄金时间或白天进行广告宣传。这样针对目标市场所选择的媒体，既降低了广告宣传的费用，又提高了广告的宣传效果。①

① 徐洁怡，马威．消费者行为学[M]．北京：中国农业大学出版社，2005.

企业基于消费者生活方式进行的营销活动可称为“生活方式营销”。生活方式营销的意义源自“产品是人们生活方式的基石”。因此，开展“生活方式营销”，就必须将产品定位于某一特定的生活方式，使产品与目标消费者理想的生活方式相适应，从而更好地满足消费者的需求和欲望。① 例如，欧倍德公司是一个拥有 467 家全球连锁店，企业规模名列德国第一、全球第四的国际著名跨国连锁建材集团，但是在进入中国市场时遭遇到失败。欧倍德作为倡导 DIY（自己动手）商店概念的先锋，致力于给“能工巧匠、建筑爱好者和园艺爱好者提供一切所需要的商品”，是提供一种生活方式的著名企业，它提供的商品有 4.2 万余种，人们几乎可以用其提供的房型和材料为自己盖一所房屋。但是，中国人有自己特定的生活方式，欧倍德公司要想产品卖得好，首先要让中国顾客喜欢上“自己动手”，培育中国人的一种“自己动手”的生活方式，否则，它的产品在中国市场上就注定失败。

延伸阅读 6—3

利郎男装——“简约而不简单”

利郎“简约而不简单”的品牌理念源于利郎最早的一个发现，即商务人士一直以“简约而不简单”为处世方式，他们极力追求不简单的经历，但又想找到最简约的捷径。基于这个发现，利郎形成了自己的目标群体，提炼出来的“简约而不简单”的品牌理念已被广大商务人士所接受，甚至在观念上根深蒂固。利郎一直在进行对简约哲学的探索，从最初的“取舍之间、彰显智慧”，到发掘出“多则惑，少则明”的舍弃哲理，又提升到“感悟包容”的新境界，最后赴美拍摄新广告片的主题是：“世界无界，心容则容。”基于这一品牌主张，利郎的成绩有目共睹。自 2000 年成功实施企业新战略以来，有效的品牌运营、扎实的渠道开拓，利郎销售额在国内居于领先地位；2008 年 1 月，利郎被知名财经杂志《福布斯》（中文版）评为“中国潜力企业”之一。利郎被誉为“中国男装的一支劲旅”。

通过利郎，可以看出在进行生活方式营销时也要注意合理运用。

首先，进行生活方式营销时，对生活方式的概念必须把握准确。进行生活方式营销，必须找到一种真正符合目标群体，并能准确吸引他们的生活概念，只有这样才能产生理想的效果，并持续发挥作用。

其次，必须对这个概念进行独到详尽的解释。概念的确定，必然是全新的，必须加以解释和传达才能使消费者准确无误的理解和记忆，从而产生认同。

再次，必须和消费者进行有效沟通。既然是生活方式营销，那么这种营销方式肯定是感性的、精神层面的，其诉求也必然要求以感性手段进行亲和式沟通，使消费者产生亲近感，体会贴心的感觉。

最后，这一生活方式必须是丰满的。生活方式是一种抽象的概念，要让消费者认同，就必须使其真切地感受到这一生活方式所带来的利益，让消费者体验并认同这一生活方式能改善生活。

资料来源：李艳. 生活方式营销[EB/OL]. http://blog.sina.com.cn/s/blog_63ac50fe0100hzr7.html，2010-03-25.

① 王长征. 消费者行为学[M]. 武汉：武汉大学出版社，2003.

案例分析

Zippo 转型生活方式品牌

全球知名防风打火机品牌 Zippo，正在向“生活方式”品牌转型。在新品发布会上，Zippo 全球营销总监大卫·布鲁斯·沃菲尔(David Bruce Warfel)向到场的中国媒体宣布这一消息。作为全球具有传奇色彩的老品牌之一，Zippo 打火机已畅销全世界 160 多个国家和地区。自 1932 年创立至今，Zippo 售出的防风打火机数量已近 5 亿元。但近年来，打火机市场进入衰退期。

受全球性禁烟运动冲击，世界发达国家吸烟人数呈整体下降趋势。以美国为例，美国疾病控制和预防中心的统计显示，1978 年至 2009 年间，美国成年人的吸烟比例已从 34%下降至 21%。作为衰退市场的应对策略，近年来 Zippo 在拓展海外市场的基础上，开始以并购、商标授权方式，积极发展新业务，另谋出路。“这个转变我们必须要做，”大卫在接受《成功营销》记者专访时说：“我们知道，未来吸烟市场正在变小，而在此之前我们必须做好准备。”

一、沉淀品牌基因

大卫向记者介绍，在 Zippo 品牌发展历史中，有三个关键性的营销实践。1934 年，Zippo 卖出了第一只打火机，时逢美国经济大萧条，生意清淡。创始人 Blaisdel 的一个决定彻底改变了 Zippo 打火机的命运。世界商业史上，第一次有企业对产品提出终身免费保修的承诺：“要么它没有故障，要么我们无条件修好它。”市场营销通常讲究提高产品使用率，促使消费者重复购买，但 Zippo 反其道而行。“Blaisdel 认识到，人其实有很多。如果某个消费者购买了一个，公司还可以把产品卖给其他人，”大卫说，“另一个考虑是，只对消费者说‘我的产品非常棒’是不够的，而‘一辈子你只需要购买一次’显然更有说服力。”

第二次世界大战是 Zippo 发展历程中最重要的转折点。美国参战后，Zippo 停止了对消费市场的产品供应，将全部产能面向美国军方。战争作为有力的催化剂，让 Zippo 成为美国在全世界的代表。“那也许是世界上规模最大的一次公关活动了——几百万名 Zippo 使用者旅行到世界各地，这比任何其他说法都更能使这个牌子在世界普及。”大卫说。Zippo 与好莱坞和百老汇之间的联系，也极大提高了 Zippo 的全球声誉。多年来，Zippo 打火机登上了 1 500 多部影视作品、舞台演出的银幕。在这些作品中，Zippo 打火机往往是一个重要的道具，反映人物性格或描绘某个年代。“每个月至少有一个国家的影视剧制作公司和我联系，获准我们授权在影片中使用 Zippo 品牌。”大卫说。

二、老品牌如何“常在”

品牌历史是资源，但有时候会成为包袱。许多历史上有名的品牌随着社会变革、消费习惯的变迁而被人们遗弃。“这个品牌已经存在了 75 年，我们的挑战就在于必须保持品牌时刻与消费者同在。”大卫说。“与消费者同在”，这听起来似乎是老生常谈，但对一个历经几代消费者的品牌来说，确实是一个不可回避的命题。大卫告诉记者，与 Zippo 同样具有酷、机械感特质的哈雷戴维森摩托车，以及拥有 150 多年历史却仍然吸引一代又一代年轻人的李维斯，这些老品牌在“如何保持品牌新感觉”问题上提供了许多宝贵经验。

Zippo 品牌的忠实消费者具有某些共同特征，大卫对记者说：“他们往往更坚强、更自信，只是话有点多。他们值得依赖，当你有了困难，他们会第一时间出现在门口。他们是那种人——当你是一个小孩子的时候，你会说‘看，我就要成为像他那样’的人。”

购买 Zippo 的人群十分广泛，但 Zippo 将品牌活动传播目标锁定在 18—24 岁的年轻男性人群。为了能够使品牌紧密跟随年轻消费者，Zippo 邀请大学生设计产品外观，选择青年人喜欢的 7-11 便利店作为销售渠道，2008 年 App 商店刚刚兴起时，Zippo 开发的虚拟打火机应用一年内下载量突破 300 万次。

现场摇滚音乐会是 Zippo 在中国的营销重点。这样的选择与 Zippo 的消费者定位有关。“Zippo 的消费者通常更自信，可能喜欢运动、上网、阅读、电影，但首先他们每个人都喜欢音乐。”大卫对记者说。相较于竞争激烈的体育营销来说，Zippo 品牌的营销契机在现场摇滚音乐会。Zippo 钟情于摇滚乐，与其历史上在摇滚乐坛的影响密不可分。20 世纪 60 年代，摇滚音乐演出自发地流行一种文化：每当音乐会进入高潮时刻，乐迷们便会自发点燃 Zippo 打火机欢呼、跟唱，这种后来被称为“Zippo 时刻”的姿势，很快随着摇滚乐的流行传至世界各地。

“我们想要抓住‘Zippo 时刻’，并且要延续这一历史。”大卫说。随着一股摇滚复兴浪潮，以发掘乐队人才为主题的 Zippo Hot Tour 活动于 2004 年在美国启动。作为与中国年轻消费者沟通的重要前锋，2004 年 11 月，Zippo Hot Tour 在北京召开了第一次现场摇滚音乐会。

三、“中国对我们来说再适合不过”

Zippo 60％的销售量来自美国本土之外，其中中国市场销售量占 25％。欧美国家半个多世纪的禁烟运动，严重挤压了烟民市场，但在以烟草为重要支柱产业的中国，烟民市场似乎蕴藏巨大潜力。作为全球最大的烟草生产国、消费国，中国烟民总数达 3.5 亿，占世界烟民总数的 1/3，从这个意义上说，Zippo 打火机在中国似乎大有可为。

不过，Zippo 对中国的兴趣显然并不在这里。大卫告诉记者：“在中国市场，我们的推广重点并不在香烟的相关产品上，我们要做的是拓宽产品线，把 Zippo 由一个单一产品公司，转变为生活方式产品(life style product)公司。”

这次发布会上，除打火机之外，重点向中国媒体推介 Zippo 男性装饰、Zippo 户外、Zippo 家庭三类产品。Zippo 产品不仅用来点燃香烟，还围绕着所有与“火焰”相关的产品。

“在中国推广新的品牌，再适合不过。”大卫说。Zippo 在全世界消费者心目中已成功树立起融合个性、金属感、潮流感于一身的品牌形象，同时也成为美国、“二战”等历史记忆的象征符号。在品牌销售近 80 年历史的西方国家，“Zippo”与“打火机”之间的“等号”已经很难抹去。“只要一提到 Zippo，美国人会立刻想到香烟和打火机。”对此他略显无奈。

年轻的中国市场给了 Zippo 新的希望。他对记者说，由于 Zippo 于 1995 年才进入中国，让中国的消费者接受 Zippo 的男士香水、暖手炉等产品，要容易一些。“欧美消费者通常觉得 Zippo 是一个产品，而在中国，消费者认为 Zippo 是一个品牌。”大卫说。

根据 Zippo 市场部门最近的一次调查，Zippo 在中国的品牌知名度超过了 50％，其中，产品质量、耐用性和外观设计等方面的得分最高。在中国消费者心目中，Zippo 听起来像一个奢侈品，类似于 GUCCI。

“这样的品牌认知，并非能在短时间内靠营销活动得来。”作为 Zippo 的全球营销总监，大卫对此感到无比欣慰。显然，在 Zippo 全球第二大市场——中国，已然为它由单一产品向生活方式品牌全面转型提供了十分有利的市场条件。

资料来源：杨丽媛. Zippo 转型生活方式品牌[J]. 成功营销，2011(1)：60－61.

思考与讨论

1. Zippo 为什么要进行“生活方式品牌”转型？

2. Zippo 代表了一种什么样的生活方式？什么样的人才会购买 Zippo 产品？

3. 你认为 Zippo 要转向“生活方式品牌”面临着什么样的挑战？能给它提供一些营销建议吗？

本章小结

个性是指决定和反映个人如何适应环境的内在心理特征，包括使某一个体与其他个体相区别的具体特质、属性、特征、因素和态度等多个方面。个性具有三个典型特点，即差异性、稳定性和可塑性。

自我概念也称为自我形象，是指个人对自己的能力、气质、性格等个性特征的感知、态度和自我评价，即个体如何看待自身。用来描述、解释和预测消费者自我概念在消费者行为中具体作用的理论有三个，即自我强化理论、环境自我概念理论和自我形象/产品形象一致理论。测量自我概念和产品形象的方法主要有马赫塔量表。

生活方式是人们以活动、兴趣和观点的形式表现出来的在世界上的生活模式。对消费者生活方式的主要测量方法有 AIO 测量法和 VALS 测量法。我国学者与研究机构根据中国复杂的市场环境研究中国消费者的生活方式，开发出了既有理论基础，又能提供广泛应用性的社会分层结构范式的东方 E-ICP 量表和 China VALS 量表。

关键词与复习题

关键词

个性(personality)　自我概念(self-concept)　生活方式(life style)
AIO(Activities, Interests and Opinions)　VALS(Value Attitude & Life Styles)
生活方式营销(life style marketing)

复习题

1. 什么是个性？个性有什么特点？
2. 什么是自我概念？企业如何根据消费者的自我概念来宣传产品？
3. 什么是生活方式？其特征是什么？
4. 对消费者的生活方式调查有哪些方法？其在营销中有哪些具体的应用？

第七章 消费者态度的形成与改变

学习目标

通过本章的学习，应当掌握消费者态度的含义、特征及影响态度形成的因素，理解态度是如何影响消费者购买决策行为的；了解态度改变的途径及相关的理论模型，能够利用相关知识分析营销人员怎样通过改变消费者态度来助益销售。

案例导引

后疫情时代家居消费者的决策态度

2020 年 12 月 18 日，在 2021(首届)中国家居产业数字化峰会上，腾讯广告房产家居行业总监王戈在演讲中指出，后疫情时代下，家居消费者决策态度更细致、更谨慎。

为何“谨慎”？家装属于长期耐用品，试错成本高，所以消费者在选择家装品牌时整体表现较为谨慎。在 2020 年“金九银十”期间，腾讯营销洞察组通过对全国一万名用户进行样本采样调查发现，决定家装品牌平均需要 3.05 周，购买每个产品时需比较 3.6 个品牌，家装花费超过半数控制在 10 万—30 万元之间，平均家装费用 21.68 万元，均价 1 971 元/平方米(包含硬装＋全屋定制，不含软装、家具、电器等费用)。

何为“细致”？就是消费者在选择家装品牌时考量的内容更加全面。选择品牌的考虑因素中，质量/材质、施工服务、设计服务、售前服务稳居前四位。为了做出更“细致”的决策，超过半数的消费者，在买房或准备买房时，已经开始准备家装的采购决策。例如，一位成都的“85 后”男性透露，“家里装修需要看的东西很多，还有很多内容是我不知道的，所以要花很多时间去网上查，去店里实地看，这些都很花时间的，能早点开始是最好的，比如买房前后就开始做功课，后面实际装修的时候就能轻松些”。

当然，信息获取的渠道也在不断增加和丰富。线上渠道中，微信的接触率相对较高，其他渠道相差不大，分布较为分散；线下渠道中，建材市场/装饰城门店，以及大型连锁家装家居商场/中心，是接触率较高的渠道；新兴触点，如 IP 植入的综艺和剧集等值得关注，是消费者获取家装资讯的新入口，也是品牌值得考量的营销渠道。具体来看，装修前收集家装资讯和内容的信息渠道中，线上、线下的占比分别为 76%、74%。

通过数据总结发现，家装人群画像主要表现为，“85 后”和“90 后”成为家装主力群体，25—34 岁的家装消费者占比高达 33%；女性群体的消费潜力不容忽视；三线及以下城市的家装人群占据了半壁江山，下沉市场潜力大。此外，值得注意的是，新一线城市和二线城市，会成为未来家居企业的利益增长点。这一部分群体到底是怎样的一代人？通过用户画像发现，他们可能是精英，可能是健身达人，但毫无疑问的是，他们都是成长于互联网的一代人，信息获取的全面性和丰富性，造就了他们决策上的细致；他们是爱钻研的一代，信息的易获取让他们能更全面地获取多方面的信息。

那么，该如何打动越发细致的消费群体？通过数据研究发现，家装消费者更关注产品/建材的科普、设计灵感启示以及空间的打造，期待在整个装修过程中，有更全面的参与。对此，成都"85后"男性消费者表示："时代不一样了，我希望装修公司可以把专业能力展示给我，给我很多的灵感和想法；但是我也希望我有比较强的参与度和主导权，毕竟这个房子是我自己的，我以后也要长期居住的。"专家表示："现在品牌关系建立上更多围绕消费者的需求灵活开展，品牌的角色也更为柔性，比如针对暂未收房的潜在客户，可以先让他们关注公众号，先通过内容来了解品牌。可以通过公众号持续推送相关的内容，当他要收房的时候，就会想起品牌，并主动与我们联系，这样他也会有比较强的掌控感。"消费者更细致的决策和更强的参与感，让更有温度的加粉链路越来越被接受；良好的隐私保护和不被过度骚扰的特点，让更有人情味的"公众号加粉"模式被用户所接受；随着参与感的提高，超过半数的消费者曾主动向微信公众号进行咨询，和品牌方确定并签约合作的高达七成。

资料来源：赵惠惠．腾讯王戈：针对更加细致谨慎的消费者决策态度，构筑更有温度的营销模式[EB/OL]. https://new.qq.com/omn/20201220/20201220A055UK00.html.

在日常购买行为中，消费者何时、何地、以何种方式购买何种商品，取决于多种因素，其中态度具有极其重要的作用。因此，研究消费者态度形成与改变的影响因素，对企业预测消费者购买行为、制定营销策略具有重要作用。

第一节　消费者态度的概念与功能

一、消费者态度的定义与特征

(一)态度的定义

态度作为人类社会生活中最常见的心理现象，任何人对其相关联的人、事、物及其自身都会有一定的态度。无论其正确的态度还是错误的态度，都无时无刻不影响着人们的生活。因此，理解态度的内涵尤为重要，已有学者从不同视角对态度的内涵进行了阐述(见表7—1)。

表7—1　消费者态度的内涵界定

学　者	定义的主要内容
Murphy, Murphy & Newcomb(1937)	态度主要是一种"既定的"倾向或反对特定事务的方式
Allport(1954)	态度是一种既定的神经准备状态，通过对经验的组织，在个人对其所有与其相关的对象和情景的反应中发挥一种直接和有力的影响
Wrightsman(1967)	态度是对某种对象或者某种关系相对持久的、积极或者消极的情绪反应
Thurstone(1978)	态度是人们对待心理客体如人、物、观念等的肯定或者否定的情感
Krech, Crutchfield & Ballachey(1989)	态度是由关于某一社会对象的正面或反面的评价、情绪的知觉、支持或反对的行为倾向所构成的一种持久的系统
Olson & Zanna(1993)	态度是个体对事情的反应方式，这种积极或消极的反应是可以进行评价的，它通常体现在个体的信念、感觉或者行为倾向中

资料来源：根据相关资料整理。

综合以上各种定义，我们将态度定义为个体对人、客体或观念等对象所持有的积极或消极的评价，它是后天学成的偏好，通常体现在个体的信念、感觉或者行为倾向中。态度反应倾向或评价可以是良好的，如满意、赞成、支持、欣赏；也可以是不良的，如不满、反对、拒绝、厌恶。就消费者的态度来说，由于消费者通常以某类可供消费的商品或服务为具体接触对象，其态度即为消费者在购买过程中对商品或服务等表现出的心理反应倾向。

（二）态度的特征

态度具有稳定性、复杂性、矢量性三个特征。

1. 稳定性

消费者的态度是在长期的社会实践中逐渐积累形成的，因此，态度一旦形成，便倾向于持续一段时间，在一段时期内保持相对稳定的倾向。

2. 复杂性

消费者态度是一个复杂的体系，态度与认知、情绪、行为等紧密联系在一起，同时还受到情境的影响；很多时候态度是隐藏的，必须从个人的行为或与行为有关的语言行为表现中间接推断出来，并不显而易见，因此很难准确测量。

3. 矢量性

消费者的态度不是中性的，而是可以区分为良好的或是不良的。良好的态度存在如满意、赞成、支持、欣赏等不同的倾向强度；不良的态度也存在如不满、反对、拒绝、厌恶等不同的倾向程度。可见，消费者的态度是一个矢量，具有方向和强度。

二、消费者态度的构成与功能

（一）态度的构成

态度是一种倾向而非行为，是一种持久状态而不是瞬时状态，所以态度既不同于行动，也不同于情绪，态度比较持久，而情绪相对短暂。大多数研究认为态度是由情感成分（感觉）、认知成分（信念）、行为成分（反应倾向）三种成分组成。情感成分是指人们对某个事物的感情或情绪性反应；认知成分是个体对某事物的具体或整体的信念；行为成分是指个体对某事物或某项活动做出的特定反应的倾向，是根据人们对某一对象所表现出来的行为的观察而形成的。[①]这三种成分共同决定了消费者对某事物的态度。例如，我们不喜欢喝某种饮料可能是因为我们认为其含有不利于健康的成分（认知成分）或者不喜欢它的口味（情感成分），或者从来没有购买过这种饮料等（行为成分）。态度的这三种组成成分都很重要，它们对态度的相对重要性也是不同的。研究人员提出了影响层级的概念来解释这三种组成成分对态度的相对影响。

根据这三种成分在态度形成过程中出现的先后顺序，可分为标准学习层级、低介入层级、经验层级三类，如图7—1所示。

1. 标准学习层级

在这个层级，首先，消费者通过广告或者朋友积累有关产品的知识来形成自己的认知；然后，消费者评价认知并对产品形成一种感觉；最后，根据这些评价，消费者参与相关的行为。

2. 低介入层级

在低介入层级，消费者并没有对所购商品产生特别强烈的偏好，而是在信息有限的情况下进行了购买，使用产品后才对产品产生情感。在低介入层级中，消费者购买过程也是一种学习

① 叶敏，张波，平宁伟. 消费者行为学[M]. 北京：北京邮电大学出版社，2008.

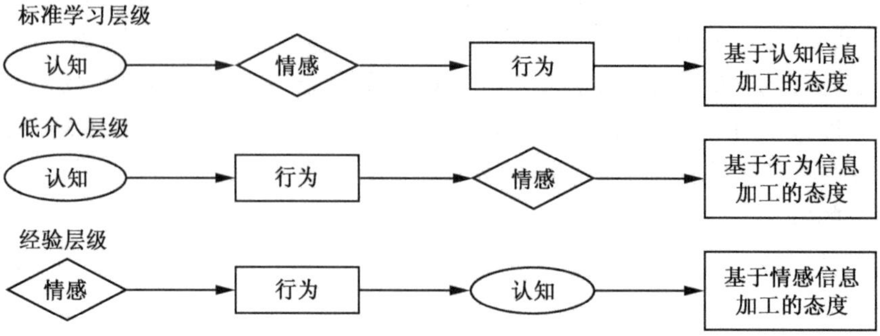

资料来源:迈克尔・R. 所罗门. 消费者行为学(第8版)[M]. 卢泰宏,杨晓燕译. 北京:中国人民大学出版社,2009.

图 7—1　态度形成过程

过程,通过产品购买后或好或坏的使用经历,消费者的选择得到了强化。

3. 经验层级

经验层级的观点认为,消费者是根据他们的情感反应来做出行动的。产品包装设计等无形属性和消费者对伴随刺激如广告、品牌名称和经历发生的背景环境等所产生的反应,都强烈地影响着消费者的态度。产品给消费者的感觉和使用该产品获得的乐趣会直接影响消费者态度的形成。

(二)态度的功能

购买行为是消费者产生购买动机、形成购买意图、采取购买行动的连续过程。其中,购买意图是导致实际购买行动的关键。而明确的购买意图来自对商品或服务的坚定信念和积极态度。凡是对某商品的商标、质量、外观等抱有好感或偏爱,持肯定、赞赏态度的消费者,在产生购买需要时,必定首先将意念集中于该商品,进而导向该商品的实际购买。因此,消费者的态度与购买意图、购买行为相关。这一关系为大量的调查结果所验证。调查消费者对某种商品的态度,可以预测出该商品的销售前景或潜力。具体来说,消费者的态度在消费者购买行为中具有以下四项功能(见表 7—2)。

表 7—2　消费者态度的功能

功　能	含　义	举　例
适应功能	运用态度从对象中获得满足	喜欢耐克运动鞋的舒适和灵活性
识别功能	倾向性的信息收集和评价	讨厌促销广告
表现功能	表现自我概念与价值观	愿意购买和使用绿色产品
自卫功能	保护自我形象,保持心理平衡	喜爱流行服装或品牌

资料来源:江林. 消费者心理与行为[M]. 北京:中国人民大学出版社,2011.

1. 适应功能

适应功能又称导向功能,态度能够指导消费者从消费对象中获取渴望的利益,即在纷杂的商品世界中,将消费者的意念直接导向能满足其需要的商品,使购买行为和消费者需要相互衔接和适应。

2. 识别功能

识别功能又称认知功能，即消费者在态度倾向性的支配下，广泛搜集信息，了解和鉴别有关商品或服务的性能、质量及功用，并评价其价值大小。态度的识别功能减少了不确定性和混乱性，从而为消费者正确制定与实施购买决策奠定基础。

3. 表现功能

态度可以表现出消费者的性格、志趣、文化修养、价值观念及生活背景等，同时还可反映消费者可能选择的决策方案和即将采取的购买行动。

4. 自卫功能

有些态度是消费者为了保护自我形象不受威胁或受到贬抑时进行自我防卫而形成的。当消费者的个别行为与所属群体的行为相左，或与社会通行的价值标准发生冲突时，消费者可以通过坚持固有态度以保持自身个性的完整；或适当调整和改变态度，求得与外部环境的协调，从而减少心理矛盾与冲突。同时，态度的自卫功能可以增强消费者对挫折的容忍力与抗争力。

态度的功能通常不止一个。但在许多情况下，只有一种特定的态度功能起主要作用。只要鉴别出产品对消费者有效能和利益，营销者就可以在包装宣传和促销等方面对此加以强调，从而促进消费者态度的形成。

三、消费者态度的维度模型

受到渴望了解态度与行为之间关系的驱动，心理学家尝试建立一些用于探索态度潜在维度的模型，以此来更好地解释或预测行为。关于态度的模型有许多，每个模型都对态度的构成部分以及各部分之间的关系如何排列给出了不同的看法。下面介绍两个重要的态度模型——多属性态度模型与理性行为理论模型。

(一)多属性态度模型

华纳·兰伯特在为李斯特清新喷发牌漱口水所做的研究中发现，消费者对态度对象的态度取决于他对该对象的多个属性的评价。多属性态度模型重点研究消费者对态度对象属性的态度模式。多属性态度模型通过得到这些特定的信念并综合起来，推导出一个测量消费者总体态度的方法，用来预测消费者对一种产品或品牌的态度。

基本的多属性态度模型主要包括三个要素：

(1)属性(attribute)。是态度对象的特性。

(2)信念(beliefs)。是对特定态度(通常与态度对象其他相关的属性相联系)的认知。信念测量是评价消费者对一个品牌拥有某种特定属性的感知程度。

(3)重要性权重(importance weights)。反映了某一属性对消费者来说的相对优先权。虽然态度对象具有多个属性，但是其中一些属性比其他属性更为重要。

最有影响力的多属性态度模型是费舍宾模型(Fishbein Model)，该模型量化了态度的三个要素：

(1)人们对某个态度对象的显著信念，如人们在评价过程中对态度对象所持有的信念。

(2)目标—属性的关联性，或者一个特定目标具有某种重要属性的可能性。

(3)对某一重要属性的评价。

综合上述三个要素，就可以计算消费者对某一对象的总体态度。其基本公式是：

$$A_{ijk}=\sum\beta_{ijk}I_{ik}$$

式中：i 为属性；j 为品牌；k 为消费者；I 为消费者 k 对属性 i 施以的权重；β 为消费者 k 关于品牌 j 具有属性 i 程度的信念；A 为某个(特定)消费者 k 对品牌 j 的态度分数。

该公式表明，消费者对所考虑的所有品牌中每个属性的评价与这一属性权重的乘积，得出消费者总体的态度分数（A）。需要注意的是，该模型所做的假设在现实中不一定得到保证。例如，模型假设消费者能够充分判断出消费对象所有的相关属性，而实际上人们仍然可能是根据情感的总体反应来形成态度。另外，多属性态度模型主要是针对消费者对某一态度对象属性的态度而言。然而，测量出消费者对态度对象的态度有时并不能很好地预测消费者的购买行为。比如，人们虽然对宝马车持有喜爱、肯定的态度，但对于自己购买如此昂贵的汽车的前景持否定态度。因此，人们认为考察消费者对购买如宝马等顶级汽车这一行为的态度能够更准确地揭示出他的潜在购买行为。

（二）理性行为理论模型

阿则和费舍宾在多属性态度模型的基础上，提出理性行为理论模型。该模型强调对态度各个部分加以综合，以此设计一个能够更好地揭示和预测行为的整体结构，如图 7－2 所示。该模型包括对行为的态度的分析，以及对影响消费者行为的其他因素的考察，是认知、情感与行为等各种态度成分的结合。

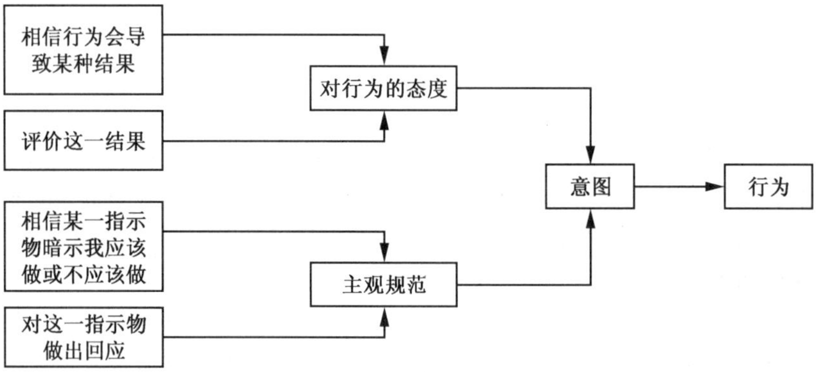

资料来源：利昂·G. 希夫曼，莱斯利·L. 卡纽克. 消费者行为学[M]. 江林译. 北京：中国人民大学出版社，2007.

图 7－2　对理性行为模型的简单描述

依据这个扩展的模型，为了理解消费者的购买意图，我们不仅要考察消费者对某个行为的态度，同时还要考察影响个人行为意图的主观规范。主观规范可以通过一种方法直接加以测量，即评价消费者对与其相关的其他人（家人、朋友、同事等）如何看待将要发生的行为的反应，也就是对他们是否喜欢或不喜欢将要发生的行为的反应。例如，某消费者正在考虑是买一部专业的单反相机，还是买一部普通的相机。他会问自己的父母或朋友怎么看待这一行为（如赞成或不赞成），这种反应构成了他的主观规范。当我们预测消费者的行为时，不仅要考察他对这一行为的看法，也要考察他认为与他相关的重要人物的看法。

第二节　消费者态度的形成与态度理论

人们最初是怎么形成对某事物的态度的？试想年轻人对服装品牌的态度，他们是如何形成对某一特定品牌的偏好的？他们从哪里获得信息？名人广告或家人、朋友对他们的购买决策有哪些影响？这些问题对营销者是至关重要的。我们只有了解消费者的态度是如何形成的，才能判别并影响他们的态度与行为。

一、消费者态度形成的影响因素

社会心理学家认为个体的社会经验在态度的塑造过程中扮演了重要角色。人们的认知经验、情感经验和行为经验是态度形成的关键。多米尼克・夏代尔和拉祖在《消费者行为学》一书中总结了态度的形成及其影响因素，如图 7—3 所示。

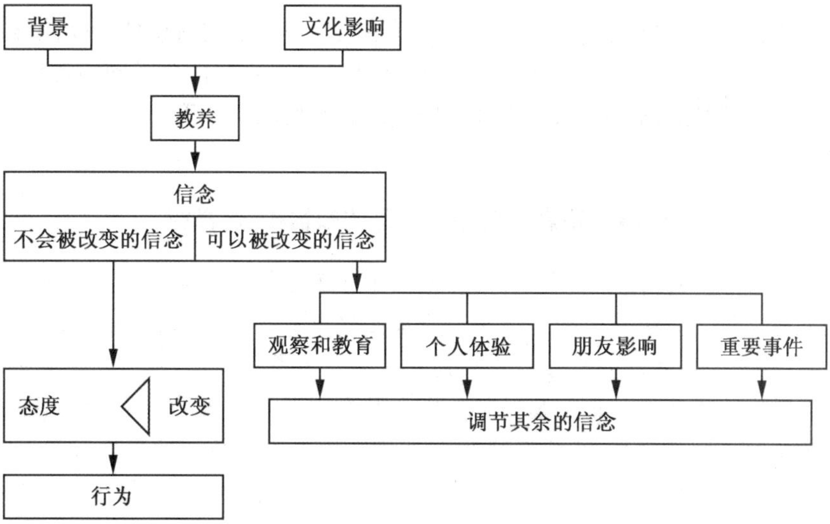

资料来源：多米尼克・夏代尔，拉祖．消费者行为学——概念、应用和案例[M]．北京：中国财政经济出版社，2007.

图 7—3　态度的形成与影响因素

从图 7—3 中可以看出，态度受到人们的背景、文化、信念、教育、朋友、家人、重要事件等因素的影响。拥有不同的个性、出身和文化背景，处于不同团体的人对同一事物可能抱有截然不同的态度。这里将消费者态度形成的影响因素总结为四个方面。

(一)对产品的观察

消费者对某种新产品的态度常常与该产品的品牌有关，而对该品牌喜爱的态度可能源于他对同一公司的其他产品感到满意。① 例如，我们看到宝洁公司推出的某款新产品，会联想到宝洁产品一贯的质量，从而对这款新产品产生好感。

(二)获得的产品信息

消费者获得的关于某产品的信息越多，越有可能形成对该产品的态度，包括肯定的或否定的态度。然而，消费者一般仅使用有限的有用信息做出判断。研究者指出，只有二到三个重要的产品特质决定态度的形成，而不太重要的特质在态度形成中并没有什么作用。因此，营销者应该避免在广告中展示出产品的所有特质，而应集中介绍产品有别于竞争者的关键特质。

(三)个人经验与相关群体、大众传媒的影响

产品态度的形成最初源于消费者试用和评价产品的直接经验。此外，相关群体如亲友、同事、偶像等影响着人们的观点，他们对产品的偏好也会潜移默化地影响消费者态度的形成。例如，年轻消费者可能会因为喜欢周杰伦而喜欢“优乐美”奶茶，或因朋友的影响更喜爱肯德基而

① 利昂・G．希夫曼，莱斯利・L．卡纽克．消费者行为学[M]．江林译．北京：中国人民大学出版社，2007.

不是麦当劳。

除直接经验外，消费者对产品的态度也来自间接的体验。现代商业社会，报纸、杂志、广播、电视、互联网等大众媒体每天都向我们传递大量的商品信息。虽然研究表明，大众媒体在培养消费者态度方面的作用有限，但是它可以强化已经存在的态度，为此营销者仍利用大量的媒体广告来强化忠诚顾客的态度。

(四)个性因素

个性对消费者态度的形成具有极大的影响。不同个性的消费者即使接受同样的信息和体验，也不一定会形成同样的态度。固执的人往往非常排斥与原有信念不同的意见，坚持已形成的态度，开放型的人则比较容易受到外部信息的影响，改变已有态度。

延伸阅读 7—1

保障消费者对转基因食品的知情权、选择权

国家市场监督管理总局、农业农村部、国家卫生健康委员会联合发布关于加强食用植物油标识管理的公告，公告称，转基因食用植物油应当按照规定在标签、说明书上显著标示。

长期以来，转基因食品的安全性令不少消费者感到困惑和担忧，也引发诸多争议。目前尚无被权威部门普遍认可的充足证据表明转基因食品会引起特殊健康危险，但也不能绝对排除转基因食品可能对生物多样性、生态环境和人类健康构成不可预知的潜在危险，因而，消费者对转基因食品的接受程度不一，要求保障对转基因食品的知情权、选择权已经成为一种普遍的消费共识。

对上市销售的转基因食品亮明身份、进行显著标示，不仅是上述三个部门的一个行政决定，也是一项硬性的法律义务。现在，世界上只有加拿大、阿根廷等少数国家和地区实行转基因食品自愿标识政策，其他绝大多数国家和地区采用强制性标识管理政策。美国原来也奉行转基因食品自愿标识政策，或者称一般标识政策，但美国正在制定转基因标识法案，法案出台生效后，自愿标识将转为强制标识。我国的转基因食品强制性标识管理政策不仅符合国际潮流和趋势，也符合对转基因食品监管的规律和需求。

转基因植物食用油是转基因食品中的大户，在超市、卖场大量有售，品种繁多。此番三部门发公告要求对转基因植物食用油加强标识管理，突出“显标”，是对法律法规的积极贯彻，让转基因植物食用油的信息更透明，既有助于提升市场监管质量，也把知情权、自主选择权和监督权留给了消费者，让消费者在购买和使用转基因植物食用油时心中有数，更明白、更踏实。从另一个角度看，严格落实“显标”也能彰显转基因植物食用油产业的自信，促进转基因植物食用油市场的健康长远发展。

资料来源：人民日报．三部门要求转基因食用油加标识 选择权应该留给消费者[EB/OL]. https://baijiahao.baidu.com/s?id=1605151272219201337&wfr=spider&for=pc.

二、消费者态度形成的相关理论

西方学者就态度的形成提出了许多理论，其核心思想是消费者态度形成过程具有一致性的要求，注重认知、情感和行为之间的和谐。如果出现不一致的矛盾，消费者便会产生一种压力感和紧迫感。为了获得一致性，消费者会在必要时改变他们的认知、情感或行为。一致性原则提示我们，态度不是在真空状态下产生的，消费者已经持有的其他相关态度倾向对最终态度的形成具有很大影响。

与态度形成有关的理论主要有认知理论、平衡理论、认知失调理论、自我知觉理论、归因理论、社会判断理论、和谐理论等。

(一)认知理论

凯尔曼从认知的角度研究了态度的形成过程，提出了态度形成的认知三阶段理论。该理论认为态度的形成不可能立竿见影，而要经过模仿或服从、同化和内化三个阶段。

1. 模仿或服从阶段

这是态度形成的初始阶段。首先，人们都有模仿和认同他人的倾向，尤其是倾向于认同他所敬爱、崇拜的对象。在这个过程中，会因认同对象的不同而习得不同的态度。父母是孩子最早的老师。孩子模仿父母的态度作为自己态度的开端。随着年龄的增长和交往的增多，他们通过模仿不同的对象，不断习得态度或改变态度。其次，服从是人们为了获得某种物质或精神上的满足，或为了避免惩罚而表现出的一种行为。服从往往表现为自身的行为和观点因受到外界的影响而被迫发生。导致服从的外界影响主要有两种情况：一是在外力的强制下被迫服从；二是受权威的压力而服从。被迫服从形成习惯之后，就变成自觉服从，形成相应的态度。

2. 同化阶段

在这一阶段，个体自愿接受他人的观点、信念，使自己的态度与所要接受的态度相接近。态度从被迫接受转入自觉接受。这时，态度形成不再像第一阶段那样，是为了获得奖励或免于惩罚，而是因为同化者希望自己成为与施加影响者一样的人。个体由于在同化过程中确定了自己与所要认同的人或团体的关系，因而采取一种与他人相同的态度和行为。可见，他人或团体的吸引力是影响同化能否实现的重要因素。不过，此时新的态度还没有同自己原有的全部态度体系融合。

3. 内化阶段

在这一阶段，个体的内心已真正发生了变化，接受了新的观点、新的情感、新的打算，并将其纳入了自己的价值体系，成为自己态度体系的有机组成部分，即彻底形成了新的态度。如果说在同化阶段个体还需要有意无意地将他人作为榜样，那么到了内化阶段，个体就不再需要具体的、外在的榜样来学习了。进入这个阶段之后，态度比较稳固，不易改变。

综上所述，态度的形成，从模仿(或服从)到同化再到内化，是一个复杂的过程。但并非所有的人对所有的态度都完成这一全部过程。有的人对某一事物的态度可能完成了整个过程，但对另一些事物的态度则可能只停留在服从或同化的阶段。有时，态度到了同化阶段也要经过多次反复，才有可能进入内化阶段，但也可能一直停滞在同化阶段。所以，态度的形成是一个十分复杂的过程。

从认知角度出发，又进一步发展出认知一致论、认知失调论、平衡理论等。

(二)平衡理论

Heider从人际关系的协调性出发，提出了态度改变的平衡理论。该理论认为在一个简单的认知系统里，存在着使这一系统达到一致性的情绪压力，这种趋向平衡的压力促使不平衡状况向平衡过渡。这一系统包括三个因素：(1)一个人对某态度对象的感受和看法；(2)该态度对象；(3)其他人或对象。

为了解释平衡理论如何起作用，试设想以下情景：

John很喜欢班级里的一个同学Linda，我们可以说John对Linda产生了一种积极的情感。

Linda非常喜欢公牛队，是公牛队的铁杆粉丝。

John 非常讨厌公牛队，他对喜欢公牛队的人非常反感，产生一种消极的情感。

按照 Heider 的观点，与自己喜欢的人态度一致，或者与自己不喜欢的人态度一致，人们的生活关系就是一个平衡的系统。在这个情景中，John 面对一个不平衡的三角关系，他会受到压力，并尝试通过改变三角关系里的一些东西来达到新的平衡。比如，他可以选择不喜欢 Linda；或者试着喜欢公牛队；或者认为 Linda 喜欢公牛队是因为她是啦啦队队长而她的队员都喜欢公牛队，她自己无所谓；或者干脆不再想 Linda 与公牛队的关系，从而离开这个问题（见图 7—4）。

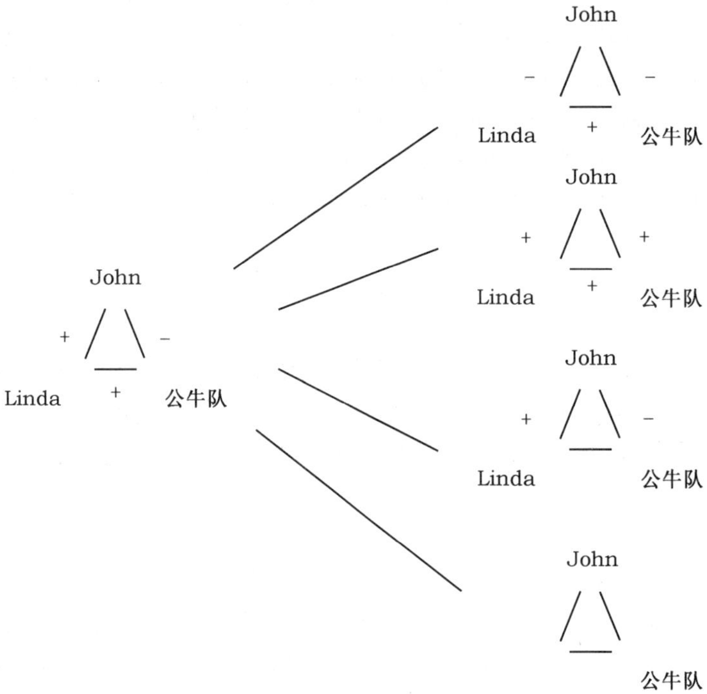

资料来源：迈克尔·R. 所罗门. 消费者行为学[M]. 卢泰宏译. 北京：电子工业出版社，2006.

图 7—4 平衡理论图解

这个理论并没有指明应该选择哪条路线。为了达到平衡，John 的几种看法可能都会改变。研究指出，态度改变遵循最少付出原则，即为了恢复平衡状态，哪里的态度改变最少，就改变哪里的态度。

（三）认知失调理论

研究者对消费者态度的形成与转变有两种观点：一种是消费者在采取行动之前形成他们的态度（如购买这个产品之前，我就非常喜欢它）；另一种观点则是先产生行为，随后才发生态度的形成与转变。认知失调理论与归因理论对行为领先于态度给出了解释。

认知失调理论描述了一种影响方式，即人们的行为对他们的态度有影响。认知失调是指某人在做出决定、采取行动或者接触到一些有违原先信念、情感或价值的信息之后所体验到的冲突状态。当人们的态度与行为不一致，并且无法对自己的行为找出外部理由时，常常会引起个体的心理紧张。为了克服这种由认知失调引起的紧张，人们需要采取多种方法，以减少自己的认知失调。

以戒烟为例，当你戒烟时，一位朋友递给你一支烟，你又抽了一支，这时你的行为与戒烟的态度产生了冲突，引起了认知失调。为了减少这种失调，你可能采用以下几种调节方法：

（1）改变态度。改变自己对戒烟的态度，使其与以前的行为一致（我喜欢吸烟，我不想真正戒掉我的烟瘾）。

（2）增加认知。如果两个认知不一致，可以通过增加更多一致性的认知来减少失调（吸烟让我放松和保持体形，有利于我的健康）。

（3）改变认知的重要性。让一致性的认知变得重要、不一致的认知变得不重要（放松和保持体形比担心 30 年后患癌症更重要）。

（4）减少选择感。让自己相信自己之所以做出与态度相矛盾的行为是因为自己没有选择（生活中有如此多的压力，我只靠吸烟来缓解，别无他法）。

（5）改变行为。使自己的行为不再与态度冲突（我将再次戒烟，即使别人给也不抽）。①

认知失调在消费者行为领域常常表现在消费者购买行为发生后，称为购买后失调。因为购买决定的做出需要大量的妥协，当我们选购完一件商品后，可能会想到没有选择的其他产品的独特性能，产生后悔或者怀疑的不良情绪。此时，人们需要寻找方法来消除这种认知的矛盾。人们倾向于寻找一大堆喜欢的理由，积极地为他们的购买决策寻找论据。因此，营销者应该给消费者提供额外的强化以便建立积极的品牌态度。现在许多企业非常重视提高消费者购买后的满意度，进行售后电话回访或者登门服务，目的就在于使消费者确认自己购买到了最合适的产品，消除认知失调，从而促使其成为忠实客户或口碑宣传者。

（四）自我知觉理论

自我知觉理论是由贝姆提出的，它确定了行为激活态度的其他情形。根据自我知觉理论，要推测自己的内在状态（信念、态度、动机和情感）如何或者应该如何，首先要感知自己现在怎么做，同时要回忆过去在给定情境中自己是如何做的，即利用那些自我知识可以反过来推测行为最可能的原因或决定因素。简言之，自我知觉理论假设人们通过观察自己的行为来判断自己的态度，就像人们通过观察别人的所作所为来了解其态度一样。

自我知觉理论研究者探索消费者对较小要求的顺从会影响到随后对大量要求的顺从这一情境。利用这一理论，营销人员发展了一种逐步升级技术（Foot-in-the-Door Technique），这个策略的名字来自挨家挨户的推销业，敲开门后，销售员将一条腿伸到门里，以免主人砰的一声把门关上。一个好的推销员知道，如果能让顾客开门并交谈，就有可能向他们销售一些东西。顾客同意这么做，就意味着他们已经愿意倾听销售人员的介绍。同理，消费者答应了一个要求，为了保持行为的一致性，就有可能答应更多的要求。比如，对向希望工程捐款 5 元的人进行适当劝说，会使他捐更多的钱。

（五）归因理论

归因理论认为，消费者可以将他的行为产生的原因归结为一些特定的因素。在这一过程中，消费者回顾他的行为，而为了证实他的决定正确，把行为归结为某种原因所致。人们对行为的原因可以归结为外部因素，也可以归结为内部因素。

外部归因是指行为受自身以外的因素制约、影响甚至决定。外部因素是自身所不能控制的。内部归因是指行为不受外界因素的影响，而由一个人的内在因素决定，例如，人的智力、努力等。内部因素是人们可以控制的。

---

① 侯玉波. 社会心理学[M]. 北京：北京大学出版社，2003.

区分内部归因和外部归因具有重要的营销意义。消费者更有可能把成功归因于自己，而把失败归因于外部事件。当消费者将成功的因素归功于自己时，他会重复这一行为进而成为一个忠实的使用者。基于这个原因，企业的广告应该向消费者提供一个承诺，就是产品不但不会使消费者失望反而会使他们成为英雄。

（六）社会判断理论

社会判断理论假设人们根据他们已知的或已有的感觉来吸收和同化态度对象的新信息。其中，原有的态度起到指导框架作用，新的信息根据已有的标准进行分类。根据这一理论，人们的现有态度会对新态度的形成产生影响和制约。这就像我们总是根据以前搬箱子的经验来判断一个箱子的轻重一样，我们在对态度对象形成判断时也会采用一套主观的标准。该理论强调，某个刺激或是信息是否被接受总是因人而异，而人们在态度标准基础上形成了可接受与拒绝的态度。属于可接受态度的观念会被欣然接受，否则，就会被拒绝。对某个对象的介入程度越高，一个人对这个对象的可接受范围就越窄。这时，消费者能接受远离其立场的观念越来越少，而且会反对哪怕是与主观标准只有细微偏差的观念。

（七）和谐理论

和谐理论认为，如果一个评价为负的要素与一个评价为正的要素相联系，前者的评价将会改善，后者的评价将会下降。但是两个要素所得到的评价的变化并不成比例，变化与态度极端化成反比。人们对其中一个对象的态度越极端，当它与另一个要素发生联系时，其态度受到的影响越小；而另一要素的态度受到的影响相对较大。① 和谐理论表明，企业或品牌在与任何事物发生联系时都要承担一定的风险。例如，代言人的选择、“捆绑销售”促销、渠道的设立、零售店商品的组合、广告媒体的选择、公司领导层的言行等，都必须保持谨慎。

三、态度与消费者行为的关系

态度能准确预示出人们将如何行动吗？这个答案在很多情况下可能是否定的。日常生活中，人们的行为与态度并不总是一致的。比如，我们并不喜欢某种商品，却因为其降价促销而购买了；或者很喜欢某种商品，却因为暂时没有优惠活动而放弃了购买。对于营销者来说，测量消费者态度的目的是为了预测消费者的行为，那么在什么情形下态度能够预测行为，什么情况下不能预测？

研究人员发现以下因素影响态度与行为之间的关系。

(1)可获得性。即态度客体与一个人对该客体的评价联系的紧密程度。当态度很容易获得时，行为更可能与态度保持一致。而且研究表明当态度是基于直接经验的时候，比较容易获得。研究者曾经做过一个实验，在选举前和选举后进行电话调查，选举前询问选民类似这样的问题：“你会投哪个候选人的票？”“你认为这是你的最后决定吗，你会改变主意吗？”选举之后，再向选民询问他们实际的选举行为。对选举前态度的可获得性可以通过选民回答的速度测量。结果表明，那些具有最容易获得态度的人，即那些相对最快速给出答复的人，实际上也最可能按照他们所说的那样去投票。

(2)当态度与行为的测量处于同样的特异性水平时，态度就是行为的良好预测指标。只有当表明态度的证据随着时间的推移而保持不变时，我们才能发现态度和行为之间有密切的关

① 杨树青. 消费者行为学[M]. 广州:中山大学出版社,2009.

联性。[①]

(3)时间因素。时间因素影响着人们用态度预测行为的准确性。一般来说,态度测量与行为发生的时间间隔越长,不可知事件改变态度与行为之间关系的可能性越大。[②] 所以通过态度预测一个人的行为时,要知道态度是什么时候的态度。

第三节　消费者态度的改变

态度改变是指一个人已经形成的态度,在接受某一信息或意见的影响后,所引起的相应的变化。在现实生活中,消费者每天会接收大量的信息,会遇到各种各样的宣传和说服,也就是说,我们每个人都在面临着被说服,都在面临着不同程度的态度改变。态度的形成和改变是难以截然分开的,旧态度的改变往往是新态度形成的结果,而新态度的形成必然会导致旧态度的改变。因此,态度的形成和改变是态度活动过程中的两个不可分割的组成部分,并且态度的形成和改变过程也是一致的。

一、消费者态度的改变与影响因素

(一)态度改变的类型

任何态度的形成都是消费者在后天环境中不断学习的过程,是各种主客观因素相互影响的结果。由于促成消费者态度形成的各种因素多处于不断变动之中,因此,某种态度在形成之后并非一成不变,而是同样处于不断调整的过程中。依据不同的指标,消费者态度改变有三种常见的分类方式。

1. 性质改变和程度改变

消费者态度的改变可以分为性质的改变和程度的改变两类。性质的改变表现为态度发生方向性的变化,即由原来的倾向性转变为相反的倾向性。例如,消费者对某品牌一直抱有好感,但购买后频频发生质量问题,由此对该品牌失去信任,由积极肯定的态度变成了消极否定的态度。研究发现,越是对品牌忠诚度高的消费者在遭遇欺骗时越容易由对品牌的积极态度转变为消极态度。

在程度的改变中,态度不发生方向性的变化,而是沿着原有倾向呈现增强或减弱的量的变化。例如,通过实际使用,消费者对某品牌商品由一般感兴趣发展为大加赞赏,并极力向他人推荐,即态度积极程度得到加强。

实际上,以上两种方式的区分并非是绝对的。在性质的改变中包含着程度或量的改变;而量的改变积累到一定程度,又会引起质的变化。通过各种途径将消极态度转变为积极态度,使一般的好感增强为强烈的赞许、支持,同时阻止积极态度向消极态度退化,力求使恶意或反感得到弱化,正是改变消费者态度的目的所在。

2. 现有消费者态度改变和潜在消费者态度改变

按照消费者类型可以将消费者态度改变划分为现有消费者态度改变和潜在消费者态度改变。一般而言,销售额正在下降的公司经常试图改变其向现有消费者提供的产品,如可口可乐曾为了应对百事可乐的竞争而更改了可乐配方。为获得市场的认同,公司经常试图转变潜在

---

① 理查德·格里格,菲利普·津巴多. 心理学与生活[M]. 王垒,王甦等译. 北京:人民邮电出版社,2003.
② 侯玉波. 社会心理学[M]. 北京:北京大学出版社,2003.

消费者的态度。对公司来说，为确保未来的销售，这些转变经常是必需的。

3. 购前态度改变和购后态度改变

按照消费者购买行为前后的态度，可以将消费者态度改变划分为购前态度改变和购后态度改变。在营销实践中，营销人员不仅需要设法转变消费者购买前的态度以对其购买行为产生影响，还应设法转变消费者购买后的态度以减少购后所产生的不舒服。

(二)态度改变的影响因素

态度的改变受到消费者个人、家庭、群体、情境、广告等因素的影响，不同的个体以及同一个个体在不同的情境下态度转变的难易程度是不一样的。

1. 消费者群体的影响

每一个消费者都在一定的群体中生活，群体的态度会影响到消费者的态度。美国心理学家勒温在研究群体影响个人态度方面，提出了群体动力学理论，把个人在群体中的活动分为主动性和被动性两种。主动性的人积极参与群体的各项活动，参与群体规范的制定，主动自觉地遵守群体的各项规范和要求；而被动性的人服从于权威，听从别人的安排，遵守群体的规范和要求。一般来讲，在群体中有三种消费者更容易接受群体的意志：对所在群体重视者；在所在群体中的地位较高者；一贯认为群体的规范正确者。

群体态度对个体态度的影响方式有以下三种：

(1)个体对某种商品已有一定的态度，并且个体的态度与群体的态度相一致，这种情况下个体态度会得到进一步强化。

(2)消费者对某种商品还没有形成自己的看法，但是他所在的群体已经对该商品具有了某种意见或态度倾向，这时如果个体认同其所在群体的态度，就会与群体的态度保持一致。

(3)消费者对某种商品具有一定的态度倾向，但是与所在群体的态度不一致或者冲突，这时个体迫于群体的压力，往往会改变自己的态度以获得群体的认同。

2. 消费者性质的影响

(1)消费者原有态度与目标态度之间的距离。一般来说，原有态度与目标态度之间的(即改变之后要达到的态度)距离越小，消费者态度的改变难度也就越小；反之，则难度越大。

(2)消费者对产品的参与程度。消费者对产品的参与程度较低时，其态度容易改变。消费者低参与度的产品有三个特点：产品的个性色彩不浓；消费者对产品没有什么感情；产品没有象征意义。

(3)消费者态度的强弱。如果消费者对品牌的态度不那么坚定，营销人员就更容易建立起产品与消费者的新联系，从而说服消费者购买该公司的产品。相反，如果消费者已经对某一品牌的商品比较忠诚，营销人员想要改变消费者的购物习惯就会比较困难。

延伸阅读 7—2

矛盾消费者的态度更容易受外界影响吗?

态度的矛盾性在消费情境中尤为普遍，消费者对待产品的态度通常是正面评价和负面评价同时独立存在，如感觉团购商品的超低价格具有吸引力，但同时也担忧产品品质难以保证。以往关于态度的研究通常假定它是一元化的，人们在“不喜欢”与“喜欢”之间选择；而二元化的矛盾态度打破了这一认识，还原了消费者态度的真实面目，是心理行为学领域较新的研究课题。

已有的研究指出，消费者的态度是二元化矛盾的，但是关于矛盾消费者态度的改变存在争议。主流观点认为高矛盾消费者更容易被说服发生态度改变，但也有研究指出低矛盾消费者反而态度更容易被改变。态度由不同的维度构成，矛盾性程度不同的消费者在各维度上的表现存在差异，以往争议的原因是没有对此进行区分研究。通过对两个阶段的实验研究发现，高矛盾消费者的情感态度容易被改变，而认知态度和行为态度相对较为稳定；低矛盾消费者的态度变化趋势则相反，而且这种态度变化差异不受外界信息类型影响。此研究对于指导企业制定传播方案和应对矛盾消费都具有参考意义。

资料来源：冯小亮，黄敏学，张音. 矛盾消费者的态度更容易受外界影响吗——不同态度成分的变化差异性研究[J]. 南开管理评论，2013，16(1)：92－101.

二、消费者态度的改变策略

(一)霍夫兰德和詹尼斯的态度改变说服模型

消费者态度的改变，一般是在某一信息或意见的影响下发生的。从企业角度看，消费者态度的改变过程总是伴随着宣传、说服和劝导。因此，一定意义上，态度改变的过程也是劝说或说服的过程。

霍夫兰德和詹尼斯于 1959 年提出了一个关于态度改变的说服模型(见图 7－5)。霍夫兰德认为，任何态度的改变都涉及一个人原有的态度和外部存在着不同的看法。由于两者存在差异，由此会导致个体内心冲突和心理上的不协调。为了恢复心理上的平衡，个体要么接受外来影响，即改变自己原有的态度；要么采取各种办法抵制外来影响，以维持原有态度。

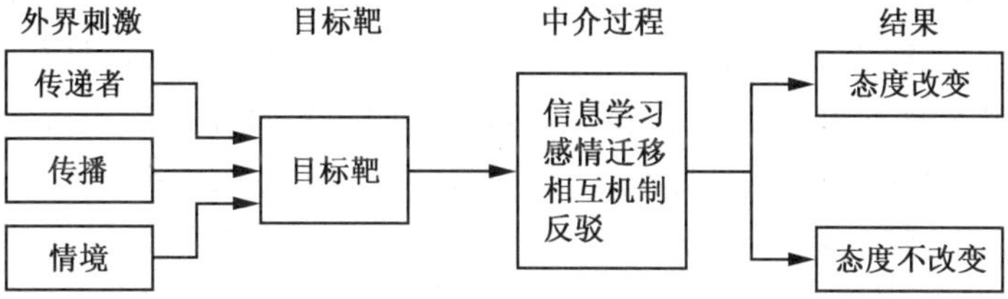

资料来源：叶敏，张波，平宁伟. 消费者行为学[M]. 北京：北京邮电大学出版社，2008.

图 7－5 态度改变说服模型

这种模型将态度改变的过程分为四个相互联系的部分。第一部分是外部刺激，它包括三个要素，即传递者或信息源、传播、情境。传递者或信息源是指持有某种见解并力图使别人接受这种见解的个人或组织。传播则是指以何种方式和什么样的内容安排把一种观点或见解传递给信息的接收者或目标靶(target)。情境因素是指对传播活动和信息接收者有附带影响的周围环境，如信息接收者对劝说信息是否预先有所了解，信息传递时是否有其他干扰因素等。第二部分是目标靶，即信息接收者或企业试图说服的对象。第三部分是中介过程，它是指说服对象在外部劝说和内部因素交互作用下态度发生变化的心理机制，具体包括信息学习、感情迁移、相互机制、反驳等方面。第四部分是劝说结果。劝说结果不外乎两种：一是改变原有态度，接受信息传递者的劝说；二是对劝说予以抵制，维持原有态度。这四个部分是相互联系的整体，每一部分都会影响到消费者态度的改变。因此，消费者态度的改变是个体、情境与传播特点交互作用的结果，其具体影响机制表现在以下方面：

1. 信息源对消费者态度改变的影响

(1)信息源的可靠性。信息源就是传播信息的个体或组织。常理告诉我们，同样的话语由不同的人说出来会有非常不同的效果。信息源效应的研究表明，信息源的可靠性特征对消费者态度改变起着重要作用。当目标市场的消费者认为营销信息的来源高度可靠时，营销活动就比较容易影响消费者的态度。例如，消费者认为美国牙科协会传播出的信息是可靠的，而佳洁士牙膏的成功在很大程度上归功于美国牙科协会的认证。

(2)信息源的吸引力。信息源的吸引力是指信息源被感知到的社会价值。这一特性可以从个人的长相、个性、社会地位或者他与接受者的相似性中产生。① 心理学研究表明，人们往往容易把漂亮的人想象得更聪明、更酷、更快乐，这种假设被称为晕轮效应，即当人们认为那些在某些方面表现突出的人在其他方面也会很杰出。这个观点已经被演绎成一个定式，即“美丽的都是好的”。所以，一个具有外在吸引力的信息源往往有助于促进态度的改变，尤其是当产品与吸引力相关时。比如，名人的吸引力会影响消费者对香水广告(与吸引力有关)的态度，却不会影响消费者对咖啡广告(与吸引力无关)的态度。

2. 传播特征对消费者态度改变的影响

在沟通过程中，信息的安排与选择、信息的情绪特征(恐惧唤起)、信息的单方面呈现或双方面呈现、信息传递途径等都会影响说服效果。霍夫兰德等做了一个单方面信息呈现和双方面信息呈现的对比实验，以考察哪种信息传递方式在说服士兵相信“‘二战’后期，虽然意、德失败了，但盟军与日军还会持续一段艰苦的战争”上的效果更佳。该实验在单方面信息传递中强调，由于从美国本土到太平洋的盟军基地的补给线很长，不容易迅速接济各种补给品；日方控制着许多占领地资源，日军人数多、士气高，并有死拼到底的武士道精神，因此，盟军与日军的战争至少还要持续两年。在双方面信息传递中，除了上述的说法以外，也提出了一些不利于日军持续作战的因素，如盟军海军的实力比日本海军强大，意、德投降后，日军已成孤立之势等，在综合了有利于日军及不利于日军的因素之后，估计盟军对日作战还要持续两年。霍夫兰德等人将两种信息分别传播给这两部分军人，然后考察态度改变的效果。

结果发现，单方面信息传播与双方面信息传播对态度改变的效果受如下因素制约：(1)目标对象的教育程度。单方面信息传递更能有效地改变教育程度低的军人的态度；双方面信息传递更容易有效地改变接受过高中以上教育的军人的态度。(2)信息与原态度的方向是否一致。两者一致时，单方面信息传递更有效；两者不一致时，双方面信息传递效果更好。

3. 目标对象—接受者的特性对消费者态度改变的影响

被说服者身上的某些特征会影响说服的效果。一是被说服者的人格，包括个体的易受暗示性(suggestibility)、智力和自尊。自尊和态度改变的关系大致为：由于低自尊的个体比较关心自己的不足，对待自己比较容易抱否定态度，不太相信自己，所以他们一般比高自尊的人更容易被说服。二是被说服者的心境(mood)。詹尼斯等人通过研究指出，心情好的人更易于接受他人的说服性观点。此外，被说服者的卷入程度、自身的免疫力以及认知需求、自我监控性和年龄等个体差异都会以某种方式影响说服的效果。

4. 沟通情境对消费者态度改变的影响

说服过程不是在沟通者和说服对象之间孤立进行的，而是在一定的背景条件下和特定的情境中进行的。这些背景或情境因素，对说服效果有着重要的影响。在某种背景或情境条件下，说服效果可能很好；然而换一种情境条件，说服效果就可能很差。霍夫兰德通过大量研究，提出了两种可能会影响说服效果的情景——预警和分心。

(1)预警(forewarning)。指一个人在遭受某一与之相反的观点说服前，预先知道(预警)

---

① 迈克尔·R. 所罗门. 消费者行为学[M]. 卢泰宏译. 北京：电子工业出版社，2006.

将会发生的情况。预警会促使被说服者产生防御心理，从而降低说服效果。

(2)分心(distraction)。指在说服过程中，情境中的某些刺激因素使说服对象难以把注意力集中在所接受的信息上。分心的作用主要是干扰目标对象对信息传递的注意程度，从而削弱他对说服的防御和抵制，提高说服效果。

5. 重复

对消费者态度改变的影响两因素或双因素理论(Two Factor Theory)认为，当消费者接收到重复性信息时，两种不同的心理过程将同时发生作用。一方面，信息的重复会引起不确定性的减少和增加对刺激物的了解，从而带来积极的和正面的反应；另一方面，随着重复增加，厌倦和腻烦也随之增长。在某一点上，重复所引起的厌倦将超过它带来的正面影响，从而引起消费者的反感。所以，为了避免或减少受众的厌倦感，企业在做广告时，最好是在不改变主题的条件下对广告的表现形式不时做一些小的变动。我们可以看到耐克围绕着"Just Do It"的积极的人生主题创造了许多相似又不重复的广告，以此来吸引年轻人的眼球。

(二)精细加工可能性模型

20 世纪 80 年代，佩蒂、卡西欧波提出了精细加工可能性模型(Elaboration Likelihood Model，ELM)。该模型是关于态度如何形成以及如何在不同的介入程度下发生变化的理论，它将个人、情境和市场因素综合起来理解态度，如图 7－6 所示。该模型假定消费者一旦接收到信息，就开始加工过程。根据该信息对个人的相关程度，接收者会遵循两条劝导路线中的一条。在高度介入的情况下，消费者会选择劝导的中心路线；而在低度介入的情况下，消费者会选择外围路线。

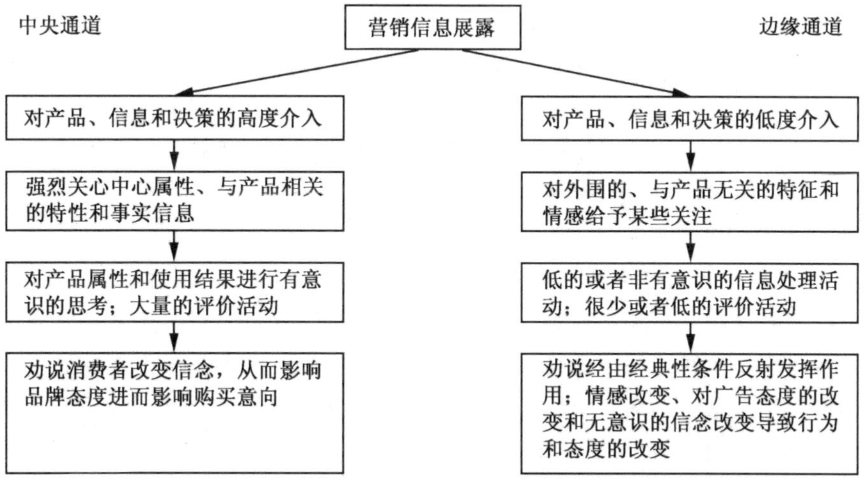

资料来源：德尔·霍金斯. 消费者行为学[M]. 付国群译. 北京：机械工业出版社，2007.

图 7－6　精细加工可能性模型

如图 7－6 所示，当消费者发现说服性的信息与自身密切相关或者很有趣时，他会认真考虑信息的内容，并对产品属性和使用结果进行有意识的思考。比如，一位怀孕的妈妈看到有关辐射对胎儿的危害时会很关注，进而购买防辐射的产品。

与中央通道相反，边缘通道是人们没有动机去认真思考所提供的论述时采取的路线。消费者很可能会使用广告中的外围因素来决定这条信息的适宜性。比如，人们可能因为产品迷人的包装、受欢迎的代言人所做的广告,或者可能仅仅创造了舒适的购物环境,而购买低度介入的产品。

ELM模型认为,要进行有效的传播,对高介入度和低介入度的消费者应采取完全不同的传播策略。一般而言,在高度介入情境下,传播应提供更具体、更具有逻辑性和实时性的信息;而对于低度介入状态的个体,需要先给予有限的信息,以使消费者迅速地知悉该产品的关键属性。

延伸阅读 7—3

从精细加工可能性模型角度看汽车广告劝服效果

汽车产品有两个主要特征:一是高卷入度产品;二是通常在公共场合使用。消费者对待高卷入度的商品比低卷入度的商品更谨慎小心;同时,汽车不仅是一种代步工具,在消费者心目中,这种在公共场合使用的产品还是一种身份和地位的象征。所以广告中宜于制定感性诉求策略,因为使用者的自我形象心理在公共场合更为突出。

1. 影响汽车广告信息加工的劝服要素

根据精细加工可能性模型,在"动机—能力—机会"的心理综合指标较高的时候,经由中枢路径的信息处理过程居于主导地位,受众的心理机制是理性主导型。反之,就是感性主导型心理机制。

感性主导型心理机制下影响劝服的边缘要素主要通过汽车外观、广告模特、音响效果、附加价值等边缘线索来激发受众对广告产生情感共鸣。例如,以"尊贵"为诉求点的汽车广告喜欢运用成功男人为模特,引发受众的向往和共鸣。而以"安全"为诉求点的汽车广告则多采用婴儿为广告模特,来勾起消费者的消费欲望。

理性主导型心理机制下影响汽车广告劝服的中枢要素主要是画面、声音、文字中涉及的实质性内容。消费通过理性思考对其进行分析、判断,在这一基础上形成一定的品牌态度。经由中枢路径进行信息加工主要是围绕"观点的质量"来进行,因此,消费者对汽车广告进行信息加工时主要受到论证的强度、新度、精度的影响。

2. 汽车广告进行劝服时应注意的问题

(1)汽车广告在运用边缘线索时绝不能脱离产品谈感官享受。精细加工可能性模型将信息加工分为中枢路径和边缘路径两种,但实际上个体是感知的综合体,信息接收者在处理某类信息时会同时调动理性和感性的思维,所以不可能单纯地只采用某一路径进行信息加工。而汽车作为一种高卷入度的产品,消费者在购买时绝对会认真反复地进行信息的筛选和对比。因此,广告完全追求一种虚化的概念是行不通的。

(2)汽车广告在进行边缘路径的信息传达时要统一和适当重复

由于经由信息处理的边缘路径集中于启发式的线索,所以产生态度改变的效果不及中枢路径产生的效果持久,适应这种态度的改变很可能在短时间内就淡化。增加信息的重现会使加工更加有利,因为它提供了更多的编码的机会。统一的信息传达能够增强论点的强度,适当的重复能够弥补经由边缘路径的信息处理产生的态度容易淡化的缺陷。

(3)对说服对象进行细分,采取不同的诉求方式。对汽车广告信息有动机、有能力的,采取理性诉求;对没有动机和能力的采用感性诉求。对汽车的目标购买人群应该采取中枢路径,对潜在消费者应该采取边缘路径。对于不具备处理动机的受众则可以灌输新观念,因为根据条件反射原理,受众心目中没有明晰概念的产品,更能从广告信息引发的移情作用中受益。家喻户晓的汽车品牌利用条件反射原理的广告效果，远不如新品和未打开知名度的产品。

资料来源：李正良，黄波平．从精细加工可能性理论看汽车广告的劝服效果[J]．广告大观：理论版，2011(1)：39—43．

(三)广告导向的态度模型

现代社会，广告成为消费者获得产品信息的重要途径。广告的内容及传播方式对消费者形成关于某一商品的态度起到了至关重要的作用。爱德尔和伯克提出了广告导向的态度模型，描述了消费者形成的各种各样的感觉（情感）和看法（认知）（见图 7—7）。这些感觉和看法是消费者看过广告之后产生的，它们反过来又会影响消费者对广告的态度和信任度，并最终影响其对产品和品牌的态度。

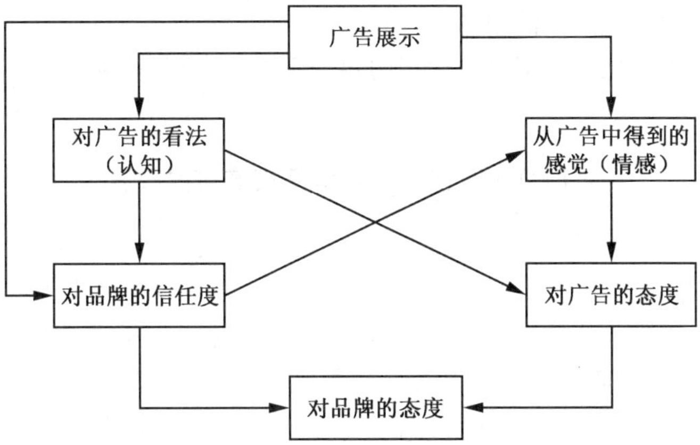

资料来源：利昂·G．希夫曼，莱斯利·L．卡纽克．消费者行为学[M]．江林译．北京：中国人民大学出版社，2007．

图 7—7　广告对品牌态度的影响模型

1．广告引发人们对产品的情感

情感的基本分类有“恐惧、愤怒、厌恶、惊奇、高兴、悲伤、期待、接受”等。广告主要以愉快的情绪为诉求方式。Holbrook 和 Batra 等人为测定人们收看广告时的情感反应而设定了测量尺度（见表 7—3）。

表 7—3　广告引起情感反应的尺度

层　次	表　示	项　目
喜悦	信赖	虔诚的、有信仰的、精神上的
	爱情	热爱、抱有爱情、易亲近
	感谢	怀有谢意、值得感谢、表示感谢
唤起	兴趣	予以关注、有好奇心、令人感兴趣的
	活跃	情绪高涨、有精神的、兴奋的
	动摇	开朗的、愉悦的、轻松的
支配	悲伤	悲痛的、难过的、可怜的
	恐惧	令人害怕的、可怕的、担心的
	怀疑	可疑的、有疑虑的、不可信赖的

资料来源：仁科贞文，田中洋，丸冈吉人．广告心理[M]．北京：外语教学与研究出版社，2008．

广告促进人们对产品产生情感的作用表现在三个方面：

(1)使消费者关注广告(产品信息)。

(2)把广告的情感形象与产品相联系，形成品牌的情感形象。

(3)通过广告唤起的情感来促进与品牌相关信息的处理及决策。

广告中的音乐、故事、优美的风景、幼儿和动物等要素能够引发令人愉悦的情绪，从而增强人们对广告的态度。

2. 广告对消费者认知的影响

根据认知反应理论，消费者对品牌的态度不是被所学习到的该品牌的知识量所影响，而是被在接触那个信息时在考虑什么所左右。如果消费者看到广告时能够形成良好的认知反应，那么就会对品牌产生好感。电视广告的时间很短，平面广告也受到版面的限制。因此，广告必须在有限的时空内，尽可能激发消费者的认知。

通常情况下，广告信息和消费者的记忆内容联系得越丰富，就越容易唤起消费者的认知。

延伸阅读 7—4

可口可乐改变口味与消费者态度的改变

30 多年前，美国一个匿名口味测试的电视广告，却引发了可口可乐与百事可乐之间的一场战争。在美国南部，观众打开电视时，突然看到了一个很有意思的广告。这则广告是百事可乐新推出的，广告的内容是给顾客倒两杯可乐，并不告诉顾客杯子里盛的是什么牌子的可乐，然后让顾客根据口感来判断哪杯口味更好。结果 80%的顾客选出来的口味更好的可乐是百事可乐。百事可乐很快就意识到了这则广告的威力，马上把它推向全国。一瞬间社会舆论一片哗然。很多人想看热闹，二虎相争必有一伤，下一步可口可乐会怎么做呢？

一开始可口可乐公司的董事长郭思达对百事可乐的进攻根本不放在眼里。但是这种广告在美国“狂轰滥炸”几个月后，局面就有点吓人了。百事可乐在美国的饮料市场份额突然从 6%猛升至 14%，距离可口可乐只有 1 个百分点了。此时，郭思达刚刚接过大权，他绝对不能容忍可口可乐的领导者地位在自己的手中受到挑战。一个勇敢的想法开始在他的脑海中成形。他必须要做出某种改变，要改的就是 90 多年来一直没有变过的可口可乐配方。郭思达用了两年时间研制出了一种新型口味的可口可乐，它比老可乐口感更柔和、口味更甜、泡沫更少。可口可乐公司不惜血本花了 400 万美元进行了又一轮的口味测试，这回测试的结果是 60%的消费者认为新可乐比原来的好，52%的人认为新可乐比百事可乐好，郭思达认为推出新可口可乐的时机到了。

1985 年在纽约，从生产线上下来的第一批新口味的可口可乐马上被送到了正在维修自由女神像的建筑工人手中。显然，所有这一切，都是精心策划的。当气球、焰火、大幅标语充斥在整个纽约上空时，可口可乐非常得意。但是结果如何呢？看看可口可乐迷的行为吧。据说一个电视台的记者每天下午三点都会准时喝一瓶可口可乐，这是他多年养成的一个生活习惯，有时甚至会有意不吃早餐和午餐，以便空出肚子多喝点可乐。他一听说可口可乐要改变口味，马上跑到最近的超市，一口气买了 110 瓶老口味的可口可乐。

一位退休的空军军官打算在死后火化，把自己的骨灰密封在可口可乐灌装瓶子里。但是听说可口可乐变味儿了，马上就考虑修改遗嘱。因为这已经不是他熟悉的、那个跟他一起在蓝天战斗的可口可乐了。

一周之内，可口可乐公司每天能接到 5 000 个投诉电话，而电话的内容几乎都是一样的：

批评可口可乐改变口味。美国媒体更是集中火力对可口可乐“狂轰滥炸”。刚开始，郭思达还很得意，因为无论是正面的报道还是负面的报道，毕竟在短短的几天时间里，新可乐在美国就取得了轰动性的宣传效果。但是随后的几个月里，郭思达笑不出来了。到了6月份，电话投诉的数量变成了每天8 000个，公司还收到了40 000封投诉信。有人在信中写道：“可以重写《宪法》和《圣经》吗？对我来讲，改变可口可乐的配方，其性质一样严重。在我的生命中只有两件事情，上帝和可口可乐。而现在你们正在拿走其中一样东西。”其中有人甚至寄来了一张最高面值1 000万美元的空白支票，并且还附带一张纸条：“你们是不是不要老配方了，就把它卖给我吧。”

郭思达大惑不解，可口可乐的消费者应该是非常忠实的，现在怎么这么善变？他命令可口可乐市场调查部门紧急出击，很快就拿到了新的市场调查报告。他们发现，之前声称喜欢“新可乐”的顾客是52%，到了6月，一半以上的人说他们不喜欢了。到7月，只剩下30%的人说“新可乐”好。越来越愤怒的情绪继续在美国蔓延，再加上传媒不停地煽风点火，郭思达实在扛不住了，他宣布恢复传统配方的生产，定名为经典可口可乐，同时继续生产“新可乐”。就在宣布消息当天，公司接到了18 000个感激电话，经典可口可乐的复出几乎成了第二天全美各大报纸的头版头条。当月，经典可口可乐的销量不降反升，同比增长了8%，股票也攀升到12年来的最高点——每股2.37美元，而“新可乐”的市场份额只有0.6%。

可口可乐新配方的失败，在于没有充分考虑到消费者对经典可口可乐情感上的依赖。消费者的态度是由情感、认知、行为因素共同决定的。虽然，“新可乐”的口感更好，但是消费者对经典可乐的感情是不会轻易改变的。

资料来源：王凯. 可口可乐前CEO执政16年 市值从43亿美元升到1 450亿美元[EB/OL]. 中国新闻网，http://www.chinanews.com/cj/news/2009/05-21/1702398.shtml. 2009-05-21.

第四节　消费者态度的测量

一、态度测量的定义与内容

态度测量是消费者态度研究的重要方面。企业的营销战略是否成功以及在多大程度上获得成功，可以通过测量消费者态度变化的方向及程度做出客观的评价。世界著名的跨国公司一般都要长期跟踪和观察消费者态度的变化，定期测量消费者对其企业、产品、品牌的态度，并根据测量结果调整营销战略。态度测量在预测市场变化趋势、进行市场细分和目标市场选择、制定合理的营销战略、有效引导消费者行为等方面起到重要的作用。

现实生活中，消费者对某类商品或服务的态度在形态上表现为一种心理活动和行为的准备状态，难以直接观察了解，因而需要采用一定的技术方法进行科学测量。所谓态度的测量，是指运用科学的测量方法和技术手段，广泛调查汇集有关消费者态度的信息资料，并加以定性、定量分析，以求得关于消费者态度的正确结论。态度是由认知、情感和行为倾向三种成分组成的，因此，态度的测量可以通过测量这三个具体的方面来完成。

（一）测量认知

对消费者认知的测量是测量其对产品各个具体属性的信念。对认知的测量首先要区分出消费者能够识别的属性，然后才能通过调查采访测量消费者对每一属性的认识。例如，软饮料的属性有卡路里含量、维生素含量、味道、价格等；测量消费者对这些属性的信念则具体表现为是否能够补充能量、是否营养、味道好或坏、价格高或低等。

(二)测量情感

情感的测量是测量消费者对产品具体属性的感觉,通常与消费者对品牌的情感相关,体现了消费者对品牌的整体评价。实际操作中,一般通过让消费者对包含特定情感的陈述句表示同意或不同意来测量其对产品的情感成分。表7—4列出了一系列评价情感的维度,以此评价消费者对露比丽登皮肤护理保湿洗面奶的态度。

表7—4　　测量消费者对露比丽登皮肤护理保湿洗面奶的态度的评价

与其他保湿洗面奶相比,露比丽登皮肤护理保湿洗面奶是:								
好的	[1]	[2]	[3]	[4]	[5]	[6]	[7]	不好的
有效果的	[1]	[2]	[3]	[4]	[5]	[6]	[7]	无效果的
令人愉快的	[1]	[2]	[3]	[4]	[5]	[6]	[7]	令人不愉快的
吸引人的	[1]	[2]	[3]	[4]	[5]	[6]	[7]	不吸引人的

资料来源:利昂·G. 希夫曼,莱斯利·L. 卡纽克. 消费者行为学[M]. 江林译. 北京:中国人民大学出版社,2007:228.

(三)测量行为倾向

一般可以通过直接询问其对产品的购买情况或购买可能性来测量消费者的行为倾向,如询问消费者是否购买某产品或购买某产品的可能性多大、购买频率是多少等,如表7—5所示。这样的测量对于大多数产品是相当有效的。但对于那些强烈地与某些社会规范相联系的产品,如酒类产品,这种方法就不一定有效。消费者会倾向于隐瞒或低报对这类"负面"产品的消费,而夸大对诸如书籍等"正面"产品的消费。

表7—5　　测量消费者对露比丽登皮肤护理保湿洗面奶的态度的评价

下面哪句话能够准确地描述下一次您购买护肤产品时会买露比丽登洗面奶的可能性?
——我肯定会买 ——我可能会买 ——我不确定是否会买 ——我可能不会买 ——我肯定不会买

资料来源:利昂·G. 希夫曼,莱斯利·L. 卡纽克. 消费者行为学[M]. 江林译. 北京:中国人民大学出版社,2007:229.

二、态度测量的方法

精确的态度测量结果是研究消费者态度和进行科学分析的事实依据。为使测量结果具有高可信度和高效度,在测量中必须遵循客观性、代表性、时效性、广泛性等基本要求。应用于消费者态度测量的主要方法有量表测量法、面谈法、现场观察法等。

(一)量表测量法

态度量表是测量态度的主要工具。量表是由社会心理学家根据特定的态度对象、采取科学的设计程序加以编制的,主要通过被测量者的自陈或自我报告来评定其对特定态度对象的态度。由于学者们采用不同的编制和使用量表的程序,因此,形成了多种态度测量量表。

1. 瑟斯通量表

瑟斯通量表是一个早期的态度量表。这个量表的方法是收集一系列有关所研究态度的陈述或项目，邀请一些评判者将这些陈述从最不赞同到最赞同分为若干类，并分别赋予量值。然后让被测试者任意选择自己同意的题目。主测者根据被测者所选题目的量值来确定其态度的倾向及强弱程度。得分越高表明态度的强度越高。

例如，某电视机生产商为了了解消费者对发展大小屏幕彩电的意见，设计了如表 7—6 所示的问卷。被测者赞成该题目时，在括号内画对号。主测者根据得分高低判断消费者的态度倾向。

表 7—6　　采用瑟斯通量表法设计的调查问卷

量表值	题　号	题　目
7.5	1	今后应发展大屏幕彩电，小屏幕彩电可淘汰
5	2	应以发展大屏幕彩电为主，可少量生产小屏幕彩电
3.5	3	大小屏幕彩电各有优点，应共同发展
2	4	对彩电屏幕的大小无所谓
0.5	5	小屏幕彩电造价低，符合我国目前中低收入家庭的消费水平，应以小屏幕彩电为主

注：正式测量时，各题量表值一律不在卷面上标出。

资料来源：江林. 消费者行为学[M]. 北京：中国人民大学出版社，2007.

2. 利克特量表

美国心理学家利克特在瑟斯通量表的基础上，设计出一种更为简便的态度测量表。该表使用陈述性语句提出有关态度的题目，但不将题目按内容强弱程度均衡分解为若干个连续系列，而是仅采用肯定或否定两种陈述方式。然后要求被测者按照同意或不同意的程度做出明确回答。供选择的态度用定性词给出，并分别标出不同的量值。程度的差异一般可分为 5—7 级。例如，仍用上例，采用利克特量表法可做如下设计（见表 7—7）。

表 7—7　　采用利克特量表法设计的调查问卷

题　目	我愿意使用大(小)屏幕彩电				
等级分数	非常愿意 —2	愿意 —1	无所谓 0	不愿意 1	非常不愿意 2

资料来源：江林. 消费者行为学[M]. 北京：中国人民大学出版社，2007.

被测者可以按照自己的意愿从中选择任意等级，打上对号。最后由主测者根据得分情况对被测者的态度倾向进行定量分析。

以上两种方法各有利弊。瑟斯通量表法可以比较详尽地给出供选择题目，准确反映态度倾向的细微差异，因而对于复杂态度的测量具有良好的效果。但是该表的测量程序比较复杂，对陈述项目的分类标准难以把握，因而在一定程度上削弱了其使用价值。相比之下，利克特量表法较为简单明确，易得到被测者的配合，且包容量大，可以同时测量消费者对多方面问题的态度，因而在实际测量中得到了广泛认可和应用。

（二）非量表测量法

1. 面谈法

面谈即测量者与被测者面对面交谈。交谈形式可以是问答式的，也可以是谈论式的。无论采取何种形式，主测者都应注意不给被测者提供任何可能的答案，也不进行任何提示或暗示，而让被测者在完全松弛和无约束状态下自由地回答问题，表述自己的想法和意见。例如，提问"你对××牌空调的印象如何?"通过被测者自由回答，往往可以了解到他们的认识水平和真实态度。

2. 现场观察法

一定意义上，消费者的态度是其行为的心理准备状态，行为则是消费者态度的外在表现。现场观察法就是利用态度与行为的这种相关关系，通过各种场合直接观察消费者的行为表现，用以判断消费者态度的一种测量方法。现场观察的场合可以在商店、单位等集体场所，也可以到家庭、宿舍等个人生活环境中。为使消费者的行为不受干扰，观察者应尽量避免暴露身份或给以环境刺激，如显示测量者身份、进行现场拍摄等。现场观察法可以增强测量者的感性认识，取得丰富的第一手资料，但测量结果往往难以进行准确的定量分析，因此应与其他方法配合使用。

案例分析

国货突围记：本土品牌这样吸引和征服年轻人

前不久，作为年轻人聚集的平台，bilibili(B站)首次发布China-Z 100榜单，榜单结合B站UP主与用户的评选、站内数据以及针对30岁以下网民发放的消费偏好调研等，评选出100个为中国年轻人设计并制作的国货。B站副董事长兼运营总监李旎表示："发布这个榜单，是为了体现出"Z世代"(指出生于1995—2010年的群体)的审美趋势和消费痛点，鼓励更多品牌在B站关注他们的喜好，并以此作为产品设计和营销的重要参考。"

在国货品质不断提升的背景下，年轻人以"国"为"潮"，买国货、用国货、晒国货成为越来越多年轻人的选择。近一年，B站有9 000万名用户观看国货视频，总计播放量达50亿次。小米空气净化器、大疆Mavic Mini、钟薛高雪糕、花西子蚕丝蜜粉饼……记者选取各个领域有代表性的上榜产品，探访相关品牌，解锁当代年轻人的消费审美趋势及国货突围之道。

(1)精准定位——从细分场景切入赛道

在China-Z 100上榜品牌中，有不少是"初生牛犊"，从诞生起就扮演追赶者的角色。对手或是国际巨头，或是国产老牌，或兼而有之。美妆个护行业，花西子面对的正是第三种。国际大牌的护城河一时难以突破，已有的国货品牌物美价廉，如何才能突出特色，切入赛道?花西子的答案是东方美。尽管已有产品做出尝试，但把整个品牌调性定位为东方彩妆的并不多见。

苏东坡诗"欲把西湖比西子，淡妆浓抹总相宜"，是花西子中"西子"二字的来源，而"花"则取自古人"以花养妆"的养颜理念。想到国货彩妆，许多人第一反应可能是国际大牌的"平价替代"。但花西子并不满足于此。尽管价格低于国际大牌三四百元，花西子产品100—200元的价格带还是超出了此前国货的定价水准。高定价必须由高品质支撑，花西子的雕花口红，纹路精细到被用户称为"雕刻世家"，消费者不禁直呼"美得舍不得用"。不久前推出的限定款丝绸之路蚕丝蜜粉饼，画面中央大漠驼队纤毫毕现，四周雕刻的敦煌壁画"飞天"活灵活现。

"应该买两个，用一个、收藏一个。"抢到该限定款的小红书用户blackecho说。

天猫旗舰店粉丝888万人，今年"双11"期间，销售额达5亿元，在天猫彩妆类目整体排名第2，同比增长159%——这是成立3年多以来花西子取得的成绩。

面对相似的竞争环境，更年轻的雪糕品牌钟薛高，则直接进军高端领域。

尽管冰品消费市场巨大，国产雪糕却一直处于劣势。中国雪糕市场里，高端领域长期被哈根达斯、和路雪等外资品牌掌控，中低端市场则由蒙牛、伊利为主的国产企业占据。“冰激凌是消费升级的价值洼地，15 年前吃一根冰棍 1 元，现在还是 1 元。”创始人林盛敏锐捕捉到高端国产雪糕的空白。采用瓦片外观，顶部“回”字纹，限定款包装还带有“祥云”“生肖”等中国文化元素，钟薛高横空出世，打破了国内雪糕市场格局。2018 年，成立仅 8 个月的钟薛高参加“双 11”活动，获得天猫冰品类销售总额第一的战绩，开售的前 42 分钟售出 5 万片雪糕，当日销售额突破 400 万元，2 万片单片价格高达 66 元的“厄瓜多尔粉钻”系列在 15 小时内售罄。

国产雪糕卖到这个价格，谁会为它买单？百度指数数据显示，关注钟薛高的人群中，52.72%是 20—29 岁的年轻人，主要分布在一、二线城市，这也和品牌定位相契合。“我们的目标用户主要分为两大类：一类是 25—39 岁，高知、高收入；另一类是 18—24 岁，追求猎奇与尝新，热爱生活。”钟薛高相关负责人说。

(2)消费洞察——年轻人注重品质也更懂产品

在杭州工作的“95 后”秦南临是摄影爱好者，他喜欢记录并分享自己旅途中的见闻。今年国庆是工作后的首个假期，他选择去新疆旅游。额尔齐斯河畔的胡杨、禾木的图瓦民居、喀纳斯的湖光山色、那拉提的壮美草原渐次出现在他拍摄的 Vlog 中。

“这些画面大多数是用 Mavic Mini 2 无人机和口袋灵眸拍的，”秦南临说，“虽然也带了单反，但是使用率远不如这两款产品。”

这两款产品都出自大疆创新，也都是 China-Z 100 的上榜产品。

“旅途中舒适度很重要，无人机带我欣赏寻常看不到的景色。”说起这款产品的性能，理工科出身的秦南临十分精确地描述，“重量只有 249 克，还能做到 10 公里图传，4K 变焦拍摄、5 级抗风及 31 分钟的续航。”

“过去在旗舰机型中才具备的性能，如今也出现入门款了。对热爱航拍却又对价格敏感的一部分年轻人来说，这款高性价比产品极大地降低了购买门槛，帮助他们拉近与无人机之间的距离。”大疆创新相关负责人表示。

说到性价比，小米是绕不开的品牌。

作为全球最大的消费类物联网平台，目前连接到米家 App 的 AIoT 设备已超过 2.8 亿台。小米智能生活较早涉猎的产品——这次上榜的空气净化器发布伊始就以当时行业 1/3 价格的超高性价比备受用户好评。

“办公室一台，家里一台。”天津“90 后”刘耀光说，他是“米粉”，除这款空气净化器外，手机、扫地机器人、净水器等许多数码产品和智能家居，用的是小米。“价格不高、性能不俗”是他对小米产品的整体印象。

“时下年轻人注重生活品质，也更会甄选产品。米家空气净化器产品线发展至今，已经基本涵盖用户绝大多数使用环境，仍保持着一贯的超高性价比。类似的产品逻辑在小米智能生活的其他产品线上也得到体现，这和时下年轻人注重生活品质且懂产品的特性不谋而合。”小米相关负责人告诉记者。

不过，性价比并非品牌唯一的王牌，对于懂产品的年轻人来说，更关键的还是产品价值能否支撑起价格。“斤斤计较”和“大手大脚”这对矛盾在当代年轻人身上对立又统一，无论是“消费升级”还是“消费降级”都不能准确描述年轻人的消费心理，“消费分级”更为恰当——这也能更好地解释钟薛高的走红。

高定价背后，是钟薛高坚持全球精选食材，同时在技术、口味上不断推陈出新的匠心。吐鲁番的红提、爱尔兰的干酪、加纳的可可……原料甄选近乎苛刻。产量稀少的粉色天然可可、几十万元一吨的日本柚子果茸，高到令人咋舌的成本，成就的是“厄瓜多尔粉钻”系列——2018 年“双 11”那个爆款和品牌的高端形象。

(3)用户参与——品牌要与年轻人同频共振

在互联网营销时代，打造“爆款”固然不易，但更难的是在品牌更迭加速的时代，吸引并留住用户。从“网红”到“长红”，受访品牌有一个共识，就是用户参与。受访品牌认为，年轻用户有强烈的表达欲望，小红书、微博、天猫、微信等平台为品牌和用户提供了丰富的沟通渠道，要了解用户并不难，关键在于有没有恒心去聆听。

“用户共创、参与式开发”是花西子的主要用户运营模式。在与明星、网红、化妆学院师生共同构成的独特需求调研体系中，普通用户是不可或缺的一环。花西子在微信公众号和天猫旗舰店均设有“体验官”入口，其他网站上的用户评论也会得到品牌的认真回复。

每次推出新品，邀请体验官进行试用和内测是必不可少的环节。明星产品蚕丝蜜粉饼，名称中“蚕丝”二字，也是来自消费者“用到脸上滑滑的，像丝绸一样”的反馈。

眉笔的快速迭代也离不开消费者的建议。花西子眉笔最初是圆头，虽然效果不错，但缺少自然美，因此，有用户向品牌建议推出“野生眉”效果的眉笔。产品团队迅速调研并升级产品，从圆头到小三角再到砍刀眉笔，产品线不断丰富。慢工雕琢、快速迭代，提升用户参与感，让品牌在这个“口碑为王”的社媒时代建立起高信任度的用户关系。

线上引流，线下门店承担钟薛高品牌与用户体验式互动的功能。每家门店拥有不同的主题风格，带给消费者不同体验。主打特色主题、自带话题的快闪店也吸引消费者前来打卡、体验，达到扩散的大众传播效果。

在互动中，钟薛高不断探求自己的品牌定位。“我们会有各种各样的快闪，用各种方式与用户沟通互动，让用户给我们贴上不一样的标签，每一个都是钟薛高，是用户对产品真实的感知和反馈，”林盛说，“当我们身上有 1 000 万个标签的时候，里面一定会有一些高度重合的内容，就形成了钟薛高的定位。”

大疆也十分关注“Z 世代”的消费诉求。“这群出生于 1995—2010 年的年轻人，他们的原生家庭整体条件优于过往，在价值观形成的重要时期就直接享受着移动互联网和社交媒体带来的红利，他们看重科技与知识、渴望成长、善于表达自我，也愿意与世界沟通。”大疆相关负责人说。

针对“Z 世代”的这些特点，大疆在年轻人聚集的平台上不断激发用户的创作热情。开学季，大疆在 B 站发起“新学期，准备好上天了吗?”的活动。学生 UP 主使用大疆 Mini 无人机拍摄所在的城市、校园，并上传视频参与活动，就有机会赢取大疆无人机和神秘新品。尚未入手无人机的同学也有机会申领无人机套装。活动上线 2 个月内，获得 900 多个投稿视频，7 600 多名同学线下试飞，“大疆 Mini 无人机初体验”成为热门话题，带动相关产品销量迅速增长。

在 China-Z 100 榜单发布会上，主持人说，年轻人对生活品质的追求和对喜好的投入，向中国产品的设计研发提出了巨大挑战。“能和‘Z 世代’年轻人共振的产品，才是他们最终愿意接受的产品。”

资料来源：康朴. 国货突围记：本土品牌这样吸引和征服年轻人[N]. 人民日报海外版，2020-12-04.

思考与讨论

1. 买国货、用国货、晒国货，消费者对国货的喜爱是如何形成的?
2. 小米、大疆、钟薛高雪糕和花西子，为什么能成为消费者愿意接受的品牌?
3. 当代年轻人的消费审美趋势是什么? 品牌如何才能打动他们?

本章小结

态度是个体对人、客体或观念等对象所持有的积极或消极评价，通常体现在个体的信念、感觉或者行为倾向中。态度反应倾向或评价可以是良好的，如满意、赞成、支持、欣赏；也可以是不良的，如不满、反对、拒绝、厌恶。就消费者的态度来说，由于消费者通常以某类可供消费的商品或服务为具体接触对象，其态度即为消费者在购买过程中对商品或服务等表现出的心理反应倾向。态度具有稳定性、复杂性、指向性三个特征，由情感成分(感觉)、认知成分(信念)、行为成分(反应倾向)三个部分组成，具有适应、识别、表现和自卫四大功能。

态度的形成受到人们的背景、文化、信念、教育、朋友、家人、重要事件等因素的影响，西方学者就态度的形成提出了许多理论，主要包括认知理论、平衡理论、认知失调理论、自我知觉理论、归因理论、社会判断理论、和谐理论等。

态度改变是指一个人已经形成的态度，在接受某一信息或意见的影响后所引起的相应变化。态度的形成和改变是态度活动过程中的两个不可分割的组成部分，并且态度的形成和改变的过程也是一致的。态度改变的分类方式包括性质改变和程度改变、现有消费者态度改变和潜在消费者态度改变、购前态度改变和购后态度改变等。态度的改变受到消费者的个人、家庭、群体、情境、广告等因素的影响，不同的个体以及同一个体在不同的情境下态度转变的难易程度是不一样的。

态度测量是消费者态度研究的重要方面。企业的营销战略是否成功以及在多大程度上获得成功，可以通过测量消费者态度变化的方向及程度做出客观的评价。态度是由认知、情感和行为倾向三种成分组成的，因此，态度的测量可以通过测量这三个具体的方面来完成。应用于消费者态度测量的常用方法有量表测量法、面谈法、现场观察法等。

关键词与复习题

关键词

态度(attitude)　认知理论(cognitive theory)　认知失调理论(cognitive dissonance theory)
平衡理论(balance theory)　自我知觉理论(self-perception theory)　归因理论(attribution theory)
社会判断理论(social-judgment theory)　和谐理论(harmony theory)
态度改变说服模型(the persuasion model of attitude change)
精细加工可能性模型(Elaboration Likelihood Model,ELM)

复习题

1. 什么是消费者态度？消费者态度的构成要素有哪几种？
2. 消费者态度的功能是什么？
3. 影响消费者态度形成的因素有哪些？
4. 什么因素会导致消费者的购买失调？企业应如何弱化这种失调？
5. 解释消费者态度形成的理论有哪些？各理论在解释消费者态度形成方面有何差异？
6. 消费者态度改变可划分为哪几种类型？
7. 企业进行消费者态度改变的策略有哪几种？
8. 如何测量消费者态度？

第八章 消费者满意与忠诚

学习目标

通过本章的学习，应掌握消费者满意和忠诚的基本含义，掌握其主要的衡量指标和测评方法；应了解消费者满意和忠诚的主要影响因素及各自的形成机理，并正确理解二者之间的关系；应了解导致消费者流失的主要原因及其测量方法，并能够利用相关知识来提出赢回消费者的具体策略。

案例导引

皮特比萨店是一家专门经营比萨、鸡翅和潜艇三明治的餐馆。虽然餐馆里有一些小隔间，能够为那些想在店内就餐的顾客提供服务，但外卖仍是餐馆的主要业务。该店经营超过了十年时间，在中上层人群中得到了广泛的认可。

皮特·巴勒莫是该餐馆的所有者和经营者，目前他在当地一所大学选修了一些商业课程。在一门市场营销课上，他听到了很多关于顾客满意和顾客保持的重要性的内容。他的教授曾说过，吸引一个新顾客的成本，通常是保持一位现有顾客所花费用的5—10倍。在最近的电视节目中，他也听到一些全球商业领袖说，如果你能维系比目前水平多5%的顾客，那么你的最终利润将增加25%—50%。这些信息引起了皮特的兴趣。

他了解到，像自己开的这种类型的餐馆，保持一位现有顾客每年要花20美元，而吸引一位新顾客的费用则达6倍之高，达到120美元。而在这些终止惠顾餐馆的顾客中，有大约2/3的人是因为在这家餐馆里受到了失礼的对待，而只有不到15%的顾客是由于产品质量的问题而终止惠顾。

皮特对这些问题进行了很多思考。他一向坚持用最好的原料和配料来做比萨，对于顾客服务却考虑得很少。他觉得只要比萨做得好，顾客就会再来，但现在他明白了情况显然不是这样。他为他所在市郊地区的大约1 200个家庭提供服务，他觉得对于他的餐馆而言这是一个比较适合的顾客群。他每年的顾客保持率大约为75%，另外，大约每年有25%或者说有300个家庭停止惠顾他的餐馆，因此，他必须吸引300个新家庭来替代这些流失的顾客。对皮特比萨店而言，他的顾客保持率并不低，但他仍然希望通过其雇员对待顾客方式的一些细小改变来提高他的顾客保持率。

资料来源：朱迪·格雷厄姆．消费者行为学案例与练习[M]．江林译．北京：中国人民大学出版社，2011.

随着市场竞争的加剧，企业越来越意识到消费者对产品和服务的满意与否、是否忠实于产品品牌，直接决定着企业的竞争优势和持续盈利能力。企业只有坚持从产品、服务、沟通等各个环节上实现消费者满意，并在满意的基础上不断赢得消费者忠诚，才能充分体现以消费者为中心的现代经营理念，也才能更好地提升企业的竞争力和消费者价值。

第一节 消费者满意及其管理

一、消费者满意的内涵

消费者满意是市场营销和消费者行为领域的一个重要概念。自 Dardozo 于 1965 年首次在营销学中提出消费者满意的概念，便得到了学术界的高度重视和普遍认可。学者们根据研究的需要从不同视角对消费者满意的内涵进行了阐述（见表 8—1）。

表 8—1 消费者满意的内涵界定

学 者	定义的主要内容	定义侧重点
Howard & Sheth(1969)	消费者满意是对其所付出的和所得到的是否合理进行评判的心理状态	从消费成本和收益对比的角度进行界定
Churchill & Surprenant (1982)	消费者满意是消费者对购买产品或服务所付出的成本（时间、金钱和精力）与使用产品所获得的收益相比较的结果	
Woodside & Daly(1989)	消费者满意是一种消费态度的形成，是一种购后评估，反映出消费者在消费后喜欢或不喜欢的程度；同时，消费者满意也是一种以经验为基础的整体性态度	从消费者态度和情感角度进行界定
Wong(2000)	消费者的整体满意是情绪上的一种感觉状态，其评价程度之高低，受其使用效果的影响	
Oliver & Desarbo(1998)	消费者满意是消费者的需要得到满足之后的心理状态，是消费者对产品或服务满足自己需要程度的判断	从产品实际绩效与消费需求、期望、经验标准比较的角度进行界定
Kotler(1997)	消费者满意是个人所感觉的程度，源自消费者对产品功能特性或结果的感知，及其与产品期望的比较	
Cadotte et al. (1987)	消费者在购买前的所有消费经验会建立一种比较的标准。在购买后，消费者会以产品的实际绩效与上述标准比较，产生正向或负向的评价，即消费者满意是一种理性的知觉评价过程	
Schiffman, Kanuk & Wisenblit(2011)	消费者满意是消费者期望的函数，是消费者根据自己的期望对产品或服务性能的个性化认知	

资料来源：江林. 消费者心理与行为(第 4 版)[M]. 北京：中国人民大学出版社，2011：223.

从以上关于消费者满意概念的界定可以看出，消费者期望、可感知效果（感知绩效、支付成本和所获得收益对比）是影响消费者满意的重要因素。其中，期望是消费者对产品或服务能够提供的满足自身需求水平的估计，是消费者在过去的购买经验、朋友和他人的各种评论、销售者和竞争者的信息与许诺等基础上形成的；可感知效果是消费者在购买和使用产品之后，依据自身体验而形成的对产品让渡价值的认知。基于这些分析，这里可以把消费者满意简要地定义为：消费者对产品/服务的可感知效果与其期望值进行比较后所形成的愉悦或失望的感觉状态，它是一种消费心理反应，而不是一种行为。

二、消费者满意度及其层次

消费者满意度是指消费者满意的程度或水平。消费者在购买产品后，通过比较对产品或服务的期望与可感知效果，可能出现三种水平的满意度：如果可感知效果低于期望，消费者就会不满意；如果可感知效果与期望匹配，消费者就会感到满意；如果可感知效果超过期望，消费者就会感到愉悦（见图 8—1）。消费者不满意会导致气愤、抱怨和遗憾，而满意则会导致好的口碑和忠诚。

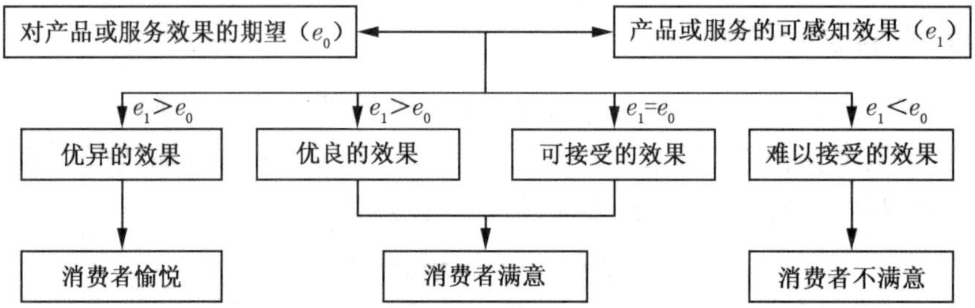

图 8—1　消费者感知效果与消费者满意关系示意图

在评价消费者满意度的过程中，直接使用相应的表达满意情感强度的词汇来反映满意的层次极易造成混乱。在对情感分析的基础上采用利克特量表，可以较好地反映消费者满意的层次性。利克特量表的特点是在一个基础词汇上添加表示程度的修饰词汇，以此表示反应的程度。在 5 级量表的情况下，消费者满意的层次可以表示为非常满意、满意、一般、不满意、非常不满意。而在 7 级量表的情况下，消费者满意的层次可以表示为非常满意、满意、比较满意、一般、比较不满意、不满意、非常不满意。这样就避免了对不同词汇的理解差异而导致评价标准的不一致（见表 8—2）。

表 8—2　　消费者满意各层次的特征描述

状　态	特　征	详细描述
非常不满意	愤慨、恼怒、投诉、反宣传	消费者在消费了某种商品或服务之后感到愤慨、恼怒，难以容忍，不仅试图投诉，还会利用一切机会进行反宣传，以发泄心中的不快
不满意	气愤、烦恼	在这种状态下，消费者希望通过一定方式进行弥补，如进行反宣传，提醒自己的亲朋好友不要去购买等
比较不满意	抱怨、遗憾	消费者虽心存不满，但有可能接受现实
一般	无明显正、负情绪	消费者在消费后没有形成明显的情绪状态
比较满意	好感、肯定、赞许	消费者还算满意，但按更高要求又有差距
满意	称心、赞扬	不仅对自己的选择予以肯定，还会乐于向亲友推荐
非常满意	激动、满足、感谢	完全达到并超出了期望，消费者不仅会重复购买，还会利用一切机会向亲朋好友宣传，希望他人也来购买

资料来源：根据相关资料整理。

不过，在消费者满意层次表述上，将满意和不满意作为同一考察维度的两极是否科学是一个值得探讨的问题。根据对消费者心理的研究，满意与不满意在某种程度上存在结构性差别。首先，一般来说不满意比满意的反应要强烈，而且反应发生得更快，持续时间更长；其次，不满意更多是由与核心产品相关的属性（如产品基本功能）达不到要求而引发的；最后，消费者有时可能会对所选择的产品属性的某一方面满意，而对其他方面不满意。因而，有学者建议，在研究消费者满意度时，不应用单一维度同时描述满意与不满意，而需要将满意和不满意分别用两个维度表示。

三、消费者满意管理的实施

消费者满意管理(Customer Satisfaction Management,CSM)是于20世纪80年代兴起的新型管理模式,它是以消费者满意为核心的管理理念、管理战略(策略)和管理方式的综合。它的核心要义是:以消费者满意为关注焦点,以信息技术为依托,以消费者满意指标和消费者满意度测评为主要工具,不断改进和创新经营要素的整合,努力创造消费者价值,提升消费者满意度,以增强企业生存发展的优势。

企业实施消费者满意管理,其核心在于确立以消费者为中心的企业文化,它具体表现在企业的经营宗旨、经营方针和经营哲学上,并贯穿于企业的质量、服务、社会责任、人才等各种经营管理活动中。具体而言,消费者满意管理的实施过程应重点关注以下几个方面:

(一)建立一套完整的消费者信息系统

企业实施顾客满意管理的一项重要基础是建立消费者信息管理系统,设立客户档案和顾客信息反馈渠道。只有建立对消费者需求的快速反应机制,保证与消费者通畅的双向沟通,随时获取关于消费者满意与否的信息,同时结合消费者抱怨的处理流程,才有可能把消费者的不满消除在萌芽状态。要做到这些,企业必须:(1)认清哪些人是真正的消费者;(2)弄明白目标消费者最重视什么;(3)找出明确的经营"聚焦点";(4)创造出整个企业上下都投入这一经营"聚焦点"的竞争氛围。

(二)理顺业务流程,降低消费者成本

要培养满意的消费者,首先要评估消费者的关键需求,然后开始改变企业的作业流程,设法消除交易过程中影响最大的消费者成本。所谓消费者成本,即消费者在交易中付出的费用和其他支出,它表现为金钱、时间、精力和其他方面的损耗。

企业必须有能力降低消费者成本,避免如交货不及时、手续烦琐等问题的出现,让消费者满意;否则,就必须对企业的组织和业务流程进行重新设计。业务流程的重新规划和整理,应了解所有内部员工和外部消费者真正想从企业得到什么,以消费者需求为出发点,首先确定业务或服务部门的服务规范和工作流程;然后以此为标准来重新考虑各个相关部门的工作流程应该如何调整,以配合业务部门达到他们的目标。让企业所有经营活动都指向一个目标,即消费者满意。

(三)重视内部员工管理

消费者的购买过程是一个不断在消费过程中寻求尊重的过程。员工对企业经营活动的参与程度和积极性,很大程度上影响着消费者对企业及产品的满意度。联邦快递发现,当其内部员工的满意度提高到85%时,企业的外部消费者满意度高达95%。提高内部员工满意度绝不能仅仅依靠金钱支出,开放式交流、充分授权以及员工教育和培训也是好方法。

(四)尽力增加消费者的感受值

感受值是指某种过程经历后的实际状态。增加消费者的感受值,代表着超值服务,许多企业的发展长盛不衰,很大程度上便是得益于此。但是企业间的竞争日益激烈和明朗,对于不少企业来说,要为消费者提供更多的超值服务,是心有余而力不足。其实这里面仍有许多被忽视的技巧。例如:

(1)"不要让他得不到,也不要让他太容易得到"的原则。

(2)激励、保健因素有机结合。这里的激励、保健因素是引用管理学上的概念,最早是由美

国心理学家弗雷德里克提出的。保健因素指的是不满意因素，即造成消费者异议的因素；而激励因素是使消费者满意的因素，是企业单独提供给消费者的具有特色的服务，少了它消费者也许不会不满意，但有了它消费者会产生更满意的感觉。通常情况下，企业提供给消费者的保健因素是指各竞争企业同时都在提供的服务。资源总是有限的，企业必须要让有限的资源发挥最大的效用，以达到让消费者满意的效果。要做到这一点，企业必须认清自己提供给消费者的服务哪些是保健因素、哪些是激励因素。对于保健因素，投入过大的资源会产生事倍功半的效果。即使是激励因素，也应注意特色和创新，使消费者产生满意的感觉。

(五)绩效考核的改进

消费者满意的企业经营是以消费者满意度为最重要的竞争要素，经营的唯一目的是消费者满意。因此，在对员工的绩效考核上也有所区别，在整个考核系统中将消费者满意度加以集中体现，以推动企业消费者满意度水平。比如销售人员最主要的考核指标应更多地侧重于全面、有效的消费者满意度，而非简单的销量。

延伸阅读 8—1

消费者满意度和口碑的关系

对于公众场合使用的产品和私下场合使用的产品，消费者满意度和口碑的关系存在差异。对于私下场合使用的产品，顾客满意度与口碑之间呈现凹形曲线关系，满意度对口碑影响的边际效应增加，即当满意度较高时，继续增加的满意度导致增加的正面口碑增多；当满意度较低时，满意度继续降低导致增加的负面口碑增多。对于在公众场合使用的产品，两者之间呈现凸形曲线关系，满意度对口碑影响的边际效益减少，即当满意度较高时，继续增加的满意度导致增加的正面口碑减少；当满意度较低时，满意度继续降低导致增加的负面口碑减少。这种现象可以用消费情境理论进行解释。对于在公众场合下消费的产品，消费者满意度对口碑行为的影响受到自我表达动机的影响比较强，当满意度达到一定程度后，满意度对正面口碑行为的边际效应受到追求独特动机的作用而减小；而不满意达到一定程度后，满意度对负面口碑行为的边际效应受到自我增强动机的影响而减小。

资料来源：杜伟强，于春玲. 顾客满意度与口碑的关系：产品类别的差异[J]. 营销科学学报，2009，5(2).

第二节　消费者忠诚及其形成

关于消费者忠诚的研究是随着服务经济的崛起而逐渐兴起的，最初发端于对消费者行为的测评研究。忠诚是一种情感特征，是一种双方的信任关系。消费者忠诚是消费者对某种品牌的产品持有肯定态度的程度、承诺的程度以及愿意在未来继续购买的程度。忠诚的消费者不但对产品感到满意，对其有持续的偏好，而且当他们面对竞争者提供诱人的机会时会成为“坚定的防御者”。显然，拥有忠诚的消费者是企业的最大资产和利润源泉，因此，消费者忠诚是企业追求的理想目标。在商业领域，伴随着买方市场的日趋成熟，消费者比较和选择的权力越来越大，品牌转换的可能性也越来越大，因此，消费者忠诚问题引起了经营者的普遍关注。

一、消费者忠诚的含义

从消费者忠诚的研究现状来看，国外学者的研究尽管在某些方面存在争议，但其基本理论已经比较成熟。Jacoby 和 Chestnut(1978)[①]归纳了消费者忠诚研究的两种基本方法：行为方法与态度方法。从行为角度看，消费者忠诚被定义为对产品或服务承诺重复购买的一种行为，这种形式的忠诚可以通过诸如购买份额、购买频率等指标来测量；基于态度的观点把消费者忠诚视为对产品和服务的一种偏好和依赖，这种方法认为，描述消费者忠诚仅考虑消费者的实际购买行为还不够，需要分析消费者的潜在态度或偏好，测量指标有购买意愿、偏好程度等。后来，Dick 和 Basu(1994)[②]引入了相对态度的概念，相对态度指消费者对某一产品的评价优于对其他产品评价的程度。Dick 和 Basu 认为，研究消费者忠诚既要考虑态度的绝对性，也要关注它的相对性。因为在绝对意义上消费者对给定产品或服务的评价也许很高，但如果同时对所有竞争产品的评价也同样高，绝对态度的效应就难以发挥。

国外学者提出了多种关于消费者忠诚的概念表述。Newman 和 Werbel 将品牌忠诚定义为重复购买某一品牌，并且只考虑该品牌，而且不需要收集其他品牌信息。Selnes 认为，消费者忠诚是消费者对于某一产品或服务的购买行为意向，即消费者未来购买的可能性大小。Jones 和 Sasser 认为，消费者忠诚是对企业人员、产品或服务的一种归属感或情感。Griffin 认为，消费者忠诚由两个因素构成：一是消费者对于某产品或服务相对于其他产品或服务具有较高的依恋；二是重复购买。Gremler 和 Brown 指出，服务忠诚是一个多维度概念，包括行为忠诚、态度忠诚和认知忠诚三个维度，即消费者表现出的对某一服务提供商的重复购买行为，对提供者拥有积极的态度倾向，以及当需要这种服务时只采用该服务提供者。

国内对于消费者忠诚含义的研究主要围绕着态度忠诚论、行为忠诚论和综合论三个方面。符超提出，消费者忠诚就是消费者能抗拒竞争者提供的价格优惠，持续地购买本公司的产品或服务，甚至为公司免费做义务宣传。[③] 马清学指出，消费者忠诚是指消费者在消费中对某品牌的产品和服务有一定的依赖性，在感情上有一定的偏爱，重复购买同一品牌的产品和服务，积极为企业做宣传和推荐，并且不易受外界特别是竞争品牌的信息诱惑。[④] 刘洪程提出，消费者忠诚是指消费者对某品牌的内在积极态度、情感、偏爱和外在重复惠顾行为的统一。[⑤]

综上所述，我们认为忠诚是消费者根据以往的消费经验，对某一产品或服务所持有的情感上的依恋倾向，这种倾向可以通过消费者的态度和行为予以体现。消费者忠诚的内涵应体现如下要求：

(1)消费者忠诚的行为特性，即一定时期内消费者的多次实际购买。

(2)消费者忠诚应强调消费者的心理或精神成分，体现对品牌及企业的情感依赖。

(3)消费者忠诚应包括有形的产品忠诚、无形的服务忠诚，以及更高层次的品牌忠诚和企业忠诚。

(4)消费者忠诚应体现价值的创造，即忠诚行为结果的营利性。

总之，消费者忠诚应该达到实现消费者和企业双重价值的目的，使忠诚的消费者与企业共同创造与分享价值。

---

① Jacoby, J. , Chestnut, R. W. and Fisher, W. A. "A Behavioral Process Approach to Information Acquisition in Nondurable Purchasing". *Journal of Marketing Research*, 1978, 15(4): 532—544.

② Dick, Alan S. and Kunal Basu. "Customer Loyalty: Toward an Integrated Conceptual Framework". *Journal of the Academy of Marketing Science*, 1994, 22(2): 99—113.

③ 符超. 消费者忠诚度的三个不等式[J]. 企业改革与管理, 2000(10): 15—16.

④ 马清学, 张鹏伟. 影响消费者忠诚度因素探析[J]. 营销管理, 2003(4): 18—22.

⑤ 刘洪程. 消费者忠诚度与客户关系管理的整合[J]. 当代经济, 2004(8): 26—29.

二、消费者忠诚的层次及类型

(一)消费者忠诚的层次

根据有关学者的研究,消费者忠诚一般可以分为四个层次:认知忠诚、情感忠诚、意向忠诚和行为忠诚。顾客在前一阶段形成的某类忠诚感会影响他们在后一阶段的忠诚感。

1. 认知忠诚

认知忠诚是忠诚的最初阶段,在这一阶段消费者获得的信息表明某种品牌好于其他可供选择的品牌。认知忠诚是建立在前期间接知识或者近期体验信息的基础之上的,来源于对某品牌产品或服务的信任。认知忠诚的形成主要是基于产品或服务的纯功能特性(如成本、利益和质量等),因而是最浅层次、最为脆弱的忠诚阶段,只要其他品牌提供了更有吸引力的信息(如价格更低),消费者就可能发生品牌转换行为。

2. 情感忠诚

情感忠诚是忠诚形成的第二阶段,消费者对某种品牌的态度会在使用过程中由于满意的累积而得到发展。情感忠诚反映了消费者满意得到实现的快乐程度,一般以认可和喜欢的方式根植在消费者的意识里。情感是相对稳定的,但情感忠诚也并不足以保证消费者具有真正的忠诚。

3. 意向忠诚

意向忠诚是忠诚形成的第三阶段,它意味着消费者对某种品牌进行持续购买的承诺。这种承诺已经超越了情感,具有动机的特点。如果说情感意味着动机的倾向,那么行为承诺则表明实施行为的愿望。

4. 行为忠诚

行为忠诚是忠诚的最高阶段,此时消费者的购买动机转化为准备就绪的购买行动。这一阶段往往伴随着克服可能出现的障碍的强烈愿望,因此,实际购买行为的发生被认为是必然的结果。这种忠诚阶段已经可以不受竞争品牌营销活动的影响,因为消费者已不再对相关信息进行搜寻和评价,不再留意其他品牌的产品或服务。

其中,前三个层次的忠诚容易受环境因素的影响而发生变化,属于态度忠诚层面,是行为忠诚的基础;行为忠诚则不易受到外在因素的影响,是真正意义上的忠诚。

(二)消费者忠诚的类型

我们可以用“重复购买”作为判断标准来判别消费者忠诚的类型。

1. 垄断忠诚

垄断忠诚指消费者只能在指定或特定状态下进行重复购买,别无其他选择。例如,对一些垄断行业如电力、自来水、铁路、邮政等的产品或服务,消费者由于没有其他选择,往往表现出一种“忠诚”,但通常是低依恋、高重复的购买者。

2. 价格忠诚

将价格等同于价值的消费者,认为所有厂商提供的产品都是相同的,他们会倾向于同类产品中最低价格的品牌,并表现为重复购买。这些低依恋、高重复购买的消费者不是真正的忠诚消费者,因为一旦出现更低价格的产品,他们马上会更换品牌。

3. 方便忠诚

由于地理位置比较方便,或因彼此熟悉、有特定关系以及出于习惯而重复购买,即方便忠诚。方便忠诚的消费者也是低依恋、高重复购买的消费者,很容易被竞争对手挖走。

4. 惰性忠诚

消费者会因惰性而不愿意去寻找其他供应商而形成重复购买，属于惰性忠诚。这种消费者也是低依恋、高重复的购买者，他们容易被竞争对手挖走。对于这类消费者，企业应通过产品和服务的差异化来改变他们的忠诚度，使他们成为真正的忠诚消费者。

5. 激励忠诚

企业通常为经常光顾的消费者给予优惠或奖励。当有奖励活动时，消费者会来购买；当优惠和奖励活动结束时，他们就转向其他有奖励的厂商。这类消费者也是低依恋、高重复的购买者。

6. 超值忠诚

消费者对于那些从中受益的产品或服务情有独钟，不仅自己重复购买，还主动向周围的人宣传推荐。这种消费者是高依恋、高重复的购买者。他们的忠诚是基于情感的，这种忠诚对组织来说最有价值。

7. 潜在忠诚

有时消费者放弃选择所偏好的品牌是由于某些外在条件的限制。例如，许多家庭愿意外出就餐，但因夫妻口味和喜好不同，结果只能选择双方都能接受而不是自己偏爱的饭店。对于这类消费者，企业只要改进服务和营销方式，就有可能使其转变为现实的忠诚消费者。

三、消费者忠诚的形成机理

关于消费者忠诚形成机理的探索，一些学者在心理学研究的基础上逐步形成了三大观点：基于交易层面的消费者忠诚；基于关系演进的消费者忠诚；交易关系整合的消费者忠诚。

（一）基于交易层面的消费者忠诚

基于交易层面的消费者忠诚研究认为，感知质量、感知价值和满意是消费者忠诚的主要影响因素。感知质量由技术质量和功能质量组成，前者是核心产品或传递内容，后者是传递方式。感知价值则是在与其他竞争替代品比较的基础上，消费者对感知所得与感知所失之间的比较和权衡。Zeithaml(1988)将感知付出、感知质量、感知价值和消费者满意结合起来，提出了消费者忠诚模型(见图 8—2)。他认为感知价值受感知质量和感知付出的影响，进而对购买行为构成直接影响，在感知质量与购买意向之间没有直接的影响关系，而只是通过感知价值起间接的影响。

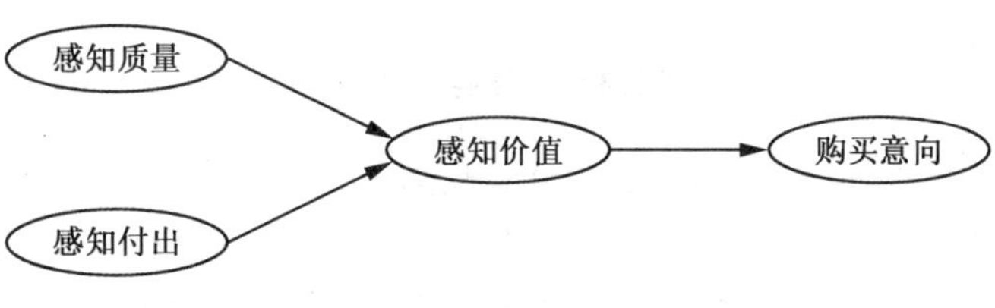

资料来源：Zeithaml，V. A. “Consumer Perceptions of Price，Quality and Value：A Means-End Model and Synthesis of Evidence”. *Journal of Marketing*，1998(3)：4.

图 8—2　感知价值、感知付出、感知质量和购买意向关系模型

（二）基于关系演进的消费者忠诚

基于关系演进的消费者忠诚研究认为，消费者忠诚的决定因素主要通过消费者信任和消费者承诺来实现，消费者忠诚体现了情感态度倾向对消费者与企业之间交换关系的影响。

消费者信任是某人对某一交换伙伴具有信心并对其依赖的意愿，它具有可信任性和善意性两个维度。消费者承诺是交易伙伴之间关系持续的一种隐含或明确保证，是指发展稳定关系的愿望、为保持这种关系做出短期牺牲的意愿以及对这种关系稳定性的信心。它有情感承诺、持续承诺和规范承诺三个维度。只有消费者对品牌做出承诺，才存在真正的忠诚；否则，就只是简单的重复购买。承诺代表了对其他选择的抵制，而对其他选择的抵制是忠诚的重要体现。

(三)交易关系整合的消费者忠诚

尽管从交易层面和关系演进上对消费者忠诚的解释各不相同，甚至各自得出的结论也不尽一致，但他们都从不同角度对消费者忠诚的形成机理做出了积极合理的解释。

为了能更好地解释消费者忠诚形成的内在原因，一些学者试图将交易层面和关系演进两方面结合起来进行研究，由此形成了基于交易层面和关系演进的整合研究。Wetzels，Ruyter和Birgelen(1988)把交易层面的服务质量、消费者满意概念与关系研究中的消费者信任、消费者承诺结合起来，整合成一个模型(见图8—3)。

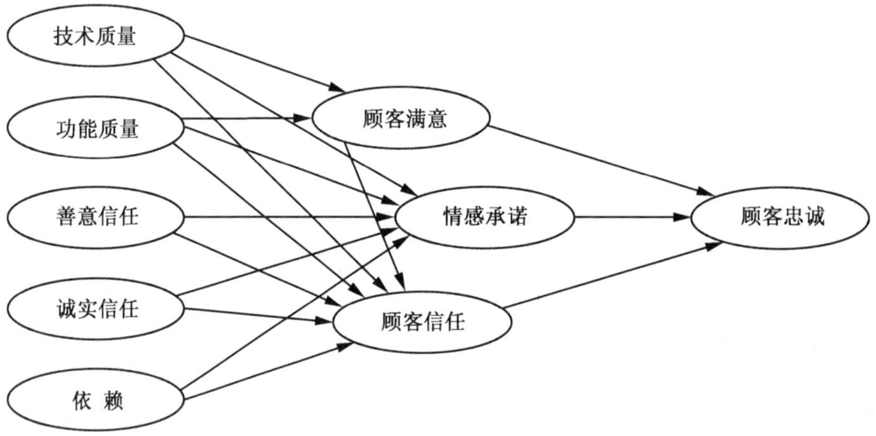

资料来源：Wetzels，M.，Ruyter，K. &Birgelen，M. "Marketing Service Relationships：The Role of Commitment". *Journal of Business and Industrial Marketing*，1998(5)：413.

图8—3 消费者满意、信任、承诺与消费者忠诚关系模型

延伸阅读8—2

乐购怎样赢得客户忠诚度？

美国西北大学凯洛格商学院教授、整合营销创始人唐·舒尔兹(Don Schultz)曾预言："零售商未来的成功模式只有两种：一种是沃尔玛模式，即通过提高供应链效率，挤压上下游成本，以价格和地理位置作为主要竞争力；另一种是乐购模式，即通过对顾客的了解和良好的顾客关系，将顾客忠诚计划作为企业的核心竞争力。除此之外，没有任何中间路线。"实践证明，乐购超市连锁集团(TESCO)9年前开始实施的忠诚计划——"俱乐部卡"(Club Card)，帮助公司将市场份额从1995年的16%提升到了2003年的27%，成为英国最大的连锁超市集团。乐购的"俱乐部卡"被很多海外商业媒体评价为"最善于使用顾客数据库的忠诚计划"和"最健康、最有价值的忠诚计划"。

在设计"俱乐部卡"时，乐购的营销人员注意到，很多积分计划章程非常烦琐、积分规则很复杂，消费者往往花很长时间也弄不明白具体积分方法。还有很多企业推出的忠诚计划奖励非常不实惠，看上去奖金数额很高，但是很难兑现。这些情况造成了消费者根本不清楚自己的积分状态，也不热衷于累计和兑换，成为忠诚计划的“死用户”。因此，乐购将“俱乐部卡”的积分规则设计得十分简单易懂，顾客可以从他们在乐购消费的数额中得到1%的奖励，每隔一段时间，乐购就会将顾客累积的奖金换成“消费代金券”，邮寄到消费者家中。这种方便实惠的积分卡吸引了很多家庭的兴趣。据乐购自己的统计，“俱乐部卡”推出的前6个月，在没有任何广告宣传的情况下，就取得了17%左右的“顾客自发使用率”。

其他连锁超市也相继推出了类似的累计积分计划，但乐购并没有陷入和它们打价格战、加大顾客返还奖励等误区之中。乐购通过顾客在付款时出示的“俱乐部卡”，掌握了大量的顾客购买习惯数据，了解了每位顾客每次采购的总量、主要偏爱哪类产品、产品使用的频率等。

通过软件分析，乐购将超市中顾客经常购买的商品分为50种，每种商品和消费者的一种生活习惯与家庭特征相对应，如“奶粉、尿片等类别”代表年轻父母，“水果、蔬菜类别”代表健康的生活习惯。然后通过收银员扫描每位顾客购买的商品得到了大量的统计数据。系统运行了6个月后，乐购的数据库成功地细分出了13个“利基俱乐部”(Niche Club)，比如，单身男人的“足球俱乐部”、年轻母亲的“妈妈俱乐部”等。“俱乐部卡”的营销人员为这十几个“分类俱乐部”制作了不同版本的“俱乐部卡杂志”，刊登最吸引他们的促销信息和其他一些他们关注的话题。一些本地的乐购连锁店甚至还在当地为不同俱乐部的成员组织了各种活动。现在，“利基俱乐部”已经成为一个个社区，大大提高了顾客的情感转换成本(其中包括个人情感和品牌情感)，成为乐购有效的竞争壁垒。

有效的成本控制

乐购要维持一个拥有1 000万名会员的俱乐部，而且是以现金返还为主要奖励方法，还要为不同“利基俱乐部”成员提供量身定做的促销活动，这其中的日常管理和营销沟通费用非常庞大。如果不进行有效的成本控制，乐购肯定会陷入自己设计的成本泥潭。

据乐购自己的统计，“俱乐部卡”每年返还给顾客的折扣大约为1.5亿英镑，9年来共为此付出了10亿英镑的代价。因此，乐购总结出了一整套成本控制方法。

乐购几乎从来不使用电视等大众媒体来推广“俱乐部卡”。Clive Humby解释：“乐购以前是电视媒体的主要广告商之一，但是后来我们通过调查发现，直接给顾客寄信，信息到达率更高，更加能引起消费者的注意。并且，很多消费者认为，定期收到一些大公司的沟通信件，让他们有抬高了社会地位的感觉。在英国这个有限的市场里，乐购的市场目标不可能是赢得更多的消费者，而是怎样增加单个消费者的价值，所以直接和消费者建立联系，既便宜又有效。”

如果有的“利基俱乐部”要进行一次“获得新顾客”的营销活动，他们往往会选择一两本这些细分市场经常阅读的杂志，然后花很低的广告费，在杂志中夹带“利基俱乐部”的促销信件。

为了更好地控制成本，乐购还经常和供应商联手促销，作为返还给消费者的奖励，把维系忠诚计划的成本转移到了供应商身上。由于乐购这种按照消费者购买习惯细分市场的“利基俱乐部”数据库，内容真实详细，促销非常具有针对性，供应商十分愿意参加这样的促销活动，以便提高品牌知名度，加强与消费者的关系。相比较沃尔玛强制供应商降价促销，供应商基本上是自愿与乐购联手，实现了共赢。

资料来源：佚名．乐购：将“俱乐部卡”作营销基础[J]．成功营销，2004(6)：26－28.

第三节 消费者满意度和忠诚度的影响因素与测评

一、消费者满意度的影响因素

消费者满意度的理论基础是心理学中的"差异模式"(difference model)。根据这一模式,消费者满意水平受两个因素的直接影响:一是感知质量;二是消费者期望。大量研究表明,情感和公平性也直接影响着消费者满意度。

(一)感知质量

感知质量是从消费者的角度出发,对企业产品或服务质量的一种全面判断,是影响消费者满意度的一个重要因素。对感知质量评价的标准不同于普通意义上的质量,其好坏取决于在一定范围内,企业所提供的产品或服务与消费者所期望的产品或服务之间的差距。感知质量由整体质量、可靠性、产品或服务能满足消费者需求的程度来决定。

从表面来看,感知质量和消费者满意度都是消费者对产品或服务的评价性指标,但感知质量与消费者满意度存在着本质区别:首先,消费者满意度是在消费者使用了产品或接受服务之后做出的事后评价,而对于质量的感知不需要实际消费经历,即做出事前判断;其次,长期以来,人们认为消费者满意度取决于价值,其中价值是指感知质量和价格之比,或是收益与成本之比,因此,消费者满意度在一定程度上也依赖于价格,而产品和服务的质量通常不取决于价格,是产品本身的固有属性;再次,感知质量是消费者对产品和服务的当前判断,而消费者满意度不仅基于当前判断,还包括对实际使用情况的评价,甚至包括对产品和服务的未来期望。

(二)消费者期望

消费者期望作为探索消费者满意度的另一条线索,同样影响着消费者的满意程度。消费者期望是消费者利用过去经验性或非经验性的信息对企业未来所提供产品或服务的质量进行的判断与预测。这种期望是基于其消费经验和对企业行为的逐步了解建立起来的,因此,它既是对产品未来质量情况的预测,也是对现在及过去总体质量情况的反映。

总体而言,消费者期望是对某个企业所提供的产品和服务质量的累积认识,其包含的信息不是以实际的消费经历为基础,而是从外部资源中获得的关于质量的累积性信息,如广告、口碑和媒体评价等。消费者期望对于消费者满意度具有重要的预测功能。消费者满意度既取决于生产商能否持续满足消费者的需要,同时也取决于消费者对未来产品质量的预测。

(三)情感

情感是人对现实的一种特殊反应形式,是人对客观事物是否符合自己需要所做出的一种心理反应,情感可以表现为人对客观事物一定的主观态度(肯定或否定)。对于影响情感满意度的作用机理,有两种典型的解释:第一种解释认为,消费者在消费过程中对产品或服务的情感会在记忆中留下痕迹,这种痕迹会被消费者纳入满意度的评价过程中;第二种解释认为,消费者根据消费经历是否成功,唤起特定的情感,并把这种情感纳入满意度的评价过程中。这两种解释的本质差别在于对情感产生的原因具有不同的观点,其共同点在于一致认为情感与消费者满意度存在正相关关系。一般而言,当消费者对某产品或服务具有正面情感时,其满意度就会较高。

(四)公平性

公平性是消费者在心理上进行比较后的一种主观判断。消费者希望得到公平的感受,期望自己的投入可以得到相应的回报,认为自己应该受到重视,并被礼貌对待。消费者会将产品或服务的诸多方面与参照对象进行比较，如果发现综合产出与综合投入的比率较高，其满意度也就较高。

二、消费者满意度的测评

(一)消费者满意度测评的意义

1. 有利于企业经营战略的转变

在适应市场变化、转变经营战略的过程中，企业由于受传统经营观念的“惯性”影响，很难及时转变经营视角，全面转向以消费者为中心。开展消费者满意度测评活动，可以促进企业牢固确立“以消费者为关注焦点”的经营战略，在追求消费者满意的过程中求得不断发展。

2. 有利于企业员工素质的提高

通过外部消费者满意度测评，企业员工可以了解到消费者对产品的需求和期望，有助于增强市场观念和质量意识；员工可以认识到竞争对手与本企业所处的位置，有助于增强危机感和紧迫感；员工可以认识到消费者对产品的不满和抱怨，有助于增强责任心和进取心。

3. 有利于产品质量的持续改进和创新

消费者的需求和期望不是一成不变的，消费者满意也是一个动态的、相对的概念。通过开展消费者满意度测评，企业可以及时把握消费者满意或不满意的原因，分析预测消费者隐含的潜在需求，从而推动企业对产品质量的持续改进和创新。

4. 有利于企业竞争力的不断增强

企业开展消费者满意度测评的一个主要目的，是把握与其竞争者满足消费者期望和需求的程度，了解竞争者在提高消费者满意度方面的经验和做法，寻找自己与竞争者之间的差距，从而采取有效措施和对策，不断提高消费者满意度，赶上并超过竞争者，增强企业竞争能力。

(二)消费者满意度测评的方法

消费者满意度测评的方法主要经历了四个发展阶段：第一阶段为直接绩效测评；第二阶段为直接差异测评；第三阶段是绩效与期望差距测评；第四阶段是消费者满意度指数测评。这里分述如下：

1. 直接绩效测评模式

假设消费者的评价为 P，则消费者对第 i 项属性的直接绩效评分为 P_i。考察消费者对某产品或服务的满意程度，可对各项属性直接评分、加总计算得到总分，也可以进行加权平均，其公式为：

$$A_0 = \sum_{i=1}^{n} W_i P_i$$

式中：A_0 为消费者的总满意度；P_i 为消费者对第 i 项属性的直接绩效评分；W_i 为权重，表明第 i 项属性的重要程度；n 是属性的项数。A_0 的数值越大，表明消费者越满意。

2. 直接差异测评模式

假设 E 表示消费者的期望，则消费者满意的评价为($P-E$)，消费者对某项属性的满意度可表示为(P_i-E_i)，于是消费者满意度可由各项评分加总计分得到，也可进行加权平均，其公式为：

$$A_0 = \sum_{i=1}^{n} W_i (P_i - E_i)$$

式中：A_0 为消费者的总满意度；W_i 为权重，表明第 i 项属性的重要程度；n 是属性的项数。A_0

的数值越大，表明消费者越满意。

3. 绩效与期望差距测评模式

该测评方法认为消费者满意是购买与使用产品或享受服务的结果，由消费者比较预期结果的收益与投入成本所产生。其模式包括消费者期望、产品绩效、不一致、消费者满意四个基本变量。

4. 消费者满意度指数测评

消费者满意度指数是20世纪90年代初兴起和推广的，主要的指数模式有1989年的瑞典消费者满意度指数(Swedish Customer Satisfaction Index，SCSI)、1994年的美国消费者满意度指数(American Customer Satisfaction Index，ACSI)和1998年的欧洲消费者满意度指数(European Customer Satisfaction Index，ECSI)，具体模型如图8—4、图8—5、图8—6所示。

资料来源：Fornell，Clase. “A National Customer Satisfaction Barometer：The Swedish Experience”. *Journal of Marketing*，1992，56(1)：6—21.

图8—4 瑞典消费者满意度指数模型

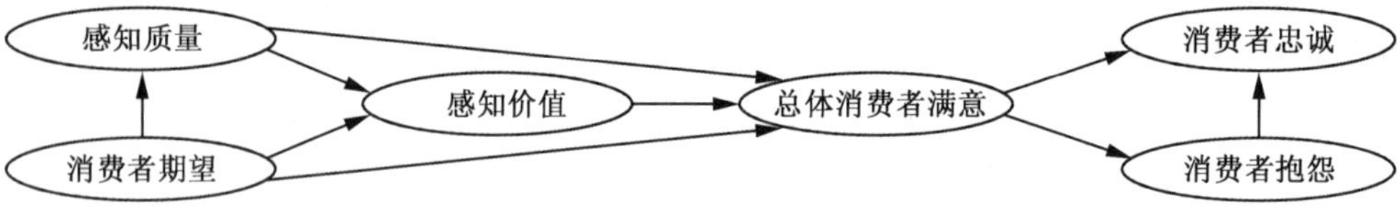

资料来源：Fornell，C. ，Johnson，M. D. ，et al.“The American Customer Satisfaction Index：Nature，Purpose，and Findings”. *Journal of Marketing*，1996，(60)：8.

图8—5 美国消费者满意度指数模型

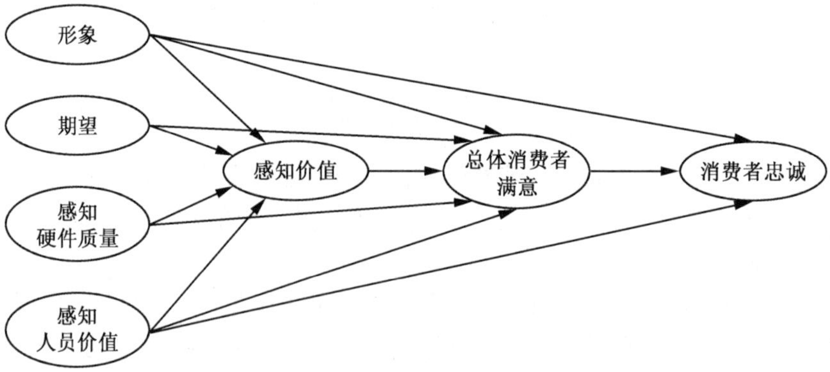

资料来源：Gronholdt，L. ，Martensen，A. &Kristensen，K. “The Relationship Between Customer Satisfaction and Loyalty：Cross-Industry Differences”. *Total Quality Management*，No. 4/5 & 6，2000：510.

图8—6 欧洲消费者满意度指数模型

20世纪90年代后期，在借鉴西方国家研究成果的基础上，我国启动了消费者满意度指数的测评工作。1995年，清华大学赵平教授将这一概念引入中国，并开始进行系统性研究分析。1998年，国家质量技术监督局委托清华大学经济管理学院，组织开展在中国建立用户满意度指数的研究工作。2000年，国家质量监督检验检疫总局和清华大学中国企业研究中心共同承担了国家软科学课题研究项目"中国用户满意度指数构建方法研究"，为我国建立国家级用户满意度指数奠定了基础。该模型由企业形象、预期质量、感知质量、感知价值、总体消费满意、消费者抱怨和消费者忠诚七个潜变量组成，如图8—7所示。

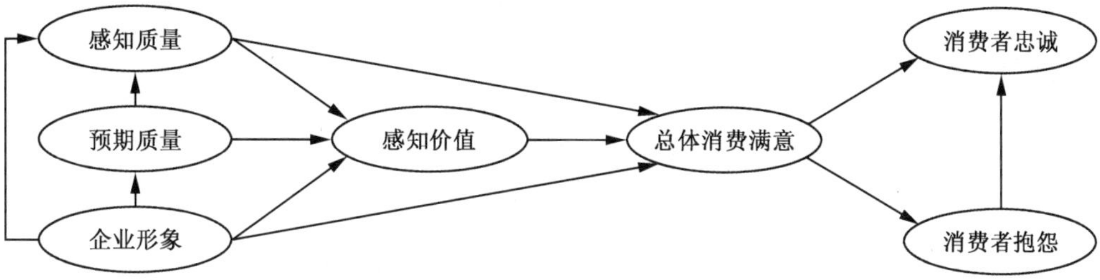

资料来源：刘宇. 顾客满意度测评[M]. 北京：社会科学文献出版社，2003.

图8—7 清华大学消费者满意度指数模型

三、消费者忠诚度的影响因素

随着市场竞争的日益加剧，消费者忠诚已成为影响企业长期利润的决定性因素。以消费者忠诚为标志的市场份额，比以消费者多少来衡量的市场份额更有意义。为此，企业管理者正在将营销管理的重点转向提高消费者忠诚度，以使企业在激烈的竞争中获得关键性竞争优势。影响消费者忠诚度的因素主要有以下几个方面：

(一)服务质量

服务质量直接影响着消费者的重复购买、推荐意愿、愿意支付更高的价格和在价格上涨情况下继续保持忠诚。因此，服务质量对消费者忠诚有根本性影响，即服务质量的好坏直接决定着消费者的忠诚与否。对企业而言，改善服务质量自然会提高消费者的忠诚度，进而提升盈利能力和经营绩效，但是，不同产业间服务质量与消费者忠诚之间的相关度存在差异。[①]

(二)消费者满意

消费者的满意程度越高，重复购买越多，对公司及其品牌的忠诚也越持久。"服务利润链"模型甚至明确提出消费者满意直接导致消费者忠诚。[②] 然而，消费者满意与忠诚之间虽然存在正相关关系，但不是线性关系。只有当满意度达到较高水平后，忠诚度才会迅速增加。基本满意和满意的消费者的忠诚度往往是较低的，只有非常满意的消费者才表现出极高的重复购买率和口碑传播意愿。研究表明，非常满意消费者的忠诚度是满意消费者的6倍。在不同的竞争条件下，消费者满意对消费者忠诚的作用也不一致，市场竞争越激烈，消费者满意水平对赢得消费者忠诚就越发重要。

① Parasuraman, A. , Zeithaml, V. A. and Berry, L. L. "A Conceptual Model of Service Quality and its Implications Customer Loyalty: Toward and Integrated Conceptual Framework". *Journal of Academy of Marketing Science*, 1994(22): 99—113.

② Haskett, James L. , et al. *The Service Profit Chain: How Leading Companies Link Profit and Growth to Loyalty, Satisfaction, and Value*. Free Press, 1997.

(三)转换成本

转换成本通常出现在消费者进行购买决策选择时,所面临的是从一个供应商转向另一个供应商的一次性成本,其中除货币性成本外,还包括面对新的服务提供者时所导致的不确定性引起的心理和时间上的成本。转换成本的高低对于维系消费者忠诚有着直接影响,特色产品或服务的不可替代性能够大大增强消费者的忠诚度。一般情况下,服务的转换成本要高于产品的转换成本。此外,丰富的营销计划、消费者俱乐部等附加服务也将增加消费者的转换成本,提高消费者忠诚度。

另外,还有学者认为消费者价值、社会规范和多种情境因素对消费者忠诚也有直接影响。

四、消费者忠诚度的测评

消费者忠诚度的测评是通过许多指标来体现的。这些指标各自形成一种维度,共同发生作用,反映着消费者的忠诚度。主要表现在以下几个方面:

(一)消费者重复购买次数

消费者重复购买次数是指在固定的单位时间内,重复购买某种品牌的次数,比如,每月购买某品牌的次数或每年购买的次数。

在一定时期内消费者对某一产品重复购买的次数越多,说明对这一产品的忠诚度越高;反之,则越低。由于产品的用途、性能、结构等因素也会影响消费者对产品的重复购买次数,因此要根据不同产品区别对待,不能一概而论。

(二)消费者挑选时间

消费者在购买过程中都要经过挑选这一环节或程序,但由于信赖程度的差异,对不同产品消费者的挑选时间是不同的。因此,从购买挑选的时间长短上,也可以鉴别消费者对某一产品的忠诚度。一般来说,消费者挑选的时间越短,表明其忠诚度越高;反之,则越低。

(三)消费者购买的品牌

指消费者实际购买何种品牌,包括购买目标品牌、购买同类竞争品牌以及购买替代品牌三种。目标品牌指作为测评对象的本企业产品品牌;竞争品牌指与本企业产品进行竞争的品牌;替代品牌指消费者原来使用的品牌因在市场上无法得到而购买的其他同类产品的品牌,也是竞争品牌之一。

消费者对某一品牌的态度变化是通过与竞争产品的比较而产生的。所以根据消费者对竞争者产品的态度,能够从反面判断其对某一产品的忠诚度。如果消费者对竞争者的产品有好感,说明其忠诚度低;反之,则说明其忠诚度高、购买意向相对稳定。

(四)消费者购买某品牌的费用支出

这一费用支出是指消费者每次购买某一种品牌时,为某一件商品支出的费用。消费者为某一种品牌支付的费用与其购买其他同类产品支出的费用总额的比值如果越高,则证明消费者对此种品牌的产品忠诚度越高;反之,则越低。

(五)消费者对价格的敏感程度

消费者对价格都是非常重视的,但这并不意味着消费者对每种产品的价格敏感度一定相同。事实表明,对于喜爱和信赖的产品品牌,消费者对其价格变动的适应能力强,敏感度较低;反之,则敏感度较高。但是还应考虑产品对人们的必需程度、产品供求状况及产品竞争程度三个因素。

(六)消费者对产品质量事故的承受能力

任何一种产品都有可能因某种原因出现质量事故,即使是名牌产品也很难避免。消费者对产品品牌的忠诚度高,则对出现的质量事故会有比较宽容的态度,不会因此而转购其他品牌。

以上所有的测量指标,都可以在调查研究的工具中转换为具体的可操作性项目,并将这些项目运用于现场调查以取得调查数据。消费者的挑选时间、消费者购买的品牌、购买各品牌的次数、费用支出及购买的价格敏感度等数据,必须可靠而且有效。除了取得上述数据外,对消费者忠诚度的测量还需要调查无提示状态下消费者最喜爱的品牌、消费者喜爱该品牌的原因、消费者实质上购买该品牌的动机等内容。

第四节　消费者的流失与赢回

一、消费者流失的含义

消费者流失是指本企业的顾客由于种种原因终止交易关系而转向购买其他企业产品或服务的现象。由于当今市场竞争的白热化及顾客购买行为的个性化,消费者流失日益成为一个普遍的现象,并且不断地损耗着企业的人力、物力和财力。不重视对消费者流失原因的分析和改善,往往是一个成功企业逐渐丧失竞争优势的开始。

所有导致消费者不满的因素都有可能造成消费者的流失。当不满意产生时,一些消费者可能会自认倒霉,不会采取任何行动。但是,如果感知效果与期望水平差别过大,消费者就有可能选择其他品牌,而不满意的品牌则被排除在选择集之外。不仅如此,抱怨、投诉和负面的口碑传播也有可能产生(见图 8—8)。

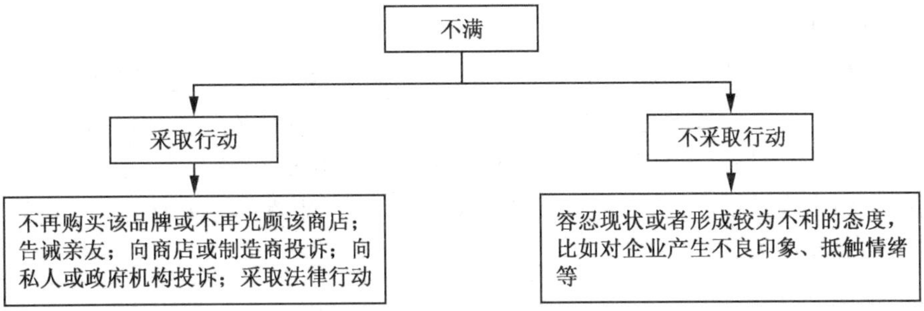

图 8—8　消费者不满的反应

有调查表明,一位不满意的消费者会把他的抱怨转述给 8—10 个人,如果企业能当场为其解决问题,95%的消费者会重新成为回头客;如果推迟一段时间解决,处理得好,将有 70%的回头客;如果没有及时有效地处理,将有 91%的消费者流失。① 当消费者的抱怨得到满意的解决时,他们一般会成为企业的忠诚消费者;否则,则可能会在与其相关的群体中或通过大众传媒传播自己的经历。在这种情况下,企业流失的不只是一位顾客,而是其周围的相关群体甚至更大范围的市场。

① 江林. 消费者心理与行为(第 4 版)[M]. 北京:中国人民大学出版社,2011:239.

不过，值得注意的是，虽然消费者不满会导致消费者流失从而损害企业的利益，但消费者满意也并不意味着顾客不会流失。据《哈佛商业评论》报告，在满意的顾客中仍有 65%—85%的人会选择替代品和竞争对手的产品，而高度满意或忠诚的顾客很少改变购买。[①] 这说明企业要防止顾客流失，就必须使顾客满意，但只做到一般的满意程度还不够，必须要做到顾客高度满意或忠诚。

二、消费者流失的原因[②]

有学者总结了消费者流失的八大原因，即核心服务失误、服务接触点失误、价格因素、不方便、员工对失误的反应、竞争对手的诱惑、伦理道德问题、非自愿流失等。

(一)核心服务失误

核心服务失误是导致消费者流失的最主要原因。在凯维尼教授的研究中，44%的顾客认为它是导致消费者流失的重要因素。该失误又分为三类：(1)过失。这包括一系列失误屡次发生，比如在一次产品或服务过程中发生了多项失误，或者在一次产品或服务过程中发生了一个大的失误(如药剂师提供了错误的药量)，等等。(2)记账或账单出现差错。这主要指账单出现错误，以及没有及时更正错误的货单。(3)服务灾难。在这里，核心服务失误不仅包括未能给顾客提供恰当的服务，还包括对消费者个人、家庭或个人所有物造成伤害，或者导致金钱上的损失。

(二)服务接触点失误

服务接触点界定为服务人员与顾客之间的人际互动。服务接触点失误是导致消费者流失的第二大因素，有 34%的顾客认为它是导致消费者流失的原因，9%的顾客认为它是导致顾客转换商家的唯一原因。这一失误包括产品或服务提供者与消费者之间缺少沟通，忽视了或未能倾听消费者的意见；对消费者不礼貌、草率、漠不关心；缺乏经验、能力和信心而不能满足消费者需求。

(三)价格因素

价格是导致消费者流失的第三大因素。有 30%的顾客认为价格是导致消费者流失的原因，9%的顾客认为它是导致顾客转换行为的唯一原因。价格因素又主要包括三种情况：一是高价格，消费者由于价格高于自己的参考价格或者心理价格而转换商家；二是提价，即消费者由于价格提高而出现转换行为；三是不公平或欺诈的价格，即消费者认为自己受到了欺骗或者认为价格不公平而流失。

(四)不方便

不方便因素包括消费者由于商家的地理位置、营业时间、等待服务的时间、等待预约的时间等而产生不方便的感觉。20%的被访者把不方便归为导致他们流失的因素，其中 6%的人认为不方便是导致其转换商家的唯一因素。

(五)员工对失误的反应

在一些消费者流失行为的研究中，很多消费者认为自己更换供应商并不是因为产品或服务的失误，而是因为产品或服务的提供者对失误做出不恰当的反应。具体包括：(1)服务人员虽然对消费者指出的失误做出了正面反应(如改正错误或补偿损失)，但这种反应十分勉强和

---

① 张波. 顾客流失分析[J]. 经济管理，2003(11)：79.

② Keaveney, S. M. “Customer Switching Behavior in Service Industries: An Exploratory Study”. *The Journal of Marketing*, 1995,59(2):71—82.

被动，显得缺乏诚意；(2)对消费者的抱怨和投诉没有反应；(3)推脱责任，把服务失误归咎于消费者自身的原因。

(六)竞争对手的诱惑

由于竞争对手提供了更为个性化的、更可靠、更高质量的产品与服务，或者采取了力度更大的、更富有吸引力的促销策略，因而消费者转向选择竞争对手的品牌，有时这种转换行为是以损失金钱和便利为代价的。

(七)伦理道德问题

消费者由于企业在其经营行为中存在不诚实、强迫、不合法、不道德、不安全、不健康和违背社会规范的因素，也会发生流失行为。其中，不诚实行为是指欺骗消费者，对没有提供的服务收费或者建议消费者购买不需要的产品；强迫行为包括过分主动地兜售产品，向消费者高声叫卖，或因为消费者不购买产品而恐吓消费者；不健康和不安全的服务行为，是诸如服务环境脏乱、餐馆里上菜的服务员用手拿货币；等等。

(八)非自愿流失

非自愿流失是由于一些消费者和商家都无法控制的因素而导致的流失，如消费者迁移、商家经营地点的迁移等。

由此可见，导致消费者流失行为的因素十分复杂，消费者流失有时是单一因素作用的结果，有时却是多个因素共同作用的结果。需要指出的是，以上八种因素中，除了竞争和非自愿流失两种外，其余都是企业的可控性因素，并且价格、方便性、核心服务和服务接触点四种可控因素又在其中占了较大的比例。

三、消费者流失率的测定、防止与注意事项

(一)消费者流失率的测定[①]

顾客流失率有两种计算方法，即绝对顾客流失率和相对顾客流失率。

绝对顾客流失率把每位流失的顾客同等看待，用公式表示为：

顾客流失率＝流失的顾客数量/全部的顾客数量×100％

它直接反映了企业经营与管理的现状；相对顾客流失率以顾客的相对购买额为权数来考虑顾客流失率，用公式表示为：

相对顾客流失率＝流失的顾客数量/全部顾客数量×流失顾客的相对购买额

如果一个企业的顾客数量从500减少到475，那么它流失的顾客数量为25，绝对顾客流失率即为25/500×100％＝5％。如果流失的25位顾客的单位购买额是平均数的2倍，那么相对顾客流失率为25/500×2×100％＝10％。

(二)消费者流失的防止

据研究，一个公司将消费者流失率降低5％，利润将会有25％—35％的增加。如今，越来越多的企业意识到降低消费者流失率的重要性。具体而言，防止消费者流失的具体流程如下[②]：

1. 分析消费者流失的原因，找到可以改进的方向

企业通过调查分析，总结消费者流失的原因。其中，有些是企业经营环境发生变化或者消

① 张波．顾客流失分析[J]．经济管理，2003(11)：81－82.
② 江林．消费者心理与行为(第4版)[M]．北京：中国人民大学出版社，2011：242.

费者自身发生变化，具有客观性；而有些是企业自身原因，企业可以通过努力改进来降低消费者的流失率。

2. 计算企业自身原因引起的消费者流失所导致的利润损失

因消费者的流失而损失的利润，应该按照这些消费者对于企业的终身价值来计算，因为消费者流失而损失的利润相当于消费者永远忠诚于企业所能带来的价值。

3. 计算留住这些消费者需要付出的成本

与计算消费者忠诚产生的价值相似，计算留住消费者所需要的成本是留住消费者、使其一直忠诚于企业所需要的费用。

4. 权衡收益和成本，确定企业的消费者保持率

是否采取措施保留消费者取决于保留措施的成本和收益的差值。如果保留消费者所产生的收益大于成本，则需要保留此部分消费者。

(三)分析消费者流失时的注意事项

1. 完全避免顾客流失是不切实际的

任何企业都会有一定的顾客流失，“顾客零流失率”的目标是不切实际的。就算企业可以实现零流失率，企业为此所支付的代价也会相当高，以至于企业根本无利润可言。因此，企业所要做的只是确保有一个合适的顾客流失率。这一比率既可以和同行业的平均水平比较，也可以和同行业的最高水平比较。总之，企业要结合自身的实际情况和市场、行业背景来确定自己的顾客流失率。

2. 对流失顾客的类型要进行认真分析

只有流失的是对企业有利的顾客，才需要考虑采取相应措施。一个企业的顾客通常分为三类：一类是占企业销售额的10%，却给企业带来最大盈利的顾客，这类顾客是顾客流失分析的首要目标。企业需要通过顾客关系管理，留住这些顾客。另一类是占企业销售额和销售利润40%—50%的顾客。这类顾客能给企业带来可观利润并且有可能成为企业的最大利润来源，同时他们也可能在竞争对手那里购买商品，这些顾客同样是企业分析管理的重点。最后一类是那些虽然能带来利润，但正在失去价值的顾客。这类顾客通过给予特别的关心和交流，可能会增加购买量，但得到的收入无法抵偿高额的成本，因此，这些顾客不是顾客流失分析的对象；相反，这些顾客流失可能还会对企业有利。

四、消费者赢回管理

“消费者赢回”是指企业采取一些营销手段和工具，重新恢复和管理与公司已经终止的顾客关系。有学者归纳总结了研究顾客赢回管理的四大理由：一是因为企业拥有流失顾客的购买记录和相关信息，所以赢回一个流失顾客比获得一个新顾客的可能性更高；二是赢回一个流失的顾客比获得一个新顾客有更大的投资回报率和成本节省；三是与流失顾客对话，可以帮助企业发现并改善产品和服务中存在的缺陷，纠正沟通过程中产生的错误信息；四是制订流失顾客补救计划，可以抑制抱怨顾客对厂商的负面信息传播，鼓励他们进行正面宣传，维护厂商形象。[①] 实际上，对于那些被赢回来的顾客，企业只要提高很少的顾客满意度，其购买份额就会

① Griffin, J. , Lowenstein, M. W. *Customer Win-Back: How to Recapture Lost Customers and Keep Them Loyal*. John Wiley & Sons, 2002.

有大幅度的上升。[1]

消费者赢回的关键在于是否能够为顾客创造或增加价值。要重新赢回顾客，企业可以从以下几个方面入手：(1)保持或增加核心产品/服务的价值。这主要是指企业提供的核心产品或服务要能够比竞争对手更好地满足顾客的需求。当前，随着众多企业提供产品使用属性如功能、品质等方面差异的日趋缩小，企业在这一层面为顾客创造或增加价值的余地越来越小。(2)为消费者提供或增加支持性服务的价值。这一管理策略主要是通过企业高质量的顾客服务实现的，包括提供低价的商品，改善员工接待顾客的水平和沟通方式，为顾客提供更多有用的信息从而节省顾客购买的经济成本、时间成本和精力成本。为此，企业可以不断完善售前、售中、售后服务，及时传播商品和服务信息，认真履行"承诺服务"，诚恳地处理顾客投诉，千方百计做好对不满顾客的"心理康复"工作等。(3)为顾客实现或增加社会价值。这一层面的价值是指企业通过与顾客建立长期亲密的关系，增强其亲和力和归属感，为顾客创造出一种社会价值。特别是当顾客与企业保持联系能够树立其在社会上一种地位或形象时，顾客就会乐于与本企业打交道，并以成为本企业的顾客为荣。当顾客对本企业的产品或服务不仅有一种理性的偏爱，还有着一种情感上的依恋时，顾客就不容易再转向其他竞争企业。

案例分析

Ty-D-Home公司：提高顾客保持率

Ty-D-Home公司所从事的主要业务是为忙于工作的个人和家庭提供上门保洁服务。目前，该公司拥有分散在6家分店的大约2 200名顾客。每家分店雇用了14—18名家庭保洁员，每名保洁员有22—25个常客。每家分店的雇员中都有一名保洁员同时还担任分店经理的职务，通常这个人拥有的常客数是其他全职保洁员的一半。

整个保洁行业正在飞速成长中，Ty-D-Home公司的顾客群也一直在稳定增长。但是，Ty-D-Home公司的所有者——亚历山大(Alexander)感到，虽然公司的绝对顾客数在增加，但是公司的市场份额正在缩小，即竞争对手增长速度要快于自己的公司。亚历山大认为这主要是因为竞争对手有着更高的顾客维系率。随着整个行业的增长，他和他的竞争对手都以一个稳定的速度获得新顾客，但由于其竞争对手在保持顾客方面做得更好，因而竞争对手公司的成长正在超过亚历山大的公司。

尽管对于亚历山大而言，聚焦于他正在稳定攀升的顾客数目，忽略他正在缩小的市场份额和低顾客保持率的想法很诱人，但是他知道这将危害他未来的成功。他意识到低顾客保持率是一个信号，表示他的生意中有些事情运行得并没有他想要的那么好。

亚历山大知道他需要正视这个问题：为什么在流失顾客？哪些顾客正在流失，又是什么原因？

在过去的几年里，亚历山大加入了一个商业经营者团体，团体成员常常通过在团体网站上发帖提问和参与讨论来交流。亚历山大登录到这个网站，搜索诸如"顾客保持""顾客忠诚"等关键词，他的发现让他大吃一惊，净推荐值(Net Promoter Score，NPS)这个他之前从未听说过的术语随处可见。

他了解到，净推荐值这个术语的基本含义是询问顾客是否愿意向他人推荐你的产品或服务。刚开始，亚历山大觉得他对这个解释的理解错了。虽然口碑对于他的生意而言非常重要，但是此刻他并不是在寻找追踪口碑的方法，他感兴趣的是顾客忠诚的问题！随着进一步了解，他明白了为什么这个术语广受关注：他的许多同行相信顾客的"推荐意愿"是顾客未来忠诚的最佳指示器。原因在于：如果顾客愿意向他人推荐某个

① 唐小飞，周庭锐，贾建民. CRM赢回策略对消费者购买行为影响的实证研究[J]. 南开管理评论，2009，12(1)：57—63.

产品或服务，他们其实也把他们的个人声誉置于其中，他们只会推荐自己满意的，即他们非常忠诚的产品或服务。

显然，许多他认识的商业经营者已经在实施用于提高净推荐值的雇员奖金计划和其他补偿措施了，因此，他需要认真研究这个问题，因为自己已经有些落伍啦！

搜索了大量文献后，亚历山大了解到，仅仅通过要求顾客回答一个问题，他就可以将每位反馈的顾客划分为“推荐者”“被动满意者”“反对者”，进而可以通过推荐者的比例减去反对者的比例得到经营业务的净推荐值。

但是，亚历山大认为其净推荐值如果不能同其他相似业务的净推荐值进行比较，那么它就没有多大用处。毕竟，他开始这项研究的一个原因是萎缩的市场份额——他想知道公司的净推荐值和所在行业其他公司的净推荐值相比如何。他在他加入的一个行业协会网站上的最近一期行业协会杂志上找到了答案。在已经进行了净推荐值调查的公司里，所得净推荐值的平均值大约为 25。

随着对净推荐值研究的逐渐深入，亚历山大发现一旦计算出整体业务的总净推荐值，然后结合行业状况进行评价，就可以根据收集的数据进行更专门的净推荐值计算。这些专门的净推荐值计算可以基于特定的顾客群体、服务提供者、分店等进行，进而可以用于反映不同细分市场和不同业务板块的顾客忠诚高低类型。此外，他还可以使用每位顾客的初始分类信息指导针对每个特定反馈群体的进一步研究计划。比如，他可以针对“反对者”进行旨在挖掘其不满意意愿的专门研究，同时还可以使用其他研究方法来了解让“推荐者”满意的经营亮点。

亚历山大很早之前就建立了一个非常基础的顾客数据库(包括顾客姓名、联系电话、电子邮件地址、保洁服务提供人员的名字及分店名、住房面积与家居环境、家庭成员数目、服务频率等)，他思索着是否可以把净推荐值方法和他那个数据库的信息结合起来使用，用来解答有关 Ty-D-Home 公司顾客保持率的问题。

于是，亚历山大把如下问题利用电子邮件发送给所有 2 200 名顾客：

在多大程度上你愿意把 Ty-D-Home 公司推荐给你的朋友或者同事？(请在如下量表中做出选择，其中 0 分表示非常不愿意，10 分表示非常愿意。)

0	1	2	3	4	5	6	7	8	9	10
非常不愿意					中立					非常愿意

让亚历山大高兴并惊讶的是，他获得了高达 32%的应答率，总应答人数为 704 人。以下是他获得的结果：

0(非常不愿意)…………38 个
1…………10 个
2…………13 个
3…………9 个
4…………16 个
5(中立)…………72 个
6…………47 个
7…………82 个
8…………100 个
9…………198 个
10(非常满意)…………119 个

资料来源：朱迪·格雷厄姆. 消费者行为学案例与练习[M]. 江林译. 北京：中国人民大学出版社，2011：2—7.

思考与讨论

1. Ty-D-Home 公司的净推荐值是多少？

2. 这个净推荐值是好、差还是一般?

3. 由于亚历山大能够把每个反馈对应到每一位特定顾客(根据他们的电子邮件地址),因此把这些反馈和他所有顾客数据库中的信息结合起来,除了总的净推荐值,他还能够进行更多专门的分析。你觉得根据目前已经收集的信息,亚历山大还能够做哪些分析和研究呢?请详细说明。

4. 亚历山大应该如何使用在这一过程中收集的信息来提高他的顾客保持率呢?

本章小结

满意是消费者对产品/服务的可感知效果与其期望值进行比较后所形成的愉悦或失望的感觉状态。消费者满意度有三种水平,即不满意、满意和愉悦。消费者满意的层次常用利克特 5 级量表或 7 级量表来表示。消费者满意管理的实施过程应重点关注以下几个方面:建立一套完整的消费者信息系统;理顺业务流程,降低消费者成本;重视内部员工管理;尽力增加消费者的感受值;绩效考核的改进。

忠诚是消费者根据以往的消费经验,对某一产品或服务所持有的情感上的依恋倾向,这种倾向可以通过消费者的态度和行为予以体现。消费者忠诚一般可以分为四个层次,即认知忠诚、情感忠诚、意向忠诚和行为忠诚。消费者忠诚的具体类型包括垄断忠诚、价格忠诚、方便忠诚、惰性忠诚、激励忠诚、超值忠诚和潜在忠诚。关于忠诚形成的内在机理有多种研究,主要研究包括基于交易层面的消费者忠诚、基于关系演进的消费者忠诚以及基于交易关系整合的消费者忠诚。

消费者满意的影响因素主要包括感知质量、消费者期望、情感和公平性。消费者满意度的测评方法包括直接绩效测评法、直接差异测评、绩效与期望差距测评、消费者满意度指数测评。消费者忠诚度的影响因素主要包括服务质量、消费者满意和转换成本。其测量可以通过许多指标来体现,包括消费者重复购买次数、消费者挑选时间、消费者购买的品牌、消费者购买某品牌的费用支出、消费者对价格的敏感程度、消费者对产品质量事故的承受能力,等等。

消费者流失是指本企业的顾客由于种种原因终止交易关系而转向购买其他企业产品或服务的现象。所有导致消费者不满的因素都有可能造成消费者的流失,比如,核心服务失误、服务接触点失误、不方便等。但消费者满意也并不意味着顾客不会流失。顾客流失率有两种计算方法,即绝对顾客流失率和相对顾客流失率。消费者赢回是指企业采取一些营销手段和工具,重新恢复和管理与公司已经中止的顾客关系。消费者赢回的关键在于是否能够为顾客创造或增加价值。

关键词与复习题

关键词

满意(satisfaction)　忠诚(loyalty)　期望(expectation)　可感知效果(perceivable effect)
认知忠诚(cognitive loyalty)　情感忠诚(emotional loyalty)　意向忠诚(intention loyalty)
行为忠诚(behavior loyalty)　感知质量(perceived quality)　感知价值(perceived value)
信任(trust)　承诺(commitment)　顾客满意度指数(customer satisfaction index)
服务质量(the quality of service)　转换成本(switching cost)
消费者流失(the loss of consumers)　消费者赢回(the win-back of consumers)

复习题

1. 什么是消费者满意?不同水平的消费者满意度是如何形成的?

2. 简要论述消费者忠诚的含义、层次及具体类型。

3. 消费者忠诚的形成机理是什么?

4. 消费者满意的影响因素有哪些?

5. 消费者满意的测评方法有哪些？其测评有什么意义？
6. 消费者忠诚的影响因素是什么？其测评指标有哪些？
7. 消费者满意与消费者忠诚有怎样的关系？
8. 消费者流失及其原因是什么？应如何测量消费者流失？
9. 你是如何理解消费者赢回管理的？

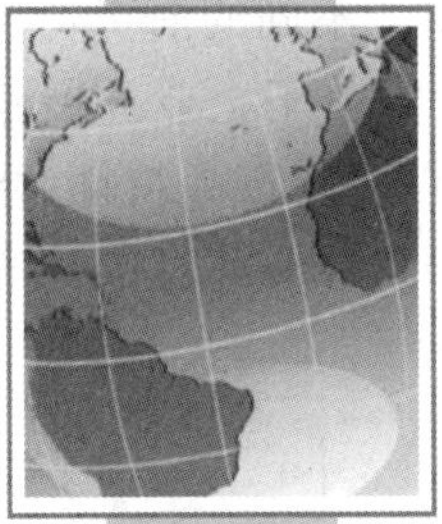

第九章 消费者群体与意见领袖

学习目标

通过本章的学习，应当了解消费者群体的内涵、分类和特征，群体规范和群体压力对消费者行为的作用机制；系统掌握参照群体和意见领袖的作用；深入理解消费模仿、从众和消费流行的内涵及其在企业营销中的作用。

案例导引

秋天的第一杯奶茶

2020年9月，“秋天的第一杯奶茶”突然上了微博热搜。“秋天的第一杯奶茶”到底是什么？对于品牌来讲有哪些启示？

这一开始是有人在微信给朋友发“秋天的第一杯奶茶”，对方二话不说，发来一个52元红包，意思“拿去买奶茶喝吧”。而这个微信截图晒出来之后，就引发全网跟风。

这是一种以请你喝秋天的第一杯奶茶的名义发红包的行为。这可乐坏了不少奶茶品牌，突如其来的营销好机会啊，于是借势在微博上玩了一把抽奖。奈雪の茶和书亦烧仙草，都是以“秋天的第一杯奶茶”为话题，通过用户发微博晒奶茶的方式，再抽取用户赠茶饮1杯；喜茶则是顺势推出一波新品，在用户评论中选5位赠送2款新品，用户评论数达到了近4 000条；CoCo都可则非常直接，只需关注和转发带“超话”的微博，即可参与抽奖。因为这个猝不及防火起来的梗，河南信阳一家奶茶店的店员称，9月23日当天，奶茶销量增加30%。后来各行各业纷纷来凑热度，还演变出了“秋天的第一打啤酒”“秋天的第一顿火锅”“该保养的年纪，千万不要说你只喝奶茶”等。

美国宾夕法尼亚大学沃顿商学院市场营销学教授乔纳·伯杰的《疯传》一书，通过多年调查和实验研究，揭示了这些口口相传和社会传播背后的科学秘密。乔纳·伯杰指出，每一个病毒式营销事件的背后都拥有六个特质：社交货币、诱因、情绪、公共性、实用价值和故事。奶茶本身就是很好的社交货币，其自带社交属性的花式表达，营造了一个很好的网络社交场；诱因是导火索，它只需要少量的环境暗示就能激发更多的相关概念和思想。“秋茶”的诱因是秋分，看似再正常不过的季节变换，但透过气温和环境的变化会激发人们更多的相关联想。秋天像春天一样，也是个令人多愁善感的季节，气温变化带来的不适，以及由此产生的不安全感，可被奶茶带来的温暖补足，这就是大众在秋天的情绪表达，带有普遍的意义。一杯奶茶的价格并不高，正如《三联生活周刊》点评的：这快乐，简单、廉价、真实、不做作，这大概就是《疯传》一书中所说的“实用价值”。情感的主题从来不缺少故事，即便很平常，那也有着共振和真实的力量穿透感。

资料来源：徐梦迪．秋天的第一杯奶茶，怎么就突然火了？[J]．销售与市场（管理版），2020(11)：48—50.

在现实生活中，消费者经常以群体的方式对市场运行产生影响。消费者群体由某种具有共同特征的若干消费者组成，根据各种特征对消费者进行区分，就形成了多个不同的消费者群体。群体的心理与行为比个体更为复杂，研究各类消费者群体的心理与行为对于企业开展营销活动具有重要的现实意义。本章将介绍消费者群体的划分以及相应的心理与行为特征；探索消费者群体的内部规范、压力与沟通方式等群体行为影响因素；考察参照群体和意见领袖的影响；研究暗示、模仿、从众、消费习俗与流行等消费群体行为表现。

第一节　消费者群体特征与分类

一、消费者群体的特征

(一)消费者群体的含义

群体是社会协作的产物，它是一种极为普遍的社会现象，涉及人类生活的各个方面，如政治群体、工作群体、娱乐群体、朋友群体等。广义的社会群体，泛指一切通过持续的社会互动或社会关系结合起来进行共同活动，并有着共同利益的人类集合体；狭义的社会群体，指由持续的直接的交往而联系起来的具有共同利益的人群。[①]

消费者群体的概念是从社会群体的概念中引申出来的。通常，具有相同或者相近消费特征的消费者称为消费者群体，比如，收入水平相近、购物兴趣相同，或处于同一年龄阶段，或工作性质与职业类似的消费者即构成相应的消费者群体。

消费者群体的形成是消费者内在因素与外部因素共同作用的结果。[②] 一方面，消费者因其自身生理、心理特点的不同，形成不同的消费者群体。例如，由于性别的差异，形成男性消费者群和女性消费者群；由于个性特征及价值观念的差异，形成开放型、保守型、享受型、节俭型等消费者群。这种根据消费者自身生理及心理特点划分的各个消费者群之间，在消费需求、消费心理、购买行为等方面具有不同程度的差异，而在本群体内部则具有许多共同点。另一方面，不同消费者群体的形成，还受到一系列外部因素的影响。这些外部因素包括生产力发展水平、文化背景、民族、宗教信仰、地理气候条件等，它们对于不同消费者群体的形成具有重要作用。例如，以职业划分的工人消费者群、农民消费者群、白领消费者群等。又如，地理位置的不同，使得山区、丘陵、平原、沿海、内地、南方、北方的消费者在生活方式、消费习惯上均存在差异。

(二)消费者群体的类型

消费者群体的细分变量主要有地理因素、人口统计因素、心理因素和对商品的现实反映。[③]

1. 根据地理因素划分

根据地理因素划分消费者群，是企业经常使用的一个划分标准。具体又可分为：按国家地区划分，如国内消费者群、国外消费者群；按自然条件、环境及经济发展水平划分，如山区、平原、丘陵地区消费者群，沿海、内地、边远地区消费者群，城市、乡村消费者群。

---

① 郑杭生. 社会学概论新修[M]. 北京：中国人民大学出版社，2005.
② 江林. 消费者行为学[M]. 北京：中国人民大学出版社，2007.
③ 江林. 消费者行为学[M]. 北京：中国人民大学出版社，2007.

处在不同地理位置的消费者对企业的产品各有不同的需要和偏好，其消费水平、消费结构和消费习惯都有很大的差别。如南方消费者因气候比较潮湿，所以饮食上习惯于选择不辣的食物；而北方消费者因气候干燥且冬季寒冷，饮酒习惯以白酒为主。

2. 根据人口统计因素划分

人口统计因素是指人们的性别、年龄、职业、民族、经济收入、受教育程度等。以此标准划分的不同消费者群，其消费心理和消费行为也有所不同。例如，按性别划分，可分为男性消费者群、女性消费者群；按年龄划分，可分为少年儿童消费者群、青年消费者群、中年消费者群和老年消费者群等。

3. 根据消费心理因素划分

现实生活中，人们会发现许多消费者尽管在年龄、性别、职业、收入等方面具有相似的条件，但表现出来的购买行为并不相同。这种差别往往是心理因素的差异造成的。可以作为群体划分依据的心理因素主要是生活方式。

4. 根据消费者对商品的现实反映划分

消费者对商品的现实反映不同，购买行为表现也不尽相同。对商品的现实反映主要表现为购买商品的动机、对商品品牌的偏好度、对商品的使用时间、对商品的使用量、对商品要素的敏感性等方面。

总之，上述因素的差异导致不同消费者群体的形成，且这些因素相互关联和作用，共同对消费者群体心理与行为发生影响。企业应针对多种因素共同影响下形成的不同消费者群体类型的特点，采取相应的营销对策，以取得最佳效果。

另外，还应注意到，消费者群体形成后，并非固定不变，而是随着时间、地点、环境条件的变化而不断发展变化。某些消费者群体可能逐渐消失，某些消费者群体可能重新组合，新的消费者群体也会不断涌现。随着社会经济的发展，消费者群体的变化呈现出如下趋势：不同消费者群体的数量会增加；消费者群体的划分越来越细；消费者群体的内在素质不断提高；消费者群体的演变速度加快。因此，生产经营企业必须注意到消费者群体的变化与发展，适时地调整自己的营销策略，以便更好地满足消费者的需要。

二、主要消费者群体的心理与行为特征

这里仅以最常用的两个划分标准——年龄和性别，来划分不同的消费者群体，剖析和归纳主要消费者群体的心理与行为特征，从而为企业针对不同消费群体制定营销策略提供基本思路。

（一）不同年龄的消费者群体①

在心理社会期发展论中，美国哈佛大学心理学教授埃里克森根据时间发展将人生过程分为八个时期，简称为人生八段，每一阶段都有其发展主题（见表 9－1）。

---

① 罗子明. 消费者心理学[M]. 北京：清华大学出版社，2007.

表 9-1　　埃里克森的心理社会期发展论

期别	年龄	心理危机(发展关键)	发展顺利	发展障碍
1	1 岁	信赖对不信赖 (trust vs. mistrust)	对人信赖,有安全感	与人交往,焦虑不安
2	2—3 岁	主动对羞愧和怀疑(autonomy vs. shame and doubt)	能自我控制,行动有信心	自我怀疑,行动畏首畏尾
3	3—6 岁	主动对愧疚 (initiative vs. guilt)	有目的方向,能独立进取	畏惧退缩,无自我价值感
4	6 岁—青春期	勤奋对自卑 (industry vs. inferiority)	具有求学、做事、待人的基本能力	缺乏生活基本能力,充满失败感
5	青年期	自我统合对角色混乱 (identity vs. confusion)	自我观念明确,追寻方向肯定	生活缺乏目标,时感彷徨迷失
6	成年期	亲密对孤独 (intimacy vs. isolation)	感情生活成功,奠定事业基础	孤独寂寞,无法与人亲密相处
7	中年期	爱心关怀对颓废迟滞 (generativity vs. stagnation)	热爱家庭,栽培后进	自我恣纵,不顾未来
8	老年期	完美无憾对悲观绝望 (integrity vs. despair)	随心所欲,安享天年	悔恨旧事,徒呼负疚

资料来源:张春兴. 现代心理学[M]. 上海:上海人民出版社,2005.

在消费者行为领域,营销者依据年龄变量通常把消费者分为少年儿童消费群体(0—14 岁)、青年消费群体(15—35 岁)、中年消费群体(36—55 岁)、老年消费群体(56 岁以上)四类。

1. 少年儿童消费群体

少年儿童消费群体由 0—14 岁的消费者组成。这一群体的消费者在人口总数中占有较大比例。从世界范围看,年轻人口型国家中,0—14 岁少年儿童占 30%—40%;老年人口型国家中,少年儿童占 30%左右。根据国家统计局 2013 年统计数据,我国这一比例约为 16.4%。这一年龄阶段的消费者构成了一支庞大的消费大军,形成了具有特定心理和行为特征的消费者群体。

为了研究需要,我们对这一部分消费者群体根据年龄特征进一步划分为儿童消费者群体(0—11 岁)和少年消费者群体(11—14 岁)。①

儿童消费者群体。从出生婴儿到 11 岁的儿童,受一系列外部因素的影响,他们的消费心理和消费行为变化幅度较大。这种变化在不同年龄阶段即乳婴期(0—3 岁)、幼儿期(3—6 岁)、童年期(6—11 岁),表现得最为明显。在这三个阶段中,儿童的心理与行为出现三次较大的质的飞跃,心理表现为:开始了人类的学习过程,逐渐有了认识能力、意识倾向、学习、兴趣、爱好、意志及情绪等心理品质;学会了在感知和思维的基础上解决简单的问题;行为方式上也逐渐从被动转为主动。这种心理与行为特征在消费活动中表现为:(1)从纯生理性需要逐渐发展为带有社会性的需要;(2)从模仿型消费发展为带有个性特点的消费;(3)消费情绪从不稳定发展到比较稳定。总之,儿童消费心理处于感情支配阶段,购买行为以依赖型为主,但有影响父母购买决策的倾向。

少年消费者群体。少年消费者群是指 11—14 岁年龄阶段的消费者。少年期在心理学中一般称作青春期,是指由儿童向青年过渡的时期。少年时期的消费者将经历生理上发育的第

① 江林. 消费者行为学[M]. 北京:中国人民大学出版社,2007.

二个高峰。在心理上，少年消费者进入发现之旅——对自己是谁做进一步的探索。在青春早期，同辈赞许是很重要的。到了青春晚期，有以下两项重大的发展任务：从家庭中独立出来以及形成人格认同。总之，少年期是依赖与独立、成熟与幼稚、自觉性与被动性交织在一起的时期。少年消费者群的心理与行为特征表现为：(1)自我概念形成，独立性增强；(2)购买倾向性开始确立，购买行为趋向确定；(3)受影响的范围逐渐扩大，从受家庭的影响转向受社会的影响。

2. 青年消费群体

现代发展心理学中所指的青年期有其特殊意义。虽然，在今天看来，青年期仍然是儿童期到成年期之间的过渡，但就当今的青年人而言，其过渡所经历的时间与过渡期间内身心两方面所产生的变化，完全异于往昔。这些无疑都在极大地影响着现代社会青年群体的消费行为。

根据埃里克森心理社会期理论，人生八段中，每一阶段的生活都可能形成个人的心理危机，所以在人生全程中，每一阶段都可视为一个关键，而第五阶段的青年期则是关键中的关键。在社会多元化与教育普及的今天，多数青年人已不再走子承父业的旧路，他们的自我意识逐渐成熟，自我控制的能力也在增强，更多地强调个人意志和自我选择。在消费领域，相对于其他消费群体，青年消费者的探索意识和冒险意识非常突出，他们的体力和精力都处于人生的最高峰，消费商品具有最大的潜力。具体来说，青年消费者群体的特征有：(1)敏感性强，追求时尚潮流，是新商品的创新采用者；(2)强调个性，注重表现自我；(3)注重情感，消费冲动性强；(4)消费行为日渐成熟，趋向追求实用。

延伸阅读 9—1

屈臣氏能否追回年轻人的心？

"口红一哥"李佳琦成了屈臣氏潮推官，屈臣氏 4 月上榜好物随之出炉。直播 15 分钟卖掉 15 000 支，5 个半小时成交 23 000 单，直接带货额 353 万元。让李佳琦喊过"Oh My God"的口红，几乎都成了爆款。屈臣氏(中国)向《商学院》记者表示："在美妆领域，KOL 的影响力和带货能力远远大于其他领域。屈臣氏这两年积极与大量美妆领域 KOL 展开了多样化的合作，希望能够借助 KOL 自身的专业性和影响力，为消费者提供更多实用信息的同时进行引流。"但相比带货，李佳琦对屈臣氏更大的意义在于重塑品牌形象。没有人一直年轻，但一直有人在年轻。屈臣氏需要将品牌年轻化，以吸引更多的年轻人。品牌形象的提升是一个长期的过程，只有不断巩固，才能深入人心。

2019 年，是屈臣氏来到中国的第 30 个年头。在不断扩张店铺的同时，屈臣氏一些门店却并不那么红火。年轻人似乎不太愿意去屈臣氏了，是什么转移了他们的视线？转型中的屈臣氏又能否留住年轻人的心？

(1)为何失去年轻人？

年轻人市场无疑是一块蛋糕，并且潜力很大。市场咨询公司埃森哲(Accenture)表示，到 2020 年，全球 18—29 岁年龄段人群中有 60%生活在亚洲，其可支配收入将达到 6 万亿美元，远高于他们的前辈。年轻消费群体正是屈臣氏的主流用户。屈臣氏(中国)表示："从年龄层面看，中国大陆消费主力人群呈现年轻化趋势，年轻群体的购买力已经成为美妆零售行业增长的核心动力。屈臣氏目前的核心用户是'95 后'的新一代，因此，对屈臣氏来说，如何增强与年轻消费者的互动、投其所好、让年轻消费者们'爱上'屈臣氏是我们最大的挑战。"

1989 年，中国第一家屈臣氏个人用品商店在北京开业。作为国内知名的保健与美妆产品零售商店，屈臣氏发展至今，在中国内地超过470个城市拥有超过3 600家店铺和6 500万名会员。事实上，在不同时代的人眼里有着不一样的屈臣氏。屈臣氏的门店一般临近主干道，人流量较为集中，可视性较好。“80后”曾是屈臣氏的主力消费人群，“80后”的青年时期，电商与物流的发展并不先进，人们购物的首选就是“距离近”。对于“80后”来说，处于醒目位置的屈臣氏是购物的首选。随着电商和物流的发展与完善，对于“90后”和“00后”来说，他们的要求是“便捷”。相比于网络店铺，现在的屈臣氏的货品不够齐全、导购过度热情。随着年轻一代的更迭，年轻人的审美也发生了改变，现在的屈臣氏店铺整体风格不够洋气，略显灰暗，缺乏活力与设计感。

几年一代，年轻人更迭很快。既要留住现在的老顾客，又要面向未来的新顾客。对于企业来讲，“年轻人真正需要什么，如何留住年轻人”，是一个经久不衰的课题。对目前的屈臣氏来说，重要的是要加强品牌传播，强化品牌符号，让更多的年轻人了解屈臣氏，把品牌形象深入更年轻的人群。

对于屈臣氏与年轻人渐行渐远的原因，盈赛品牌咨询联合创始人李刚健表示：“人与人的沟通在服务业中尤为重要，店内服务人员是否与顾客进行有效沟通，是否真正理解品牌理念和目标客户群体的需求，直接影响品牌传播的效果。”李刚健认为，一些年轻人已加入网购大军，电商对线下门店的冲击比较大。

(2)如何俘获新生代？

为俘获年轻人的心，屈臣氏正在求变。在线下，屈臣氏动作不断。2018年上半年，屈臣氏与欧莱雅合作打造彩妆空间，跨界开出“恋与制作人”主题店；联手网易云音乐开出美妆音乐主题店；与小米合作，将科技产品引入门店。2019年，Watsons+生活美学馆落地广州。

在线上，屈臣氏也频频出招。在“全球进口好货”Campaign中，和深受当下年轻消费者喜爱的美妆KOL李佳琦进行合作；针对“95后”新一代极具个性，追求自我的特点，推出全新品牌主张；2018年，正式进驻抖音，依托社交平台强化互动。

屈臣氏在变化，年轻人也在变化。“目前，年轻人的需求表现出一定的碎片化，在产品和品牌上精确满足细分市场上用户的需求很重要。”此外，李刚健发现，在年轻群体中，还存在一定的去品牌化趋势。“一些年轻人对广告的敏感度降低，表现在越来越不相信广告。他们更加看中产品本身，以及是否可以满足自己的需求。”

目前，屈臣氏已推出第八代店铺。改造升级上由统一风格改为个性化布局。对于门店从单一化到差异化的改变，在葛甲看来，屈臣氏正在进行试验与探索，怎样的门店风格可以符合更多人的需求。据屈臣氏(中国)介绍，2018年屈臣氏推出六大服务升级：闪电送、门店自提、扫码购、AR试妆、皮肤测试、会员预约免费化妆。“目前，屈臣氏在多渠道平台，如屈臣氏App、天猫、京东/京东到家、饿了么、美团等，能为顾客提供最快1小时内送货上门或在订货后30分钟内门店自提的便捷服务。”

屈臣氏在靠拢线上，人们去实体店购物，在很多时候是为了进行体验。打通线上与线下，构建闭环。实现线上销售，线下体验。把原有模式与互联网相结合，并提升体验感，直抵顾客底层心理需求，是屈臣氏走向线上能够取得实质性成效的一个关键因素。

资料来源：梁伟．迭代焕新 屈臣氏能否追回年轻人的心？[J]．商学院，2019(5)：52—53.

3. 中年消费群体

35—55岁的年龄段称为中年，由中年消费者组成的群体称为中年消费群体。中年消费群体的收入水平趋于人生的最高峰，支出能力增强，消费商品的覆盖范围广泛，他们的思维反应敏捷，消费技能强。中年消费者一般早已成家立业，家庭负担重，工作压力大。以下特征会对消费者的心理有重大影响：

(1)消费角色的多重性和消费行为的复杂性。中年消费者既要赡养老人，又要抚养小孩，不得不负担家庭生活的全部开销，而且在消费决策上得考虑所有家庭成员的需求，在消费活动中担当多种角色，这种多重角色决定了中年消费群体行为的复杂性。

(2)量入为出，计划性强，消费理性。随着年龄的增长，进入中年后，人们性情和情绪反应趋向于平稳，能理智地支配自己的行动，感情用事的现象减少。而且中年消费者担负着赡老扶幼的重任，是家庭经济的主要承担者，他们不能像少年和青年消费者那样，将收入全部用在自己身上。为了以有限的收入科学、合理、有效地支付家庭各方面的开支，中年消费者大多奉行量入为出的原则，消费支出计划性强，很少出现计划外开支和即兴消费的现象。中年消费者一般养成了勤俭持家、精打细算的习惯，购物时往往格外注重产品的实用性和价格，讲究科学、合理的消费行为。

4. 老年消费者群体

我们将退休后离开工作岗位的消费者称为老年消费者，由老年消费者组成的群体称为老年消费群体。由于老年人在吃、穿、住、用、行等方面都有特殊要求，因此，这个群体的消费行为与其他消费群体有诸多不同之处①：(1)消费习惯稳定，品牌忠诚度高；(2)选购商品注重实用；(3)需求结构呈现老龄化特征；(4)部分老年消费者抱有补偿性消费动机。

(二)不同性别的消费群体②

1. 女性消费者群体的消费心理与消费行为

女性是一个潜力巨大的消费群体。国家统计局2012年人口抽样调查显示，我国女性人口约占全国总人口的48.75%，其中在消费活动中有较大影响的是中青年女性(即30—39岁这一年龄阶段的女性)，约占全国总人口的7.52%。女性不仅对自己所需的消费品进行购买决策，而且由于在家庭中承担了母亲、女儿、妻子、主妇等多种角色，所以也是绝大多数儿童用品、老年人用品、男性用品及家庭用品的购买者。

由于女性消费者在消费活动中有特殊的角色和地位，因而形成了独具特色的消费心理，其主要表现为以下几点：

(1)消费非理性，氛围心情是主导。女性消费者在个性心理上具有较强的感性特征，即感情丰富、细腻，情绪波动频繁且变化幅度较大，富于幻想和联想。这种特征反映在消费活动中，使得女性消费者容易在某种情绪或情感的驱动下产生购买欲望，引发购买行为。女性的非理性消费有几种不同的表现：其一，受到打折、促销、广告等市场氛围的影响；其二，为形式多样的店内POP及现场促销而心动并实施购买；另外，受广告影响买了没用的东西或不当消费的女性也不在少数。

导致女性情绪化消费的原因可能来自多个方面：一方面有来自外界的刺激因素，如广告激发的想象，品牌寓意产生的联想等；另一方面也可能由于女性消费者自身的心理需要，如心情处于低谷时，许多女性会试图通过购物来发泄不良情绪。

(2)注重商品的实用性和细节设计。在家庭中的地位及从事家务劳动的经验体会，使女性消费者对商品的关注角度与男性有所不同。男性在购买日常用品时，更关注商品的实际效用

① 江林. 消费者心理与行为(第4版)[M]. 北京：中国人民大学出版社，2011.
② 唐赤华，戴克商. 消费者心理与行为[M]. 北京：清华大学出版社，北京交通大学出版社，2007.

和带来的具体利益。与此相反，商品在细节之处的设计优势，往往更能博得女性消费者的欢心，如家庭洗涤剂精巧的喷头设计、家用微波炉使用的专用器皿等。她们在购买商品时所表现出来的反复询问、了解使用方法等行为，明显体现了女性消费者的周到和细心。

(3)有较强的自我意识。女性消费者一般都有较强的自我意识，对外界事物反应灵敏。在日常消费活动中，她们往往以挑选眼光、评价标准及购买内容来评价自己和别人。当自己购物时，希望通过明智、有效的消费活动体现自我价值。当别人购物时，即使作为旁观者，也愿意发表意见，并且希望自己的意见被采纳。在购买活动中，营业员的表情、语调、介绍及评论等，都会影响女性消费者的自尊心，进而影响其购买行为。

2. 男性消费者群体的消费心理与消费行为

男性消费者主要指成年男性消费者。与女性消费者相比，男性消费者购买商品的范围虽然要窄一些，但他们往往是家庭中购买高档商品的主要决策者，这是因为与女性相比，我国男性就业率和经济收入相对较高。虽然城镇男性的平均消费水平要低于女性，但在农村明显高于女性。在购买活动中，男性对产品的结构与功能的了解能力要优于女性，这往往使他们成为结构较为复杂的产品或高档耐用消费品(如轿车)的选购者。出于男性特有的成就感和控制欲，他们在新产品接受方面比女性更为积极主动。男性较多地通过广告获取购买决策的信息，而且对产品的购买动机一旦形成，就会迅速果断地付诸实施，实现购买行为。男性在购买产品时很少挑剔，也不愿意在同类产品的不同品种之间进行反复比较和权衡，因此，他们选购产品的范围较窄。男性消费行为也更趋于理性，他们去商店一般都有明确的购买目标。针对男性消费者的消费特点进行有针对性的营销活动，对于企业促进销售和扩大消费群体具有重要意义。

第二节　群体规范与群体压力

消费者群体作为一种特殊的社会群体类型，其内部因成员间的相互作用而形成了一定的结构模式。规范、压力以及内部沟通作为这种结构模式中的要素，对成员及群体的消费心理与行为具有重要影响。

一、消费者群体规范

群体规范是指在某一特定群体活动中，被认为是合适的成员行为的一种期望，是群体所确立的一种标准化的观念。①

群体规范的形成有一定的心理机制。人们在共同生活中，对于外界事物的经验具有一种将其格式化、规范化的自然倾向。这种规范化的经验被称为定型，它有助于人们在再次遇到此类事物时尽快做出反应。美国心理学家谢里夫认为，由于群体中人与人的相互作用，逐渐形成了成员共同的判断标准或依据原则，从而使各成员的判断趋于稳定，这个过程就是群体规范形成的基本过程。

按照规范的形式，我们一般将其分为成文规范与不成文规范两类。成文的规范一般由组织正式规定，通过制定明确的书面条文，以行政、政策乃至法律的手段为成员提供行为标准，强制性地影响着消费者的心理与行为。如为了打击日益增多的酒后驾车违法行为，我国政府颁

① 郑杭生. 社会学概论新修[M]. 北京：中国人民大学出版社，2005.

布了禁止酒后驾车的规定。

不成文的规范通常指群体成员所认同的文化与习俗对于个体的约束，其作用形式表现为通过群体压力迫使消费者调整自身行为，以适应、顺从群体的要求。例如，白领这一职业群体上班时一般都需要穿着正式服装，如果某个成员着装过于休闲或暴露，就会受到指责或被视为另类。

二、消费者群体压力

任何社会群体都会对与之有关或所属的消费者心理产生一定的影响。这种影响往往是通过具体的信念、价值观和群体规范对消费者形成一种无形的压力或约束，我们把这种压力称为群体压力。在消费者的消费过程中，群体压力会迫使成员按照消费群体的目标和准则调节自己的行为。

群体压力与权威命令不同，它并不是通过由上而下的明文规定强迫个体与群体保持一致，而是通过大多数人一致的意见来影响个体的反应。群体压力虽不具有强制性，但群体的这种压力使个体在心理上难以违抗，从而顺从于群体。因此，群体规范在改变行为的效果方面常常比权威命令更明显。

三、消费者群体的内部沟通

如同组织的内部沟通一样，在消费者群体中也存在各种形式的内部沟通，以使成员之间分享和交流产品与服务信息，以及购买、使用商品后的评价和心理感受，其目的在于通过向群体内的其他消费者转告、传播、倾诉，求得他人的了解和认同。消费者不仅在群体内传播消费信息，同时也与其他成员分享自己对产品或服务的感受。消费者的感受一般可分为满意与不满意两种状态，由此衍生出两种不同的群体沟通方式。当消费者在购买、使用某种商品后获得满意的体验、心理上得到极大满足时，会出现传话效应，即把自身良好的心理感受和经验转告给他人，这属于积极的沟通。

但当消费者由于各种原因产生不满的心理体验时，也会通过抱怨、发泄、投诉等方式，将消极的信息传递给其他消费者或企业，以求得到同情和补偿，这便是一种消极沟通。消极沟通常有以下三种表现形式：

(1)抱怨。消费者会抱怨经营者的商品质量和服务态度，主动找有关部门的负责人反映并要求协调处理质量和服务问题。

(2)传话。消费者会把自己所受到的利益损失情况转告其他消费者，希望得到他人的同情。但与此同时，消费者也把对企业不利的信息传给了其他消费者，使接受这些信息的消费者对该企业产生戒备心理，从而给企业形象造成不良影响。

(3)投诉。这是消费者运用舆论、行政或法律手段保护自己利益时所采用的一种手段。当消费者受到重大利益损失，出现严重后果时，如果企业不能及时、妥善地加以解决，消费者就会通过舆论工具、有关政府部门或者消费者权益保护组织乃至法律机构，以得到公平解决。

在消费者群体中若出现上述消极沟通，企业应该及时指定专人负责解决问题，尽快赔偿消费者的利益损失，消除其不满情绪，以便使不利行为尽快得到终止。此外，还要通过宣传媒介在广大消费者中澄清事实、转变态度、消除影响，从而使消极沟通产生的不良后果减少到最低限度。

第三节　参照群体与意见领袖

心理学研究表明，个体的兴趣、爱好以及态度大多在后天的社会活动中受到周边环境的影响，其行为总是在无意识的情况下与所处的群体(即参照群体)保持一致。同样，参照群体对消费者心理与行为有着深远的影响。为此，有必要研究消费领域参照群体的作用机制及其影响方式。

一、参照群体

(一)参照群体的含义与类型

1. 参照群体的定义

参照群体是指一种实际存在的或想象存在的、可作为个体判断事物的依据或楷模的群体。它并非某一成员身份所属的群体，但它被某一成员作为其所属群体的参照对象。它通常在个体形成观念、态度和信仰时给予重要影响。管理心理学认为，参照群体也叫作标准群体或榜样群体。这种群体的标准、目标和规范可以成为人们行动的指南，成为人们努力达到的标准。参照群体对个人的影响在于，个人会以参照群体的标准、目标和规范作为行动指南，将自身的行为与群体进行对照；如果与群体标准不符或相悖，个人就会改变自己的行为。由此，参照群体的标准、目标和规范会成为个人的“内在中心”。例如，企业的先进班组、学校的先进班集体等，它们的规范会自然而然地成为每个组织成员的行为准则。

2. 参照群体的类型①

社会学家将参照群体按不同标准分为各种类别。例如，按照群体内部关系的规范与否，参照群体可分为正式群体和非正式群体；按照对成员影响的大小，参照群体又可分为主要群体和次要群体；按照个体与群体所属关系，还可将参照群体分为成员式群体和背叛式群体。

一般来说，消费行为研究者更倾向于按照是否渴望加入该群体的行为，把参照群体分为准则群体、比较群体和否定群体。

(1)准则群体。指人们所希望或愿意参加的一种群体。这种群体的价值观、行为准则、生活方式、消费特征等是人们赞赏、推崇并愿意效仿的。通常这种群体对消费者的影响最大。

(2)比较群体。指人们不希望或不愿意加入的一种群体。个体通常仅把它作为评价自己身份与行为的参考依据。比较群体对消费者行为的影响带有较大的局限性。

(3)否定群体。指人们对其持否定态度、加以反对的一种群体。对于这种群体的某些方面，人们是不赞同或厌恶的。消费者通常不会购买那些与否定群体典型表征有关的产品。

3. 影响消费者的主要参照群体

影响消费者的主要参照群体包括以下几类：

(1)家庭成员。家庭是个体开始社会化过程的第一个社会环境，即家庭成员在一定程度上是消费者最重要的参照群体，它包括消费者的血缘家庭和婚姻家庭的成员。家庭成员的个性、价值观以及成员之间的相互影响，形成了一个家庭的整体风格、价值观念和生活方式，从而对消费者行为起着直接的影响。

(2)同学、同事等同龄群体。由于长时间共同学习或在同一组织机构中合作共事，消费者常常受到来自同龄群体的同学或同事的影响。

---

① 叶敏，张波，平宁伟. 消费者行为学[M]. 北京：北京邮电大学出版社，2008.

(3)社区邻居。“远亲不如近邻”，我国消费者受传统习俗影响，比较注重邻里关系，尤其居住条件比较拥挤的居民，邻里来往更加密切。在消费活动中，左邻右舍的消费倾向、价值评价、选择标准等，往往成为人们重要的参考依据。

(4)亲戚朋友。这也是影响消费者行为的主要参照群体。在某些情况下，由于具有共同的价值取向，朋友的看法往往更具有说服力。

(5)社会团体。各种正式和非正式的社会团体，如党派、教会、俱乐部等，也在一定程度上影响着消费者的购买行为。

(6)名人专家。政界要人、专家学者、影视明星、优秀运动员等受人们崇拜和爱戴的权威人士，都可能成为消费者的参照系。

(二)参照群体的影响

1. 参照群体的影响方式

参照群体对其成员的影响有三种主要方式：

(1)信息性影响。参照群体对信息的影响是将关于消费者本人、他人或者物质环境方面(如产品、服务、商店等)的有用信息传递给消费者。其影响程度取决于被影响者与群体成员的相似性以及施加影响的群体成员的专长性。例如，消费者发现自己所关注的某位长跑运动员在使用某种品牌的营养品，于是他决定试一下这种品牌，此时这些健康和充满活力的长跑运动员对该品牌的使用提供了间接信息。有时，信息影响是更加直接的，如一位想要购买手机的消费者很可能向了解这方面信息的朋友寻求建议。

(2)规范性影响，又称功利性影响。它指个人为了获得赞赏或避免惩罚而满足群体的期望，即当参照群体可以给予消费者某些重要的奖赏或者惩罚的时候，参照群体就对消费者行为或者情感、认知有了功利方面的影响。例如，为了得到配偶或邻居的赞同，你或许会专门购买某个牌子的葡萄酒，或者因为害怕朋友的嘲笑而不敢穿新潮的衣服。

(3)认同性影响，也称为价值表现影响。这类影响的产生以个人对群体价值观和群体规范的内化为前提。在内化的情况下，无须任何外在的奖励，个体就会依据群体观念与规范行事，因为个体已完全接受了群体的规范，群体的价值观实际上已成为个体自身的价值观。

参照群体对消费者的上述影响如图 9－1 所示。

2. 参照群体的影响程度

在不同条件与环境下，参照群体对消费者的行为影响程度存在着显著差别。现实中，参照群体对消费者影响力的大小主要取决于以下因素：

(1)消费者的个性与自我形象。消费者的个性不同，受参照群体的影响程度也显著不同。一般来说，自信心强的消费者受参照群体影响较小，而习惯于依赖他人的消费者往往容易受到参照群体较深的影响。此外，每个消费者内心深处都有自己设定的自我形象，其中既包括实际的自我形象，也包括理想的自我形象。实际生活中，每个参照群体都有其独特的价值观、行为准则与消费特征。当它们符合消费者的自我形象时，就会使消费者对该群体产生强烈的认同感，把它视为塑造自我形象的一个榜样群体。相反，如果这些参照群体的特征与消费者的自我形象相差甚远，则不会对消费者产生积极影响，甚至成为消费者回避的群体。

(2)消费者选购商品的类型。有学者认为，不同性质的产品也能成为改变群体影响力的因素。例如，产品的知名度，即自己使用这种商品是否能引起别人的重视，这个产品的品牌能否被别人识别，在选购大众性商品和私人化商品时，参照群体对消费者行为的影响有显著差别。此外，消费者对商品的需求强度也能改变参照群体的影响程度。对于必需品如冰箱类，参照群

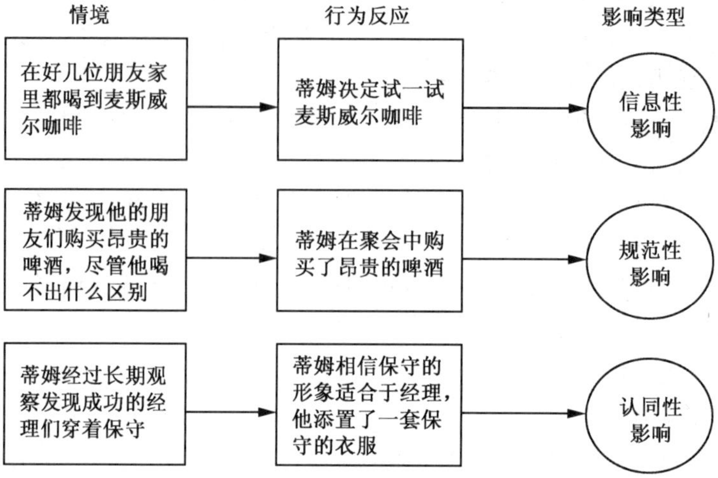

资料来源：德尔·霍金斯，罗杰·J. 贝斯特等. 消费者行为学[M]. 北京：机械工业出版社，2006.

图 9—1 消费情境和参照群体影响

体的影响较小；而对于名表、汽车等奢侈品，参照群体则发挥着很大的参考作用。

(3)消费行为与群体的相关性。消费行为与群体的相关性也影响着参照群体对个人行为的作用。例如，当参加一个重要群体的晚宴时，在衣服的选择上，我们可能更多地考虑群体的期望；而参加无关紧要的群体晚宴时，考虑的可能就少得多。

二、意见领袖

(一)意见领袖的概念和特征

1. 意见领袖的概念

早期对意见领袖的研究主要集中在传播学领域。Lazasfeld 等人通过伊里调查发现，信息从大众媒体传播到受众，经过了两个阶段，首先从大众传播到舆论领袖，然后从舆论领袖传播到社会公众。因此提出了意见领袖的概念：意见领袖又称为舆论领袖，是指在人际传播网络中经常为他人提供信息，同时对他人施加影响的“活跃分子”，他们在大众传播效果的形成过程中起着重要的中介或过滤的作用，由他们将信息扩散给受众，形成信息传递的两级传播。对营销人员而言，意见领袖的概念起始于“创新扩散”(diffusion of innovation)视角，Rogers 和 Cartano (1962)将意见领袖定义为：对其他人的决策可以施展不同程度的影响的个人，其他人从这些人中探寻意见和信息。①

随着互联网技术的发展，网络为意见领袖提供了新的平台，越来越多的人借助论坛、博客等网络平台，对社会政治、经济和生活各个领域的问题发表自己的见解。而这其中的活跃分子，在各自的兴趣领域积极地传播消息和表达观点，凭借信息的质量成为网络舆论的引导者，从而对其他人产生影响。传统意见领袖的影响力只限于与其相关的群体成员，而网络环境下的意见领袖会影响互联网用户，并呈现指数性增长。②

① Rogers, E. M. , Cartano, D. G. “Methods of Measuring Opinion Leadership”. *Public Opinion Quarterly*, 1962, 26(3): 435—441.

② Lyons B. , Henderson K. “Opinion Leadership in a Computer-mediated Environment”. *Journal of Consumer Behaviour*, 2005, 4(5): 319—329.

网络意见领袖的信息发布方式、信息传播渠道等与传统环境相比都发生了巨大的变化，相对于传统意义上的意见领袖，我们可以将这些活跃在网上的意见领袖称为网络意见领袖。

2. 意见领袖的特征

意见领袖之所以对群体中的其他成员有较大的影响，是因为他们具有一系列特征。梦非根据已有研究，将意见领袖的特征归纳为专业特征、创新特征、产品涉入特征、社交特征、媒体使用特征等。具体而言：

(1)专业特征。与产品相关的专业特质是意见领袖的基本眼球。由于意见领袖对产品的涉入度较高，比普通消费者对搜寻产品相关信息更感兴趣，往往具备较高的专业知识。

(2)创新特征。创新性是意见领袖的一个显著特征。意见领袖不仅表现出比其跟随者更为明显的创新性，还普遍比非领袖体现出更高水平的创新性。创新性的消费者通常是知识性的，对价格不敏感，往往是重要的客户。

(3)产品涉入特征。意见领袖表现出较高水平的产品涉入度与产品熟悉性，可以说有持久、较高水平的产品涉入度是意见领袖的一个重要特征，也是意见领袖成为意见领袖的前提，如果没有对产品深入的了解和感情上的投入，也就无法成为相关领域的专家和有影响力者。

(4)社交特征。由于紧密的社会关联如友谊在人与人之间的信息流中发挥着非常重要的作用，意见领袖与追随者的关系也能够在很大程度上决定其影响力。

(5)媒体使用特征。由于意见领袖比普通大众更倾向于表达观点、传播信息，因此，他们往往习惯于并倾向于使用多种媒体。Row(2006)对意见领袖和普通大众使用媒体的情况进行了调查，他的研究表明，意见领袖对网络和新兴媒体的使用比例都远高于普通大众。一方面，意见领袖比普通人使用更多种媒体，尤其是网络，23%的普通人会花费至少5个小时在线，而意见领袖的这一比例为39%。另一方面，意见领袖比普通人更易于使用新兴媒体。Row还调查了15种新兴媒体，发现10%的意见领袖会使用几乎全部的新媒体，有57%的意见领袖会每天观看在线视频，而普通人的比例仅为40%；有44%的意见领袖每天阅读博客，普通人的比例仅为28%；36%的意见领袖通过手持设备访问网络，普通人的比例仅为21%。①

除上述特征外，意见领袖的特征还包括一些人口统计特征、信息发布频率特征等。如意见领袖通常更年轻、教育水平更高、收入更高、社会流动更强、雇佣状态更好，并且倾向于更为频繁地发布信息。

延伸阅读 9—2

影响力营销——意见领袖对消费者的影响

营销者越来越明白消费者不再像原来那样相信广告了，但仍会相信来自信任的人给出的建议和推荐。这使得“大号”“红人”及自媒体意见领袖成为更多公司做营销时的首选，尤其是在做一些活动的时候更是如此。找到合适的人，让“他”去影响消费者，这种想法、这种营销模式确实不错；但总有一些蹩脚的做法，让人见而生厌。比如一些草根“大号”硬生生地转发一些促销信息，不仅不能达到效果，还有可能对草根“大号”自身的信任度造成影响。

何为影响者？想一下我们自己最近的购物经历，最后促使你做出购物决策的因素是什么我们就不难明白了。以我自己的经历来看，除了自己有一定认知度的品牌外，我信赖的人给出的建

① Row, H. “Influencing the Influencers: How Online Advertising and Media Impact Word of Mouth”. A Double Click Touch Points IV Focus Report, 2006, 12.

议或者体验评论起到了很大的作用,“影响者”说的也就是这些人。按照影响强度,“影响者”一般排列如下:亲朋好友使用推荐、网上有相同经历的陌生人、专业博主或者一些自媒体意见领袖、垂直“小号”、知名人士、明星大腕等。上面列出的这些角色,从专业博主开始往下,在国内都统统称为“大号”或者“红人”,再好听点叫“意见领袖”,这些角色对于品牌来说,他们都能在一定程度上影响到其他消费者做出一些购物决策,所以,用“影响者”这个词是一个更为准确的描述。

品牌为什么需要影响,显而易见是因为越来越多的消费者如今已经不再相信广告,甚至对于网上的广告视而不见,却有大量的人愿意相信他们认为可以信任的人给的建议和推荐。随着社会化媒体的发展,我们总能按照自己的兴趣找到一些组织,比如你喜欢旅游,穷游网总能给你一些关于旅游省钱又好玩的建议,这使得他们在这个圈子中的影响力明显大于其他成员,从而在一定程度上,他们做的推荐和建议就更能影响别人做出行动。

我们看到的很多“大号”转发的内容,完全是生硬的广告,这种被利益驱使的行为,不可能影响粉丝采取行动;对于一些原先有优质内容的“大号”,突然转发一些毫不相干的广告,其粉丝还会有相当大的抵触情绪。

沃玛传播新媒体研究院院长余柏良先生谈到影响者营销时曾说过:影响者营销并非只是找一个粉丝巨多的“大号”转发一条内容,而是一个结合自己的产品和服务,辨识出能影响你的客户做出行动的真正影响者,和他们建立关系,通过自己的产品和服务去打动他们,让他们去为你在他们的受众中传播、影响他们的受众做出行动的过程。

柏良先生还指出:影响者营销有四大诟病,即单纯追求“大号”“红人”,以“量”定影响者的影响力;不考虑内容与选定“影响者”受众的匹配度;不重视普通消费者的真实感受;用“钱”诱惑“影响者”而非靠好的产品和服务。因此,想要真正利用影响者营销还是要用心去做而非简单模仿。

资料来源:中国公共关系网,http://www.17pr.com/view news-129543.html.,2013-05-30.

(二)意见领袖的识别

由于意见领袖对于消费者购买决策的重要影响,营销人员需要准确识别意见领袖。通常,意见领袖的识别方法主要有特征识别法与调查量表法两种。

特征识别法主要基于以往研究中对意见领袖特征的归类,根据意见领袖具备的特征,在特定领域寻找具备这些特征的人,并借由他们具备的特征数量的多寡,判断出在这一领域哪些人扮演意见领袖的角色。

调查量表法通常包括四种:社会计量法(sociometric method)、关键报告者法(key informant methods)、自我认定法(self-designating methods)以及观察法(observation)。其中,社会计量法是对一个同行组内成员的领导力进行广泛的分析;关键报告者法通过在少数人中征询意见,而这些人对于某个人际网络特别了解,用来发现那些提供了主要信息或影响力,或两者兼具的人;自我认定法是指在群体中的所有成员将自己作为一个意见领袖进行自我报告,该方法被用来识别有营销经验的人员,也被用来推动个人行为的变化;观察法则是指通过直接观察来识别意见领袖,较为适用于较小的群体。

(三)意见领袖与产品创新扩散

意见领袖在营销交流中的作用至关重要,他们为其他消费者提供了非正式的、与消费相关的建议或信息,而且由于意见领袖并不代表商业源,因此其观点与广告相比具有更高的可信性。通常,意见领袖可以影响产品的口碑和扩散,从而影响消费者的购买决策。以下我们将着重分析意见领袖在产品扩散中的作用。

1. 产品的创新扩散

创新扩散，是指新产品上市后随着时间的推移不断地被越来越多的消费者所采用的过程。[①] 也就是说，新产品上市后逐渐地扩张到其潜在市场的各个部分。传播学者罗杰斯在新事物发展的曲线理论中指出，几乎大部分新思想、新事物的创新扩散过程是呈S形曲线。开头人数很少，扩散的进程很慢，但人数增加到居民的10%—25%时会突然加快，曲线呈迅速上升趋势，而在接近于最大饱和点时再次慢下来，如图9—2所示。

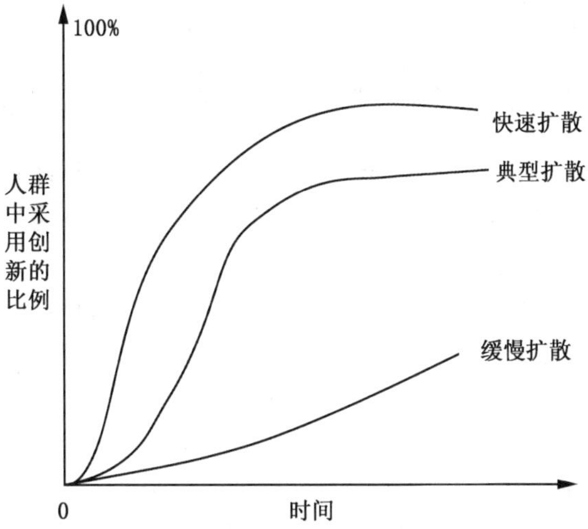

图9—2　创新产品随时间推移的扩散速度

2. 创新扩散模式

图9—3中的累积曲线描述了创新产品随时间推移而被消费者采用的过程。从图中可以看出，有小部分消费者会很快采用创新产品，另一部分消费者则需要经历一个漫长的过程，而大多数人则处于这两者之间。故在创新扩散过程中根据消费者接受程度快慢的差异，可将消费者划分成五种类型，即创新采用者、早期采用者、早期大众、晚期大众和落后采用者。

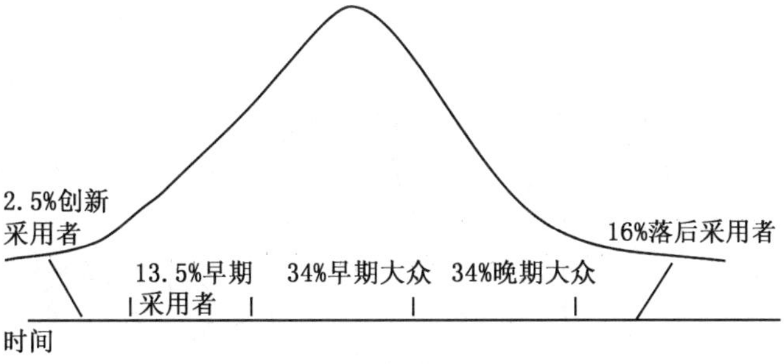

资料来源：郭国庆. 市场营销通论[M]. 北京：中国人民大学出版社，2003：185.

图9—3　创新扩散模式

(1)创新采用者，又称创新者。该类采用者是富有冒险精神的风险承担者，能够承担由采用不成功创新产品所引起的经济和社会损失，占全部潜在采用者的2.5%。任何新产品都是

① 郭国庆. 市场营销通论[M]. 北京：中国人民大学出版社，2003.

由少数创新采用者率先使用的，他们一般是交际广泛且信息灵通的年轻人，收入水平、社会地位和受教育程度较高。创新采用者通过各种广告媒体、推销人员和专业性信息来了解新产品。

(2)早期采用者。早期采用者占全部潜在采用者的13.5%，他们事业有成，受过良好教育，通常是当地参照群体内的意见领袖，在所属群体内有很高的威信，受到周围朋友的拥护和爱戴。这类采用者在产品的导入期和成长期采用新产品，并对后面的采用者产生很大影响。他们通过广告、推销人员和专业性信息源了解新产品，并向他人提供信息。

(3)早期大众。早期大众对创新产品很谨慎，主要依赖人际信息源。他们比其所在的社会群体中的大多数人采用较早，但又是在创新产品已被证明是成功之后才采用。这一群体的消费者占全部潜在采用者的34%。他们积极参加社交活动，但很少人成为意见领袖。这类群体中的成员一般年龄较大，受教育少，社会流动性也较早期采用者低。

(4)晚期大众。这类采用者对创新产品持怀疑态度，故采用时间稍晚，占全部潜在采用者的34%。他们采用新产品更多是出于社会压力或者老产品越来越难获得。这类成员通常年龄大，社会地位和流动性更低。

(5)落后采用者，又称滞后者。这类采用者是采用新产品的落伍者，占全部潜在采用者的16%。他们思想保守，社会交际少，拘泥于传统的消费行为模式，在产品进入成熟期后乃至进入衰退期时才采用。

3. 意见领袖的作用

意见领袖在信息传播与扩散中的作用不容置疑，许多研究者认为意见领袖能够有效帮助新产品的采纳与扩散，其具体作用包括以下三个方面：

(1)意见领袖起到新信息的接收传递作用。意见领袖扮演了外部链接的角色，其作用是从外部传递新观念到其系统中，因此，意见领袖对于新产品尤其重要，意见领袖可以通过推荐和口头指示等对其他人的搜寻、购买，以及对产品或服务的使用产生直接的影响。

(2)意见领袖是新产品的早期采用者。领袖被视为是新产品早期的采用者，营销人员可以通过意见领袖来缩小其自身与客户之间的异质性差异。意见领袖通常具有风险中性或偏好特质，且由于他们的喜好和规范与某一类型的消费者较为接近，因此其推荐也被其他消费者认为是有价值的。

(3)意见领袖的信息是非商业性的。在一个新产品的扩散与采纳中，意见领袖被认为发挥着正式与非正式的影响力，并且通过各种交流渠道影响人们的选择。同时，由于意见领袖不代表商业利益，其意见也被认为比那些直接从营销人员那里得到的更为可靠。

除此之外，企业还能在广告、市场调查、产品试用等方面发挥意见领袖的作用。如广告应力图激励人们做意见领袖，或使他们模仿意见领袖。激励包括设计一些活动，鼓励现在的使用者谈论产品或品牌，或者让可能的购买者向现在的使用者询问他们的感受。由于意见领袖接受、解释并向他人传播营销信息，在那些意见领袖作用明显的产品领域和群体里，市场调查的重点应放在意见领袖身上而不是所谓的“代表性”样本上。因此，产品使用实验、广告文案的预试和媒体偏好研究，都应当以可能成为意见领袖的个人为样本。产品试用是指将产品样品送给一个潜在的消费群体使用，是激发人们传播该产品信息的有效方法。在一项研究中，随机选择一群妇女，免费送给她们新的速溶咖啡样品。结果发现，一周之内，33%的样品获得者与家庭以外的人谈论到这种咖啡。营销者不能随机选择样本，而应该尽量将产品送到可能成为意见领袖的人手中。

延伸阅读 9—3

李佳琦的直播间

2015 年,李佳琦在欧莱雅的化妆品专柜做美妆顾问,为了向顾客推荐、介绍各类护肤品、彩妆的功能及效果等,他常常亲自为顾客实验化妆品的上脸效果,展示口红的上唇颜色。2018 年,李佳琦成功挑战"30 秒涂口红最多人数"吉尼斯世界纪录,成为涂口红的世界纪录保持者,被人们称为"口红一哥"。2018 年"双十一"期间,李佳琦直播售出近 32 万件商品;2019 年"双十一"期间,李佳琦创下了 10 亿元的销售奇迹,进一步在网络上爆红。同年,李佳琦入选 2019 福布斯中国 30 岁以下精英榜。

在传统的观念中,美妆领域的大部分受众为女性,男性的美妆消费并不被大部分人所接受。李佳琦作为男性,对各种护肤品、美妆产品等进行亲自试验并推荐,打破了"美妆博主"的性别栏杆及固有的认知框架,差异化的竞争也让其更具有吸引力,为消费者带来了一定的反差感,引领了全新的消费热点,同时在很大程度上刺激了女性的消费欲望。

李佳琦打造了非常有辨识度的、专属于李佳琦的语言符号,借助引导性的内容,解决了用户选择困难的痛点,满足了受众的消费心理和需求。现代社会中的消费者非常愿意为优质的、具有感染力的内容买单,相比于平铺直叙的产品介绍,"Oh My God!""买它""我的天啊""妈呀""太好看了吧"等浮夸的语气更能捕获消费者的喜爱,使消费者受到感染和暗示,更愿意为产品买单。

李佳琦很善于运用场景营销。例如,在介绍"枫叶红"等色号时,李佳琦会将其联想为一个秋天里约会的场景,将该口红赋予约会必备等具有煽动性和感染力的标签,从而刺激消费者的消费欲。

随着关注度的不断提升,越来越多的明星选择加入李佳琦直播间,与其共同对产品进行推销。除了"口红一哥",观众们也乐于称其为"娱乐圈搬运工";从"2G 网速周震南",到"8G 冲浪夏之光";从"惜字如金朱一龙",到"口若悬河的赖冠霖",几乎每个月都会有几位自带流量及话题的人气明星在李佳琦的直播间里出现。拥有一定粉丝基础的明星的加入,使李佳琦直播间更加频繁地登上了微博热搜,李佳琦直播的内容也在明星的粉丝中进行了"二次传播",收获了更大范围的流量。尽管很多明星对所推荐的化妆品并没有足够了解,对于一些美妆常识也较为陌生,但他们与李佳琦的同框互动,也会吸引很多网友的关注。这在很短的时间内大幅度提升了李佳琦的人气,提高了产品的成交量,同时增加了该明星的粉丝量。

李佳琦团队会在每次直播过后精选其视频中具有代表性的片段进行重新剪辑,形成 30 秒左右的短视频,并附上简短的介绍,使其直播中所介绍的每一款产品从近五个小时的视频中独立出来,符合消费者碎片化的媒介接触习惯,同时避免由于直播时间较长导致的消费者注意力涣散。消费者可以根据自己的需要进行精准定位,同时粉丝也会对其认为有用的内容进行自行转发和点赞,进而形成"二次传播",真正实现全方位覆盖。

资料来源:冯子晴. 美妆 KOL 的营销模式分析——以李佳琦为例[J]. 现代营销(下旬刊),2020(8):170—171.

第四节　消费模仿、从众与消费流行

一、模仿行为

（一）模仿的定义

模仿是指通过观察和仿效其他个体的行为而改进自身技能和学会新技能的一种学习类型。模仿可能是自觉的，如被模仿的行为具有榜样作用，而且在社会和群体内部又得到大家的宣传和引导，这种模仿就是自觉的。但是，在现实生活中，模仿更多是一种无意识或不自觉的行为，社会心理学家认为人类作为群体动物在社会行为上有模仿的本能。正如前面定义提到的，模仿是一种学习行为。人所具有的一切知识和行为，都是在后天的社会环境中，如家庭、学校等组织的影响下逐渐模仿而成。

能引起个体注意和兴趣的新奇刺激都容易引起模仿，在消费者群体中经常可以看到模仿行为的发生。多数消费者共同模仿的结果便是消费流行的发生，如发型、服装、食品、生活日用品的流行就是大批消费者模仿所造成的。消费流行的直接表现形式是时尚的形成，时尚是社会上相当多的人在短期内共同追求某种新奇的消费方式，并导致扩散效应。

（二）消费活动中模仿行为的特点

随着社会的发展，模仿消费在引导人们消费行为和消费价值观念方面起着越来越重要的作用，逐渐成为一种被广泛认可的社会消费模式。模仿消费具有普遍性、从众性、跟随性、多样性等特点，并受群体、个体等多种因素的影响。一般可从以下角度分析模仿消费行为的特点：

(1)热衷于模仿的消费者，一般兴趣广泛，注意力易分散。这类人群大多数对新事物敏感，接受能力强，喜欢追随消费潮流和时尚，经常被别人的生活方式所吸引，并力求按他人的方式改变自己的消费行为和消费习惯。

(2)模仿是消费者理性思考与感性冲动共同作用的结果。对于成熟度较高、自我概念清晰、消费目的明确的消费者而言，选择模仿对象之前通常是经过深思熟虑和认真选择的。相反，对于消费观念模糊、缺乏明确目标的消费者，更容易出现盲目跟风的模仿行为。

(3)模仿行为具有普遍性。在消费领域，一切活动都可以成为模仿的内容，只要是消费者羡慕、向往、感兴趣的他人行为，无论流行与否，都可以模仿。同时，所有消费者都可以模仿他人的行为，也可以成为他人模仿的对象。

(4)模仿并非一种强制性行为，即引起模仿的心理冲动是消费者自愿选择的结果。在模仿中，消费者将他人行为视为榜样，并主动努力加以模仿，而不是受到社会或群体的命令强制发生。模仿的结果会给消费者带来愉悦和满足的心理体验。

二、从众行为

（一）从众行为的定义

从众，是指当他人从事某一活动时自己也去从事这一活动。按群体中多数人的意见行事，自己不另搞一套。社会心理学指出，个体在群体中常常会不知不觉地受到群体的压力，因而在知觉、判断、信仰及行为上，表现出与群体中多数人一致的行为倾向，这就是从众现象，或称为从众行为。

在消费领域中，从众行为通常表现为消费者自觉或不自觉地跟从大多数消费者的消费行为，以保持自身行为与多数人行为的一致性，从而避免个人心理上的矛盾和冲突。这种个人因群体影响而遵照多数人消费行为的方式，就是从众消费行为。

（二）从众行为产生的因素分析[①]

人们为什么会从众？按照社会心理学的解释，个体往往认为众人提供的信息更加全面可靠。而生活经验告诉人们，个人生活中所需要的大量信息是从别人那里得到的，离开了众人提供的信息，个人几乎难以活动。从众行为的产生可以从个体与群体特点的角度加以理解。

1. 个体的特点

一般来说，容易发生从众行为的消费者，大多对社会舆论和别人的意见十分敏感，缺乏自信，非常注意社会和别人对自己的评价。有研究资料表明，性别差异对从众行为有所影响，从总的情况看，女性比男性更容易出现从众行为。

2. 群体的特点

一般认为，群体规模越大，即持有一致意见的人越多，持不同意见者感到的压力越大，从众表现越显著。同时，群体的内聚力、一致性越强，群体领袖人物的权威性越高，影响力越大，从众行为越容易发生。再者，个体在群体中的地位越低，越容易被影响，也越容易采取从众行为。

（三）消费者从众行为的特点

从众行为尽管存在许多不同的表现形式，但究其本质还是有如下共同特点：

1. 从众行为往往是被动接受的过程

许多消费者为寻求保护，避免因行为特殊引起群体压力和内心的不安，而被迫选择从众。在从众过程中，消费者会产生复杂的心理感受，除安全感、被保护感等积极感受外，还会有无奈、被动等消极的心理体验。

2. 从众消费行为现象涉及的范围有限

总体而言，消费者的行为表现形式是多种多样、各不相同的。这是由消费者活动的个性、分散性等内在属性决定的。因此，通常情况下，让大多数消费者对所有的消费内容都保持一致行为是根本不可能的，它需要一定的客观环境和诱因刺激。

3. 从众消费行为发生的规模较大

从众现象通常由少数人模仿、追随开始，继而扩展成为多数人的共同行为。多数人的共同行为出现后，又刺激和推动在更大范围内、更多的消费者做出相同或相似的消费行为，从而形成更大规模的流行浪潮。因此，从众行为是消费流行的先导。

需要指出的是，从众消费行为作为一种多数消费者共同采取的大规模消费现象，一定会对宏观经济运行、社会消费行为产生重要影响。这种影响是一把双刃剑。一方面，由于从众现象是通过多数人的行为来影响和改变个人的观念和行为。因此，政府部门可以通过各种宣传媒体提倡正确的消费观念，使之成为多数消费者共同遵从的科学消费行为规范。另一方面，在特定条件下，从众行为也可能导致盲目攀比、超前消费、抢购风潮等畸形消费现象的发生。此外，从众行为还有可能扼杀消费者的创新意识，使新的消费观念、消费方式的提倡和推行遇到阻力或障碍。总之，企业和政府应该对这一现象予以特别关注，采取相应措施以避免从众行为的负面作用。

---

① 沙莲香. 社会心理学[M]. 北京：中国人民大学出版社，2005.

延伸阅读 9—4

参照群体压力下的从众、不从众与反从众消费行为

随着个性化时代的到来，越来越多的人通过消费来彰显自我、突出个性，与众不同、标新立异的消费行为随处可见。而过去的从众消费行为研究忽视了消费者的不从众和反从众消费行为。有研究者在社会心理学研究成果的基础上，结合消费者行为学的相关理论，引入了一个新的干扰变量——"自我一致性"，进一步剖析了"自我一致性"与"群体反馈意见"交互影响的作用机制，解释了消费者面对群体从众压力时出现的从众、不从众和反从众行为，并探讨了对营销实践的启示。

根据研究者们的理论推演和实证研究，他们发现自我一致性与参照群体反馈意见的交互作用，干扰了消费者的品牌态度和购买意愿的改变过程。具体而言，分为以下四种情况：

(1)当自我一致性高、参照群体反馈意见为正时，消费者将受到参照群体正面意见的影响，从而呈现出从众行为。

(2)当自我一致性高、参照群体反馈意见为负时，消费者维护自我形象的需要超过了得到参照群体认可的需要，故呈现出了反从众行为。

(3)当自我一致性低、参照群体反馈意见为正时，消费者不会受到参照群体的影响，故呈现出不从众行为。

(4)当自我一致性低、参照群体反馈意见为负时，消费者将受到参照群体负面意见的影响，从而表现出从众行为。

资料来源：代祺，胡培，周庭锐. 参照群体压力下的不从众与反从众消费行为的实证研究[J]. 消费经济，2007，23(6)：80—86.

三、消费流行

随着社会经济快速发展，消费流行的发展速度越来越快，流行的周期逐渐缩短，对人们日常生活的影响也越来越大。对企业而言，消费流行既是难得的机遇，也是极大的挑战。如果企业善于抓住消费流行的时机，迎合流行的潮流，就能大获其利；反之，则可能遭受巨大的经济损失。鉴于此，企业应该深入分析消费流行的内涵及其影响因素，采取合适的营销策略，把握不断变化的市场机会。

(一)消费流行的概念

消费流行是指一定时期内广为流传的生活方式。具体而言，是一个时期里相当多的人对特定的趣味、语言、思想和行为等各种模式的随从和追随。消费流行往往是新的常规性消费行为形成的前驱，它首先是引起人们的注意、兴趣和模仿，然后逐渐影响到社会的各个领域、各种层次，使人们相互之间发生连锁反应，是众多人相互影响、迅速普及的结果。①

消费流行具有骤发性、新奇性、短暂性、一致性、集中性、地域性、群体性、变动性、梯度性、回返性、周期性等特点。按所流行的商品种类划分，消费流行可分为饮食消费流行、服饰消费流行、日用品消费流行；按照流行的速度划分，消费流行可以分为迅速流行、中速流行和一般流行；按照流行的地理范围划分，消费流行可以分为世界性流行、全国性流行和地区性流行。而影响消费流行发展的主要因素有消费者因素、社会环境因素和媒体传播等。

① 龚卫星. 消费心理学[M]. 北京：人民出版社，2005.

(二)消费流行的方式

1. 滴流

即由上至下形成和发展的消费流行。具体情况有两种:一是上层社会人士或社会领袖人物首先提倡和使用某种消费方式或商品,然后向下传播,使之流行起来;二是统治阶级或政府颁布法令或规定,对人们的某种消费活动进行鼓励,引起消费流行。滴流方式的主要特点是:速度快、来势迅猛、传播面广,不仅对某些企业或行业的生产经营活动产生影响,还会对整个社会风气产生影响。

2. 横流

即社会各阶层之间相互诱发横向流行的方式。具体情况是:社会的某一阶层率先使用或倡导某种商品或消费方式,然后向其他阶层渗透、普及,形成消费流行。

3. 逆流

即由下至上形成和发展的消费流行。具体表现为:某种商品或消费方式由普通消费者率先使用或倡导,然后逐渐扩散开来,被社会各阶层、各行业的消费者所接受,从而形成消费流行。该种消费流行方式的主要特点是:流行速度缓慢,但持续时间较长。

(三)消费流行的阶段及营销策略

任何一种方式的消费流行都有其兴起、高潮和衰落的周期,具体可以划分为消费流行的初发期、发展期、盛行期、衰退期和过时期。

1. 初发期

社会上小部分人对即将流行的产品产生需要,引发兴趣,采取购买行为。主要是有名望、有社会地位及具有创新意识的消费者,他们的行为对社会产生示范作用,这是流行的初发期。在这个阶段,市场上对即将流行的该产品的需求量非常小,但企业在此阶段如果采取相应措施,就可以利用流行、催发流行,从而让产品销售量缓慢上升、持续扩大。

2. 发展期

由于新商品早期被迅速采用,消费者对某种流行有了更多的认识,开始产生大量的需求,原来观望、等待的心理迅速转变为购买行动,开始不断购买这种产品。此时,由于需求的急剧增加,往往出现产品供不应求的局面,销售量急剧上升,利润增长较快,企业应迅速扩大生产能力,尽快占领市场,争取更大的市场占有率。同时,应确保流通渠道的畅通,增加销售网点,为消费者大量购买提供便利条件。在宣传上,也要注意重视销售成本和广告费用的问题,要注意把宣传重点从向消费者介绍产品功能等转到引导消费者对产品的兴趣和偏好上来,争取诱发他们的购买欲望。

3. 盛行期

当消费流行在一定的时空范围内受消费者普遍青睐,消费者争相购买和仿效时,消费流行便进入了盛行期。在此阶段,企业销售量虽有增长,但已接近和达到饱和,增长率呈下降趋势;利润达到最高点,并开始下降;许多同类产品和替代品进入市场,竞争十分激烈。对于实力不很雄厚或产品优势不大的企业,可采用防守型策略,即通过实行优惠价格、优质服务等,尽可能长期地保持现有市场。对于无力竞争的产品,也可采用撤退型策略,即提前淘汰这种产品,以集中力量开发新产品。与产品较长的生命周期不同的是,消费流行普及期十分短暂,普及的同时即意味着消费流行衰退期的到来。

4. 衰退期

当某一流行商品在市场上大量普及,基本满足了市场需求时,消费者会由于缺乏新奇感而兴趣发生转移，使流行商品在一定时空内较快地消失，即进入消费流行衰退期。此时，企业应把重点转向推广原产品的使用价值上，并说明为消费者提供哪些售前售后服务和便利条件，保持企业信誉，稳住产品的晚期使用者。同时在广告策略上运用提醒式广告策略，及时唤起消费者注意力，巩固习惯性购买，尽量延长产品生命周期，尽力消除存货。

5. 过时期

指人们对某种商品或劳务、某种生活方式需求的热情逐渐消失，只在少数人身上看到这一流行的痕迹。企业在此阶段应进行“冷研究”，重点在于从中总结经验，有可能获得可以利用的价值。如流行产品满足消费者求新奇的心理，而“过时”产品则迎合了消费者求实惠的心理，也能给企业创造财富。

总之，消费流行的发展阶段主要取决于顾客心理变化过程，是有规律可循的。企业应加强市场调查和预测工作，把握顾客心理发展趋向，按照消费流行运动的规律，制定切实可行的营销策略。

案例分析

可口可乐的“昵称装”

“我也有了专属于自己的可口可乐啦！”朝阳大悦城一层，刚刚参加完可口可乐路演活动的小刘，收到了一份来自主办方的“惊喜”。他的网名“奥涅”印在了可口可乐今年夏天推出的新装上。手里握着“快乐帝奥涅”的小刘也难掩兴奋之情，“不舍得喝了，回去收藏起来！”

闺蜜、文艺青年、高富帅、纯爷们……经常出没在社交网络的词汇，今年夏天悄然出现在可口可乐的包装上。被可口可乐官方称为昵称装，共计将有 50 多款，从 5 月 27 日起陆续在全国市场与消费者见面，某些市场还会有一些富有地方特色的“昵称瓶”，比如四川的“老妞儿”、北京的“大拿”。

记者昨日从可口可乐(中国)了解到，两个月过去了，昵称装可口可乐也交上了一份不错的市场答卷。可口可乐大中华区公共事务及传播经理王静介绍说，从今年 6 月初到 7 月底，昵称装可口可乐在华销量较去年同期增长了 20%。在业内人士看来，此次可口可乐把社交网络中的“分享”理念与产品结合，与消费者进行了一次双向互动，把网络间的讨论转化成了实实在在的效益。

可乐卖萌与产品“缩水”

2013 年是可口可乐落实 3 年增资 40 亿美元计划的重要年份，公司将继续专注于通过差异化的包装和产品创新，带动销量的上升……这是可口可乐(中国)在今年 3 月份的公开表态。这一次，可口可乐换上萌装，瞄准了中国社交网络群体，就是想“捕获”更多潜在消费者。

“可口可乐目标群体与网络用户重合度高，这次通过昵称装创造话题，从消费者热爱自我贴标签的行为出发，并加入可乐‘分享’的理念，是加深与消费者双向互动的一次尝试。”王静说，“15 年前，只要生产出质量好的产品，做个好广告，给消费者制造一个积极的产品印象，就可以把产品摆到货架上去卖了。现在，必须让消费者表达意愿，让消费者愿意主动地谈论你的产品和公司。”

既然面向社交网络群体，自然少不了用微博“助势”。5 月 28 日晚上，新浪微博中黄健翔、黄晓明等“大V”纷纷展示可口可乐赠送的定制版可乐，引得一群网友围观。次日中午，官微携新装可乐亮相，让可口可乐新包装的讨论一时间充满在社交网络中。

“5 月底是我们生产和在全国市场铺货的起始时间，并没有细化到具体哪一天。我们觉得，市场上见到实物产品后，再进行发布，比较符合这款产品的特性。”王静说。

“卖萌是大势所趋，说明可口可乐还是很会迎合大众的喜好。”今年 22 岁的大三学生王林自称“可乐收藏菜鸟”，刚刚上架的 22 款新装可乐他“势在必得”。不过，也有细心的消费者认为，昵称装可乐成功地把公众的视线从“600毫升缩水成500毫升”上转移了。

不过，消费者褒贬不一的态度，对昵称装可乐的热销没有造成影响。据可口可乐（中国）今年6月初到7月底的销售统计数据，昵称装可口可乐的销量较去年同期增长两成，超出了此前预期制定的10%的销量增长目标。

昵称装瞄准社交网络用户

“最近来的货都带着这种包装，已经卖了两个月了，”北师大东门，一家小卖部老板笑着说：“确实有人专门冲着这个商标来买的。”

说话间，大二学生肖倩和四五个好友聚在小卖部门前。顶着炎炎夏日，她们每人挑选了一瓶标着不同词汇的可乐。

“这包装太萌了，每天发微博我都要选一个不一样的包装，包装上的词就代表我当时的心情，今天这身打扮，我觉得买个‘小萝莉’好了！”这个“重度社交网络用户”有些兴奋。为了减肥从不喝可乐的她，现在竟然也成了可口可乐的忠实粉丝。“自己喝加上送朋友，这一周我买了十多瓶。”

昵称装的出现，让可口可乐品牌再一次变得活跃。

“这体现了品牌对社会文化的洞察力。”中国人民大学新闻学院广告与传媒经济系副教授王菲认为，可口可乐在国内推出新装，打破了此前人们对其包装“古板、不思进取”的品牌印象，这种营销方式从近期看激活了品牌活力，从远期看将对品牌构筑起到增值作用。“昵称装吸引了那些注重个性的消费者的注意力，社交网络上的讨论阶段又再一次提升了品牌认知度。”

社交网络中年轻消费者的消费行为，会受到过往经验和当时环境刺激等多方面影响。“一瓶可乐加上‘分享’的要素，消费者买来送给身边的人，被告知的用户也会有很好的心理感受。”王菲说，如果产品本身和消费者之间存在互动，消费者选购该产品的频度也会增加，从而培养新一批用户的品牌忠诚度。

“新一代年轻消费者是善变的，他们一会儿有一种个性，一会儿又有多种个性。既然摸不透，那就只能尽量多地去满足。”一位心理学专家认为，包装涵盖的词汇大多是褒义或友善地调侃，不存在什么歧视之类的词汇，可口可乐定制活动又让“专属”可乐有了收藏价值，“不到三元的可乐能带来这么多惊喜，消费者又何乐而不为呢？”

一次成功的社会化媒体营销

可口可乐换装、改变标识并非首次。2011年，可口可乐将澳大利亚全国最常见的150个名字印在可乐瓶上，消费者不仅可以在超市中购买到印有自己名字的可乐，还可以定制。

根据可口可乐营销战略部门高级主管埃里克·施密特的说法，尽管可口可乐在全球范围内有着数千万的社交网络粉丝，激发了大量网络讨论，也只能将短期销售数据提升0.01个百分点。可以看出，在短期销售增长方面，此次国内昵称装可乐取得了不俗的表现。

“可口可乐已经开始从品牌战略的高度来看待社会化，昵称装可乐就是一次很成功的社会化媒体营销。”北京邮电大学MBA中心主任杨学成说，在快速消费品领域，商品同质化非常严重，而可口可乐的“萌装”，同样的瓶装可乐分成了不同的类别。“产品虽然没有变，但每个不同的包装都等于给可口可乐打了一次广告。”

杨学成认为，“昵称装”营销已经改变了消费者的消费模式。“过去我们买一瓶可乐，喝完，把瓶子扔掉，就这么简单。而现在可口可乐瞄准喜爱社交、分享的年轻人，他们的特点再明显不过，喝完可乐再发一条微博，无形中又给品牌起到了传播效果。只是对二次消费的客户来说，如果在经常购物的地方，买不到他们想要的词汇包装，会对消费者信心有些小小的打击。”

资料来源：鲁畅．可口可乐“昵称装”换来销售增长两成[N]．北京日报，2013-08-10.

思考与讨论

1. 请描述“昵称装”可口可乐针对的目标群体。
2. 可口可乐的营销策略有何风险？
3. 你认为可口可乐的营销策略是否可以获取持续性的效果？

本章小结

消费者群体由那些具有相同或者相近消费特征的消费者构成，其细分变量主要有地理因素、人口统计因素、心理因素和对商品的现实反映等。比如，按照年龄变量可以将消费者分为少年儿童消费群体、青年消费群体、中年消费群体和老年消费群体；按照性别特征可将消费者分为女性消费群体和男性消费群体；等等。不同的消费者群体，在消费心理和行为特征方面具有较大的差异。

消费者群体作为一种特殊社会群体类型，其内部因成员间的相互作用而形成了一定的结构模式。规范、压力以及内部沟通作为这种结构模式中的要素，对成员及群体的消费心理与行为具有重要影响。

参照群体是指一种实际存在的或想象存在的，可作为个体判断事物依据或楷模的群体。按照是否渴望加入该群体的行为，可以把参照群体分为准则群体、比较群体和否定群体。参照群体对成员的影响主要分为信息性、规范性和认同性三种。

意见领袖是指对其他人的决策可以施加不同程度影响的个人，具有专业、创新、产品涉入、社交、媒体使用等特征。意见领袖识别方法主要有特征识别法与调查量表法两种。企业应该在广告、新产品推广等方面利用意见领袖的影响力进行针对性的营销活动。

模仿消费具有普遍性、从众性、跟随性、多样性等特点，并受群体、个体等多重因素的影响。而从众行为通常表现为消费者自觉或不自觉地跟从大多数消费者的消费行为，以保持自身行为与多数人行为的一致性，从而避免个人心理上的矛盾和冲突。消费流行是一个时期里相当多的人对特定的趣味、语言、思想和行为等各种模式的随从与追随。

关键词与复习题

关键词

消费者群体(consumer group)　消费心理(consumer psychology)　消费行为(consumer behavior)
群体规范(group norm)　群体压力(group pressure)　内部沟通(internal communication)
参照群体(reference group)　意见领袖(opinion leader)　创新扩散(innovation diffusion)
消费模仿(consumer imitation)　从众行为(conformity behavior)　消费流行(consumption popular)

复习题

1. 消费者群体的细分变量有哪些?
2. 分析不同年龄消费者群体的心理和行为特征。
3. 阐述消费者群体压力的形成过程与影响方式。
4. 分析从众行为产生的原因与特点。
5. 简述意见领袖的特征。
6. 说明意见领袖在产品创新扩散中的作用。
7. 什么是消费流行? 消费流行有哪些分类?
8. 分析在不同的流行阶段企业应该采取的相应策略。

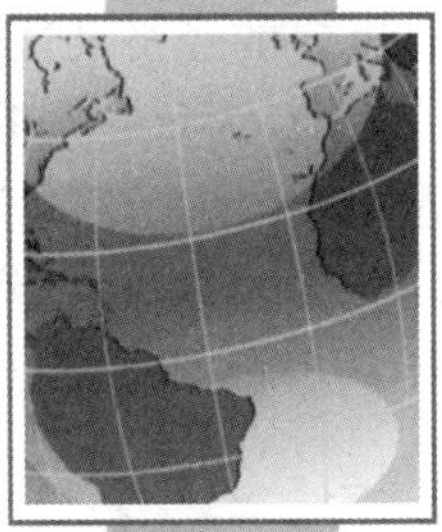

第十章 家庭因素与家庭决策

学习目标

通过本章的学习，应掌握家庭、家庭规模、家庭结构和家庭生命周期的基本概念，理解它们是如何影响家庭消费行为的，并能够据此分析企业应采取的营销策略；应理解家庭购买角色的类型，明确家庭购买决策的类型以及夫妻和孩子在决策中的作用；应能够利用相关知识来分析企业如何在家庭营销中兼顾所有家庭成员的需求。

案例导引

卡罗拉自2004年正式进入中国市场以来，凭借“家庭”这一关键词，准确地切中了市场的脉搏，赢得“家庭用车最佳选择”的称号。丰田汽车开发卡罗拉的初衷就是要开发一款适宜日常使用的、可靠的汽车。在性能方面，卡罗拉具备满足家庭用车的高综合性能，致力于满足消费者在动力、燃油经济性等方面的需求；同时，儿童座椅固定装置、双SRS空气囊等安全装备也足以保障全家人的安全；此外，别出心裁的“卡罗拉家庭运动会”，更是有效地打动了广大的中国家庭消费者。“卡罗拉家庭运动会”与其他汽车厂商以展示汽车性能为主的汽车运动会不同，其着重点是在“家庭”。参与者均以家庭为单位，游戏环节的设置在重点展示卡罗拉主要卖点的同时，还强调加强与每个参赛家庭之间的情感联系。其中，主题讲座、趣味游戏、儿童游乐和试驾等环节，都让家庭参与者们在愉悦的氛围中，切实感受到了卡罗拉作为“值得信赖的家庭轿车”的优异性能，从而充分挖掘出卡罗拉作为一款“人人皆宜”的家庭车的产品优势，并成功传播了“值得信赖的家庭轿车”的品牌诉求。

本案例改编自：周洁．一汽丰田卡罗拉：家庭式营销制胜[EB/OL]．来源：经济观察报，http://www.eeo.com.cn/eeo/jjgcb/2010/01/25/161413.shtml.2010-01-22.

作为社会结构的基本细胞，家庭与消费活动有着极为密切的关系。据统计，大约80%的购买决策与购买行为是由家庭控制和实施的。家庭不仅直接制约着消费支出的投向和购买决策的制定及实施，而且对其成员的消费观念、生活方式、消费习惯有重要影响。本章重点讨论家庭的规模、功能与结构，家庭生命周期及消费变动，家庭成员与购买决策等。

第一节 家庭功能、规模与结构

一、家庭及其功能

家庭是指建立在婚姻关系、血缘关系或继承、收养关系基础上，由夫妻和一定范围亲属结合组成的一种社会生活组织单位。我们每个人一生中绝大部分时间是在家庭中度过，家庭作为社会的基本组织，具有许多功能，其中与消费者行为研究比较密切的有以下四项功能：

(一)经济功能

在小农经济社会，家庭既是一个生产单位，也是一个消费单位，发挥着重要的经济功能。在现代社会条件下，家庭的经济功能尤其是作为原来的生产功能有所削弱；然而，为每一个家庭成员提供生活福利和保障，仍然是家庭的一项主要功能。传统上，丈夫是家庭经济来源的主要提供者，因而在家庭决策中占有支配地位。但现代社会，随着越来越多的女性参与到工作中，她们对家庭所做的经济贡献越来越大，家庭地位不断提高，在家庭决策中的影响逐渐加大，其影响力逐渐和男性的影响力持平。

(二)情感交流功能

家庭是思想、情感交流最充分的场所，家庭成员关系是最亲密的人际关系。一个人在工作、生活等方面遇到困难、挫折和问题，常常能够从家庭得到安慰、鼓励和帮助。家庭成员之间的亲密交往和情感建立在亲缘关系的基石上，具有较为牢实的基础。在现代竞争日益激烈的社会，人们对获得家庭的关爱有更强烈的需求。

(三)赡养与抚养功能

抚养未成年家庭成员、赡养老人和丧失劳动能力的家庭成员，是人类繁衍的需要。当子女还没有独立生活能力的时候，父母负有抚养他们的责任，否则，他们就无法生存，人类也就不能延续。同样。当父母年老且丧失劳动能力时，子女也负有赡养老人的义务。家庭的这项功能，将随着社会保障制度的完善部分地由社会承担，但不可能完全外移。

(四)社会化功能

家庭成员的社会化尤其是儿童的社会化，是家庭的主要或核心功能。人从刚出生时的一无所知，到慢慢地获得与社会文化一致的价值观、行为模式，这一过程大部分是在家庭中完成的。孩子们通过接受父母的教育，或通过模仿大人的行为，获得待人接物、适应社会的各种观念、规范和技巧。儿童时期所习得的行为、观念，对人的一生都将产生至深的影响。从这个意义上看，家庭所履行的社会化功能，对个人的成长是非常关键的。

二、家庭规模和家庭结构

(一)家庭规模与家庭消费行为

家庭规模一般用家庭成员人口数目的多少来表示。家庭规模对家庭消费行为具有重要影响，一般而言，家庭规模越大，家庭消费的需求量就越大，即家庭消费支出会随着家庭人口数的增加而增加。不过，由于一些家庭消费物品具有公共品性质(如食品)，因而有时候会出现家庭规模经济现象，即家庭在一些消费品类上的支出反而会随着家庭人口数的增加而下降。也就是说，由于同一家庭成员可以分享一定的家庭公共品，家庭在这些消费支出上的增加幅度会小于家庭人口增加的幅度，从而使得家庭消费支出与家庭规模呈现负相关的关系。另外，家庭规模也会对家庭消费决策产生影响。比如，家庭人口数的增加会使家庭购买决策变得相对复杂。

自 20 世纪 80 年代以来，我国家庭规模一直保持着平稳下降的趋势，2019 年，我国平均家庭规模为 2.92 人，比 2018 年减少了 0.08 人。比 2017 年减少了 0.11 人，呈现递减趋势。① 家庭规模的缩小对家庭消费行为也会产生一定的影响。一方面，更小的家庭意味着更多的可支配收入用于休闲、度假、教育、玩具和娱乐这类延伸型需求；另一方面，家庭对产品的需求向小

① 数据来源：国家统计局，http://www.stats.gov.cn/tjsj/ndsj/.

型化方向发展，如对冰箱、洗衣机和电饭煲等的需求向小容量发展，产品包装也趋于小容量；另外，随着家庭规模的缩小和家庭户数的增加，对住宅、家具、家用电器、床上用品等产品的需求会相应扩大。

家庭规模小型化的发展趋势也意味着一些新的市场机会。比如，我国即将迎来“独子养老”时代，子女赡养老人的负担会越来越重。2019 年我国老年抚养比为 0.178 左右，即每一个劳动年龄的人口需供养 0.178 个老年人，而 2018 年、2017 年、2016 年和 2015 年的老年抚养比分别为 0.168、0.159、0.150 和 0.143。[①] 可以明显看出，我国老年抚养比在不断增加。因此，很多过去可以由家庭和代际帮助解决的问题，如养老、抚养等，都会随家庭规模的小型化逐步显化为社会问题，而同时，这对于那些从事老龄服务产业、家政服务产业的企业来说，却是一个非常宝贵的发展机会。

(二)家庭结构与家庭消费行为

1. 家庭结构及其类型

家庭结构是家庭成员的集合体，通过文化规定的角色，家庭成员在社会许可范围内进行互动，并以一种重复的方式执行家庭功能。[②] 简言之，家庭结构，即“一个家庭里包括哪些成员和他们之间的关系”[③]。作为家庭关系的整体模式，家庭结构有时也叫家庭类型。根据不同代际家庭成员血缘和婚姻的关系，家庭结构可分为单身家庭、核心家庭、主干家庭、联合家庭等不同形式。家庭结构不同，家庭的消费决策、消费行为模式、消费结构和消费水平就会呈现不同的特点。因此研究家庭结构对于研究消费者行为有极为重要的意义。

一般而言，家庭结构可以分为以下几种类型：

(1)夫妇二人家庭，即夫妇二人组成的无子女家庭。这对夫妇目前尚没有子女，或者虽有子女但都已经离家，平时没有一起生活。

(2)核心家庭，是现今最普遍的家庭结构模式。指由父母双方或者其中的一方与未婚子女组成的家庭。

(3)主干家庭，指父母同一对已婚子女及孙子女组成的家庭。

(4)联合家庭，指家庭中任何一代含有两对以上夫妻的家庭，如父母双方或其中一方同多个已婚子女组成的家庭，或兄弟姐妹婚后仍不分家的家庭。

此外，还存在其他类型的家庭，如现在日益增多的单亲家庭等。

2. 家庭结构的变化趋势及其对家庭消费行为的影响

家庭结构在一个社会中不是一成不变的，由于社会的文化规定和家庭功能在一段时间内是不断变化的，因此在一个社会中也存在很多种家庭结构类型。当前，社会上出现了许多“非传统家庭”，如单身家庭、同居情侣家庭、丁克家庭、单亲家庭、同性恋家庭等。

当前，我国家庭结构正发生着以下几种显著变化：

(1)家庭结构简单化。家庭结构简单化是我国城乡家庭结构变化的重要特征之一。2000 年，第五次全国人口普查的结果显示，家庭户中一代户(包括一人户 8.3%)的比例为 21.0%，二代户的比例为 59.3%，三代户的比例基本稳定在 18%左右；[④]而根据中国统计局资料显示，2011 年一代户、二代户和三代户占家庭户总数的比例分别为 35.4%、50%和 16.9%[⑤]，与 2000

① 数据来源：国家统计局，http://www.stats.gov.cn/tjsj/ndsj/.
② Yorburg，B. *The Changing Family*. New York：Columbia University Press，1973.
③ 费孝通. 三论中国家庭结构的变动[J]. 北京大学学报(哲学社会科学版)，1986(3).
④ 刘中一. 现阶段我国家庭发展的新变化与公共政策应对[J]. 调研世界，2012(10)：8－12.
⑤ 刘中一. 现阶段我国家庭发展的新变化与公共政策应对[J]. 调研世界，2012(10)：8－12.

年相比，二代户、三代户比重下降，而一代户上升了 14.4 个百分点。整体来说，改革开放后我国家庭结构趋于小型化，一代户比例总体趋于增长，二代户比例总体趋于下降，三代及以上户比例相对稳定(见图 10—1)。

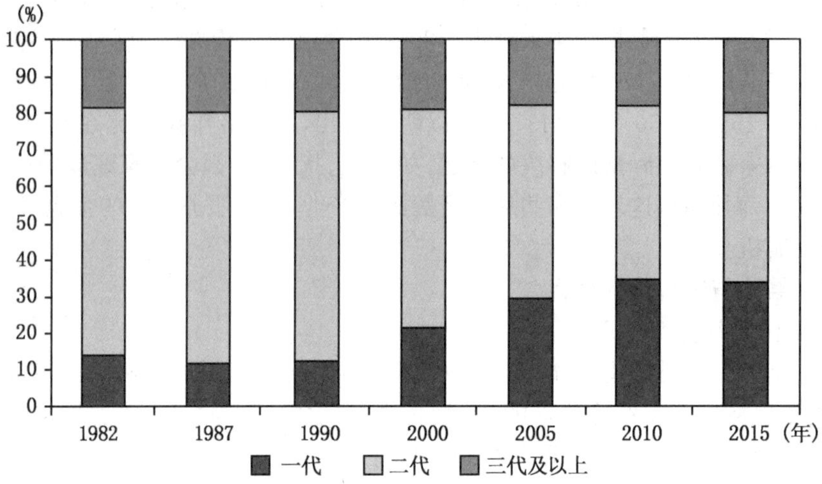

资料来源:汪建华. 小型化还是核心化——新中国 70 年家庭结构变迁[J]. 中国社会科学评价，2019(2):118—130.

图 10—1　改革开放后中国家庭代数结构

(2)婚龄的推迟。当今，越来越多的人推迟结婚。第六次全国人口普查的结果显示，2010 年，我国初婚平均年龄为 24.85 岁，比 2000 年的 24.14 岁推迟了 0.71 岁，比 1990 年的 22.79 岁推迟了 2.06 岁。2018 年全国 30 岁以上才结婚的人数达到当年结婚总人数的 42.22%，而 2019 年这个比例则上升为 45.67%。① 推迟结婚的原因可能是人们将职业发展放在更优先的位置，也由于社会对婚前同居的宽容。推迟婚姻的趋势对于营销人员很重要，因为单身家庭表现出独特的消费模式。例如，单身男性在酒类、新车、服装和教育上的开支高于已婚男性。与已婚女性相比，单身女性倾向于在新车、鞋类、娱乐和住房上花费更多资金。一般而言，单身人士倾向于拥有更多的可自由支配的收入，因而比同一社会阶层和收入水平的夫妇花费更多。单身人士不仅在餐厅消费时支出较高，他们也更经常在外就餐。

推迟结婚的夫妇通常在结婚时拥有较好的经济条件，可以购买更好的住房、家具、婴儿衣服和家政服务。父母 35 岁以上、子女 6 岁以下的家庭在住房、装修、家具、子女看护、交通工具和食物方面的开支比年轻夫妇更高。此外，推迟结婚的夫妇往往也推迟生育子女，从而增加采用避孕药品和生育双胞胎甚至三胞胎的可能性。

(3)离异家庭日益增多。根据我国民政部门公布的统计数据，从 20 世纪 70 年代末开始，我国离婚人数持续上升，离婚率也逐年递增。2015 年依法办理离婚手续的共有 384.1 万对，2016 年依法办理离婚手续的共有 415.8 万对，2017 年全国依法办理离婚手续的共有 437.4 万对，2018 年全国依法办理离婚手续的共有 446.1 万对，2019 年全国依法办理离婚手续的共有 470.1 万对，比上年增长 5.4%。②

---

① 数据来源于中华人民共和国民政部的统计公报. http://www.mca.gov.cn/article/sj/tjgb/.
② 数据来源于中华人民共和国民政部的统计公报. http://www.mca.gov.cn/article/sj/tjgb/.

离婚代表着生活中的重大转折，消费者要完成许多关键性的任务，例如，抛弃过去的财物、组建新的家庭和建立新的消费模式。离婚可能导致生活方式的重大改变，选择购买产品与服务的新方式是确定新身份和缓解压力过程的重要组成部分。离婚还导致了单亲家庭。由于单亲父母必须同时赚钱和抚育子女，因此提供便利的产品和服务对于这样的家庭是必不可少的。与双亲家庭相比，单亲家庭平均收入更低，在绝大多数时候花费更少，更有可能租房而不是买房。

延伸阅读 10—1

当前我国家庭关系、家庭功能的变化趋势

当前，我国家庭关系出现了三种发展趋势：(1)夫妻关系平等化。全国妇联于 2009 年 10 月至 2010 年 4 月组织开展的中国和谐家庭建设状况问卷调查结果显示：当前在我国绝大多数家庭中，夫妻同是家庭收入的主要提供者，夫妻共同管理家庭经济，共同参与家庭日常事务，共同分担家务劳动。另外，中国社会科学院社会学研究所 2008 年在广州、杭州、郑州、兰州和哈尔滨 5 个城市的调研结果显示：在家庭事务中出现分歧时，七至九成的情况是夫妻共同商量决定；在日常开支发生分歧时，除夫妻商量之外，有五成由妻子决定。(2)亲子关系单向化。我国传统家庭的亲子关系通常以这样一种形式体现，先由父母抚育子女，待父母年老力衰时，子女再反过来赡养父母，社会学上称它为抚育反哺链。20 余年来，这种传统的代际循序遇到了严峻的挑战。人们常常看到，很多成年子女心安理得地“啃老”。同时，只有哺育(父母履行抚育义务)、而无反哺(子代不承担或较少承担赡养照料义务)的现象已经出现。(3)家庭关系日益简单化。21 世纪的前 10 年里，第二代独生子女在城市家庭中普遍出现。由于很多人没有兄弟姐妹，家庭的兄弟姐妹关系已经名存实亡了。独生子女核心家庭的关系结构是简单的，家庭成员之间只形成三种关系(夫妻、父子、母子)。对子女来说，这种关系的特点是，他们只有上下的代际关系而没有平行的血亲同辈关系。家庭关系的简单化还带来亲属关系和亲属称谓的大量消失，有研究统计，第二代独生子女有可能失去最多 24 种亲属关系。

当代家庭功能也发生了变迁，主要体现在以下两点：(1)生育功能弱化造成的少子化。按照国家统计局公布的第六次全国人口普查数据推算，2000—2010 年妇女总生育率已下降至 1.5 左右。数据证明，我国已经出现无可辩驳的“少子化”趋势。目前全国 0—14 岁人口为 2.2 亿，约占全国总人口的 16.6%，比 2000 年下降 6.29 个百分点。(2)家庭保障功能“被增强”。随着市场经济的确立，单位由原来的福利提供者变为经营管理者。养老保险和医疗保险制度逐渐取代了单位退休金制和医疗报销制，老人供养和医疗照顾的职能逐渐由社会和家庭承担。在不少城市，单位已经退出了老人经济和医疗的福利供给，而社会保险制度又没有完全建立起来，或保险的待遇过低，无法满足老人的需求。这样，除了政府需要负担的少数“三无”和特困老人外，社会上绝大多数老人的赡养任务就落到了家庭。只有在家庭(还是大家庭)彻底破产时，才有可能获得国家和社会的帮助，特别是国家的帮助。

资料来源：刘中一．现阶段我国家庭发展的新变化与公共政策应对[J]．调研世界，2012(10)：8—12.

第二节　家庭生命周期及消费变动

家庭生命周期(family life cycle)是社会学家在 20 世纪 30 年代开始采用的概念，它描述了从单身到结婚(创建基本的家庭单位),到家庭的扩展(增添孩子),再到家庭的收缩(孩子长大分开独立生活),直到家庭解散(配偶中的一方去世)这样一个有序的家庭发展过程。现实生活中,大多数人会经历结婚成家、生儿育女、儿女成人自立门户、夫妻退休、丧偶等不同的家庭生命周期阶段。

那么,怎样分析生命周期中的不同阶段呢?常用的划分标准是:婚姻状况(单身、已婚或离异)、家庭成员的年龄、家庭的规模(着重于在家的孩子的数目)、一家之主的工作状况(工作或退休)。在具体划分上,有五阶段、六阶段、九阶段乃至十阶段等多种划分方法,传统上采用较多的是九阶段划分法。①

一、未婚

未婚阶段,也称单身阶段。这个群体由18—34岁未婚的、不再在家里生活的年轻人组成。在这个阶段,他们离开父母并逐渐建立起自己的个人生活。随着现代社会高等教育的日益普及,这类人渐渐多了起来。大学生毕业后,由于就业等原因,往往脱离原有家庭而自己生活。他们社交广泛,喜欢上酒吧、看电影、听音乐会,也喜欢购买运动器械、服装和个人保健用品。

二、新婚夫妇

新婚夫妇阶段,指没有孩子的年轻夫妇所处于的家庭阶段。这一阶段从新婚蜜月开始到第一个孩子出生为止,这是一个双方适应婚姻生活的时期。一般情况下,双方都工作,有双重收入,经济上比较宽裕,可以追求类似单身生活的物质享受,也常外出就餐娱乐。他们还会在新家庭的建设上投入不少财力,如布置舒适的卧室,添置汽车、冰箱等耐用消费品。此外,这个群体还大量消费剧院门票、服装、度假、餐馆饮食以及酒精饮料等。

三、满巢Ⅰ

满巢Ⅰ阶段,指年轻已婚夫妇且最小的孩子在6岁以下的家庭阶段。第一个孩子的到来往往会改变年轻夫妇的家庭生活模式和消费方式。一方面,婴儿服装、家具、食物和保健用品等新的消费品很自然地出现在这一阶段;另一方面,由于抚养小孩占用大量时间和开支,家庭可供自由支配的收入和闲暇时间会大幅减少,而且许多妇女在生育后放弃了工作,家庭的总收入也有所下降。一般来说,这类夫妇可支配收入少,很少出去吃饭,他们可能搬到新的住处以适合孩子居住。同样,度假、餐馆、汽车的选择也必须适合有小孩的现实。

四、满巢Ⅱ

满巢Ⅱ阶段,指已婚夫妇,最小的孩子在6岁以上的家庭阶段。比起年轻夫妇,这个阶段的家庭财政状况有所好转,就业主妇增加,他们的孩子也更加独立;然而长大的孩子又会有另外一些特殊的需求。一般来说,有6岁或更大孩子的家庭,是各种类型的辅导班(钢琴、舞蹈、体操等)、牙医、软饮料和各种快餐的主要消费者。尤其是为孩子积攒教育费用的需要,使家庭经济压力加大。

此外,由于需要更多的空间,这时候的家庭往往会购买更大的房子和汽车,对日用品的消费也倾向于购买大包装或大容量。

---

① 李东进. 消费者行为学[M]. 北京:经济科学出版社,2001.

五、满巢Ⅲ

满巢Ⅲ阶段，指年长夫妇及一起生活的小孩的家庭阶段。这种类型的家庭是年轻夫妇的延续，人口中有大部分处于这种家庭。中年夫妇的挣钱能力是最强的，他们大多事业有成，进入事业的黄金期。他们一方面在家共享天伦之乐，另一方面又积极参与社区活动。他们不愿搬迁，而把钱花在更新以前所买的家具和其他耐用消费品上，在日渐长大的孩子的教育、服装、食品和娱乐上也投入不少；同时，他们也进行投资和积蓄。他们较少受广告的左右，不过那些渲染一家人共度假日的旅游广告恐怕要例外。

六、空巢Ⅰ

空巢Ⅰ阶段，指年长夫妇未退休，但无小孩的家庭阶段。这类空巢家庭的产生分三种情况：第一类是指在年轻时没有生小孩，因此在中年期成为空巢；第二类指第一次结婚所生子女在父母再婚时不与后者同住所造成的空巢；第三类指孩子长大后，自己成家立业不再与父母同住的情况。

通常，由于家庭中的两个成年人都有工作，因此十分繁忙，但是由于没有孩子的负担，他们又拥有较年轻时更多的空闲时间。他们的开支主要用于外出用餐、度假、购买第二套住房，他们还可能是金融服务的主要购买者，大量购买高档孩子用品，作为礼物送给侄女、外甥、孙子以及朋友的孩子。他们购买的产品从服装、书籍到电子产品，非常广泛，代表了一个新兴的日益增长的高档消费品市场。

七、空巢Ⅱ

空巢Ⅱ阶段，指老年夫妇已退休，且没有孩子在家生活的家庭阶段。这一阶段开始于退休之后，由于年龄的关系、社交倾向和日益下降的经济地位，他们对于保健、住房、食品和娱乐有一系列特殊的需求。他们虽有更多的时间享受生活，但由于收入显著下降，且经常为健康问题所忧，所以他们会精打细算地过日子，并购买药品以及一些有助于消化、睡眠和滋补的商品。随着现代社会人口的老龄化，这类家庭日益增多。

八、孤寡者Ⅰ

孤寡者Ⅰ阶段，指配偶中一方去世、孤寡者尚在工作的家庭阶段。处于这个时期的一般为中年单身者，他们比年轻单身者的收入要高，其需求一般与年轻单身者相似，但是生活方式使他们花钱更多。他们可能住在豪华公寓，常去昂贵的餐馆就餐，购买高档汽车或者经常旅游。同时，他们还是主要的礼品消费者。

九、孤寡者Ⅱ

孤寡者Ⅱ阶段，指配偶中一方去世、到达退休年龄的家庭阶段。由于女性的平均寿命比男性长，所以这种老人半数以上是女性。许多人可能卖掉房子，搬进公寓或养老院。他们过着一种简单而经济的生活，在保健方面的开支相对增加。他们突出的需求是友爱、护理和安全保障。

由上可以看出，不同的生命周期阶段，家庭成员扮演的角色有所不同，财务状况和家庭任务也不同，相应地，其需求内容、消费方式和决策也会呈现不同的特点。因此，市场营销者在选择目标市场时，会把家庭生命周期作为重要的市场细分依据，并据此采取不同的营销策略，以发现有利可图的市场机会。

表 10—1　　家庭生命周期不同阶段的需求状况

阶　段	特　征	经济特点	需求趋向
未婚	18—34 岁未婚，独立生活	收入不太高，没有其他负担，有较多可支配收入	关心时尚，崇尚娱乐、休闲
新婚夫妇	结婚不久，没有孩子	双方都有工作收入，经济上较宽裕	名牌服装、餐馆饮食、高档家具、旅游度假
满巢Ⅰ	孩子小于 6 岁	家庭可支配收入减少，储蓄很少	婴儿食品、服装、玩具等；在家居布置、度假等方面考虑孩子要求
满巢Ⅱ	孩子 6—12 岁	家庭财政比上一阶段有所好转，但因教育等费用而经济压力较大	除满足孩子衣食住行的需要外，考虑孩子的教育问题
满巢Ⅲ	孩子进入青少年时期	中年夫妇挣钱能力最强，家庭财务压力减轻	家庭经济条件改善，更新大件商品，同时孩子教育费用上升
空巢Ⅰ	孩子独立生活，夫妇仍在工作	经济上可能是最宽裕的时期	医疗保健、购置奢侈品、继续接受教育、培养新嗜好、夫妻单独外出旅游
空巢Ⅱ	子女独立生活，夫妇已经退休	因退休等原因，收入显著下降	时间宽裕，可能外出旅游、参加老年俱乐部、购买健康类产品和服务
老年独居者	丧偶老年单身家庭	收入来源减少	医疗开支增加，用于健康方面的支出增加

资料来源：江林，李志兰. 消费者行为学[M]. 北京：首都经济贸易大学出版社，2012：199.

延伸阅读 10—2

家庭生命周期与家庭消费

影响家庭消费结构的因素很多，除了收入差距、受教育水平、人口结构等，家庭生命周期也是一个主要的影响因素。有学者已经围绕家庭生命周期对家庭消费的影响开展了大量研究。例如，Goldin 和 Katz 指出，家庭生命周期对家庭教育支出具有显著影响，子女处于教育阶段尤其是高等教育阶段的家庭，教育消费支出较高；Camacho 根据家庭生命周期的不同阶段，分析了西班牙家庭的服务消费模式，例如，在满巢家庭中，随着孩子年龄的增长，奢侈品等享受型消费的数量有所下降，而必需品等基础型消费的数量有所上升；Amirtha 和 Sivakumar 运用技术接受模型分析指出，处于 10 个不同生命周期阶段的印度女性对电子消费的接受度有所不同，随着现代化科技的发展，老年女性对电子消费的接受度逐渐提高。

罗永明和陈秋红运用中国家庭金融调查(CHFS)2015 年的数据，检验了家庭生命周期对农村家庭消费结构的影响。研究结果显示：第一，随着子女数量的增加，农村家庭的食品消费支出逐渐增加，而文娱消费支出逐渐减少。第二，整体而言，有女孩家庭的日用品与衣物消费支出显著高于没有女孩的农村家庭。第三，在中青年阶段家庭中，有男孩家庭的教育消费支出要高于没有男孩的家庭；而在中老年阶段家庭中，有女孩或女孩较多的家庭在教育消费支出方面要高于没有女孩或女孩较少的家庭。第四，中青年农村家庭的交通、衣物与水电消费支出显著高于中老年农村家庭。第五，在中老年独生女儿的家庭中，贫困家庭的教育消费支出显著低于非贫困户家庭；至多有两个孩子且有男孩的家庭未来购房意愿强烈。第六，收入质量在家庭生命周期对农村家庭食品消费、教育消费、衣物消费的影响中起到了中介作用。根据这些结论，罗永明和陈秋红认为，要拉动农村消费、改善农村居民消费结构，必须根据当地农村家庭生命周期的特点，因地制宜地引导相关类型企业进入农村市场，从而拉动农村消费，并且在关注提高农村居民收入水平的同时，更要关注农村居民的收入质量，通过举办农业职业培训、开展就业指导服务等，促进农民收入的稳定持续增长，从而改善农村家庭消费结构，促进农村消费结构的优化升级。

资料来源：罗永明，陈秋红．家庭生命周期，收入质量与农村家庭消费结构——基于子女异质视角下的家庭生命周期模型[J]．中国农村经济，2020(8)：85－105.

第三节　家庭角色与购买决策

一、家庭成员购买过程中的角色划分

在典型的家庭购买活动中，其成员对购买决策的影响力是不同的。家庭成员在购买决策中的作用，与个人在家庭中所处地位及担任角色有很大关系，同时又要受到家庭类型和所购商品类型、特点、价值高低及购买风险大小等因素的影响。

一般情况下，家庭成员在购买中扮演的角色可分为以下五种①：

(1)提议者。首先意识到某个问题和需要，或者启动购买过程的家庭成员。

(2)影响者。为购买提供评价标准，提出哪些产品或品牌符合这些标准，是直接或间接影响购买决定或挑选商品的家庭成员。

(3)决策者。有权单独或与其他家庭成员共同做出购买决策的人。

(4)购买者。亲自到商店从事购买活动的家庭成员。购买者与决策者可能由不同的家庭成员担任。

(5)使用者。在家庭中实际消费或使用所购商品或服务的家庭成员。

在家庭购买过程中，不同的家庭成员往往会担当不同的角色，并有可能同时担任多个角色。例如，在决定购买哪张影碟时，父母可能做最后决定，但孩子可以扮演建议者的角色；虽然由一位家长负责购买影碟，但观看是全家人的活动。此外，也可能是一个角色由不同的家庭成员共同担当。正因为如此，在家庭消费中产品的使用者通常不一定是购买者。

家庭成员在购买决策中的角色可以是工具性的，即他们影响购买决策，如何时购买和买多少；也可以是表达性的，即他们决定着家庭的规范，如颜色和外形的选择。传统上，丈夫通常扮演工具性角色，而妻子扮演表达性角色，但性别角色的转变正在改变这一模式。

了解不同家庭成员在购买决策中的角色，可以帮助企业把握以下几个对制定营销策略较为关键的问题，比如，谁最容易对企业的产品产生兴趣？谁将是产品的最终使用者？谁最可能成为产品购买的最终决策者？不同类型的商品通常由谁承担购买任务？

延伸阅读 10－3

吸引所有家庭成员

营销人员应当认识到家庭决策角色的存在以及不同成员所扮演的不同角色。单纯吸引购

① 江林．消费者行为学[M]．北京：中国人民大学出版社，2007.

买者的做法显然过于狭窄，相对来说是一种并不有效的战略。单纯以孩子们为对象的营销(玩具、早餐麦片)忽视了家长通常是这些产品的影响者、决策者和购买者的事实。因此，营销商应当分析哪些家庭成员卷入购买决策，同时吸引所有的重要成员。

例如，莫泰玩具公司为10岁以下的孩子设计出色彩鲜艳的My Space手机。它知道真正购买和付账的是家长们，因此广告应当“能够说服爸爸妈妈”。在线业务的营销人员知道孩子们用互联网发送E-mail、玩游戏、浏览流行的电视节目网站和做作业。在美国和英国，年长一些的孩子们是互联网的重度使用者，而年幼一些的西班牙和意大利孩子是在线人口中的重要部分。在美国，对13岁以下的儿童，网站必须服从《儿童在线隐私法》，在收集儿童的信息之前必须得到家长的同意。

营销人员应该认识到家庭购买决策的重要性。我们还需要做更多的研究来更好地理解家庭消费产品和服务中的多样性、互动性和过程。

资料来源：韦恩·D. 霍依尔，德波拉·J. 麦克依尼斯. 消费者行为学[M]. 刘伟译. 北京：中国市场出版社，2008.

二、家庭购买决策类型

家庭购买决策是指直接或间接由两个或两个以上的家庭成员做出购买决策的过程。① 人们常常将家庭决策同有组织的购买决策相比，虽然这可以提供有用的视角，但是没有抓住家庭决策的实质。家庭没有像组织一样有明确、整体的目标(如利润最大化、执行规定预算等)来引导购买。而且，大多数家庭购买会直接影响到家庭的其他成员，而组织购买对那些没有参与的人影响很小。最后，家庭决策天生具有感情色彩，从而会影响家庭成员彼此之间的关系。为孩子购买一个新玩具，并不是一个简单的购买行为，而是对孩子爱与关怀的体现。决定全家去餐馆用餐，或者购买一台新的电视机，对家庭其他成员来说，也具有感情上的意义。在消费开支上意见不一致，常常是导致家庭不和谐的重要原因。家庭购买决策的程序和结果，对于家庭中的成员以及家庭本身的健康发展都具有重要作用。因此，尽管家庭决策与组织决策存在某些共同点，但它们并非完全相同。

(一)家庭购买决策分类

在典型的家庭购买活动中，成员在家庭中的地位不同，对购买决策的作用也不同。一般家庭决策可分为丈夫主导型、妻子主导型、联合型和自主型。

1. 丈夫主导型

在决定购买什么以及如何购买的问题上，丈夫起主导作用。这在有较强的中国传统观念的家庭中是常见的。其特点是：家庭的经济来源以丈夫为主，旧的“男主外女主内”的传统观念较强。另外，当丈夫的理财购买能力高于妻子时，也会形成这种模式，且一般出现于汽车、酒类等产品的购买中。

2. 妻子主导型

在决定购买什么以及如何购买的问题上，妻子起主导作用。这种决策模式的形成，一类是由于丈夫忙于工作或交际应酬，没有很多的时间料理家庭事务，妻子就自然而然承担起家务和购买的任务，从而做出大部分购买决策。这种情况多见于高层次的家庭，如公司高管、政府官员等。另一类是妻子理财、购物的能力大大强于丈夫，也易于形成此类家庭。前一类家庭的购

① 德尔·霍金斯等. 消费者行为学(第5版)[M]. 北京：机械工业出版社，2003.

买行为比较随意，并且机动性较大；而后者往往比较精明，比较挑剔。一般来说，妻子主导型决策普遍存在于家庭日常用品、食品和厨房用品的购买中。

3. 联合型

指家庭购买决策由丈夫、妻子和孩子共同协商做出。由于我国的独生子女在家庭中受重视的程度越来越高，随着孩子的成长、知识的增加和经济的独立，其在家庭购买决策中的影响也逐渐增大，这种决策模式也就越来越普遍。这种家庭的特点是：夫妻双方关系融洽，有良好的教育基础和民主氛围，且联合决策常出现于购买房屋、客厅家具和旅游度假等方面。

4. 自主型

对于不太重要的购买，可由家庭成员，包括丈夫、妻子或孩子独立地做出决定。这种类型家庭多属开放型，一般来说，其经济收入较为宽裕，受教育层次较高。在这种家庭中，家庭成员的购买行为既不受经济收入的限制，也不受其他成员的约束。因此，其购买决策自主性和随意性都比较强。

（二）影响家庭购买决策类型的因素

家庭成员如何在购买决策中相互作用，主要受以下因素的影响：

1. 文化因素

社会学家经常把一个社会是男性主导还是女性主导作为区分不同社会文化和价值观的重要维度。在男性主导地位较强的社会，女性在决策中的角色会减弱。因此，很多传统社会更倾向于由丈夫主导家庭购买决策。在中国社会，男性的决策往往受到更多的重视。涉及家庭购买行为，一般来说，重大且贵重商品或服务的购买与消费由男性决定。

此外，在强调民主气氛的家庭文化中，家庭成员经常共同参与决策；相反，在专制的家庭中，通常是由父母或他们其中一人做主。

2. 介入程度与专长

对产品领域的介入程度，是影响家庭购买决策的一个主要因素，不言而喻，夫妻中的一方对一个产品介入越深，在这个产品领域里进行购买时，他或她就越有可能影响其他家庭成员。例如，在购买家用计算机时，精通计算机的青少年就会占主导地位。

3. 个性特征

很多个性特征会影响个人在购买决策中的作用。在家庭决策研究中，关注比较多的是家庭成员的相对权力，它通常是根据经济权力加以界定。也就是说，夫妻中的一方比另一方拥有更多的经济资源，这一方面的权力就较大。

教育是另一个重要的个人特征。妻子所受教育程度越高，她所参与的重要决策就越多。尽管相关研究不多，但是性格也被证明影响着家庭决策的制定。另外，家庭不同成员（包括孩子）的年龄、能力等也是重要的决定因素。

4. 家庭购买力

一般来说，家庭购买力越强，共同决策的观念越淡漠，一个成员的决策更容易为家庭其他成员所接受；反之，购买力弱的家庭，其购买决策往往由家庭成员共同参与制定。

5. 商品的性质

所购商品的重要性、风险程度往往影响家庭的购买决策。例如，在购买价值较低的生活必需品时，无须进行家庭决策；但购买高档耐用消费品及对全家具有重要意义的商品时，大多由家庭成员共同决策。

(三)夫妻在家庭购买决策中的地位变动

夫妻在家庭购买决策中所起的作用,通常会随着一些因素的变动而发生变化。目前发现的影响因素有两性地位倾向、妻子的就业状况、家庭生命周期阶段、时间压力、购买的重要性以及人口的社会经济发展水平等。①

1. 两性的地位倾向

夫妻间的两性地位可以放在从传统到现代的一个连续体上进行考察。"两性地位倾向"指某一行为和规范与一个人的性别相关而非两性共享的程度。传统观念将丈夫和妻子两者的地位分为两极,而现代观念认为夫妻之间存在更多的责任共享。目前出现的趋势是,在家庭购买过程中,购买者、付款者和使用者三种角色常常由一个人承担,而同一个角色(如付款者)又往往由夫妻双方共同承担。

2. 妻子的就业状况

妻子的就业状况对两性地位有很大影响。如果妻子在外面上班,她的收入就会成为家庭经济来源之一。而且由于接触面广,产品信息多,妻子在一些重大家庭消费决策中的作用就十分重要,做出的决策也更容易被接受。此外,其他家庭成员也会征求她的意见,以便做出最佳购买决策。

3. 家庭生命周期阶段

家庭生命周期也会对夫妻在做出购买决策时的地位产生影响。新婚夫妇往往倾向于共同决策;随着结婚时间的延长,夫妻在家庭中的经济地位开始分化,对家庭事务逐渐形成分工,而与家庭事务相关的购买(如做饭时用的东西、修理汽车时所用的工具)也开始侧重于由某个人决定。从表10—2中可以看出,从新婚第一年到第二年家庭共同决策明显减少。不过,结婚时间的长短不会影响到重要购买决策的制定。

表10—2 不同结婚年限夫妻家庭决策的变化

主要的家庭决策人	婚 龄	
	第一年	第二年
丈夫	26%	27%
妻子	25%	36%
共同决策	49%	37%

资料来源:R. Ferber,L. G. Lee. "Husband Wife Influence in Family Purchasing Behavior". *Journal of Consumer Behavior Research*, 1974(1):43—50.

4. 购买的重要性

购买的重要性是指产品对家庭的重要程度。购买的重要性可通过该商品占家庭收入比重及对家庭成员的影响程度来衡量。购买越重要,夫妻双方就越可能共同做出决策,因为购买决策会占用家庭的共同资源,而且这个决策会在很长时间内影响家庭成员的生活,如住房、汽车等重要商品。

5. 人口的社会经济发展水平

在不同的地区,由于社会和经济发展水平不同,人们所持的观念有所差异,两性地位与分工也各有不同。具体来说,发达地区的女性与不发达地区的女性相比,更能受到社会的认可和

① 杰格迪什·N. 谢斯,本瓦利·米托. 消费者行为学管理视角[M]. 罗立彬译. 北京:机械工业出版社,2004.

尊重，并且有更多的机会参加社会事务。随着社会经济的发展，现代化、城市化程度的提高，以及女性在外工作的情况越来越多，妇女对社会经济的影响也会增加。

(四)子女在家庭购买决策中的地位

子女在家庭购买决策中扮演着重要的角色，他们会试图影响父母的购买、使用和处置的决策行为。我国自 1979 年实行计划生育政策以来，独生子女家庭迅速增加，已成为我国城市家庭的主体。在我国目前的核心家庭中，独生子女家庭占大部分比例。这类家庭中，子女在消费活动中居主要地位，并对购买决策产生重大影响。研究发现，子女的影响程度取决于以下四个因素：

1. 子女在家庭中的地位

许多研究表明，孩子说话的口气越是肯定，他们的父母越是以孩子为中心。那些以孩子为中心的父母们，除了想使孩子们高兴外，同时也想为孩子们做他们所喜欢的事情。他们还想方设法让孩子扮演他们自己希望和要求的代理人的角色。可见，孩子在家庭中的地位越高，对家庭购买决策的影响也越大。

2. 子女所在的家庭类型

一般来说，城市家庭中的父母比农村家庭的父母要更注意倾听子女的意见；经济条件好的家庭比经济条件差的家庭更能满足子女的要求；民主气氛浓厚的家庭比专制的家庭在购买决策时受子女的影响更大。同时不同的家庭文化类型也决定了子女们影响的性质①：(1)权威式家庭强调服从；(2)忽视型家庭控制较少；(3)民主型家庭鼓励自我表达；(4)骄纵型家庭放弃管制。

3. 子女的年龄

年龄是影响子女参与消费决策的一个重要因素。子女年幼时由父母代为料理生活所需要的一切事务。随着年龄的增长，孩子开始有了自己选择商品的意识，特别是在购买与他们有关的商品时。这一阶段，父母也开始重视孩子的意见和要求，特别是在购买一些重大商品时，孩子的意见有时会对父母的购买决策产生重大影响。因为进入青少年时期，子女已开始具备评判商品的能力，在某些方面甚至会超过父母。

4. 所购买商品与子女的关系

一般来说，除不具备表达意见能力的婴幼儿以外，多数家庭在购买与子女有关的商品时会征求他们的意见，尤其是独生子女家庭，这一倾向更为明显。而随着商品知识和购买经验的积累，子女在选购一些他们熟悉的商品时，往往会取代父母而成为家庭购买的决策者。

在美国，大量关于孩子如何影响家庭决策的研究集中在早餐麦片这一产品上，因为较之于其他类型的产品，孩子们在这类产品上提出的要求更为频繁。图 10－2 描述了早餐麦片选择中父母与孩子的互动关系，这是根据对 20 家超市做的一项大型调查得来的。

总之，家庭内部成员角色不同，在购买决策中所起的作用也不同，进而影响到整个家庭消费过程。企业只有在了解家庭消费心理与行为活动的基础上，才能提供符合消费者家庭生活需要的产品和服务。

---

① 韦恩·D. 霍依尔，德波拉·J. 麦克依尼斯. 消费者行为学[M]. 刘伟译. 北京：中国市场出版社，2008.

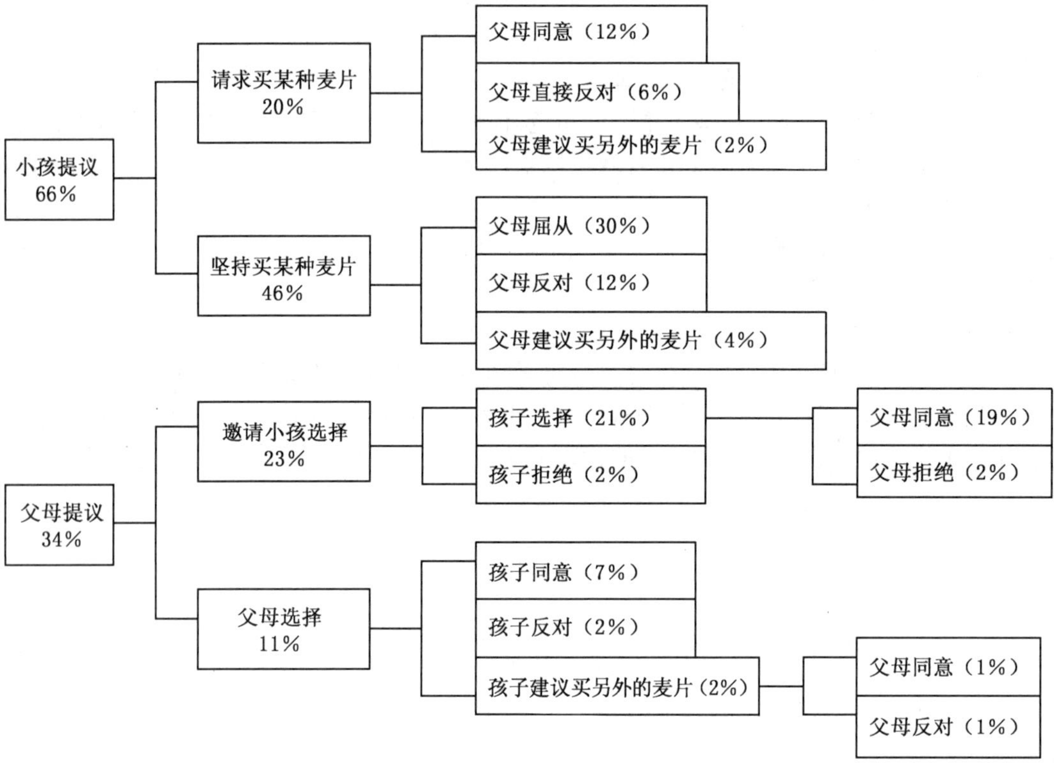

资料来源：符国群. 消费者行为学(第2版)[M]. 武汉：武汉大学出版社，2004：250.

图 10－2　早餐麦片购买选择中父母与孩子的互动关系

延伸阅读 10－4

"吞世代"——全球性的共生现象

"吞世代"(Tweens)一词由 teens 和 ween 复合组成，前者指青少年，后者的原意为 weenbopper，形容穿着时髦、迷恋音乐的小孩。这个词出自品牌大师马丁·林斯壮编著的《人小钱大吞世代》(*Brand Child*)一书。与 20 世纪 80 年代后出生的一代相比，"吞世代"生于 20 世纪 90 年代后，是中国消费社会转型中物质富足体验最为纯粹的一个族群，堪称诞生在"独生代""物质消费社会"和"E 时代"三重母体上的时代骄子。

作为一个全球性的共生现象，"吞世代"表现出了不可小视的消费能力。研究调查显示，全球一年从他们手上花掉超过 3 000 亿美元。不仅如此，因为"吞世代"不只是直接消费，其消费观念还深深影响着与他们本身无关的家庭消费，而且这类间接消费远远大于其直接消费的金额，他们实际上几乎控制和影响了父母约 60%的品牌决策。

"吞世代"的品牌追求欲直接冲击着父母的消费行为。有调查表明，"吞世代"对父母的日常购物影响达 68.7%，在耐用品购买上的影响达 23.3%。在所有消费产品的类型中，孩子影响父母最大的地方就是冲动类产品。他们与父母一起购物，喜欢自己选择品牌并推翻父母的选择。有统计表明，"吞世代"对于父母的消费行为在三项物品方面影响力最大，分别是：汽车、时尚服饰和手机。"吞世代"甚至宣称若父母要买这些东西，他们会发表具有决定性的意见。另一项有趣的发现是，现在许多父母其实会主动询问他们的意见。这种现象在我国这样发展中的市场表现更为强烈，特别是科技产品如手机、家用电器等。原因是大人对科技产品都不太熟悉。

资料来源：曾智．“吞世代”对家庭消费行为的影响探讨[J]．商业时代，2008(27)：10.

案例分析

梅格是滑板能手，她的大部分空闲时间在郊区的行车道上度过，练习她的滑板技术。最近，她在邻近的车道中看到四分之一管道弯道，她开始向父母请求为她买一个。但是，梅格和她的父母都不太了解弯道。一天，梅格的哥哥布拉德给她看了一些互联网上的信息：如何建造一个四分之一管道弯道。梅格看后觉得眼前一亮，希望也能自己建造一个弯道。

于是，梅格与父母分享了互联网上的这则信息，并恳求他们允许她和哥哥布拉德一同建造弯道。母亲凯西很担心梅格玩滑板时的安全问题，而父亲迈克则认为最好由梅格自己来做决定。经过一系列的利诱，凯西松口，答应了梅格的请求。凯西依旧担心弯道的安全性，但她确实乐意让梅格和布拉德一同建造弯道——自布拉德上大学以后，她再也没看到过兄妹合作了。

4 月下旬，迈克拿着布拉德给梅格的四分之一管道弯道说明，并根据材料清单，在当地五金店购买了所有必需的材料。几周后，布拉德回家过暑假，他和梅格用了 5 天时间建造了四分之一管道弯道。弯道很大、很重，有将近 4 米高、4 米宽。他们将旧的滑板轮安置在弯道的一侧，以便能够滚动，但是它还是很重，梅格无法推动它。凯西认为不能一直放在车道上，因此父亲迈克答应在不使用弯道时，将它推到车库后面。

梅格很喜欢这个四分之一管道弯道，利用每一个机会使用它。梅格对新弯道很满意，因此凯西也很开心，但她依然担心梅格的安全。凯西不断提醒梅格，如果她看到梅格不带上所有的护具和头盔玩弯道，她就会把弯道推到大街上，让拾荒者拿走。

资料来源：朱迪·格雷厄姆．消费者行为学案例与练习[M]．江林译．北京：中国人民大学出版社，2011：107－108.

思考与讨论

1. 请分析并指出在该案例情境中不同家庭成员分别扮演的角色。

2. 请分析在家庭营销中如何做到兼顾所有家庭成员的需求；若家庭成员之间的需求产生矛盾，营销者该如何处理？

本章小结

家庭是指建立在婚姻关系、血缘关系或继承、收养关系基础上，由夫妻和一定范围亲属结合组成的一种社会生活组织单位。家庭具有四种功能，即经济功能、情感交流功能、赡养与抚养功能、社会化功能。

家庭规模一般用家庭成员人口数目的多少来表示。家庭消费支出一般会随着家庭人口数的增加而增加，不过，由于规模经济和公共品现象，家庭在一些消费品类上的支出有时会随着家庭人口数的增加而下降。

家庭结构是家庭成员的集合体，通过文化规定的角色，家庭成员在社会许可范围内进行互动，并以一种重复的方式执行家庭功能。根据不同代际家庭成员血缘和婚姻关系，家庭结构可分为单身家庭、核心家庭、主干家庭、联合家庭等不同形式。

家庭生命周期描述了从单身到结婚(创建基本的家庭单位)，到家庭的扩展(增添孩子)，再到家庭的收缩(孩子长大分开独立生活)，直到家庭解散(配偶中的一方去世)这样一个有序的家庭发展过程。家庭生命周期的划分一般是基于婚姻状况、家庭成员年龄、家庭孩子的数目、一家之主工作状况等标准。最受认可的阶段划分是九阶段模型，即未婚阶段、新婚夫妇、满巢Ⅰ、满巢Ⅱ、满巢Ⅲ、空巢Ⅰ、空巢Ⅱ、孤寡者Ⅰ、孤寡者Ⅱ。不同生命周期阶段的家庭，其需求内容、消费方式和决策会呈现不同的特点。

家庭成员在购买中扮演的角色可分为五种：提议者、影响者、决策者、购买者和使用者。家庭成员在购买决策中的作用会受到文化因素、介入程度与专长、个性特征、家庭购买力和商品性质的影响。一般而言，家庭决策可分为丈夫主导型、妻子主导型、联合型和自主型。子女在家庭购买决策中扮演着重要的角色，他们会试图影响父母的购买、使用和处置的决策行为。

关键词与复习题

关键词

家庭(family)　家庭规模(family size)　家庭结构(family structure)
家庭生命周期(family life cycle)　家庭角色(family role)
家庭购买决策(family purchase decision making)

复习题

1. 家庭及其基本功能是什么？
2. 家庭规模指的是什么？它是如何影响家庭消费行为的？
3. 家庭的基本类型有哪些？试分析家庭结构变化趋势及其对家庭消费行为的影响。
4. 什么是家庭生命周期？简述家庭生命周期各阶段的特点。
5. 家庭购买决策有哪些类型？主要受到哪些因素的影响？

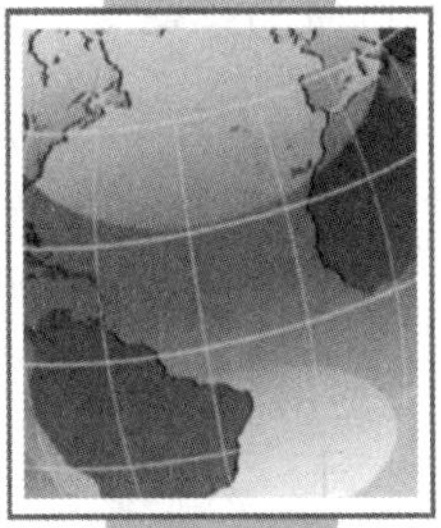

第十一章 社会文化与消费行为

学习目标

通过本章的学习，能够了解和掌握消费者所处文化背景与消费者行为之间的关系；了解和掌握不同社会阶层存在的消费行为方面的差异；了解和掌握企业进行跨文化营销时应该注意哪些问题以及采取何种策略；了解和掌握社会角色不同所导致的消费行为的差异。

案例导引

“考古盲盒”为什么这样香？

“手套一戴，考古学家的感觉来了！”最近，河南博物院推出的文创产品“考古盲盒”卖到脱销。

早在去年，“考古盲盒”还没有火爆的时候，笔者就在洛阳街头见过。当时，笔者在洛阳丽景门下步行街采访，走进一家叫“镇捣蛋”的创意小店，一眼看到几个石膏一样的物件，上面写着探秘龙门石窟、隋唐洛阳城的字样。向老板打听才知道，这东西叫“考古盲盒”，把青铜器、铜佛、银牌等“微缩文物”藏进土中，拿起“考古神器”——洛阳铲层层挖土，再细细扫去浮尘，神秘“宝贝”慢慢呈现。

其实，“盲盒”在年轻人中流行，已经有一段时日了。但“考古盲盒”就不一样了，它的用户体验具有独特性：文物爱好者或者盲盒玩家在挖掘过程中，就像变身为考古学家一样，感受到一种考古的快乐、神秘与刺激。“考古盲盒”为什么能火？以“文”为根，以“创”为本，无疑是重要原因。

不循老路、追求创新，不断探寻自我变革的道路，是文创产品立足市场的根本。物种日历、豆瓣日历年年登上文创界“爆款”榜单，《哪吒》等国产动画片对传统文化形象进行创新诠释，颐和园“百鸟朝凤”月饼美得叫人舍不得吃……在文创市场逐渐成熟的当下，扇子、书签、钥匙链等初级产品，早已被时代和市场所冷落。真正做到在文化内涵之上叠加“创造力”，打造出既让消费者满意，又有自己独特性的招牌产品，才能让那份独一无二的文化味香飘久远。

文物的活力，在于融入生活、回归社会、服务人民。当文创产品变成人们生活中触手可及的日用品，变得易于亲近时，文化的传承和理解也会自然而然融汇其中。从盲盒中得到的“宝物”，可以成为很多人家中的摆件；拥有国宝色号的“故宫口红”，日常拿出来补妆简直不要太名媛；品尝一块苏州博物馆的秘色瓷莲花碗曲奇，下午茶时光兴致盎然……这样的文创产品不仅好用、好看，还有助于传统文化进行大众化和时代化“转码”，连接过去与当下，因此肯定火爆。

打开尘封秘密、重现璀璨光彩，让文物活起来。对于一个国家来讲，让文物活起来可以增进文化认同、坚定文化自信、凝聚发展力量。对于一个城市来讲，让文物活起来可以找回老城记忆、彰显城市精神、提升城市魅力。对于一个乡村来讲，让文物活起来可以感受地域风情，让居民望得见山、看得见水、记得住乡愁。这也提醒我们，做文创要有敬畏感，毕竟这不是简单的生意，还被赋予了传播与延续文化的使命。

资料来源：刘婵."考古盲盒"为什么这样香？[N].河南日报，2020-12-11(13).

第一节 文化与消费行为

一、文化的概念和特征

（一）文化的含义

文化的含义有广义与狭义之分。广义的文化是指人类社会历史实践过程中所创造的物质财富和精神财富的总和，因此又称为社会文化。它着眼于人类与其他动物、人类社会与自然界的本质区别，认为正是文化的出现才将动物的人变为创作的人、组织的人、思想的人、说话的人以及计划的人。广义文化的内容非常广泛，几乎包括了全部人类社会的关系及其所获得的全部成果，还包括风俗习惯、行为规范、宗教信仰、生活方式、价值观念、态度体系以及人们所创造的物质产品等。狭义的文化是指社会的意识形态，以及与之相适应的制度和组织机构。我们所讨论的是广义文化，即社会文化对消费者行为的影响。

（二）文化的特征及其对消费行为的影响

1. 文化的学习性

文化不是经遗传形成，而是通过学习得到的。学习有两种类型：第一种是"文化继承"，即学习自己民族或群体的文化。正是这种学习，保持了民族或群体文化的延续，并且形成了独特的民族、群体个性。第二种是"文化移入"，也称文化借鉴，即学习外来文化。一个民族在文化不断积累的过程中，很大程度上要借鉴其他民族的优秀文化。比如，日本人喜欢喝酱汤的习俗就是从中国文化中吸取的。再如，从文化的物质层面来看，中国人现在已经习惯穿西装，就是学习借鉴西方文化的结果。

学习往往是双向的。一方面，父母、教师和各类文化教育机构采取各种形式的教育手段，组织和促进下一代人对社会文化传统的学习，如教育孩子学习语言，引导和影响他们掌握基本的行为规范。另一方面，人们尤其是青少年通过观察、模仿和学习他人的行为，了解和接受自己的社会文化。文化的学习性对理解消费者行为有很大作用，因为消费者的消费行为同样是通过学习获得的。比如，大多数消费者不了解高科技产品的技术原理和操作方式，需要进行学习。一般来说，消费者在早年学习和建立的文化观念比晚年所学的要牢固得多，且不容易改变。因此，面对受文化影响根深蒂固的消费者，营销人员最好迎合他们已有的文化观念和消费习惯，而不轻易勉强他们改变已经习得的观念与行为。

2. 文化的发展性

文化的显著特征之一就是它的发展性。当一个社会面临新的问题或变革时，人们的价值观念、习惯、兴趣、行为方式等可能发生相应的改变，从而形成新的文化内容，文化由此得以发展。文化是不断发展的，但各个社会的文化发展进程并不相同。文化发展的速度与引入其他文化模式所遭受的阻力大小有直接关系。有关研究显示，决定新事物在多大程度上为人们所接受的最重要因素，是人们对这种新事物感兴趣的程度和新事物与原有价值观、行为准则决裂的程度。事实证明，那些为社会最感兴趣而又与先行价值观念、行为准则决裂程度最小的新事物，最容易被人们接受。比如，自 20 世纪 70 年代石油危机以来，能源短缺已成为世界性难题，节约能源正在成为新的消费观念，许多消费者在购买汽车或家用电器时越来越重视节油性、能效等指标。

文化的发展性为企业开拓市场、推广新产品提供了重要思路，如果能敏锐地捕捉到消费者观念的变化，企业就能在产品开发和推销上获得成功。例如，石油危机过后，日本企业利用消费者对能源利用效率的重视，迅速推出节能型小汽车，在国际市场竞争中抢占了先机。

3. 文化的社会性

文化是一种社会现象。它作为社会交往和人际沟通的信号，是把个体凝聚为社会和群体的纽带。共同的语言，对象征、符号和生活方式的共同理解，以及共同的沟通方式和信息传递方法，是某一文化区别于另一文化的重要标志。正是这些共同的语言、理解和信息传递方式，促进了同一文化中成员间的相互了解，以及同一文化群体的内部和谐与群体的相对独立性。因此，社会成员在社会交往和相互沟通的作用下，在保持自己行为独特性的同时产生了共性。企业可以根据文化的社会性来细分不同的消费者群体，按照消费者群体的文化差异和特性来确定自己的目标市场。

4. 文化的民族性

文化的民族性主要是指各个民族思想、意识、情感、心理等不同的精神特质。一个民族共同参与、享受一种文化制度越久远，接受这种文化制度的社会化就越深刻，由此，民族文化的传统精神就越强烈，即越具有民族性。

每个民族在其繁衍和发展的过程中都会形成自己独特的语言、文字、风俗、习惯、仪式、民族性格、民族传统和生活方式。尽管文化的含义非常广泛，但不同民族的文化内涵差别很大。比如，英国文化的典型特征是经验的、现实主义的，由此导致英国人重视经验、保守、讲求实际的民族性格；而法国文化更多是崇尚理性，因此法国人更喜欢能够象征人的个性、风格、反映精神意念的东西。在服装风格上，英国人的服装一般给人以大方、庄重、实用、简练的印象；法国人的着装则潇洒、飘逸、抽象，具有更高的艺术性。

5. 文化的观念性

在任何一个社会，文化都具有一定的职能作用，它为人们的和平相处提供了共同的信仰、价值观念、传统及行为规范等稳定可靠的准则结构。其中一部分准则是用法律和规则来强制执行的，另一部分则作为被人们普遍接受的行为标准而存在。换言之，文化不可能具体要求某一种特别的行为，而只能提出一定范围的行为准则。一般情况下，遵循文化准则会得到一定的支持和鼓励；相反，违背了文化规范就会受到制裁。当然，文化准则在很大程度上是理想化的，现实中人们的观念与行为同这些准则的要求还有一定距离。因此，在一定限度内背离这些规范是被允许的，但背离的范围过大，超越人们的容忍程度则会引起不满和指责。

总之，文化是理解消费者行为的一个重要概念，可以把文化看成是社会大多数消费者行为一致性的基础。以往与消费行为相关的文化分析主要集中在消费者的价值观。但文化的内容绝不仅限于价值观，也包括信仰、态度、信念，还包括行为的方式、规则以及大多数人遵循的习俗等。此外，社会所生产的物质产品和服务如艺术、衣服、食物和建筑等，也蕴含着特定的文化内涵。从一定意义上可以说，文化的所有内容都与消费者的消费行为直接或间接相关。文化对消费者行为有着巨大、深远而又潜移默化的影响。消费者基于特定的文化环境来审视产品、制定购买决策。因此，不能离开文化背景去简单理解消费者的购买选择。

二、亚文化与消费差异

一个国家或社会的文化由两大部分组成：一部分是全体社会成员所共有的基本核心文化；另一部分是部分成员共有的独特的亚文化。亚文化又称为“次文化”“潜文化”，它是相对于主流文化而言的，是总体文化的次属文化。亚文化涉及了社会生活的许多层面，每一个复杂的社会都包含着许多亚文化，社会成员常常是在某一个亚文化中发挥作用。亚文化的划分维度有地理、性别、年龄、民族、宗教等，下面就具体说明不同的划分方法所产生的亚文化群及其消费特点。

（一）性别亚文化

虽然现代社会倾向于缩小男女性别之间的差异，但是男人和女人之间在许多方面仍然存在显著的差异。例如，富有进取心与竞争意识被看作典型的男子汉形象；爱整洁、温和与健谈是典型的女子特征。从购买动机看，男性的购买动机形成果断，具有较强的自信，并且感情色彩相对少一些；而女性容易受外界的心理暗示，购买动机稳定性差，且从众心理较强。所以，对于某些营销目标而言，必须将男性消费者和女性消费者作为两个独立的市场来考虑。从家庭购买决策的角色来看，女性通常负责购买家庭所需的大多数日常用品，而男性则较少参与。

（二）地理亚文化

地域群体也可以被看作亚文化，不同的地域群体在口味、生活习惯以及价值观方面具有明显差异。我国幅员辽阔、人口众多，各个地区由于受地理条件、气候等因素的影响，文化差异比较明显。例如，我国南方、北方就属于两个不同的亚文化群，由于南、北方地理位置、气候等自然条件的差异，使得南、北方人在生活习惯、饮食、衣着及性格特点等方面具有很大差别。

（三）年龄亚文化

年龄群体由年龄相仿的人组成。不同年龄的消费者价值观存在差异，对商品也有不同的偏好。例如，老年人比较自信和保守，习惯于自己熟悉的商品，求实、求利的购买动机比较强。年轻人则追求新、奇、美，愿意尝试新产品，容易产生冲动性购买行为。即使对同一种产品，这两种年龄亚文化群也表现出差异，比如老年人对于保健品的涉入程度和消费量远远高于年轻人。

（四）民族亚文化

任何一个民族都有自己独特的传统习俗、审美意识、宗教信仰、生活方式等，由此构成民族亚文化。各民族在亚文化方面的诸多差异，反映在消费活动中即表现为不同的需求、偏好和消费习惯。许多民族特有的消费习惯是在长期的消费活动中反复经历、逐步形成，最后稳定在某种特定方式上。我国是多民族国家，各民族的消费偏好和消费习惯表现出多样性。例如，苗族的食用油多是茶油和菜油，以辣椒为主要调味品，饮茶以油茶最为普遍；藏族则以糌粑、酥油茶、牦牛肉、青稞酒为日常食品。可见，民族亚文化的特点对消费者行为的影响是直接而巨大的。

（五）宗教亚文化

由于传统和习惯往往与宗教信仰联系在一起且世代相传，所以宗教也构成一种亚文化。每种宗教都有其特定的仪式以及与这些仪式相关的器物，人们会通过购买和使用某些器物来表达对宗教信仰的虔诚。各个宗教都有不同的价值观，如犹太教徒强调个人对自己行为的责任和自我学习，穆斯林则强调遵守家庭准则。不同宗教团体的成员在消费观念和消费行为上也遵循着自己的传统观念和习惯。

总之，亚文化构成一种独特的文化群体，它是更大、更复杂的社会群体中可以明确识别的部分，其内部成员的信念、价值观与风俗习惯会与其他群体存在明显差别。[①] 但需要指出的是，现实中每个消费者可能同时归属于多个亚文化群体。因此，营销人员要辨析消费者的多个亚文化成员身份，了解他们的各种亚文化身份是如何相互作用的，以避免在制定营销策略时发生亚文化的错位。

延伸阅读 11－1

以"盲盒"形式推广传统文化策略研究

盲盒，顾名思义，指的是没有任何样式提示的、以纸盒包装而成的迷你玩具的总称。盲盒最早发源于日本，在近些年逐渐风靡于 ACG 文化盛行的亚洲及北美部分地区。作为潮流玩具文化不可分割的一部分，盲盒因其发行量大、更新速度快、单价低等优势，占据了潮玩市场近一半的份额。天猫官方数据显示，在 2019 年"双 11"当天，天猫卖出了超过 200 万个盲盒，销售额为 8 212 万元，其中，超过一半的盲盒被"95 后"买走。由此可见盲盒在当前国内消费市场中的火爆程度，且盲盒市场的主力消费群体是年轻人。除此之外，盲盒"拆盒"也融入了时下年轻人最喜爱的直播文化中，成了直播间内主播与网友流行的互动游戏之一。

盲盒在当下年轻消费者中风靡，仔细分析其原因，大概有三点：

第一，较低的单价。同其他类型的玩具不同，盲盒玩具由于其体积较小(高 10 厘米左右)、设计相对简单、工厂量产等原因，其单价较低，通常为 39 元至 89 元不等，即便"端盒"也只要几百元。因此，盲盒所面向的消费群体更广，其亲民的价格对于经济能力较弱的年轻消费群体，甚至学生党，都非常友好。

第二，成功的营销模式。盲盒系列更新快、不再版，并伴随着"隐藏款""限定款"的稀缺属性，能极大地激发玩家的购买欲，也是其获得巨大商业成功的原因。事实上，很多人在打开盲盒的那一刻，要么惊喜，要么沮丧，这早已从购买物质转化为购买一种心情。在当下这个物质水平高度发展的商业时代，消费需求高度膨胀，贩卖娱乐也已逐渐替代贩卖商品，成为新的销售思路。"95 后"和"00 后"的青年消费群体在消费时更注重精神的满足感，而非商品的实用价值。可以说，融合了 IP 与潮玩文化于一体的盲盒，给予时下青年一种全新的自我表达方式和社交分享介质，契合了当代青年群体的消费理念，满足了该群体的猎奇、审美、娱乐、社交在内的多种心理需求，自然受到了大力追捧。

第三，年轻化的审美设计。获得巨大商业成功的盲盒玩具在其设计方面都有着一个共同的特点——审美年轻化。总体来说，这些盲盒"爆款"都在不同层面上迎合了当代人的审美和价值观，在它们的设计中，或多或少地都体现出了时下年轻人追捧的一些元素。一方面，这些元素可以反映形象方面的特质，如"萌"或"搞怪"；另一方面，这些元素也可以是与某些流行文化相关的 IP 衍生品，如影视、动漫、综艺、明星等。

一、盲盒与传统文化的结合

要想通过盲盒玩具很好地将传统文化的精髓表现出来，具有相当的难度，需要设计者找到二者最佳的结合点，通过将具有时代特征的流行文化元素融入传统文化，赋予传统文化以当下鲜活的审美特征，对其进行重新表达，从而实现传统文化资源的合理活化与推广。

1. 低价与品质相平衡

① L. G. 希夫曼，L. L. 卡纽克. 消费者行为学[M]. 上海：华东师范大学出版社，2002.

以“盲盒”形式推广传统文化，价格要“亲民”，不能太高。在保证其低价位的同时，也要明确“推广”是我们需要达到的主要目的，盲盒玩偶在设计中所蕴含的文化理念、审美取向是其根本价值所在。这就需要设计者在控制制作成本的基础上，尽可能地规避盲盒玩具因为设计、制作工艺等原因所造成的“廉价感”，在利用好盲盒售价低的优势的同时，保证盲盒的品质，做到“低价”而不“低廉”。

2. 与IP相结合的销售形式

由于传统文化推广类盲盒的特殊性，在选择可以合作的IP对象时，首先需要考虑盲盒玩具的受众群体，即传统文化的推广对象，有针对性地寻找受众可能感兴趣的IP进行开发，例如针对当代青年消费群体，可从其更感兴趣的影视、游戏入手，从中提取传统文化事物及元素，再结合盲盒形式对其进行现代化思路的优改、设计，进而实现对相关传统文化事物的推广。其次，近几年流行的“博物馆文创”也是盲盒产品可以考虑的合作方式之一。博物馆作为文化实物的保存单位，一些大型博物馆本身也具有IP开发的价值，因此博物馆具有传统文化推广的先天优势，博物馆也成为盲盒玩具开发的优质IP之一。

二、盲盒玩具的设计思路

1. 物态文化

物态文化是人的物质生产活动及其产品的总和。这一类文化事物，都有一个共同的特征，即具有具体的物质形象。正因为如此，以盲盒形式推广宣传物态文化，具有天然的优势，可以将物态文化实物与盲盒玩具进行物质形态的直接“嫁接”。对于服饰、美食等体积较小的文化物品，可以将其作为玩偶造型设计的一部分。例如可以让玩偶穿上传统服饰，并在动作设计上进行配合，使玩偶做出一些符合人物身份的动作；可以让玩偶“品尝”食物，甚至将食物的形象拟人化，直接设计成盲盒玩偶。

2. 制度文化

制度文化是指人们在社会实践中建立的规范自身行为和调节相互关系的准则。若以盲盒形式推广制度文化，需要先通过元素的提炼、场景的设计等方式将抽象的制度文化具体化，从而使其能够以玩偶及玩偶组合的形式被直观地呈现出来。例如，要通过盲盒形式呈现我国古代的教育制度，可以选取特定朝代中的标志性机构或地点进行还原，如国子监、书院等，再加以人物角色的参与，将文化内容以场景的方式展现出来；又如，要呈现我国古代的科举制度，可以设计出童生、秀才、举人、进士等一系列角色，并配以相应的服装、道具、场景。通过这种“可视化”的手段，不仅可以使已经脱离时代的抽象的制度文化具体形象起来，而且设计中加入的现代流行元素，也能够使看似生硬刻板的古代制度文化变得鲜活生动，拉近了其与当代人的时空距离。

3. 行为文化

行为文化由人们在长期社会交往中约定俗成的习惯和风俗构成，它是一种社会的、集体的行为，体现着人们的价值观念取向。行为文化虽然大多没有物质形态，但与制度文化类似，可以通过动作、场景的复刻将其展现出来。另外，也可以通过提取民俗活动中的一些具有物质形态的文化元素，以点带面来展现行为文化。首先，可以选取其标志性的动作或行为，如日常交往的礼节动作、传统节日的典型活动等，再将这些动作、行为与盲盒玩偶相结合，设计出惟妙惟肖的角色形象；其次，可以提取民俗中具有代表性的文化元素，如十二生肖、祥瑞动物等，设计出拟人化的玩偶形象，或将其与行为文化的场景相结合，这些文化元素虽然不是行为文化本身，但与行为文化有着紧密的联系，具有丰富的民族文化内涵，能够赋予行为以更深层的文化意义。

4. 心态文化

心态文化由人们的价值观念、审美情趣、思维方式以及由此而产生的文学艺术作品构成，是文化的核心内容。心态文化可以分为两个组成部分，一是社会心理，包括人们的精神状态和道德风貌；二是社会意识形态，基层意识形态包括社会的政治理论及法律观念等，高层意识形态则包括科学、哲学、宗教、艺术等方面。要使用盲盒形式推广心态文化，就需要在设计上找准能够将抽象文化具体化、可视化的元素，这是盲盒设计是否成功、推广意图能否达成的关键。例如，设计一组以书法为主题的盲盒玩偶，可以以书法家的形象设计玩偶本身，辅之以相应风格的书法代表作品作为道具。另一种是缺少实物载体的文化类型，包括哲学、宗教等，在进行盲盒设计时，则需要选取间接与其相关的实体元素，作为推介该类文化的代表，从而架起由抽象到具象的桥梁。例如，设计一组以传统哲学思想为主题的盲盒玩偶，可以首先选取提出或践行相应哲学观念的哲学家，在设计玩偶时以其形象作为原型。

资料来源：许琬婷．以“盲盒”形式推广传统文化策略研究[J]．铜陵学院学报，2020，19(3)：5.

第二节　文化差异与跨文化营销

一、跨文化营销研究的意义

当今时代，经济全球化和国际市场一体化已成为不可逆转的趋势，越来越多的企业参与到跨国经营活动中。然而在不同国家和地区，消费者的消费观念和购买行为具有很大差异，这主要是文化差异造成的。据统计，大多数跨国公司在国际市场上所遭遇的失败源于对当地文化的不了解。企业对目标市场文化差异的适应程度越高，跨文化营销的风险和成本就越低。因此，企业只有深入理解不同国家消费者的文化差异，在产品、品牌、价格、分销渠道、促销和广告等各方面对目标市场的文化理念进行有效整合，才能提高跨文化营销的能力。

二、影响消费者行为的跨文化因素

（一）价值观

价值观是指人们关于基本价值的信念、信仰和理想系统。在同一客观条件下，人们对待同一个事物，由于价值观不同会导致不同的态度评价和行为反应。各个国家或地区有其特定的文化及价值观，在价值观的影响下，各国消费者会产生不同的消费观念与倾向。例如，西方人在表达方式上直率、张扬，而东方人往往含蓄、内敛。这些价值观的差别同样会影响消费者的消费行为。例如，西方消费者在选择商品品牌时，特别注重自我感觉和标新立异；而东方消费者往往避免与众不同，容易随大流、雷同化。了解这些价值观导致的消费差异，对跨国公司制定营销策略和整合传播策略至关重要。

（二）语言

语言既是跨文化传播的必备要件，也是文化的载体。语言在构建、传达话语体系的同时，自身也成为文化传播体系的主体。在跨文化传播过程中，由于文化差异的存在，语言会造成人们新的焦虑和不确定性，因此，对语言在跨文化传播中意义的描述、理解和反思一直是跨文化研究的主要议题。许多营销上的错误就是缺乏对语言的了解而导致的。比如，几年前我国企业将一种名称为“芳芳”的口红出口到北美，按中国拼音写成的 Fang Fang 在市场上却引起当地消费者的抵触心理。这是因为，在英语中 Fang 意为狼的尖牙或毒蛇的毒牙，当地消费者当然不会愿意购买“毒牙牌”口红了。

（三）风俗习惯

风俗习惯是特定社会文化区域内历代人们共同遵守的行为模式或规范。人们往往将因自然条件不同而造成的行为规范差异称为“风”，而将由社会文化差异造成的行为规则不同称为“俗”。所谓“百里不同风，千里不同俗”，恰当地反映了风俗因地而异的特点。

风俗是经过长期的社会历史演进而形成的，也是社会道德与法律的基础和相辅部分，因而对社会成员具有很强的行为制约作用。相应地，风俗习惯对人们的购买行为会产生直接或间接的影响。每个国家和民族都保持着属于自己的风俗习惯，这在节日消费习俗中体现得尤为明显。例如，中国的端午节吃粽子、赛龙舟；而西方的圣诞节，人们会装饰圣诞树、赠送礼品。又如，赠送礼物是协调人际关系、表达情感的重要手段，不同国家的送礼习俗也不尽相同，如表11－1所示。

表 11－1　　不同国家的送礼习俗

国　家	印度	墨西哥	沙特阿拉伯
送礼时间	排灯节（10月或11月）	圣诞节（12月）	Id al-Fitr 节（12月或1月）
宜送的礼品	糖果、坚果、水果、大象雕刻品、烛台	台钟、精美的圆珠笔、金质打火机	精致的可以为祈祷者确定方向的圆规或开司米织物
送礼禁忌	不送皮革品、蛇的图像	不送纯银质的器物、食品篮	不送牛肉、猪皮和烈酒

资料来源：杰格迪什·N. 谢斯，本瓦利·米托. 消费者行为学管理视角[M]. 罗立彬译. 北京：机械工业出版社，2004.

（四）审美观

由于文化的长期积淀，每个国家或民族都会形成其特殊的审美观。不同国家或民族的审美有着相当大的差异。例如，日本钟爱樱花，并视其为国花；而俄罗斯则把向日葵作为国花；荷兰人则更钟情于郁金香。又如，一家英国银行在新加坡开展业务时，想用绿色和蓝色作为公司的象征，但咨询公司告诉它，在新加坡，绿色代表死亡。为此，企业在跨文化营销中必须重视不同国家或民族审美观的差异，特别应调整广告、包装等的色彩、造型、音乐表现形式等，以适应当地的审美文化。

（五）宗教

宗教是一种神秘化的信仰，包括指导思想、组织结构（宗教组织，如教会、宗侣）、行为规范（宗教组织内的活动，如祭祀、礼仪）、文化内容（宗教建筑、宗教绘画、宗教音乐）等丰富的内容。它是人类在形成社会组织结构后，有意识发展的一种社会行为。在很多国家，宗教成为维护社会运行的根本性因素。基于此，宗教对人们的生活习惯、消费方式都会产生巨大影响，而不同的宗教信仰直接导致人们消费观念和消费习惯的明显差异。

三、消费者行为的跨文化分析①

为了理解和解释不同文化以及跨文化行为之间的差异，企业的营销人员可以通过有关变

① 江林. 消费者行为学[M]. 北京：科学出版社，2007.

量及其相互关系建立跨文化行为分析模型，如图 11－1 所示。该模型的假设条件是所有国际商务都是创新和变革的过程。出口商及跨国公司从一国向他国投放的产品和服务，在当地都被看作新的、不同的东西而加以接受。这个模型概括了绝大多数影响不同文化环境下消费者购买、评价和接受新消费行为的变量。

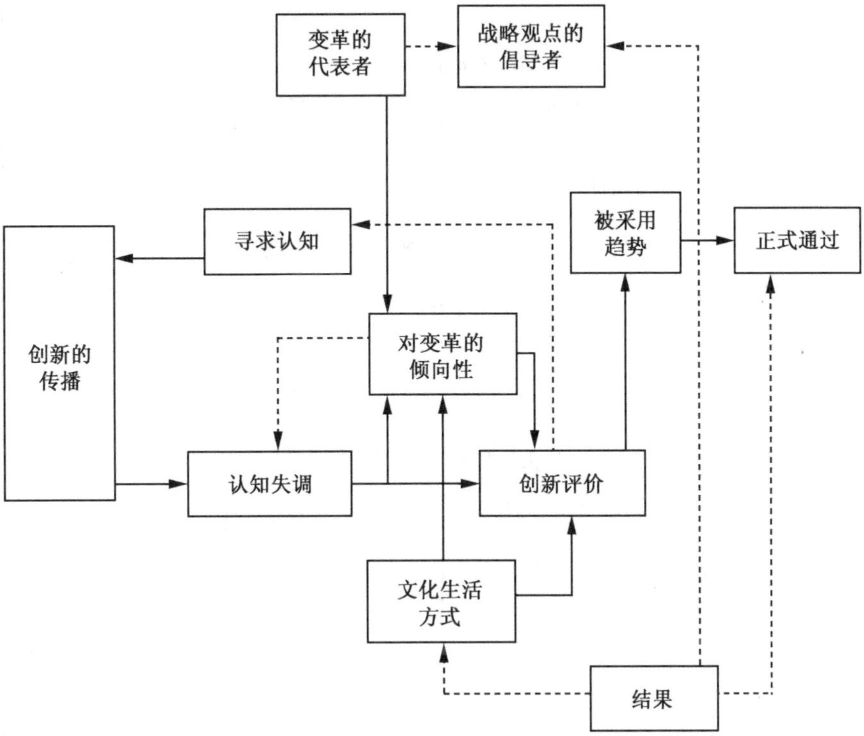

图 11－1　跨文化行为分析模型

此模型的关键变量是变革倾向，它是以下三个因素的函数：

(1)文化生活方式，即个人如何坚持自己的传统信仰和态度，哪些文化因素起主要作用。

(2)变革的代表者，如跨国公司。

(3)战略观点的倡导者，如社会中坚人物。

其中，文化生活方式上的差异又可以用四个主要的文化层面来说明，这些层面包括：①个性化程度，如“我”的意识和“我们”的意识；②权利差距，如社会平等的程度；③不确定性规避程度，如对正式规制的需要；④大男子主义程度，如对成就的态度、男人和女人的地位。为了区分文化的差异性，模型还增加了第五个层面，即长期或短期的侧重性。图 11－2 表明了 12 个国家和地区在这些层面上的定位。

跨文化分析能够帮助营销人员制定营销组合。比如，由于美国市场是高度个性化的，因此促销吸引力应当面向个人；又由于美国市场上的权利差距比较小，因此促销中的模仿应当是非正式的和友好的。在低度个性化的市场，促销重点应放在新产品的社会可接受性上。

如图 11－1 所示，考虑所有的文化变量及其相互关系对制订战略计划是有帮助的。但是，如果对文化上的差异没有根本性认识，任何分析都不会是全面的。这里，对不同文化的分析必须抛开自己本身的文化。企业在进行跨文化营销过程中最容易犯的错误是按“自我参照准则”来制定营销策略。“自我参照准则”(Self-Reference Criterion，SRC)的概念是美国营销学专家

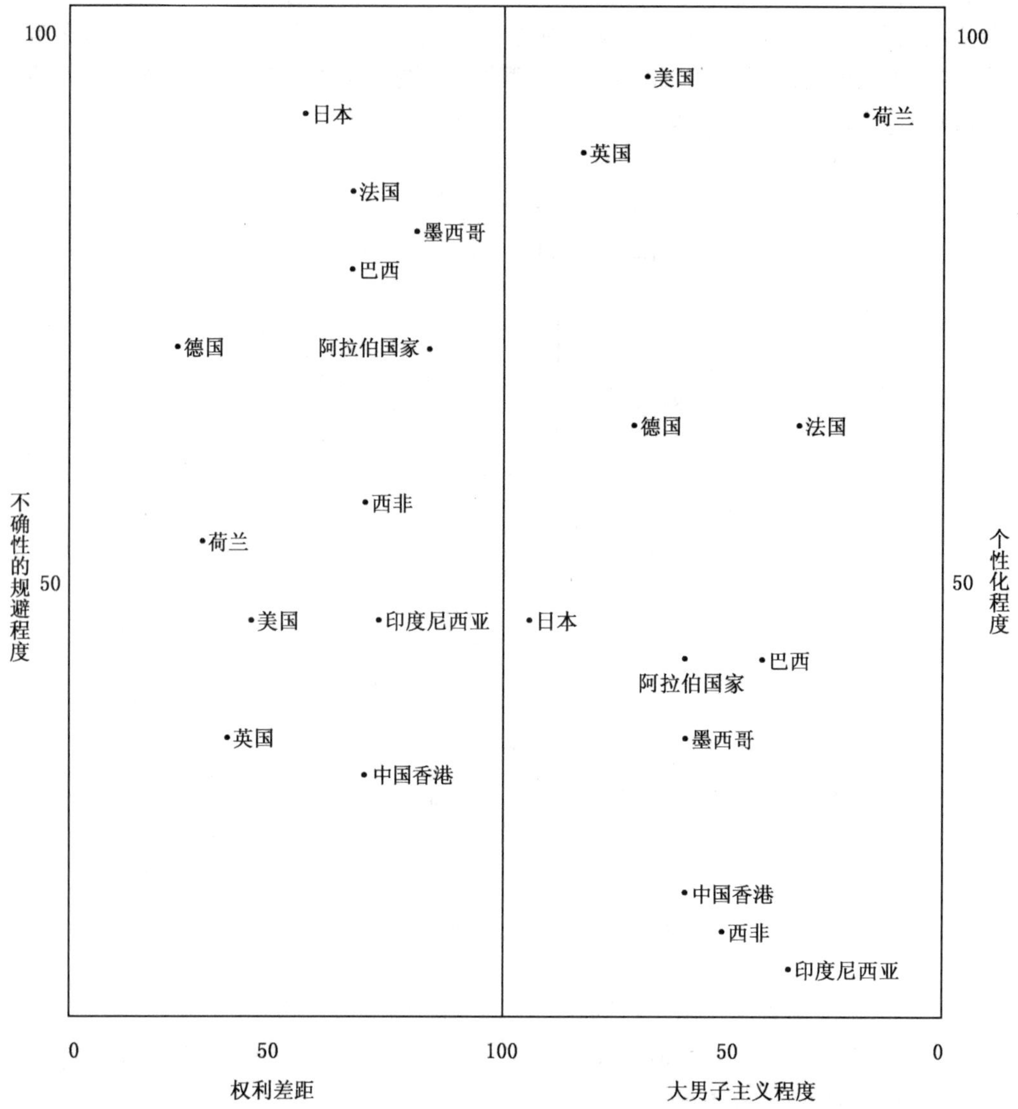

图 11—2 各个国家和地区的文化层面的定位

的詹姆士·李在 1966 年的《海外经营中的文化分析》一文中首先提出的，指的是“无意识地参照自己的文化价值观”。

在进行跨文化分析时还应注意，文化是处于动态之中的，随着时间的推移，一个社会中的价值体系、审美观、语言、道德规范、生活习惯等文化因素都在发生变化。因此，对于参与国际化经营的企业来说，不仅要了解目标市场现有文化环境对营销策略的影响，同时还应关注文化变迁给企业带来的机遇和挑战。在这方面，消费者行为的跨文化分析无疑会为企业制定国际营销策略提供决策支持。

四、跨文化营销策略分析

企业开展跨文化营销时，有七个方面的因素必须予以考虑。这七个因素的分析为决定是否进入某个跨文化市场，以及采取何种营销策略等提供了重要依据。

(一)就文化层面而言,某一地域的消费者是同质的还是异质的

营销活动经常是在特定的地域范围内和一定的政治、经济体制下展开的。人们常常假设地理或政治的边界等同于文化的边界,然而该假设经常是不正确的。例如,在拉丁美洲,营销策略适宜以大都市这一层级来制定,因为在一国内部存在非常大的差别。而加拿大虽然各个地区在语言上有差异,但人们仍把加拿大视为一个单一文化市场。研究表明,说法语的加拿大人与说英语的加拿大人在花钱和对快速食品的态度上,在饮食、服装、个人护理品、烟草、软饮料、糖果、速溶咖啡等的支出上,以及看电视和收听广播节目的模式上均存在明显的差别。

(二)在某种特定文化下,某一产品能满足何种需要

很多企业在进入新市场的时候,常常以现有产品和技术来评价该市场。而在跨文化营销中,企业需要考虑现有产品需做何种改进和调整,以便与当地文化相适应。例如,在美国,自行车和摩托车主要是供娱乐之用,而在很多其他国家,它们是一种基本的交通工具。

(三)需要某一产品的消费者群体有无购买能力

回答这一问题,需要进行初步的人口统计分析,确定有多少人或家庭有能力购买该产品。另外,还要考虑客户采用信贷方式购买、获得政府津贴或购买价格稍低的同类产品的可能性。例如,李维阿根廷公司发起了一项庞大的以旧换新促销活动,消费者将旧的"李维"牌牛仔裤折成 2 万比索(约 7 美元)来购取新款牛仔服。

(四)与购买和使用本产品相关的价值观

价值观对拥有、购买、使用、处置产品的影响应当认真予以分析和探究,因为营销策略就是建立在此分析的基础上。

(五)与产品相关的政治法律限制

一国的法律制度对公司市场营销组合策略的制定具有重要影响。例如,百事可乐挑战可口可乐所做的口味试验广告(即在广告中呈现消费者比较百事可乐与可口可乐口感测试数据)在阿根廷遭禁播,而这一广告在其他国家如新加坡、马来西亚、葡萄牙、墨西哥等均未受到限制。对市场营销尤其是广告活动的限制在全球范围有日益增强的趋势。中国颁布法律明文禁止比较广告和在广告中使用诸如"第一""最好"之类的词汇。遗憾的是全球统一的相关法规尚未出现,各国根据自身法律对营销活动加以限制,由此增加了跨文化营销的复杂性与成本。

(六)传播产品相关信息的方式

这一问题要求对以下各方面展开调查:(1)有哪些媒体可以利用,以及这些媒体面向哪些受众;(2)产品满足何种需要;(3)与产品及其使用相联系的价值观;(4)文化中的语言系统与非语言沟通系统。公司促销组合的所有方面都应当建立在对这些因素的分析之上。例如,惠而浦公司在泰国和其他亚洲国家销售的冰箱均采用比较漂亮的颜色。在这些国家的大多数家庭,厨房比较小,冰箱只能放在客厅里,此时,冰箱不只是一件家用电器,而且还是一件类似于家具的装饰品。

(七)产品营销是否会引起伦理或道德上的问题

所有营销活动既要从财务上也要从道德层面上予以评价。正如本章开头所讨论的,国际市场营销过程中会提出很多道德问题,道德层面的慎重考虑在第三世界国家营销时尤为重要和复杂。

延伸阅读 11—2

跨文化营销与文化禁忌

《汽车之友》杂志曾刊登过这样两条广告:其一是一辆霸道汽车停在两只石狮子前,一只石狮子抬起右爪做敬礼状,另一只石狮子向下俯首,背景为高楼大厦,配图广告语为“霸道,你不得不尊敬”。其二为“丰田陆地巡洋舰”广告:该汽车在雪山高原上以钢索拖拉一辆绿色国产大卡车,拍摄地点在可可西里。两条丰田公司汽车广告在网络上引发轩然大波,许多网民慷慨陈词、集体围攻声讨。在巨大的民族情绪中,最终丰田公司、盛世长城广告公司、《汽车之友》杂志刊登了致歉信才平息了事件。

2005年6月,麦当劳公司在中国上海、深圳、厦门、天津等地投放的一则名为《讨债篇》的电视广告引发观众的强烈反感和广泛批评,不断遭到投诉和质疑。广告画面为音像店门口,身穿白T恤的中国男青年连连哀求店老板:“一个星期就好了,一个星期”,然而店老板摇摇头否定。该青年接着乞求:“三天时间,三天时间好不好?”挺着啤酒肚的老板坚决地说:“我说了多少遍了,我们的优惠期已经过了。”此时,一店员将一个写有“折扣最后一天”的巨大海报摆在店前。那青年却不死心地跪在地上拉着店老板的裤管呼喊着:“大哥,大哥啊……”一句旁白此时插入,“幸好麦当劳了解我错失良机的心痛,给我365天的优惠……”镜头中刚才下跪的中国青年正大口吃着麦当劳的一款汉堡。这则广告最后同样被禁播,麦当劳中国公司最终发表了一份针对“下跪”广告的道歉声明。声明说:由于广告代理商李奥贝纳公司的失误,使麦当劳误认为《讨债篇》广告已通过有关部门的审批,并郑重向消费者道歉。

资料来源:魏巍.从跨国企业在华失败案例透视跨文化营销内涵[J].渤海大学学报,2012(4).

第三节 社会阶层与消费者行为差异

一、社会阶层的概念

社会阶层通常是指消费者在社会中所处的地位,是由收入、家庭背景和职业等一系列复杂变量决定的。社会阶层既能直接影响其中所处的社会成员的消费行为,又能通过影响人们的其他特性如个人价值观、决策方式等间接影响消费者的行为。同类人群具有相似的价值观念、生活方式、兴趣及行为,所属社会阶层不同,消费者的心理与行为也有明显差异。因此,营销人员往往根据消费群体的社会阶层来进行市场细分和界定目标市场,并据此制定针对特定阶层消费群体的营销策略。

在社会阶层研究中,通常以若干标志社会地位的因素来划分社会成员的相对等级。例如,富裕(经济资产数量)、权力(个人选择或影响他人的程度)、威信(被他人所认可的程度)等是划分社会阶层时经常使用的三个因素。但在消费者行为研究中,学者们常常根据以下人口统计变量中的一个或多个变量来确定社会分层:家庭收入、职业身份、受教育程度。一个人所属社会阶层很大程度上取决于这些主要因素,但社会技能、参与社区活动的能力、家庭背景、文化层次、外在形象和被特定社会阶层接受的程度等,也都对个人属于哪一社会阶层造成影响。因此,社会阶层是多种个人和社会属性的综合体,而不是由诸如收入、教育程度等单一因素决定的。在一定意义上,可以把社会阶层看成是一个更大的亚文化群体,因为同一阶层中的人群往往具有许多相似的文化特征和行为特点,包括消费观念和消费方式。消费者在社会结构中所处的阶层不仅决定了他能花多少钱进行消费,还决定了他如何消费。

二、社会阶层对消费者行为的影响

对消费者而言，所处社会阶层不同，其消费观念和消费方式也存在诸多差异。

（一）不同社会阶层的消费观念差异

社会阶层的一个重要差别是价值观。对于工薪阶层而言，眼前的需求是他们购买行为的驱动力。而较高社会阶层的人更倾向于把眼光放在长远目标上，比如为孩子积攒学费或者退休积蓄。

（二）不同社会阶层在支出模式上的差异

不同社会阶层购买的产品在类型上差别较大。随着我国社会分层的多元化，各个阶层在收入的支配上存在较大差异，特别富裕的上层将大部分开支用于购买豪宅、豪华汽车等产品上；而处于中上层的高收入阶层则会把钱用在孩子的特殊教育或个人爱好上；收入较低的工薪阶层则主要用在孩子的教育、房屋的购买、日常生活用品等方面。

（三）不同社会阶层在文化品位上的差异

文化品位是根据审美和知识偏好来区分的。对于这一概念的理解可以帮助我们阐明不同社会阶层之间在消费选择上重要而又微妙的差异。对美国社会分层的研究显示，消费者在如何使用他们的可支配收入和打发休闲时间上存在很大不同。上层和中上层消费者经常参观博物馆和到电影院看电影，而中层消费者经常去野营和钓鱼；上层消费者喜欢听新闻节目，而中层消费者更喜欢听乡村音乐。文化品位的差异分析具有重要价值，营销人员可以根据对文学、艺术、音乐、闲暇活动和居室装饰的共同品位来识别不同的消费群体。

（四）不同社会阶层在消费信息搜集和处理上的差异

信息搜集的类型和数量也随社会阶层的不同而存在差异。处于底层的消费者通常信息来源有限，对误导和欺骗性信息缺乏甄别力。出于补偿的目的，他们在购买决策过程中可能更多地依赖亲戚、朋友提供的信息。中等阶层消费者比较多地从媒体上获得各种信息，而且会更主动地从事外部信息搜集。随着社会阶层的上升，消费者获得信息的渠道会日益增多。不仅如此，特定媒体和信息对不同阶层消费者的吸引力和影响力也有很大的不同。比如，越是高层的消费者，看电视的时间越少，因此电视媒体对他们的影响相对要小。

（五）不同社会阶层在新产品购买上的差异

消费者对新产品的态度也会受到社会阶层的影响。一般来说，高层消费者往往是某一个或几个知名品牌的忠实顾客和拥护者，一旦有新产品问世，他们会很乐意接受和尝试。他们大多不太在意产品价格的高低，而更多地重视产品的品质、品牌、外形和流行度。中层消费者由于更在意产品的性价比，对新产品一般持比较慎重的态度。因此，当新产品进入市场时，他们会经过收集有关信息、进行比较评估等一系列过程后，才做出决策。价格和质量是中层消费者是否接受新产品的两大重要影响因素。下层消费者由于受经济条件的限制，不会很关注新产品的问世，所以对他们来说新产品基本没有吸引力和市场。社会阶层与消费之间的密切关系决定了阶层结构的状态对消费状况的影响。①

① 陈婕娅，常可. 中国社会阶层结构与消费[J]. 经济管理，2009(5).

第四节　社会角色对消费者行为的影响

一、社会角色的概念与含义

社会角色(social role)是指与人们的社会地位、身份相一致的一整套权利、义务的规范与行为模式,它是人们对具有特定身份的人的行为期望,也是构成社会群体或组织的基础。具体来说,社会角色的含义表现在以下方面:

(一)社会角色是社会地位的外在表现

社会地位是人们在社会关系中所处的位置,而人的社会关系包括血缘关系、地缘关系、业缘关系等诸多方面。因此,人的社会地位也是多方面的。每个人的社会地位总要通过角色表现出来,角色是地位的外在表现形式,而地位则是角色的内在依据。

(二)社会角色是人们对处于特定地位的人的行为期待

为了使个人实现社会角色,角色的期待是必不可少的,期待是实现社会角色的有效手段。

(三)社会角色是社会群体或社会组织的基础

社会群体或社会组织是人们通过一定的社会关系而结成的社会共同体,其中的社会关系网络就是由社会角色相互作用而形成的,如果失去了这些角色,社会群体或组织也就不存在了。

在现实生活中每个人会同时担当多种角色。一个人每担当一种角色,实际上就是添加了一种责任,而且角色也是可以变换的。随着社会的发展,个人从事的事业和所处的地位都可能发展、变更和升迁,由此扮演的角色也相应改变。

二、消费者选择产品时的角色分类

(一)消费者角色的意义

消费者角色的承担者包括每一个在市场上进行消费活动的社会成员。当社会成员遵从社会规范(包括各种约定俗成或法律的规定)购买商品或接受服务时,就扮演了消费者的角色。消费者角色具有的特征为:

(1)消费者从事的消费活动属于生活消费;

(2)消费者的消费对象既包括商品也包括服务;

(3)消费者的消费活动表现为购买、使用商品和接受服务;

(4)消费者主要指个人消费者。

消费者在整个消费过程中会承担不同的角色。比如,当消费者有某种需求未被满足并决定改变这一状态时,就是消费行为的“发起者”;当有意识或无意识地通过言辞、行为去影响购买决策时,就成为“影响者”;当实际执行选择、购买行为时,就成为“购买者”;当实际消费或使用产品或服务时,就承担“使用者”的角色。

可见,研究消费者行为时,如果只考虑其中的一种角色是不全面的。但这并不意味着在任何情况下都要涵盖上述所有角色,也并不意味着不可以只选择其中一个或几个角色及行为。事实上,“购买者”是消费者角色中最重要的一种角色。

(二)产品充当的角色分类

产品具有表达意义的功能,可以成为人们表现自我概念的载体。因此,在一定文化背景下，产品也可充当特定社会角色的表达工具。产品可表达的社会角色特征主要有以下方面：

1. 个人高贵身份

充当这种角色的产品，必须能表明消费者的身份、地位和个人成就，如高级轿车、高档手表、名牌服装等。在设计这类产品时，尤其要考虑选用贵重的材料、豪华的款式和考究的做工，而且产品的产销量要严格控制，以凸显其珍贵性。

2. 年龄特征

人在一生中要依次经过儿童、青年、中年、老年等阶段。在不同的年龄阶段，人们的生理和心理特征都是不同的，所扮演的人生角色也有所差别，如子女、夫妻、父母等。显然，年龄阶段赋予的人生角色差异使消费者对产品的需求有所不同。因此，设计产品时要认真研究不同年龄段的特殊要求。

3. 自尊和自我实现

人类的需要规律表明，当人们的物质需要得到满足后，其精神上的各种需要就会逐渐变得强烈，如渴望得到社会和其他人的承认与尊重、求得事业的成功和自我价值的实现等。因此，在购买时，消费者可以寻找有助于增强自尊和自我实现的产品。

4. 情感的代言者

现代社会中，消费者已经不再把产品作为单纯的消费对象，而是在强调产品使用性的同时越来越注重产品承载的情感内容。人们希望通过产品来获取某种感受，并满足特定的情感需要，如表达友情、寄托希望、展示情趣等。为此，在产品设计中，应特别注重运用文化因素来寻求传达感情的载体，使产品蕴含丰富的情感色彩，以满足消费者的情感需要。

三、角色与消费者购买行为

(一)角色关联产品集

角色关联产品集是指承担某一角色所需要的一系列产品。这些产品或者有助于角色扮演，或者具有重要的象征意义。例如，职业人士通常会使用职业套装、公文包、领带等物品，这将会使他们看上去更专业。角色关联产品集规定了哪些产品适合某一角色、哪些产品不适合某一角色。因此，营销者需要确保其产品能满足目标角色的使用或象征性需要，以此使人们为了胜任所承担的角色而购买。

研究前沿 11—1

交叉销售

交叉销售(cross selling)是一种发现顾客的多种需求，并通过满足其需求而销售多种相关服务或产品的一种新兴营销方式。简单来说，就是向拥有本公司 A 产品的客户推销本公司 B 产品。比如说某客户在你这儿购买一款笔记本电脑，你可以继续向他推荐和销售杀毒软件、移动硬盘等。

交叉销售是一种横向开发市场的销售方式，是营销人员在完成一次交易后，主动向现有客户销售其他额外的产品或服务。交叉销售有助于企业就同一个顾客挖掘、开发出更多的有效需求，而不是只满足于顾客某次购买需求的实现。显然，针对拥有特定角色的消费者，采用交叉销售方式有利于成功地向他们销售角色产品关联集中的相关产品，全方位满足其角色扮演的需求。

资料来源：zhidao. Baidu. com/question/14610230. html.

(二)角色的超载、冲突与演化

角色超载是指个体超越了时间、金钱和精力所允许的限度而承担了太多的角色,或承担对个体有太多要求的角色。比如,目前某些企业家既担负着经营管理企业的责任,又面临着市场竞争的压力和社会多方面的要求,还要照顾好家庭。此时,由于承担角色过多,他们会感到力不从心、顾此失彼。角色超载会导致个体的紧张、压力和角色扮演的不称职。

角色冲突是指由于个体扮演某一角色或同时扮演几种不同的社会角色时,所出现的内心的冲突与矛盾。社会角色的冲突通常表现为:(1)同一社会角色内心的冲突;(2)当社会角色改变时,新旧角色之间发生的矛盾与冲突;(3)承担多种角色时的冲突;(4)社会角色规定的人格与其真实人格之间的矛盾。

角色演化是指人们对某种角色行为的期待随着时代和社会的发展而发生变化。随着越来越多的女性参加工作和在家庭中地位的上升,传统的男、女角色行为已经或正在发生改变。例如,在我国的许多家庭中,洗衣做饭、家庭清洁、上街购物等家务活动已经由男性承担,有些甚至以男性承担为主。应该看到,角色演化既给营销者带来了机会,也提出了挑战。例如,女性在职业领域的广泛参与,改变了她们的购物方式,许多商家、店铺也需要因此而调整其经营模式。研究表明,全职家庭主妇视购物为其主要工作,而同样承担大部分家庭购买任务的职业女性却不以为然。显然,在对产品进行促销、销售时,零售商应考虑基于角色认同而产生的购物动机的差别。

(三)角色转化

个人在社会中所承担的角色并不是固定不变的。随着生活环境的变化和工作的变动,个体会放弃原有的角色,获取新的角色,并自觉或不自觉地从一种角色转化成另一种角色。在此过程中,个体的角色集发生了改变,与其角色相关的行为和对产品的需求也会发生相应的改变。

延伸阅读 11—3

弱冠求进　定名"绅宝"又何妨

一千个人眼中有一千个哈姆雷特。喜好决定选择,偏好却难以揣摩。

按照中国人的传统,企业发布品牌、推出新品,好比对新生儿寄托希望、取个吉利的名字。古人在弱冠前有乳名,长大成人后往往会有新的名字,至于嬉笑怒骂还是万人敬仰,却是以功绩留名。

近期国内媒体爆料,北汽中高端车型的品牌名称将正式定名为"绅宝"。此消息一出,便在整个汽车业界引起了议论。有人认为,萨博本就是个相对比较窄众的失败品牌,北汽打造中高端车型品牌应该"去萨博化",定名"绅宝"不但毫无新意而且有"山寨"之嫌。在笔者看来,模仿中寻求突破和创新是中国自主品牌发展的必然阶段,因此不必对北汽的品牌名称妄加诟病,中高端产品就叫"绅宝"也未尝不可。

不妨先来看一下"绅宝"这个名词的由来。这是港澳地区对于瑞典 SAAB 品牌的港音译名称。这种译法不仅与原商标品牌发音相近,同时还利用汉字所蕴含的多义文化信息,赋予其实际意义,诱导接收信息者产生美好的联想。如 SAAB 被译为"绅宝",有着"绅士的宝贝"之意,起到跨文化营销的理想效果。

相同的例子还有德国名车 Mercedes-Benz,是以奥地利巨商 Emil Jellinck 之女 Mercedes(祥和、温文尔雅之意)和该企业创始人 Carl Friedrich Benz 的姓氏合二为一形成的。在中国台湾被译为"宾士",在中国香港则被译为"平治",很容易让人联想到《大学》中"齐家、治国、平天下”的名句，也有体现车主人生理想的韵味。

事实上，“绅宝”品牌在香港与内地的客户群体有着较大差异，“绅宝”曾是港片的一个浪漫元素，20 世纪 90 年代初香港的中产阶级都把拥有一辆“绅宝”作为成功的标志。“绅宝”车主大多从事医生、律师、金融等社会阶层较高的职业，共同特征是受教育程度高、收入不菲，有着自己独特的观念，综合素质相对较高。

笔者在与北汽相关人士交流中也了解到，选择“绅宝”是出于两方面的考虑：一方面体现了“萨博”基因的传承。众所周知，北汽在收购萨博核心资产之后，将其涡轮增压、轻量化底盘和极致安全等技术充分运用于中高端产品。另一方面，“绅宝”在香港的客户群体特征与未来北汽 C70G 目标消费群更为接近。北汽 C70G 的目标消费人群多为私营企业家、外资企业高级管理者或高级白领、国有企业中高层领导等，为人平和但做事果断，同时兼具内向与外向、进取与内敛的特点。他们有着丰富的人生阅历，性格正派而沉稳，注重工作的同时也会加强和家庭成员的沟通。此外，“绅宝”更加符合北京汽车对于打造品牌文化内涵的诉求。

北汽自主品牌起步较晚，是个严格意义上的“新秀”，如何才能在强手如林的 B 级车市场赢得人们的关注？除了技术过硬、品质精良之外，出色的营销手段也是必不可少的一大利器。北汽 C70G 用“绅宝”这样一个有传承、有故事的名字，无疑对提高品牌的知名度是一大利好。所以，北汽中高端产品定名“绅宝”没有什么不可以。

资料来源：新浪汽车，http://www.chexun.com/2012-08-07/101131065.html，2012-08-07.

案例分析

茶颜悦色，教你玩转传统文化营销

近几年，营销行业中刮起一阵传统文化风，不少餐饮品牌将传统文化元素与营销有机结合，玩出新花样。

1. 长沙的新地标式茶饮

在创立品牌的前几年，茶颜悦色一直保持着匀速发展，第一年五家，第二年六家，第三年十几家。但到了 2017—2018 年，茶饮品类爆发，茶颜悦色也随之进入了快速开店期。

茶颜悦色能够发展这么快，它的定位和包装是最大功臣，茶颜悦色在字体选择上、装修设计上、杯子画风上、海报宣传上、产品名称上乃至室内摆设上等已经形成了独特的中式传统文化现象，处处透着一股文雅之气。对此，茶颜悦色负责人非常坦诚地说：“我们也是‘蹭’上了茶饮爆发的流量。”

在外界看来，茶颜悦色区别于其他茶饮品牌最鲜明的标签是“文化属性”。比如其杯子的创意，常常来自名家名画；又比如“新中式实验”系列概念店广泛运用传统文化，太平老街的“好多鱼”概念店就在店面设计中运用《海错图》元素；等等。

2. 差异化的定位

“中国文化”帮他们俘获了大量年轻人。有网友开玩笑说，茶颜悦色简直是最会做茶饮的文创店。这个定位是如何出炉的？

茶颜悦色负责人说，他是做策划出身，创业做餐饮以后，做过鸡爪，也加盟过奶茶店，都没成功。但这些经历让他觉得，这个行业还有一些差异化的空间，只不过他之前用了“错误的方式、错误的理解”。那时风靡大街小巷的饮品店，都走和 CoCo 都可类似的风格，可爱、卡通。“我不想跟他们一样，而且我知道我跟他们一样，一定死。因为做不过他们。”

茶颜悦色负责人一开始就确定了要走“中国风”，没想到，“做了几年以后，走着走着，发现原来（中国风和茶饮结合）这是个风口。”

3. 唤醒对传统文化的认知

“人们买的不是东西，而是他们的期望。”营销大师 Ted Levitt 曾说过这样一句话。如果套用到如今的餐饮营销里，则可以这样说：“消费者感知的不是餐饮品牌，而是他们心中的认同感。”要想让消费者真切感知，不能硬性地向他们灌输，而应该以受众易于接受的传统文化，唤醒他们心中的文化认同感。

中国风文创结合＋有趣接地气的互动，用年轻人更容易接受的方式做传统文化——他们做得比跟随故宫、国家宝藏等文创大 IP 而来的这一波热潮要早。

他把年轻人对文化的理解看得很重。一个产品或场景做出来，要去找消费者的共鸣。“本身中国风就是一个很好的话题。而且我们的发展，正好赶上了弘扬中国传统文化的大势，”茶颜悦色负责人说，“这不是我能猜中的，还是有运气成分。”

4. 如何利用传统文化元素营销？

(1)打造品牌的美食文化 IP

想要消费者对餐饮品牌有文化认同感，结合传统文化打造自己的美食 IP 必不可少。一个好的传统文化美食 IP，既能让消费者有文化认同感，又能让消费者有品牌认同感。

就连茶颜悦色的创始人自己都没想到，自己的品牌居然成了长沙的地标。因为，与小龙虾、臭豆腐、某某水果不同，新茶饮中还没有哪一个品牌与地域紧密结合到一起。

为什么会如此呢？

原来，喜茶靠着 100 多家门店，完成了对全国市场的布局。茶颜悦色虽然也拥有上百家门店，但是全部遍布在长沙城内。可能有人会说，如此密密麻麻的布局，难道不会因为门店的重复覆盖，造成资源利用效率的降低吗？但实际上，就像便利店一样，消费者常常有喝奶茶的需求，高密度的覆盖会增加消费者的消费频次，进而产生路径依赖和品牌黏性。同时整体传播节奏层层递进，概念普及、互动传播、形象升华三个步骤相辅相成，很好地将品牌理念与文化内涵结合到一起，打造出一个“认同式”文化营销的典型案例。

(2)突出传统文化的美学价值

“饮食美学”概念正逐渐深入人心。消费者们现在已经不满足于只是吃得好，还要吃得健康、吃得“好看”。因此将美学作为突破口，更有利于品牌营销。

为什么要用“美学”营销，也是颇有讲究的。所谓美食，首先就要“美”。孔子曾说“色恶不食，割不正不食”。从先秦时期中国人就看重对食物美感的要求，以美学为突破口很容易引发大众认同。

在颜值即正义的时代，包装意味着传播力，意味着能否有机会成为网红饮品。在这一点上，茶颜悦色可以说是深谙其道。为此，除了将门店的装修设计打造成中国风主题之外，就连品牌的 Logo 都是带着浓厚的江南女子味道。也就是说，与时尚和现代感不同，茶颜悦色追求一种古典优雅、超脱静谧的安逸舒适感。

(3)把握营销节奏很重要

一次好的营销，传播节奏相当关键。具体来说有三个步骤：概念普及、互动传播以及形象升华。第一步是抛出概念。营销商首先通过自媒体以及店面地推等方式，将营销的主题概念宣传给消费者，并合理设置悬念。既可以让消费者了解到本次营销的主题概念，又可以为大众普及饮食美学的概念和认识。第二步是互动传播，通过丰富有趣的互动活动让大众参与其中。具体手法上可以通过多种互动形式让广大网友，特别是年轻网友了解到中国饮食美学的丰富内涵，让大家觉得有趣的同时将品牌理念融入其中。第三步是形象升华，将第一步与第二步所做的营销串联起来，并上升到品牌的传统文化美食 IP。打造一幅中国饮食美学的全景画卷，全方位引发受众认同。

比如茶颜悦色的公众号文章采用的是年轻人极其坦诚、略带调侃的文风，更加有亲和力和诙谐力。另外，像“单品免费续杯”“集卡点免费赠杯”“雨天指定饮品第二杯半价”等营销套路，能够让消费者感受到温暖，继而成为大家心目中的陪伴茶饮。除此之外，茶颜悦色还在打造周边产品。比如，与茶饮有关的叶子、杯子，还有明信片、中国风的雨伞、水杯等，都通过线下门店和淘宝同步出售。

其实，现在很多餐饮品牌想做文化营销，希望用文化来为自己的品牌赋能。但常常陷于没有突破点、大众感知僵硬的情况。而打造一个属于自己的传统文化餐饮 IP，不失为一个行之有效的方法。

资料来源：轨道策划．茶颜悦色，教你玩转传统文化营销[EB/OL]．豆瓣，https://www.douban.com/note/731004536/，2019-08-20.

思考与讨论

基于上述案例，请思考如下问题：

1. 茶颜悦色为什么能够发展这么快？
2. 请结合本章所学知识，讨论文化营销如何为品牌赋能。
3. 关于在营销中植入传统文化元素，你还有什么新的见解？

本章小结

文化有广义与狭义之分。广义的文化是指人类社会历史实践过程中所创造的物质财富和精神财富的总和，内容非常广泛。狭义的文化是指社会的意识形态，以及与之相适应的制度和组织机构。文化具有学习性、发展性、社会性、民族性和观念性等特征。文化是社会大多数消费者行为一致性的基础，对消费者行为有着巨大、深远而又潜移默化的影响。

文化由两大部分组成：一部分是全体社会成员所共有的基本核心文化；另一部分是部分成员共有的独特的亚文化。亚文化是相对于主流文化而言的，是总体文化的次属文化。亚文化的划分维度有地理、性别、年龄、民族、宗教等。现实中每个消费者可能同时属于多个亚文化群体。

随着经济全球化和国际市场的一体化，跨文化营销变得越来越重要。影响消费者行为的跨文化因素主要有价值观、语言、风俗习惯、审美观和宗教等。企业开展跨文化营销时，必须考虑七个方面的因素：(1)某一地域的消费者在文化层面是同质的还是异质的；(2)某一产品在某种特定文化下能满足何种需要；(3)需要某一产品的消费者群体有无购买能力；(4)与购买和使用某一产品相关的价值观；(5)与产品相关的政治法律限制；(6)传播产品相关信息的方式；(7)产品营销是否会引起伦理或道德上的问题。

社会阶层通常是指消费者在社会中所处的地位，是由收入、家庭背景和职业等一系列复杂变量决定的。在消费者行为研究中，学者们常常根据家庭收入、职业身份、受教育程度等人口统计变量中的一个或多个变量来确定社会分层。不同社会阶层的消费者，在消费观念、支出模式、文化品位、信息搜集和处理、新产品购买等方面存在诸多差异。

社会角色是与人们的社会地位、身份相一致的一整套权利、义务的规范与行为模式，它是人们对具有特定身份的人的行为期望，也是构成社会群体或组织的基础。在现实生活中每个人会同时担当多种角色，比如消费行为的“发起者”“影响者”“购买者”和“使用者”等。

角色关联产品集是指承担某一角色所需要的一系列产品。角色超载是指个体超越了时间、金钱和精力所允许的限度而承担了太多的角色，或承担对个体有太多要求的角色。角色冲突是指由于个体扮演某一角色或同时扮演几种不同的社会角色时，所出现的内心的冲突与矛盾。角色演化是指人们对某种角色行为的期待随着时代和社会的发展而发生变化。角色转化意味着个人在社会中所承担的角色并不是固定不变的。

关键词与复习题

关键词

亚文化(subculture)　跨文化(span-culture)　跨文化营销(cross-culture marketing)
社会阶层(social class)　社会角色(social roles)

复习题

1. 简述文化、亚文化与消费者行为的关系。
2. 谈谈你对跨文化营销的认识和理解。
3. 简述社会阶层的概念及其划分，并说明不同社会阶层的消费者在心理与行为方面的差异。
4. 如何理解消费者行为中的角色差异？

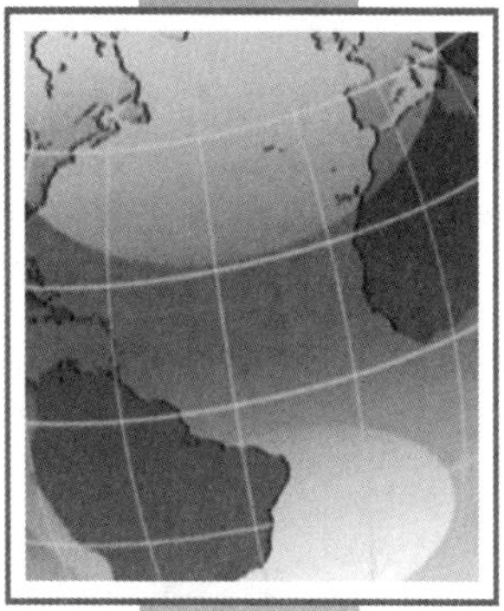

下篇　消费者行为专题研究

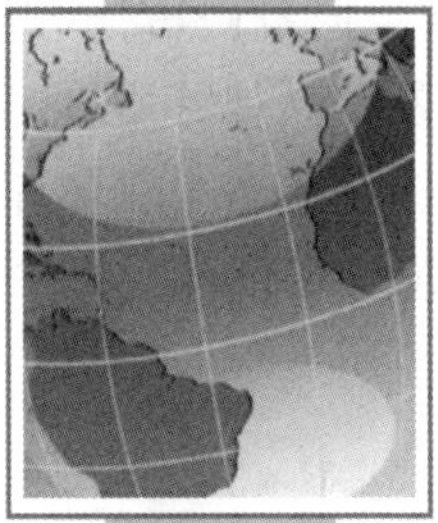

第十二章 消费者的品牌心理与行为

学习目标

通过本章的学习，应当掌握品牌、品牌个性、品牌忠诚以及品牌转移的基本概念，了解品牌的内涵与构成，领会消费者品牌心理的形成机制及其对消费心理的影响与作用，理解消费者的品牌购买行为过程，并掌握企业培养与增强消费者品牌偏好与忠诚的经营策略。

案例导引

作为一个让人耳熟能详的品牌，“六个核桃”在植物蛋白饮料领域中已经成为核桃饮品的代名词。短短几年时间，六个核桃业绩实现了从3亿元到50多亿元的巨大突破，成为一个行业传奇。出人意料的背后总是有着情理之中的因素：品牌建设和传播是六个核桃领军饮料行业的重要战略手段。

在品牌建设方面，为了建立个性鲜明的品牌识别，养元智汇饮品公司（以下简称“养元智汇”）启用“六个核桃”作为产品名。六个核桃的命名可谓险中取胜、平中出奇的典范，直观、明白，让人过目难忘，也让人半信半疑。不少人说这个标新立异的名字玩数学游戏，涉嫌虚假宣传，因为按照成本核算，六个核桃里面根本不可能真的浓缩了6个核桃的精华。但是，争议性同时意味着话题性和关注度，数字的真假尚在其次，敢于将营养含量体现在名称之中，至少体现了河北养元智汇对于产品营养价值的信心。在消费者心目中，六个核桃不知不觉完成了一次概念替换，一举成为核桃饮料的“代言人”。这个命名是客户的灵感产物。在命名中，直接突出核桃，有利于突出产品自身的特性，“六个”的组合也符合“每天吃6—7个核桃”有利于身心健康的常识。再通过个性化的组合，突出了命名的独特性，更容易记忆。另外，在中国传统民俗文化中，“六”代表“顺”，六六大顺，有吉祥、好运的寓意。

在品类名称“核桃露”和“核桃乳”的取舍上，养元智汇果断启用“核桃乳”。品类名称要求通俗、容易理解、具有通用性，“核桃乳”被确定为品类名。为什么不叫“核桃露”呢？“露”容易让人联想到“露水”，显得水分更多一些；“乳”容易让人联想到“乳汁”，就像牛奶一样嫩白浓郁，似乎更有营养。从字面上消费者的联想可能会是：核桃乳营养成分比例大、干货多、下料足；相反，核桃露则显得稀、薄、水分多。

在品牌传播方面，六个核桃的广告语先是“六个核桃，好在六点”，然后在2009年转变为“经常用脑，多喝六个核桃”。怎么找到“健脑益智”与现代消费者需求之间的结合点？怎么让核桃乳成为人们日常生活的必需品，从而尽可能地覆盖更大范围的目标消费群体？这是六个核桃的品牌诉求需要解决的问题。“经常用脑，多喝六个核桃”这句朗朗上口的广告语正中学生和都市白领的下怀，六个核桃也借此走进了千家万户。

本案例改编自：六个核桃：为什么成功？[EB/OL]. http://guide.foodmate.net/2013/

4461. html，2013-06-14.

品牌在现代市场营销中占有极其重要的地位。就企业经营而言，随着无形资产被计入会计账目，品牌资产平均可占到企业价值的 75%。而从消费者行为角度看，各种品牌特质，如品牌个性、品牌体验、品牌定位、品牌形象、品牌传播、品牌知识等遍布于消费生活的各个领域，随时随地对消费者的心理与行为产生直接或间接影响。可以说，现代消费者已经进入“品牌消费”的黄金时期。

第一节　品牌的内涵与构成

一、品牌的定义及内涵

回顾有关品牌营销与品牌心理的研究文献可以发现，虽然前人对品牌的概念已有较深入的综合探索，并形成了少数极具个性的观点，但总体来说，对品牌的认识仍如盲人摸象，即仅仅抓住了品牌内涵的某一部分，很少完整地审视“大象”整体。为此，有必要通过回顾品牌的发展历程来探索其完整内涵。

(一)品牌的起源

品牌诞生的初衷是为了区分不同产品的归属或制造商。“品牌”一词来源于古斯堪的纳维亚语“Brandr”，本意是“烙印”，即牲畜所有者为表明所有权，警告他人“别动，它是我的”而在自己牲畜上打上的烙印。而在生产活动中，品牌化的初衷是手工匠人用来标识自己的劳动成果，以便顾客能够轻而易举地辨认它们。最早的制造商品牌可以追溯到古代陶器和石器工匠标在手工制品上的标记，在中国、古希腊、古罗马以及印度出土的陶器和其他物品上都发现过这类标识。例如，在对秦兵马俑坑发掘的过程中，在陶俑、陶马身上发现有刻画或戳印的文字，一般为 2 个字，最多的有 11 个字，其中除了编号和数字外，都是陶工的名字，目前发现的有 80 个之多。

(二)关于品牌定义的研究

品牌作为社会化生产的产物，具有一定的社会属性和客观性。随着社会经济的发展，品牌的含义也发生了巨大变化，它早已不仅仅是一种声明所有权的标记，而是一个拥有丰富内涵的全新概念。学者们出于各自的认知水平和经验，从不同学科和专业领域对品牌的内涵进行了解释，从而形成了丰富多样的品牌内涵学说，其中最具代表性的有以下几种：

1. 标识说

如美国市场营销协会(AMA)定义委员会把品牌定义为：用以识别一个或一群产品或劳务的名称、术语、标记、符号或设计，或是它们的组合运用，其目的是借以辨认某个销售者或某群销售者的产品或服务，并使之同竞争对手的产品和服务区别开来。① 黄昌富认为品牌是一个系统，一个包括产品与服务功能要素、厂商和产品的形象要素、消费者的心理要素在内的三维综合体。② 刘凤军认为，品牌是一个集合概念，主要包括品牌名称和品牌标志两部分。③

作为一种标识，品牌肩负着识别和区分的主要功能。标识说基于最原始、直观、外在的品

① 营销术语词典(*Dictionary of Marketing Terms*)，1960.
② 黄昌富. 品牌竞争：买方市场条件下的系统竞争[J]. 中国流通经济，1999(3).
③ 刘凤军. 品牌：市场边界与竞争制高点[J]. 经济管理，2001(6).

牌含义，将品牌的内涵集中在产品的识别体系上，但这只是品牌必要的而非充分和全面的内涵。

2. 资产说

在艾克看来，品牌资产主要包括五部分，即品牌忠诚、品牌意识、品牌联想、主观质量和其他权益。这一无形资产能够使企业在激烈的市场竞争中获得竞争优势，从而使企业赢得消费者并获得利润。[①] 科勒对品牌资产的定义是，由于品牌知识的不同，消费者对品牌的市场营销行为的反应也不同，而品牌知识取决于品牌知名度及品牌形象所形成的联想网络记忆模式(associative network memory model)，该知识将影响消费者对品牌的知觉与态度。[②] 从人类认知学的角度看，品牌资产就是消费者关于品牌的知识，包括品牌名称与产品类别、产品评价和关联物(有关产品的信息或线索)的记忆联想；品牌资产是在品牌名称的基础上由营销活动和消费者产品购买、使用经验共同作用形成的。[③]

品牌资产说认为，品牌是企业内在属性在外部环境中创造出来的一种资源，是一种超越生产、产品及所有有形资产以外的无形资产，其价值在于促进企业的产品销售与产品延伸，在消费者认知过程中形成差异化的直觉品质、知觉价值及品牌形象等，是品牌标识说在消费者心理学上的进一步发展。

3. 信号说

品牌信号说认为，品牌是信号，反映了事物间的直接对应关系或必然因果联系。从制度经济学的角度看，品牌作为信号有利于降低消费者在选择商品或服务时的选择成本(the cost of choice)。这是因为，由于高昂的信息成本，消费者不可能确切地知道某一种产品或服务的实际功用以及质量、品质和成本，他(她)必须寻找一种可以方便判断产品内在质量的标识或信号以降低购买风险，而品牌就是最好的选择。因此品牌降低了消费者在选择商品时的成本，从而增加了需求、拉动了经济增长。[④] 品牌是消费者判断产品实际价值的价值信号，是产品质量的保证书，是好产品的标识。[⑤]

品牌信号说从消费者购买、使用产品，满足个人需要的过程分析，借助制度经济学的知识对品牌的本质进行了剖析。但从内容看，仍然没有摆脱品牌最初的基本定义及功能区分。

4. 符号论

从消费的社会属性角度看，消费者需要的是品牌所代表的某种社会意义，比如个性、品味、时尚、价值观、信仰、社会地位、社会阶层等。因此，王连森基于符号学将品牌定义为：品牌是企业用以代表自身及其产品/服务的特征，进而方便并促进顾客对其采取的态度和行为。[⑥] 从上述表述可以看出，品牌作为名称和标志，代表了企业及其产品/服务的属性、价值、文化、个性等特征，并满足顾客对某一方面的需求，进而影响他们的态度和行为。

符号论既强调了品牌作为一种标识，是企业的象征，又从消费的社会属性分析了品牌本身所蕴含的无形内容及其对消费者心理需求的满足，进一步将企业与消费者联系到了一起。

当然，关于品牌的定义还有其他版本，如心理契约角度、关系说、生态论等，但总的来看，各

---

① Aaker, D. A. *Building Strong Brands*. New York: Free Press, 1996.

② Keller, K. L. "Conceptualizing, Measuring and Managing Customer-based Brand Equity". *Journal of Marketing*, 1993(57)(Jan.).

③ 黄合水，彭聃龄. 论品牌资产——一种认知的观点[J]. 心理科学进展，2002(3).

④ 刘华军. 现代经济增长的综合分析框架：分工－制度－品牌模型[J]. 商贸研究，2006(4).

⑤ 王新新. 应该用两种品牌理论指导品牌管理[J]. 经济纵横，2006(4).

⑥ 王连森. 基于符号学的"整体品牌"概念[J]. 北京工商大学学报(社会科学版)，2004(9).

种定义都是从企业和消费者两个角度对品牌进行界定。

从企业的角度看，品牌是企业通过一系列的营销工程（品牌设计、品牌推广、品牌管理、品牌维护等）建立和积累的一种资产。这种资产具有一定的财务价值，可以买卖和交换，同时也是展现企业形象、产品质量、文化内涵等的营销工作，有助于同竞争者进行区分。

从消费者的角度看，品牌具有一定的文化内涵与社会象征性，代表着某种价值观与生活方式；它有自己的个性、形象与风格，是消费者心理投射在产品上形成的一种人格化象征，而这种象征的实现过程就是消费者体验。正是消费者这种产品与使用情境、购买情境、产品评价等相联系的体验积累，成就了差异化的品牌。

因此，综合各种关于品牌的定义，可以归结为：品牌是企业通过系统的营销活动，在一定的社会文化背景下，与消费者共同塑造的产品（服务）或企业的形象、个性、主张、联想和承诺，它外在表现为一系列区别性的名称、术语、符号、标记或是它们的组合，内在实质是消费者对产品（服务）价值和利益的情感和社会认同，体现了产品或服务对消费者物质、情感、心理和精神需求的满足。

（三）品牌的内涵

从上文对品牌定义的梳理可以看出，品牌从来都是一个复杂的概念，要理解品牌的具体内涵，需要从以下几个方面进行界定：

1. 品牌是人类消费发展的产物

从人类消费的历史看，整个人类的消费需求发展大致经历了三个阶段：第一阶段是“量的消费时期”，这时社会生产力还不能满足人类生存和发展的基本需要，消费需求还停留在最基本层次上；第二个阶段是“质的消费时期”，随着社会生产力的不断提高，特别是工业革命以后，人类基本的生活需求得到了满足，人们开始追求更高的消费层次，不但要求产品（服务）能够满足其需求，而且要能更好地被满足，即追求“质”的消费；第三个阶段是“感性消费时期”，消费者不仅关注商品传统的物质形态意义上的使用价值，更加关注商品品牌在文化意义上的象征价值，即符号价值。于是形象经济时代到来了，品牌日益成为人们“自我表达”的主要形式和“身份认同”的重要来源，人们在选择消费品牌时也体现了一种身份、一个特定阶层的消费烙印。正是消费阶段的不断升级发展，人类的消费活动逐渐由物质消费向精神消费转型、由同质消费向异质消费转型、由被动消费向主动消费转型，品牌消费日益成为现代消费的主流。

2. 品牌的物质载体是产品

谈及品牌，最为相关的当然是产品。品牌与产品既有诸多联系，也有一定的区别。产品是具体的，消费者可以触摸或感觉到；而品牌是抽象的，是消费者对企业所提供物品的整体感知，是一种心理体验。由实践可知，产品不一定必须有品牌，但是在每一个品牌之后都有产品。产品是品牌的基础、物质载体，没有好的产品，用于识别商品来源、体现消费层次的品牌就无以存在。一种产品只有得到消费者信任、认可和接受，并能与消费者建立起紧密的关系，才能使标定在该产品上的品牌得以存活。这首先是因为，品牌的属性源于产品属性。例如，当我们谈到奔驰车时，都会想到奔驰这个品牌意味着工艺精湛、制造优良、经久耐用等特性，这些属性恰恰是消费者在使用奔驰车的过程中体验到的，也是制造商广为宣传的内容。同时，品牌体现着某种特定的利益，而人们所感知的利益是由产品属性转化而来的，或者说，品牌利益相当程度上受制于产品属性。此外，品牌的承诺需要借助产品来兑现。如果消费者感知、接受、信任品牌的承诺，那么该品牌就拥有了存活于市场的资格，否则就会失去消费者、失去市场。所以，品牌以产品为载体，体现了产品与消费者之间的关系。

3. 品牌的特定内容是文化

品牌之所以能够从市场竞争中脱颖而出，得到社会大众的认可，不单是具有卓越的品质、能够满足消费者的特定物质需要，更重要的是具有较高的文化含量、能够给人们带来精神享受。每一个品牌背后都蕴含着特定的文化，品牌中的文化深藏在品牌里层，又显现在品牌各构成要素中。从表面上看，品牌的文化显现在品牌名称、品牌标志、品牌包装等方面；深入分析则可以看出，品牌蕴涵着企业理念、民族精神、社会价值观等更高层次的社会文化要素。例如，“麦当劳”蕴含着工作标准化、作业高效率、生活快节奏的美国文化；而奔驰品牌则彰显了有组织、高效率和高品质的德国文化。

4. 品牌的特定对象是消费者

虽然从营销过程来看，企业设计了品牌要素，但它并不最终拥有品牌，最终拥有品牌的是消费者。任何一个品牌都暗示了一种生活方式、价值观念、个性追求，暗示了购买或使用产品的消费者类型。企业借助品牌实现有关产品及其相关信息的输出（或向市场释放）；消费者通过品牌了解其旗下产品的质量、特色及售后服务保证等信息，据以决定是否购买，并在购买后通过消费来展示自己的生活品位与价值追求。品牌在产品和顾客之间起到桥梁或纽带作用。如果某一品牌的消费者类型发生变化，以致与品牌形象有较大偏差，就需要品牌在不改变定位的情况下对消费者进行重新整合，否则品牌与对应的消费者群体之间的距离就会渐行渐远，最终因失去消费者而丧失市场竞争力，甚至从市场中消失。因此，品牌个性与目标顾客群有机对接，是企业获得品牌成功的关键。

二、品牌的构成

品牌是一个复杂的概念，包含着丰富的信息，不仅仅是一个名称。只有将这些信息最大限度地整合起来，品牌才是完整的。品牌的构成要素主要体现在以下两个方面①：

（一）显性要素

显性要素是品牌展现在外的、具体的、消费者可以直接感知的成分，主要指品牌及其所标定产品的名称、标识、包装设计等。

1. 品牌名称

品牌的名称是有独特含义的语言，包括词语、字母及其组合，是建立品牌的基础。名称不仅将产品本身的内容加以概括，还反映着企业的经营理念、价值观、文化等。名称在整个品牌中起着提纲挈领的作用，是消费者记忆品牌和品牌传播的主要依据。从心理学及语言学的角度讲，品牌名称还是一种象征货真价实的标志，比如一提到奔驰，大家就会想到奔驰车行驶速度快、性能优良的产品品质；一提到飘柔，就会想到丝质般柔顺的秀发。这些品牌名称让你在使用该产品时，能够确信它就是你真正想要的。

2. 视觉标志

品牌的视觉标志，是指品牌独特的书写形式、图案、标志物和标志色等，是激发品牌视觉感知的一种识别体系。它通过给人以具体的、可感知的形象记忆，帮助消费者建立品牌联想，使消费者更好地识别和记忆品牌。例如，Coca Cola 独特的书写形式，是其品牌的一个标志。品牌标志还包括标志物，例如“金色拱门”和“麦当劳叔叔”是麦当劳餐厅的标志物。品牌标志物与品牌图案没有严格的分界线，主要区别是标志物比图案具体一些。

① 王成荣. 品牌价值论：科学评价与有效管理品牌的方法[M]. 北京：中国人民大学出版社，2008.

(二)隐性要素

品牌中不能被直接触摸和感觉到的被称为品牌的隐性要素,它是存在于品牌整个形成过程的核心要素。

1. 品牌承诺

正如上文所述,品牌一头连着企业,另一头连着消费者,是企业向消费者做出的一种承诺、保证。随着科技进步、消费者需求的变化,产品本身也在不断改变,但产品之所以能长期为消费者所钟爱,是因为品牌经营者灌注在产品中的经营理念、价值观、文化等始终不变,消费者所能获得的品牌价值和品牌利益始终保持稳定。一个企业是否具有优越的技术创新能力、严格的管理制度以及良好的社会责任感,在很大程度上决定着消费者对企业的信任和对产品的感情,好的品牌承诺会使消费者在接触产品前就有十足的信心。

2. 品牌个性

品牌个性是指品牌形象人格化后所具有的个性,包含了消费者所有能够联想到的跟品牌有关的特质的集合。① 从认知角度讲,品牌个性是消费者根据自己对品牌的感知,在头脑中形成的对品牌的认知,这种认知基本上是以特质的形式存储的,并受个人因素如价值观、信仰等的影响。每个品牌都有它自己的"风格",如万宝路是阳刚、强健的风格,而弗吉尼亚苗条牌香烟则以阴柔著称。研究表明,消费者的自我概念与品牌个性之间存在着正强化关系。当自我概念与品牌个性相一致时,消费者对品牌个性的态度就会积极,购买该品牌的意愿也就会强烈。当消费者购买意愿被强化到一定程度时,购买行为就会发生。

3. 品牌体验

消费者是品牌的最终拥有者,品牌的实质是消费者在消费过程中经验的积累。在体验营销者看来,品牌凝聚的是顾客对一种产品或服务的总体体验,品牌的价值很大程度上是体验的价值。体验的内生过程是指个体在一定的环境氛围(团体和社会)中,感受、学习、认同而获得一定的认知和情感,有了新收获、新体悟,从而达到身心和谐、提升生命质量的过程;体验的外生过程是个体将体验或正在发生的体验通过一定方式表达出来,是存在于人的身体之外的过程。后者一般以两种状态存在:一是附着在有形的工具、产品中;二是以多媒体、纸介质(书籍)、电子音像等为载体,存在于现实生活中的思想、技术、规则、法律、制度等非物质现象,而这些恰恰构成了品牌。

延伸阅读 12—1

植入式营销与品牌个性塑造

近年来,植入式营销在我国得到了快速发展。从品牌个性塑造的角度来说,这种营销方式具有得天独厚的优势,是企业进行品牌个性塑造的一把利器。

首先,植入式营销是以一种柔性方式渐进塑造品牌个性。传统电视广告倾向性和侵略性的表达方式往往给消费者带来不良的体验,干扰消费者正常的娱乐生活,从而引发消费者强烈的反感和抵触情绪,使得广告效果大打折扣。相对而言,植入式营销是一种相对含蓄的传播方式,是一种更为深入、灵活和渗透的广告形式。在展示的过程中淡化了广告传播意图,并且和生活情景结合在一起,使得消费者在正常的娱乐体验中不知不觉接受品牌信息。通过渐进式的品牌知识累积,植入式广告增强了品牌或产品的说服力,提升了消费者对于产品的个性认

① Aaker, Jennifer L. "Dimensions of Brand Personality". *Journal of Marketing Research*, 1997, 34(3).

知，建立了品牌或产品的个性认同。

其次，融于剧情充分展示品牌个性的塑造需要一个长时间的过程。受制于昂贵的广告费用，传统的广告时长往往以秒计量，因此品牌个性塑造的效果非常有限。而在植入式营销中，品牌的曝光时间最长可达媒体的播放时长，如电影中植入式广告可达一个小时以上，如此可观的曝光时长可以使广告商和媒体方充分发挥，对品牌的个性进行充分塑造。此外，植入式广告的载体往往是剧情化的，植入式广告中的情境植入往往对剧情的发展起着重要的作用。在这个过程中，品牌使用的场景能充分调动受众对品牌个性的感知。记忆理论告诉我们，多种记忆方式并用的效果最佳。在电影《电子情书》中，就经常出现主人公在星巴克咖啡屋浪漫与感动的镜头。这样的情景容易在目标受众中烙下深刻的印记，每当他们置身于星巴克，就会联想起星巴克浪漫和温馨的品牌个性。

最后，电影、电视剧植入中，品牌往往和品牌的使用者形成一种密切的联系。随着影片剧情的进展，品牌使用者(角色)往往会被塑造成个性鲜明的角色形象，并且随着剧情的深入，这种角色个性更加突出。普通的品牌代言人广告只能简单地将代言人形象和品牌进行联系，而植入式广告却能够根据影视情节的发展自然直观地演绎品牌个性，影响消费者。曾经热播的《杜拉拉升职记》讲述的是一位年轻、上进的杜拉拉小姐通过自己的努力奋斗，终于成就自己职业理想的故事，在片中出现了古驰、迪奥、香奈尔、立顿红茶、马自达等广告，因为这些品牌的定位与成功白领的形象不谋而合，在剧中的出现也就显得自然合理，容易被目标受众所接受和崇拜。

资料来源：金永生，许销冰，许彬彬. 植入式营销中的品牌个性塑造[J]. 石家庄经济学院学报，2011，34(1)：75—79.

第二节　品牌心理的形成机制

根据消费者行为理论的研究，任何购买行为的发生都是消费者在需要、欲望的驱使下寻找满足需要之物并决定购买和消费，品牌消费也是如此。当今社会，随着科技的进步和生活水平的提高，人们的消费需要已经从低级的生理、安全需要上升为尊重、自我实现等高层次需要，实现了由物质消费向精神消费的转型。消费者购买商品时，不单是为获取商品的使用价值，更主要的是获得心理和精神上的满足，而这种心理和精神层面的高层次需要是通过品牌消费来实现的。

一、品牌的心理作用基础

品牌之所以能够满足消费者的精神和心理诉求，正是因为品牌所具有的社会象征意义和情感意义。

(一)品牌的象征意义

消费者心理和精神需要的内容之一是社会象征性需要，也就是人们的一种认识自我、表达自我并期待得到他人和社会肯定的需要。这种需要根据表达对象的不同又可以分为两种：

1. 自我个性的表现

自我个性表现是指通过自我评价来判断自己的行为并且在内心对自己进行定位，也就是自我形象或自我概念。比如，有人认为自己前卫时尚，是引领时代潮流的时尚达人；有人则认为自己稳重审慎，见解独到，不随波逐流；还有人认为自己个性突出，与众不同；等等。正是诸如此类的自我描述，使得消费者在购买商品时，总是寻求那些能证明自己个性和自我形象的商品。

2. 自我价值的实现

自我价值是指消费者通过购买、使用某一品牌向外界表达自我和证明自我价值。在摩托车爱好者看来，一匹哈雷“良驹”，驰骋千里，既能游刃有余地穿梭于都市，又能从容不迫地纵横于令汽车也望尘莫及的路堑峭壁，已经远远超出了作为交通工具的简单定义；它是春天里掠过原野的风，是城市里人们追寻的目光，是银幕中永恒的浪漫和经典，总能激起人们潜伏在生命最深处的感动和激情。

品牌的象征意义是这两种需要实现的基础。那么，什么是品牌象征呢？

品牌象征是指在消费者心目中，品牌所代表的与特定的形象、身份、品味相联系的意义和内涵。在这里，品牌不再是一种符号、图形，而是一种精神、意义的载体，它可以体现消费者的知识水平、生活方式、消费习惯、社会地位、名望声誉等。一定意义上，品牌象征是商品品牌赋予消费者表达自我的手段。

（二）品牌的情感意义

品牌的情感意义来源于消费者的情感需要。情感是与人的社会性需要和意识紧密联系的内心体验，具有较强的稳定性和深刻性。情感对消费者的影响是长久和深远的。比如，一辆“永久”或“飞鸽”牌自行车能激起中老年消费者的许多美好回忆。很多品牌就像一首老歌、一瓶陈酒，被人们当作一种怀旧的载体，蕴涵和积淀了消费者浓厚的感情。

品牌的情感意义反映了在消费者的心目中与品牌相联系的审美性、情感性文化意蕴。它巧妙地构建了一种生活格调、一种文化氛围、一种精神世界，引导人们通过移情作用，在商品的消费中寻找到自我，得到慰藉，获得情感上的寄托和心理上的共鸣。正因为如此，品牌不仅仅是单纯的标识、符号，还具有人格化的魅力，可以使消费者对其产生情感共鸣。

二、品牌的心理作用机制

那么品牌又是如何使消费者获得这些高层次需要的满足呢？这需要从消费者对品牌的认知过程和情感形成两方面分析其心理作用机制。

（一）品牌认知

品牌的认知过程是指消费者认识、了解、确信并接受品牌的过程，是品牌发生作用的心理基础。消费者一旦形成对某一品牌的认知，就会从中发现自我形象、社会象征、心理情感等方面的需要，并希望通过品牌体现自身的生活方式、文化艺术品位、声誉与名望等。

1. 品牌定位

消费者的品牌认知是通过企业的品牌定位和品牌个性化实现的。一段时间以来，品牌定位被认为是企业主导的行为，消费者只是被动地接受品牌。其实这种看法恰恰是本末倒置，因为企业进行品牌定位的最终目的，是使消费者形成品牌认同。因此，品牌定位必须符合特定目标消费者的自我定位，品牌个性选择必须符合目标消费者的个性特征。品牌定位可以从品牌定位的内容和过程来理解。

(1)品牌定位的内容。首要内容是文化定位，即将某种文化内涵注入品牌之中，形成品牌在文化上的差异。消费者总是生活在一定的社会文化背景之下，特定的社会文化、亚文化使消费者形成了特定的价值观、消费观等。这将影响一个消费者的食物偏好、衣着选择、娱乐方式和购买习惯等。品牌的文化定位只有符合了消费者所处的社会文化标准，才能使品牌在整体上不被消费者所排斥，进而获得他们的心理认同和情感共鸣，这是品牌定位的基础和前提。

其次是情感定位，即将某种情感寄托到品牌中，使品牌成为某种情感的象征。情感对消费者的影响是长久和深远的，只有情感定位准确，品牌才能通过移情作用，使消费者在商品的消费中找到自我、得到慰藉，获得情感上的寄托和心理共鸣。在进行情感导向定位时，一定要做到与消费者之间深切的情感沟通，就是说让品牌与消费者之间产生情感联系。

最后是情景定位，即将品牌与一定环境、场合下的商品使用情况联系起来，以唤起消费者在特定情景下对该品牌的联想。消费者消费某一商品时，总是希望在某种特定情景下展示自己的知识水平、社会地位、名气声誉等。只有情景定位准确了，消费者才会在一定的环境、场合下使用该品牌，否则品牌便无用武之地。

(2)品牌定位的过程。首先，了解消费者的特征。通过目标消费者所处的社会环境和所属的消费群体来分析消费者的个性心理和消费行为习惯，了解目标消费者的需要、愿望和利益诉求。例如，在美国市场上，本田汽车定位于美国中低收入的消费者，因而就不能像梅赛德斯一样处处体现华贵的气派和做工的精细，而要适应中低收入消费者希望满足经济适用的需要。其次，通过信息沟通传达品牌信息。企业应利用广告宣传、一对一服务等多种信息沟通渠道和方式，将品牌定位传达给自己的目标消费者。这种定位提示要保证信息表达的准确无误，更要确保消费者在对信息进行理解时，不发生曲解和歧义。例如，著名凉茶品牌“加多宝”在电视广告中反复宣传自己“去火”的功效，力图将自己与其他功能饮料区别开来；而“九龙斋”酸梅汤则以“去油”为口号树立自己的品牌形象。

2. 品牌个性化

品牌个性研究的心理学基础是人本主义心理学派与精神分析学派的理论，它们都特别注重人的独特性，主张人是一种自由的、有理性的动物，具有个人发展的潜能。在心理学领域，个性是指人所具有的稳定而持久的特征，包括能力、气质、性格和兴趣等方面的特质。由于每个人的个性各不相同，具有绝对差异性，因此个性具有识别人的功能，也就是说人们可以根据态度或行为表现出来的个性来认知他人。这些长期积累的心理学知识被成功地运用到了品牌个性研究中。

人们对品牌的认知最初着眼于影响品牌的各种外在因素，如品牌属性、名称、标志、包装、价格及声誉等。随着消费者心理活动特别是记忆的不断积淀与扩散，品牌就像人一样具有了独特的个性形象。这种个性形象不单是由产品本身确定的，还包括其他一些人为联想、创造的成分。品牌个性一旦形成，就具有了持续性和不可模仿性。在品牌的构成要素中，无论是品牌标志，还是作为物质载体的产品功能属性，都是可以被模仿的，但对于体现品牌独特内涵的、无形的品牌个性，则如同人的个性一样难以被模仿。

总之，品牌的个性化可以解除消费者的心理障碍，使消费者从品牌的独特个性中感受到丰富的品牌内涵，产生高度的契合感，从而获得个性心理的满足。为此，企业都非常重视建立独特的品牌个性。总体来说，品牌个性一般源于以下几个方面：

(1)产品自身。产品是品牌的物质载体和兑现承诺的基础，它可以向消费者提供功能利益、情感利益和自我表现利益，是形成品牌个性的主导力量。比如，英特尔的CPU产品以其极快的速度推陈出新，该公司的创新品质形成了英特尔最重要的品牌个性，并为英特尔造就了巨大的品牌价值。

(2)品牌使用者。由于一群具有类似背景的消费者经常使用某一品牌，久而久之，这群使用者共有的个性就被黏附在该品牌上，从而形成该品牌稳定的个性。摩托罗拉曾是中国手机市场上的开拓者，一开始有能力购买手机的消费者大多为成功的商务人士，因此摩托罗拉的使用者集中在商务人士。渐渐地，商务人士共同的行为特征就凝聚在摩托罗拉手机上，从而形成了摩托罗拉成功、自信、注重效率的个性。

(3)品牌价格。价格也可以反映品牌定位，暗示品牌个性。高价位的品牌可能会被认为是富有的、奢华的、有实力的、上层社会的，例如，奔驰、劳斯莱斯、路易十三极品葡萄酒等。低价位的品牌会被认为是朴实的、节俭的、平民化的、低档的。

(4)广告。广告有助于塑造品牌形象，显示品牌个性，不同的广告主题、创意和风格会产生不同的广告效果。在绝对牌(Absolute)伏特加的平面广告中，多年来长期坚持采用以怪状瓶子的特写为中心，下方加一行两个词的英文；两个词中又总是以"Absolute"为首，并以一个表示品质的词居次，如完美、澄清等。在表现题材上，设计者将品牌与产品、物品、艺术、节目、口味、服装设计、主题艺术、欧洲城市、影片与文字、时事新闻等相结合，赋予了广告无穷的魅力和奥妙。现在，绝对牌伏特加的品牌个性已十分鲜明：时髦、独特、风趣、现代、年轻。

延伸阅读 12—2

滑板杂志(*Thrasher Magazine*)旗下的街头品牌——Thrasher

这是一个不屑玩饥饿营销，不找明星代言，就能在潮流圈站稳脚跟的品牌，但如果你买它只是单纯觉得好看，那么品牌的忠实粉丝就会告诉你，你不配！这就是世界知名滑板杂志(*Thrasher Magazine*)旗下的街头品牌——Thrasher。

Thrasher 不是单纯的服装品牌，它其实是为滑手们建立的"全面滑板资讯"的杂志，服装只是杂志想要带给硬核滑手们的一种特殊的仪式感。

有着炫酷设计和亲民价格的 Thrasher 成了潮流人士追捧的宠儿。然而这种随处可见的现象却激怒了品牌的忠实粉丝，在他们看来，不玩滑板的人不配穿 Thrasher 的衣服，不懂滑板却穿着 Thrasher 的衣服，就是在亵渎滑板精神！更让人惊讶的是，杂志的主编看到比伯和蕾哈娜这些潮流明星上身带货，非但没有感谢他们，在接受采访时还说，我们不会把 Thrasher 的衣服送给比伯和蕾哈娜或者是那些"小丑"。在他看来 Thrasher 并不适合潮流明星，而是适合真正热爱滑板的人，Thrasher 的含义就是"摔打"和"收割"，当你摔过跤，你才会收获更流畅的动作。经历过挫折才会成为更好的人。

在很多人心中，Thrasher 并不是那些明星潮人街拍搭配这么简单，它代表着"对虚伪事物的反抗"和"不畏前行"的执着精神，或许并不是非得玩滑板才能穿 Thrasher 的衣服，但当人们不再盲目跟风耍帅，而是真正了解了 Thrasher 的"滑板精神"，再穿上 Thrasher 一定会更帅！

资料来源：尼克的世界. 今天为大家介绍个很有个性的品牌——Thrasher[EB/OL]. https://baijiahao.baidu.com/s?id=1683623217650711488&wfr=spider&for=pc，2020-11-17.

(二)品牌情感

过去 20 年来，大批学者开始研究消费行为中情感或情绪的问题，体现了消费者情感或情绪在市场营销中的地位不断提升。就品牌而言，消费者的情感正是形成品牌附加值的源泉，是消费行为的基本驱动因素。在品牌资产的形成和整体构成图景中，与更为传统的利益驱动一样，品牌情感被看作两条基本路线之一，许多实证研究也证实了这一点。

情感通常被定义为"有效价的感觉状态"。而品牌情感(brand affect)则被定义为普通消费者对品牌使用后产生正面情绪(emotional)反应的潜能。① 从心理活动的角度来看,消费情绪更多地与生理需要相联系,而品牌情感则是与社会性需要相联系,两者有一定区别。

一旦消费者形成了前文所提到的品牌认知,在长期的使用及与企业营销者的互动中便会进一步对品牌形成情感,这在很大程度上影响消费者品牌忠诚度的形成。由品牌情感转化为品牌忠诚的关键,是激发消费者的情感意识。为此,企业不仅要注重增加品牌的文化含量,还要注重长期的情感沟通与培养,而不能期待一蹴而就。

延伸阅读 12—3

三年做到 15 亿元,花西子如何走出破圈之路?

近年来,各行各业的“网红店”“网红品牌”层出不穷,像餐饮行业里的喜茶、元气森林和钟薛高,都是在很短的时间里取得了很大的成就。

而提到美妆,就不得不说花西子,曾用一款口红创下月销千万的纪录;创立仅三年,2019年,在天猫的销售额就达到了 15 亿元,位列彩妆类 TOP 10。

2020 年“6·18”,花西子又以 1.5 亿元的成交额位列天猫彩妆品类第一,是除了完美日记以外,TOP 10 里仅存的国产品牌。

从无名之辈到国货之光,花西子是怎么一步步突破国内外美妆品牌的“围剿”? 它的“网红之路”还可以走多远?

第一阶段:小众圈层,加深品牌烙印

在国货崛起之前,国内的美妆市场一直被各种欧美、日韩彩妆占领,比如雅诗兰黛、资生堂等,国产品牌的使用人群很小,比如百雀羚、雪花膏等基本上是中老年女性在使用,在年轻人这块还是缺失的。

市场竞争大,但是需求也很大,因此找准切入口以及圈层格外重要。所谓圈层,就是基于品牌需求,通过关联度数据确定产品核心种子用户在互联网上的位置。花西子则是选择了口红——这个技术门槛较低的品类入手,并且瞄准了“国风爱好者”,打造纯“国风”的美妆品牌。

数说故事《Z 世代人群圈层研究报告》显示,越是年轻的用户对国风就越感兴趣,年轻用户也是未来的市场消费主力。可以说,“国风”是一个充满了增长潜力的垂直圈层。因此,花西子在产品文案、包装等设计上,也都在不断地将一些雕花、浮雕等国风元素融入其中,加强品牌特性,牢牢吸引“国风”这一圈层。

第二阶段:多渠道推广,针对性输出内容

从小圈子进入大众视线,花西子从自身品牌风格出发,选取了和品牌调性相符的 KOL 进行合作,在短视频、小红书、直播带货等营销平台进行全面铺设。

针对不同平台,花西子也输出了不同的内容。用户在短视频平台很多时候是以娱乐消遣为目的,所以投放的内容主要是开箱、口红试色类的视频,比如发起“卸妆卸出脸谱妆”挑战赛,先引起用户兴趣和话题讨论,再进行转化。有数据显示,截至 2020 年 9 月 4 日,抖音平台共有 1 516 个账号曾为花西子带货,视频总量高达 2 888 条,总浏览量超过 9 000 万次。

可以说,几乎每一个沉迷于抖音、快手、直播的人都知道花西子。而用户在淘宝直播里有更明显的消费倾向,因此内容更侧重产品质量、使用感受等详细信息。在投放账号里,除了选

① Chaudhuri, A., M. B. Holbrook. “The Chain of Effects from Brand Trust and Brand Affect to Brand Performance: The Role of Brand Loyalty”. *Journal of Marketing*, 2001, 65(April): 81—93.

择李佳琦这样的知名 KOL，花西子实际上还选择了许多腰部 KOL、KOC、素人合作。头部 KOL 主要负责话题造势、增加曝光量，而其他投放的账号则能更接近真实的消费者，促进产品的转化。

第三阶段：和李佳琦深度绑定，制造爆款单品

在花西子的破圈之路上，李佳琦充当了相当重要的角色，花西子的雕花工艺口红就是在李佳琦一句句“Oh My God”中卖成了爆款。

李佳琦也在去年九月成了花西子的品牌首席推荐官，同《时尚芭莎》杂志携手推出花西子全新雕花口红宣传大片，该宣传片由陈漫亲自操刀拍摄，通过爆款单品扩大影响力。

有数据显示，2020 年 1—2 月中，花西子旗舰店中有 40% 的销售额来自李佳琦的直播间。今年 1—7 月，李佳琦总共直播卖货 118 场，其中花西子参与的就有 45 场。

可以说，李佳琦的带货也让花西子的品牌关注度和粉丝数直线上升。

第四阶段：跨界合作，扩大影响力

事件营销也是花西子破圈的重要一环。比如邀请四位音乐大师组成“东方知音”团队，共同演绎同名歌曲《花西子》，这其中就有音乐才子周深和“东方作词诗人”方文山。

花西子会与热门游戏等进行跨界联名合作，或者是与合作 IP 营销，提高品牌美誉度。比如《花木兰》上映前，花西子开设“花西子要你看《花木兰》”的话题。

2020 年秋冬纽约时装周上，花西子、三泽梦和杨露三者跨界合作，将东方元素的多样化魅力展现得淋漓尽致。

第五阶段：投放 TVC 广告，完成营销链路闭环

在完成网络环境的布设后，花西子开始大量通过梯媒投放 TVC 广告，比如花西子借助苗族非物质文化遗产，来带动整个品牌的传播势能，完成“铺设—种草—起势—搜索—记忆—转化”整个营销链路闭环，这几乎已经成为当今网红爆款品牌的标准操作。

在此之前花西子主要是通过在短视频平台、小红书上大量投放广告，但这些平台更多是达到一个“种草”的目的，花西子的客单价比较高，仅“种草”没有办法产生消费，因此投放分众广告就显得至关重要。

花西子先是在网络上做大量的口碑优化，进行认知上的普及，然后通过投放梯媒广告，特别是分众广告来提高品牌背书与势能，从而形成一个营销转化的闭环。

靠直播带货走红的品牌，可以走多远

花西子依靠直播、营销得以出圈，带来了大量流量，同样也带来了对于产品的质疑。在各类社交平台上，还是能够看到不少对花西子散粉、眉笔、口红等产品的吐槽。

说到底，虽然花西子依靠“国风”的差异化定位出了圈，但是真正能够让一个品牌长久走下去，靠的依旧是产品本身。

爆款营销带来的巨大流量，也迫使品牌成长的步伐必须能够跟得上暴涨的粉丝量，因为在镁光灯下，大众对网红品牌的要求更为严苛。

人们往往对于“网红产品”有着更高的期待，即使一个小小的错误，都会造成顾客的信任缺失。所以，不管是花西子本身，还是和它一样迅速蹿红的“网红品牌”，从粗放型流量选手，转变为踏实细致的实力派，依旧有很长的路要走。

资料来源：作者：甄妙．三年做到 15 亿元，花西子如何走出破圈之路？[EB/OL]. https://www.socialmarketings.com/articldetails/9310，2020-11.

三、品牌的心理效应

心理效应是指由于心理活动规律的作用，人们在社会认知过程中，对人或事持有的一些特殊反应而产生的效果。刘建平等从心理效应角度总结，认为品牌的心理效应主要有以下五种。[①]

(一)品牌的差异效应

即简化消费者的购买行为。认知心理学研究认为，面对信息超载，人们常常是凭借片段的信息来辨认物体和认识事物，这就是所谓主观认知。品牌作为产品的标志，可以用来表征并创造出同类产品之间的差异。识别差异的过程即对品牌信息提取、加工以形成认知的过程。

从消费信息加工过程来看，品牌的名称、标识物、标识语作为一种速记符号而为消费者注意并感知，与产品属性信息一同储存于消费者头脑中。由于人的记忆以网络方式存储短小的块状信息，而品牌符号能够提供进入网状记忆的刺激，在加工器中与其记忆模式中已有的经验进行匹配，激活相关的网状记忆块，从短时记忆或长时记忆中提取相关内容，由此可以触发、建立与消费者的联系。正是通过对各种商品信息的浓缩，品牌揭示了该产品与其他产品的不同之处。消费者则依据自己的偏好、需求，在众多产品中选择自己喜爱和信赖的品牌，从而简化购买行为。

(二)品牌的光环效应

心理学理论认为个体在缺乏必要信息的情况下，会从已有的知识结构中提取与目标对象相关的心理图式，由此产生对某事物的概括印象，称为“光环效应”(halo effect)。光环效应是根据第一印象或者某一方面的优缺点，铺陈开来，由点及面，形成对事物的整体认知。品牌的光环效应是指消费者因对品牌的认可或信任而减少了购买时的风险感知，增强了对产品的购买信心。品牌光环效应的心理基础在于已有的消费经验定势，即消费者根据个人经历或他人经验形成对某品牌商品的认同和信赖，由此会延续到该品牌的所有商品购买中。

随着社会的发展，市场提供给消费者的选择多种多样。新产品、新品牌大量涌现，令消费者无所适从。然而，消费者不可能也没必要去透彻了解产品的所有特性、功效，于是品牌为人们提供了选择购买的理由。因为品牌不仅是产品的代名词，还涵盖了企业声誉、产品质量、承诺保障等多方面的内容。这些都给消费者创造了消费信心，在心理上形成了品牌象征着高品质的光环效应。对消费者而言，品牌就是承诺，它传递了优良的品质，消除了对产品认知的不确定性，减少消费者的购买风险。因此，品牌的光环效应为消费者提供了自动的信息加工过程，也为产品和企业赢得了消费者的信任。

(三)品牌的情感效应

情感是同人的社会性需要相联系的主观体验，是人类所特有的心理现象之一。心理学认为人的情感心理过程受到生理、自然与社会环境的影响，由可被激发状态的连续体组成。情感从平静到激动的过程因个体与外部诱因交互作用的影响而发生变化。品牌的情感效应是消费者对品牌产生的更深层次的心理定势，表现为消费者从认同品牌到信赖品牌，再升华到喜爱品牌，最终达到对品牌的移情，产生偏爱、忠诚的情感。

优秀的品牌无不注重对情感的诠释。品牌推广通过声音、画面、人物形象的渲染，激发消费者的情感体验，满足他们的情感需求，使其认同并欣赏这种情感价值，进而认同和购买该品

---

① 刘建平. 论品牌的心理效应[J]. 社会心理科学,2006(4).

牌的产品。从某种意义上来说，消费者喜爱某品牌，正是对品牌有一种情感期待；而品牌诠释了消费者的情感，形成罗森塔尔效应(Robert Rosenthal Effect)①。正是由于消费者期待品牌诠释自己的独特情感，而品牌往往不负众望，回馈给人们美好的情感寄托，才会形成积极的品牌情感效应。

(四)品牌的魅力效应

品牌给人以神奇的魅力，使人心驰神往。现代市场经济条件下，越来越多的消费活动成为消费者个性心理特征的外化和社会价值的展现。一个人的服饰、谈吐、休闲方式、饮食偏好、家居装饰、汽车选择等，都是其自身的品位、个性与风格的认知指标。根据这些商品所体现的社会象征性，人们就可对它们的拥有者予以解读或进行类型的划分。这便是品牌给予消费者的魅力。

品牌的魅力效应是品牌散发的零散刺激在个体知觉系统中由部分感觉综合形成知觉的过程。人们通过感官获得品牌给予的信息，这些信息经过头脑的加工(综合与解释)，产生了对品牌及其所承载对象的整体认知，进而形成对品牌拥有者身份地位或个性风格的识别判断。如今，消费者的购买动机不断趋向于社会化、情感化。消费者的好恶不仅取决于产品的客观质量，更多地还取决于产品给消费者带来的心理满足。而这种心理满足的突出表现，就是品牌魅力效应赋予消费者在别人眼中的认知识别。

(五)品牌的附加效应

人格化品牌形象塑造是为品牌增添一种特别的附加值，这种附加值是指被消费者欣赏的产品基本功能之外的成分。正是品牌的附加值把某种类型消费群体的性格、气质赋予某种品牌，使其既具有亲和力，又与消费者在心理上、精神上有一种贴近感，从而能培养消费者对该品牌的心理归属和消费依赖。北京欣欣市场调查公司的一项调查反映："品牌消费在个人身上最直接地与品牌的附加值有关。其中，成就感占 45.8%，展示经济实力占 10.8%，显示身份和地位占 26.4%，引起别人的注意与羡慕占 17%。"这些选项都是附着在品牌表象后的一种心理折射。正因为如此，消费者会觉得拥有某种品牌是一种超值享受。

延伸阅读 12－4

心理距离与品牌情感

在"腾讯 12 年相伴"的广告中出现了这样一句旁白："对她的思念，因为距离而不断放大，对她的偏见，因为距离而消失不见，距离远了，心却近了。"的确，由于时空距离的拉大，我们与家乡和亲人之间的隔阂会减少，感情会加深。对这一特殊的现象，我们可以通过心理学中的解释水平理论(construal-level theory)进行解释。解释水平理论认为，主体对客体的认识不依赖于客体自身，而是依赖于主体对客体的心理建构。这种心理建构会受到心理距离(时间距离、空间距离、社会距离等)的作用。距离越近，主体对客体的认识越具体；距离越远，主体对客体的认识越抽象。

在市场营销中，消费者与本地品牌之间的原产地联结同样也受到时空距离的作用。品牌原产地联结(brand place-of-origin connection)是一种基于本地市场的品牌联结，它反映品牌代表消费者地区群体身份的程度。当消费者用本地品牌来传递自己的群体身份时，就会与本地品牌形成紧密的品牌联结。品牌原产地联结越强，品牌对于消费者群体身份的象征意义就

① 也称为皮格马利翁效应(Pygmalion Effect)或期待效应。

越大，对产品评价的作用也就越大。

然而随着市场竞争的加剧，本地品牌不断面临着来自全国品牌的竞争压力。全国品牌以产品为导向(product orientation)，通过同质化的产品来提高经营效率，这使得在很多情况下，本地品牌处于弱势地位。然而本地品牌同样具备全国品牌所没有的优势。消费者的五种价值观会对他们的品牌情感产生重要影响。其中，怀旧(nostalgia)与品牌的时间维度相关，民族中心主义(ethnocentrism)和环境保护主义(environmentalism)与品牌的空间维度相关，物质主义(materialism)和创新主义(innovation)则与产品本身直接相关。在品牌联结的时间维度和空间维度上，由于本地品牌与消费者的生活环境紧密地联系在一起，因此，与全国品牌相比，本地品牌拥有着先天的优势。当品牌的个性和品牌所能够传递的价值与消费者的自我概念一致的时候，品牌就可以与消费者形成很强的关系。

解释水平理论认为，心理距离越远，主体对客体的分类越粗；距离越近，分类越细。根据自我分类理论(self-categorization theory)，人们会自动地将自己与他人的关系分成内群体(in-group)和外群体(out-group)两种不同的亲疏关系，并且会对内群体更加亲密，对外群体更加疏远。在心理距离远的情况下，内群体范围更广，消费者更可能把本地品牌看作内群体成员，因而原产地联结更容易发挥作用。正如我们在界定"同乡"的范围时，同样会受到与家乡之间距离的影响，距离越远，"同乡"的范围越大。由于以上两点，我们就不难理解为什么离家距离越远、时间越久，品牌原产地联结就越强，家乡品牌对于表达自我群体身份的作用越大。

资料来源：王骏旸，王海忠，梁剑平，陈增祥. 品牌原产地联结的时空维度对负面信息的抑制作用[J]. 中大管理研究，2011，6(3)：1—14.

第三节 消费者的品牌购买行为

正如本书前文所述，消费者的购买决策过程要依次经过认识需求、寻找解决方案、评价比较方案、择优决定和购后评价等阶段。在整个决策和购买过程中，品牌具有举足轻重的作用。

一、品牌在消费者购买行为中的作用

(一)品牌在寻找解决方案中的作用

消费者在购买商品，特别是价格昂贵、不经常购买、风险大和高度自我表现的商品如汽车时，往往对所购商品了解甚少。在这种情况下，消费者将经过认知性的学习过程，即首先通过信息的收集，逐步建立对产品的信念，然后产生好感，最后做出谨慎的购买决策。在这一过程中，信息的收集、品牌的认知是决策的关键。

消费者收集信息可以通过多种渠道进行，例如，个人的记忆和经验、从他人或群体行为方式中得到的启示、各种媒体的宣传等。品牌的象征意义以及品牌的个性，使人们更容易记住品牌所代表的商品特点，而群体中人们惯常使用和喜爱的品牌，也会不断将商品的信息提示给购买者。另外，人们对特定品牌的情感也会使该品牌从大量信息中脱颖而出，赢得消费者的注意。

因此，营销人员必须了解消费者是如何进行品牌信息收集与评价的，即如何完成品牌认知的，从而制定品牌传播策略，帮助消费者掌握该品牌的各种属性以及产品的独特之处，以利于他们建立对品牌的信任和好感。

延伸阅读 12—5

品牌广告应该客观描述还是“夸大宣传”?

品牌到底有多重要?像LV、GUCCI这样的大牌,只是质量和实用功能在吸引消费者吗?答案显然是否定的,同样的做工和用料,如果不印上大牌的Logo,价值会下跌几十倍——这就是品牌的魅力。不,这话说得也不完全对,应该是消费者所感知到的品牌的魅力。

企业通过很多信息来传递特定的品牌形象,展现品牌个性,而消费者也会对信息做出自己的主观评价,进而在心中对该品牌的个性做出定位。其中,广告在品牌创建过程中起着非常重要的作用,例如帮助企业塑造品牌个性,形成消费者对品牌的预期。正因为广告对品牌宣传的作用非常重要,广告的过度宣传问题也非常值得关注。为了让消费者产生兴趣,广告往往会采用夸张的手法,这一定就是虚假宣传吗?对于品牌个性,广告应该客观描述还是“夸大宣传”?

在本研究中,根据品牌为消费者带来的利益,我们将品牌概念分为三种:功能性、象征性和体验性。对于品牌而言,不同的品牌个性会为消费者带来不同利益。

功能性品牌指产品的实用性功能为消费者带来的利益。例如药品、工具等。象征性品牌指产品能够使消费者看起来“优雅”或者“有身份”,提升其个人形象。例如LV包,或者著名服装品牌阿玛尼,或者各种豪车、高档红酒等。而体验性品牌则指产品能够让消费者感觉愉悦、快乐或者新鲜刺激等心理上的享受,例如一次豪华游轮之旅。

研究表明:对于功能性品牌,消费者对品牌的感知超出广告诉求越多,购买意愿就越高,反之亦然。对于功能性品牌,消费者的判断主要通过实际感知和参考点进行比较,根据期望不一致理论,如果消费者对品牌感知低于广告诉求,那么,顾客很可能会不满意,如果消费者的实际感知高于广告诉求,那么,消费者很可能会产生惊喜,并且愿意购买。

由于功能性利益能够反映产品的实用性功能为消费者带来的利益,因此消费者常通过该产品能在多大程度上实现其诉求的功效来衡量,例如一款护肤品,消费者衡量的是其真正达到的效果,而并非广告中所示的效果。如果消费者观看广告之后,对该产品产生了高度信任,甚至相信广告中暗示的效果,显然,其购买意愿会非常高。反之,如果这款护肤品的广告,定位不准确,功能展示不到位,无法突出产品亮点,任凭广告画面再炫目,消费者往往会认为该产品华而不实,无法产生信任感,购买意愿自然降低。总之,广告形象和消费者自我感受越一致,消费者对于品牌的偏好和购买意愿就越高,也就是说,人们更愿意购买自己认为好的产品,或者认为适合自己的产品。

对于象征性品牌,消费者对品牌的感知超出广告诉求越多,购买意愿就越低,反之亦然。例如,某款象征着某种身份地位的名牌产品,消费者如果感觉它比广告宣传得还要昂贵,其购买意愿就会降低。但还有另一种可能性。如果消费者对品牌象征性的感知超过了广告诉求,那么,他的实际感知会起到主导作用,即消费者认为这个品牌很有档次,即使广告诉求中对这一点的体现没有那么明显,消费者也会对品牌产生积极的态度。但如果广告诉求对该品牌的象征性的宣传超过了消费者的感知,广告诉求也可能会居于主导地位,即消费者觉得这个品牌档次一般,没有广告宣传得这么夸张,但也因为其广告做得不错,会对品牌产生积极的态度。

对于这种具有象征性意义的品牌,消费者主要通过比较其真实价值和自我感觉到的价值来衡量。因此,消费者在决定是否购买时,除了品牌的真实价值,更看重自我对该品牌的认知。例如,LV、GUCCI、CHANEL等可能是世界公认的名牌,很昂贵,能彰显使用者的身份地位。但是,有些消费者会认为,CHANEL这个牌子似乎是贵妇专用,使用者大多是养尊处优、不事生产、对社会毫无建树的女子，穿它会显得很庸俗，因此，即使消费者有足够的金钱，也未必会消费这个品牌。因此，消费者态度除了受广告诉求的影响外，很大一部分还受到出身、学识、地位和消费能力等因素的影响。但是，既然这类产品的广告是为了表达品牌带给消费者的象征性利益，那么在制作的时候精美、奢华、高档一点未尝不可。

对于体验性品牌，消费者对品牌感知超出广告诉求越多，购买意愿就越高，反之亦然。品牌的体验性利益指该产品能够让消费者感觉愉悦、快乐或者新鲜刺激等心理上的享受。如果这类广告的诉求让消费者觉得这个产品或者品牌能够给其带来非凡的体验，那么其想要消费的意愿就越高。如果此类广告让消费者觉得没什么亮点，不能产生正向的心理感受，那么消费者自然不会消费。例如一次豪华游轮旅行，如果消费者觉得这个旅行项目比广告宣传的还要超值，自然更愿意购买。如果看了广告都觉得没什么意思，则一定不会消费。

此外，有很多以象征性利益为主导的品牌也具有一定的体验性利益特征。例如一款豪车，开上它，是一种身份的象征，彰显了驾驭者不凡的社会地位和财富，但另一方面，一些人又非常享受驾驭这款豪车的乐趣，因为它卓越的运动性能或者高科技配置让其觉得非常愉悦。针对这样的品牌和产品，应当先确定产品亮点和品牌个性，再进行广告策划，或者利用不同的广告进行不同侧重点的宣传。

综上所述，对于他人能够看得见的消费，理想自我对于产品评价的影响要高于现实自我，对于他人看不见的消费，理想自我和现实自我对于产品评价的影响差别不大。因此，对于公众性的、具有象征意义的产品，广告诉求应该致力于塑造消费者的理想自我，应该高于消费者对产品的实际感知，例如佩戴某品牌的首饰、开某品牌的车，就是某一高级阶层的人；对于功能性的、体验性的产品，广告诉求要将重点放在消费者的现实自我上，不应该高于消费者对于产品的实际感知。例如一款冰箱，还是要强调其功能性的作用，若强调其奢华尊贵，则会起到负面作用。因此，广告该“夸大宣传”还是实事求是，应该视需要塑造的品牌类型来确定。对于要传达象征性意义的广告诉求，适当“夸大宣传”反而会取得意想不到的效果；但是，如果要传达产品功效和体验性的广告诉求，则应该实事求是，如果夸大，就会适得其反。

资料来源：王霞，邹德强，赵平．品牌个性：客观描述还是“夸大宣传”[J]．复印报刊资料：市场营销，2012(12)：32—34.

（二）品牌在评价比较方案中的作用

通过信息收集，消费者根据掌握品牌信息的多寡及自身的价值观和偏好做出评价，其中有些品牌因不符合消费者的要求而被放弃，而符合购买要求的品牌则成为要考虑的品牌。经过多方权衡、比较，消费者会选择其中的少数品牌作为重点考虑对象，最后根据自身需求及现实条件，选择最符合要求的品牌产品进行购买。在整个评价比较过程中，品牌个性是最强有力的选择标准。有的人可能喜欢物美价廉的商品，有的人则喜欢最新科技的创新成果。品牌的个性特征将商品的上述特性凸显出来，有助于消费者对各个竞争产品加以评价比较，做出正确选择。比如对酒品的选择，有人偏爱既尊贵又独具中国特色的茅台酒，有的人更喜爱一样华贵却充满异国风情的人头马 XO，有的人则钟情于纯正而实惠的二锅头。所以，品牌在评价方案中会起到相应的指引作用。

（三）品牌在购后评价中的作用

为了证实自己的方案最优、所得效用最大，消费者往往在购买结束后进行购后评价。这种评价可以由消费者自己进行，也可以征求亲友和同事的意见，或是观察社会反应。购买某类产品的消费者经常会与使用相同品牌的消费者讨论产品的性能、优缺点、使用心得、企业服务水平等。在购后评价和交流中，消费者会无意识地把彼此归类为某一群体，以求得认同、支持、肯定，得到心理上的附加情感和精神效用。品牌在购后评价中起到了强化情感需求和社会互动的作用，从而给消费者带来更多的附加价值。

二、消费者的品牌转换行为

消费者的品牌选择行为是对企业具有重要影响的购买决策过程。在完成第一次品牌选择和购买后，消费者在以后的再次选择中会出现两种情况：一是继续选择原有品牌并保持持续性购买，或向周围的同事、亲人、朋友等推荐，形成品牌忠诚；二是不再继续购买原品牌，而转为购买其他品牌，即品牌转换。品牌转换是指消费者由于心理或外界因素的影响，从一个品牌转移到另一品牌的购买过程。它涉及消费者在一次购买结束后进行再购买的品牌选择行为，是消费者选择心理在品牌中的反映与表现。

（一）消费者品牌转换的产生

正如本书前面所描述的，消费者对商品的效用有一个预设的期望值。当所购商品的实际效用达到或超过该期望值时，产生满意的感觉；当产品实际表现未达到预期，消费者的满意度会下降，产生抱怨，传播负面信息，甚至转换品牌。

首先，消费经历是消费者是否发生品牌转换的前因。研究发现，消费者发生品牌转换行为与其消费中的不满意相关，但即使是满意的消费者也可能发生品牌转换行为，并且发生转换的可能品牌也一定是消费者先前选择品牌时进入考虑集的备选品牌。由于曾经有过品牌选择的经历，因此以往的消费经历会使消费者将曾经考虑的品牌作为转换品牌的备选。

其次，转换一个品牌，特别是满意的品牌会遭遇转移成本、搜寻成本等。由于新品牌存在信息不对称和感知风险，消费者品牌转换的可能性会随之降低。在这种情况下，消费者或者选择不转换品牌以降低感知风险，或者增加转换效用以相对减少感知风险。只有在品牌转换的效用超过不转换的效用时，转换才有可能发生。因此，转换效用大于转换成本是品牌转换的必要条件。

（二）消费者品牌转换的影响因素

从品牌转换过程看，影响消费者品牌转换的因素可以归纳为以下三个方面：

1. 消费者因素

(1)消费者卷入程度。消费者卷入是指消费者对产品与自己关系或重要性的主观体验，主要涉及五个方面，即兴趣与乐趣、象征价值、风险重要程度、出错的可能性以及自我评估能力。当消费者知识水平较低时，卷入程度高会导致消费者较高的心理付出，并且高卷入将导致决策行为复杂性的提高。

(2)消费者的产品知识。消费者的产品知识分为两种：客观知识（指在消费者常识记忆中掌握的关于产品的精确信息）和主观知识（是消费者对产品知道哪些、知道多少的自我感觉）。消费者的产品知识水平会影响决策行为，导致决策时间和信息搜寻数量的变化。比如，产品知识少会推动消费者努力搜寻更多的外部信息；而当产品知识水平高时，消费者就会产生较高的购买意愿。需要注意的是，消费者对产品的主观知识受其自信程度的影响。

(3)消费者特征。品牌转换心理与消费者的个体特征也有较强的关联性。年龄、性别、收入水平、教育程度不同的消费者，其品牌转换心理强度也有所不同，因此这些因素对消费者是否发生转换行为有一定的影响。总体来讲，年轻消费者会比年老消费者更倾向于寻求变化，男性消费者会比女性消费者更频繁地寻求改变，收入水平高的消费者寻求变化的心理比收入较低的消费者要强。

2. 企业营销因素

在企业营销因素中，影响品牌转换的主要有广告、促销和公关等。有研究表明，广告导致品牌转换，但不影响刚购买该品牌的消费者的重复购买。而在消费者对某品牌有较高偏好的细分市场，广告更有可能影响重复购买。另外，与价格相联系的促销对同一品牌有明显的积极作用，同时对竞争品牌的消费者态度和意愿有负面影响。值得注意的是，如果某消费者发生品牌转换，更可能是发生在购买该品牌后很短的时间内，而不是一段时间以后。

3. 市场竞争结构

从品牌转换成本的角度看，消费者对一个品牌的忠诚水平不仅取决于消费者感知的品牌价值，而且还受到市场竞争结构的影响，如竞争品牌与模仿品牌的比例，以及品牌的差异程度。换言之，当品牌差异较大时，品牌转换成本增加，不易发生品牌转换。同理，当消费者感觉两个品牌差异较小时，它们被认为具有相互替代性，在这种情况下，消费者从一个品牌转移到另一品牌的可能性就高。当竞争品牌数量增加时，转换成本减少，易发生品牌转换；而当模仿品牌增加时，转换成本增加，则不易发生品牌转换。

除了以上三类因素外，影响消费者品牌转换的因素还包括：消费者寻求多样化的行为；依据特定情景、偏好所做的品牌转换，如价格、便利程度、原品牌低劣的服务品质、竞争品牌所提供的高品质服务；等等。

延伸阅读 12—6

品牌转换，主动出击

加多宝集团是香港鸿道集团在中国内地注册成立的全资子公司，1995 年，从王老吉凉茶创始人后裔暨王老吉商标海外持有人那里获得凉茶配方的独家使用授权，设计红罐包装，并在国内生产和销售王老吉凉茶。1997 年，鸿道集团与中国内地王老吉商标持有者广州药业集团签订王老吉商标独家租赁使用合同。加多宝集团在中国饮料市场上苦心经营十多年，成功地将原本用于“下火”的中药凉茶王老吉转变为全国畅销的饮料。然而，2012 年 5 月 9 日，中国国际经济贸易仲裁委员会做出裁决，加多宝集团停止使用王老吉商标。失去王老吉商标使用权的加多宝集团如何在凉茶市场上生存？人们不禁为之捏一把汗。

然而，数据显示，截至 2012 年 9 月，加多宝就完成了 2012 年的全年销售目标，甚至比 2011 年同期增长 50%；10 月，零点调研公司的全国调研数据显示，消费者对加多宝凉茶的知晓度高达 99.6%。而国家统计局新近公布的数据显示，前三季度，加多宝凉茶市场份额达 72.96%，遥遥领先于第二名，牢牢稳居凉茶行业第一的位置。在罐装饮料方面，加多宝市场销售份额近 12%，继续稳居罐装饮料销量第一名。加多宝集团能够取得如此佳绩，与其顺利实现品牌转换的做法密不可分。

在进行品牌过渡的过程中，加多宝充分发挥消费者的心理机制作用，一方面努力降低消费者的品牌感知风险，另一方面增强消费者对“加多宝”品牌的认知。首先，利用社会舆论和社会情绪。这些年，本土企业在中国的公共讨论中被清晰地划分为国有企业和民营企业。一提到国有企业，给人一种财大气粗、效率低下的不良印象。相比之下，民营企业与民众有更多的亲近感，能获得较多同情和支持。在加多宝与广州药业集团的合作破裂后，加多宝就有意强调了自己的民营企业地位，在网络上采取了示弱营销。尽管对于加多宝是中国企业还是外国企业目前出现争议，但一个不争的事实是：加多宝毕竟不是国企。其次，包装转换。早在加多宝集团公司败诉之前，就开始了用“加多宝”替换“王老吉”的准备和行动，在“王老吉”罐装凉茶的包装上增加了“加多宝”的字样——在一个产品身上拥有两个品牌名称，这等于是在告诉消费者“加多宝”就是“王老吉”，“王老吉”就是“加多宝”，为加多宝的商标变更进行了铺垫。最后，广告渗透。在准备以“加多宝”替代“王老吉”的同时，加多宝集团公司变更了那一句早已经深入人心的定位口号——“怕上火喝王老吉”变成了“正宗凉茶加多宝”。此举意在把“加多宝”定位成“正宗凉茶”，在今后与“王老吉”的竞争中占据压制性的制高点——正宗凉茶意味着最好的凉茶。

资料来源：张苗苗. 浅谈加多宝如何实现品牌转换[J]. 企业文化，2013(9).

第四节　增强消费者的品牌偏好与忠诚

研究表明，消费者品牌忠诚度的小幅变化（如 5%）会导致企业盈利水平的大幅变动（如 2.5%—10.0%），这已经成为企业界广为接受的信条。另外，品牌忠诚还会给企业带来诸多营销优势，比如降低营销成本、获得更多新顾客、积极的口碑传播以及顾客对竞争对手的策略更强烈抵制等。正因为如此，品牌忠诚自 20 世纪 60 年代以来一直成为消费行为领域的研究热点。

一、品牌忠诚的概念

尽管对品牌忠诚的研究已经延续了近半个世纪，但是由于品牌忠诚的概念从市场实践中来，所以一直未有统一定义。从现有定义来看，早期研究对品牌忠诚多进行操作性定义。根据测量方法和对象的不同，主要分成两种流派：行为论和态度论。

行为论将品牌忠诚看作一种系统性行为：消费者系统性地购买相同品牌的产品。这种系统性体现在消费者对购买对象的选择不因时间和情境不同而改变，表现出较为稳定的结果。行为论观点虽然能够在一定程度上描述品牌忠诚行为，但缺乏对市场实践的指导意义。

态度论将品牌忠诚看作消费者对特定品牌的偏好和心理承诺，是一种态度。这种观点认为品牌忠诚可以用有限的因素来描述、解释和干预。研究者和市场实践者可以将这些因素独立出来进行操控。这种观点重视品牌忠诚的心理意义，却忽略了最后的行为结果。

近些年来，随着认知心理学的发展，有些研究开始关注品牌忠诚的形成过程，并从认知论的角度对品牌忠诚进行分析和界定，其定义为：消费者做出购买决策时，对特定品牌给予更多的关心和关注。这种观点将品牌忠诚看作消费者学习的结果。消费者对购买结果进行评价，积极的评价成为一种正强化，在这种正强化作用下，消费者形成品牌忠诚。

综合来看，品牌忠诚是一个复杂的多维度概念，包含了认知、态度、行为的成分。忠诚代表了对特定品牌的偏好态度，这种态度导致了稳定一致的购买行为；即除了有重复购买的行为表现外，还必须有对品牌强烈持久的积极态度。因此，在理解品牌忠诚的概念时，应注意以下方面：(1)非随机的，有倾向性的；(2)具有行为反应，如重复购买；(3)在较长时间内持续表现出来；(4)经过某些决策过程；(5)针对某品牌集合中的一个或多个特定品牌；(6)是决策、评价等心理过程的函数。

二、品牌忠诚形成的心理机制

对于品牌忠诚的形成过程，研究者们认为可以用期望效用理论、满意度理论和刺激—反应的学习理论共同来解释。消费者最初选择购买特定品牌，是一种基于信息检索和决策基础上的尝试。消费者通过多种渠道获得品牌信息，经过信息加工形成品牌认知；通过试用和评价，消费者认为该品牌提供了良好的产品品质和服务承诺，也即购买效用达到或高于消费者的期望值，此时会导致满意感的产生，进而形成对该品牌的积极态度。这种态度经过与他人的信息交流以及各种营销手段的强化，会引发重复购买行为。当顾客再次获得高度满意时，先前形成的肯定的品牌态度又得到进一步强化。顾客对品牌积极态度的不断强化将发展成为品牌信任，这时消费者对品牌不仅有一种理性偏好，而且产生了情感上的共鸣，形成依恋感，这就使品牌忠诚上升到更高级的水平。因此，品牌忠诚可以看作经典“认知—态度—行为”模式的典型代表。

(一)认知与品牌忠诚

对风险的认知是决策研究中很重要的认知变量。品牌忠诚被看作消费者降低购买成本和风险的一种手段。研究发现，因品牌忠诚导致的重复购买，既增加了消费者对特定品牌的经验，也使他们的产品知识水平有所提高。而随着产品知识的增加，消费者对品牌、产品知识的加工能力增强，可以提高决策效率，降低因决策失误带来的风险。产品知识的增加，还可以减少消费者对外部信息的检索，节省信息搜集的时间、精力，降低决策成本。此外，特定品牌知识的增加，提高了品牌转换的成本，可以促进消费者对原有品牌的忠诚，并降低价格敏感度。

在新产品购买中，当消费者觉察到购买新产品的风险很高时，会更多地选择所熟悉的产品品牌，即风险降低了多样化选择的倾向，在一定程度上巩固了品牌的忠诚度。

(二)态度与品牌忠诚

态度中与品牌忠诚有关的概念主要有信任和满意度。信任可以促进消费者对特定品牌的忠诚；而以态度测量的观点看，品牌忠诚也包含着信任的成分。对品牌的积极情感反应，与品牌忠诚存在着较高的正相关，并降低消费者对价格的敏感度。

满意度和品牌忠诚的关系也很密切。满意的消费者，更容易产生对特定品牌的忠诚。而当消费者产生抱怨时，如果得到企业恰当的对待，会比那些没有不满意、也没有任何抱怨的消费者获得更高的满意度，品牌忠诚度也会增加。

(三)行为与品牌忠诚

品牌忠诚的行为表现不仅仅体现在重复购买上，有研究者把消费者向他人推荐产品看作品牌忠诚的一种表现。品牌忠诚会导致消费者对价格差异的敏感度降低、容忍度增强。同时，消费者个体行为的集合构成宏观的市场行为。一般而言，市场份额高的品牌，拥有更高的品牌忠诚；反过来，高度的品牌忠诚，可导致品牌市场份额的增加。

三、增强消费者品牌忠诚的措施

正如本节开篇所言，在实际市场运作中，消费者高度的品牌忠诚能够给企业带来巨大的利益：制定相对高的价格，减少销售成本，设置高的市场进入门槛，并与品牌延伸产生相互促进等。因此，如何通过营销努力增强消费者的品牌忠诚，就成为企业高度关注的课题。

(一)强化消费者的品牌意识

研究结论表明，消费者高强度的品牌意识有利于品牌忠诚的形成。企业要想建立和维护品牌忠诚，必须加强消费者的品牌意识。

加强消费者的品牌意识，首先要选择和设计独具特色的品牌要素(包括品牌名称、标识、图标、广告语和包装等)。消费者对一个品牌听得越多、看得越多、想得越多，该品牌在消费者记忆中的印象就越深刻。任何能接触品牌名称、标识、图标、文字、包装的事件，都会提高消费者对该品牌的熟悉程度和认知度，如广告、促销、赞助等。重复接触一个品牌能提高品牌意识，但加强品牌意识还要求将品牌与相应的产品与服务配合，使消费者能在记忆中将品牌与相应的产品种类或购买场合、消费提示联系起来，这些都要求品牌要素具有独特性。通过独特的品牌要素设计和传播，消费者的品牌意识会逐步加深，该品牌在消费者“考虑集”中会占据优势地位，从而在购买决策时成为首选品牌。

（二）提升产品与服务品质

首先，要确保产品与服务的质量，这是品牌获得可持续发展的首要前提；其次，由于消费者的需求在不断变化，消费心态也越来越趋向理性，企业要使品牌获得消费者的认可和忠诚，就必须采取领先策略，在产品和服务方面做出创新。企业除了积极进行新产品的研究和开发外，尤其要注重服务质量。

服务质量是影响消费者行为意向的决定性因素，它直接影响了消费者重复购买行为和推荐意愿的产生。企业应该从售前服务和售后服务两个方面提升服务质量。售前咨询是售前服务的重要组成部分，尽管这种服务不直接创造收入，但它能帮助消费者了解品牌并形成初步印象，消费者的抉择也直接受到售前咨询的影响。同时售前咨询还可以建立企业与消费者之间的关系，使企业了解消费者的需求和品牌偏好。此外，售后服务也是一个不应忽视的环节。企业要及时与消费者进行互动式沟通，妥善处理消费者的意见和建议，以最快的速度解决问题，使消费者品牌忠诚度提升。最后，企业要通过优质的产品和服务使消费者形成良好的感知价值，感受到品牌蕴涵的象征意义和独特个性，获得更多的品牌附加价值。

（三）构建品牌信任

品牌信任是品牌忠诚形成的前提，是构成品牌忠诚的核心要素。品牌要获得消费者的信任，关键在于企业要加强品牌维护和品牌危机防范。品牌是企业和消费者沟通的载体。企业要获得消费者持久的品牌忠诚，必须加强品牌维护，使品牌保持旺盛的生命力。企业实施品牌维护策略应主要从法律、经营两方面展开：在法律方面主要是品牌商标的保护，企业要通过法律的方式取得商标专用权，维护商标的专有性、时效性；同时在研发设计新品牌时还要防止商标设计误区，以防对品牌造成不利的影响。在经营方面，首先，企业要注重产品质量的提升，质量是品牌的灵魂，品牌信任也是建立在产品质量基础上的；其次，企业要重视品牌的不断更新，包括产品更新、名称更新、标识更新、广告语更新以及形象代言人更新等；最后，企业还应该建立品牌档案，通过品牌档案加强与消费者的情感交流，赢得消费者的好感，提升品牌形象，培养品牌忠诚。

除品牌维护外，企业还应加强品牌危机的防范工作。品牌危机是品牌生命历程中不可避免的现象，如果处理不当，会对品牌造成极大的损害。企业加强品牌危机防范，应着眼于品牌危机的避免和品牌危机的处理两方面。企业应在公司内部建立起一种全员危机意识，建立有效的危机预警系统，并组建品牌危机管理小组，在品牌危机出现时按照主动性、迅速性、诚实性、统一性、全员性的原则，主动与媒体沟通，告诉公众事实真相，并借助一些专业机构，化解消费者心中的抵触心理，将危机的不良影响降到最低。企业只有做好了品牌维护和品牌危机的防范，才能在消费者心目中构建起品牌信任，保持和加强消费者的品牌忠诚。

（四）善用品牌联想

消费者忠诚于某一品牌是因为该品牌具有良好的品牌形象，品牌形象对于品牌忠诚的建立和维护起着非常重要的作用。而良好的品牌形象需要借助品牌联想来实现。

品牌联想是建立在品牌认知基础上的。消费者只有对品牌的特性、文化意义和精神象征等有深刻的认知，并达到了品牌回忆水平，这些信息才能在大脑皮层发生广泛的联系，形成网络系统，产生品牌联想。企业要建立成功的品牌联想，就要在品牌联想的强度、赞誉度及独特性方面做出努力。一方面要突出品牌的客观特点，通过创新手段使品牌拥有独一无二的、对消费者具有特殊意义的特质，并通过各种传播手段加以强化，使品牌与其特质在消费者大脑中形成牢固的联系，促成品牌联想的实现；另一方面要赋予品牌主观特性，即通过品牌推广赋予其某种特性，使品牌个性化，从而在消费者头脑中形成生动的心理图式，促成其鲜明、美好、独特的品牌联想，最终达到提升品牌形象的目的。在品牌联想方面做得较为成功的范例，如“农夫山泉”通过广为传播的广告语“农夫山泉有点甜”，使消费者一提到“农夫山泉”就会联想到“有点甜”，其“有点甜”的独特的品牌联想使得农夫山泉的品牌形象得到了极大提升。

(五)提高品牌转换成本

消费者在与品牌接触的过程中，常常受到外界各种因素的影响，尤其是当竞争对手的品牌推出一系列优惠活动时，消费者往往表现出不同程度的品牌动摇。由于消费者转换品牌是要付出成本的，比如前期投入的损失、转换不熟悉品牌的风险等。在这种情况下，要使消费者继续对品牌保持忠诚，企业必须尽最大努力来提高品牌的转换成本，变相地增加各种约束条件，使消费者由于成本的增加而不愿轻易转换品牌。此外，企业还要认真研究消费者转换品牌的原因，通过一系列相应策略的实施来吸引消费者持续消费，并达成一种亲密的伙伴关系，使消费者继续对该品牌保持忠诚。

延伸阅读 12—7

通过品牌社群营销，培育消费者品牌忠诚

近年来，关系营销、品牌创建等几大热点课题的融合催生了品牌关系(即消费者与品牌的关系)理论研究的热潮。研究发现，消费者对品牌社群的认同度越高，保持个人独立性的意愿就越弱，参与性就越强，所感受到的社群产生的规范性压力就越小，也就越愿意参加社群活动，并向他人推荐社群和长期留在社群中，这就为企业培育品牌忠诚提供了新的途径。

2010 年 9 月 3 日至 9 日，优衣库英国公司在其公司主页推出了一个“Lucky Counter”的网络营销活动。消费者参与这个活动的方式很简单，在公司网上商城的主页中挑选出自己中意的商品并且拥有一个 Twitter 账户，编辑发送相关 Twitter，就可能享受优衣库英国网上商店的折扣，所选的商品价格将会随着参与网民发送的微博数量增加而不断降低，即微博越多，价格越低。活动取得了圆满成功，并使优衣库品牌一度登上 Twitter 的阶段话题榜。

优衣库的目标群体是年轻赋有活力和时尚的人群，与 Twitter 的用户存在大量的重合，充分利用 Twitter 这一社交工具，为优衣库品牌提供了与目标消费者接触的良好机会，营销活动变得有的放矢，并且对微博的使用有利于消费者建立品牌的积极联想，赋予品牌年轻化的元素。

从该案例中我们可以看出，目前品牌利用 Twitter 进行传播的思路大致为：从时间上看，品牌用 Twitter 发布信息，引起消费者兴趣并引发关注，消费者决定购买并分享信息，而后在 Twitter 之外完成交易；从空间上看，一部分消费者获取信息并分享，进而二次传播，另一部分消费者收到分享信息，又进行二次传播，以此向外传播扩散。

资料来源：郑苏晖，杨波伟. 从 Twitter 案例看品牌的微博营销传播[J]. 国际品牌观察，2011(1)：122—124.

案例分析

伦敦西区如何打造奢华品牌?

百货商店的大门口贴上了“恭喜发财”的春联,玻璃窗上贴满了中国传统剪纸做成的骏马,从房顶垂挂下来的一个个镂空的“福”字点缀在货架上精心包装的商品中。服务生们会迎上来递给你印有品牌 Logo 的红包,双手抱拳祝你“恭喜发财”。

别搞错了,这里不是中国城,这是春节期间的“奢华伦敦区”(London Luxury Quarter)。

奢华伦敦区成立于 3 年前,位于伦敦西区,但它的历史可以追溯到几百年前。它汇聚了英国最知名的裁缝街 Savile Row、邦德街、皮卡迪利街等 42 个享誉全球的知名时尚街区,拥有 1 000 多个零售和休闲场所,聚集了众多奢侈品牌零售商、知名拍卖行、画廊、餐厅和酒店,是不折不扣的“奢侈品总汇”。这也是奢华伦敦区招揽全球游客的卖点。

伦敦每年吸引超过 1 500 万名外国游客,其中 70%的人会把购物列入他们旅行计划的一部分,出手最阔绰的买家来自海湾地区和俄罗斯。而对于来自中国和巴西的游客来说,由于这两个区域的奢侈品进口关税相对较高,在伦敦购物变得非常划算。因此,中国和巴西游客正成为新的主力消费者。

当然,这些国际化买主到来的同时,也在改变这个街区,包括它们生产什么样的产品。

作为西式定制男装的发源地,从 1803 年就聚集在 Savile Row 上的英国老牌裁缝店需要在品牌扩张和传统手工艺之间做出选择。大多数裁缝们仍然坚持定制剪裁永远无法和量产走到一起,他们很难放弃长期以来以工作室为主导的店铺模式。

2003 年,Savile Row 上著名的男装定制品牌 Kilgour 推出了其成立 130 年以来的第一个高级成衣系列,引发了巨大争议。虽然这个系列获得了商业上的巨大成功,但 2008 年,公司新的所有者仍然决定将业务重心重新放在传统的定制剪裁上。极力推行向成衣系列转型的创意总监 Carlo Brandelli 一气之下辞职了,在接受媒体采访时他曾经愤怒地表示:“Savile Row 就像一个老气的博物馆,每个人都固守着那几样传统的手工技术,不再有任何创新的动力,这些品牌要想生存下去,唯一的办法是像香奈尔和爱马仕那样开发自己的产品线。”

但历史对于这些老牌手工店来讲并不完全意味着包袱,也可以是它们最好的卖点。

Mark Henderson 是位于 Savile Row 1 号、成立于 1771 年的裁缝店 Gieves & Hawkes 的主席。在巴黎的一个展会上与客户聊天时,他发现除了极小圈子里的人,没人能叫得出 Savile Row 上大大小小各家裁缝店的名字。“但只要一提到我们是来自 Savile Row,每个人都知道那意味着什么,而 Savile Row 的低调也满足了一些亚洲新贵的口味。这也就是为什么我们要成立奢华伦敦区,相比每个品牌单打独斗,把这些有着共同背景的零售商联合起来,创造一个有更丰富内涵的品牌展示给世界,意味着更大的机会。”Mark Henderson 说。他同时也是奢华伦敦区的主席。

如今,Carlo Brandelli 又重新回到了 Kilgour,高级成衣系列又再次得到了开发,这一次他打算做得更超前,他的经典成衣设计将会在奢侈电商平台 Mr. Porter 上独家出售,此外,Savile Row 上的 Kilgour 旗舰店也将被重新设计。

在过去的一年中,Gieves & Hawkes 新开了 17 家店,进入了中国、日本这些过去从未涉足的市场,开设了网上商店,产品设计也更多以时尚单品为主,而不再完全依赖传统正装。“你不可能把一个完全依赖手工、一年最多只能生产 1 000 套西服的品牌打造成一个国际化的生意。在中国,我们的西装外套比西服套装卖得好。”Henderson 说。

他强调扩张的步伐需要格外小心翼翼。“我们希望被看作做零售的裁缝店,而不是用零售完全取代传统手工艺,我们希望自己成为一个成功的品牌,而不只是把店开得到处都是。”Henderson 希望奢华伦敦区能尝试超越单独一家零售门店体验的新模式。

这里每年能贡献 30 亿英镑的零售额,除了传统的时尚零售店,汽车、游艇和全球最古老的枪弹制造商也吸引着多元化口味的买家。另外，圣詹姆斯街上的高级私人会所和历史悠久的画廊，皇家艺术学院和苏富比拍卖行也是游客们最向往的旅游胜地。在奢华伦敦区的推动下，包括卡地亚、蒂芙尼、阿玛尼、皇家艺术学院、朗廷等在内的20个知名品牌首次开放私人博物馆、设计室、产品库及档案室，高端游客可享受专属参观。你可以在Jermyn街的Foster & Son鞋店让鞋匠为你打造一双美鞋，或是在蒂芙尼的门店营业之前享用一顿蒂芙尼的早餐……奢华伦敦区内75%的商店提供定制化的购物套餐及行程，90%的商店可在营业时间结束后，为顾客安排私人购物专场服务。

"多样性是奢华伦敦区最大的吸引力。世界前100名的顶级奢侈品牌中有2/3在奢华伦敦区设有零售店，更重要的是，人们在奢华伦敦区不仅能享受到最丰富的奢侈品购物，而且可以体验到最地道的英式奢侈生活方式，这片地区的历史和文化遗产是我们最好的推销，这是纽约、巴黎或是中国香港的奢侈品购物地区所没有的。"Henderson说。

他希望这种超越传统零售的"体验游"模式能尽快在奢华伦敦区内的所有零售店内推出。在他看来，这些历史遗产如果无法转换成商业上的成功，终将面临淘汰。

2012年，中国游客在奢华伦敦区的消费总额达到2.62亿英镑，年增长达31%，平均每笔交易为1 656英镑，较其他地区高出122%。尽管全球化让地理界线变得越来越模糊，一些品牌或许在中国开了不少门店，但它们真正的提款机在奢华伦敦区。因此春节自然成为英国零售商们的重点促销日，他们希望用红色和金色的中国风装饰锁定更多中国买家的钱袋。

但转型之后的代价就是，这里变得不那么英伦味十足了。

邦德街是奢华伦敦区的主打。历史上的邦德街一直以古董商店出名，分布在苏富比拍卖行的周围，由阿玛尼、卡地亚这些品牌经营的时尚精品店，给来这一地区进行艺术品交易的人们提供了新的消遣。这些商店大多保持着很小的规模，事实上，直到1994年，邦德街在周六下午和周日都是不营业的。

2010年5月，LV的到来改变了整个街区。由Peter Marino设计的LV超级旗舰店"豪宅"位于邦德街和Clifford的交界处。在这个镀金的商场里，墙壁内衬着丝绸壁纸，巨型的玻璃楼梯盘旋而上，还有一个私人贵宾客房以及一个概念书店，穿着时髦的人们穿梭在品牌私藏的当代艺术品中间端着香槟觥筹交错。这家旗舰店开业时，时任LV创意总监的Marc Jacobs毫不掩饰自己的野心："这将会是全世界最棒的零售店，最棒的奢侈品豪宅，也是最棒的品牌！"

LV的大手笔让周边老牌的奢侈品门店感受到了危机，纷纷开始了一轮翻新和扩建。2013年年底，在邦德街上驻扎了30年的香奈尔翻新了自己的旗舰店，还把英国总部的办公室搬到了这里。香奈尔的邻居迪奥也不甘落后，扩建后迪奥的门店规模是原先的两倍。而另一方面，LV也彻底抬高了新品牌在这里入驻的标准。2013年6月，以摩托皮夹克出名的英国品牌贝达弗的第一家全球旗舰店也在这附近开业。在这个如今被称为"Belstaff House"的历史保护建筑里，贝达弗希望告诉世界，它与其他在这条街上比肩而立的品牌一样，是一个主流的奢侈品大牌。这是该公司2011年对品牌重新定位之后做出的一项重大决策。LV、贝达弗这些更年轻、更商业化的外来品牌正在把奢华伦敦区里的一座座历史建筑打造成豪华的品牌展厅。在这里打造一个旗舰店的成本比起它所带来的巨大的品牌效应显得非常划算。

相比中国香港铜锣湾每年每平方米1.8万英镑、纽约第五大道每年每平方米1.7万英镑的租金，邦德街的租金还算得上便宜。根据房地产公司Cushman&Wakefield伦敦零售市场主管Peter Mace的统计，邦德街最便宜的地段一年的租金价格约为每平方米3 229英镑，较昂贵的区域平均每年每平方米的租金为1万英镑。贝达弗花费了300万英镑为自己的首家旗舰店签下了一份20年的租约，创下了邦德街公开出租金额的新纪录。国际奢侈品品牌费尽心机地抢占这块地盘，它们在豪赌邦德街将会成为下一个全球顶级的奢侈品购物中心。

Henderson认为除了奢侈品大牌，只有想办法吸引众多设计师精品店，才能让奢华伦敦区保持活力。随着邦德街地位的上升，周边包括Mount Street在内的一些街区逐渐成为年轻设计师品牌的聚集地。这些小店希望，即便人们冲着LV这样的大牌而来，它们或许也能得到关注。

奢华伦敦区还在为吸引更多国际游客不懈努力，整体品牌运作为它争取到了更大的话语权。在Henderson和区域运营团队的游说下，英国在2013年年底放松了对中国游客的签证政策，一条贯穿伦敦的城市列车将会在2018年通车，邦德街将会成为其中的一个主站点。根据伦敦交通局官方的预计，这条新的列车线路将会给奢华伦敦区每天带去额外的25万客流量。目前奢华伦敦区几乎每家店内都配有中文导购并支持银联刷卡。

“如果一个中国游客从坐上前往伦敦的飞机的那一刻，到走进奢华伦敦区内的每一家店的体验都是愉快的，那么我相信回国之后他会成为我们最好的代言人。”Henderson说。不过，他还有很多说服工作要做。奢华伦敦区里多数零售商依旧固守每晚6点准时停业的做法，这让很多慕名而来的国际游客非常失望。“他们必须要转变思维方式，时代已经变了。”

资料来源：姚芳沁. 伦敦西区如何打造奢华品牌？[EB/OL]. http://www.yicai.com/news/2014/03/3581968.html,2014-03-14.

思考与讨论

1.“奢华伦敦区”招揽国际游客的卖点是什么？国际游客为什么会喜欢“奢华伦敦区”？请分析其心理基础。

2. 伦敦西区是如何打造奢华品牌的？请分析其品牌营销策略。

本章小结

品牌是企业通过系统的营销活动，在一定的社会文化背景下，与消费者共同塑造的产品（服务）或企业的形象、个性、主张、联想和承诺，它外在表现为一系列区别性的名称、术语、符号、标记或是它们的组合，内在实质是消费者对产品（服务）价值和利益的情感与社会认同，体现了产品或服务对消费者物质、情感、心理和精神需求的满足。品牌是人类消费发展的产物，其物质载体是产品，特定内容是文化，特定对象是消费者。品牌内涵丰富，相关学说有标识说、资产说、信号说、符号论等。

品牌由显性要素和隐性要素构成。显性要素是品牌展现在外的、具体的、消费者可以直接感知的成分，包括品牌及其所标定产品的名称、标识、包装设计等；隐性要素是品牌中不能被直接触摸和感觉到的成分，包括品牌承诺、品牌个性、品牌体验。

消费者心理和精神层面的高层次需要是通过品牌消费实现的，品牌所具有的社会象征意义和情感意义能够满足消费者的精神和心理诉求。其中，品牌象征是指在消费者心目中，品牌所代表的与特定的形象、身份、品味相联系的意义和内涵。品牌的情感意义则反映了在消费者的心目中与品牌相联系的审美性、情感性文化意蕴。

品牌发生作用的心理基础包括品牌认知过程和品牌情感的形成。品牌认知过程是指消费者认识、了解、确信并接受品牌的过程，主要通过企业的品牌定位和品牌个性化得以实现。品牌情感是品牌附加值的源泉，是消费行为的基本驱动因素，常被界定为对品牌使用后产生正面情绪反应的潜能。

品牌的心理效应包括差异效应、光环效应、情感效应、魅力效应和附加效应。品牌在整个消费决策和购买过程中都具有重要作用。品牌转换是指消费者由于心理或外界因素的影响，从一个品牌转移到另一品牌的购买过程。影响消费者品牌转换的因素主要包括消费者自身因素、营销因素和市场竞争结构因素。其中，消费者自身因素包括卷入程度、产品知识以及人口统计特征因素等；营销因素主要有广告、促销和公关等；市场竞争结构因素包括竞争品牌与模仿品牌的比例以及品牌的差异程度等。

品牌忠诚是一个复杂的多维度概念，包含了认知、态度、行为的成分，可以视为经典“认知—态度—行为”模式的典型代表。增强消费者品牌忠诚的措施包括强化消费者的品牌意识，提升产品与服务品质，构建品牌信任，善用品牌联想以及提高品牌转换成本等。

关键词与复习题

关键词

品牌(brand)　品牌定位(brand position)　品牌个性(brand personality)
品牌情感(brand affect)　品牌承诺(brand promise)　品牌体验(brand experience)
品牌转换(brand switching)　品牌忠诚(brand loyalty)

复习题

1. 什么是品牌？怎样理解品牌的内涵？请在日常消费过程中注意一个品牌，并区分出该品牌的构成要素。

2. 品牌为什么能满足消费者高层次的消费需要？它是如何满足的？在现实中你能举出这样的例子吗？这些品牌都给你带来了什么样的心理满足？

3. 企业应该采取哪些措施来提高消费者的品牌忠诚，减少品牌转换，从而提高企业的竞争力？

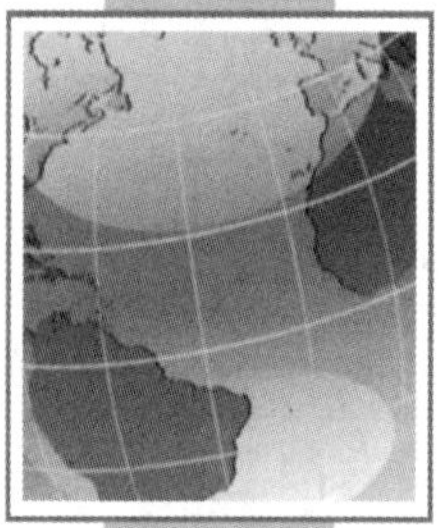

第十三章 消费者体验心理与行为

学习目标

通过本章的学习，应认识到消费体验的重要性，理解消费体验与体验经济的含义，了解体验经济背景下消费者需求的新特征；明确消费体验的类型及其划分依据；理解体验营销的特征和组合要素，掌握典型的体验营销模式及体验营销实施的基本流程。

案例导引

拉斯维加斯的古罗马购物中心，铺着大理石地板，街道上方的拱形屋顶被绘成布满云彩的天空，电脑控制的照明装置每小时循环地将“天空”由菊黄的黎明照成湛蓝的中午晴空，再转为紫色的黄昏，一个小时就过完一天的轮回。偶尔有古罗马士兵行军穿过白色的罗马式立柱，湛蓝的天空中漂浮着几朵绒毛般的白云，时不时还有模拟的暴风雨伴随着电闪和雷鸣降临，让人叹为观止。

购物中心的入口处是恺撒宫，有一座喷泉，在喷泉的圆形大厅内立着巴克斯、阿波罗、维纳斯和普鲁托的雕像，这些雕像每隔一段时间就在音频动画的奇特效果下复活，在 7 分钟的时间里，顾客可以看到这些雕像动着嘴唇和身体的其他部分，还可以倾听到他们的交谈。街道上，常常可以看到百人规模的队伍进行游行，他们齐声高喊着“向恺撒致敬！”

周围的商店也充满了古罗马气息，珠宝店陈列着人物卷册、匾额和古罗马年代的金色帐帘，象征着典雅和高贵。这惟妙惟肖的一切，让消费者如梦如幻，好像穿越到了古罗马集市，从而实现了超值消费体验。这里每天吸引近 5 万名顾客，平均每平方米年营业额超过 13 000 美元，作为大型购物中心，这是一个巨大的成就。

案例改编自：B. 约瑟夫·派恩，詹姆斯·H. 吉尔摩. 体验经济[M]. 夏业良，鲁炜译. 北京：机械工业出版社，2002：54；国外主题购物中心经典案例解读[EB/OL]. http://www.linkshop.com.cn/web/archives/2008/89031.shtml，2008-04-04.

21 世纪经济发展的重要趋势是体验经济的兴起，而体验经济时代消费者的体验需求是多种多样的。本章借助于相关学者的研究成果，探讨了影响消费者体验行为的五种心理学基础，阐述了关于消费者体验的不同类型。同时基于消费者的体验需求，结合实例探讨了实施体验营销的模式和方法。通过本章学习应充分认识到，通过营销活动给消费者提供丰富的体验已成为现代企业重要的创新营销思维之一。企业应当在营销战略上重视这种变化，并积极创新其体验营销策略，以适应时代发展和消费者的需求变化。

第一节 体验经济与消费需求新发展

一、体验经济

1970 年，美国著名未来学家阿尔文·托夫勒在其《未来的冲击》一书中预言，继农业经济、工业经济、服务经济之后，体验经济将成为未来新的经济形态。他还进一步指出："我们正在从满足物质需要的制度迅速过渡到创造一种与满足心理需求相联系的经济""体验由原来作为某种服务产品的附属……越来越多地按其本身的价值出售，好像它们也是物品一样。"

美国 SRI 国际公司 1985 年的年度报告，题目就是《体验产业》。这篇报告预见性地指出了美国市场对"体验"的需求，并认为它已经驱动了美国经济的边际增长。至此，"体验"被当作一种"产业"进入经济领域。

1999 年，美国战略地平线有限责任合伙公司两位创始人派恩和吉尔摩在其合著的《体验经济》一书中最早提出了"体验经济"的概念。从此，体验经济日益受到人们的关注。

如今，体验经济的浪潮已经悄然改变了我们的生活：电信运营商提出"3G"体验，微软推出 Windows XP，惠普公司倡导"全面顾客体验"，IBM、诺基亚、三星、索尼、戴尔、联想、苹果等国际品牌都已在全球主要的城市建立了自己产品的"体验店"，各种鼓励消费者参与的体验营销模式正在诞生。而这些市场先行者的大胆尝试和巨大成功，也让更多的人开始关注体验经济和消费体验。

(一)体验经济与经济形态的演进

所谓体验经济，是指企业以服务为重心，以商品为素材，为消费者创造出值得回忆的感受的一种经济形态。派恩和吉尔摩在《体验经济》一书中对体验经济也有过描述：体验本身代表一种已经存在的、先前并没有被清楚表达出来的经济产出类型，是自 20 世纪 90 年代继服务经济之后的又一全新经济发展阶段。正如服务经济的地位高于产品经济一样，体验经济高于服务经济，它创造的价值来自个人内在的反应。体验一直存在于我们的周围，只是直至现在我们才刚刚开始将它作为一种独特的经济提供物方式来对待。其实，我们可以这样来理解体验经济：你创造了一种独特的氛围，用一种令人赏心悦目的方式提供服务，你的消费者为了获得这种舒适的过程而愿意为之付费。消费者是享受愉悦的过程，也就是你需要为"上演"的体验提供过程。

体验经济是伴随经济形态的演进而产生的。经济形态是在人类发展进程中，根据人们对消费品的不同需求，将社会经济发展过程划分为几个阶段，主要包括农业经济、工业经济、服务经济、体验经济等(见表 13－1)。这四种经济形态具有不同的经济提供物，分别是产品、商品、服务、体验。就提供物的性质而言，农产品是可加工的，商品是有实体的，服务是无形的，而体验是难忘的。通常企业只有三种经济提供物：产品、商品和服务，而体验是新经济时代的企业应该引入的第四种提供物。作为一种经济提供物，体验具有价值，可以交易。

表 13—1 经济形态区分

经济形态	农业	工业	服务	体验
经济提供物	产品	商品	服务	体验
经济功能	采掘提炼	制造	传递	舞台展示
提供物性质	可替代的	有形的	无形的	难忘
关键属性	自然的	标准化的	定制的	个性化的
供给方法	大批存储	生产后库存	按需求传递	一段时间后披露
卖方	贸易商	制造商	提供者	展示者
买方	市场	用户	客户	客人
需求要素	特点	特色	利益	突出感受

资料来源：约瑟夫·派恩，詹姆斯·H. 吉尔摩. 体验经济[M]. 夏业良，鲁炜等译. 北京：机械工业出版社，2002：13.

如表 13—1 所示，不同的经济形态下其经济提供物在性质、功能、提供方式等方面有诸多明显区别，这些区别也展示了经济提供物之间的价值差异。可以发现，在体验经济中，企业进行的实际上已经不是纯粹的产品经营或服务了。

（二）体验经济的发展动因

1. 市场竞争的激烈

市场竞争的不断加剧为体验经济的到来添加了催化剂。在产品高度商品化的时代，同种商品间的差异越来越小，价格成为主要的竞争手段，服务也被当作突出竞争优势的重要差异化手段。而随着服务的日趋商品化和市场竞争的白热化，企业很难再单纯依靠价格、质量、服务等因素取胜。为了增强核心竞争力，企业不得不将目光瞄向人们一直存在且日益显现的体验类需求。由此，消费体验就成为企业新的价值提供物和推动经济发展的新动力。

2. 技术的进步

现代科学技术的进步，尤其是互联网的出现和高速发展，为体验经济的产生和发展提供了强有力的支撑。

一方面，技术的高速发展使得人们有可能接触更多的体验，比如互动游戏、网上聊天、虚拟实境等，都是借助了互联网和现代信息技术才得以实现的。并且，互联网还是传递其他多种体验的平台，充分满足了人们自由化、个性化的消费需求。在未来几年内，各个领域的先进技术还将不断相互融合和提升，为人们带来更多的方便和新鲜感。例如，信息技术会与生物技术相融合，能创造出以基因为基础的信息产品，而这将给人们带来更多的体验。

另一方面，互联网的发展突破了传统交易方式的限制，使得人们能够通过广泛的信息源进行实时的价格比较，足不出户便能买到自己想要的商品。在这种情况下，吸引消费者到实体商店购物的唯一原因只能是某种特别的购物过程的体验。

总之，在现代社会条件下，企业只有借助于先进的科学技术，为消费者提供各种难忘的“体验”，才能实现更大的企业价值增长和盈利。

3. 消费者需求层次的提升

“仓廪实而知礼节，衣食足而知荣辱。”伴随着物质文明的进步，人们的生活水准和消费需求也在不断升级。在农业社会，人们追求的是温饱的基本满足；在工业化社会，生活水准由物质产品的数量来衡量；而在后工业社会，人们更加关心生活的质量，关心自己在心理上和精神上获得的满足程度，而体验可以说正是代表这种满足的经济提供物。从消费者心理来讲，追求自我实现是体验经济的精神核心。在体验经济中，企业主要提供的已不仅仅是商品或服务，而是提供一种让客户身在其中的体验，充满了感性的力量，给消费者留下难忘的记忆。在图13－1中，我们可以看到这样的变化。

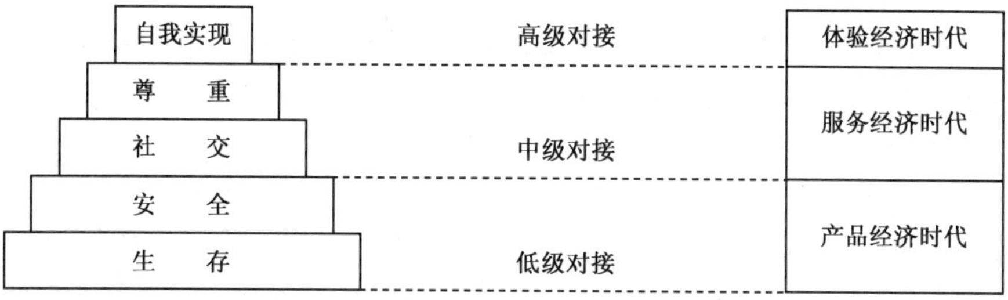

资料来源：刘凤军等. 体验经济时代的消费需求及营销战略[J]. 中国工业经济，2002(8)：83.

图 13－1　需求层次和经济时代对应关系

延伸阅读 13－1

体验、峰值体验和净推荐值

人们可能忘记你说了什么，可能忘记你做了什么，可他们永远不会忘记自己的感受。

著名积极心理学家乔纳森·海特在《象与骑象人》一书中，对感性和理性两大思维力量有过形象比喻。他将人的感性思维比喻成大象，将理性比喻为骑象人。理性提供方向，感性提供力量。大象的力量远远大于骑象人，人类感性的力量远远大于理性。当找到一个定位方向后，仅仅是单纯的广告语和喊口号式宣传无法完全激发消费者的购买兴趣，还需要进一步借助感性的力量，为消费者打造绝佳的体验经历，从而赢得消费者优先选择。

《体验经济》一书中提到，在农业经济中，经济的输出形式就是原材料，就是在地里直接种出来还没有加工成为产品的原材料。比如种出来的咖啡豆还没有研磨成咖啡，以原材料的形式卖出，只能达到 1—2 美分一杯。但是通过工业经济，将咖啡豆加工成咖啡后，售价就能达到 5—25 美分，具体的售价由品牌和包装而定。但通过服务经济，将这些咖啡豆在一个小餐馆或者咖啡店里煮好端上来，就能卖到 50 美分到 1 美元一杯。但如果这种咖啡是由五星级酒店提供的，有着剧院般良好的氛围，消费者就很乐意为同样一杯咖啡支付 2—5 美元，价格是服务经济和工业经济的好几倍。因为这已经达到了体验经济的阶段，给消费者提供了一种与众不同的咖啡消费体验。星巴克之所以提出第三空间，就是把自己从服务经济重新界定为体验经济，才创造出 2018 年世界品牌 500 强第 32 位的辉煌成绩。因为农业经济的本质是对原材料进行初步提取，工业经济的本质是制造，服务经济的本质是交付，而体验经济是为你营造一段独特的、可期待的、可回忆的美好时光，这背后蕴含的经济价值是在逐步递增的。

在全球最追求科技创新和实用主义的斯坦福大学里，福格教授著有一套叫《行为设计学》的书，提出了前沿的心理学理论。福格教授认为，在你的记忆中一定有某些时刻难以忘却、历久弥新，这种感觉就是峰值体验。同时，峰值体验是可以被设计出来的。在《行为设计学》中总结出了四种打造峰值体验的要素，分别是创造欣喜、转变认知、荣耀时刻和深入连接。在创造欣喜这个要素里有三个技巧：提升感官享受、增加刺激性和打破脚本。锅说火锅店就做到了这一点，毛肚比人脸还宽，豆芽比筷子还粗，鹅肠得站在凳子上才能放到锅里。由于锅说火锅的食材明显大于市场上能买到的普通食材，便增加了消费者的感官享受和刺激性，打破了消费者头脑中固有的印象，吸引了众多顾客前来消费体验。转变认知同样能创造出峰值体验，因为好奇心是推动人类探索发展的原动力，所以人们会对有冲击性的新事物、新知识特别感兴趣。当海底捞的各种网红吃法在网上公布后，就大大打破了你对火锅的认知，不仅让你想继续关注这些信息，还有种想要去"吃穷"海底捞的冲动，更有想继续解锁新吃法的好奇心，让你乐在其中。荣耀时刻，也就是里程碑时刻，比如你的微信读书时长在朋友圈里排名第一，是不是很想把这个排名分享出去？包括你的支付宝运动步数排名、游戏等级排名等都是如此。在餐饮行业中，你的大众点评等级到了 VIP 8，出去吃饭时走路都能"横着走"，哪家餐厅招惹你了就差评，而且效果很明显。去星巴克喝咖啡，当你掏出金星卡兑换礼物时，那种感觉就跟在银行掏金卡走 VIP 通道时是一样的。最后一个峰值体验要素是深入连接，大家一起创造 DIT（Do It Together）。比如小米手机早期会接到非常多的反馈意见，然后将这些反馈意见融入下一期的软件更新，或者硬件升级中。由于深入连接了广大消费者，小米初期的口碑体验非常好，还创造出了一度让人期待不已的橙色星期五。很多小孩拼的乐高拼图很丑，但这不重要，重要的是小孩和家长参与进来了。这就比没有任何互动，让小孩子一个人跟着拼图说明书拼更有体验感。

除了创造欣喜、转变认知、荣耀时刻和深入连接四大要素以外，峰值体验还有一个非常重要的峰终定律。人们对高峰和结尾的体验，就决定了他们对某件事物的看法。比如在一家餐馆吃饭，前面一切的环节体验都非常好，但在最后开发票时忙不过来，让顾客排了十分钟的队，就是由于这最后的一点失误，前面积累的各种好印象就没有了，下次他也不一定再来消费了。反过来，可能餐厅的菜品一般，但是在结账后每人还能有一个精美的小礼物。那你对这家餐厅的整体印象，就会随着最后的这个小礼物而提升。

当设计出峰值体验的动作环节，也有相应的管理手段来进行落实后，还需要对体验感的高低进行客观评测，找到改进之处。贝恩咨询公司创始人弗雷德里克·雷赫德提出了 NPS（Net Promoter Score）指标，用来帮助企业测评顾客的感受和态度，寻求可持续的业务增长点。NPS 是顾客的净推荐值，我们可以简单理解为有效的口碑传播指数。那么 NPS 值是如何计算的呢？我们将顾客分为三类：感觉不好，出去会说你家产品坏话的贬损者；感觉一般，别人一问才会说的被动者；感觉很好，会主动分享的推荐者。用推荐者所占的百分比，减去贬损者所占的百分比，得到的数字就是你的企业的 NPS 值。比如很喜欢你家产品的顾客占 45%，觉得一般的有 35%，讨厌的占 20%。那么 45%减去 20%后，得到的 25%，就是你的企业的 NPS 值。换句话说，你的企业的有效口碑传播率只有 25%。NPS 的得分值在 50%以上被认为是不错的。如果 NPS 的得分值在 70%—80%之间则证明你们公司拥有一批高忠诚度的好客户。调查显示大部分公司的 NPS 值还是在 5%—10%之间徘徊。目前有很多企业在用这个 NPS 指标，去检测自己的门店或者是单独某道菜品的体验值。比如华住酒店就曾聘请酒店体验官对酒店的灯光、安静度、卫生程度、浴室防漏防臭等问题进行评测打分，一年改进 3 300 多项，还推出光速入住、预约发票等服务。西贝莜面村的所有门店，每个月都要针对牛大骨这个产品，做 NPS 的检测，监测牛大骨这道菜品的体验值。

资料来源：李相如，栗一. 消费者购买的不是产品，而是体验[J]. 销售与市场（管理版），2020(11)：95—97.

二、体验经济背景下消费需求的新特征

体验经济的形成和发展给消费者的消费观念和消费方式带来了深刻的改变，也使消费需求的结构、内容、形式、重点等发生了显著变化。①

(一)消费结构趋向高级化

体验经济带来的消费结构升级主要体现在情感需求的比重增加。经济的迅猛发展使人们的生活水平得到显著提高，与此同时，消费者越来越不满足于物质产品的拥有，而更加注重情感的愉悦和满足。人们更关注商品和服务与自己关系的密切程度，偏好那些能与自我心理需求引起共鸣或者能实现自我价值的经济提供物，购买商品和服务往往是出于一种情感上的渴望，追求超越量和质的感性满足。

(二)消费内容趋向个性化

现代社会，大众化的标准产品日渐失势，消费者对个性化产品和服务的需求越来越强烈。人们倾向于追求那些能够体现自己个性化形象、独特的、别具一格的消费体验。台湾著名资讯社会学教授罗家德先生在其《网络网际关系行销》一书中也曾指出："在过度富裕的社会里，当温饱舒适已不成问题，任何商品都'符号化'了，人们要买的已不只是商品本身，而是附加在商品上的象征意义。"②这种消费符号化的趋势表明，人们越来越追求那些能够促成个性化形象形成、彰显自己与众不同的产品或服务。对现代消费者来说，消费不仅仅是买有用的物品，而是成为消费者用来诉说自己的"语言"。同时，消费者在接受产品或服务时的"非从众"倾向趋强，相信自己的判断、注重自我感觉的心理日益增强。

(三)价值标准的转移

从价值目标看，消费者从注重产品本身转移到注重接受产品时的感受。现代人消费似乎不仅仅关注得到怎样的产品，而是更加关注在哪里、如何得到这一产品。或者说，现代人不再重视结果，而是重视过程。他们并不只是为了得到产品或服务而进行支付，而是想通过产品或服务的消费过程完善自己、发展自己、享受生活或体验生活。也就是说，消费者看重的是对某种产品或服务的消费过程能否让自己有这些特殊的体验，只要能让他们认识或感受到这一消费目的可以或已经实现，消费者就愿意支付，甚至愿意支付更多。

(四)接受商品方式的变化

人们已不再满足于被动地接受企业的诱导和操纵，而是要求主动地参与产品的设计和制造。消费者越来越希望和企业一起，按照新的生活理念和消费需求开发能与他们产生"情感共鸣"的产品，开拓反映消费者追求新的生活方式的美好生活型市场，通过创造性消费来体现他们独特的个性，使他们获得自我实现的新途径，从而获得更大的成就感和满足感。因此，请消费者参与、与消费者互动的服务项目越来越受欢迎。

第二节　消费体验及其类型

一、消费体验的内涵

体验的概念来自心理学，但是，体验的含义远远超过了心理学范畴。《庄子・天地》中有一

① 刘凤军等. 体验经济时代的消费需求与营销战略[J]. 中国工业经济，2002(8)：81－86.
② 罗家德. 网络网际关系行销[M]. 北京：社会科学文献出版社，2005.

个故事，子贡经过汉水南岸，看见一个老翁正在抱瓮汲水浇地，问他为何不用桔槔，用力少而见效快。而老翁答道：有了机械之类的东西必定会出现机巧之类的事，有了机巧之类的事必定会出现机变之类的心思。由此呈现出中国古人朴素的体验意识，即注重对自身劳作的体悟，而工作不仅仅是达到目的的手段，更是体验个人存在的“剧场”。

美国著名体验经济学家约瑟夫·派恩指出：体验就是指人们用一种从本质上说很个人化的方式来度过一段时间，并从中获得过程中呈现出的一系列可记忆事件。体验大多来自直接观看或参与某事件(真实或虚拟的)，其结果可表现为喜欢、快乐、赞赏、新奇、刺激、讨厌、憎恨等反应形式。任何一种体验其实都是个人的心智状态与那些设置的事件之间的互动作用的结果，因此没有哪两个人能够得到完全相同的体验经历。

从企业的角度看，消费体验就是企业以服务为舞台，以产品为道具，以消费者为中心，能够创造使消费者参与、值得回忆的活动。约瑟夫·派恩和詹姆斯·吉尔摩于 1999 年出版的《体验经济》一书中也谈到“无论什么时候，一旦一个公司有意识地以服务作为舞台，以商品作为道具来使消费者融入其中，这种刚被命名的新的产出——‘体验’就出现了”；从消费者行为的角度来看，消费体验是在某种特定的营销环境中，个人心境与事件的某种互动，并从中获得过程中呈现出来的一系列可记忆的体验原点。

消费体验既可以是直接的体验，也可以是间接的体验。间接的体验通常是基于一个模拟的环境，顾客身临其境地参与到企业预先安排好的活动中，从中体验冒险、奇遇、性感刺激和其他乐趣而无损于顾客的现实生活和名声。比如，许多年轻的消费者喜欢网络游戏，他们完全被网络游戏公司设置的虚拟情节所深深吸引，心情非常愉快并且常常感觉时间过得很快，这就是一种间接的消费体验；而直接的消费体验一般是基于真实的环境，在此情境下，顾客除了有身临其境的体验外，还将得到实质性的损失和收获。比如在星巴克咖啡店，起居室般的家居摆设、典雅的色调、热情的招待、浓浓的咖啡香、咖啡机煮咖啡发出的嘶嘶声等，这些和谐有序的情境使得每一位消费者都沉浸在一种高雅、亲切、舒心、自在的享受中。但在获取这种愉快体验的同时，消费者也必须承担比其他咖啡店贵出不止一倍的价格。

消费体验典型的特征就是值得记忆，它能在消费者的脑海中留下难以忘怀的美好记忆，令人回味无穷。例如，一个人在谈起数年前他在迪士尼享受生日体验的经历时，往往眉飞色舞，记忆犹新。消费者通常会将这种美好的消费体验视为一笔宝贵的心灵财富，甚至认为它比有形的东西更值得珍视。

二、消费体验的类型

(一)“战略体验模块”的划分①

美国哥伦比亚大学商学院市场系的施密特教授从大脑现象的角度解释了体验究竟是什么。在他的《体验式营销》一书中，他提出了“大脑的不同区域与不同的体验有关”的观点，并将这些不同的区域称为“大脑模块视图”。他从消费者认知心理过程出发，将体验分为感官体验、情感体验、思维体验、行动体验和关联体验等，称为战略体验模块(见表 13－2)。

① 伯恩德·H. 施密特. 体验式营销[M]. 张愉等译. 北京：中国三峡出版社，2001.

表 13－2　　战略体验模块比较

类　型	目　标	手　段
感官体验	创造消费者知觉体验感受	由视觉、听觉、味觉、嗅觉等获取
情感体验	诱发消费者内在的感情和情绪	营造适当的场景，提供适当的刺激
思维体验	对消费者智力启迪及创造认知	以创意的方式引起消费者的惊奇、兴趣和对问题的思考
行动体验	提高生理体验，展示做事和生活方式	引导生活形态的做事方式
关联体验	通过以上四个方面的综合，满足消费者自我改进或个人渴望及社会认同	建立个人对产品的偏好，进而形成特定的社会群体

资料来源：伯恩德·H. 施密特. 体验式营销[M]. 张愉等译. 北京：中国三峡出版社，2001.

1. 感官体验

感官体验是消费者通过视觉、听觉、触觉、味觉、嗅觉等各种感觉器官与外界互动而形成的。感官体验是最基本的体验，我们在最初接触一个事物时最容易受到感官的影响。感觉往往会直接刺激消费者，激发消费者的购买欲。

2. 情感体验

情感体验主要产生于消费过程之中，一般是由某种事物或人引起的，诉诸人们的情绪和情感，其范围从正面的情绪到负面的感受，从温和的心情到强烈的感情，从喜怒哀乐到爱恨悲愁，都可纳入情感的范畴。根据人们感受的程度不同，可以将其分为略微积极或消极的情绪体验和强烈的情感体验两大类。

(1)情绪体验。情绪是一种不易被个体察觉的情感境界。康奈尔大学的心理学家和消费者研究专家艾丽斯·艾森研究发现，在公共电话厅里发现一枚硬币会令你情绪高昂。这一发现被许多企业广为利用，例如高档发廊里提供免费饮料，机场登机处有免费的糖果。巧妙地运用这类技巧，真诚而又令人意想不到，才有最佳的效果。

(2)情感体验。与情绪体验的无意识不同，情感体验很强烈，而且有明确的刺激物。它能够吸引人的注意力，甚至打断和排除其他活动。这种体验会在一段时间内消耗我们的能量。情感体验分为基本情感体验和综合情感体验。

①基本情感体验。心理学研究发现，在人类复杂的情感中，一小部分人类共有的类似化学元素的“基本情感”，组成了我们日常生活的基本成分。它包括积极的情感如欢乐、喜悦，消极的情感如气愤、厌恶和悲伤。基本情感的另一个含义是，基本情感在全球各个种族、群体中都存在，而且不同文化群体之间基本情感反应的面部表情很相似，例如微笑、友善，因而可以作为非语言工具用于全球性的沟通和宣传。从某种意义来讲，基本情感是全球通用的情感语言，它可以跨越地域、种族、文化等差异，增进人们的相互了解和信任。

②综合情感体验。综合情感体验是基本情感的混合和集合。通过各种营销手段而建立起来的消费者情感多属于此类，如怀旧(对过去某段时光的渴望和思念)、爱国、利他等。随着人口老龄化，许多营销人员利用适当的文化和某一代人特有的情感暗示来激发特定群体的怀旧感。

3. 思维体验

思维体验是消费者运用自己的智力，创造性地获得认识问题和解决问题的一种体验。思维体验使消费者在惊奇、计谋和诱惑的引发下产生统一或各异的想法，从而获得启迪心智的独特感受。思维体验通常有两种方式:收敛思维体验和发散思维体验。收敛思维体验是指消费者将思路逐渐集中,直至找到一种解决问题办法的体验过程,它的具体表现形式为解决问题时所采用的分析推理的思维方式;发散思维体验则是拓宽思路、集思广益的体验过程。与收敛思维体验相比,联想性的发散思维体验更加随心所欲,也往往让人收获更多。

4. 行动体验

行动体验是与人们身体有关的体验,是长期的行为方式和生活方式的体验以及与他人接触后获得的体验。行动体验主要通过消费者的身体活动、生活方式或相互作用形成,比如踢球、玩网络游戏、看电视等。这种体验超越了情感、影响以及认知的范畴,主要包括以下两类:

(1)生理体验。人的身体是各种体验的丰富源泉。消费者可以通过肉体、运动神经系统、肢体语言等体验接受来自营销者的刺激物;营销者也可以利用作用于身体渴望的影响环境,给消费者一种全新的体验。

(2)生活方式体验。生活方式是指通过一个人的活动、兴趣及观点所表达出来的、他或她在这个世界上生存的形式,例如,消费者通常需要通过特定品牌或有特征的产品和服务来表明自己的生活方式。因此,企业要保持对生活潮流的高度敏感,并让自己的品牌和产品始终保持与生活方式的关联,以确保消费者享受到有效的生活体验。那么如何让消费者接受或获取某种生活方式体验呢?主要有三种途径:一是无须思考直接行动,正如耐克那句家喻户晓的广告词"just do it";二是采用角色模特,通俗一点就是产品代言人;三是诉诸社会规范,借助社会准则和标准的力量改变某些生活方式。

5. 关联体验

关联体验是指消费者在追求自我完善和被他人认同的过程中而获得的体验,包括感官、情感、思考与行动等层面。关联体验超越了单纯增加私人感受的个人体验,是把个人与其理想中的自我、他人和文化有机联系起来而获得的综合体验。

为消费者营造关联体验的目的,是把消费者个体和某品牌所体现出的广泛的社会和文化背景相联系,从而创造出消费者的社会身份。由于社会文化的多样性和消费者对社会需求的差异性,基于关联体验的营销模式或策略可以为人们带来丰富的经历和感受。但是,由于每位消费者都隶属于某个群体(亚群体)和文化(亚文化),因此,如何选择最相关的群体、选用最恰当的方式来确定消费者不同的社会身份是关联营销的一大难题。

延伸阅读 13-2

星巴克:真切地去理解顾客的体验

星巴克(Starbucks)咖啡公司是国际上著名的咖啡连锁店,全球连锁店达 5 000 多家。作为全球咖啡行业中的知名品牌,星巴克的营销秘诀在于:真切地去理解顾客的体验。

1. 感觉体验:营造"第三空间"

星巴克以为顾客创造"第三空间"为主题,营造了一个全新的体验场所。在环境布置上,星巴克公司努力使自己的咖啡店成为"第三空间"(家庭和工作以外的一个舒适的社交聚会场所),成为顾客的另一个"起居室",既可以会客,也可以独自在这里放松身心。在这种时尚且雅致、豪华而亲切的浓郁环境里,人们放松心情,摆脱繁忙的工作,稍事休息或是约会,得到精神和情感上的补偿。通过情景,星巴克来创造"体贴"。正是真正地了解了这些可以刺激顾客内心情感的细枝末节,星巴克才可以将体验式营销充分发挥,并成为其中经典。

2. 情感体验:感受浪漫

星巴克认为自己的咖啡只是一种载体，通过这种载体，星巴克把一种独特的格调传递给顾客，这种格调就是“浪漫”。星巴克努力把顾客在店内的体验化作一种内心的体验——让咖啡豆浪漫化，让顾客浪漫化，让所有感觉都浪漫化。这些，都是让顾客在星巴克感到满意的因素。星巴克主席兼 CEO 霍华德·舒尔茨(Howard Schultz)说：“我们追求的不是最大限度的销售规模。我们试图让我们的顾客体会品味咖啡时的浪漫。”于是，在星巴克，没有顾客再去关心价格、分量、质量这些原本在咖啡的产品经济模式中最直接的竞争要素，顾客要的就是情调上的体验。

3. 身体体验：优良的品质

星巴克的咖啡具有一流的纯正口味。为保证星巴克咖啡的质量，星巴克设有专门的采购系统。采购人员常年旅行在印度尼西亚、东非和拉丁美洲一带，与当地的咖啡种植者和出口商交流、沟通，为的是能够购买到世界上最好的咖啡豆。他们工作的最终目的是让所有热爱星巴克的人都能品尝到最纯正的咖啡。星巴克的咖啡品种也是繁多的，口感较轻且活泼、香味诱人，并且能让人精神振奋的是“活泼的风味”；口感圆润、香味均衡、质地滑顺、醇度饱满的是“浓郁的风味”；具有独特的香味，吸引力强的是“粗犷的风格”。顾客可以按照自己的口味随意挑选喜爱的咖啡。

4. 社会特性体验：体现顾客品位

星巴克公司塑造品牌，特别强调它的文化品位。星巴克咖啡的名称暗含其对顾客的定位：它不是普通的大众，而是有一定社会地位、有较高收入、有一定生活情调的人群。

星巴克的价值主张之一是：星巴克出售的不是咖啡，而是人们对咖啡的体验。这令人想起了东方人的茶道、茶艺。茶道与茶艺的价值诉求不是解渴，而是获得某种独特的文化体验。而星巴克的成功在于它创造出“咖啡之道”，让有身份的人喝“有道之咖啡”。

资料来源：慕庆涛. 星巴克体验营销剖析[J]. 企业活力，2004(9).

(二)“体验四个王国”的划分①

派恩和吉尔摩在《体验经济》一书中按照消费者参与程度和环境上的关联性两个维度将体验分成四种类型：娱乐体验(entertainment)、教育体验(education)、审美体验(estheticism)和逃避现实体验(escape)，它们互相兼容，形成独特的个人经历。

这一分类模型认为，某种体验可能从多方面吸引消费者，可以从中提取两个最重要的维度建立一个坐标体系来划分体验的类型，如图 13－2 所示。

图 13－2 中横轴表示人对事件的参与程度，分为积极参与和被动参与。横轴的左端代表消极的参与者，所谓消极参与是指消费者参与但不直接影响体验的绩效，意味着消费者并不直接影响表演，他只是作为观众或听众；横轴的右端代表积极的参与者，所谓积极参与是指消费者参与并直接影响体验的绩效，比如游泳者，他们积极参与了体验的过程。

纵轴描述了联系的类型，或者说是环境上的相关性，它使消费者和事件成为一个整体。纵轴的上端表示吸收(mind absorption)，即通过让人了解体验的方式来吸引人的注意力；纵轴的下端是沉浸(physical immersion)，所谓沉浸是指消费者亲自参与到体验活动中，然后投入其中。表明消费者成为切身经历的一部分，如玩一个虚拟的网络游戏，并沉浸在这种体验之中。

根据以上两个维度四种因素的组合，可以把体验分为四种类型：娱乐体验(被动参与/吸收)、教育体验(积极参与/吸收)、逃避现实体验(积极参与/沉浸)和审美体验(被动参与/沉

① 约瑟夫·派恩，詹姆斯·H. 吉尔摩. 体验经济[M]. 夏业良，鲁炜译. 北京：机械工业出版社，2002.

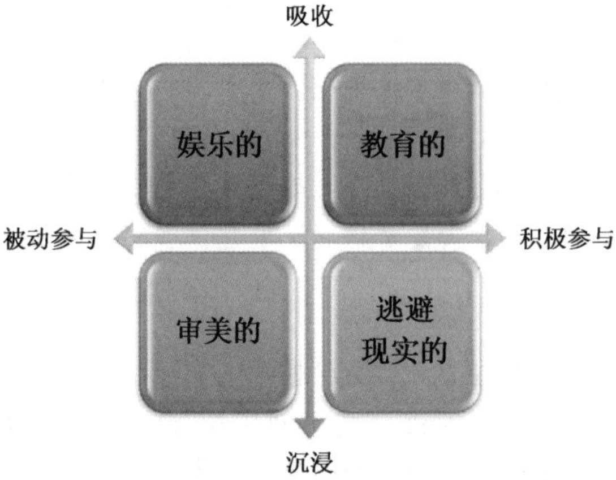

资料来源：约瑟夫·派恩，詹姆斯·H. 吉尔摩. 体验经济[M]. 夏业良，鲁炜译. 北京：机械工业出版社，2002：37—49.

图 13—2 体验王国

浸）。

1. 娱乐体验

娱乐体验是指消费者主要依靠感觉被动吸收的一种体验。娱乐体验主要是通过感官来实现，如看电影、看演出、听音乐会等。它是一种单向行为，消费者参与程度较低，即人们被动参与并身心投入的一种体验。

娱乐不仅是最古老的体验，而且在当今是一种更高级、更普遍、更亲切的体验。娱乐是通过感觉而被动地吸收的，当体验经济加速的时候，人们将会接触到与以往相比更新、更多的娱乐体验。因为几乎没有哪个消费者会排斥那些促使人们开心大笑的娱乐瞬间。

2. 教育体验

教育体验是个体积极参与并身心投入的一种体验，即消费者在事件发生的过程中通过积极参与获得知识的一种体验。例如，互动电影剧场不仅让观众看电影，还让其认识制作电影的过程，使观众从中获得相关知识。

与娱乐体验一样，在教育体验中，人们接受了对他来说并不是很清楚的事件，然而不同的是，教育包含了人们更多的积极参与。通过教育体验，人们在积极参与的同时，吸收着他面前展示的事件。尽管教育是一件严肃的事情，但并不意味着教育体验不能成为一件快乐的事，如“愉悦教育”。

3. 逃避现实体验

逃避现实体验，即人们积极参与并融入其中的一种体验方式，是体验活动中主动性与融入性最突出的一种。在逃避现实体验中，消费者不仅完全沉浸在某种体验里，还主动积极地参与到这种体验的营造过程中，如逛主题公园、参加蹦极运动、网上冲浪、网络游戏等，人们积极从上述活动中寻求和得到自己的体验。

典型的逃避现实体验的例子就是网络游戏。网络游戏作为一种全新的娱乐方式，将动人的故事情节、丰富的视听效果、高度的可参与性，以及冒险、悬念、神秘、刺激等多种娱乐元素融合在一起，为玩家营造了一个虚拟而又逼真的世界，从而提供了能够逃避现实的体验工具和环境。

4. 审美体验

审美体验指的是一个人沉浸于某一事物或环境中，而自身对事物或环境极少产生影响或根本没有影响，因此环境（而不是他自己）基本上未被改变，如游览大峡谷或参观大都会艺术博物馆。值得说明的是，审美体验本身必须是真实的。

如果用一个字来分别概括这四种体验的差异，那么可以简单地概括为：娱乐体验重在“悟”（sense）；教育体验重在“学”（learn）；逃避现实体验重在“做”（do）；审美体验重在“赏”（be there）。虽然每种体验都有侧重点，但是企业可以在体验营销中通过模糊四种体验之间的界限来提高体验的真实性，而且最丰富的体验是包含了所有四个领域的每一部分。

以上两大类模型，实际上是从不同角度对体验进行的分类。战略体验模块从消费者体验的心理机制维度，把体验分为不同认知类型。“体验王国”则侧重于研究消费者体验的行为模式，描述消费者如何参与到企业营造和展示的体验活动中，以及如何受到环境的影响。无论分类的差异如何，这两种模型都为我们理解体验的含义、消费者的体验心理和行为以及如何基于消费者体验进行营销活动提供了基本的思维范式。

第三节　体验营销及其模式创新

一、体验营销的含义、特征和组合要素

体验营销（experience marketing）是伴随着体验经济的到来而产生的新的营销方式，它强调消费者的参与性和接触性，在全球范围内受到消费者的普遍欢迎，正在成为企业活动获得竞争优势的锐利武器。

（一）体验营销的含义和特征

体验营销是一种全新的营销观念，同时也是一种新型的营销方式，是指企业通过对消费者体验的研究和设计，借助于相应的情境和事件，吸引消费者沉浸其中，以使消费者产生美妙而深刻的印象，同时通过对消费者体验的管理，增强企业综合竞争力的过程。最先提出体验营销观念的贝恩特·施密特认为，体验营销有以下四大特征：

1. 关注消费者的体验需求

体验经济环境下，体验所带来的感官、感情、认知、行为等价值已取代产品或服务的功能价值，成为消费者主要的价值诉求。因此企业实施体验营销时，必须十分敏锐地捕捉到消费者的心理需求，挖掘消费者的内心渴望，注重消费者体验的满足，并与消费者进行积极的沟通，以此为依据进行产品的设计。

2. 强调消费过程的满足

体验营销的目的是为顾客提供难忘的体验经历，并使顾客乐于为这种“体验”支付让渡价值。营销人员在实施体验营销时，不再孤立地去思考一个产品，而是通过各种手段和途径来创造一种综合效应，以增加消费者的体验感受。不仅如此，还要思考消费活动所表达的内在价值观念、消费文化和生活意义，给消费者以精神的、心理的深层次体验。可以说，在体验营销中，消费者消费的不仅仅是某一产品或服务，而是超出产品本身的一种整体的消费体验。

3. 强调消费者感性的一面

传统营销假设消费者是理性的。体验营销认为，虽然消费者可能经常做出理性决策，但他们同样也会受感情驱使。特别是当技术进步以及市场竞争促使企业提供物的物理属性和服务

水平稳定在较高水平之后，顾客更看重交易过程中其情感和个性需求的满足程度。

4. 强调消费者参与的主动性

体验营销强调顾客的主动性，只有在顾客主动参与到体验活动过程中的时候，作为经济提供物的体验才能够产生，并被让渡给顾客。传统营销中的顾客是产品/服务的接受者或参与者，尽管存在一定程度上的互动，但往往是经济提供物的被动接受者。

（二）体验营销的组合要素

体验营销包括五个组合要素[①]，即体验（experience）、情境（environment）、事件（event）、浸入（engaging）和印象（effect）。

1. 体验

体验是体验营销组合中最基本的要素，就像“产品”一样，它描述了公司要提供给顾客什么样的体验。施密特教授认为，体验包括感觉、情感、思考、行动、关联五种类型。但是，顾客所感知的或者说顾客所产生的体验无法被清楚地区分为哪种类型，而是几种类型的混合。当然，这种混合并不是杂乱地交织在一起，而是以“体验的车轮”这种形式出现。因此在实施体验策略时，一定要找到各种类型体验的连接点——体验车轮的轮轴，然后在连接点上进行体验线的扩充组合，从而生成一个完整的顾客体验计划。

2. 情境

情境是体验产生的外部环境，是企业为顾客创建的“表演舞台”。它既可以被设计成现实的场景（如星巴克咖啡店的店堂环境），也可以被设计成虚拟的世界（如一些网站经营者设计的虚拟社区）。情境对体验的生成具有极大的促进作用，同时又是事件展开的必要条件，因此必须重视情境策略在体验营销中的运用。反过来，具体情境的设计也必须服从和服务于总体的体验策略，否则就发挥不了整合的效果，甚至可能适得其反。

3. 事件

事件是为顾客设定的一系列表演程序。体验的产生必须要顾客的亲自参与，但是作为企业来讲又不能任由顾客行动，否则将很难为顾客提供特定的体验。如果企业提供的体验零散而无法辨识，那么将很难在顾客心目中形成一个清晰的概念和定位。根据表演程序的松散程度，可以将事件策略分为两种模式：一种是设立严格的程序，在线游戏的体验营销就属于此种；另一种是设立一个相对宽松的程序，使其存在一定的弹性，允许顾客在一定程度上按自己的理解进行诠释。此外，企业还要考虑消费者在事件中的相互关系。因为在体验活动中，经常是多个消费者同时参与过程，如果不注意协调他们之间的活动，很容易带来负面的体验，这对企业来说将是巨大的损失。

4. 浸入

浸入是指要通过营销手段使顾客真正浸入企业所设计的事件中，因此设计一个什么样的角色给顾客将是非常关键的。体验营销的最大特点就是其互动性，它强调顾客参与，因此，浸入这一要素就强调在角色的设计中一定要使顾客成为一个真正的演员，而不能将其看成观众，或者是可有可无的人。诱使顾客主动表演是浸入策略的关键，因为顾客只有在事件的过程中真正地参与进来，才能使心理活动真正地浸入企业设计的情境中，最终导致体验（付费的体验）的产生。北京全聚德（始建于1864年，是著名的“中华老字号”餐饮企业）通过建立厨房透明通道，让好奇的消费者可以看到烤鸭制作的过程。他们发明了在鸭坯上写字的“玩法儿”，让消费

① 汪涛，崔国华．经济形态演进背景下检验营销的解读和构建[J]．经济管理，2003(20)：43－49.

者有机会把吉祥话留在烤鸭上，也同时给担心烤鸭调包的消费者一颗定心丸。消费者在全聚德吃烤鸭，会得到一张烤鸭“身份证”，记录这只烤鸭在全聚德的排名次序，既可留作纪念，又可凭它参加抽奖。这种互动过程对消费者体验浸入及其感知价值的形成具有决定性影响。

5. 印象

体验的难忘过程产生了印象，印象是维持长期顾客关系的一个重要因素。但是，印象会随着时间的推移逐渐衰退，如果不对印象进行管理，长期顾客关系的保持将很难实现。印象策略就是对印象进行管理的策略，具体的策略可以借鉴关系营销中的一些具体做法。比如，将体验过程录像保存、拍照留念、赠送体验纪念品、建立体验会员俱乐部等。

以上五个要素并不是相互独立的，它们之间存在着非常密切的联系。其中，体验是情境、事件和浸入的前提与基础，其他要素必须服从和服务于体验设计的基本内涵和思想；情境、浸入和事件是消费者体验的实现过程，企业通过这些要素完成了体验的生产和让渡，而消费者也同时完成了对体验的消费。印象建立在前面四个要素的结果之上，同时又是下一体验让渡过程的输入，影响着再次体验的产生。

二、体验营销的新模式

（一）美感营销模式

美感营销以人们的审美情趣为诉求，经由感觉和知觉刺激，提供给顾客以美的愉悦与满足。爱美之心人皆有之，凡是美丽的事物，都会使人欣赏、喜欢和留恋。美感营销通过视觉、听觉、触觉、味觉、嗅觉来建立消费者感官上的体验，而这些体验既可以作为区别物以显示独特性，也可以作为促动力诱发消费者的购买兴趣，还可以给消费者提供特殊的体验价值。

美感营销需要知道如何达到感官效果。引发消费者感官体验的基本要素包括视觉上的颜色和形状，听觉上的声音大小和快慢，触觉上的材料和质地等。营销人员可通过选择美的元素，如色彩、音乐、形状、图案等，以及美的风格，如时尚、典雅、华丽、简洁等，再配以美的主题，来迎合消费者的审美需求。比如，全聚德烤鸭，外形美观、丰盈饱满；皮色鲜艳呈枣红，宛如绸缎般光洁；表皮酥脆，片下的脆皮扔在盘中“铿锵有声”；吃起来皮脆肉嫩、鲜美酥香、肥而不腻、瘦而不柴。片鸭时，近百片“丁香叶”呈现在客人眼前，香气扑鼻。将“丁香叶”拌上葱、酱、黄瓜条，用薄如纸的荷叶饼包卷后食之，那第一口的感觉是薄饼绵软、鸭皮酥脆、瓜条清香、黄酱甜爽、葱丝辛甘，多种美味随着不断地咀嚼，慢慢让人感受。全聚德恰到好处地利用自己的产品创造出多种感官体验，给人以愉快、赏心悦目的感觉。

延伸阅读 13—3

旅游演艺的冲击之美

旅游演艺始于20世纪80年代西安的《仿唐乐舞》，它将音乐、舞蹈、诗歌融于一体，具有较强的审美感染效果，初步具备了旅游演艺项目的特征，但囿于当时的技术水平和外事接待的目的，其内蕴与魅力远远没有开发出来。90年代后期，杭州宋城推出的历史文化主题展演《宋城千古情》、深圳世界之窗的《创世纪》等采用歌舞、杂技表演与声、光、电、高科技相融合，打造出一幕幕震撼、激情的舞台演出。自2003年以来，旅游演艺的表演手法更加成熟，高科技手段运用更加高超，舞台效果突破传统疆域、主题特色更加鲜明、创作思路宏大。出现了大型山水实景演出《印象·刘三姐》、原生态民族歌舞演出《云南映象》和宗教展演如无锡的《灵山吉祥颂》等。多样的旅游演艺形式（尤以历史文化类、山水实景类、民族风情类和宗教展演类为典型），带给观众难忘的审美冲击。

(1)当代旅游演艺的审美冲击首先体现在由高科技打造的视听震撼的剧场效果，往往在剧场类旅游演艺中表现得最为显著。当代旅游演艺充分借鉴剧场技术，并加以最新科技进行改造。比如，无锡的《灵山吉祥颂》采用超大型的圆形旋转舞台剧场，建筑面积达35 000平方米，可容纳1 700名观众。剧场上方是高度达30多米的巨大穹顶，由1 500盏金光灿灿的莲花灯组成。灯光开启时的穹顶，璀璨夺目，仿佛星光灿烂的天穹，令人恍若置身于浩瀚的宇宙，迷失在变换的时空中。舞台采用目前世界上先进的大型投影设备和数字灯光控制系统，以完美的声、光、电形式综合演绎佛教故事，观众通过270度的环形大幕，感受浩瀚的宇宙及神奇的大自然。表演时，完美的音效使佛陀的喃喃细语在每个人耳边回响，浑厚的钟声由远及近，体会到佛教世界的静逸。

(2)真山真水的演出背景则带给游客气势恢宏的感官冲击，这集中体现在以大型山水实景演出为代表的印象系列旅游演艺中。比如《印象·刘三姐》突破了传统"三面墙加一个空地"的舞台模式，场所位于漓江和田家河交汇处的阳朔书童山下，面积达1 645平方千米。它以方圆2千米的漓江水域和12座山峰为表演舞台背景；以渔船、渔火、竹排、木楼等自然元素搭建舞台；观众席则以梯田造型，可供观众180度全景观赏。演出以春、夏、秋、冬、晴、雨、烟、雾的自然景观为基础，在变幻莫测的灯光烘托下，通过具有民族风情的音乐、舞蹈、服饰等艺术形式在真山真水之间展现出原生态的演艺场景。观众置身于绿色的梯田上，在这"上帝预备的剧场"里，感受到天人合一的艺术境界。

(3)历史文化、民族风情主题的旅游演艺，将异质文化内容以时空压缩的方式展现给观众从而带来独特的审美体验。《云南映象》则由白族舞蹈家杨丽萍甄选具有典型云南特色和时代表现的文化、舞蹈、音乐元素，将云南民族歌舞与现代艺术构思有机融合，从而构架了一台表现少数民族风情的大型原生态歌舞集。这种与一般民族文化和主流文化风格截然不同的舞蹈艺术，70%以上的表演者是来自云南各地的普通农民。异质的民族艺术风情带给观众以古朴而独特的美感体验。

(4)宗教展演类旅游演艺把富有启发意义的宗教故事以演艺形式表现出来，通过异域景观的集中呈现带给观众一种梦幻体验。无锡的《灵山吉祥颂》由国内知名导演、音乐家、舞美设计家、佛教文化专家组成项目团队，历时三年创作完成。以表现释迦牟尼成长、觉悟之路为核心，以自我解脱、自我升华、自我战胜为三部曲，采用先进的数字声、光、电等形式进行演绎，集中呈现了印度等地的异域景观。灯光变幻中，一场情境、意境、心境交融的演出在如梦如幻的美妙景象中拉开帷幕。在天籁般的音效中，观众欣赏到一幕幕或神奇壮观或虚幻奇美的景观。随着时空的变换，观众随之穿越过去、现实和未来的时光隧道，经历地狱、人间和天堂的空间转换。同时观众的心灵随着故事的进行在长廊楼阁和花草树木的恬淡中行走，在狂风暴雨中历练，在飞升的万千彩蝶和神圣的菩提树下感悟生命。这场使观者产生震撼体验的演出在每个人的心灵深处留下深刻而持久的美感冲击。

资料来源：赵刘. 美学视角下的旅游演艺[N]. 中国旅游报，2013-06-28.

(二)娱乐营销模式

娱乐营销就是企业巧妙地将各种营销活动寓于娱乐之中，通过精心设计的娱乐体验来吸引消费者，实现促进消费的目的。娱乐是现代生活的一部分，在未来社会，娱乐可能是人们的生活目标之一。娱乐体验就是通过各种感官刺激使消费者产生兴奋、满足和审美享受。

娱乐营销能够帮助企业迅速推广新品牌、落实品牌定位和促进销售。实施娱乐营销的一个典型代表就是中国移动的“动感地带”。又如，蒙牛冠名的《超级女声》也是娱乐营销的成功范例。

延伸阅读 13－4

野生动物世界变身为娱乐性主题公园

在原重庆野生动物世界基础上打造的乐和乐都主题公园度假群，于 2013 年 4 月 29 日正式开业。该度假群拥有大量精彩刺激的娱乐项目，成为重庆旅游的一个新地标。

乐和乐都位于永川区的原野生动物世界，供游客娱乐、体验、观赏的区域面积达 2 041 亩。其拥有几大游乐板块：“地球村”娱乐商业街区、“熔岩之城”数码影像娱乐体验区、“娱乐天堂”机动游乐区、野生动物世界，以及马戏，海豚、海狮表演，百兽献瑞大巡游等主题演艺活动。同时，当地还配套了以自然生态休闲度假为主题的五星级酒店。

在“娱乐天堂”机动游乐区中，设置了 30 余项高科技体验游乐项目。其中包括西部首座十环云霄飞车，该设备曾以速度和圈数获得吉尼斯世界纪录，业界称为“肾上腺素发动机”，尤其是被称为“心脏旋转”的 4 个连续水平螺旋，是目前过山车中独一无二的设计。

在乐和乐都中，野生动物世界也不再是动物集中一处、人在外参观的游览模式，而是采用主题式游览。想找到狮王，游客必须穿过一片亚马逊丛林，然后到达狮子岩；猴子也不再待在猴山，而是在一片类似《古墓丽影》里的神庙当中。就连游客走出酒店门口的时候，都可能碰到正懒洋洋散步的动物。

资料来源：白麟．原重庆野生动物世界变身大型主题公园[N]．重庆日报，2013-04-17.

(三)情感营销模式

所谓情感营销，就是以消费者的内在情感为诉求，通过激发和满足消费者的情感体验来实现营销目标的策略方法。情感营销的目的在于通过触动消费者内心情感引发强烈而深刻的情绪或情感感受，从而对产品或品牌由略有好感发展到产生强烈的偏爱。要有效地运用情感营销，必须了解消费者的情感需求以及何种刺激能激发相应的感情。

情感营销成功的关键在于有效应用情感营销的策略，在消费者理性消费即质量保证和价格合理的基础上，充分满足消费者的感性需求，建立情感品牌，选择独特的情感渠道，利用情感口碑促销等手段来打动消费者的内心。[①] 例如，南方黑芝麻糊的“一股浓香，一缕温暖”的故事牵动了很多游子对故乡的向往和眷念之情。

延伸阅读 13－5

玩转情感营销

人不是冰冷的机器，每个人都渴望得到爱和尊重，所以生活中需要情感交流，缺少感情滋润的心灵会逐渐干涸。情感是通过不断支付和接受而建立起来的，因此恰当地支付和接受情感，才可以实现自己的情感需要。市场经济条件下，有需求就会有供给。情感营销针对消费者的情感需要，通过对产品或服务各要素及营销过程注入情感，赋予其感性色彩，唤起和激发消费者的情感需求，诱导消费者心灵上的共鸣，寓情感于营销之中，让有情的营销战胜无情的竞争。情感营销可以通过精心设计、用心制造、贴心服务或者巧妙传播，为营销过程注入人情味，使消费者在感情上引起共鸣。

① 李劲，李锦魁．情感营销[M]．北京：经济管理出版社，2005.

比如，在低附加值的餐饮服务业，虽然家家都在喊"顾客至上"，但实际效果并不理想。而海底捞专注于每个服务细节，让每个顾客从进门到出门都体会到"五星级"的服务：停车有代客泊车，等位时有无限量免费水果、虾片、黄豆、豆浆、柠檬水提供，有免费擦鞋、美甲以及宽带上网，还有各种棋牌供大家娱乐；为了让顾客吃到更丰富的菜品可点半份菜，怕火锅汤溅到身上为顾客提供围裙，为长发顾客递上束发皮筋，为戴眼镜顾客送上擦眼镜布，为手机套上塑料袋，当饮料快喝光时服务员主动来续杯；洗手间也有专人为你按洗手液、递上擦手纸巾；要求多送一份水果或者多送一样菜品，服务员也会爽快答应。服务员不仅熟悉老顾客的名字，甚至记得一些人的生日以及结婚纪念日。

要让顾客感受到某种情感，并被强烈打动，企业必须要真真切切地具备真诚服务的热情。海底捞管理层认为：要想顾客满意必须先让员工满意，让员工首先感到幸福和自由，再通过员工让顾客感到幸福。客人的需求五花八门，仅仅用流程和制度培训出来的服务员最多只能算及格。海底捞的每位员工是真心实意地为顾客服务，而这份真诚，则是源于其掌门人张勇将员工当作家人般对待。

资料来源：张计划. 玩转情感营销[N]. 中国服饰报，2011-11-04.

(四)文化体验模式①

文化作为一个社会意识形态、价值信念、伦理道德、风俗习惯等的综合，在塑造消费者良好体验的过程中，扮演着举足轻重的角色。文化的核心是价值观，与消费者文化相符的产品和服务更有可能被消费者接受。

文化体验涵盖了娱乐体验和情感体验的核心内容。它通过传递消费者认同的文化来激起他们内心的共鸣，带给个体在情感、身份、思想等诸方面难忘的体验，但是它又超越了个人体验范畴，让个体与更广阔的社会背景联系起来。比如，为了展示全聚德百余年的历史，体现地道的老北京民间风俗，增加参观的文化氛围，北京前门全聚德打开老墙大门，设立一间仿古餐厅，最大限度地恢复了全聚德的历史原貌，并命名为"老铺"。木格门扇、木制楼梯、实木廊柱，营造出一间传统风味十足的餐厅。餐厅内各种器具也无一不流露出浓厚的旧日气息，餐厅内摆放的是八仙桌、清式木椅，用的是铜茶壶、蓝瓷茶具、泥制小酒壶、小酒盅。为突出老全聚德的旧貌，餐厅里装饰了不少清代古玩，如瓷算盘、留声机、青瓷烛台、花瓶、挂钟、老式电话等，其中有些是老全聚德用过的器物，还有过去的旧账簿。精心布置的老铺，使人仿佛置身于 20 世纪之初的全聚德，体味到浓重的历史文化氛围。

延伸阅读 13—6

文化营销，让品牌溢价、增值

大多数五星级酒店配有依云矿泉水，标价一般是 30—50 元人民币；"国窖 1573"限量 2 000 坛新品"叁 60"，售价 33 万元；成本几十元的一款路易·威登帆布包售价 1 万多元；宣称"没人能拥有她，只不过为下一代保管而已"的百达翡丽怀表，价值 1 100 万美元。

这些品牌和产品的畅销不衰和高价值，离不开文化的渲染、烘托和传播。优秀的品牌卖的绝不仅仅是产品，更是品牌故事背后的文化气质，而只有这种鲜明的文化内涵，才能让产品溢价，让品牌增值和升华。背靠阿尔卑斯山的法国依云小镇的湖泊，无人体接触、无化学处理，每天进行 300 多次水质检查；自 1789 年依云水源地被发现以来，伏尔泰、拜伦等一群批判现实主

① 江林. 消费者心理与行为[M]. 北京：中国人民大学出版社，2007.

义大师经常聚会于此,连拿破仑三世也对它情有独钟——无论是功效还是人文气息,依云矿泉水都出类拔萃,价格自然不菲。文化转化为销售,进而实现盈利,好比秋之收获,水到渠成。

以文化取胜的企业还有苹果。置身苹果体验店,苹果产品的文化魅力似乎无处不在:简约而不简单的设计文化,崇尚自由而时尚的使用文化,追求严谨创新的品质文化,苹果释放的尊重、信仰、自信、自我等人性文化,深深吸引着步入店内的所有人,包括苹果的员工。

资料来源:王同筱. 文化营销 让终端无敌[J]. 中小企业管理与科技(中旬刊),2013(2).

(五)氛围营销模式

氛围指的是围绕某一场所或环境产生的效果或感觉,它其实就是一种品位、一种格调。好的氛围会像磁石一样牢牢吸引住顾客,使得顾客频频光顾。氛围营销的目的就在于营造出这种使人流连忘返的氛围体验,服务场所尤其适用于采取这种策略。例如:"玉兰油纯美空间"概念店,这是一种在我国新推出的非营利性理念性专业护肤咨询空间,旨在实现女性与品牌全方位的直接对话,是对传统的营利型柜台的一种突破与挑战。这家非营利的概念性旗舰店只谈美丽不论经营,所有的服务全部免费,包括肌肤测试、专业美容、护肤理论咨询等。让消费者在轻松地享受美丽经典的同时,完成一次自我美丽的发掘与修饰。它营造出一种纯美的魅力空间氛围,让消费者对玉兰油护肤产品产生认同心理,进而培养一批忠实的消费者。再如,美国华盛顿特区的一家咖啡连锁店以结合旧式意大利浓缩咖啡与美国快节奏生活为主题。咖啡店内装潢以旧式意大利风格为主,但地板瓷砖和柜台都经过精心设计,让消费者一进门就会自动排队,不需要特别标志,也没有像其他快餐店拉成像迷宫一样的绳子,破坏主题。这样的设计同时也传达出宁静环境、快速服务的印象。而且连锁店也要求员工记住消费者,常来的消费者不必开口点菜,就可以得到他们常用的餐点。

(六)生活方式营销模式

人们的生活方式多种多样,有的人喜欢自由奔放和无拘无束,有的人喜欢豪华与尊贵,有的人喜欢挑战和冒险,有的人喜欢恬淡与安逸……无论哪种生活方式,都是人们生活历程中的一种宝贵体验。生活方式营销就是以消费者所追求的生活方式为诉求,通过将公司的产品或品牌演化成某一种生活方式的象征甚至是一种身份、地位的识别标志,而达到吸引消费者、建立起稳定的消费群体的目的。宝马公司打造的"宝马生活方式"就感动和影响了不少消费者。宝马生活方式服饰专卖店(BMW Lifestyle)是两大著名品牌宝马与宝姿联合打造的休闲服饰品牌,宝马之所以向服饰延伸,是因为它不仅希望成为非凡制车技术与工艺的象征,还想成为"潇洒、优雅、时尚、悠闲、轻松"生活方式的象征。宝马公司中国区总裁席曼毫不掩饰他们的目的。他说:"让顾客通过购买宝马的产品来显示他们的成功,把宝马品牌和消费者本身的成功很好地融合在一起,使使用宝马产品成为客户的一种生活方式。"尤其是对那些刚从大学毕业的年轻人来说,要购买一部宝马汽车是力不从心的,但他可以先购买一件宝马服饰,从中感受到宝马的生活方式。因此对宝马品牌的信任和忠诚度可提前培育,等到他事业有成,选择高档汽车时,就会对宝马汽车情有独钟。

上述几种体验营销模式分别以不同的顾客体验作为营销侧重点,但应强调的是,它们之间并非互相排斥、互不包容。体验营销的最终目标,不是单纯构筑某一类体验,而是为顾客创造一种整体体验。正如戴尔公司全球网上业务副总裁理查德·欧文(Richard Owen)所说:"顾客体验从顾客看到广告的瞬间开始,到顾客收到货物的那刻,直至此后的一段时间。我们希望人们认为我们的电脑很了不起,但真正重要的是顾客跟我们打交道的整体体验。"因此,企业一方面要根据其内、外部环境恰当地选择和运用相应的体验营销策略,另一方面更要注意让顾客在与企业或品牌的每一接触点上，都能得到完美无缺的美好体验。

三、体验营销策略

体验营销的设计流程具体如下①：

（一）分析消费者的体验需求

体验营销必须关注消费者的体验需求，研究消费者的体验心理和感受，才能击中消费者的心灵。因此，在市场细分的基础上要首先准确识别目标顾客的各种体验需求，比如对便利性的体验，自主掌控、选择多样化的体验，获取知识的体验，彰显身份倍感荣耀的体验等。企业应注重与顾客之间的沟通，从顾客的视角重新审视顾客与企业交互过程中的所有接触点，以及在这些接触点上顾客期望得到什么样的体验。

（二）设计体验主题

能否设计出精练的具有诱惑力、冲击力的体验主题，是企业实施体验营销成败的关键。所谓体验主题，是指企业给消费者提供体验的核心部分，它最能引起消费者的共鸣，整个体验营销策略都要紧紧围绕体验主题而展开。企业应从消费者体验需求和产品体验属性出发，挖掘能引起消费者共鸣的新鲜元素作为主题。

一个好的体验主题还应该与企业的商业性质和经营宗旨相一致，将企业的产品和服务以及每个要素和细节有机地结合在一起。比如，旅馆若打算为客人提供一种温馨如家的体验，就应该围绕这一主题严格规划其服务流程和细节，一方面尽量避免走进客人房间打扰其休息和工作，保证其充分的自主性；另一方面也要保证能为客人提供即时、周到、体贴的服务等。

北京"全聚德"在不同的分店设有不同的体验主题。如"名牌名店聚名人"是几十年来和平门全聚德烤鸭店独有的经营特色。"名人苑"集中营造了"寻访名人足迹，体验名人享受"的高雅环境和浓郁氛围。在"名人苑"走廊，陈设有数十名中外领导人在"全聚德"举行宴会的照片和由数百名国内外各界名人签字题词组成的"名人墙"。

（三）围绕体验主题来设计商品或服务

商品或服务是实施体验营销的物质载体，是表达体验要素的道具。企业要站在消费者的角度去审视企业提供的产品和服务，开发具有浓厚体验色彩的产品和服务，对产品的基本功能属性、外观属性以及品牌标志等要素的设计要考虑为顾客传递有价值的独特体验的要求。例如，日本生产"创可贴"的米多尼公司，面对竞争激烈且销售日趋疲软的行业状况，开发出了一种新式"创可贴"，并把它命名为"快乐的伤口"。它摒弃了传统产品的肉色和条状，颜色上大胆地采用了鲜艳的桃红、橘黄、天蓝、翠绿等花哨的颜色；外形上采用了"心形""五角星""十字""香肠"等形状，上面还印有颇具幽默色彩的"花头巾""好疼啊""我快乐极了"等文字。新式"创可贴"备受孩子们和女士的喜爱，仅在一年内就售出830万盒，令同行叹为观止。因此，好的体验能对产品起到"画龙点睛"的作用，增加产品的灵性，提高产品的感知质量，能"让产品和服务活起来"。

（四）设定体验式的价格

在体验营销中，影响消费者对价格接受的因素与传统营销有很大的区别。价格的制定不仅仅考虑产品成本，更多地取决于其他方面的因素，如消费者自身情绪状态、体验时间、体验场景、文化蕴含及自身价值认定等方面。具体来说，其价格策略主要可采用以下几种：

① 江林，李志兰．消费者行为学[M]．北京：首都经济贸易大学出版社，2012：256－258.

(1)价格隐性化策略。即在开展体验营销时,突出价值而淡化价格。无论是购买实体产品还是体验某次活动,在体验营销中,价格已经不再是消费者是否进行购买的可视性障碍,是否物有所值、彻底放松心情是最为重要的,当消费者对你营销的产品一点也不感兴趣的时候,无论价格多低廉也不会有购买的冲动。

(2)递增式的定价策略。根据顾客的一般消费心理,消费者都会认为一次付出一笔钱比这一笔钱被分次付出会更贵。因此,定价时可以实施分次收费方式,即营销人员把体验分次销售,不同的活动收取不同的费用,而不是一次性地收取所有活动的费用。比如消费者去一个娱乐场所,如果在入场时一次性收取所有娱乐活动的费用,他就会认为入场券很贵;相反,如果费用被分次收取,就减轻了他们的心理负担,并且,分次收费也给予了消费者自主选择的权利。

(3)溢价策略。在体验营销中,消费者会根据自身对所接受产品价值的理解程度来衡量,而且其心理理解的价格往往会超过产品自身成本,所以在体验营销中溢价策略通常是非常有效的。有专家做过一个实验,在一个既没有价格标签也没有收款员或收银台的茶座,消费者享受完了之后根据自身的感觉,掏钱压在茶杯底下;顾客离开后,才由服务生收钱。结果发现,虽然也有极个别的消费者不放钱或放很少的钱,但绝大部分消费者所理解的价格远比茶座自己定得价格高。

(五)筹划展示体验的促销活动

对于体验营销来说,很重要的一点是怎样将你的体验产品展示给消费者。作为体验营销的重要环节,营销人员需要建立展示体验的促销环境和舞台。在这种体验促销活动中,传统媒体广告的作用已经十分有限,必须增加户外参与互动活动等新型促销形式。要在促销中侧重营造一种体验环境,通过相关的体验活动来激发消费者的购买欲望。比如,开展新产品展示与体验、化妆品试用、建立体验专卖店等。北京全聚德的前门店被誉为"天下第一楼"。2004 年 3 月,根据同名话剧改编的电视连续剧《天下第一楼》在中央电视台一套黄金时间播出。全聚德集团抓住这个传播餐饮文化的机会,与搜狐网合作开办"'全聚德'与《天下第一楼》"的有奖论坛,参与者很多,发言讨论非常热烈。活动期间仅北京直营店营业额就增加了 68.18%,接待人次也增加了 58.15%。[①]

(六)建立体验式营销队伍

外部体验必须以内部营销为基础。内部营销是指企业如对待外部顾客一样对待自己的员工,在员工为顾客提供满意的服务和体验之前,企业要做到先使员工体验到满意。在体验营销中,内部营销显得尤为重要,因为企业在很大程度上是依赖员工去进行体验的即时创造和传递的。体验主题再明确,体验设计再完美,却会因员工的一次疏漏或怠慢而大大影响体验的效果,甚至将体验全盘破坏。因此,企业在实施体验营销时,必须注意对内部员工的综合素质的培养,应积极开展内部营销,提高员工的参与度,让员工精神饱满、热情洋溢并富有专业水平和专业精神。

比如,全聚德为了再现老北京餐饮行业的服务特色,前门店全部起用男服务员。为了让服务人员充分领会旧式跑堂的服务方式,门店专门组织他们观看《天下第一楼》和《老店》,学习《全聚德史话》,增强对全聚德历史的感性认识。为了恢复老北京餐饮业跑堂的服务方式和当年全聚德的风貌,前门店还组织服务员到京城各大餐饮名店观摩学习,多管齐下,全面提高人员素质,力图培养出精明能干的"跑堂儿的",再现老北京餐饮行业服务人员的风采。

---

① 刘佐太,景鹏飞."老字号"餐饮企业体验营销研究——以全聚德集团为例[J].商业研究,2006(24):159—162.

案例分析

亚朵酒店:体验经济下的新住宿时代

亚朵的第一家酒店于2013年8月开业,坐标西安,到2016年6月,约3年的时间完成开业55家,签约155家的目标,在2016年1月统计的中国酒店集团规模50强中排名第31位(数据源自上市公司财报和盈蝶咨询数据)。亚朵近几年的快速发展和注册用户快速积累,与其体验营销的成功有着密切的关系。

1. 主题环境

亚朵的主要客户群体的年龄集中在35岁左右,有5到10年工作经验的中产阶级,他们为生活、为事业忙忙碌碌、奋力打拼,经常出差,生活节奏快、负担重,内心向往和追求有品质的生活,也有较强的消费能力。

我国的中产阶级人数在20世纪90年代较低,随着中国经济飞速发展,中国中产阶级的队伍也不断壮大,到2020年,将达到7亿人(数据来源于欧睿信息咨询公司)。中产阶级成为一个庞大的群体,人们尝试通过各种方式来彰显自己的与众不同。早期是炫耀式的奢侈品消费,从名贵首饰、箱包到豪车,这些商品正在逐渐失去标榜社会阶层的功能。今天能区分人们社会地位的变成了"谈资",也就是人们身上沉淀的文化资本。

基于此,亚朵着力打造属于这个群体的第四空间——"在路上",这也是继星巴克提出的家(第一空间)、办公室(第二空间)、星巴克(第三空间)的再次延伸,将亚朵打造成人们在外路途中与其陪伴的伙伴(第四空间)。采用跨界思维,除将顾客的睡觉、洗澡、上网三大核心需求做到极致以外,融入了阅读和摄影两大文化主题,精心设计顾客的人文生活体验。

每个亚朵都有一个超大7×24小时阅读会友书吧,名为"竹居",提供24小时借阅服务。在亚朵的大堂中,客人也都能随手在一面书墙上或者书柜中拿起一本感兴趣的读物,可免押金借阅,为了让客人有完整的阅读体验,提供异地还书服务。"书"式体验融入亚朵,让顾客的心多了几分宁静与思考。摄影是亚朵的另一大文化主题。具有"属地文化"的摄影作品展示在亚朵的每一个角落。顾客在每一座城市的亚朵,都能通过摄影作品开启一段不同的历史。

入住亚朵,你还能免费品尝到送到房间内的美食。随食物会一起附送一张小卡片,卡片上介绍了美食的制作方法和功效。一杯羹、一张卡片正是亚朵人追求生活品质,认真对待生活、认真体验生活的态度。这也正是吸引消费者,让消费者产生思考的一种生活方式。

因此,亚朵提供的不仅是一个可休憩的场所,更是一个可学习、可社交、可放松心境的有温度、有颜色的空间。与大部分酒店不同的是,亚朵提供给消费者的不仅是外在的产品和服务,更重要的是内在的体验,所以当这样一个目标群体遇上亚朵时,神奇地产生了情感的共鸣和归属感,并成功地引发了消费者对生活方式的思考。

2. 无缝衔接

体验营销是思考模式的创新,只有以顾客为主体,从消费者的生活与情境出发,塑造消费者所追求生活方式的感官体验环境,创造消费者情绪抒发方式,激发消费者创造灵感,鼓励其参与行动改变现状,且感受到的是一个连续的过程,而不是断点般短暂的满足,最终才能让消费者找到相同生活方式群体的归属感,才能使消费者的情感受到尊重,思想得到激发。消费者获得的不只是产品或服务的满足,还有生活方式的解决方案,他们甚至愿意为感性需求的满足而付出更高的代价。亚朵在体验的连续性上做到了无缝衔接。

(1)明确消费者要什么体验式调查。模拟顾客体验过程进行调查。

调查感觉:亚朵是否让我在感官上有特别的感受;

调查情感:走进亚朵我是否有一种心情愉悦的感觉;

调查行动:亚朵是否有意在引导与我的互动交流;

调查思考:亚朵是否有意刺激我对人文生活的联想;

调查关联:购买亚朵的消费者是否和我属于同一类人。

通过体验式调查,快速掌握消费者对亚朵主题的喜爱程度以及消费者所追求生活方式的变化,从而激发更新更好的创意。

(2)接触点设计

所谓接触点，即分别在售前、售中、售后分解消费者的体验过程，运用不同的工具，让消费者感受到一个连续的体验过程。

亚朵在售前利用网络让消费者感知到人文生活的主题。走进亚朵，则从灯光、气味、色彩、音乐、文字、摆件等逐步在消费者心目中构建起亚朵的主题氛围，譬如炎炎夏日，当你步入亚朵，首先映入眼帘的并不是多么奢华的金碧辉煌，而是简约却又非常艺术的设计和清新舒适的气质范儿。服务人员走出柜台，首先递上一杯清凉的酸梅饮料，一杯饮料还未饮完，入住已办好，房卡已到手，这个过程，顾客是坐着的，服务人员是站着的。有的顾客甚至感觉屁股还没坐热，万事皆办妥。不需要押金，不需要烦琐的手续。在文字体验上，“宿归(客房)、相招(餐厅)、共语(多功能会议室)、汗出(健身房)、出尘(免费洗熨烘干自助洗衣房)、竹居(超大 7×24 小时阅读会友书吧)”等充满文艺清新气息的区域命名仿佛能让心中的疲劳远去。客房中一把造型独特的茶壶和几个茶杯，让你看一眼都仿佛能嗅到令人心旷神怡的茶清香。酒店的公共区域、客房的墙壁上、床头均可以看到反映属地文化的摄影作品，傍晚夜宵是免费送到房间的一份附加了制作方法和功效卡片的糖水等。顾客离店时服务人员会主动送上瓶装水。

每一个转身，每一次接触，都让消费者更好地体验着这种他们向往已久的感觉和生活方式。正如约瑟夫·派恩在《体验经济》一书中所提到的“不管在什么情况下，要想强化一种服务的感官刺激，最简单的办法就是通过提供食品和饮料的方式增加味觉体验”“一种体验对感觉的调动越有效，这种体验的感觉就会越难忘”。当你走出亚朵，包里可能还装着免押金借阅且可异地归还的书籍，回味着与其他消费者和服务人员沟通过程中所深刻体会到的源自社会文化意义的相互影响和对生活方式的思考，体味着想要成为这一群体或文化一部分的欲望。

亚朵以服务为舞台、产品为道具，工作人员作为演员，精心设计无缝衔接的人文体验。

3. 自我实现

(1)售卖解决方案

自我实现是马斯洛需求的最高层次，也是体验营销策略中最关键的部分。目前大多数中端酒店知道消费者想要什么，但遗憾的是，他们卖的仍然是产品和服务。若把产品当产品卖，只能考虑到消费者理性的需求。体验营销中的“体验”是要消费者经过自我思考与尝试去获得的解决方案。这种方案是独特的，是一种生活方式与消费者个人喜好的结合。商家要做的，是帮助他们找到最适合自己的方案。比宜家更胜一筹的是，亚朵不仅营造了一个让消费者体验生活、体验人文的第四空间，更提供了一种生活方式的解决方案。亚朵酒店的床垫、四件套等床上用品是与供应商合作定制的自有品牌“普兰特”，客人用过后如喜欢，便可扫码购买。酒店沐浴三件套是与阿芙精油合作，客人用茶是与乡里乡亲合作，客人使用后喜欢皆可扫码购买。

(2)人员沟通促进消费者关联体验

要满足顾客思考、行动、关联的需求，必须销售解决方案，并通过与顾客的互动沟通彰显主题所要表达的生活方式。关联体验是体验的最高层次，让消费者找到群体归属感并实现自我价值观，它是所有体验策略的结果。在酒店住宿业中，人员沟通能够对关联体验起到很大的促进作用。体验沟通的内容不仅包括产品本身和解决方案，更重要的是要了解消费者的心情、交流生活的方式、促进消费者间的沟通。

亚朵的员工对待顾客像对待自己的朋友，他们不会主动向你推销，但在顾客需要咨询时，会提供专业的解决方案。每个亚朵员工有 300 元的授权，用于即时解决客人的突发状况。阅读会友书吧竹居的摆设、色彩也非常便于消费者结交朋友，加以“阅读”主题基础上的交流，顾客与顾客间的沟通也变得很自然。值得一提的是，服务人员、管理人员的挑选首先要符合企业的价值文化，在培训时必须加上“目标群体生活方式”一课，保证能够理解顾客感受，并有沟通的话题。

亚朵酒店的创始人兼 CEO 耶律胤认为酒店住宿业有几个境界，分别是：最基本的是满意，再往上是惊喜，再往上是感动。这里的感动应该就是体验营销体现之一。

资料来源：施伟凤．亚朵酒店：体验经济下的新住宿时代[J]．销售与市场(管理版)，2017(11)：68－70.

思考与讨论

1. 消费者在亚朵酒店能获得哪些消费体验？试举例说明。
2. 亚朵酒店是如何围绕消费者的体验需求进行营销的？
3. 你认为亚朵酒店在体验营销管理方面有创新性做法吗？如果有，都有哪些创新性做法？

本章小结

体验经济是指企业以服务为重心，以商品为素材，为消费者创造出值得回忆的感受的一种经济形态。体验经济是伴随经济形态的演进而产生的，是市场竞争、技术进步和消费者需求升级的必然结果，它的到来使得消费者需求的结构、内容和形式都发生了深刻变化。

从企业的角度看，消费体验就是企业以服务为舞台，以产品为道具，以消费者为中心，为消费者提供的值得回忆的活动；从消费者行为的角度来看，消费体验是在某种特定的营销环境中，个人心境与事件的某种互动，并从中获得过程中呈现出来的一系列可记忆的体验原点。

从消费者认知心理过程出发，可将体验分为感官体验、情感体验、思维体验、行动体验和关联体验；按照消费者参与程度和环境关联性这两个维度，可将体验分成四种类型，即娱乐体验、教育体验、审美体验和逃避现实体验。

体验营销是指企业通过对消费者体验的研究和设计，借助于相应的情境和事件，吸引消费者沉浸其中，使消费者产生美妙而深刻的印象，同时通过对消费者体验的管理，增强企业综合竞争力的过程。体验营销包括五个组合要素，即体验、情境、事件、浸入和印象。典型的体验营销新模式包括美感营销模式、娱乐营销模式、情感营销模式、氛围营销模式、文化体验模式和生活方式营销模式，

体验营销的实施需要遵循一定的流程，具体包括：(1)分析消费者的体验需求；(2)设计体验主题；(3)围绕体验主题来设计商品或服务；(4)设定体验式的价格；(5)筹划展示体验的促销活动；(6)建立体验式营销队伍。

关键词与复习题

关键词

体验(experience)　感官体验(sense)　情感体验(feel)　思维体验(think)　行动体验(act)
关联体验(relate)　娱乐体验(entertainment)　教育体验(education)　逃避现实体验(escape)
审美体验(estheticism)　体验营销(experience marketing)　体验营销模式(experience marketing mode)

复习题

1. 体验与体验经济的含义是什么？
2. 体验经济背景下，消费者需求有哪些新特征？
3. 消费者体验行为分为哪几种类型？你是怎么理解的？
4. 什么是体验营销？它具有哪些特征？其基本组合要素是什么？
5. 体验经济环境下，体验营销有哪些新模式？
6. 你认为企业应该如何实施体验营销？

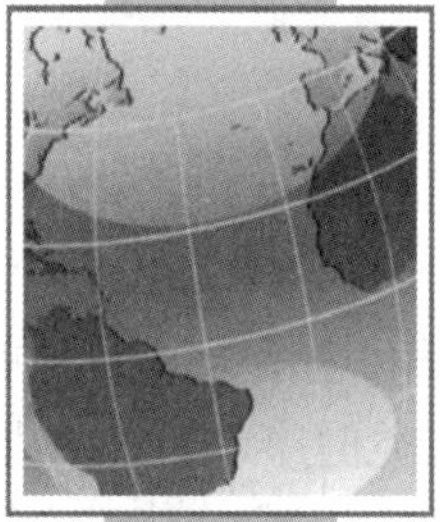

第十四章 绿色消费心理与行为

学习目标

通过本章的学习，应当掌握绿色消费的内涵和特征，掌握绿色消费者的心理及行为特征；应了解绿色需要产生的原因，并从各个角度掌握影响绿色消费行为的因素；应了解实施绿色营销战略的意义，能够从产品、定价、渠道、促销等方面理解如何有效地实施绿色营销战略，并为现实中的企业提出具体的、有针对性的绿色营销策略。

案例导引

从肯德基的可食用包装纸到阿迪达斯的环保跑鞋

2018 年 11 月，肯德基在全国门店创新推出了可循环餐篮，它可以代替大多数一次性包装材料。在设计上，这款自主研发的餐篮盛放空间大于传统的一次性包装，消费者在就餐时可以自由拿取食物且易于分享；专门配备的防油垫纸能确保食物卫生，也便于将未享用完的食物打包带走。2019 年 5 月，肯德基又推出了一款可以直接食用的包装纸。这是肯德基为“双层炸鸡汉堡”而特意打造的。这款可食用包装设计是由奥美（香港）的创意团队开发，以大米为原料制作。不仅如此，肯德基还将一些条纹图案和有趣的句子印在上面，瞬间提升了这款汉堡的产品印象。而包装纸上的文字都采用可食用的墨水，在凸显设计新颖的同时，又保证了食品的安全性。

在保持技术革新的同时，阿迪达斯近年来十分强调环保、可持续理念。2015 年，阿迪达斯携手环保组织 Parley for the Oceans 推出海洋环保系列，其鞋面由从海洋废塑料和非法深海刺网中回收再利用的纱线制成。2019 年 4 月，阿迪达斯在纽约发布了 FUTURECRAFT. LOOP 运动跑鞋，这是品牌第一款“为重制而作”(MADE TO BE REMADE)的跑鞋。鞋子的每个部件都由 100%可重复使用的材料制成，并且没有使用胶水。阿迪达斯计划通过拦截海滩、偏远岛屿和沿海社区的塑料废物，生产 1 100 万双含有再生海洋塑料的鞋子。当消费者的跑鞋报废后，阿迪达斯将重新回收。在 FUTURECRAFT. LOOP 变革性的生产方法下，通过清洗、粉碎和溶化等过程进行二次生产，最终打造出一双全新鞋款。简而言之，一双鞋的终结将促使另一双鞋的诞生。

资料来源：绿色营销：从肯德基的可食用包装纸到阿迪达斯的环保跑鞋[EB/OL]. https://www.sohu.com/a/318775462_309770? _trans_=010004_pcwzy,2019-06-05.

随着经济发展与环境冲突的日益激烈，关于绿色营销与绿色消费的研究逐渐成为当前消费者行为领域的一个热门课题。充分了解绿色消费的内涵，深入研究绿色消费者的心理与行为，有针对性地制定绿色营销策略，对于推动绿色消费的发展具有积极的作用。本章在阐释绿色消费内涵的基础上，结合国内外绿色消费的现状，深入分析了绿色消费者的心理与行为特征，并根据影响绿色消费行为的有关因素，提出了针对企业绿色营销的对策。

第一节　绿色消费的内涵及其发展

一、绿色消费的概念

绿色消费，又称可持续消费，是指消费者意识到环境恶化对其生活质量和生活方式的严重影响后，一方面倡导并践行以“绿色、自然、和谐、健康”为宗旨的、有益于人类健康和社会环境的新型消费方式；另一方面则要求企业生产并销售绿色产品或提供绿色服务，以减少对环境的损害。

具体而言，绿色消费包括三层含义：一是倡导消费者在购买时选择无污染、无公害的绿色产品；二是引导消费者在消费过程中注意对垃圾的处理，减少环境污染；三是引导人们转变消费观念，注重环保和资源节约，提倡消费的可持续性。

随着绿色经济的不断发展，绿色消费的内涵已经从最初购买绿色商品的简单形式，延伸至人们的生活方式及消费理念的绿色环保化，以及绿色产业、绿色技术等宏观层面的发展。中国消费者协会参照国际标准，将绿色消费行为及理念概括为 5R 原则，即节约资源、减少污染（Reduce），如节约用水、节约用电、节约用纸，减少生活生产中废气、废水、废物的排放；绿色消费、环保选购（Reevaluate），尽可能地选择低污染、低消耗的绿色产品，如绿色蔬菜、无磷洗衣粉、节能灯等，以促进绿色产业的快速发展；重复使用、多次利用（Reuse），如减少使用一次性制品，倡导办公纸张双面打印；垃圾分类、循环回收（Recycle），倡导居民实行生活垃圾分类处理，积极回收废塑料、废电池等物品，通过二次利用，开发成为新资源；保护自然、万物共存（Rescue），禁止乱砍滥伐森林资源，防止过度放牧导致草原退化，拒绝食用野生动物，并严厉惩罚偷猎和买卖野生动物的行为。

二、绿色消费的特征

（一）可持续性

绿色消费作为一种全新的消费模式和消费理念，强调以满足消费者的基本需求为中心，以保护自然资源和生态环境为宗旨，着眼于生态发展、社会发展以及经济发展的可持续性，遵循消费与自然、生态、资源及环境相协调的基本原则，在满足当前消费需求的同时，更要考虑后代人发展的需要。绿色消费的兴起体现了人们对于当前社会经济发展的忧虑和对未来可持续发展的长远思考。

（二）适度性

与大众消费文化中追求奢华、推崇超前消费不同，绿色消费以节约、适度为宗旨，倡导在当前社会生产力水平下，充分合理地利用现有资源，最大限度地满足人们的合理需求。绿色消费的适度性突出体现了合理消费的思想，即鼓励消费者养成适度占用物质资源的消费方式，这不仅有利于减少对生态环境的压力，同时也有利于经济的可持续发展。

（三）公平性

绿色消费的公平性，突出体现在资源分配与财富占有上的公平，主要表现为代际公平与代内公平两个方面。在传统消费模式中，当代人的超前消费往往以损害后代人赖以生存的自然资源和环境为代价，而绿色消费则要求当代人应自觉考虑子孙后代的发展利益，合理地分配资源和占有财富，即所谓的代际公平。代内公平又分为国家范围内同代人之间的公平和发达国家与发展中国家之间的公平。缩小贫富差距，倡导消费公平是绿色消费的基本原则之一。

（四）环境友好性

绿色消费的环境友好性，即倡导在消费过程中要减少对生态环境的破坏、保护生态环境平衡，并促进生态环境的良性循环和发展。环境友好性既是绿色消费的前提要求，也是倡导绿色消费的必然结果。在绿色观念的指导下，将环境保护和生态平衡贯彻到生产与消费的全过程中，可以最大限度地降低环境污染，保护自然资源，实现可持续消费。

三、国际绿色消费的兴起与发展

自 20 世纪以来，工业化浪潮以前所未有的速度和效率为社会创造了巨大财富，也为消费者提供了丰富多样的物质产品，极大刺激、诱导了人们的消费欲望和需求。但与此同时，世界人口激增，自然资源过度消耗，环境污染严重，生态平衡受到了严重威胁，人类社会开始面临着前所未有的生存危机。面对这一“有增长，无发展”的生存困境，人类社会不得不重新审视自己的发展历程，各国政府在积极寻找和构建一条可持续发展道路。

20 世纪 70 年代，西方国家爆发了以“绿色产品”为消费主导的绿色革命，“绿色消费”理念应运而生。1978 年，德国率先提出了“蓝色天使”计划，对达到一定生态环境标准的产品颁发蓝色天使的标志。

随后，“绿色消费者运动”席卷欧美各国。美国、加拿大在 1988 年相继开始实施环境标志制度；日本于 1989 年实行了“生态标志”计划；20 世纪 90 年代，法国、瑞士、荷兰、澳大利亚、新加坡等国也相继推行了环境标志制度。1992 年 6 月，在巴西里约热内卢举行了由各国国家元首和科学家参加的联合国环境与发展大会，会议通过了《里约宣言》和《二十一世纪议程》两个纲领性文件以及关于森林问题的原则声明，并签署了关于气候变化和生物多样性的两个公约。至此，可持续发展成为国际社会的共识和人类共同追求的目标。

从 21 世纪开始，“绿色革命”的浪潮更是席卷全球。以美、日、德三国为例，2002 年，日本政府制定了绿色采购法，对政府、企业及个人提出了保护环境的采购要求；作为欧洲国家中循环经济发展水平较高的国家之一，德国联邦政府计划最迟在 2020 年完全抛弃垃圾填埋方式；而目前美国建成的生态业园区已成规模，环保主义带来的益处促使美国民众愿意为绿色消费付出高昂的代价。

通过以上分析可以看出，发达国家的绿色消费水平普遍较高，政府、企业及公众愿意为环境保护和可持续发展做出相应的努力，民众普遍具备较高的绿色消费意识。此外，完善的法律法规为绿色消费政策的实施提供了切实保障，先进的科学技术和管理经验为绿色消费的发展提供了理论和实践上的有力支持，从而推动了绿色消费在发达国家迅速而顺利地开展。

四、我国绿色消费的现状及存在的问题

20 世纪 90 年代，绿色观念进入中国，绿色消费逐渐兴起并逐步形成和完善。“九五”期间，我国制定并开始实施《中国跨世纪绿色工程计划》；1999 年，国家启动了以开辟绿色通道、培育绿色市场、提倡绿色消费为主要内容的“三绿工程”；2001 年，中国消费者协会适时地将“绿色消费”确定为该年的消费主题，有力地促进了绿色消费观念的普及。近年来，随着政府对小排量汽车的全面解禁，节能消费逐渐引领了居民的消费时尚。2008 年，“限塑令”的颁布与实施更是进一步推动了绿色消费理念的普及。

然而,由于绿色消费在我国起步较晚,绿色理念的推广普及工作尚未到位,我国绿色消费的发展现状不容乐观,在政府、企业及消费者方面还存在着不少问题:在政府方面,绿色消费的相关法律法规还不够完善,政策的制定与实施尚缺乏应有的力度,对公民的绿色教育力度还远远不够;在企业方面,绿色产品的开发力度不足,且由于开发成本较高,绿色产品的售价较一般产品要高出30%—100%,直接制约了消费者的购买行为,加之企业普遍缺乏对绿色产品的市场调研,从而导致绿色产品的宣传力度不够,营销手段较为滞后;在消费者方面,绿色消费意识还未深入人心,公众普遍缺乏对绿色产品等知识的认知,加之我国大部分消费者处于较低或中等收入水平,因而难以形成长期的绿色消费习惯。

延伸阅读14—1

养成良好的绿色发展思维方式和行为习惯

党的十九大报告指出,"我国经济已由高速增长阶段转向高质量发展阶段,正处在转换增长动力的攻关期"。习近平在2018年全国生态环境保护大会上强调,"绿色发展是构建高质量现代化经济体系的必然要求"。党的十八届五中全会也提出,把绿色发展作为未来经济社会五大发展理念之一。绿色发展充分体现了人民对生态环境可持续发展的美好愿景,实施绿色发展已成为我国寻求经济和环境协调发展的重要选择。

绿色文化为人们指引了绿色发展的价值目标和行动方向——人与自然和谐共生,经济社会与生态协调发展,最终实现人的全面发展和永续发展。这一价值目标与行动方向激发了人们绿色发展实践的动力。可见绿色文化为绿色发展提供了价值目标,体现着人类社会发展的一种自我实现和自我超越,因而也是绿色发展最根本的驱动力。

走绿色转型之路,就要培养绿色发展的思维方式与行为习惯。传统思维方式和行为习惯带有显著的人类中心主义烙印,人凌驾于天地万物之上,人与自然的关系演变为简单的主客二元对立关系,为了眼前局部利益可以牺牲自然生态系统的长远整体利益,在改造、利用自然的旗号下堂而皇之地掠夺自然资源,环境资源被当成取之不尽、用之不竭的地球公物。在这种思维下,人类片面追求经济增长而漠视生态环境保护,甚至以生态环境的永久之痛换取经济增长的须臾之欢。企业放任环境责任,一味追逐经济利益。人们恣意享受着"高碳"生活带来的舒适快意,忽视资源与环境的枯竭。生态保护意识缺失,"公地悲剧"愈演愈烈。爱因斯坦说过,要想改变自己的生活状况,首先得改变自己的思维方式。同理,要想改变社会发展窘境,首先得改变发展的理念。树立资源节约型和环境保护型的发展理念,是颠覆"黑色发展"模式的根本,而文化熏染是树立绿色发展理念的不二选择。

那么,如何养成良好的绿色发展思维方式和行为习惯?

(1)全面树立生态价值观和绿色发展观

习近平提出:"生态兴则文明兴,生态衰则文明衰。"生态环境保护是人类社会由工业文明向生态文明迈进的重要任务。在全社会树立生态价值观和绿色发展观,是引导经济社会可持续发展的核心理念。从地区治理层面来说,中央政府应加快制定以绿色GDP考核为主的晋升激励机制,引导地方政府牢固树立"绿水青山就是金山银山"的发展理念,坚持生态优先的发展原则,在全社会形成生态保护的文化氛围。从企业治理层面来说,加快培养"两型"发展理念,树立企业自然资源基础观,将资源节约与环境保护视为提升企业核心竞争力的重要途径,企业的生产从源头到末端形成员工全流程参与环境保护的绿色发展意识。从居民生活与消费层面来看,要提高生活资料的循环利用度,树立资源与能源节约意识。

(2)切实认识到资源环境的稀缺性

长期以来,在经济社会发展过程中,由于自然资源在产权、价值等领域界定不足,导致人们对自然资源的无节制利用。然而,从当前的经济社会发展实践来看,我国石油和天然气等资源消费快速增长,《中国能源发展报告 2018》显示,整体来看,2018 年我国能源对外依存度约为21%,同比增长 1%,其中,我国油气对外依存度高达 69.8%和 45.3%,这表明我国经济社会发展面临严峻的资源和能源供给约束。因此,要高度认识到资源节约和环境保护的重要性,加快对自然资源资产进行价值核算,将自然资源消耗纳入企业会计成本之中,倒逼企业树立节约资源和保护环境的意识。

(3)提炼和弘扬绿色文化

让人们在日常实践和生活中孕育、提炼绿色文化,让绿色文化植根于社会实践和社会生活,从而达到绿色文化与绿色社会的统一。如马克思所说的"社会是人同自然界的完成了的本质的统一,是自然界的真正的复活,是人的实现了的自然主义和自然界实现了的人道主义"。这样,人们在绿色文化的意义范畴里思考、交往和行动,绿色发展就能风行水上。基于这一认识,要从理念层、制度层和行为层三个方面提炼和设计绿色文化,打造新时代经济社会绿色发展的文化内核,通过媒体广泛宣传、学校多层次教育等途径,牢固树立绿色发展的文化精神。

资料来源:廖小平,邹巅,袁宝龙. 推动我国绿色发展的模式及路径研究[J]. 湖南师范大学社会科学学报,2020,49(1):20—29.

第二节　绿色消费者的心理和行为特征

一、绿色消费者的分类与特征

(一)绿色消费者的分类

绿色消费者是指在消费生活中,具有绿色消费观念和绿色消费行动的任何人。不同程度绿色消费者在进行消费时会有不同的消费选择,例如,在交通工具的选择上,一些绿色消费者选择驾驶小排量节能型汽车,而另外一些绿色消费者则选择公共交通工具或自行车代步,显然,前者的"绿色"程度不及后者。因此,根据人们在消费选择中所体现的对环境关注程度的不同,可以按"绿"的深浅程度将绿色消费者划分为以下三种类型。

1."浅"绿色消费者

此类消费者的绿色意识比较模糊,他们意识到了环境污染和生态破坏,也认为应该采取环保行动,但并没有在消费过程中将这种观念具体化。通常情况下,他们的绿色消费行为大多是无意识的和随机的,且这种消费行为具有潜在的不稳定性,并对绿色产品的溢价难以接受。这类群体的显著特征是受教育程度和收入水平较低,对环境的态度不积极,比较容易受他人的影响。对于这类绿色消费者,绿色营销人员应该加强对他们的绿色教育,宣传普及绿色知识,引导和强化他们的绿色消费行为,逐渐将其培养成稳定的绿色消费群体。

2."中"绿色消费者

"中"绿色消费群体有较强的环保意识和绿色消费意识,但他们对绿色消费的理解尚不够全面,且在实际行动中只是部分地实践绿色消费。此类消费群体的绿色消费行为多表现为选择性消费,即主要选择与自身利益关系比较紧密的绿色产品,如绿色食品、绿色建材等,对一定程度的绿色产品溢价可以接受。这类群体对环境的态度比"浅"绿色消费者积极,他们的受教育程度和收入水平一般,且比较容易受社会相关群体的影响。因此,在绿色营销活动中应该根据此类消费群体的具体情况有针对性地采取营销策略。对于尚未实践绿色消费的消费者,营销活动的重点应放在吸引他们参与并实践绿色消费,并逐步扩大他们绿色消费的范围上;而对于已经实践的绿色消费者,企业营销活动的重心则应该在于维持其现有消费状态,培养他们的忠诚度,并不断深化他们对绿色消费的认识。

3."深"绿色消费者

此类消费者有着深刻的绿色意识,对绿色消费的认识也比较全面,主要表现为积极、自觉地参与绿色消费,对绿色产品的溢价接受程度高于其他两种类型的消费者,且会不断地提出新的绿色消费需求。通常,"深"绿色消费群体的受教育程度和收入水平都较高,对保护环境的态度也很积极。针对此类消费群体,企业营销人员应该密切关注其绿色消费需求,进行真正深入而全面的绿色营销,同时也可通过此类群体的口碑传播,逐渐扩大绿色消费的影响范围,吸引更多的消费者参与到绿色运动中。

(二)绿色消费者应具备的基本特征

尽管绿色消费者在环境意识和绿色意识上存在程度上的差别,但作为合格的绿色消费者应具备以下基本特征:

1. 绿色需要比较明确和强烈

绿色消费者把"绿色需要"作为他们生存发展的基本需要之一,这种强烈的绿色消费动机促使消费者采取积极的绿色消费行动。

2. 积极实行绿色生活方式

绿色消费者经常关注当前的环境保护问题,并为生态环境的破坏而忧心。他们具有较高的社会责任感,认为保护环境应从每个人做起。因此,他们以环保为生活准则,积极实行绿色健康的生活方式。

3. 倾向购买绿色环保产品

一部分绿色消费者选择购买绿色产品是出于对自然环境的关注,尽管他们收入水平并不是很高,但是其自觉的环保意识让他们在消费过程中有意识地选择和购买绿色产品;另外一部分绿色消费者由于收入较高,力图追求健康高品位的生活,从而愿意支付更高价格购买绿色产品。

4. 追求适度的合理消费

绿色消费者反对过度的物质消费行为,崇尚适度、理性的消费。他们不会因为收入水平的提高而任意挥霍,盲目追求物质享受,以至于造成资源浪费。他们普遍具有较高的文化素质,会在消费时适当地考虑可持续发展及环境保护问题。

二、绿色消费者的心理特点

(一)绿色需要

1. 绿色需要的含义

从广义而言,绿色代表"长青"。所谓绿色需要,是指人类为了健康可持续发展而产生的需要,这种需要的满足有利于人类的"长青"生活。从狭义上讲,"绿色"是"生态"的代名词,因此,绿色需要是指人类的"生态需要",即由于人类在漫长的进化过程中对自然环境和生态的依赖性与不可分割性而产生的内生的需要,也是人们为了满足生理和社会的需要,而对符合环境保护标准的产品和服务的消费意愿。

根据马斯洛的需求层次理论,绿色需要可以从两个层面来分别看待:一方面,狭义的绿色需要应属于生理需要层次,因为健康的“绿色食品”、无污染的水、清洁的空气、良好的生存环境等绿色需要,首先都是为了维持和满足人的最基本的生理需要;另一方面,人们对于绿色产品的需求也可作为一种更高层次的对高品质生活的需要。人类社会的不断发展推动着人们在低层次需求满足的基础上逐渐向高层次需要递进。

按照绿色需要存在的状态,可以将绿色需要分为三类,即潜在的尚未被意识到的绿色需要、尚未被满足的绿色需要以及已经被满足的绿色需要。对于潜在的绿色需要,企业应注意挖掘,并逐步引导、强化和维持;对于尚未被满足的绿色需要,企业需要通过有效的市场调研,认识并了解这些绿色需要,采取合适的方式来满足它;而对于已经被满足的绿色需要,企业要用现有产品或服务维持这种满足的状态。

2. 绿色需要产生的原因

(1)生态环境的恶化是绿色需要产生的根源。环境污染和生态破坏不仅严重损害了人们的生活质量,同时也造成了人类内心的不安、挫折、愤怒、绝望与无助,这种对未来环境的担忧与悲观情绪使人们产生了“生存危机”。为了获得安全和健康的生活,人们便产生了绿色消费的需要。

(2)经济水平的提高是绿色需要产生的物质基础。经济的快速发展和物质生活的极大丰富让人们无须再为温饱问题而忧虑,追求高品质的生活成为现代消费者日益关注的焦点。高品质是一种追求真、善、美的和谐自然的生活状态,它强调注重生活的“质”而非“量”。而生活品质的高低又是与环境质量息息相关的。因此,对生活质量和自身快乐的追求也自然成为消费者产生绿色需要的又一内在动因。

(3)环保知识的宣传教育推动了绿色需要的产生。环保知识的普及以及媒体对环保运动的宣传,提高了消费者在环保方面的知识与素质。现实中,很多人并不会主动去关注环境变化,他们对环境问题的认识,大部分来自外界的宣传。通过一系列声势浩大的环保宣传和环保知识普及活动,消费者的绿色消费需要开始从无意识向有意识逐步转化,并发展成为一种较为稳定的需要。

(4)绿色消费的流行促进绿色需要不断扩展。人类的心理活动是微妙的,他们很容易受到外来环境的影响。如果说绿色需要的最初诞生是由于少数环保主义者竭力推动,那么成熟的绿色需要,很大程度上是人们追赶绿色潮流的产物。当绿色消费逐渐成为个人素质、修养、身份和地位高低的重要标志时,消费者在追求社会认同的心理推动下,逐渐对绿色消费产生喜欢、认同和积极的态度,并自觉地将绿色消费作为一种追求高品质生活的方式,由此发展成为一种理所当然的消费行为。

(二)简约主义

简约主义是20世纪60年代兴起的一种非写实绘画雕塑艺术形式,其理念在于降低艺术家自身的情感表现,而朝着单纯、逻辑的选择发展。随着绿色消费理念的兴起,简约主义被绿色消费者所借用,成为绿色消费领域中一种独特的心理倾向,其核心思想是“Less is More”,译为“少就是多”。崇尚绿色消费的人们以简约为荣,偏好适度、理性的消费方式。比如,时下越来越多富有阶层的消费者,倾向于在不影响生活品质的情况下,花尽量少的钱来获取尽量多的愉悦,过有品质的理性生活。

(三)引致效应

在人的行为方式中容易出现各方面趋于同一倾向的特点。这一特点体现在消费者的绿色消费行为中，则明显地表现为一种"引致效应"，即人们对某一事物的态度会引起他们对其他同样具有引起该种态度因素的事物产生相同的反应。绿色产品涉及多个消费领域，根据"引致效应"，消费者的绿色消费可以从一个领域扩展到另一个领域，并不断加深消费的绿色程度，逐渐养成绿色消费的习惯。比如刚开始接触绿色消费的家庭，也许只会尝试购买绿色食品、无磷洗涤液等便利品，在经过一段时间的使用后，如果感觉良好，他们会产生对绿色产品的整体好感，并产生绿色偏好，进而逐步扩大绿色消费的领域，如购买绿色建材、小排量汽车等；然而，如果在尝试使用阶段感觉不好，则会导致反效果。

三、影响绿色消费行为的因素

(一)社会文化因素

1. 绿色文化

文化因素对绿色消费行为具有广泛而深远的影响。作为一种社会性的消费文化和消费习惯，绿色消费行为一般容易形成社会性的潮流，比如绿色文化、绿色时尚等，进而影响个体的绿色消费行为。同时，一个社会及其绿色文化的发展程度，也会对该文化群体的绿色思想及环保意识产生直接影响，从而进一步影响群体的绿色消费行为。比如，近年来，为了培植绿色文化，倡导绿色消费行为，我国政府相继提出了"绿色 GDP""科学发展观"等可持续发展的经济理念，为全社会形成绿色环保风尚起到了积极的推动作用。

2. 参照群体

参照群体是指对个人态度、意见偏好和行为有直接或间接影响的群体，包括家庭、朋友、邻居、同事等直接影响者，也包括社会人士、所崇拜和喜爱的明星等间接影响者，以上群体的建议和行为会对消费者的购买行为产生重要影响。如果一个人成长在一个崇尚绿色、热爱自然、拥有强烈环保意识的家庭中，将会对个人绿色消费习惯的养成产生积极而正面的影响。同样，为了引起青年一代对环境保护的关注，许多绿色环保组织纷纷邀请当下最受欢迎的明星或有相当影响力的社会人士担任形象大使或代言人，这类群体的建议和行为往往容易被其追随者接受和模仿，有利于绿色消费理念的宣传和推广。

(二)消费者个人因素

1. 生活方式

阿诺德·米切尔运用 VALS 划分法，将消费者按生活方式划分为以下九种类型：

(1)求生者。指那些绝望、压抑、为社会所抛弃的处境不佳者。

(2)维持者。指那些敢于为摆脱贫困而坚持奋斗的处境不利者。

(3)归属者。指那些维护传统、因循守旧、留恋过去和毫无进取心的人，这类人宁愿过那种"顺应型"的生活方式而不愿有所作为。

(4)竞争者。指那些有抱负、有上进心和追求地位的人，他们总希望出人头地。

(5)有成就者。指一个国家中那些能够影响事物发展的领袖们，他们按制度办事，并享受优裕的生活。

(6)我行我素者。一般指那些年轻、自我关注、富于幻想的人。

(7)经验主义者。指那些追求丰富精神生活，希望直接体验生活的人。

(8)有社会意识者。指那些具有强烈的社会责任感，希望改善社会条件的人。

(9)综合者。指那些心理成熟，能够把各种内向型因素和外向型因素中的最佳部分结合起来的人。

在以上各种生活方式的群体中，求生者和维持者处于需要驱使阶段，基本的生活需要尚未被满足，所以不太可能践行绿色消费；归属者、竞争者和有成就者处于“符合客观外界标准”的阶段，受外部环境影响较大，所以其绿色消费行为与所处环境的绿色化程度有着密切的关系；我行我素者、经验主义者、有社会意识者和综合者有着明确的价值取向，已经进入了注重自我看法的阶段，通常来说，他们都是绿色消费的积极倡导者和践行者。

2. 经济状况

经济状况决定了个人的购买能力，在很大程度上制约着个人的绿色消费行为。由于绿色产品或绿色服务的价格相对较高，对于那些“价格因素权数”大于“绿色因素权数”的消费者而言，绿色消费在很大程度上受到收入分配的制约。“实用主义”对于大多数理性消费者来说是第一位的，尤其在居民整体收入水平还不高的国家，价格和效用仍是消费者购买产品时考虑的主要因素。

3. 人口统计变量

人口统计变量包括消费者的性别、年龄、受教育程度等有关因素。国内外一些实证研究显示，在绿色消费中由于女性从事更多的家庭购物，因此较男性更容易表现出绿色消费的倾向；而对于绿色产品的购买，青年群体和老年群体的利益诉求点是不同的，青年群体购买绿色产品更多是出于对环境和动物福利的考虑，而老年人则更关注绿色产品所带来的健康利益。另外，一些研究表明，热衷于绿色消费的群体普遍具有较高的学历和收入，且对绿色产品溢价的接受能力较强。由此可见，年龄、性别、教育水平等人口统计变量与绿色消费行为存在着紧密的联系，企业应该根据以上变量对市场进行有效细分，从而更好地满足绿色消费者的利益，保证绿色营销活动顺利进行。

延伸阅读 14—2

消费者创新性对绿色消费行为的影响

随着人们环境保护意识的日益增强，消费者的绿色消费行为成为市场营销人员关注的重点。消费者绿色消费行为的动力主要来自消费者保护环境并实现人与自然和谐相处的愿望，此外，消费者购买和使用绿色产品还可能因为绿色产品的新潮性和新颖性，绿色产品很多时候可以满足消费者求新求变的需要。

已有研究表明，年龄、性别、收入水平和教育水平等人口统计因素对绿色消费行为有一定影响，绿色消费行为倾向在较年轻、较高收入和较高受教育水平、女性特别是已婚且有小孩的女性等这几类人群中表现较明显。还有研究表明，消费者对环境保护和绿色产品的态度，以及消费者绿色产品认知和环境认知都对其绿色消费行为有一定的影响。而作为消费者的一个重要特征，消费者的创新性对理性且受客观条件约束的绿色消费行为有一定的影响，其影响机制是通过影响消费者绿色消费的态度、主观规范和知觉来影响消费者绿色消费意向，进而影响消费者的绿色消费行为；在这一作用机制中，消费者绿色消费的态度对绿色消费意向的直接影响并不显著，但是对绿色消费主观规范的影响显著且间接影响绿色消费意向。此外，男性、较年轻、较高学历和较高家庭收入的人群比女性、较年长、较低学历和较低家庭收入的人群具有更高的消费者创新性。这些结果为绿色营销提供了新思路，企业在绿色营销过程中应通过应用新技术、新设计等方法让绿色产品更新颖、更时尚并引领社会的新潮流，通过新颖、时尚和新潮的特性吸引消费者对绿色产品的购买与使用，从而使绿色产品营销更容易获得成功。此外，企业绿色营销的管理者还应将激励绿色消费的重点转向降低绿色消费的成本和提高绿色消费服务质量，通过提高绿色消费的经济性和便利性来改善消费者绿色消费的知觉控制进而提升绿色消费的意向。

资料来源：劳可夫．消费者创新性对绿色消费行为的影响机制研究[J]．南开管理评论，2013，16(4)：106－113.

(三)心理因素

1. 动机

心理学认为，人类行为是由动机支配的，而动机又是由需要引起的。因此，动机是一种推动人们为达到特定目的而采取行动的迫切愿望，是行为的直接原因。根据动机的起源，可以把动机分为生理性动机和社会性动机两类。绿色购买动机中既有生理性动机，也有社会性动机。对于满足人们基本生理需要的纯净的水、空气以及无污染的生存环境等所引发的绿色购买动机属于生理性动机，而对于追求绿色健康高品质生活所引发的绿色购买动机则属于社会性动机。清晰界定不同消费者的绿色购买动机，有助于企业制定有效的绿色营销策略。

2. 学习

学习是指由于经验而引起的行为改变，其中经验来自过往的实践和所获取的知识。在绿色购买方面，环境知识对于绿色购买行为的影响十分重要。通过对环境知识的学习，消费者会加深对所购产品环保属性或环保特征的理解与判断，消费者购买绿色产品的可能性也会增加。比如，对防腐剂知识的了解，使得越来越多的消费者出于自身健康的考虑，更愿意选择不添加防腐剂的健康食品。由此可见，企业在宣传推广绿色新产品时，让消费者了解必要的绿色知识对于增加购买具有重要作用。

3. 态度

态度是一个人对某些事物或观念长期持有的好或坏的认识上的评价、情感上的感受和行动倾向。与一般消费行为一样，对绿色环保的态度会影响消费者的绿色购买行为。在态度的形成过程中有两种情形：一种是消费者在接受一般性观点后，引起了对环境态度的改变；另一种情形是消费者对所宣传问题的相关细节进行更深层次的思考后形成了新的态度。其中，后者更有可能产生绿色消费行为。

第三节　实施绿色营销策略

绿色营销(green marketing)是指企业以环境保护为经营指导思想，以绿色文化为企业价值观念，以消费者的绿色消费为中心和出发点的营销观念和营销策略。它要求企业在经营中贯彻自身利益、消费者利益和环境利益相结合的原则。与传统营销相比，绿色营销具有以下三个特点：

首先，在营销目标上，传统营销的目标是以市场需求为导向，把满足顾客需求作为营销活动的落脚点，而这种需求往往是指消费者眼前的、局部的、不可持续的需求；绿色营销的目标则是以满足消费者的绿色需求为出发点，这种需求是消费者长远的、全局的、可持续的需求。

其次，在营销对象上，传统营销的对象是消费者个人；而绿色营销的对象则扩展到了消费者和社会，即企业在满足消费者需要的同时，还要兼顾社会长远发展的利益。

最后，在营销策略上，传统营销策略的制定与实施主要以企业盈利最大化为重点；而绿色营销策略则更重视环境保护和人们生活品质的提高，并将“绿色”贯穿于整个营销活动的始终。

绿色营销战略的实施可以借鉴传统营销战略中的 4P 原则，即企业可以从产品策略、定价策略、沟通策略和渠道策略这几方面推进绿色营销战略。

一、绿色营销的产品策略

(一)绿色产品

绿色产品是指在生产过程中和产品自身没有或较少对环境造成污染的产品，以及比传统的竞争产品更符合保护生态环境或社会环境要求的产品及服务。[①] 按照比一般同类产品更加符合保护人类生态环境和社会环境的要求，绿色产品主要包括七种类型：可回收利用型、低毒低害型、低排放型、低噪声型、节水型、节能型和可生物降解型。

绿色产品能够有效地利用原材料和能源资源，不产生环境污染或使污染最小化，具有保护生态环境的突出特性。此外，绿色产品的环境友好性特点应贯穿于产品设计、原料获取、制造生产、销售运输、产品使用及回收处理等产品生命周期的全过程。

(二)绿色研发

绿色研发是指企业为保护环境和满足消费者绿色需求而研制绿色产品、改进原有产品的管理过程。绿色研发要求在整个产品循环中不仅要做到节省原料和能源，特别是减少非再生资源的消耗，同时还要保证产品的低污染或无污染性，尽量容易回收，并且有利于消费者的身心健康。绿色研发的含义有广义和狭义之分。广义的绿色研发是指绿色产品正式开始大量生产和进入市场前的一切努力，共包括七个阶段，如图 14－1 所示。[②] 而狭义的绿色研发可能只是七个阶段中某一环节，比如第六阶段的绿色产品开发。

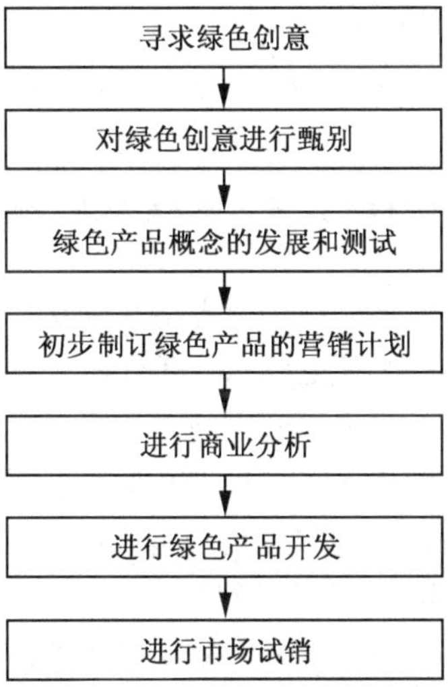

图 14－1　绿色研发流程

(三)绿色包装与绿色标志

1. 绿色包装及其设计原则

绿色包装(green package)，又称无公害包装、环境友好包装，是指对生态环境和人类健康无害、能重复使用和再生、符合可持续发展的包装。绿色包装包括保护环境和节约资源两方面

---

① 江林. 消费者心理与行为(第 4 版)[M]. 北京：中国人民大学出版社，2011：309－310.

② 王方华，张向菁. 绿色营销[M]. 太原：山西经济出版社，1998.

的含义，其中保护环境是核心，节约资源是绿色包装的突出特点。

绿色包装的设计一般遵循3R-1D原则，即减少包装(reduce)、重复再利用包装(reuse)、回收包装及掩埋和处理(recycle)、包装废弃物可降解腐化(degradable)。具体体现在：首先，在包装材料的选择上，应尽可能地使用可重复利用和再生的包装材料、可食性包装材料(比如冰激凌的玉米烘烤包装杯)、可降解材料以及纸材料等低污染或无污染的包装材料；其次，在包装时应尽量减少所使用材料的种类和数量，因为单一种类的包装材料有助于产品的回收利用；此外，在包装图案的设计及配色时要尽量唤起消费者的环保意识，如包装上附有环保标志和环保图片，以提示消费者不要乱丢包装废弃物。

2. 绿色标志与国际贸易壁垒

绿色标志(green label)，又称为环境标志(environment label)，是由政府部门或其授权部门按照一定的环境标准颁发的特定图形，用以表示某种商品的生产、使用及处置过程符合环境保护要求，对环境无害或危害极小，有利于资源的再生和回收利用。主要国家的环境标志如图14－2所示。绿色标志一般由产品的生产者提出申请，由权威机构按照一定的标准进行审核并授予。绿色标志受法律保护，具有指导性和非强制性，是一种“软”性的市场手段，有助于提升产品生产者的竞争优势。

资料来源：黄曼雪，梁哲．国内外环境标志认证[J]．世界标准化与质量管理，2008(6).

图14－2　国内外环境标志认证

随着各国绿色环保意识的逐渐增强，绿色标志制度也越来越多地出现在国际贸易活动中，对进出口贸易产生了重要影响。一方面，环境标志制度有利于提升产品的国际竞争力，促进环境保护，受到了各国公众的欢迎；另一方面，由于各国技术水平的差异，环境标志所依据的标准不同，对产品的评价方法也存在分歧，从而形成了一种变相的贸易壁垒——绿色贸易壁垒。所谓绿色贸易壁垒(green trade barrier)，又称环境壁垒，它是指进口国以保护生态环境、自然资源、人类和动植物健康为由而采取的限制甚至禁止国际贸易活动的法律、法规、标准、政策以及行政措施。在国际贸易领域中，常见的绿色贸易壁垒有绿色标志制度、绿色卫生检疫制度、绿色技术标准、绿色贸易制裁等。由于其隐蔽性强、技术要求高、灵活多变，绿色贸易壁垒在今后长时间内会被越来越多的发达国家所利用，从而使发展中国家在国际贸易中处于更加不利的地位。

二、绿色营销的定价策略

(一)绿色价格及其成本构成

绿色价格(green price)是指与绿色产品相适应的定价方式，其内容包括两方面：一是根据“环境和资源的有偿使用”原则，把企业在生产绿色产品过程中，用于保护生态环境和维护消费者健康而耗费的支出计入成本；二是根据“污染者付费”原则，通过征收污染费来增加非绿色产品的经营成本，避免非绿色企业因污染环境而降低成本，取得成本优势和价格竞争力。通常情况下，绿色产品价格都高于非绿色产品价格。

传统产品的价格主要考虑产品的生产成本、流通费用、税金和企业利润，其中生产成本是产品价格的重要组成部分，是企业定价的基础。绿色产品的成本构成与一般产品成本构成不同，企业在制定绿色产品的价格时必须考虑产品的"绿色成本"。所谓绿色成本(green cost)，是指产品在绿色化的过程中进行研制、开发、生产和销售绿色产品时所投入的成本。绿色成本主要包括资源成本和环境成本两个方面。

在传统价格体系中，自然资源的成本常常被低估，甚至被认为是零，然而实际上稀缺性却是其最基本的特性。随着经济的快速发展，自然资源耗费速度过快，资源的稀缺性日益明显，获得资源不再是无偿的，从而迫使人们必须改变传统的资源消费方式。因此，企业在对绿色产品定价时，也必须充分考虑资源本身的价值，并把它作为定价的重要考量因素之一。而环境成本则主要包括两个方面：一是由于引进环保技术和设备所支出的费用；二是控制和治理因生产而造成的环境污染的费用。

(二)影响绿色定价的因素

绿色价格由于包含了环境成本和资源成本，因而高于传统定价法所确定的同类产品的价格，而影响绿色产品价格上浮的因素主要有以下几方面：

1."按质论价"的客观要求

与一般同类产品质量相比，绿色产品的差异主要表现在原材料、生产技术、劳动熟练程度、包装运输条件、消费需要和环境管理绿色化六个方面，它们为绿色产品的价格上浮提供了理论依据。而消费者之所以愿意为"绿色"的高价买单，前提在于他们能够意识到绿色产品与一般产品在以上六个方面存在的差异，并且认为为这种差异付费是"合情合理"的。因此，营销者应该根据绿色产品的差异性实行"按质定价"。

2. 绿色消费需求

随着生活水平和消费水平的不断提高，人们的绿色消费意识逐渐加强，对自身健康和周围生活环境更加关注，追求品质生活的绿色消费意愿更加强烈，这就为绿色产品的价格上浮提供了有力的市场基础。随着绿色产品市场需求量的不断提高，绿色产品的价格仍然存在继续上浮的空间。另外，由于绿色产品本身还有许多非价格的诱人因素，比如健康性、无污染性等，从而使人们愿意为产品的绿色特性支付高价。

3. 绿色生产成本

绿色产品与一般同类产品相比，具有研发难度大、投资费用高、生产工艺较为严格等特点，这就导致了绿色产品过高的生产成本。因此，从价格形成理论的角度分析，绿色产品的高价是具有一定合理性的。

(三)绿色定价策略

绿色定价主要有以下几种策略：

1. 目标定价策略

即企业根据预期的目标利润，在考虑绿色产品的生产成本、市场需求量的基础上，综合确定绿色产品的价格。

2. 心理定价策略

绿色产品在满足消费者物质需求的同时还能满足其心理需求，如保护环境、利于社会、回归自然等，这都为绿色产品定价提供了心理依据，也是"高精神消费"价格策略的一种具体体现，有利于提高消费者的绿色意识，增强其社会责任感。

3. 新产品定价策略

许多绿色产品在研发技术和产品理念上较原有产品有了很大的突破和改进,因此可以采用新产品的定价策略。另外,对于本身具有一定绿色特性但尚未被发掘的传统产品,企业可以考虑对其进行绿色化改进,突出强调其绿色特性,并作为新产品推向市场,吸引消费者。

4. 随行就市定价策略

企业在考虑本企业绿色产品市场定位的基础上,根据相似或相同绿色产品的价格水平来确定该产品的价格。采用该种策略确定的价格与同类产品相差不大,不易引起竞争对手的激烈反应,因而是一种简单又比较实用的定价方法。

5. 认知价值定价策略

即根据绿色营销组合中的非价格变量在消费者心目中建立的认知价值来确定绿色产品的价格。运用该种定价策略时,企业应该通过强调其他营销组合因素的差异性来弱化消费者对价格的敏感度,比如强化绿色产品的品质、突出该产品流通渠道的无污染性等,以此增加消费者对绿色价格的信任度,促进绿色营销总体目标的达成。

延伸阅读 14-3

基于消费者视角下影响绿色消费产品定价机制的因素

地球环境问题的不断恶化和人们对高品质生活日益增长的要求,使得保护地球、倡导低碳、节能减排、健康生活等绿色消费方式逐步兴起。欧洲国家甚至制定了低碳关税,在保护国民健康生活的同时,也保护了本国相关产业,提高了政府收入,促进了新经济增长点的形成。从消费者的视角来看,消费者进行绿色产品消费通常受到健康生活理念、攀比心理、从众心理和投资心理等因素的影响,因此,绿色产品的定价也必然会受到这些因素的影响。

(一)健康生活理念

绿色消费是减少对自然损害的一种新的消费模式,主要可从三个层次进行理解:一是倡导消费者在消费时选择未被污染或有助于公众健康的绿色产品;二是在消费过程中注重对废弃物的处置;三是引导消费者转变消费观念,崇尚自然、追求健康,在追求生活舒适的同时,注重环保,节约资源和能源,实现可持续消费。从含义的第三个层次上看,追求健康成了现代人进行消费生产的最终生活目标。从消费的角度看,消费者选择无公害、无污染的食品进行消费,让身体在一个无有毒物质侵害的内在环境下成长。从生产者的角度看,消费者增加对绿色产品的消费,是为了促进生产者增加对绿色产品的生产,减少对环境造成的伤害,使得人们可以在一种健康的外在环境下生活。这两种因素共同决定,绿色消费产品的定价将受到人们这种健康消费意识的引导。在绿色消费产品生产不具规模的情况下,这种健康的消费意识将拉高绿色消费产品的定价;随着绿色消费模式的推广,绿色消费产品生产规模将不断扩大,最终实现规模生产,绿色消费产品的价格也将随之降低。

(二)从众心理

从众心理,是由人类从众本能而产生的一种人群间信息沟通过程中的传染。对同一公共信息集合,具有群体同一偏好的特性。从众心理使社会中人对报酬与声誉产生需要,是规范社会人产生偏离群体共同行为的机制。人们在这种从众心理的作用下,会在旁人展开消费决策时,产生一种跟随决策,扩大对绿色消费商品的消费,这种决策将影响绿色消费商品的定价。

(三)攀比效应

攀比效应是消费主义中普遍存在的一种理论,是指在消费者对商品做出消费选择时,受到虚荣心和炫富心理的影响而改变原有消费选择的一种消费现象。绿色消费行为在时下是一种时髦的消费模式,进行绿色消费受到自称为时尚和前卫人士的追捧,同时成为一种阶层和生活品位的象征。消费者在受到周围人群消费选择的影响后,这种追逐上层生活和高生活品质的欲望就会激发那些具有购买能力和小部分不具有购买能力的人进行绿色商品的消费。这种攀比效应大多存在于绿色产品价格高昂的发展中国家,在这样的社会环境中,绿色产品的研发和生产仍然处于高成本状态,在没有政府资金大力支持的条件下,绿色产品销售价格相对较高,成为必需品中的奢侈品,因此这种商品的弹性要比必需品的大,绿色产品的攀比效应要比正常消费品的攀比效应大得多。

(四)投资效应

从生产者的角度来看,消费者在进行绿色消费时的支出可以作为资本,成为对企业的投资,企业按照一定时间向消费者返还所得利润。这是消费资本化理论的主要核心内容。从这种思想出发,这种消费心理将从两个方面影响绿色产品的定价:一是作为一种投资,企业将获得生产、技术和研发的额外资助,有利于产业规模的扩大和技术的成熟。随着产业规模的扩大,绿色产品的生产成本将会下降,产品的定价会随之降低。二是消费者以一种投资的心态进行绿色消费的时候,因为会得到预期的回报,绿色产品的定价会在无形中被拉高。因此,绿色产品的消费和生产将产生良性互动机制,促进绿色生产和绿色消费的同时增长。

资料来源:温晓琼. 基于消费者视角下绿色消费产品定价机制的影响因素研究[J]. 学术论坛,2012,35(12):148－151.

三、绿色营销的沟通策略

绿色沟通是指企业通过向消费者提供绿色产品或绿色服务的有关信息,强调和树立企业的绿色环保形象,从而引导消费者更多地购买绿色产品。绿色沟通主要包括绿色广告、绿色公关、绿色促销、绿色人员推销。

(一)绿色广告

绿色广告是以绿色产品和绿色消费观念为推广主体,向消费者宣传生态保护、资源节约、适度消费等绿色消费观念,倡导追求人与自然、经济、社会和谐发展的新型广告。绿色广告的推广者既可以是制造商、零售商等营利组织,也可以是政府、基金会等非营利组织;绿色广告的沟通目标包括以下四种,即宣传绿色产品或绿色服务、推广绿色新理念、树立企业或组织的绿色形象以及倡导绿色消费行为。

企业在使用绿色广告与消费者沟通时,应该注意以下几点问题:首先,绿色广告一定要真实可靠,特别是绿色产品广告,一定要有与广告宣传相一致的绿色产品作为支持,否则绿色广告将给人不可信的感觉,引起消费者反感;其次,绿色广告的诉求点应该立足于消费者的实际利益而非空泛的说教,比如,在倡导消费者进行绿色购买时,应该突出强调绿色购买行为给消费者带来的利益,再说明绿色购买是一种利于环保的高尚行为,以此来打动消费者;再次,企业的绿色广告应该“量身定做”,强调突出企业自身的绿色形象或绿色产品,以此达到良好的沟通效果。另外,绿色广告媒体的选择最好是具有“绿色”特性的媒体平台,这样可以保证绿色传播的一致性。同时作为绿色沟通的一个方面,绿色广告应该从全局出发,积极配合其他沟通策略,以实现整体绿色沟通效果的最大化。

(二)绿色公关

1. 绿色公关的含义

绿色公关是指企业以生态与经济可持续发展观念影响公众，选择具有“绿色”特征的媒体开展传播活动，并开展以绿色为特色塑造企业形象，赢得公众的信任与支持，给企业带来竞争优势的一系列公关活动。它能够帮助企业更直接、更广泛地将绿色信息传播到广告无法达到的细分市场，在促进绿色产品销售方面起着传统公关活动不可替代的作用。企业进行绿色公关活动基本可分为两大类，即企业外部绿色公关和内部绿色公关。

(1)企业外部绿色公关。利用传媒为企业的绿色表现做宣传，组织社会环保宣传，积极参与重大绿色活动，进行绿色赞助捐赠，向消费者提供环保普及教育材料，向外界展示本企业的绿色报告，提供有关企业绿色营销工作的经验与成绩以及信息反馈等。

(2)企业内部绿色公关。包括完善、执行和监督企业内部有关绿色管理制度、绿色审计、内部绿色教育、企业绿色文化，表彰和奖励对企业绿色营销有突出贡献的员工等。

2. 企业的绿色公共关系策略

对企业而言，通常可采用以下绿色公关策略：

(1)发展型策略。即通过绿色公关活动为企业树立绿色环保形象，赢得公众的信任与支持，推动企业长远发展。

(2)攻击型策略。即企业通过利用竞争对手的不良环保表现或突出自己相对更绿色的表现，构筑企业的相对竞争优势。

(3)预防型策略。即企业通过绿色公关的预防作用，阻挡不利事件对企业形象的影响。

(4)防御型策略。即企业利用公关化解媒体对企业绿色表现负面报道的影响，打破企业无法实现绿色承诺而带来的困境，抵御竞争对手的进攻，及时挽回企业的声誉。

(5)投机型策略。企业运用公关活动来获取暂时的促销效果和现期利益。

(三)绿色促销

绿色促销是围绕绿色产品展开的，通过向消费者传递绿色价值来刺激绿色消费需求、促进绿色产品销售的营销活动。由于对“绿色”的理解角度不同，绿色促销包括以下三层含义：第一层含义为绿色产品的促销，即围绕绿色产品展开各种促销活动，其目的是通过绿色信息的传递，吸引绿色消费者，进而促进绿色产品的销售。第二层含义即为“绿色的”促销，是指企业在促销过程中以“绿色”为原则，注重对资源的节约和环境的保护。第三层含义则将“绿色”的范围拓展到全面协调的“可持续发展”，在这种意义上，绿色促销不仅注重现有促销手段中各个环节和步骤的协调一致，同时还要兼顾企业近期和远期促销活动的协调与配合，最终促进企业绿色营销的可持续发展。

(四)绿色人员推销

目前，许多消费者普遍缺乏绿色产品知识，对于绿色产品不十分了解，因此人员推销对于绿色产品的销售有着积极的促进作用。绿色推销人员可以直接向消费者宣传绿色产品的理念、功能、使用方法以及对环境的保护作用，当场解答消费者的提问，实现企业与消费者的双向沟通。要有效地实施绿色人员推销策略，推销人员必须具备一定的绿色知识，掌握产品及企业在生产经营中的绿色表现，从而在与消费者沟通的过程中能够有效地将其传达给购买者，并将消费者对绿色产品的需求信息反馈给企业管理人员。

四、绿色营销的渠道策略

(一)绿色分销渠道

绿色分销渠道是指绿色产品和服务在从生产者向消费者转移的各个环节。与传统渠道相比，绿色分销渠道中的成员都具有强烈的绿色意识，愿意积极参与和支持绿色营销活动。因此，寻找有效的绿色渠道成员并与之合作，是绿色营销活动顺利实施的关键。企业在选择中间商时，首先，要考察中间商的绿色信誉，这对于提高和维护企业产品的绿色形象有着重要作用；其次，要根据绿色产品的特点及企业的自身情况，适当地缩短分销渠道长度，优化供应配送系统，尽量使用绿色运输工具；再次，企业应该重视有形绿色形象的展示，通过使用绿色标志，建立绿色专柜，方便消费者识别与购买。另外，重视绿色销售人员的管理与培训对于构建绿色销售渠道也起着至关重要的作用。

(二)绿色逆向渠道

绿色逆向渠道是指产品或物质从后消费领域（废弃、淘汰、闲置）向生产领域或再消费领域运转的过程。逆向渠道的功能就是收集、处理和原料化，并在这一过程中创造和传递绿色价值。从目前的情况分析，我国的绿色逆向渠道尚未形成，现有的一些废旧物资回收机构，其主要责任还是对社会废弃物资的处理，而不是对大量再生资源的开发利用。借鉴发达国家的经验，从操作层面看，政府应该在政策上予以大力支持，推动绿色逆向渠道的产业化，积极开发和引进废旧物资处理设备和技术，为逆向渠道的建立提供有力的技术保障。

案例分析

生态理念铸就“苏氏制造”

在河南安阳强基精密制造产业园股份有限公司，陈列着大大小小 100 多件产品，有指甲盖大小的零件，也有大型的车架、叶片。公司负责人戴立宏告诉记者，目前公司与一汽公司共同研发的新能源汽车采用了车架整体铸造技术，整车重量减轻了 30%，使用的零件由上千个减少为十几个结构件，研发周期也大幅缩短。

安阳强基精密制造产业园股份有限公司运用“苏氏集成精密成型技术体系”，在航空、航天、兵器、汽车、能源、水电、轮船、装备等领域填补多项技术空白。戴立宏告诉记者，每一件产品的制造，都是与需求方一起搞清楚产品的功能与作用、联合设计，目的就是让产品的综合性能进一步提高。与传统的铸造技术相比，苏氏精密制造技术对所有工艺流程经过 100 多项微创新后，基本上解决了传统铸造工艺产生的质量问题，尺寸精度和内部质量方面均全面超越国内外标准。

2016 年，安阳强基精密制造产业园股份有限公司被工信部列为首批工业产品生态（绿色）设计试点企业。

在工厂里，公司另一位负责人林虎指着厂房旁收集粉尘的装置说：“也就是除尘设备开动时会有一些声音，除此以外，工厂没有污染，因为所有的材料对我们来说都是有用的。”除了对精铸的模料、型壳材料和废件进行循环再利用，公司还开发了适合于精铸件酸洗钝化废水处理的专用设备、型壳回收设备、除尘设备等。

谈到生态设计与绿色制造，戴立宏解释说，所谓生态设计就是在设计阶段，充分考虑现有技术条件、原材料保障等因素，力求产品在全生命周期中优化解决各个环节资源环境问题。工业产品 80% 的资源消耗和对环境的影响取决于产品设计阶段，绿色生态设计因此显得尤为重要。

铸造本身是“工业之母”，精密铸造业是促进国民经济发展和保障国防安全的基础性、战略性产业。自 2000 年起，我国已成为铸件产量位居世界第一的铸造大国，并形成了庞大的产业集群，但是我国铸造业仍处于大而不强阶段。安阳作为豫北工业重地，充分发挥区位优势和资源优势，以建设安阳精密制造产业园为契机，正不断推进工业设计理念与工艺方法朝着生态、绿色转变。

生态理念铸就“苏氏制造”。能耗降低 30%，材耗降低 25%，污染物减排 50%。2017 年 6 月，在上海举办的“第十五届中国国际铸造博览会”上，安阳强基精密制造产业园股份有限公司董事长戴立宏表示，在精密成型制造领域，中国人已经当之无愧地做到了世界第一，这个技术成功影响了中国乃至世界汽车工业的进展。

(1)寻绿——精密技术来到“青铜器之乡”

“苏氏整体成型技术体系”是一个基础性的制造技术，该技术在生态设计、绿色制造方面的突破能够对安阳工业产业的改造升级起到带动作用。

河南省安阳市被称为“世界鼎都”、中国“青铜器之乡”，著名的后母戊鼎就在这里出土。安阳的铸造产业具有悠久的历史。安阳是工业重镇，工业门类齐全，产业集聚程度高，装备制造业已具有一定的规模和实力。据统计，2016 年全市规模以上装备制造企业有 282 家，主营业务收入 711.25 亿元，占全市比重的 20.32%。但同时，安阳面临工业转型升级的诸多问题。

2012 年初，在了解到“苏氏整体成型技术体系”以后，安阳市委市政府高度重视，委托安阳新区筹管委成立招商团队引进苏氏技术项目。回忆起引进苏氏精密制造项目落地的过程，安阳市发改委工业科科长崔俊杰感慨道：“这个项目受到重视不是因为项目能暂时给当地经济带来多少收益，而是因为苏氏技术本身是一个基础性的制造技术，该技术在生态设计、绿色制造方面的突破能够对安阳工业产业的改造升级起到带动作用。”用了一年时间，招商团队先后到苏氏公司考察 38 次，最终，苏氏技术落地安阳示范区，成为苏氏技术在全国唯一的合作伙伴，安阳强基精密制造产业园股份有限公司成功组建。戴立宏告诉记者，不管是后母戊鼎还是精密零件，从铸造的角度来说，都是数千年的传统工艺。“我们是在原有基础上不断地进行科学改进、技术升级，进行了 100 多项微创新。”

(2)谋绿——从生态设计的源头开始

苏氏技术重视源头的生态设计理念，改造了传统的工艺装备，克服了产业局限。用这样的理念制造出的产品在更广泛的领域得到更加多样的应用。

安阳强基精密制造产业园股份有限公司首席科学家苏章仁及其技术团队经过 20 余年研究建立的“苏氏精密制造技术体系”是企业的核心技术。已经 70 岁的苏章仁定期来到安阳，为技术人员答疑解惑。苏章仁认为，工业生产运用的技术、装备，都是外在的表现，而其结构的内在规律应该在工业生产中更加受到重视。苏章仁把他对技术的思考、结构的探求不断运用到工业产品的设计与制造中。

苏氏技术重视源头的生态设计理念，改造了传统的工艺装备，克服了产业局限。如生产周期大幅度缩短，模壳的干燥周期从 15 天缩短至 3 天，超大尺寸铸件的生产变为可能等。这些在铸造业界被认为是熔模精密铸造的天生缺陷。国际上最大的金属铸件标准是 84 厘米，而用“苏氏精密制造技术”做出的铸件远远超出这个标准。“尺寸可以随技术手段的不断形成而不断突破，只要装备条件允许，我们都能做出来，这是质变到量变的体现。”苏章仁说。“结构共享、受力共担”是苏氏精密制造提出的生态设计理念之一，用这样的理念制造出的产品在更广泛的领域得到更加多样的应用，它们使得原有的舱段不需要焊接与铆接，重量减少 30%以上，更加满足了密封、减重的要求。将这种生态设计理念发挥到极致，苏氏技术还实现了结构力学与材料力学最优化组合，产品尺寸精度达到美国熔模铸造协会(ICI)的最佳标准。

(3)铸绿——把绿色基因铸入工业产品

金属铸造理论上会产生很多污染，从研发的初始阶段强基公司就考虑到了回收再利用问题，现在几乎做到了零排放。戴立宏说：“金属铸造理论上会产生很多污染，但是整个工艺和装备都是我们研发的，我们从研发的初始阶段就考虑到了回收再利用问题，现在几乎做到了零排放。”关于工业和环境污染的矛盾，戴立宏认为，“不会有大的矛盾。从成本的角度考虑，不产生废料将使成本更低。如果在工业生产的设计流程中，不产生废料，这样就做到了零污染。假使不得已产生了烟气、水、金属等，那么就想办法变为资源。要从一开始就形成这个概念”。

作为工业产品的共性技术，整体面的变革需要一点一点突破。当汽车零件不用再焊接，当叶片不需要再用数控机床一片一片铣出来，会带来什么样的结果？安阳强基精密制造产业园股份有限公司总经理李挺说：“目前，我们已经和一汽集团展开合作，研发的奔腾 B30 由数千个零部件减少至 13 个结构件，成功实现整车减重 30%，研发周期缩短至 8 个月。”

(4)追绿——做《中国制造 2025》的排头兵

绿色制造并不是单纯的节能减排，而是所有制造企业都需要肩负的责任和担当。2016 年安阳强基精密制造产业园股份有限公司被工信部评为首批工业产品生态(绿色)设计试点企业。从 2000 年起，我国已经成为铸件产量世界第一的铸造大国，但是铸造业大而不强。目前，在国家重点支持发展的 16 个重大技术装备领域中，大部分产品的关键基础零部件、元器件及关键特种材料仍多依靠国外进口，多数铸造产业集群也尚未形成真正意义上的现代铸造业集群，“小、低、弱、散、差”特征明显。

安阳强基精密制造产业园股份有限公司的生产线都是自主研发的。“铸造是工业之母，铸造完了再机加、焊接，最后才能使之成为一个系统。我们做的事就是通过铸造这个工序，直接做成产品，减少甚至不需要后续加工程序。”戴立宏说。4 年来，公司已经成为安阳乃至豫北地区高科技的代名词。2017 年年初，安阳市人民政府办公室印发《安阳市“十三五”战略性新兴产业发展规划》，明确提出：要努力打造河南省先进装备制造产业示范园区和国家高精密铸造产业基地，使先进装备制造业成为安阳市战略性支柱产业。国家工信部也将该技术列入《中国制造 2025》，并确定安阳强基精密制造产业园为国家工业强基重点工程。

工信部副部长辛国斌在近日举行的中国绿色制造联盟成立大会上表示，绿色制造不仅是单纯的节能减排，而是所有制造企业都需要肩负的责任和担当。在保护环境和资源紧张的制约条件下，我国必须践行制造业大国绿色发展责任，加快制造业绿色发展，提高资源能源的利用效率，减少工业领域温室气体和污染物排放，开拓一条可持续的绿色发展之路。作为《中国制造 2025》的排头兵，安阳强基精密制造产业园股份有限公司正大步走在可持续发展之路上。

(5)把绿色贯穿生产全周期

在安阳强基精密制造产业园股份有限公司采访期间，有个场景让人记忆深刻。

张彩云是 4 个分厂中唯一的女厂长，她管理的是超过 1 米的大型铸件。她如数家珍般地给我介绍着工厂里每个流程所使用到的大小装备，哪些是企业自主设计，哪些是改进了原有的技术等。

家在河北保定的张彩云，把工厂当作第二个家。在她的办公室里，我看到玻璃上还未完成的 4 幅雕刻画。我好奇为什么在工厂里还有这份闲情逸致，她解答了我心中的疑惑，“现在的工厂和以前不同，从设计的源头就注重绿色，产生的废料都是循环使用。我学过一段时间的雕刻画，正好利用休息时间继续练习”。

工厂的环境好了，工人的工作热情也变得更加积极。绿色的发展理念，让发展更加稳健。“既要绿水青山，也要金山银山”“绿水青山就是金山银山”，我们要像保护眼睛一样保护生态环境，像对待生命一样对待生态环境。

在强基公司的采访让我深深感受到，绿色发展要从“心”重视，工业企业应该把绿色理念贯穿在工业生产的全周期中，从绿色设计、绿色生产、绿色运行、绿色回收、绿色再生到应用绿色能源、使用绿色包装、实施绿色营销、开展绿色贸易等，不断丰富绿色发展的内涵和外延。绿色制造不应该仅仅是单纯的节能减排，也不仅仅是重工业或重污染企业需要关心的问题，而是所有制造企业需要肩负的责任。

(6)把一个个零件和结构当作活系统

安阳强基精密制造产业园股份有限公司所使用的苏氏集成精密成型技术（简称“SIIC 技术”）是由苏章仁及其技术团队历经 20 余年创造与发展形成的精密成型技术体系。近日，记者就精密成型技术和生态设计、绿色制造等问题采访了公司首席科学家苏章仁教授。

记者：什么是苏氏精密成型技术，苏氏精密成型技术有哪些优势？

苏章仁：苏氏精密成型技术是以传统失蜡熔模成型工艺为核心基础、集成多种液态半液态金属成型工艺优势，分别从成型装备、成型工装、材料和工艺等角度探索了近 200 项明显有别于传统成型技术的“微创新”，它系统性地保障了产品品质的“精”和“密”。

记者：您怎么理解绿色和生态？

苏章仁：“绿色”是“生态”通俗易懂的表达，“绿色”内含“生态”的本质。

贯彻“绿色发展方式与生活方式”的实践，既包括发展与生活的外部生态环境建设，也包括发展与生活的内在生态品质构建，且内外互动、良性循环。

生态是自然界中唯一能够聚集能量并应用能量的特殊物质或能量形态，以生物包括有机物及其生态链形式存在。

记者：您怎么理解工业生产中的污染？

苏章仁：一切的污染都是一种“熵污染”。熵污染指向污染的物理本质。其粗浅概念是残留无用、无序能量的物质对生态与生态环境造成的污染和危害。

记者:什么是生态设计?

苏章仁:生态设计是指在产品满足人类生产生活最佳功能的全寿命周期内,制定以最小的熵污染和最少的资源、能源与能量消耗加以实现的蓝图以及产品残值出路的方案。

记者:"类生态活系统"是什么?

苏章仁:古人说,"树欲静而风不止",从结构的角度来看,把树作为一个系统,树是把树叶、树枝、树干组合在一起最优化的系统。风来了,树不是奋力抵抗,而是分步做出反应。微风树叶动,轻风树枝动,大风来了树梢动,在一定的范围内,树不会受到风的伤害。工业产品的设计要学树这样的优化结构组合。

人类生产与生活中,在动静态过程中承受载荷的产品结构无处不在,涉及整个工业领域,占用大量资源与能量。生态设计就是要体现"变化和适应",把一个个零件和结构当作一个活的系统,赋予结构和材料可控与容许的应变能力,使结构具备类生态活系统的活力。表现在绿色制造中,就是要去除多余的消耗,以最小的熵污染、最小的能量消耗实现产品在全寿命周期的最佳功能保障,这也是生态设计的灵魂。

资料来源:秦爽. 砥砺奋进的五年生态理念铸就"苏氏制造"[EB/OL]. 来源于《经济日报》官方账号,https://baijiahao.baidu.com/s?id=1575570841976848&wfr=spider&for=pc,2017-08-13.

思考与讨论

1. 生态理念铸就"苏氏制造",你如何理解这句话?
2. 绿色设计和绿色制造,对绿色消费生活会产生什么影响?为什么?
3. 对于推动绿色生产和生活方式转型,你有什么看法?

本章小结

绿色消费,又称可持续消费,是指消费者意识到环境恶化对其生活质量和生活方式的严重影响后,一方面倡导并践行以"绿色、自然、和谐、健康"为宗旨的、有益于人类健康和社会环境的新型消费方式;另一方面则要求企业生产并销售绿色产品或提供绿色服务,以减少对环境的伤害。绿色消费行为及理念的5R原则是:节约资源、减少污染(reduce);绿色消费、环保选购(reevaluate);重复使用、多次利用(reuse);垃圾分类、循环回收(recycle);保护自然、万物共存(rescue)。绿色消费的特征包括可持续性、适度性、公平性和环境友好性。我国的绿色消费现状不容乐观,需要进一步发展和加强。

绿色消费者可以根据对环境的关注程度分类为:"浅"绿色消费者、"中"绿色消费者和"深"绿色消费者。绿色消费者应具备的基本特征有:绿色需要比较明确和强烈、积极实行绿色生活方式、倾向于购买绿色环保产品,以及追求适度的合理消费。影响消费者绿色消费行为的因素有很多,其中,社会文化因素、消费者个人因素、心理因素是主要的动因。

绿色营销是指企业以环境保护为经营指导思想,以绿色文化为企业价值观念,以消费者的绿色消费为中心和出发点的营销观念和营销策略。它要求企业在经营中贯彻自身利益、消费者利益和环境利益相结合的原则。通常,企业可以从产品策略、定价策略、沟通策略和渠道策略几方面推进绿色营销战略。

关键词与复习题

关键词

绿色消费(green consumption)　绿色营销(green marketing)
绿色研发(green research and development)　绿色包装(green package)
绿色标志(green label)　环境标志(environment label)
绿色贸易壁垒(green trade barrier)　绿色价格(green price)
绿色成本(green cost)

复习题

1. 什么是绿色消费？它具体包含哪些含义？
2. 绿色消费行为及理念的 5R 原则是什么？请简要阐述各自的含义。
3. 绿色消费有哪些特征？
4. 请简要阐述我国绿色消费的现状以及存在的问题。
5. 绿色消费者应具备哪些特征？这类群体一般具有哪些心理特点？
6. 影响绿色消费行为的因素有哪些？简要说明你的理解。
7. 当今的企业如何开展绿色营销？

第十五章
网络消费行为

学习目标

通过本章的学习，理解和掌握网络营销的内涵；理解和掌握网络消费行为的主要特点；了解虚拟社会与网络消费心理之间的内在联系；了解新媒体环境中互动传播的具体含义；了解大数据挖掘对传统营销体系产生的影响。

案例导引

奔驰 smart 在中国上市仅有短短的几年，但是每一年都会推出特别版的车型，并配有创新性的营销计划。这种独特的产品营销策略，不但可以体现出其品牌和产品的个性，更重要的是可以有效地锁定其目标客户。2012 年，奔驰 smart 在中国全年销量达 15 680 辆，同比增长达到 50%。中国在全球 smart 的市场中排名第三。

2012 年，smart 和京东商城合作展开营销，完成了 89 分钟卖车达 300 辆的业绩。2013 年，奔驰推出 2013 smart 新年特别版，仅在中国市场限量供应 666 辆。他们选择了新浪微博做开年促销“秀”，1 月 18 日上午 10:00 开始抢车活动，在第一个 10 分钟内就卖掉了 100 辆车。这种全新的做法，利用社交媒体对年轻人的影响力，有效地把握了年轻客户的生活方式，直接拉近了品牌以及产品和客户的距离。而事实也证明了奔驰在互联网营销的突破再一次取得成功。MEC 提供的数据显示：活动开始 3 秒钟售出第一辆车，由手机用户拔得头筹。平均 1 分钟被抢购 3.25 辆车，平均每辆车的抢购时间仅为 18 秒，这是有史以来奔驰线上销售数量最大的一次电子商务合作。

此次营销，smart 首先是通过微博预热，借用微博线上活动限时限量抢购活动造势、线下采用经销商跟进微博客户的方式，除了限量车型本身外，还推出了 smart“重磅 style”金融政策方案和 smart“重磅 style 融资租赁方案”，这种线上线下整合营销传播方式极大地提高了奔驰的关注度。之所以说奔驰公司的营销策略很刺激，是因为它采用了抢购的方式来激发参与者的兴趣和欲望，眼看着屏幕上抢购的车辆一辆辆减少，用户很快会被屏幕上变化的数字所刺激，因为仅有 666 辆、特价 128 888 元。这些刺激还不够，在抢购成功并支付 1 999 元的定金后，还有各种好礼等着消费者。例如 2013 年 2 月 24 日前签订购车合同并开具发票的客户，将有机会参加抽奖。

奔驰 smart 让消费者在微博平台上，真正实现了从刺激的抢购、分享微博，再到产品销售的全程体验。2013smart 微博“新年特别版车型”活动的推出，对于以个性时尚为主打的 smart 来说，无疑是一种不错的营销策略，特别版车型对于 smart 那些潜在的年轻消费者，也拥有着强大的吸引力。正如奔驰中国副总裁毛京波女士所说的那样：“此次与新浪微博携手，不仅是一次汽车营销的创新之举，还是 smart 借助新浪微博与消费者进行沟通的一次全新尝试。”

资料来源：刘乃嘉，在微博上卖 smart[J]. 成功营销 2013，(2)：32.

第一节　网络消费行为及其特点

一、网络营销的含义

在不到半个世纪的时间里，互联网从兴起到壮大，席卷全球，渗透至人们生活和工作的各个层面。与此同时，以互联网为主要手段的网络营销在企业经营活动中也散发出无与伦比的魅力。网络营销在不断改变消费者生活的同时，也在不断重塑企业的商业模式。目前，无论是理论界还是实业界，对网络营销都给予了密切关注。

网络营销是企业整体营销战略的一个组成部分，是为实现企业总体经营目标所进行的、以互联网为基本手段营造网上经营环境的各种活动。笼统地说，网络营销就是以互联网为主要手段开展的营销活动。网络营销不可能脱离一般营销环境而独立存在，在很多情况下，网络营销是传统营销在互联网环境中的应用和发展。不过，由于网络营销依赖互联网应用环境而具有自身的特点，因而具有相对独立的理论和方法体系。网络营销的最终目的是创造和实现顾客价值，其具体功能体现在多个方面，比如在互联网上建立或推广企业品牌、推广企业网站、拓展对外信息发布的渠道、促进最终销售、实现在线直接销售、加强与顾客之间的关系、改善客户服务以及进行网上调研等。①

二、网络消费者的心理与行为特征

消费者在互联网时代显现出了许多新的特征。最根本的变化是真正开启了“消费者中心”的时代。一方面，消费者不再是营销信息的被动接收者，消费者可以根据自己的需求搜寻和筛选自己所需要的信息；另一方面，数字多媒体应用软件的普及，赋予普通消费者制作和传播数字信息的能力，大大提高了消费者在消费过程中的主动性和参与性。② 具体来说，消费者的心理与行为特征主要表现在以下方面：

（一）自主性

在传统交易中，消费者更多地通过商家的广告宣传对产品或服务产生兴趣。由于受到购物不便利、时间有限、信息不足等条件的限制，消费者接触到的商品种类是有限的，选择的余地相对较少。但在网络环境中，消费者可以最大限度地突破时间和地域的限制，随时随地在全球范围内获取所有商品信息，选择范围大大增加。因此，网络消费者们不愿意也不习惯被动接受，而是倾向于主动地搜寻相关产品的信息，选择的自主性大大提高。同时，互联网信息的丰富性和网络交易的风险性，也导致网络消费者努力寻找更加全面准确的信息，以降低交易风险。

（二）互动性

网络消费者拒绝在信息不对称的环境中购物，他们更倾向于主动全面地搜寻信息。但是在很多情况下，网络信息数量庞大，消费者很难做出选择，淘宝、阿里旺旺等即时通信工具的出现使得消费者可以直接和商家联系，从而使消费者更容易与商家直接沟通，获得关于产品或服务的真实准确的信息。

---

① 冯英健．网络营销基础与实践(第4版)[M]．北京：清华大学出版社，2013：14－29.
② 张涛甫，项一致．大数据时代的传统媒体突围[J]．新闻记者，2013(6).

（三）多样化和个性化

互联网时代的消费者处在不断变化发展的环境中，因此他们的思想、消费模式等也不断发生变化。同时，网络的虚拟空间也为消费者提供了一个大的舞台，能够实现不同的角色扮演。与传统消费者的被动接受方式相比，网络消费者可以通过互动式的交易过程把个性化的需求告知厂商，甚至亲自参与到生产设计中，从而获得专为自己定制的更具个性化的产品。这种基于网络的互动营销（interactive marketing）[①]为满足网络消费者的多样化需求提供了有利条件。

消费者在多样变化的同时又是独特的。尤其随着"90后"和"00后"消费者的崛起，他们每一个人都可以视为一个具有独立思维的信息处理终端，其以自我为中心和特立独行的态度，对于其消费态度和消费模式都有着重大的影响。因此，企业应更加强调信息传播抑或是品牌信息传播的差异化。

（四）理性多于感性，更加精明

网络消费者由于广泛涉猎各种信息，判断能力相对较强，不会轻易相信各种言论和商品宣传。要想赢得网络消费者的信任，需要厂商发挥整合营销的作用，多方位向消费者传递信息，根据顾客的类型进行细分，准确地向目标客户传达消费信息，并利用品牌优势等吸引理性判断的网络消费者。

追求最大程度的价廉物美，也是网络时代年轻人消费的一种倾向。网络时代的年轻人生活在一个充满竞争的环境中，是在压力中成长、在比较中进步的一代。他们在网络上购物的时候，绝不随意听从一家之言，而是不停地搜索准确的信息，直到寻找到合适的商家和性价比最高的商品。只有好的商家和物美价廉的商品才会赢得网络消费者的一致赞同和认可。

（五）新生产者

早在20世纪70年代，畅销书《未来冲击》的作者阿尔文·托夫勒就在书中提出"产消者"（persuminton）这一概念，预示了未来生产者和消费者之间的界限会越来越模糊。消费者的角色将从被动的接收者变成产品本身主动生产的参与者，这样变化的动机是基于兴趣而来。消费者成为生产者和传播者双重身份的拥有者，缔造了eBay、维基百科、YuoTube等新的商业模式。[②]

（六）猎奇心强，有强烈的求知欲望

网络消费者知识文化水平相对较高，爱好广泛，广泛涉猎网站上各种各样丰富的信息资源，他们是一群最容易接受新事物的群体。网络商家应及时传播新产品信息，满足网络消费者的猎奇兴趣。同时，网络商家应积极创新，开发出更多的新产品来满足网络消费者的求知和猎奇心理。

（七）局限性

虽然网络消费者可以主动在网上寻找产品和厂商的相关信息，甚至直接和厂商联系以获得最新信息，但由于受到网络信息泛滥以及知识水平有限、错误信息误导等多种因素的限制，消费者很难对众多产品信息做出理性的判断，而且网络具有明显的信息扩大的乘数效应。例如，2020年新冠肺炎疫情刚出现时，关于新冠病毒的恐慌言论和误导信息在网络上广泛散布，以致部分消费者听信传言大量购买囤积口罩和一些中药产品等，造成价格高涨，严重破坏了正

---

① 互动营销是指企业在营销过程中充分利用消费者的意见和建议，用于产品的规划和设计，为企业的市场运作服务。

② 华康．媒体品牌的理论与实践初探[J]．新闻记者，2005(11)．

常的市场秩序。

延伸阅读 15－1

新消费时代新青年的消费观察

2020 年 12 月 7 日，北京师范大学新闻传播学院召开“新消费时代新青年的‘拼’生活”2020 研讨会。《新青年新消费观察研究报告》和《2020 新青年新国货消费趋势报告》两份报告显示：新青年重视性价比、追求新国货、享受在购物中社交及建立圈层关系。当前，新生代已经成为消费的主力军，在一些细分的消费市场，比如旅游市场，“90 后”消费者占比接近 50%；在餐饮消费中，“90 后”及“95 后”合计占比达到了 51%。

(1)反向定制促进新国货浪潮发展

与在物质匮乏年代成长起来的父辈不同，年青一代生活条件相对优渥，用户价值和理性消费意识回归，在国产消费领域的文化自信持续高涨，这些年轻消费者不再仅仅满足于产品基本的功能需求，而是拥有更高的鉴赏能力，追求个性化、设计美学甚至是品牌价值与文化背景。消费市场上涌动起一股“守得住经典，当得了网红”的国货新潮流。买国货、用国货、晒国货，成为很多消费者，特别是年青一代的生活日常。以“90 后”和“00 后”为代表的年轻消费者，不再那么关心商品是国外品牌还是国内品牌，他们消费更多是为了满足自己的审美偏好，越来越注重商品背后的情感故事和精神价值，这是一种“悦己”的消费理念。

新电商创新的“反向定制”模式很好地适应了年轻一代的这种消费需求。以拼多多为例，其通过将 C2M 设计与其社交商业平台整合，将单个生产商和工厂与消费者内在需求(如地理位置、偏好、行为)相关联，从而实现为平台 7.31 亿用户带来极具竞争力的价格水平，因而对价格敏感群体，比如“95 后”新青年形成了性价比、品质层面的购买吸引力，推动了新国货浪潮的发展。

C2M 的模式，即从顾客到工厂反向定制的模式，开始吸引新青年新一代的购买力。C2M 就是顾客对应供货商的模式，核心内容就是“定制化”，也就是通过互联网将不同的生产线连接在一起，随时进行数据交换，按照客户的产品订单来生产出个性化的定制产品，产品与互联网平台包括社交平台相结合，让直播带货模式、商品源头直销成为可能，同时也加速了新青年消费趋势的变化。比如上半年百雀灵在拼多多的销量已经飙升 10%左右，同时也在不断推出定制化的产品；像“80 后”记忆深刻的回力鞋已经被“95 后”和“00 后”开始大规模地购买，在一个月之内可能最高卖出十几万双。

(2)新青年的“拼”生活是消费社会框架中的一个影像

生活处处需要精打细算，因为，物美价廉的产品更能被大众接受。相比所谓的高端生活，新青年更喜欢“拼”生活！新青年的“拼”生活成为消费社会框架中的一个影像、一个景观。比如一个女大学生在拼多多平台买了条价值 68 元的棉裤，觉得性价比不错，于是就推荐给了宿舍同学。很快，这条棉裤就从一个点裂变到了宿舍，后续可能会带动班里的同学，甚至是同学的朋友掀起一阵购买风潮。这就是属于新青年的爆发性的力量！比起打拼多年的城市人群，新青年往往是刚刚踏进社会的学子，追求时尚潮流的同时也要顾及自己不太鼓的钱包。因此，拼多多物美价廉的购物方式，很快就出现人传人现象。

当前，新青年已经成为消费主力军，高性价比的消费习惯持续回归。消费者理念将更为理性，简约、实用性强、性价比高的商品和服务更受到消费者的信赖。

资料来源：“95 后”新青年过上“拼”生活，更实惠的新消费成为新趋势！[EB/OL]. 腾讯

网，https://new.qq.com/rain/a/20201209a06jiz00；性价比、新国货、个性化定制……新青年“拼”生活现象引发专家关注[EB/OL]. 腾讯网，https://new.qq.com/omn/20201208/20201208A06KB500.html.

三、网络消费者的类型

不同类型的网络消费者往往呈现出不同的购买行为，按照网络消费者对产品的价格、质量、品牌等要求不同，可以将其分为以下五类：

（一）追求完美型

这一类网络消费者追求最高性价比的产品或服务，他们希望以最低的价格购买到质量上乘的产品和服务。在价格和质量的选择中，产品质量是他们最重要的考虑因素，他们总是愿意花费时间和精力在网上搜寻大量信息，以寻找和选择到最满意的商品和服务。

（二）忠诚习惯型

网络消费者的忠诚习惯表现在两个方面：一方面是品牌忠诚型，这类消费者会更倾向于购买最喜欢的一个或者几个品牌的产品；另一方面是站点忠诚型，这类消费者更倾向于在特定的网站购买不同的商品。

（三）价格认知型

这类网络消费者对价格十分敏感，他们相当关注商品的价格变动，在购买之前会在不同的网站、商家和品牌之间进行价格比较，追求最高的性价比甚至是单纯追求最低价格，有时甚至不太在乎产品质量和效果。

（四）困惑不决型

这类消费者难以区别不同的品牌、网站和商家之间的差异，冗余繁杂的网络信息导致他们很难做出理性、有效的判断，因而经常感到困惑和难以抉择，但同时也最容易出现冲动性购买行为。由于更多地依赖于从外界获得决策支持，口碑对他们来说有着比网络信息更大的促进购买的作用。

（五）休闲娱乐型

这类网络消费者非常享受购物过程本身，他们将购物过程看成是一种娱乐活动，倾向于花费比其他消费者更多的时间和精力用于网络购物。因此，提供娱乐化的购物过程更吸引他们的注意力。

四、网络消费者购买行为的影响因素

网络消费者购买行为的影响因素主要有以下几个方面①：

（一）网络的可靠性和安全性

目前，人们普遍认为影响网上购物的主要因素是网络的可靠性和安全性。网上购物的支付方式主要是银行信用卡，还有一些用户是利用手机支付的。由于目前许多网站的可靠性及安全性较差，容易受到黑客和病毒的攻击，所以消费者一般不敢使用信用卡支付，担心自己的账户或密码被盗。

（二）网站进入的方便性和可行性

进入网站的可行性、网页下载的速度等对消费者的网上购买行为影响很大。如果消费者

① 赵盈，张跃. 电子商务环境下消费者行为的特点及其对网络营销的影响[J]. 江苏商论，2004(4).

无法进入你的网站，何谈进行购物；网页下载的速度快慢同样会影响消费者光顾网站的次数。虽然目前宽带技术的运用已经大大提高了上网的速度，但这一问题依然不容忽视。

(三)产品的类型和特点

消费者是否在网上购物还取决于产品的类型。产品类型决定了网上购买风险的大小。一般而言，在网上购买书籍等低价商品被认为是风险较小的，而购买诸如汽车、空调、冰箱等大件商品和高价商品则被认为是风险较大的。

(四)企业形象

企业形象是企业通过外部特征和经营实力表现出来的被消费者和公众所认同的企业总体形象。企业的知名度、信誉度是传统营销模式的企业资产，对消费者的购买行为具有重要影响，在网络营销环境中也同样如此。消费者之所以倾向于购买传统企业的名牌产品，主要是因为他们认为这些企业的信誉较好。

(五)消费者传统购物观念的影响①

现在仍然有许多消费者对网上商品存在着一种不信任感，抱有一种眼见为实的购买心态。他们普遍认为网上商品无实体感、价格高、质量不可靠，因此宁愿选择去商场购买。这种传统购物观念的存在，也会在一定程度上影响企业网络营销的开展。

五、互联网时代消费者行为研究的变化

关于消费者行为研究最早的模型是由路易斯于 1898 年提出的 AIDI 模型。(1)引起注意(attention)，即通过广告、促销、人员推广等活动刺激顾客，打断其注意力，让其将精力、关注对象转移到本公司广告、产品或服务上。(2)产生兴趣(interest)，即在吸引顾客注意的基础上，让其对本公司的广告、产品或服务等产生兴趣。(3)激发欲望(desire)，即调动顾客兴趣后，激发其积极情绪，产生强烈的拥有欲望。(4)实现购买(action)，即将顾客欲望转化为购买行动，促成交易。

在路易斯的 AIDA 模型基础上，1925 年爱德华·斯特考虑到广告的滞后效应和消费者决策的心理行为过程，增加了一个“形成记忆”(memory)阶段，提出五阶段 AIDMA 模型。即 Attention——注意、Interest——兴趣、Desire——欲望、Memory——记忆、Action——行动。在大众媒体时代，AIDMA 能够较好地解释消费者从信息接收到行为实现的过程。

但是随着互联网及智能手机的普及，传播的环境发生了变化，尤其是传播关系中受众的角色变化。受众在这样的环境中承担了信息的接收者和发布者的双重身份。于是新的研究模型框架产生了，2005 年日本电通提出了网络背景下的 AISAS 模型，AISAS 模式分为五个阶段：注意—兴趣—搜索—行动—分享(Attention-Interest-Search-Attention-Share)，其中 Search(搜索)和 Share(分享)的出现，特用于数字时代下消费者的主动行为。

2011 年，日本电通又发布了“SIPS-Model”分析工具，这一分析工具明显体现了数字时代下消费者行为的新特性。该模型分为四个阶段：共鸣—认同—参与—分享与扩散(Sympathize-Identify-Participate-Share & Spread)。这个模型更加强调了消费者和信息关系的变革。个体更注重主动检索和分享，以此形成基于兴趣的集群，并且把集群在共鸣后的互动、行动和分享行为表达得十分清晰。②

---

① 卢智慧. 我国网络营销发展策略研究[J]. 黑龙江对外经贸，2011(6).

② 黄云曼. 数字时代下消费者研究的变化与趋势分析[J]. 新闻研究导刊，2016(19).

第二节 虚拟社区与网络消费心理

一、虚拟社区的含义

在互联网技术发展的推动下，以论坛、聊天室、电子公告栏、邮件列表、讨论组或上述部分的组合体为表现形式的虚拟社区成为网民沟通交流的重要平台。在虚拟社区中，人们就共同兴趣和爱好进行交流，建立个人之间的关系，形成各种各样的关系群体。①

学者们在不同时期从不同的角度对虚拟社区进行定义。国外学者对虚拟社区的命名多种多样，包括 virtual community、virtual internet community、electronic community、online community、internet community 及 web community 等。我国虽然引入这一概念相对较晚，但也有虚拟社区、网络社区、在线虚拟社区及网上社区等不同的名称。尽管如此，由 Rheingold (1993)最早提出的关于虚拟社区 (virtual community) 的定义是被学者们引用最多的一种，其定义包含以下要素：第一，网络空间，指人们在网络空间中的活动以区别他们在现实社区中的活动；第二，公开讨论，说明参与者相互讨论话题，不管是分享想法、知识、感觉还是共同的兴趣话题，这意味着这些话题是由参与者而不是网站服务者来产生；第三，个人关系，说明参与者通过充足的时间发展出一种自保持的关系。此外，Hage 和 Armstrong(1997)将虚拟社区分为兴趣型、关系型、幻想型与交易型社区，认为虚拟社区的真正意义在于把人们聚集在一起，通过网络，建立互动的基础，满足人们的兴趣、幻想、人际关系或交易等需求。

目前，关于虚拟社区的定义虽然还存在很多分歧，但具体关注的内容存在许多相同之处，包括网络空间、信息技术、人群、互动交流以及人际关系等。我们认为，虚拟社区是一群具有相同或相似需求的人，为了实现目标或解决问题而通过信息技术在网络空间中进行互动交流，进而逐步形成各种人际关系的集合。②

二、虚拟社区环境下消费者行为的特点

一般而言，虚拟社区环境中的消费者行为具有如下特点③：

(一)消费者互动以现实消费行为为背景

在虚拟社区中，消费者互动主要指向现实消费行为。虽然消费者互动交流的情境具有虚拟性，但交流的内容具有现实性，对消费的需求具有实在性。他们以现实生活中未能得到满足的需要为出发点，围绕现实世界中的产品和品牌展开交流话题。消费者们在虚拟社区中的信息交流就是为了减少现实生活环境中的信息不对称。虚拟社区环境下的消费者行为实质是物理空间中的消费心理在虚拟空间中的映射。

(二)消费者具有群聚性

传统消费者行为理论把现实生活中的消费者看作被时间和空间分隔的个体，而在虚拟社区环境下，消费者表现出聚集成群的特性。他们围绕购物和消费方面的话题，不受时间和空间的限制聚集在一起形成虚拟群体。他们不仅分享信息和经验，也渴望社交活动，喜好群体交流，寻求共同的归属感。在虚拟社区环境下，消费者从纯粹的商品购买和消费，转变为寻求对

---

① 贾会志. 基于虚拟社区的企业战略营销模式研究[J]. 企业经济，2010(2).
② 杨军节. 虚拟社区的概念、特征与营销启示探析[J]. 湖南商学院学报，2011(3).
③ 徐小龙. 虚拟社区环境下的消费者行为及营销策略[J]. 华东经济管理，2010(10).

虚拟群体的社会认同。

（三）消费行为个性化

参与虚拟社区的消费者以具有较高学历的年轻人为主体。据调查，虚拟社区用户 30 岁以下者占多数，75.8%的被调查者拥有大学学历。这样的消费者群体具有独立的思想和冒险精神，乐于接受新事物，喜好个性化的产品和新产品，追求独特的消费体验。他们崇尚以自我为中心的消费观念，不仅考虑产品的使用价值，更注重产品和品牌的附加价值对个人心理的满足和自我价值的体现，偏好产品的时尚特性和象征意义，渴望通过某种商品的购买和消费来表现自我，获得精神上的愉悦感。

（四）购买行为理性化

这样的消费者群体具有较强的分析判断能力，拥有自主性和独立性，不满足于从企业广告宣传和促销活动中得到的信息，不轻易接受企业单向传播的信息，理性主导着他们的购买行为。虚拟社区为信息搜集和意见征询提供了便利。他们把虚拟社区当作搜寻产品和品牌相关信息的重要渠道。据调查，有 61.7%的社区成员在购买商品时会首先考虑其他成员的意见，超过八成的网民在购买商品前通过虚拟社区来查阅信息。他们会根据其他成员的建议和看法，综合权衡利弊，决定是否购买产品、以何种方式购买、向哪个厂商购买以及购买何种品牌，以确保购买决策的正确性，减少购物风险。

（五）注重体验分享

社区成员把虚拟社区当作分享购物经验和消费体验的重要渠道和展示个性化消费行为的主要平台。消费者主动向其他成员介绍自己购物的经验和教训，展示自己购买的新款产品和时尚产品，畅谈新款产品和时尚产品的消费体验和新奇感受。他们渴望通过分享体验，得到其他成员的响应和认同，获得个人心理上的最大满足。

（六）互动影响网络化

互动行为增强了消费者之间的影响力，无限的虚拟空间扩大了消费者的影响半径和影响范围。在虚拟社区中，消费者行为既受到其他参与互动成员的直接影响，也受到虚拟社区作为参照群体的信息性影响和规范性影响。同时，一个成员关于购物和消费的态度与观点既直接影响与之交流的成员，也可能对整个社区全体成员的消费行为产生影响。消费者个体对某种产品和品牌的评价言论有可能在成员之间的互动下无限放大，扩大到社区群体层面。不仅直接影响参与讨论的成员和浏览帖子的网民的态度，而且通过成员之间的弱关系，将话题的影响力传遍整个互联网，产生蝴蝶效应。

三、虚拟社区营销策略

企业可以从如下四个方面在虚拟社区中实施相应的营销策略[①]：

（一）利用虚拟社区加强与消费者的信息沟通

这种方式可以增进企业和访问者或客户之间的关系，有利于培养社区成员对企业品牌的忠诚度，甚至可以直接促进企业产品的销售。阿迪达斯这个享誉全球的著名运动品牌在“第二人生”的虚拟世界里不仅开设门店，还在它的虚拟门店里展示产品，甚至为那些虚拟化身定制运动鞋。企业可以通过虚拟社区推广找到产品的消费群体。游戏用户还可以通过点击鼠标，在阿迪达斯的网上商店花钱购买真正的跑鞋在现实生活中使用。

---

① 姜显亮．浅论虚拟社区营销[J]．武汉船舶职业技术学院学报，2009(4).

(二)利用虚拟社区加强与消费者的互动

网络营销的互动性,满足了消费者彰显个性化的购物心理。企业与消费者之间的关系将演变为同层次的对话关系。由于在进行网络消费时,商品只能通过图像来感受,消费者要想了解关于商品更多更详细的信息就必然会和商家联系。这对企业来说是一个良好的营销契机。例如,奇瑞汽车充分利用新浪汽车等汽车专业论坛,与消费者进行互动、沟通,将奇瑞品牌的特性、优点,在与消费者探讨和交流中使其得到认知、认同,甚至达到共鸣。在这种以顾客为主的互动联系方式下,顾客与网络企业双方的沟通方式十分个性化,将有助于增强网络广告信息与消费者的相关性,提高广告的效果。

(三)利用虚拟社区引导网络消费习惯

相关调查显示,没有尝试过网上购买的网民主要担心的问题是支付安全、商品质量、购买过程复杂等问题,但他们并不拒绝网上购买。如果遇到自己确实需要的物美价廉的商品,2/3以上的人愿意尝试网上购买。现在的大型购物网站都有第三方支付系统,交易安全问题相对电子商务刚刚普及时而言已经安全很多,而商品的质量问题即便是传统的购买方式也会遇到。因此,对大部分不常在网上购物的网民,网络营销的重点是要引导他们的消费习惯,让他们有兴趣体验网上购买。企业在网络社区进行虚拟营销主要针对两类消费群体:一类是潜在顾客,主要是培养他们对品牌的认识和忠诚度;另一类是已经购买的用户,他们已经认可并使用了产品,有针对性的营销活动可以使其再购比例增大。已经购买过产品的用户会将自己的购买和使用的心得体会告诉他人,加深潜在用户的购买意愿,刺激他们尝试网络购买。另外,在购物网站上,摆在消费者眼前的可供选择的商品众多,企业可利用虚拟社区与用户进行直接交流,从而培养忠诚的消费者。

(四)利用虚拟社区积累客户资料和细分市场

消费者在加入虚拟社区时,必须提交并注册个人信息。同时虚拟社区经营者在长期的积累中,获得了丰富的成员资料,初步掌握了成员的消费习惯、兴趣爱好、主要技能、从事职业以及收入水平。现实企业还可以利用虚拟社区进行在线调查,通过社区主管,主动、热情地邀请访问者或会员参与调查。在很多专业性比较强的论坛和网络社区中,发展和积累客户的方式通常是以内容吸引会员,然后由会员创造内容,再吸引更多会员,建立忠诚制度,鼓励会员互动。社区管理者收集会员资料、组织交易及将目标消费群体进行明确细分,锁定特定的目标消费群,然后推出这一群体最需要的细分产品,并以特定的价格,通过特定的广告和促销方式进行差异化营销。

第三节　新媒体环境中的互动传播

进入21世纪以来,众多新的媒体形式应运而生,并逐渐运用到营销传播实践中。所谓新媒体主要是指基于计算机技术、通信技术、数字广播等技术,通过互联网、无线通信网、数字广播电视网和卫星等渠道,以电脑、电视、手机、PDA、MP4等设备为终端的媒体。新媒体是信息科技与媒体产品的紧密结合,是信息传播的新形态。从技术层面对新媒体进行定义,新媒体则被阐释为“TMT”,即新媒体是高科技(technology)、媒体内容(media)和通信传输(tele-com)的结合。

一、新媒体的主要特征

新媒体是在传统媒体长期发展的基础上，依托数字、网络和现代通信技术的不断创新而形成的一种新的传播方式。新媒体是对现有传播形态的摒弃和超越，作为一股强大的新生力量，它正渐渐以不可替代的优势和卓越的价值成为整合营销传播的主流媒体。其主要特征有以下几个方面[①]：

(一)互动性

双向互动是新媒体最重要的特征，新媒体能完全实现信息传播的双向和交互的功能。在新媒体环境下，实现了"点对点""多点对多点""一点对多点"的多种传播模式。即时信息、电子邮件、BBS、SNS、博客、网络视频、论坛、在线广播、手机等都可以方便地在网络环境下实现双向沟通。

(二)分众性

分众传播(或小众化传播)模式是新媒体有别于传统媒体的另一特点。分众是一种对受众的细化和区隔，分众传播是依据信息接收者的不同特点，将全体受众分成若干子群体，并向不同群体传播他们真正需要的信息。博客、网络社区、楼宇电视、RSS、小众网站等都有相对稳定的目标群体。新媒体传播技术的逐步成熟，完全能够实现分众化的广告投放，使得传播效果更具有针对性。

(三)精准性

传统媒体的大众化传播，造成大量信息因为无的放矢而成为部分受众的垃圾信息和干扰噪音。新媒体除了可分众传播外，还可以进一步细化受众，并针对某些与企业相关度高、特征趋同的更小范围的小众甚至个人实施营销传播计划。企业完全精准地按需"供应"个性化信息，真正实现一对一、高针对性的精准营销。手机报、手机短信、会员营销、定制式电子邮件、车载电视等都是定向广告投放的最佳信息通道，这些媒体所"供应"的促销信息或广告，是完全具有针对性的定点投放。精准传播不仅能最大限度地减少信息的流失，并且能够减少目标消费者获取信息时的干扰。新媒体使精准营销传播成为可能，实现实效传播。

(四)可衡量性

精准的信息投放所延伸的另一优势即信息投放效果的准确衡量。新媒体很容易实现跟踪并统计网民和用户的点击率、网站进入率、回复率、购买率等行为数据，通过对数据库的完善和消费者数据的积累与补充，以及数据挖掘、分析技术的支持，企业可以准确地监测消费者获取品牌和企业信息后的心理反应和行为取向，进而完全依据对消费者的把握，制定恰当的营销传播策略。

(五)多媒体

新媒体多是多媒体(富媒体)。多媒体是应用一系列最新网络技术，集文字、图像、动画、视频、声音、音乐于一体的媒体形式。多媒体用所具有的生动的表现力、冲击力和穿透力来呈现和表达信息内容，强化信息传播的强度和深度，全方位、多角度地征服受众的感官，吸引并打动受众，最终带来较高的点击率、浏览率、转化率，这是传统的报纸、期刊、广播、电视媒体无法比拟的。

(六)体验性

在体验和参与过程中接收信息，是新媒体所特有的功能，也是未来网络营销的趋势之一。

---

① 李晓慧. 新媒体的整合营销传播价值探析[J]. 华东经济管理，2009(10).

新媒体时代，仅靠新颖的促销方式、独特的广告形式和华丽的广告语已不能有效地打动消费者，网站事件营销、网上比赛、在线游戏、创意展示、聊天室等都是利用网络平台创造机会和营造环境，让消费者亲身体验和全程参与，在体验和参与过程中理解、体会、交流和传播有关产品、品牌和企业信息，实现营销的长尾效应。

（七）消解时空

网络新媒体在传播信息时完全不受时空的约束，所有信息都被固化在新媒体平台上，受众随时可以查询、观看或下载想要获得的有关某一信息的所有内容。而且，新媒体消解了传统媒体之间的边界，消解了信息发送者和接收者之间的边界以及空间的隔离，网络中虚拟的个体可以无障碍地直接同现实世界、同处在世界任何角落的个体进行交流、沟通、传递信息。

（八）综合性

新媒体的种类繁多，而且还在不断出现新的形式，目前常用的就有网络平台、无线网络、楼宇电视、数字电视、移动电视等几大类、不下几十种具体形态，不同的媒体形态将全部受众进行区隔。所以，新媒体时代新的传播技术所导致的另一重大变化是传播手段被无限丰富，但没有哪一种媒体能像传统媒体那样几乎能够凝聚全部“注意力”，消费者是被不同的媒体所吸引。因此，新媒体时代的整合营销传播要想达到理想的传播规模和影响力，一定是不同媒体类型的综合运用。从以上对新媒体价值的归纳，可以得出这样的结论：新媒体是最恰当的整合营销传播媒体，新媒体的特征与整合营销传播所要求的媒体特质完美融合。

二、新媒体的互动机制

“互动”是新媒体的核心特征之一，被定义为“对一种媒体的潜在能力的度量，这种潜在能力能够使用户对媒体沟通的内容和（或）形式施加影响”。新媒体技术的发展，为大众的互动传播提供了多条回流通路。正是由于这关键一环，广播传播过程中的媒体与受众的关系也产生了新变革，广播媒体与受众的互动传播有了新的发展。[①] 尤其是在“日常生活媒体化，媒体生活日常化”的背景下，新媒体已经嵌入人们日常生活的各方面，颠覆了传统的传播方式，成为舆情事件发生的中心策源地，个体成为舆情事件的爆发点，被个体关注并上传到新媒体的事件，更有可能成为重大的舆情事件。在这一过程中，新媒体、传统媒体和个体相互作用，构成了舆情事件互动机制，进而增加了舆情事件立体多向发展的可能性，增加了舆情事件发展的不可预料性。

有学者对新媒体的互动机制做了如下梳理[②]：

（一）横向互动：传统媒体与新媒体的互动

第一种互动是在媒体层面，传统媒体与新媒体间的互动。两种媒体环境下舆论的形成模式截然不同（见图 15－1）。

前者是单向闭合式的传播方式，传统媒体居于绝对中心位置，直接决定公众舆论所要关注的事件；后者是互动开放式的传播方式，个体和网络社群发挥了重要作用。媒体不再直接决定公众舆论的形成，而是以互动的形式影响公众所要关注的事件以及舆论倾向，表现为新媒体和传统媒体的互动共同作用于公众舆论。尤其是微博时代，在突发性事件的传播中，具有两个鲜明的特点：第一个是“私传播”；第二个是“快传播”。所谓私传播即现场亲历者可以通过个人微

---

① 殷月萍，邬佳力. 新媒体环境下广播受众互动发展之探索[J]. 新闻传播广电传媒，2013(3).
② 高宪春. 新媒体环境下舆情事件互动机制分析[J]. 当代传播，2011(6).

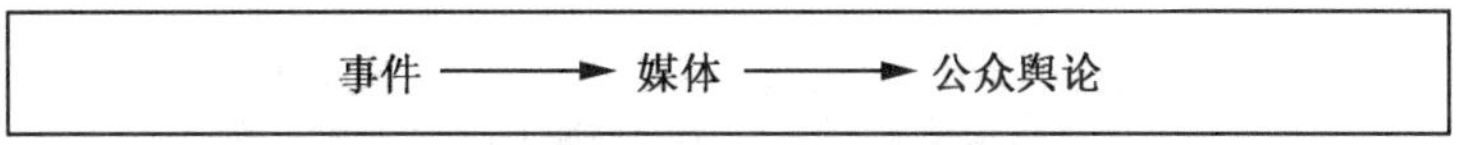

传统媒体环境下单向闭合性舆论形成

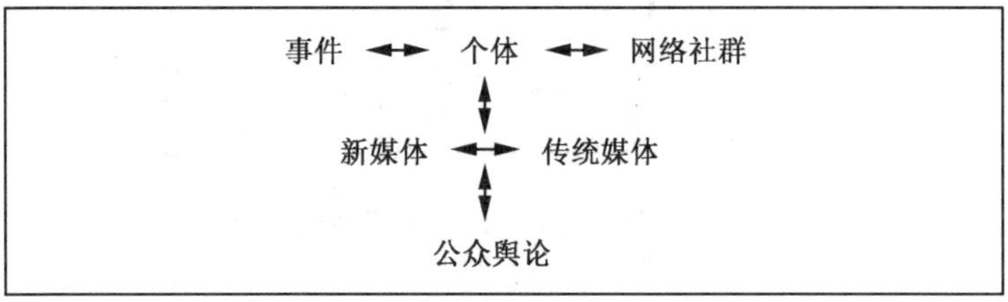

新媒体环境下互动开放性舆论形成

图 15－1 传统媒体和新媒体环境下舆论的形成模式

博对突发事件现场进行实况报道；而“快传播”即通过手机联网等传播技术，在微博上即时对突发事件进行更新、发帖、发图，实现实时滚动直播的效果。

具体而言，人们迅速地从被动的信息接收者转变为信息制作者，又很快成为信息扩散者。尤其是事件发生时，人们不再等待传统媒体的告知，而是凭借网络新媒体主动地参与到传播中来，担当舆论领袖的角色。相比而言，传统媒体原有的第一传播权威被解构，更多的信息传递是从网络中得知线索，然后跟进。新媒体的优势在于第一落点，即事件的发布；传统媒体的权威性在于第二落点，即事件的解释。人们一般会根据先入为主的原则，形成对事件的第一印象和自我理解，这一过程常常会影响人们对传统媒体随后跟进报道的接受程度。这种情况下，网络、手机等新媒体发挥了信息发布平台的作用。

但同时，传统媒体对新媒体也产生影响，它对事件的报道可能会在网络新媒体引起反应，形成的舆论又会对传统媒体的后继报道产生实质性影响。在这一反复互动过程中，公众舆论逐渐形成。因而，在公众舆论的形成过程中，新媒体和传统媒体各自发挥着影响力，并形成合力影响舆情事件的发展。

(二)纵向互动:网上与网下的互动

第二个互动是网上与网下的互动。一般而言，采取以下形式：个体事件通过网络讨论扩散，获得支持，形成合法性舆论；然后，通过网下的集合效应，采取一致的行为，造成现实的压力，促使问题解决。在事件中，当人们对问题的不满情绪未能得到满意的回应时，网上与网下的互动通常会变得异常活跃，这时舆情发展具有激化负向发展的趋势，甚至有引起大范围冲突的可能。在这一过程中，意见领袖发挥了很大作用(如图 15－2 所示)。

人们在网上与网下的互动是由虚拟空间向现实空间的延伸，它不仅是止于虚拟的空间形成舆情，而且对现实世界的舆情产生了实质性的影响。特别是在微博时代，平等的对话越来越重要。从突发事件发生开始，一个匿名个体很可能会成为意见领袖，拥有大量粉丝，经过网络跟帖、博客、微博等形成议程设置，这一庞大的有着一致行动倾向的群体，形成虚拟的“哄客”群体。他们不仅在网上讨论集结，而且当事件造成的矛盾冲突未能解决时，他们可能会进行串联集合，在现实世界中采取行动，形成现实的力量，使得矛盾进一步激化，舆情事件变得复杂。若是停留在传统媒体居高临下的强势宣传思维下，造成对舆情的隔阂，就难以形成有效的控制模式。

在网上与网下的互动中，意见领袖的作用不可忽视，在舆情形成过程中，意见领袖扮演着

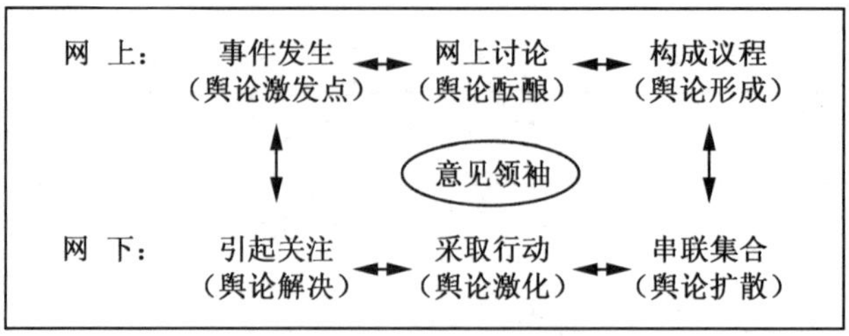

图 15—2　网上与网下的互动机制

重要的角色。网上意见领袖通常也是网下舆论领袖，在事件发生时，网上与网下的互动形成了一个庞大的意见流。新媒体环境下，围绕意见领袖形成的粉丝团，一般具有很强的能动性，情绪化的冲动多于理性的思考，一旦形成负向舆论，引导的难度就会增大。因此对网上意见领袖的影响直接关系到对网下舆论的引导，会产生核裂变效应，即扩散范围更为广泛，强度更大。

（三）勾连互动：两种互动的纵横交错

两种互动并非孤立进行，而是彼此勾连互动，共同影响舆情事件的发展（见图 15—3）。

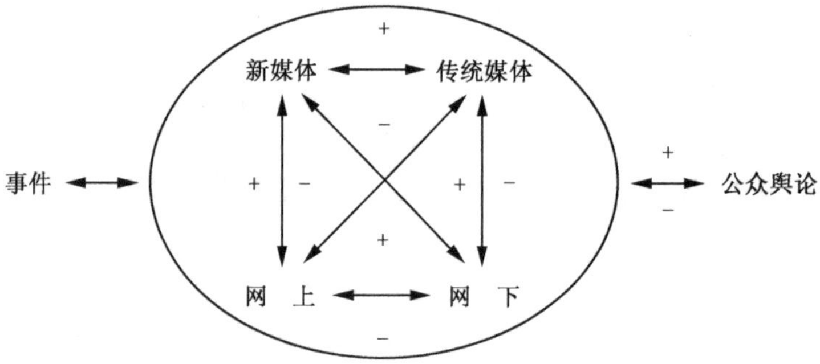

注："＋"和"－"分别表示舆情正向和负向发展的可能。

图 15—3　事件形成舆情事件并影响公众舆论的一般过程

勾连互动的关键在于立体的传播方式和点状爆炸的呈现方式。在这一过程中，个体和"新旧媒体"不断互动，彼此渗透。《微博力》的作者谢尔・以色列预测，新旧媒体短时期内实现融合，传统媒体、公民新闻和社会性媒体三股力量共同作用，将带来信息汇集和交织的"辫子新闻"的兴起，这不仅改变新闻生产的形态和公众获取信息的方式，尤其对正面或负面的公众舆论的形成产生深刻影响。

资料显示，目前国内微博的用户群中企业员工和学生分别占比 29％和 17％，18—30 岁的年轻用户占了 67％，63％的微博用户有大学本科以上学历。37％的用户认为微博上的信息基本可信，96％的用户表示会通过微博了解大事件、突发事件的情况。这说明，媒体使用习惯影响信息接收的效果，至少在对事件了解的初级阶段，新媒体是勾连互动中的基础性因素。这种勾连互动是一个连续不断的循环过程。个体将事件上传曝光，可迅疾引发全国性舆论，把地区性、局部性及带有某种偶然性的问题，变成全民"围观"的公共性话题，甚至变成需要中央政府干预的公共事件，进而影响事件的解决。其中，新媒体以其即时、互动、匿名的特性，更容易引起公众的关注，形成新的主流舆论策源地。

三、新媒体环境下企业营销传播面临的挑战和机遇

营销传播在现代企业运行中已经成为必不可少的一部分。传播在产品营销方案中扮演着重要角色，成为与消费者沟通的重要桥梁。在传统的大众传播阶段，广告是被企业广泛采用的行之有效的营销传播手段，但随着当前传播环境的转变，企业的营销传播面临着全新的挑战和机遇。①

（一）新媒体环境企业营销传播面临的挑战

1. 传播主体无限增多和传播内容的海量化，导致消费者注意力高度分散

中国互联网络信息中心（CNNIC）2020 年发布的《第 46 次中国互联网络发展状况统计报告》显示，截至 2020 年 6 月，中国域名总数达到 2 304 万个，网站总数为 468 万个。传播主体数量的飞速增长带来的直接后果是信息绝对量的增加。然而过量的信息不仅无助于受众有效便捷地接收有用的信息，反而会极大地分散他们的注意力。正如诺贝尔经济学奖获得者赫伯特·西蒙所说："信息会消耗掉接收者的注意力。因此，过量的信息会导致注意力的贫乏。"在信息的洪流中，受众的注意力已经很难集中于某一点。据调查，在国内的大中城市，人们每天面对的广告信息有 1 000 余条。面对如此缤纷的广告世界，消费者在大量的广告信息面前，感觉已经变得麻木不仁。一则普通的广告对于他们来说很难引起注意，更别说是记忆，从而改变态度、产生购买行动了。

2. 大众媒体的强势地位分化瓦解，新媒体呈现强劲的发展势头

在传播业高度发达的今天，新媒体的崛起使得传媒市场的竞争格局发生了变化，以往的三大媒体（报刊、广播、电视）一统天下的局面已经不复存在，新媒体吸引了越来越多的人群，呈现出强劲的发展势头。

新媒体使得人们在信息获取与传播过程中根据自身的需求与喜好不断发生分化，由此造成"大媒体"地位的衰落、"小众媒体"和"个性化媒体"地位的提升。因此，在这个时代不再有一呼百应的强势媒体，也不再有一呼百应的强势传播，过去大众传播时代仅仅靠在某一种媒体上轰炸性的广告投放不再有效。

3. 消费者主导性增强，彼此间影响增强

在网络媒体环境下，消费者能非常便捷地接触到更多的信息，拥有更多的选择机会，他们不再被动地接受他人的观点和信息，不再消极地购买和消费，而要求参与、掌握主动权。在购买商品时，消费者往往会主动通过各种途径获取与商品有关的信息并进行分析比较，以增加对产品的信任，从而获得心理上的满足。

网络传播环境下，受众成为彼此的"信息向导"，这给企业的产品营销带来的一个挑战便是，广告里说得再天花乱坠，广告画面再有震撼力，也敌不过网友的口碑。这与美国著名学者拉扎斯菲尔德的"两极传播理论"是一致的：在网络经济的影响下，受众彼此间影响往往大于传统媒体对受众的影响。随着网络的诞生，广告主发现，数百万的广告经费，可能由于 BBS 里的一个负面评价帖子，就打消了它的传播效果。

（二）新媒体环境企业营销传播面临的机遇

1. 媒体形态和媒体产品的不断丰富使企业营销传播平台获得了极大拓展

网络媒体经过十几年的发展，功能不断完善，影响力日益增强，为企业提供了一个良好的

---

① 黄峥．新媒体环境下企业营销传播的机遇与挑战[J]．企业活力，2009(10)．

营销传播平台。无论大型企业还是中小型企业，都可以较低的成本进入，并宣传产品，展示企业形象，及时为客户提供服务。Web 2.0 技术升级了网络媒体的互动性和参与性，博客、播客、社区、网络游戏等迎合消费者互动和自我表达需求的媒体产品得以开发和运用，这些都成为企业营销传播的新渠道。而 Web3.0 的网络模式则实现了不同终端的兼容，各种媒体终端以及信息内容能够实现有效结合和贯通，给企业整合营销提供了更好的机会。

手机作为第五媒体其影响力也日益增强，手机广播、手机电视、手机报、手机动漫、手机广告等产品形式已经大量涌现。虽然当前依靠手机为依托的营销模式还处在探索阶段，但随着5G 技术平台的开通，手机媒体作为企业营销传播的平台其发展前景巨大。

此外，新技术渗透到传统媒体中，使得更多的广告产品得以开发，如 LED、液晶电视等户外新媒体的出现、有线数字电视资讯平台上的分类广告、EPG 广告、VOD 广告、植入式广告等，这些类型的产品均为企业营销传播提供了施展拳脚的巨大空间。

2. 新媒体的互动特质使得企业与消费者沟通的互动性和便利性大大增强

互动不仅代表着一种交流方式、一种传播方式，更是一种营销方式，是价值创造的一种方式。传统媒体广告缺乏互动，不能与消费者达成直接沟通，不能了解其情感和需求，也不能实时记录消费者的数据，不能直接置入销售环节，这是其明显的硬伤。而新媒体，尤其是网络媒体，从营销的角度讲，实现了生产者和消费者一对一的互动沟通。企业既可以通过网络对企业产品进行全方位、立体化的介绍，又可以收集消费者的需求信息，进行产品测试与消费者满意度的调查等，并根据消费者的差异性需求，向消费者发送“定制化”邮件，介绍产品和服务。消费者则有机会对从产品设计到定价和服务等一系列问题发表意见。企业可以根据消费者反馈的意见和建议进行产品设计，或有针对性地改进产品和服务。这种双向互动的沟通方式提高了消费者的参与性和积极性。更重要的是，它能使企业的营销决策有的放矢，从根本上提高消费者满意度。

在这个崇尚体验、参与和个性化的时代，毫无疑问，新媒体营销迎合了现代营销观念的宗旨，与消费者的沟通更加便捷，更容易构建关系营销，使得精确营销成为可能，消费者的个性化需求容易得到满足，从而获得更好的营销传播效果。

四、新媒体环境下的企业营销传播策略

新媒体的普及不仅彻底改变了营销传播的环境，也必然导致营销传播模式和传播规律的巨变。在新媒体时代，客观环境质的改变，使得企业必须重新思考和审视整合营销传播渠道的选择、组合和有效运用。[①]

（一）转变营销传播观念，重新认识新媒体环境下的营销传播方式

新媒体的出现是建立在物质生活和信息高度发展后，受众群体更加细化、市场更加细分基础上的。当前，已经没有一种媒体能满足所有人的需求，同样也没有一个品牌和产品能靠几种媒体就分享、占有市场。新媒体对人们思想、观念、行为影响的广度和深度都在不断增加，其影响已经不亚于传统媒体，对此，企业要有充分认识并要积极地采取行动。例如蒙牛，除了在所有传统媒体上投放品牌广告外，也在充分利用新媒体目标群更为精准的优势，推广其产品。其优酸乳产品正是借助传统媒体、户外液晶电视、网络、手机短信以及活动等综合资源整合的传播策略获得了成功。

① 黄峥. 新媒体环境下企业营销传播的机遇与挑战[J]. 企业活力，2009(10).

营销传播观念的转变不仅表现为对新媒体的充分认识与重视，更应表现为对营销传播方式的再认识。传统的市场营销理论，虽然都提出了以消费者为中心的思想，但实际上强调企业对整个营销过程的控制力，而消费者只能被动地获取企业和产品的信息，市场的主导权仍掌握在企业手中，企业并未从真正意义上了解消费者的需求。新媒体的出现使得消费者逐渐占据市场的主动权，他们可以通过许多渠道去获取自己感兴趣的各种信息，并与企业实现互动式的沟通，还可以在消费活动中及时有效地表达自己的意愿和需求。简单地说，就是控制力从营销者转向了消费者。这个变化促使企业从根本上认识到消费者在市场营销活动中的主导地位，真正掌握消费者的需求，从各种渠道上为他们服务。

(二)充分了解新媒体，把握其特点和规律性

鉴于新媒体正在拥有越来越多的人群，产生越来越大的影响力，对它的特征及规律性的了解与把握是十分必要的。对新媒体的了解应当包括三个方面：

(1)对新媒体技术手段的了解。包括对博客、播客、微客等使用日益广泛的网络传播形态的了解，以及对网络与移动通信技术结合所产生的延伸功能的了解，掌握其发展趋势。

(2)对网络传播内容的了解。包括网民关心的话题、关注的焦点、感兴趣的信息以及互动的内容等，或可对一些点击率高的个人博客进行影响力的测评、观察，了解舆论生成、聚合的过程，对可能出现的舆论走势做出分析、预测，把握其规律性。

(3)深入了解网络媒体的运作方式。现在企业的一些负责营销传播的人员，不会很好地利用网络的途径来建设品牌、消除负面影响。一旦企业在网络中爆出各种负面新闻，他们往往束手无策。究其原因，就是他们对这些新兴媒体的了解程度不够，没有把握新媒体的发展情况。

(三)不断进行营销传播手段的变革与创新

传统的营销手段主要是在媒体上进行大量的广告宣传，或配上上门推销等手段，并依赖很多分销渠道来赢得消费者的注意。如今，传统的营销传播方式的效用已经大大降低。随着新媒体的出现和发展，市场的主动权和控制权已逐渐转移到消费者手中，媒体的传播方式正在发生变化，营销方法和营销手段的变革和创新也就势在必行。反向沟通、互动体验、口水传播、精准传达、焦点渗透、事件营销等各种新的广告形式和营销方法不断出现。新营销手段的要旨就是企业如何充分利用新媒体的特点，加强与潜在消费者之间进行互动式的沟通，从而更好地了解他们、服务他们，更好地与他们建立关系并满足他们的需求。

(四)科学运用新媒体，合理开展媒体组合

企业在选择新媒体时，不能只看到它的优点，而忽视其带来的负面影响，传统媒体由于比较成熟，其优势、劣势广告主比较容易把握，而对于新媒体，人们往往更多地被其低廉的价格和发展中的上升趋势所吸引从而忽略其短处，这是企业在实际操作中必须注意的。

新媒体的稳定性相对较差，风险较高。因此，企业要对各种媒体类型保持清醒的认识，广告的投放要综合考虑价格、影响力、美誉度等，否则极易伤害自身的品牌和形象。一般来讲，新媒体的运用要和传统媒体相结合，形成媒体组合，相得益彰。首先，要考虑这种组合的经济性，即这种组合一定要比单一使用一种媒体的投入产出比要高。其次，要注意媒体组合的立体性，一般来说，运用单一媒体或单一的某一类媒体，达到的结果比较同一，传播效果比较单薄；而通过多种媒体相互补充、交错，形成立体的结构，则能够达到企业传播的目的。再次，在选择媒体时要考虑它们之间的互补性，即选择一种新媒体，一定要能对传统的媒体起到补充或增强效果的作用。

第四节 大数据与消费者洞察

一、大数据的含义及应用

(一)大数据的含义和特点

今天,消费者的一切行为都在产生数据,而且数量巨大。用户每次浏览网页、搜索或者用智能手机上网,几乎都会增加数十亿字节的数据,而且这个增量还在扩大。如此庞大的数据可以帮助企业更好地理解并预测消费者的行为。

利用大数据可以辨认出利润最高的顾客群体,并用最有效的方法接触这些顾客。更为具体地,还可以据此判断出哪些顾客是因为需求购买,哪些顾客是因为广告购买,哪些顾客是因为价格购买,哪些顾客是因为口碑购买。甚至还可以判断出现有顾客与潜在顾客未来的价值。那么究竟什么是大数据呢?它有什么特点呢?

大数据实际上是指巨量数据的一个整体集合,无法在特定的空间、时间、范围内用常规的数据处理软件工具来进行管理、储存和处理,需要新的处理模式才能对其加以应用。它的特点是多、繁、杂,数据的增长速度快,所包含的信息量需要人为通过一些手段去进行甄别,其中包含许多垃圾信息。[①]

具体来说,大数据具有以下四个方面的特点:

1. 体量大(Volume)

大数据的特征首先就体现为“大”。在 Map3 时代,一个小小的 MB 级别的 Map3 就可以满足很多人的需求,然而随着时间的推移,存储单位从过去的 GB 到 TB,再到现在的 PB、EB 级别。只有数据体量达到了 PB 级别以上,才能被称为大数据。随着信息技术的高速发展,数据开始爆发性增长。社交网络(微博、推特、脸书)、移动网络、各种智能工具,服务工具等都成为数据的来源。淘宝网近 4 亿的会员每天产生的商品交易数据约 20TB;脸书约 10 亿的用户每天产生的日志数据超过 300TB。迫切需要智能的算法、强大的数据处理平台和新的数据处理技术来统计、分析、预测和实时处理如此大规模的数据。

2. 处理速度快(Velocity)

速度快,指的是通过算法对数据的逻辑处理速度非常快,1 秒定律,可从各种类型的数据中快速获得高价值的信息。大数据的产生非常迅速,主要通过互联网传输。生活中每个人都离不开互联网,也就是说人们每天都在向大数据提供大量的资料。并且这些数据是需要及时处理的,因为花费大量资本去存储作用较小的历史数据是非常不划算的,对于一个平台而言,也许保存的数据只有过去几天或者一个月之内的,再远的数据就要及时清理,不然代价太大。基于这种情况,大数据对处理速度有非常严格的要求,服务器中大量的资源用于处理和计算数据,很多平台需要做到实时分析。数据无时无刻不在产生,谁的速度更快,谁就有优势。

3. 数据类型多样(Variety)

如果只有单一的数据,那么这些数据就没有了价值,比如只有单一的个人数据,或者单一的用户提交数据,这些数据还不能称为大数据。广泛的数据来源,决定了大数据形式的多样性。比如当前的上网用户中,年龄、学历、爱好、性格等每个人的特征都不一样,这就决定了大

① 魏珊,徐桂琴. 大数据环境下顾客洞察与市场营销策略研究综述及展望[J]. 农村经济与科技,2018(8).

数据的多样性。就全国而言,每个地区、每个时间段,都会存在各种各样的数据。任何形式的数据都可以产生作用,目前应用最广泛的就是推荐系统,如淘宝、网易云音乐、今日头条等,这些平台都会通过对用户的日志数据进行分析,从而进一步推荐用户喜欢的东西。日志数据是结构化明显的数据,还有一些数据结构化不明显,例如图片、音频、视频等,这些数据因果关系弱,需要人工对其进行标注。

4. 价值(Value)

这也是大数据的核心特征。现实世界所产生的数据中,有价值的数据所占比例很小。相比于传统的小数据,大数据最大的价值在于从大量不相关的各种类型的数据中,挖掘出对未来趋势与模式预测分析有价值的数据,并通过机器学习方法、人工智能方法或数据挖掘方法深度分析,发现新规律和新知识。你如果有 1PB 以上的全国所有 20—35 岁年轻人的上网数据,那么它自然就有了商业价值,比如通过分析这些数据,我们就可以知道这些人的爱好,进而指导产品的发展方向等。

(二)大数据的应用

互联网中各行各业的龙头企业多数是运用大数据进行消费者洞察的行家。电商巨头阿里巴巴利用大数据进行营销,根据用户搜索、浏览、购买商品等的数据,向用户推荐相关商品,这样做不仅缩短了用户花在寻找商品上的时间,更提高了商家的成交率,提升了商家的收益。搜索引擎的龙头企业百度,应用大数据技术,根据用户的搜索数据,为投放广告的商家提供精准的广告投放服务,提升了商家的知名度,在为商家吸引更多目标用户的同时,也让自己赚到了丰厚的广告分成。智能手机行业的佼佼者小米科技,通过分析大数据,根据用户的社交数据了解用户的需求,为用户打造低价高配置的智能手机,获得了无数用户的青睐,从众多的手机企业中脱颖而出,迅速树立了企业品牌。大数据营销极大地提升了企业对于消费者需求的精准洞察,促进了企业高效地为消费者提供个性化服务,实现精准营销。

此外,企业利用大数据做决策,为企业和用户创造了巨大价值。大数据在很多行业中的应用,不仅提升了企业的生产效率,还促进了企业快速发展,成效非常显著。例如在互联网交通领域,高德公司根据用户实时查询的交通大数据,制作了高德地图和汽车导航,既方便人们的出行,又节省了开车一族的汽车油耗;在互联网医疗方面,谷歌根据用户搜索疾病的数据,建立了流感预测系统,能够准确预测流感疫情,方便人们及时预防流感,避免流感疫情的大规模爆发;在互联网金融方面,百度利用用户大数据,开发了"帮帮贷"应用软件,实现了大数据定制贷款,帮助百度的推广客户以较低的利率快速从银行获得贷款;信用卡机构根据交易即时大数据,及时发现、阻止诈骗交易,避免了用户和银行的财产损失,大数据为企业和用户创造了巨大价值,并受到了他们的喜爱,各种各样的大数据应用层出不穷,从而促进了商业、社会的发展。

二、基于大数据进行消费者洞察的优势

在此前消费者洞察研究中,数据收集主要采用调查问卷、焦点小组讨论、个体访谈等人口细分和心理学相关的方法进行。但在数字时代,所采用的方法更多的是大数据分析。总体来讲,是对于新兴数据源的追踪,不仅包括网页 Cookies、社交媒体平台,还包括移动终端和搜索引擎等。应该说,消费者通过互联网和移动终端进行的所有信息检索和浏览的记录都可以被记录和分析。通过大数据进行精准营销和广告投放,是这种数据收集方法的应用。譬如 2015 年 1 月 25 日,第一条微信朋友圈广告瞬间点燃了我们的朋友圈和社交平台。人们对是收到"可口可乐"广告,还是"vivo"广告,或者是"宝马"广告而议论纷纷。因此引来调侃:收到"宝

马"广告的都是"土豪"用户，收到"可口可乐"广告的都是"屌丝"用户。在这种调侃背后，我们可以看到微信广告正是运用了大数据的方法对消费者信息进行收集，包括用户地域、性别、年龄、设备、好友关系等，以此建立详细的用户数据，再根据这些数据信息进行精准广告的定位。通过传统营销的消费者洞察和大数据时代的消费者洞察的对比分析，可以看出大数据时代的消费者洞察具有以下优势。

（一）提高效率：大数据 vs 小数据

传统营销的消费者洞察主要是依靠实地调研、抽样问卷调查等方法，这种方式历史悠久，但是在互联网时代逐渐暴露出其缺点，即成本高、反馈周期长、样本量小等。

与传统的消费者洞察方法相比，大数据时代的消费者洞察是基于消费者自身在互联网中产生的庞大真实数据——不管是搜索的关键词、浏览的页面，还是观看的视频、社交媒体上的活动状态等。这种方式能节省大量调查的人力和费用，缩短信息反馈周期，大大提高洞察的准确性。

（二）优化效果：动态 vs 静态

传统的市场调研方法是静态的，这种静态特质不仅体现为时间上的静态，更体现为调研内容上的静态。在时间上，问卷调查是在某一具体时间节点上对消费者进行访问。在调研内容上，例如调查问卷的内容，每个问题的顺序、表达、如何作答都是提前设计好的，这在某种程度上限制了调研的范围，而且问卷的设计水平将直接影响调研的效果。

"90 后"和"00 后"新一代消费者更强调个性，面对的诱惑更多，因此品牌依赖度下降，不会单纯相信企业的宣传，倾向于自己在网络上搜索评价并做出判断，他们的决策在这一秒和下一秒可能截然不同。消费者在改变，对消费者的洞察方式也需要改变。大数据能打破时间和空间的限制，真正做到随时随地了解他们当下的需求。

（三）深入洞察：全面 vs 片面

基于大数据的消费者洞察的基本特性之一就是数据获取的全面性。对用户行为轨迹进行追踪，对特定时间段的数据进行收集，传统市场调研是做不到的；而在大数据时代，消费者的各种行为都被记录下来。比如在淘宝的收藏夹里收藏了什么、每天花在网上购物的时长、购物的平均金额，等等。另外，数据的获取没有时间和地点限制，在消费者不愿意接受问卷调查时，也能获得该消费者的数据，使得进行消费者洞察少了很多阻碍，进入一个更为全面的阶段。有全面的数据才能有全面的分析，所了解的情况才能与消费者的实际情况更加接近。

（四）真实可信：客观 vs 主观

传统的消费者洞察更多是主观的介入，然而人是非常复杂的动物，人会思考，且富有情感。调查人员在碰到消费者提问或者问卷分析中有不理解的问题时，往往会带入自己的情感和主观推测。

而大数据是对消费者各个方面特征的客观捕捉。基于互联网的数据采集是多渠道、多元化的，例如，我们可以对消费者在网上购物时留下的数据进行分析，这是消费者客观、真实的购物行为，避免了传统市场调研中主观性的问题。

三、基于大数据的消费者洞察流程

（一）搜集整理消费者数据

1. Cookie 数据追踪行为

利用 Cookie 是大数据时代洞察消费者的一种基本方法。Cookie 是服务器暂存在用户电脑上的资料，以便识别用户，它存储在用户的本地电脑上，而且经过了加密处理。假设你访问某一网站，该网站的服务器会通过你的浏览器（如IE、搜狗等）在你的电脑上生成只能由这个网站可读的Cookie文件，这些Cookie文件会存储你在该网站上的一些输入数据与操作记录，包括你敲入的文字、你的浏览行为或者一些选择，当你下一次浏览这个网站时，网站就知道你是否曾经访问过，以此识别你的身份。Cookie最基本的表现就是，保存了你在这个网站登录时的用户名和密码，这样下次你访问时就不需要再重复输入，而已经是登录状态了。Cookie就好像是你在这个网站的一张身份证，你在这个网站的每一次访问都会促成对Cookie的修改。利用Cookie数据进行消费者洞察表现为通过对可得的每一个Cookie进行分析，找到该用户的关注点、兴趣点。Cookie就像是用户留下的一串串脚印，根据这些脚印的所到之处，可以知道用户的兴趣爱好，以此为基础来投放广告。但是这种方法只能做到简单的数据分析，原因是受到数据量、过期时间、数据覆盖范围等因素的限制，因此Cookie的准确率不高。Cookie在移动时代最大的一个弊病就是，在移动设备上没有Cookie。Facebook推出的新版Atlas解决了这个问题。Atlas最初是一个追踪系统，2013年被Facebook从微软手中收购，经过Facebook的改写，如今的Atlas可以在没有Cookie的移动世界里捕捉消费者的行为。Atlas利用Facebook的永久ID解决了移动设备的Cookie难题。如果说Cookie是用户留在网页上的脚印，Facebook的ID更像是一个人的指纹，更具有唯一性，无论用户到哪里，都可以通过这个指纹识别出具体的个人。因此，Atlas也被称为“基于人的营销”。

2. 搜索数据揭示兴趣

搜索平台拥有庞大的用户行为数据，实时洞察消费者需求，集成数据，进行结构化分析，也可以进行一定程度的洞察。但是这种方法会受到特定搜索引擎的局限，只能掌握部分消费者的部分网络行为，因为仅仅基于用户的搜索行为无法知道他们的后续动作是什么，比如：用户是否会真的购买搜索的商品？哪些用户会购买？哪些用户没有购买？

3. 社交数据发现身份

随着移动互联网的兴起，社交媒体已经成为消费者日常生活中不可缺少的一部分。大多数消费者，特别是年轻人已经习惯了每天早晨起来看看朋友圈，睡前刷刷微博热点，去论坛看看有无最新活动，写下留言，写了几年的博客偶尔也会更新一下。社交媒体的用户是如此广泛，使得它成为对消费者进行洞察的数据宝库。企业可以充分利用社交媒体来收集客户数据，从中发掘客户的年龄、性别、喜好等信息，根据分析结果来开展精准营销活动。

4. 电商数据体现消费

电商数据也成为大数据分析不可忽视的一部分。通过对电商大数据的分析，能够更直接地了解消费者的动态。2015年，淘宝推出的“新势力周”活动，就是通过对淘宝大数据的分析发现了20个风格的流行趋势，如街头文化，吸引了消费者的眼球。

5. 跨屏数据打破界限

依靠“PC＋移动”的数据才是大数据时代进行消费者洞察最理想的方法，这种方法囊括了PC端和移动端的数据，既有消费者的基本属性（如性别、年龄等），又有消费者全网浏览、搜索及购物行为的数据。

对消费者数据简单收集还远远不够，我们还要能从大数据中提取有价值的数据，剔除冗杂无关的数据，建立消费者数据库。数据收集后，要确定相应的筛选标准、筛选范围、筛选具体对象等，据此对有效信息和无效信息进行鉴别。确定消费者数据中哪些对企业而言是有用的，哪些是没用的。

(二)利用标签绘制消费者画像

利用数据挖掘技术,依据消费者各自特征对消费者进行归类,贴上相应的标签,例如"网购达人""白富美""苹果粉""极客"等,然后基于这些标签采用不同的、定制化的活动进行定向精准营销。通过利用大量的标签,大数据时代的消费者洞察能够把消费者细分到非常小的人群甚至个体,比传统营销环境下的简单归类更加符合个性化原则。

(三)针对消费者特征制定营销策略与获得反馈改进营销策略

找到目标消费者并制定个性化的营销策略,在最合适的时间和地点,用最合适的方式为其提供差异化的产品和服务。最后通过对营销活动的评价和反馈,进一步了解消费者需求。①

案例分析

杜蕾斯:"PC+移动"双平台精准营销

2014 年 7 月,利洁时集团旗下的杜蕾斯品牌在互联网上推广持久装产品 Performa Intense(见图 15—4)。利洁时集团找到悠易互通(北京)广告有限公司进行合作,想要通过大数据分析开展精准营销活动。悠易互通是中国第一家实现广告实时竞价投放的需求方平台。在本次营销活动中,悠易互通需要精确找出杜蕾斯持久装产品在互联网传播中的受众,采用"PC+移动"双平台形式,通过精准投放,突出杜蕾斯持久装产品的性能,并在广告投放过程中积累用户数据,实时优化,提升传播效果。

图 15—4　杜蕾斯持久装产品

悠易互通首先对这一产品的目标人群绘制了画像,与以往通过小样本调研确定目标受众不同的是,在本次推广中将杜蕾斯官网收集到的访客数据和第三方大数据库(悠易、百度、秒针等)进行匹配,来确定网络推广的目标受众。根据 52 328 个匹配上的 Cookie,最终确定杜蕾斯持久装产品的网络推广目标受众的特征为:年龄为 15—39 岁的男性;影视、大型网络游戏、动漫、网络小说/文学、社交为目标受众的核心兴趣;同时,杜蕾斯官网用户也对音乐、休闲游戏、汽车、娱乐、服饰、体育、家居等感兴趣,这类兴趣被定义为备选兴趣。

在确定杜蕾斯官网用户的特征后,悠易互通结合第三方大数据进行人群扩散,并分别尝试使用人口属性标签(15—39 岁男性)和兴趣属性标签进行测试,来比较不同人群标签的推广效果。

在本次推广中,悠易互通采用了创意递进策略,分别为产品创意、功能创意和促销创意。第一版的创意

① 王磊. 基于大数据的消费者洞察研究[J]. 河南机电高等专科学校学报,2018(2).

为产品版，在广告投放初期采用产品创意，对所有目标受众进行投放。此版本的创意的着陆页是杜蕾斯官网持久系列的综述页面，目的在于加强产品认知；第二版的创意为功能版，针对点击过第一版的 Cookie 进行定向投放，着陆页为杜蕾斯持久装产品的详情页，目的在于增进对产品的了解和偏好；第三版的创意为促销版，着陆页为杜蕾斯在 1 号店的电商平台，目的在于促进销售。

在项目执行中，悠易互通对数据实时监测和分析，并采用了四种手段进行优化，以提升本次推广的效果。

(1)人群标签优化。测试备选兴趣标签的效果。通过逐一测试增加备选兴趣对点击率的影响，发现服饰兴趣的点击率较低，而体育和家居兴趣的点击率较高。

(2)页面关键词优化。测试不同类型关键词定向对点击率的影响。发现包含相对宽泛的通用词/品类词的页面广告点击率较高，而仅有品牌词/产品词的页面广告点击率欠佳。

(3)时间优化。与通常互联网投放中暂停周末投放有所不同的是，在此次推广中，周末(周五到周日)的点击率要高于平时，这和产品本身的特点有关，反映了在周末时段，目标人群对此类产品的兴趣较高。

(4)算法优化。使用悠易互通 DSP 的"自动试探＋自动优化"的组合功能，用机器学习的方式来提高效果。

第三方监测数据显示，在悠易互通以广告引流访客的过程中，99％的访客为杜蕾斯官网的新访客，二跳率(当网站页面展开后，用户在页面上进行的首次点击被称为"二跳")为 44. 04％，平均停留时间为 95 秒。本次大数据营销活动获得了较好的反馈，杜蕾斯持久装产品的销量上升。

资料来源：阳翼．大数据营销[M]．北京：中国人民大学出版社，2017.

思考与讨论

1. 悠易互通如何帮助杜蕾斯找到新产品 Performa Intense 的目标人群？
2. 创意递进是一种什么样的策略？谈谈你对它的评价。
3. 悠易互通通过哪些手段来提升杜蕾斯精准营销的效果？

本章小结

随着信息技术和网络时代的全面到来，企业的网络营销活动也应运而生。网络营销(network marketing)是企业整体营销战略的一个组成部分，是为实现企业总体经营目标所进行的、以互联网为基本手段营造网上经营环境的各种活动。网络经济时代，消费者自主性大大提高；重视与商家的互动；消费需求呈现多样化和个性化；理性多于感性，更加精明，追求最大限度的价廉物美；成为新生产者；猎奇心强，有强烈的求知欲望。网络消费者可以分为追求完美型、忠诚习惯型、价格认知型、困惑不决型、休闲娱乐型五种类型。影响网络消费者购买行为的主要因素包括网络的可靠性和安全性、网站进入的方便性和可行性、产品的类型和特点、企业形象、传统购物观念等。早期的消费者行为研究模型有 AIDI 模型、AIDMA 模型，但在互联网时代，新的研究模型框架产生了，其中代表性的研究模型包括 AISAS 模型和 SIPS 模型。

虚拟社区是一群具有相同或相似需求的人，为了实现目标或解决问题而通过信息技术在网络空间进行互动交流，进而逐步形成各种人际关系的集合。虚拟社区环境中的消费者行为特点包括：消费者互动以现实消费行为为背景；消费者具有群聚性；消费行为个性化；购买行为理性化；注重体验分享；互动影响网络化。企业可以利用虚拟社区加强与消费者的信息沟通，加强与消费者的互动，引导网络消费习惯，积累客户资料和细分市场。

以互联网信息技术、数字技术为主的新媒体迅猛发展，众多新的媒体形式应运而生，并被逐渐运用到营销传播实践中。新媒体主要是指基于计算机技术、通信技术、数字广播等技术，通过互联网、无线通信网、数字广播电视网和卫星等渠道，以电脑、电视、手机、PDA、MP4 等设备为终端的媒体。新媒体具有互动性、分众性、精准性、可衡量性、多媒体、体验性、消解时空和综合性等特征。新媒体的互动机制包括三种类型：第一种是传统媒体与新媒体间的互动；第二种是网上与网下的互动；第三种是前两种互动的勾连互动。在营销传播过程中，企业应该转变营销传播观念，重新认识新媒体环境下的营销传播方式，充分了解新媒体，把握其特点和规律性，不断进行营销传播手段的变革与创新，科学运用新媒体，合理开展媒体组合。

大数据实际上是指巨量数据的一个整体集合，无法在特定的空间、时间、范围内用常规的数据处理软件工具来进行管理、储存和处理，需要新的处理模式才能对其加以应用。大数据的特点是体量大、处理速度快、数据类型多样、需要挖掘数据的价值。互联网中各行各业的龙头企业多数是运用大数据进行消费者洞察的行家。大数据营销极大地提升了企业对于消费者需求的精准洞察，促进了企业高效地为消费者提供个性化服务，实现精准营销。企业利用大数据做决策，为企业和用户创造了巨大价值，也促进了商业、社会的发展。基于大数据进行消费者洞察的优势主要有四点，即效率提高、优化效果、深入洞察、真实可信。基于大数据的消费者洞察流程：(1)搜集整理消费者数据。这些数据包括可以追踪消费者行为的 Cookie 数据、可以揭示消费者兴趣的搜索数据、可以发现消费者身份特征的社交数据、可以了解消费动态的电商数据，以及最理想的消费者洞察数据——跨屏数据。(2)利用标签绘制消费者画像。(3)针对消费者特征制定营销策略与获得反馈改进营销策略。

关键词与复习题

关键词

互联网(internet)　网络营销(network marketing)　网络消费者(online consumer)
互动性(interactivity)　虚拟社区(virtual community)　新媒体(new media)
多媒体(rich media)　大数据(big data)

复习题

1. 网络消费者具有什么样的心理特征？影响网络消费者购买行为的主要因素有哪些？
2. 网络消费者的类型有哪几种？
3. 什么是虚拟社区？虚拟社区环境中的消费者行为有哪些特点？
4. 新媒体的特征是什么？试简述新媒体的互动机制。
5. “大数据”挖掘有什么价值？“大数据”时代企业应该注重哪些营销策略？

参考文献

1. 别莲蒂. 东方 E-ICP 生活形态调查报告[M]. 中国台湾东方广告公司,2001.

2. 陈婕娅,常可. 中国社会阶层结构与消费[J]. 经济管理,2009(5).

3. 德尔·霍金斯等. 消费者行为学(第 9 版)[M]. 北京:机械工业出版社,2003.

4. 德尔·霍金斯. 消费者行为学[M]. 付国群译. 北京:机械工业出版社,2007.

5. 德尔·霍金斯,罗杰 J. 贝斯特等. 消费者行为学[M]. 北京:机械工业出版社,2006.

6. 代祺,胡培,周庭锐. 参照群体压力下的不从众与反从众消费行为的实证研究[J]. 消费经济,2007,23(6).

7. 窦媛媛. 消费就是一场心理战[N]. 北京晚报,2013-07-23.

8. 菲利普·科特勒. 市场营销管理(第 11 版)[M]. 北京:清华大学出版社,2007.

9. 费孝通. 三论中国家庭结构的变动[J]. 北京大学学报(哲学社会科学版),1986.

10. 冯利芳,麻震敏等. 大数据重塑营销[J]. 成功营销,2012(8).

11. 冯英健. 网络营销基础与实践(第 4 版)[M]. 北京:清华大学出版社,2013.

12. 符超. 消费者忠诚度的三个不等式[J]. 企业改革与管理,2000(10):15—16.

13. 符国群. 消费者行为学(第 2 版)[M]. 武汉:武汉大学出版社,2004.

14. 国家统计局. 2012 中国统计年鉴[M]. 北京:中国统计出版社. 2012.

15. 高宪春. 新媒体环境下舆情事件互动机制分析[J]. 当代传播,2011(6).

16. 龚卫星. 消费心理学[M]. 北京:人民出版社,2005.

17. 郭国庆. 市场营销通论[M]. 北京:中国人民大学出版社,2003.

18. 侯玉波. 社会心理学[M]. 北京:北京大学出版社,2003.

19. 黄昌富. 品牌竞争:买方市场条件下的系统竞争[J]. 中国流通经济,1999(3).

20. 黄合水,彭聃龄. 论品牌资产——一种认知的观点[J]. 心理科学进展,2002(3).

21. 黄曼雪,梁哲. 国内外环境标志认证[M]. 世界标准化与质量管理,2008(6).

22. 黄峥. 新媒体环境下企业营销传播的机遇与挑战[J]. 企业活力,2009(10).

23. 贾会志. 基于虚拟社区的企业战略营销模式研究[J]. 企业经济,2010(2).

24. 江林. 消费者行为学[M]. 北京:科学出版社,2007.

25. 江林. 消费者行为学[M]. 北京:中国人民大学出版社,2007.

26. 江林. 消费者心理与行为(第 4 版)[M]. 北京:中国人民大学出版社,2011.

27. 江林. 消费者行为学[M]. 北京:首都经济贸易大学出版社,2009.

28. 江林,李志兰. 消费者行为学[M]. 北京:首都经济贸易大学出版社,2012.

29. 姜显亮. 浅论虚拟社区营销[J]. 武汉船舶职业技术学院学报,2009(4).

30. 杰格迪什·N. 谢斯,本瓦利·米托. 消费者行为学管理视角[M]. 罗立彬译. 北京:机械工业出版社,2004.

31. 金永生,许销冰,许彬彬. 植入式营销中的品牌个性塑造[J]. 石家庄经济学院学报,2011,34(1).

32. John C. Mowen,Michael S. Minor. 消费者行为学简明教程[M]. 北京:清华大学出版社,2004.

33. 库恩. 心理学导论:思想与行为的认识之路(第 9 版)[M]. 北京:中国轻工业出版社,2004.

34. L. G. 希夫曼,L. L. 卡纽克. 消费者行为学[M]. 上海:华东师范大学出版社,2002.

35. 劳可夫. 消费者创新性对绿色消费行为的影响机制研究[J]. 南开管理评论,2013,16(4):106－113.

36. 利昂·G. 希夫曼,莱斯利·L. 卡纽克. 消费者行为学[M]. 江林译. 北京:中国人民大学出版社,2007.

37. 李东进. 消费者行为学[M]. 北京:经济科学出版社,2001.

38. 李桂华,卢宏亮,李肖欢. 基于 CHINA-VALS 模型的中国寿险市场细分研究[J]. 山西财经大学学报,2011,33(5).

39. 李晓慧. 新媒体的整合营销传播价值探析[J]. 华东经济管理,2009(10).

40. 理查德·格里格,菲利普·津巴多. 心理学与生活[M]. 王垒,王甦等译. 北京:人民邮电出版社,2003.

41. 李红. 消费者学习模式主导下的体验营销运作[J]. 中国商贸,2011(15).

42. 刘凤军. 品牌:市场边界与竞争制高点[J]. 经济管理,2001(6).

43. 刘凤军等. 体验经济时代的消费需求与营销战略[J]. 中国工业经济,2002(8).

44. 刘华军. 现代经济增长的综合分析框架:分工－制度－品牌模型[J]. 商贸研究,2006(4).

45. 刘洪程. 消费者忠诚度与客户关系管理的整合[J]. 当代经济,2004(8).

46. 刘建平. 论品牌的心理效应[J]. 社会心理科学,2006(4).

47. 刘敏,牟俊山. 绿色消费与绿色营销[M]. 北京:光明日报出版社,2004.

48. 刘乃嘉. 在微博上卖 smart[J]. 成功营销,2013(2).

49. 刘宇. 顾客满意度测评[M]. 北京:社会科学文献出版社,2003.

50. 刘中一. 现阶段我国家庭发展的新变化与公共政策应对[J]. 调研世界,2012(10).

51. 刘佐太,景鹏飞. "老字号"餐饮企业体验营销研究——以全聚德集团为例[J]. 商业研究,2006(24).

52. 卢智慧. 我国网络营销发展策略研究[J]. 黑龙江对外经贸,2011(6).

53. 罗纪宁. 消费者行为研究进展评述:方法论和理论范式[J]. 山东大学学报,2004(4).

54. 罗家德. 网络网际关系行销[M]. 北京:社会科学文献出版社,2005.

55. 罗子明. 消费者心理学[M]. 北京:清华大学出版社,2007.

56. 马清学,张鹏伟. 影响消费者忠诚度因素探析[J]. 营销管理,2003(4).

57. 迈克尔·R. 所罗门. 消费者行为学(第 6 版)[M]. 卢泰宏译. 北京:电子工业出版社,2006.

58. 迈克尔·R. 所罗门. 消费者行为学(第 8 版)[M]. 卢泰宏,杨晓燕译. 北京:中国人民大学出版社,2009.

59. 彭聃龄. 普通心理学[M]. 北京:北京师范大学出版社,2001.

60. 仁科贞文,田中洋,丸冈吉人. 广告心理[M]. 北京:外语教学与研究出版社,2008.

61. 司金銮. 消费者行为:定义分歧与本质界定[J]. 浙江学刊,2001(6).

62. 沙莲香. 社会心理学[M]. 北京:中国人民大学出版社,2005.

63. 沈晓悦,赵雪莱,李萱等. 推进我国消费绿色转型的战略框架与政策思路[J]. 经济研究参考,2014(26).

64. 施密特. 体验式营销[M]. 张愉等译. 北京:中国三峡出版社,2001.

65. (美)施塔(Shiota, M. N.),(美)卡拉特(Kalat, J. W.)著 . 情绪心理学[M]. 第 2 版,周仁来 等译,中国轻工业出版社,2015.

66. 唐赤华,戴克商. 消费者心理与行为[M]. 北京:清华大学出版社,北京大学出版社,2007.

67. 唐涛. 品牌个性塑造方式探析[J]. 经营管理者. 2011(9).

68. 唐小飞,周庭锐,贾建民. CRM 赢回策略对消费者购买行为影响的实证研究[J]. 南开管理评论,2009,12(1).

69. 王长征. 消费者行为学[M]. 武汉:武汉大学出版社,2003.

70. 王成荣. 品牌价值论:科学评价与有效管理品牌的方法[M]. 北京:中国人民大学出版社,2008.

71. 王方华,张向菁. 绿色营销[M]. 太原:山西经济出版社,1998.

72. 王骏旸,王海忠,梁剑平,陈增祥. 品牌原产地联结的时空维度对负面信息的抑制作用[J]. 中大管理研究,2011(6):3.

73. 王连森. 基于符号学的"整体品牌"概念[J]. 北京工商大学学报(社会科学版),2004(9).

74. 王曼,白玉苓,王智勇. 消费者行为学[M]. 北京:机械工业出版社,2007.

75. 王新新. 应该用两种品牌理论指导品牌管理[J]. 经济纵横,2006(4).

76. 汪涛,崔国华. 经济形态演进背景下检验营销的解读和构建[J]. 经济管理,2003(20).

77. 韦恩·D. 霍依尔,德波拉·J. 麦克依尼斯. 消费者行为学[M]. 刘伟译. 北京:中国市场出版社,2008.

78. 伟强,于春玲. 顾客满意度与口碑的关系:产品类别的差异[J]. 营销科学学报,2009.

79. 温晓琼. 基于消费者视角下绿色消费产品定价机制的影响因素研究[J]. 学术论坛,2012,35(12).

80. 吴垠. 关于消费者分群范式的研究[J]. 南开管理评论,2005(2).

81. 魏巍. 从跨国企业在华失败案例透视跨文化营销内涵[J]. 渤海大学学报,2012(4).

82. 肖明超. 2013 中国 8 大消费新趋势[J]. 销售与管理,2013(6).

83. 徐洁怡,马威. 消费者行为学[M]. 北京:中国农业大学出版社,2005.

84. 徐小龙. 虚拟社区环境下的消费者行为及营销策略[J]. 华东经济管理,2010(10).

85. 颜弘,刘绍林. 绿色消费者的心理和行为分析[J]. 当代经理人,2006(3).

86. 杨树青. 消费者行为学[M]. 广州:中山大学出版社,2009.

87. 杨军节. 虚拟社区的概念、特征与营销启示探析[J]. 湖南商学院学报,2011(3).

88. 杨晓燕. 中国消费者行为研究综述[J]. 经济经纬,2003(1).

89. 叶浩生. 具身认知:认知心理学的新取向[J]. 心理科学进展,2010,18(5).

90. 叶敏,张波. 消费者行为学[M]. 北京:北京邮电大学出版社,2007.

91. 叶敏,张波,平宁伟. 消费者行为学[M]. 北京:北京邮电大学出版社,2008.

92. 殷月萍,邬佳力. 新媒体环境下广播受众互动发展之探索[J]. 新闻传播广电传媒,2013(3).

93. 俞国良. 社会心理学[M]. 北京:北京师范大学出版社,2007.

94. 约瑟夫·派恩,詹姆斯·H. 吉尔摩. 体验经济[M]. 夏业良,鲁炜译. 北京:机械工业出版社,2002.

95. 张波. 顾客流失分析[J]. 经济管理,2003(11).

96. 张立荣. 品牌至爱的概念及其发展[J]. 心理科学进展,2007(5).

97. 赵盈,张跃. 电子商务环境下消费者行为的特点及其对网络营销的影响[J]. 江苏商论,2004(4).

98. 曾凡斌. 大数据对媒体经营管理的影响及应对分析[J]. 出版发行研究,2013(2).

99. 张春兴. 现代心理学[M]. 上海:上海人民出版社,2005.

100. 郑杭生. 社会学概论新修[M]. 北京:中国人民大学出版社,2005.

101. 周锦,顾江. 仿冒奢侈品消费现象剖析[J]. 商业时代,2011(34).

102. 朱迪·格雷厄姆. 消费者行为学案例与练习[M]. 江林译. 北京:中国人民大学出版社,2011.

103. 周欣悦. 消费者行为学[M]. 北京:机械工业出版社,2020.

104. Aaker,D. A. *Building Strong Brands*. New York:Free Press,1996.

105. Aaker,Jennifer L. "Dimensions of Brand Personality". *Journal of Marketing Research*,1997,34(3).

106. Allport,G. W. "The Historical Background of Modern Social Psychology". In Lindzey,G. ,and Aronson,E. (eds.). *The Handbook of Social Psychology* (2nd edn.),1968.

107. Bianca Grohmann. "Gender Dimensions of Brand Personality". *Journal of Marketing Research*,2009(2):105—119.

108. Chaudhuri,A. ,M. B. Holbrook. "The Chain of Effects from Brand Trust and Brand Affect to Brand Performance:The Role of Brand Loyalty". *Journal of Marketing*,2001,65 (April):81—93.

109. Dick,Alan S. and Kunal Basu. "Customer Loyalty:Toward an Integrated Conceptual Framework".

Journal of the Academy of Marketing Science, 1994, 22(2): 99—113.

110. Griffin, J., Lowenstein, M. W. *Customer Win-Back: How to Recapture Lost Customers and Keep Them Loyal*. John Wiley & Sons, 2002.

111. Haskett, James L., et al. *The Service Profit Chain: How Leading Companies Link Profit and Growth to Loyalty, Satisfaction, and Value*. New York: Free Press, 1997.

112. Hannah H. Chang, Michel Tuan Pham. "Affect as a Decision-Making System of the Present". *Journal of Consumer Research*, 2013, 40(1): 42—63.

113. Jacoby, J., Chestnut, R. W. and Fisher, W. A. "A Behavioral Process Approach to Information Acquisition in Nondurable Purchasing". *Journal of Marketing Research*, 1978, 15(4): 532—544.

114. Jacoby, J., Berning, C. K., and Dietvorst, T. F. "What about Disposition?" *Journal of Marketing*, 1977, 41(2): 22—28.

115. Jennifer L. Aaker. "Dimension of Brand Personality". *Journal of Marketing Research*, August 1997, 35: 352.

116. Johan Arndt. "Role of Product-Related Conversations in the Diffusion of a New Product". *Journal of Marketing Research*, 1967, 4(3): 291—295.

117. Keaveney, S. M. "Customer Switching Behavior in Service Industries: An Exploratory Study". *The Journal of Marketing*, 1995, 59(2): 71—82.

118. Keller, K. L. "Conceptualizing, Measuring and Managing Customer-based Brand Equity". *Journal of Marketing*, 1993, 57(Jan.).

119. Krech, D., Crutchfield, R. S., and Ballachey, E. L. *Individual in Society: A Textbook of Social Psychology*. London: McGraw-Hill, 1962.

120. Laurel A. Hudson, Julie L. Ozanne. "Alternative Way of Seeking Knowledge in Consumer Research". *Journal of Consumer Research*, 1998(3): 508—521.

121. Lyons, B., Henderson, K. "Opinion Leadership in A Computer-mediated Environment". *Journal of Consumer Behaviour*, 2005, 4(5): 319—329.

122. McFarland, Richard G., Goutam N. Challagalla, and Tasadduq A. Shervani. "Influence Tactics for Effective Adaptive Selling". *Journal of Marketing*, 2006(10): 103—117.

123. Michael R. Solomon. *Consumer Behavior* (4th ed.). New Jersey: Prentice Hall, 1999.

124. Murphy, G., Murphy, L. B., and Newcomb, T. M. *Experimental Social Psychology*. New York: Harper, 1937.

125. N. K. Malhotra. "A Scale to Measure Self-concepts, Person-concepts, and Product-concepts". *Journal of Market Research*, 1981(16): 456—464.

126. Olson, J. M. and Zanna, M. P. "Attitudes and Attitude Change". *Annual Review of Psychology*, 1993, 44: 117—154.

127. Parasuraman, A., Zeithaml, V. A. and Berry, L. L. "A Conceptual Model of Service Quality and Its Implications for Future Research". *Journal of Marketing*, 1985, 49(4).

128. R. Ferber, L. G. Lee. "Husband Wife Influence in Family Purchasing Behavior". *Journal of Consumer Behavior Research*, 1974(1): 43—50.

129. Rogers, E. M., Cartano, D. G. "Methods of Measuring Opinion Leadership". *Public Opinion Quarterly*, 1962, 26(3): 435—441.

130. Row, H. "Influencing the Influencers: How Online Advertising and Media Impact Word of Mouth". A Double Click Touch Points IV Focus Report, 2006, 12.

131. Russell, J. A. "A Circumplex Model of Affect." *Journal of Personality and Social Psychology*, 1980, 39(6): 1161—1178.

132. Shavitt, S. , Brock, T. C. "Self - Relevant Responses in Commercial Persuasion: Field and Experimental Tests". In *Advertising and Consumer Psychology*, eds. Jerry C. Olson and Keith Sentis, New York: Praeger, 1984.

133. Wendy Liu. "Focusing on Desirability: The Effect of Decision Interruption and Suspension on Preferences". *Journal of Consumer Research*, 2008(35).

134. Wetzels, M. , Ruyter, K. & Birgelen, M. "Marketing Service Relationships: The Role of Commitment". *Journal of Business and Industrial Marketing*, 1998(5): 413.

135. William D. Wells, Douglas J. Tigert. "Activities, Interests and Opinions". *Journal of Advertising Research*, 1998(8): 27—35.

136. Yorburg, B. *The Changing Family*. New York: Colunmbia University Press, 1973.

137. Zeithaml, V. A. "Consumer Perceptions of Price, Quality and Value: A Means-End Model and Synthesis of Evidence". *Journal of Marketing*, 1998(3): 4.